第二次世界大战史

World War II

[英] 利德尔·哈特 著　小小冰人 译

民主与建设出版社

·北京·

图书在版编目（CIP）数据

第二次世界大战史 /（英）利德尔·哈特著；小小
冰人译 . —— 北京：民主与建设出版社，2021.6
　书名原文：History of the Second World War
　ISBN 978-7-5139-3523-4

　Ⅰ.①第… Ⅱ.①利… ②小… Ⅲ.①第二次世界大
战 – 史料 Ⅳ.① K152

中国版本图书馆 CIP 数据核字 (2021) 第 080033 号

第二次世界大战史

DI-ER CI SHIJIE DAZHAN SHI

著　　者	[英]利德尔·哈特	
译　　者	小小冰人	
责任编辑	彭　现	
封面设计	王　星	
出版发行	民主与建设出版社有限责任公司	
电　　话	（010）59417747　59419778	
社　　址	北京市海淀区西三环中路 10 号望海楼 E 座 7 层	
邮　　编	100142	
印　　刷	重庆市国丰印务有限责任公司	
版　　次	2021 年 6 月第 1 版	
印　　次	2021 年 6 月第 1 次印刷	
开　　本	787 毫米 × 1092 毫米　1/16	
印　　张	45.5	
字　　数	659 千字	
书　　号	ISBN 978-7-5139-3523-4	
定　　价	199.80 元	

注：如有印、装质量问题，请与出版社联系。

译者序

　　接到指文图书翻译利德尔·哈特《第二次世界大战史》的委托，我首先想到的是初中时买过的《闪击英雄》《失去的胜利》《战略论》，资深一点的军事历史读者还记得这几本绿色封面、装帧简单的"内部出版物"吧？对，战士出版社。这几部著作都是钮先钟前辈的译本，而《战略论》就是利德尔·哈特的力作之一。

　　所以，我真的能完成这部著作的重译工作，交出让读者买账的译稿吗？虽然指文图书和我都属于"金猴奋起千钧棒"的角色，可心里不免有一份惶恐。毕竟，利德尔·哈特这部《第二次世界大战史》在国内已经推出过两个不错的版本：首先是1978年上海译文出版社的伍协力版，这个笔名无疑是"我们合作完成"的意思，实际上出自上海市政协的编辑组，组织的翻译力量当然是上海各大院校的资深人士；然后就是上海人民出版社2009年出版的钮先钟版，虽然部分读者对书中的行文习惯，以及人名、地名的译法不甚习惯，但这多半是文化割裂的原因造成的，于钮前辈英明无损。

　　旧式翻译涉及外国人名时，通常用中国人的姓氏，例如"古德林""史达林""郝思嘉""雷根"，而国内现行的做法是竭力避免旧习，通常采用"一看就是外国人"的译法，地名也是如此。这只是习惯问题，无所谓孰优孰劣。更何况和过去相比，现在从事翻译工作更加有据可依，可以从新华通讯社译名室推出的各种《译名手册》中获得参考。诚如我的一位朋友所言：钮前辈的最大贡献不在于翻译得如何，而在于首开先河把那些德国将帅介绍给了中国读者。

国内出版的二战通史，虽不算少，可也不太多。除了利德尔·哈特这部，还有近年引进的约翰·基根的《二战史》。当然，上海译文出版社还曾在1995年出版过阿诺德·托因比主编的《第二次世界大战史大全》，不过这部著作不是单纯的战史，大量篇幅涉及各国政治、经济、外交、社会、文化等方面，能耐心读完这本书的人大概不会太多。另外，当年在东线指挥德国第4集团军的库尔特·冯·蒂佩尔斯基希将军战后也写了本《第二次世界大战史》，很奇怪，他没有像古德里安、曼施泰因那样写一部回忆录，也没有像保罗·卡雷尔那样搞一部通俗纪实文学，而是写了一部通史。对了，国内还出版过马丁·吉尔伯特的《第二次世界大战史》，吉尔伯特的资格和能力当然值得肯定，可一本不到500页的书，取这样一个书名是不是太过宏大了？安德鲁·罗伯茨的《第二次世界大战史》同样如此。本土著作中，不能不提军事科学院出版的五卷本《第二次世界大战史》，军科院的严谨作风当然能让这套通史成为我们这些译者的"词典"，就像他们组织出版的《苏联军事百科全书》一样，但茶余饭后捧起一本二战史翻阅的话，许多人大概不会选择这个偏重学术性的版本。

一些读者不禁要问：为什么又是二战史著作？你为什么总是翻译这类书？格哈德·温伯格在他那部二战史 *A World at Arms* 中谈道：对比一战和二战这两场世界大战中的可怕事件，再同我们所知道的其他战争相比较，我们就会发现，本世纪第二场世界范围的战火应该称为"最大的战争"。如果你知道日本出版过多少关于太平洋战争的书籍，或者看看埃里克森、格兰茨、奇蒂诺的书中谈及的参考书，就会觉得我们目前出版的二战书籍不是太多，而是太少了。所以，引进各种新书的同时，全面重译利德尔·哈特的《第二次世界大战史》，为读者提供一个更好的版本，也是个不错的主意。况且，这一次我站在若干前辈的肩膀上，不是一个人在战斗，除非自己的身高是负数，否则没有理由不交出一份更好的答卷。

利德尔·哈特不仅仅是个战史专家，更多地是个战略家、思想家、哲学家。他在书中娓娓讲述，夹叙夹议，既有分析，也有总结，融入了自己独到的军事思想和战略理论。此外，这部著作耗时22年才艰辛付梓，其创作态度值得钦佩。更为难能可贵的是，虽说不免怀有某种"大英帝国"心态，但利德尔·哈特还是保持了相当公正的立场，完全没有胜利者的骄气，也没有对战败方发出任何侮辱之词，甚至对英国的战略错误，对英国军队（特别是蒙哥马利）的保守谨慎颇多指责。

虽然堪称经典，但这部著作也不是不容置疑，就像第一次世界大战不也号称"终结一切战争的战争"吗？利德尔·哈特创作本书时适逢东西方冷战风起云涌，估计他老人家在获取苏联资料方面遇到了不小的困难，所以这部二战史相对偏重英国参与的非洲、意大利、东南亚战局，对东线战事着墨略少。

KONECKY&KONECKY出版社近年再版这部《第二次世界大战史》，宣传书中"惊人的结论"时，专门提到1943年莫洛托夫与里宾特洛甫在德军防区内的基洛沃格勒谈判一事。这的确很惊人，我依稀记得保罗·卡雷尔或戴维·格兰茨似乎提到过此事，可从来没在哪本著作中见到明确记载。遗憾的是，利德尔·哈特没有给出这个说法的出处，仅仅称"据那些作为技术顾问参加会晤的德国军官说……"爆出这样的"惊天秘闻"，很可能是因为某些接受利德尔·哈特审讯的德国军官故弄玄虚。同样审问过德国军官的詹姆斯·奥唐奈曾说过：自以为是，表现得万事通晓的样子，也许是德国民族特征中最令人厌恶的东西。

这就引出了另一个话题，近年来对利德尔·哈特倡导的"间接路线"出现了一些批评，认为他的某些评论和结论失之片面。一篇评论声称，利德尔·哈特审问被俘德军将领时经常问："您战前是不是读过我的书？"不难想象，这种情况下，身陷囹圄的败军之将往往会做出令审问者满意的回答。有时候，他们介绍自己参加的成功战役，利德尔·哈特会马上得出结论：这就是我说的间接路线。在他看来，这些德国将领多多少少受到了他的理论和战前著作的影响。

言归正传，谈谈这部《第二次世界大战史》的翻译工作。我翻译过几本东线战事的书籍，自以为对苏德战争有些认识，觉得翻译这部著作中的东线篇章应该驾轻就熟、手到擒来。然而，竟然翻了车。利德尔·哈特的手法与戴维·格兰茨那些作家存在天壤之别，对我来说这完全是一部全新的战史。虽然可以站在前辈的肩膀上，但钮老的译文对我反而是一种桎梏，某些精妙的译言不敢采用，否则不免有剽窃之嫌。我这次重译的目的只有一个：为读者呈献一部完全白话文的《第二次世界大战史》。所以，得装作没有前人的"镣铐"那般。

书中的人名、地名，我选择不加注原文。自从发现有些译著连史密斯、伦敦、纽约也不厌其烦地用括号标注 Smith、London、New York 后，我就觉得这场展示所谓"专业性"的闹剧必须结束了。于我个人而言，加注原文的目的是让译文保持前后统一，全书完成并核对后，就该将原文删除。有人会说，保留原文便于读者识别，我倒不觉得——如果译者自己都搞不明白正确的译法，又怎么能指望读者自行鉴别呢？说句题外话，20 世纪 50 年代国内出版的书籍，地名和人名会加下划线作为提示，可惜现在没人采用这种方法了。说到这里，我忽然想起自己翻译某本东线书籍时遇到的一个职务：苏联国防人民委员部总干部部部长。

在翻译人名和地名时，前后"统一"是个大问题。主要地名好说，解决阿拉曼＆阿莱曼、托布鲁克＆图卜鲁格这些小细节即可。当然，我知道阿拉曼、托布鲁克就像"企业"号航母那样约定俗成、深入人心，但反复查阅国内出版的若干份地图后，我发现这些地名本来就有标准的译法，只不过很多译著向"约定俗成"妥协了。这次重译，我趁机一并做出修正——当然"企业"号没变，也没法变。考虑到埃及、利比亚、突尼斯那些名不见经传的小镇、村庄，这种"吹毛求疵"是十分必要的，这涉及使用何种译音表的问题。一个陌生的、根本无法拼读的地名，使用波斯汉译音表、阿拉伯汉译音表，或者法语汉译音表，会得出完全不同的译名。想要确定一个地点该用哪种译音表，需要若干参照，还必须考虑这是原文还是罗马转写。

虽然翻译地名不易，但重译过程中遇到的最大困难还是长句太多、太长，一个 which、where 或 that 带出的各种修饰语、补充语铺天盖地，还有无处不在的破折号——需要跳过三行原文才能弄清作者到底要说什么，然后再把译文拼拼凑凑，前挪后移。这简直是一场"连连看"，在准确转述原文意思的同时，还必须弄清作者强调的因果关系和重点。有时候，多加一个逗号都会导致句意发生微妙的变化。总之，完成这本书的重译工作后，我最大的想法是，日后见到利德尔·哈特的书，最好敬而远之。但这也从一个侧面说明，钮先钟前辈的译本非常优秀，其中对原意的理解、把握和断句处理都相当出色，很值得研究学习。

最后谈谈译文中的疏漏和"错误"，可以肯定，无论是钮先钟、伍协力，还是我的译本，这都是在所难免的。这实在是一种无心之举，如果意识到出了纰漏，译者必然会修改更正。我固然可以对照原文挑出前辈的错误之处，读者自然也能找到我的错处，只是我暂时还浑然不知错在哪里。更让人揪心的是那些明知不妥却又无能为力的地方，翻译过几本书后我沮丧地发现，现在的译著离开了"努力""试图""证明""成功""坚持""从事""进行""提供"这些词，简直无法成文。我知道这些 heavy duty words 很别扭，可经过反复努力，事实证明难以成功解决这个问题。指文图书的罗总鼓励我：你要放开手脚，尽情发挥。可我真的不敢，对比译文和原文时，读者一旦找不到原书中的（每一个）词，没准会当场暴走。戴着镣铐固然会缩手缩脚，但胜在安全。文字工作是个漫长而又艰苦的过程，只能寄希望于下一本译作干得更好些。

结束语说些"敬请指正"之类的话就有点俗套了，那么，我就祝朋友们阅读愉快吧。

World War II

目录

译者序   I

第一部｜序幕   **001**

第一章   战争是如何发生的   002

第二章   战争爆发时的力量对比   014

第二部｜爆发 1939—1940 年   **025**

第三章   波兰沦亡   026

第四章   虚假战争   033

第五章   芬兰战争   043

第三部｜狂澜 1940 年   **051**

第六章   挪威沦陷   052

第七章   西欧沦陷   067

第八章   不列颠战役   091

第九章   从埃及发起的反击   113

第十章 征服意属东非 125

第四部 | 泛滥 1941 年   **133**

第十一章 巴尔干和克里特岛沦陷 134

第十二章 希特勒转而对付苏联 144

第十三章 入侵苏联 160

第十四章 隆美尔进入非洲 174

第十五章 "十字军"行动 186

第十六章 潮起远东 204

第十七章 日本的征服狂潮 215

第五部 | 转向 1942 年   **241**

第十八章 苏联的潮流逆转 242

第十九章 隆美尔的涨潮 266

第二十章 非洲的潮流逆转 281

第二十一章 "火炬"行动,大西洋的新潮流 310

第二十二章 奔向突尼斯 334

World War II

目录

第二十三章　　　太平洋的潮流逆转　　　343

第二十四章　　　大西洋战役　　　368

第六部 | 退潮 1943 年　　　395

第二十五章　　　肃清非洲　　　396

第二十六章　　　从西西里重返欧洲　　　431

第二十七章　　　进军意大利——投降和受阻　　　445

第二十八章　　　德国人在苏联退潮　　　473

第二十九章　　　日本人在太平洋退潮　　　495

第七部 | 低潮 1944 年　　　519

第三十章　　　　攻克罗马和在意大利第二次受阻　　　520

第三十一章　　　法国的解放　　　539

第三十二章　　　苏联的解放　　　564

第三十三章　　　轰炸逐步加强——对德国的战略空中攻势　　　586

第三十四章　　　西南太平洋和缅甸的解放　　　611

第三十五章　　　希特勒的阿登反攻　　　634

第八部 | 终局 1945 年   **657**

第三十六章   从维斯瓦河攻往奥得河   658

第三十七章   德军在意大利的崩溃   666

第三十八章   德国败亡   671

第三十九章   日本败亡   677

第九部 | 尾声   **697**

第四十章   后记   698

书中引用的参考书目   710

陆军上尉巴兹尔·利德尔·哈特爵士的其他著作   713

World War II

第一部

序幕

第一章

战争是如何发生的

1939 年 4 月 1 日，世界各地的报纸都刊登了这样一条新闻：内维尔·张伯伦先生的内阁正在改变他们的绥靖和孤立政策，已为波兰提供保证，保护该国抵抗德国的一切威胁，目的是确保欧洲的和平。

但 9 月 1 日，希特勒的军队跨过波兰边界向东挺进。两天后，由于要求德国撤军徒劳无获，英国和法国参战。又一场欧洲战争就此爆发，最终演变为第二次世界大战。

西方盟国参战时有两个目标：当前目标是履行他们维护波兰独立的承诺；最终目标是消除他们自身遭受的潜在威胁，从而确保本国安全。结果，两个目标都没有实现。他们不仅没能阻止波兰败亡后被德国和苏联瓜分，而且，在这场历时六年的战争以表面上的胜利告终后，被迫默认苏联对波兰的统治，背弃了他们当初对并肩奋战的波兰人做出的保证。

同时，由于所有努力都用于消灭希特勒德国，结果导致整个欧洲在此过程中遭到严重破坏和削弱。面对新的、更大的威胁，欧洲的抵抗力大为下降，英国及其欧洲邻国已沦为美国的穷亲戚。

这就是隐藏在胜利表面下的无情事实，苏联和美国的庞大力量投入这场反对德国的战争后，寻求胜利看上去充满希望，而胜利的实现却如此痛苦。

这种结果打破了普遍存在的幻想——"胜利意味着和平"。它还证明了以往经历的警告，胜利就是"沙漠中的海市蜃楼"，而这种沙漠是以现代武器和无限制手段从事的一场长期战争创造的。

分析战争起因前，评估战争后果是值得的。认清战争造成的后果，我们就能对战争是如何发生的这个问题做出更加现实的审核。就纽伦堡审判的目的而言，把战争的爆发和扩大完全归咎于希特勒的侵略就足够了。可这种解释未免过于简单，过于肤浅。

希特勒最不愿意做的就是发动另一场大战。他的人民，特别是他那些将领，对这种冒险心怀恐惧，第一次世界大战的经历在他们心中留下了深深的创伤。强调这些基本事实，不是要粉饰希特勒和热切追随他的许多德国人固有的侵略野心。虽说希特勒肆无忌惮，可他追寻自己的目标时向来很谨慎。而德国军方首脑比他更慎重，对有可能引发一场全面冲突的任何举措都惴惴不安。

战争结束后，盟国缴获了一大批德国档案，这让相关研究成为可能。这些档案表明，德国对自己发动一场大规模战争的能力，怀有一种深深的恐惧和根深蒂固的怀疑。

1936 年，希特勒决心重新占领莱茵兰非军事区，他那些将领对这个决定和法国有可能做出的反应惊慌不已。鉴于他们提出反对意见，德国起初只派出少量象征性部队，以此作为一种试探。希特勒打算派部队参加西班牙内战支持弗朗哥时，这些将领又因有可能引发的风险提出抗议，于是希特勒同意限制援助规模。但 1938 年 3 月，希特勒却没有理会他们对进军奥地利的顾虑。

不久后，希特勒透露，他打算对捷克斯洛伐克施加压力，收回苏台德区，陆军总参谋长贝克将军起草了一份备忘录，指出希特勒的积极扩张方案势必造成一场全球灾难，整个德国会沦为废墟。他在高级将领举行的一场会议上宣读了这份备忘录，获得众人赞同后呈送希特勒。由于希特勒毫无改变自己政策的迹象，贝克辞去陆军总参谋长职务。希特勒对其他将领保证，法国和英国不会为捷克斯洛伐克而战，可这些军人根本不相信这种说法，他们策划了一场军事政变，打算逮捕希特勒和其他纳粹领导人，以避免战争的风险。

可是，这些军人的应对方案彻底破产，张伯伦接受了希特勒肢解捷克斯洛伐克的要求，还同法国达成一致，坐视德国剥夺那个不幸的国家的领土和防务。

张伯伦认为，《慕尼黑协定》意味着"我们这个时代的和平"。而在希特勒看来，这份协定代表另一场更大的胜利，他不仅打败了国外对手，还战胜了他那些将领。这些军人发出的警告，一再被他没有受到挑战、兵不血刃的成功否定，他们也就丧失了信心和影响力。这样一来，希特勒本人当然为一连串轻而易举的胜利踌躇满志。即便发觉进一步冒险可能会引发战争，他也觉得最多不过是一场规模较小、持续时间较短的战争而已。一连串令人陶醉的胜利，其累积效应淹没了他疑虑的时刻。

如果希特勒确实企图发动一场涉及英国在内的全面战争，那么，他就应该全力打造一支能够挑战英国海上霸权的海军力量。可他没有这样做，甚至没把德国海军建设到 1935 年《英德海军条约》允许的有限规模。他不断向他那些海军将领保证，不必考虑同英国发生战争的风险。慕尼黑会议后，希特勒告诉他们，至少接下来六年，不用担心与英国发生冲突的问题。甚至到 1939 年夏季的 8 月 22 日，他依然重申了这种保证，尽管他的信心此时已发生动摇。

既然希特勒这么急于避免一场大规模战争，那么他怎么会陷入其中呢？希特勒的侵略野心绝非唯一的答案，甚至不是最重要的答案，最重要的答案是他长期受到西方国家宽容态度的鼓励，可这些国家 1939 年春季突然改变了立场。这种逆转太过突然，而且令人始料未及，这就导致一场战争不可避免。

如果你允许某人在锅炉下面不停地加煤，直到蒸汽压力超过危险点，那么，造成爆炸的真正责任应当由你来承担。物理学的真理同样适用于政治学，特别是处理国际事务时。

希特勒 1933 年掌权后，英国和法国政府对这个危险独裁者的忍让，程度远远超出他们愿意对德国前民主政府做出的让步。他们动辄表现出避免麻烦、搁置棘手问题的倾向——为维持目前的舒适，不惜牺牲将来。

另一方面，希特勒总是过于合乎逻辑地考虑他的问题。他的政策方针以1937年11月阐述的一份"圣约"提出的思想为指导，这份"圣约"的一个版本收录于所谓的《霍斯巴赫备忘录》。这种思想基于这样一个信念：德国人口不断增加，因而迫切需要更多生存空间，这样才能维持国民的生活水平。希特勒认为，无法指望德国实现自给自足，特别是粮食供应方面。德国也无法通过从国外购买的方式获得所需要的东西，因为他们没那么多外汇。由于其他国家的关税壁垒，再加上德国财政紧缩，他们在世界贸易和工业方面获得更多份额的前景非常有限。另外，间接供应的方式会让德国依赖于外国，发生战争的情况下很容易挨饿。

希特勒得出结论，德国必须在东欧人口稀少的地区获得更多"农业有用空间"。不会有哪个国家自愿把这种空间让给德国，这种期望纯属徒劳。"自古以来的历史，例如罗马帝国和大英帝国史，都证明每次空间扩张只能通过粉碎抵抗和承受风险来实现……无论过去还是现在，都不可能找到无主的空间。"这个问题最迟在1945年前必须解决，"之后，情况只会变得更加糟糕"。一场粮食危机迫在眉睫时，一切有可能使之缓解的渠道都会遭到封锁。

虽说这些思想远远超出了希特勒最初的愿望，也就是收复第一次世界大战后德国丧失的领土，可西方政治家后来装模作样地说他们对此毫不知情，这纯属巧言令色。1937年到1938年间，许多政客私下交谈时坦率地说出现实情况，公开场合却三缄其口。英国政界提出许多论点，主张允许德国向东扩张，从而转移西方国家遭受的威胁。他们对希特勒寻求生存空间的愿望深表同情，而且让他知道了这一点。可他们刻意回避了这样一个问题：如果不以优势力量相威胁，又如何能让那些生存空间的主人屈服呢？

德国文件表明，哈利法克斯勋爵1937年11月到访，给予希特勒莫大鼓励。哈利法克斯时任枢密院议长，内阁中的排名仅次于首相。从会谈纪要看，哈利法克斯告知希特勒，英国允许他在东欧放手大干。哈利法克斯的原意也许并非如此，可他的话给希特勒留下的印象就是这样，事实证明，这一点至关重要。

1938 年 2 月，安东尼·艾登先生一再同张伯伦发生分歧后（有一次，艾登提出反对意见，张伯伦让他"回家吃颗阿司匹林"），被迫辞去外交大臣职务，哈利法克斯取而代之。几天后，英国驻柏林大使内维尔·亨德森爵士拜访希特勒，两人进行了一次密谈，这是哈利法克斯去年十一月会谈的延续。亨德森爵士转达了英国政府对希特勒"改变欧洲"，使之对德国有利的意愿的同情——"英国现任政府有一种敏锐的现实感"。

相关文件表明，这些事件促成了希特勒的行动。他认为英国开了绿灯，允许他向东扩张了。这是个很自然的结论。

英国和法国政府接受了希特勒进军奥地利，把该国纳入德意志帝国版图的行径（这场轻而易举的事变唯一的麻烦是，许多德国坦克在驶往维也纳途中抛锚），这种宽容态度进一步鼓励了希特勒。事变发生后，苏联提出商讨一项集体安全方案，以此反对德国的冒进，张伯伦和哈利法克斯没有接受这份提案，希特勒听闻此事后倍感鼓舞。

这里需要补充一点，德国对捷克人的威胁 1938 年 9 月到达顶点时，苏联政府再次通过公开和私下的方式表明，他们愿意同英国和法国联合起来，为捷克斯洛伐克提供保护。这项建议受到冷遇。另外，决定捷克斯洛伐克命运的慕尼黑会议召开时，苏联被强行排除在外。这种"冷遇"次年造成了致命后果。

英国政府似乎默许了希特勒东扩，可当年九月，他对捷克斯洛伐克施加压力时，英国却做出激烈反应，甚至实施了部分动员，这让希特勒极为不满。但张伯伦屈从于他的要求，还积极帮助他把相关条款强加给捷克斯洛伐克，这让希特勒觉得，英国这种短暂的抵抗威胁不过是为了保全颜面，以此应付温斯顿·丘吉尔为首的英国舆论的反对意见——他们反对政府的绥靖、让步政策。法国的消极态度也让希特勒深受鼓舞。所有欧洲小国中，捷克军队最为精锐，既然法国这么轻易地抛弃捷克盟友，那么他们似乎也不太可能为保护东欧和中欧同盟体系剩余的国家投入战争。

因此，希特勒觉得，他可以提早完成对捷克斯洛伐克的吞并，然后再向东扩张。

起初，希特勒没想过对波兰下手，尽管第一次世界大战后，波兰攫夺德国的领土面积最大。波兰和匈牙利一样，曾帮助他威胁过捷克斯洛伐克后方，从而迫使该国屈从于他的要求。顺便说一句，波兰趁这个机会夺走了捷克一片领土。希特勒倾向于暂时接受波兰充当帮凶，条件是波兰把但泽港归还德国，还要允许德国获得一条穿过波兰走廊、通往东普鲁士的自由路线。希特勒认为，当前情况下，这些要求相当温和。可在当年冬季进行的一连串磋商中，希特勒发现波兰人固执己见，根本不愿意做出此类让步，而且对自身实力抱有一种过高的看法。即便如此，希特勒还是希望通过进一步会谈让波兰人就范。直到 3 月 25 日，他还告诉德国陆军总司令，他"不希望使用武力解决但泽问题"。可由于他朝不同方向迈出新的一步，英国随后采取了出人意料的做法，这让他改变了想法。

1939 年年初几个月，英国政府首脑觉得比过去很长一段时间过得更愉快。他们自欺欺人地认为，英国加快重整军备的步伐、美国的军备扩充方案、德国的经济困难，日益缓解了危险的形势。3 月 10 日，张伯伦私下里表示，他认为和平的前景从来没有这么光明过，还说他希望年底前举行一场新的裁军会议。次日，塞缪尔·霍尔爵士（曾担任过外交大臣，是艾登的前任，现任内政大臣）发表讲话时满怀希望地指出，世界正进入"一个黄金时代"。诸大臣向朋友和评论家保证，德国因为经济困境无力发动战争，必须接受英国政府的条件，换取以商业条约的形式为它提供的援助。奥利弗·斯坦利和罗伯特·哈德森这两位大臣会前往柏林安排相关事宜。

同一周，《笨拙》杂志刊登了一幅漫画，表明"约翰牛"从噩梦中醒来后松了口气，而近期的"战争恐慌"飞出窗外。1939 年 3 月 15 日前一周，英国弥漫着荒谬的乐观幻想，堪称前所未见。

这段时期，纳粹一直在捷克斯洛伐克煽动分裂运动，企图从内部瓦解该国。斯洛伐克人的领袖提索神父前往柏林谒见希特勒后，斯洛伐克于 3 月 12 日宣布独立。更为轻率的是，波兰外交部长贝克上校公然声称，他对斯洛伐克人满怀同情。捷克总统屈从于希特勒的要求后，德国军队于 3 月 15 日开入布拉格，建立一个波西米亚"保护国"，据此占领该国。

去年秋季达成《慕尼黑协定》时，英国政府曾保证捷克斯洛伐克不受侵略。可张伯伦告诉下议院，他认为斯洛伐克独立导致这份保证失效，英国不再受这项义务约束。他对目前发生的事情深表遗憾，但又告诉下议院，他看不出有什么理由"改变"英国的政策。

可没过几天，张伯伦的态度发生一百八十度转变，这种改变极为突然，而且影响深远，整个世界为之震惊。他仓促决定阻止希特勒的一切后续举动，3月29日向波兰提出，英国愿意支持该国反对"威胁波兰独立，以及波兰政府认为必须予以抵制的一切行为"。

造成张伯伦做出冲动之举的主要原因是什么，这难以判定，可能是公愤的压力，可能是他自己的愤慨，可能是他觉得受到希特勒愚弄而倍感愤怒，也可能是他在本国民众眼中像个傻瓜这一事实产生的羞辱之情。

先前支持、赞同张伯伦绥靖政策的大多数英国人，也做出类似的激烈反应，而不信任这种政策的另一半英国人，他们的叱骂不啻火上浇油。愤怒的狂潮消除了分歧，整个国家团结起来。

英国提供的无条件保证，等于把自己的命运交到波兰统治者手中，可这些人的判断力殊为可疑，而且很不可靠。另外，除非获得苏联帮助，否则这种保证无法兑现。可英国政府没有采取任何初步措施来确定苏联是否会提供、波兰又是否愿意接受这种帮助。

张伯伦要求内阁批准这项保证时，他们甚至没看过参谋长委员会的实情报告，这份报告明确表示，从实际意义上说根本无法为波兰提供任何有效保护。[1]可是，面对当前民意，就算看过报告，他们是否会做出不同决定也值得怀疑。

议会讨论这项保证时，各方都对此表示欢迎。劳合·乔治先生是唯一的反对者，他警告下议院，没有先行确保苏联支持就做出如此牵强的承诺，不啻一种自杀式愚行。英国为波兰提供的保证确实挑破了一个毒瘤，催生了一场世界大战。这种保证结合了最大的诱惑和最明显的挑衅。它激怒了希特勒，这位元首决心证明，此类保证对西方国家无法到达的波兰全然无效。它也让顽固的波兰人更加不愿对希特勒做出任何让步，还导致希特勒不可能偃旗息鼓，因为这会让他颜面扫地。

波兰统治者为何会接受这种致命的保证？部分原因是他们对自己业已过时的军力抱有一种荒唐的、不知天高地厚的想法——他们居然自吹自擂地说什么"骑兵远征柏林"。另一部分原因是个人因素：贝克上校不久后说，他吸烟时，两次弹掉烟灰之间就下定决心，接受英国提供的保证。他继续解释道，一月份会晤希特勒时，他发现自己难以接受希特勒关于但泽"必须"归还德国的言论，因此收悉英国提出的建议后他立即接受了，认为这是给希特勒一记耳光的好机会。这种冲动非常典型，许多民族的命运往往就是这样决定的。

现在避免战争的唯一机会是设法得到苏联的支持，这是唯一能直接支援波兰，从而震慑希特勒的大国。可是，尽管形势紧迫，英国政府依然拖拖拉拉，漫不经心。张伯伦极其厌恶苏联，出于宗教原因，哈利法克斯也对苏联抱有强烈的反感，而两人对苏联力量的低估，与他们高估波兰实力如出一辙。尽管他们现在认识到，按照己方条件同苏联达成防御安排是件好事，可他们没有意识到，由于为波兰仓促提供保证，英国已经把自己置于必须满足苏联的条件才能获得对方支持的地步，如果说他们还没有意识到这一点的话，那么，斯大林无疑对此是非常清楚的。

可是，除了英国人的优柔寡断，还有波兰政府和其他东欧小国的反对意见，他们拒绝接受苏联的军事援助，因为这些国家担心，苏联军队的支援无异于一场入侵。因此，英苏谈判进程缓慢得犹如一支行进中的送葬队伍。

希特勒对这种新情况的反应完全不同。英国的激烈反应和加强军备的举措令他震惊，但这些措施的效果事与愿违。希特勒觉得英国现在开始反对德国向东扩张，他担心自己再耽搁下去就会被对方阻止，因而得出结论，必须加快迈向生存空间的步伐。可现在该如何行事，才不会引发一场全面战争呢？他的方案受到他掌握的英国历史知识的影响。他认为英国人冷静、理智、情绪受大脑控制，除非得到苏联支持，否则他们做梦也不会想到为了波兰的利益而参战。因此，希特勒强忍着对布尔什维克主义的仇恨和恐惧，全力怀柔苏联，确保对方保持中立。这种转变甚至比张伯伦的改弦更张更加惊人，后果同样具有致命性。

希特勒对苏联的讨好轻而易举地得手了，因为斯大林对西方国家已经有了新的偏见。张伯伦和哈利法克斯 1938 年给予苏联人的冷遇，当然激起了他们的怨愤之情。希特勒进军布拉格后，苏联提出联合防御同盟建议，英法对此反应冷淡，这加剧了苏联人的怨气，而英国政府现在又匆匆与波兰做出单独安排，没有什么比这种做法更能加深苏联人的疑虑和猜忌之情了。

5 月 3 日传来消息，苏联外交人民委员李维诺夫被解除职务，除了瞎子，谁都能读懂这个警告。长期以来，李维诺夫一直是苏联与西方国家联合抵抗纳粹德国的主要倡导者，接替他职务的是莫洛托夫。

达成一项苏德协定的试探性努力开始于当年四月，但双方的举措都很谨慎，因为彼此间的不信任感根深蒂固，双方都怀疑对方不过是企图阻止另一方与西方国家达成协议而已。但英苏谈判的缓慢进展促使德国人抓住机会，加快会谈步伐，加紧达成目的。可是，莫洛托夫的态度直到八月中旬仍不明朗。随后出现了决定性变化。这可能是德国人的意愿促成的，这种意愿与英国人的犹豫不决、百般保留形成鲜明对比，他们接受了斯大林苛刻的条件，特别是允许苏联在波罗的海诸国放手大干。这种意愿可能也和一个明显的事实有关，即希特勒不敢把对付波兰的行动推迟到九月初过后，届时天气可能会让他陷入困境。因此，苏德协定推迟到八月底才签署，以确保希特勒和西方国家没时间达成另一份"慕尼黑协定"，因为这种协定可能会对苏联构成威胁。

8 月 23 日，里宾特洛甫飞赴莫斯科，《苏德互不侵犯条约》就此签订。这份条约还附有一项秘密协议，内容是德国和苏联共同瓜分波兰。

这份条约让战争成为必然，从时机上看，该条约由于姗姗来迟，导致战争根本无从避免。希特勒在波兰问题上不可能退让，否则就会在莫斯科大丢颜面。另外，张伯伦七月底派出他的亲信顾问贺拉斯·威尔逊爵士，就签署一份英德条约事宜同希特勒进行私下协商，这让希特勒更加确定，英国政府不可能为了保护波兰，冒险从事一场显然徒劳无益的斗争，也不是真心想把苏联拖进来。

但《苏德互不侵犯条约》签订得太晚，对英国造成的影响没能达到希特勒的预期。相反，它激起英国人的"斗牛犬精神"——也就是一种盲目的决心，无视后果得失。带着这种情绪，张伯伦不可能袖手旁观，否则不仅颜面尽失，还有言而无信之虞。

斯大林很清楚，长期以来，西方列强一直鼓励希特勒向东扩张，也就是朝苏联方向。他很可能把《苏德互不侵犯条约》视为一件便利的工具，借此把希特勒的侵略势头引往相反方向。换句话说，通过这种明智的闪避，他可以让他的直接和潜在对手陷入一场狗咬狗的冲突。这至少能缓解苏联遭受的威胁，还有可能导致他们两败俱伤，从而确保苏联在他们交战后崛起。

《苏德互不侵犯条约》的签订意味着苏联与德国之间少了个缓冲国波兰，但苏联人一直认为波兰很可能充当德国侵略苏联的急先锋，而不是阻挡德国人的壁垒。如果与希特勒共同征服波兰，再瓜分该国，他们不仅能轻而易举地收回 1914 年前的国土，还可以把波兰东部打造成一道屏障，虽然有些狭窄，但由本国军队据守。这似乎比一个独立的波兰更能提供有效的缓冲。《苏德互不侵犯条约》还为占领波罗的海诸国和比萨拉比亚铺了平道路，苏联从而进一步拓展了这片缓冲带。

1941 年，希特勒入侵苏联后，斯大林 1939 年的闪避看上去就是一种致命的短视行为。他可能高估了西方国家的抵抗力，原本以为他们能耗尽德国的实力。同样有可能的是，他也高估了己方军队的初期抵抗力。尽管如此，纵观欧洲后来发生的事情，似乎又无法像 1941 年那样确定他的闪避给苏联带来了不利影响。

另一方面，对西方国家来说，《苏德互不侵犯条约》给他们造成了无法估量的伤害。面对明显的爆炸性局势，那些对一连串拖延和鲁莽政策负有责任者难辞其咎。

丘吉尔描述了英国如何允许德国重新武装，如何纵容德国吞并奥地利和捷克斯洛伐克，同时拒绝苏联采取联合行动的建议，继而谈到英国参战的情况，他指出：

　　……这些援助和有利条件都被浪费，丢得一干二净，此时英国却率领法国迈步向前了，为波兰领土的完整性提供保证——六个月前，就是这个贪婪如鬣狗的波兰，参与了对捷克斯洛伐克的掠夺和破坏。如果我们1938年为捷克斯洛伐克而战，这是合理的，当时，德国陆军充其量只能投入五六个训练有素的师驻防西线，而法国约有六七十个师，很可能已跨过莱茵河，甚至进入鲁尔区。可这种做法被认为是蛮不讲理、轻率鲁莽、不符合现代人的思想和道德水平。而现在，终于有两个西方民主国家宣布他们准备为波兰领土的完整性做出牺牲。有人告诉我们，历史主要是人类罪恶、愚蠢、苦难的记录。可突然改变五六年来随随便便采取的安抚绥靖政策，几乎一夜之间转变立场，准备接受显然迫在眉睫的战争，而这场战争的条件远较以前恶劣，规模也大到极点，我们不妨在历史中好好探寻搜索一下，看看能否找到同样的例子……

　　这项最终决定，是在最恶劣的时刻和最不利的条件下做出的，必然导致千百万人惨遭屠戮。[2]

　　这是对张伯伦愚蠢行为做出的明确裁定，但不无事后诸葛亮的意味。因为群情激愤时，丘吉尔本人也支持张伯伦要求英国为波兰提供保证的紧急提议。很明显，1939年间，他和大多数英国领导人一样，凭急躁的冲动，而不是冷静的判断行事，而冷静的判断曾是英国政治家的显著特点。

注释

1. 不久后，时任陆军大臣霍尔-贝利沙先生就把上述情况告诉了我，比弗布鲁克勋爵也对我说了此事，他是从其他政府成员那里听说的。

2. Churchill: *The Second World War*, vol I, pp. 311–312.

第二章

战争爆发时的力量对比

1939 年 9 月 1 日，星期五，德国军队入侵波兰。9 月 3 日，星期天，英国政府对德国宣战，以此履行先前给予波兰的保证。六小时后，犹犹豫豫的法国政府跟随英国采取行动，也对德国宣战。

七十岁的首相张伯伦先生向英国议会宣布了这个决定国运的声明，他最后说道："我相信有生之年会见到希特勒主义被消灭、获得解放的欧洲得到重建的那一天。"没过一个月，波兰就被占领。不到九个月，战争洪潮淹没了西欧大部分地区。虽说希特勒最终被打垮，可获得解放的欧洲没有得到重建。

亚瑟·格林伍德先生支持政府的宣战决定，他代表工党发表讲话时表达了自己的如释重负感："我们所有人都觉得难以忍受的、提心吊胆的痛苦终于结束了。我们现在知道了最坏的情况。"从雷鸣般的掌声明显能看出，他说出了下议院的普遍感受。格林伍德最后说道："但愿这是场快速而又短暂的战争，愿随之而来的和平在那片有一个邪恶名称、支离破碎的废墟上万古长青。"

不合理地计算交战双方的兵力和资源，就没有理由认为这是一场"快速而又短暂的战争"，甚至无法相信仅凭英国和法国就能战胜德国——无论战争持续多久。就连"我们现在知道了最坏的情况"这种臆测也显得愚不可及。

英国人对波兰的实力抱有幻想。身为外交大臣的哈利法克斯勋爵应该是消息灵通人士，可就连他也认为波兰的军事价值高于苏联，因而更愿意把波兰作为盟友加以保护。这就是 3 月 24 日，英国突然决定为波兰提供保证几天前，他告知美国大使的观点。当年七月，英国武装力量总监艾恩赛德将军视察了波兰陆军，回国后提交了丘吉尔先生所说的"最有利的报告。"[1]

英国人对法国军队所抱的幻想更大。丘吉尔称法国陆军是"欧洲最训练有素、最可靠的机动力量"。[2] 战争爆发前几天，他遇到法国野战军总司令乔治将军，看了法国和德国的军力对比，深受鼓舞的丘吉尔说道："那你们占优势啊。"[3]

这可能加强了丘吉尔的热情，他怀着这种热情，敦促法国赶紧对德国宣战，为波兰提供支持——法国大使在急电中称："情绪最激动者当属温斯顿·丘吉尔先生，他洪亮的嗓音让电话震颤起来。"丘吉尔当年三月也曾宣布，就英国为波兰提供保证一事，"他与首相完全达成一致"。他和几乎所有英国政治领导人，都强调这种保证作为维护和平的手段的价值。只有劳合·乔治先生指出过这种保证的危险性和不切实际性，而《泰晤士报》却把他的警告称作"劳合·乔治先生发泄的极度沮丧的悲观情绪，他现在似乎活在一个奇特而又偏远的自我世界里"。

平心而论，应当指出，更加清醒的军方对前景并不抱有这些幻想。[4]总的说来当前盛行的情绪完全是意气用事，淹没了眼前的现实感，也掩盖了长远的考虑。

波兰能坚持得更久吗？缓解德国对波兰施加的压力，法国和英国能否做得更好些？我们现在知道，从军力方面说，这两个问题的答案乍看上去似乎都是"能"。就兵力而言，波兰足以把德军阻挡在国界线，至少可以长时间阻滞对方推进。还是从兵力上说，同样明显的是，法国应该能够击败德国部署在西线的当面之敌。

波兰陆军编有 30 个现役师和 10 个预备师，还有不下 12 个大型骑兵旅，尽管只有一个旅实现了摩托化。波兰的潜在力量，人数甚至比以上这些师的总兵力还要多，因为波兰有 250 万 "训练有素的人员" 可资动员。

法国动员的力量相当于 110 个师，其中包括不下 65 个现役师。这股军力编有 5 个骑兵师、2 个机械化师、1 个组建中的装甲师，其他都是步兵师。就总数而言，即便扣除守卫法国南部和北非，防范意大利潜在威胁的力量，法国统帅部还是能把 85 个师集结在面对德国的北部战线上。另外，法国还可以动员 500 万受过训练的人员。

除了为中东和远东的防御提供兵力，英国曾承诺，一旦战争爆发，就把 4 个正规师派往法国，后来实际派出的兵力相当于 5 个师。可由于海上运输问题，以及为避免空袭必须采取的迂回路线，这股先遣力量要到九月底才能到达。

除了少而精的正规陆军，英国正在组建和装备由 26 个师构成的本土野战陆军，战争爆发时，英国政府已计划把这股力量扩充到 55 个师。但这股力量的首批部队要到 1940 年才能做好投入战场的准备。在此期间，英国的主要贡献只能是以海军力量实施一场海上封锁，这是一种传统方式，施加的压力需要较长时间才能奏效。

英国的轰炸机数量刚好超过 600 架，是法国的两倍，但不到德国轰炸机数量的一半。鉴于当时列装的轰炸机有限的载弹量和航程，它们无法以直接轰炸德国的方式发挥重要影响。

德国动员了 98 个师，包括 52 个现役师（含 6 个奥地利师）。不过，另外 46 个师，只有 10 个可以在动员后参战，就连这些师的大部分人员也仅仅是服役一个月左右的新兵。另外 36 个师主要由参加过第一次世界大战的老兵组成，这些四十岁上下的士兵对现代武器和战术知之甚少。他们缺乏火炮和其他武器装备。组织、训练这些师，让他们成为能战之军，需要耗费很长时间，甚至比德国统帅部预想得还要长，他们对这种缓慢的进程深感震惊。

德国陆军 1939 年没有为战争做好准备，相信希特勒保证的那些将领完全没有料到这场战争。他们原本打算逐步建立一个训练有素的军官团，但还是勉强同意了希特勒迅速扩军的愿望，希特勒一再告诉他们，会有足够的时间进行这种训练，因为他无意在 1944 年前冒险发动一场大规模战争。考虑到军队的规模，装备短缺也很严重。

但战争爆发后，普遍的看法是，战争初期德国赢得的全面胜利，归功于武器和兵力的压倒性优势。

第二个幻想消失得非常缓慢。丘吉尔甚至在撰写战争回忆录时仍然认为，德国人 1940 年至少有一千辆"重型坦克"。可事实是，对方根本没有重型坦克。战争开始时，他们只有少量中型坦克，重量仅 20 吨。德军在波兰使用的大多数坦克，重量很轻，装甲很薄。[5]

稍事计算就能看出，波兰和法国的总兵力相当于 130 个师，而德国共有 98 个师，其中 36 个师几乎没受过训练，而且缺乏组织。就"训练有素的士兵"而言，力量对比更加不利于德国人。但实力强大的联军隔得很远，而德国位于中央，把联军分成两个部分，因而抵消了数量上的劣势。德国人可以先行进攻两个对手中实力较弱的一个，而法国人要想救援他们的盟友，就不得不进攻德军预有准备的防御。

尽管如此，从数量计算，波兰人还是有庞大的军力，足以抗击德军投入的打击力量，这股力量编有 48 个现役师，尾随其后的是 6 个获得动员的预备师，可没等他们投入战斗，波兰战局就结束了。

从表面上看，法国似乎有足够的优势，一举粉碎部署在西线的德国军队、一路突破到莱茵河不在话下。可法国人没这么做，德军将领对此感到惊讶，但也如释重负。他们中的大多数人仍倾向于从 1918 年的角度考虑问题，和英国人一样，他们高估了法国军队。

可是，关于波兰能否坚持得更久、法国能否为波兰提供更有效的援助这两个问题，仔细研究的话（也就是更深刻地理解两国军队的固有缺陷，以及1939 年首次付诸实践的战争新技术），就会得出大不相同的结论。从这种现代观点着眼，即便在战争爆发前也能看出，战事进程几乎是不可能改变的。

丘吉尔的战争回忆录描述了波兰的崩溃，他写道：

> 装甲战车能够承受炮火，一天内前进100英里，英国和法国对这种新事实的后果没有任何有效的理解。[6]

这种说法千真万确，适用于英法两国的高级军官和政治家。但首先是在英国，一小批进步的军事思想家公开而又不断地倡导、解释了这些新的潜力。

丘吉尔回忆录第二卷阐述了法国 1940 年的崩溃，尽管有所保留，可还是坦率承认：

> 我多年不接触官方情报，因而不了解自上次世界大战以来，大批快速机动的重型装甲战车发动进攻造成了这么猛烈的革命。我听说过这种情况，但没有改变我内心应当改变的信念。[7]

这是个值得注意的说法，出自第一次世界大战期间为支持坦克发挥了重要作用的人物笔下。丘吉尔的坦率承认值得尊敬，但他 1929 年前一直担任财政大臣，而世界上第一支实验性装甲部队 1927 年组建于索尔斯堡平原，用于验证快速坦克战的倡导者宣传了好几年的新理论。他完全了解他们的理念，不仅视察过演练中的实验性装甲部队，接下来几年还不断同这些人会面。

法国人不理解新的战争理念，官方对此的抵制比英国更严重。而波兰的情况甚至还不如法国。这种缺乏了解是两国军队 1939 年失败，法国 1940 年再次惨败的根源。

波兰人的统军思想陈旧过时，波兰军队的模式很大程度上也是这样。他们没有装甲或摩托化师，他们的旧式兵团缺乏反坦克炮和高射炮。另外，波兰领导者仍信赖大规模骑兵部队的价值，依然对实施骑兵冲锋的可能性抱有一种可悲的信念。[8] 就这方面而言，可以说他们的理念落伍了八十年，因为早在美国南北战争时期就证明骑兵冲锋毫无用处，但抱有战马情怀的军人仍对这种教训视而不见。第一次世界大战期间，各国军队保留了大量骑兵，可骑兵大显身手的希望一直没能实现，结果沦为那场静态战争最大的笑话。

另一方面，法国拥有一支最新式军队的许多构成因素，可他们没有利用这些因素打造出这样一支军队，因为法国高层的军事理念落伍了二十年。与战败后出现的说法相反，截至战争爆发时，德国制造的坦克数量远不及法国——与任何一款德国坦克相比，法国坦克吨位更大，装甲板更厚，但速度较慢。[9]可是，法国最高统帅部仍以1918年的观点看待坦克，视之为步兵的随从，或将其作为侦察部队为骑兵提供补充。他们受到这种陈旧思维方式束缚，把坦克编为装甲师的工作进展缓慢，而且依然倾向于零零碎碎地使用坦克，这与德国人的做法完全不同。

法国人，特别是波兰人，由于缺乏空中力量掩护和支援，新型地面部队的劣势进一步扩大。波兰在这方面无所作为的部分原因是缺乏制造资源，可法国人不能以此为借口。这两个国家，组建大规模陆军都导致空中力量的需求居于次要地位，因为陆军将领的要求在军事预算分配方面占据主导地位，这些将领自然倾向于支持他们熟悉的兵种。他们完全没有意识到，地面部队的效力目前在多大程度上取决于足够的空中掩护。

两支军队惨败的原因也许可以追溯到高层极度的自鸣得意。就法国而言，这种自负源于第一次世界大战的胜利，以及他们的盟国总是推崇他们自以为高明的军事知识。而波兰人的狂妄自大受到他们1920年击败苏俄红军的鼓励。长期以来，两国军事领导人都对他们的军队和军事技术表现出一种骄傲自大之情。公平地说，某些年轻的法国军人，例如戴高乐上校，对英国当时倡导的坦克战新理念表现出浓厚的兴趣。但法国高级将领不太关注这些源自英国的理论，这与潜心研究这些理论的新派德国将领形成了鲜明对比。[10]

尽管如此，德国陆军仍远远谈不上是一支真正高效、现代设计的军队。不仅整个陆军没有为战争做好准备，而且大多数现役师的组织模式陈旧落伍，高级指挥部的理念仍存在因循守旧的倾向。但战争爆发前，他们已组建了少量新型兵团：6个装甲师、4个轻装（机械化）师，以及为他们提供支援的4个摩托化步兵师。这股力量只占德国陆军总兵力的一小部分，可他们比陆军中的其他兵团更具价值。

同时，德国最高统帅部犹犹豫豫地承认了快速战争的新理论，愿意对此加以试验。这主要归功于海因茨·古德里安将军和另一些人的大力倡导，另外，他们的观点吸引了希特勒——他对一切能实现速战速决的理念都青睐有加。总之，德国陆军赢得一连串惊人的胜利，并不是因为他们具有压倒性兵力优势，或在组织形式上彻底实现了现代化，而是因为他们比对手技高一筹，这种领先程度不太大，但至关重要。

第一次世界大战期间，克列孟梭说了句后来经常被人引用的话："战争是件极其严肃的事情，决不能假手于军人。"欧洲 1939 年的局势重新强调了这句话，还赋予它新的含义。因为即便完全信任军人的判断力，现在也不能把战争完全托付给他们。且不说发动战争的权力，就连维持战争的权力，也已从军人的军事领域转移到经济领域。随着机械动力在战场上对人力的支配作用越来越大，从现实角度看，工业和经济资源确实在大战略这个范畴把前线军队置于次要地位。除非军队源源不断地获得工厂和油田提供的补给，否则他们不过是一群毫无效力的乌合之众而已。满怀敬畏的民众觉得行进中的军队威风凛凛，可在现代战争科学家眼中，他们不过是传送带上的木偶罢了。这方面呈现出拯救文明的潜在因素。

如果只考虑现有的军队和军备，前景会显得更加黯淡。《慕尼黑协定》改变了欧洲的战略平衡，至少在一段时间内，情况严重不利于英国和法国。他们即便加快贯彻加强军备的方案，也无法抵消战略平衡这杆天平上消失的 35 个装备精良的捷克斯洛伐克师，以及德国腾出的原本用于保持平衡的那些师。

德国吞并捷克斯洛伐克，把该国的军工厂和军事装备悉数纳入囊中，抵消了法国和英国到当年三月实现的军备增加。仅以重型火炮计，德国装备的数量一下子增加了一倍。更糟糕的是，德国和意大利帮助弗朗哥推翻了西班牙共和政府，这就对法国边界和英法两国的海上交通线构成额外的威胁。

从战略上看，除非获得苏联提供支援的切实保证，否则就无法在有限时间内恢复平衡。同样从战略上说，德国要想解决他们与西方国家之间的问题，眼下是个天赐良机。但战略天平的倾斜取决于经济基础，战争压力下，这种经济基础能否长期支撑德国军队的重量，这一点值得怀疑。

大约二十种基本原料是战争必需的：用于一般性生产的煤，用于动力的石油，制造炸药需要的棉花、羊毛、铁，用于运输的橡胶，制造军械和所有电力设备的铜，炼钢和制造弹药的镍，制造弹药的铅，制造炸药的甘油，制造无烟火药的纤维素，制造雷管的汞，制造飞机的铝，用于化学仪器的铂，用于炼钢和冶金的锑、锰等，用于弹药和机械生产的石棉，作为绝缘体的云母，用于制造炸药的硝酸和硫黄。

除了煤，英国缺乏上述大多数原料，需求量很大。可只要确保海上航线，大多数原料都能从大英帝国域内获得。就镍而言，全世界90%的供应量出自加拿大，其他大部分原料来自新喀里多尼亚的法国殖民地。英国缺乏的主要是锑、汞、硫黄，石油资源也不足以应对战争的需求。

法兰西帝国无法供应这些短缺的原料，除此之外，他们还缺乏棉花、羊毛、铜、铅、锰、橡胶和另一些需求量较小的物资。

以上原料中的大部分，苏联的产量很充足，可他们缺乏锑、镍、橡胶，而铜和硫黄的供应量也不足。

这些大国中，情况最好的当属美国，出产全世界石油产量的三分之二，全世界棉花产量的一半，全世界铜产量的一半，依靠外部来源的只有锑、镍、橡胶、锡和一部分锰。

柏林—罗马—东京轴心的情况与之形成了鲜明对比。上述每一种原料，意大利几乎都需要进口，就连煤也不例外。日本几乎完全依赖国外资源。德国国内不出产棉花、橡胶、锡、铂、矾土、汞、云母，而铁矿石、铜、锑、锰、镍、硫黄、羊毛、石油的产量严重不足。吞并捷克斯洛伐克后，德国多少缓解了铁矿石的不足，通过干预西班牙内战，德国以有利的条件获得了更多铁矿石供应，另外还有汞——不过，获得这些原料还是要依赖海上航线。另外，德国通过一种新的木质替代物，满足了部分羊毛需求。同样，虽然成本较天然产品为高，但德国还是以人工合成橡胶满足了五分之一的橡胶需求量，以人工合成汽油满足了三分之一的汽油需求量。

当前这个时代，陆军日趋依赖机动性，空军成为武装部队的重要组成部分，这恰恰是轴心国开战能力方面的最大弱点。除了从煤衍生物中提炼人工合成石油，德国从国内油井获得大约50万吨石油，从奥地利和捷克斯洛伐克得到的石油微乎其微。为满足日常需求，德国不得不进口500万吨石油，主要来源是委内瑞拉、墨西哥、荷属东印度、美国、苏联、罗马尼亚。战争期间，德国无法从前四个国家得到石油，因而必须征服后两个国家。另外，估计德国战争期间每年的石油需求量超过 1200 万吨。鉴于这种情况，很难期望通过增产人工合成石油来满足需求。只有完好地夺取罗马尼亚的油田（每年出产 700 万吨），才有望解决石油短缺问题。

如果意大利参战，他们的需求必然加剧缺乏石油这个问题，因为战争期间的意大利，每年可能需要 400 万吨石油，即便意大利船只愿意穿越亚得里亚海，从阿尔巴尼亚获得的石油数量也仅仅是上述需求量的 2%。

知己知彼，方能百战不殆。虽然军事前景相当黯淡，但德国和意大利的资源不足以维持一场长期战争，因而还是有理由感到宽慰的——只要抗击他们的西方国家在战争爆发时承受住最初的冲击和压力，直到获得援助。总之，面对这样一场即将到来的冲突，轴心国的命运取决于他们能否迅速赢得战争。

注释

1. Churchill: *The Second World War*, vol. I, p. 357.

2. 这句话是他1938年4月14日说的。

3. Churchill: *The Second World War*, vol. I, p. 357.

4. 战争爆发时，我写了篇战略研判，预言波兰很快会战败，以及法国不会长期从事战斗的可能性，结尾处概括了当前形势："总之，我们的处境从战略上看很不可靠，这就导致我们陷入窘境，可能是我们有史以来最恶劣的处境。"

5. Liddell Hart: *The Tanks*, vol. II, Appendix V.

6. Churchill: *The Second World War*, vol. I, p. 425.

7. Churchill: *The Second World War*, vol. II, p. 39.

8. 回想起来，具有冷酷讽刺意味的是，我在战争爆发前不久出版的《英国防务》一书中，对波兰军事领导人仍寄希望于以骑兵冲锋对付现代兵器深表忧虑，波兰军方通过外交部提出正式抗议，驳斥对他们判断力的这种批评。

9. Liddell Hart: *The Tanks*, vol. II, pp. 5–6.

10. Liddell Hart: *The Tanks*, vol. II, pp. 5–6.

World War II

第二部

爆发

1939—1940 年

第三章

波兰沦亡

波兰战局是装甲和空中力量合成的机动作战理论在战争中的首次展示和验证。该理论最初在英国发展成形时，其作用被着重描述为"闪电"（lightning）。从现在起，恰当但又不无讽刺意味的是，它以"闪电战"（Blitzkrieg）这个名称在全世界流传开来，这正是 lightning 一词的德文翻译。

波兰非常适合一场闪电战的展示。这个国家的边界线很长，总长度达到3500英里左右，其中1250英里与德国接壤，德国吞并捷克斯洛伐克后，这段接壤边界线增加到1750英里。这就导致波兰的南翼暴露在外，很容易遭受入侵，而波兰的北翼，由于面对东普鲁士，早已暴露在入侵威胁之下。波兰西部形成一个巨大的突出部，夹在德国两股铁钳之间。

对快速机动的侵略者来说，波兰平原提供了平坦、易于行进的地面条件，但这种地面条件不及法国，因为波兰缺乏良好的道路，离开道路经常会遇到深深的沙地，某些地区的湖泊和森林非常多。不过，认真选择入侵时机的话，就可以把这些不利条件的影响降到最低程度。

将军队集结在更后方，也就是维斯瓦河和桑河这些宽阔的河流线后方，可能是更加明智的布势，但这样一来，波兰势必得放弃一些最具价值的地区。西里西亚煤田靠近边界线，1918年前属于德国，而波兰大部分主要工业区，虽说位于更后方，可还是在河流障碍以西。即便在最有利的情况下，也很难想象波兰人能守住他们的前进地区。但出于经济方面的考虑，波兰人企图阻滞敌人攻往自己的主要工业区，而民族自尊心和军人的过度自信极大地加强了这种想法。另外，他们还对西方盟友及时提供援助、缓解波兰遭受的压力抱有一种过于乐观的希望。

波兰军队的展开，一再表现出这种不切实际的态度。他们把大约三分之一的力量集结在波兰走廊内或附近，危险地暴露在一场合围下——如果德军从东普鲁士和西面发动联合进攻的话。过度的民族自尊心（也就是反对德国收复 1918 年前的领土，德国一直在争取这片土地），不可避免地耗费了大批兵力，这些力量本来可用于掩护对波兰的防御更加重要的地区。因为在南方，面对侵略者的主要接近路线，波兰部署的力量相当薄弱。另外三分之一的波兰军力集结在中轴线以北担任预备队，位于罗兹与华沙之间，由总司令希米格维·雷兹元帅指挥。该集团表现出进攻精神，可他们发动一场反攻以实施干预的目的，与波兰军队有限的机动能力并不相符，即便德军没有空袭他们使用的铁路和公路，波兰军队的机动性也强不到哪里去。

总的说来，波兰军队的前进集结致使他们丧失了实施一连串阻滞行动的机会，因为徒步行军的波兰军队还没来得及退守后方阵地，就被侵略者的机械化纵队追上了。波兰开阔的领土上，波军的非机械化状态制造的困难远比遭受突袭时没来得及征召全部预备力量更加严重。缺乏机动性比不完全动员更致命。

同理，德国发动入侵时投入 40 来个普通步兵师，其价值远不及他们的14 个机械化或半机械化师，这股力量由 6 个装甲师、4 个轻装师（配备两个装甲分队的摩托化步兵）、4 个摩托化步兵师组成。发挥决定性作用的正是这股力量快速而又深远的推进，他们与航空兵从空中施加的压力相配合，德国空军不仅炸毁了波兰的铁路系统，还在入侵初期消灭了波兰空军主力。德国空军以一种相当分散的方式展开行动，而不是投入大股编队，但此举却把一种匐行性麻痹症在尽可能开阔的地区传播开来。另一个重要因素是德国人的无线电"轰炸"，伪装成波兰的广播，严重加剧了波兰后方的混乱和士气低落。

由于过度自信地认为他们的人力能击败战车，波兰人在沮丧之余不免产生了一种幻想破灭感，这让上述所有因素加倍发挥了效力。

9月1日清晨6点前不久，德国军队跨过波兰边界，一个小时前，德国空军发起空袭。北面遂行入侵的是博克集团军群，编有屈希勒尔指挥的第3集团军和克鲁格指挥的第4集团军。第3集团军从东普鲁士的侧翼位置向南突击，第4集团军跨过波兰走廊向东攻击前进，意图与第3集团军会合，合围波兰军队右翼。

更重要的任务赋予部署在南面的伦德施泰特集团军群，他们的步兵兵力几乎是博克集团军群的两倍，装甲力量也更多。该集团军群辖布拉斯科维茨指挥的第8集团军、赖歇瑙指挥的第10集团军、李斯特指挥的第14集团军。位于左翼的布拉斯科维茨负责攻往庞大的制造业中心罗兹，协助孤立盘踞在波兹南突出部的波兰军队，同时掩护赖歇瑙侧翼。右翼的李斯特攻往克拉科夫，同时迂回波兰军队位于喀尔巴阡山的侧翼，以克莱斯特装甲军穿过山口。但决定性突击由部署在中央的赖歇瑙集团军遂行，为此，装甲主力调拨给他。

波兰将领一向轻视防御，热衷于反突击，因而没有为构筑防御工事付出努力，他们认为，波兰军队虽然缺乏战车，但还是能有效遂行反突击，这种心态给德军的成功入侵帮了大忙。实现机械化的入侵者，轻而易举地找到、突破了敞开的前进道路，波兰军队的大部分反突击以失败告终，因为德军阻挡住他们的进攻势头，而取得纵深突破的德军快速力量也从后方对他们构成威胁。

9月3日，英国和法国对德国宣战那天，克鲁格的推进已切断波兰走廊，还前出到维斯瓦河下游，屈希勒尔从东普鲁士向纳雷夫河施加的压力不断加强。更重要的是，赖歇瑙的装甲力量突破到瓦尔塔河，还强渡该河。与此同时，李斯特集团军从两翼朝克拉科夫汇聚，迫使该地区的希尔林格集团军弃守克拉科夫，退往尼达河和杜纳耶茨河一线。

到9月4日，赖歇瑙的先遣力量已到达并渡过边界线前方50英里的皮利察河。两天后，他的左翼夺得托马舒夫，到达罗兹后方，而他的右翼力量已攻入凯尔采。这样一来，掩护罗兹地区的波兰罗梅尔集团军遭德军迂回，而库特尔泽巴集团军仍位于前方的波兹南附近，陷入被切断的危险。其他德军兵团也取得进展，在这场庞大的合围机动中发挥了自己的作用，这场行动由德国陆军总参谋长哈尔德策划，陆军总司令布劳希奇指挥。波兰军队被分割，分散成一个个缺乏协同的群体，有的忙着后撤，有的对附近的德军部队展开杂乱无章的攻击。

要不是一种挥之不去的传统倾向要求快速部队放缓速度，以免把提供支援的步兵集团甩得太远，德军这场推进可能会更快。但新近获得的经验表明，对手的混乱抵消了这种风险，于是，德军采取了更加大胆的做法。赖歇瑙麾下一个装甲军穿过罗兹与皮利察河之间敞开的缺口，9月8日到达华沙郊外，也就是说，他们一周内取得140英里进展。次日，赖歇瑙右翼几个轻装师，在华沙与桑多梅日之间到达南面的维斯瓦河，他们随后转身向北。

在此期间，喀尔巴阡山附近，李斯特的快速力量依次渡过比亚拉河、杜纳耶茨河、维斯沃卡河、维斯沃克河，攻往普热梅希尔这座著名要塞两侧的桑河。北面，担任屈希勒尔集团军先遣力量的古德里安装甲军已渡过纳雷夫河[①]，正攻往华沙后方的布格河一线。因此，一场更加庞大的钳形攻势在德军内钳外部大力发展，而内钳合围圈正把波兰军队包围在华沙西面的维斯瓦河河曲部。

入侵这一阶段，德军的方案发生了一个重要变化。波兰军队的状况极度混乱，一支支队列似乎朝各个不同方向开进，卷起的尘埃妨碍到德军的空中侦察，因此，德国人一时间也不清楚战斗态势究竟如何。面对这种含糊晦涩的情况，德国最高统帅部倾向于认为北部的波兰军队主力已逃过维斯瓦河。根据这种假设，他们命令赖歇瑙集团军在华沙与桑多梅日之间渡过维斯瓦河，目标是拦截预计中撤往波兰东南部的波兰军队。但伦德施泰特提出反对意见，他认为波兰军队主力仍在维斯瓦河西面。经过一番争论，他的观点占据了上风。赖歇瑙集团军转身向北，沿华沙西面的布祖拉河构设一道拦截阵地。

---

① 译注：古德里安指挥的第19军隶属克鲁格第4集团军。

　　结果，波兰军队最大的一股残部，没能撤过维斯瓦河就陷入重围。德国人沿对方抵抗力最弱的路线达成战略突破，由此取得的优势，现在还要加上遂行战术防御的优势。他们只需要守住阵地就能赢得胜利——仓促发起突击的这股敌军正在从事反方向战斗，他们与己方基地相隔断，补给物资所剩无几，侧翼和后方不断遭受布拉斯科维茨和克鲁格集团军朝东面实施向心突击的压力。尽管波兰人浴血奋战——他们的英勇给德国人留下深刻印象，可只有一小部分人借助夜色掩护，最终突出包围圈，加入了华沙守军。

　　9月10日，希米格维·雷兹元帅下达了全面撤往波兰东南部的命令，在那里负责指挥的是索斯恩科夫斯基将军，他们的意图是沿一条相对狭窄的战线组织防御阵地，从而实施长期抵抗。可这种努力现在纯属徒劳。维斯瓦河西面的庞大包围圈收拢时，德国人深深楔入维斯瓦河以东地区。另外，他们在北面转向布格河一线，在南面转向桑河一线。屈希勒尔的战线上，古德里安装甲军向南突击，以一场大范围迂回攻往布列斯特－立托夫斯克。李斯特的战线上，克莱斯特装甲军9月12日到达利沃夫。德军在这里遭到阻截，但他们随即向北攻击前进，意图与屈希勒尔麾下部队会合。

　　虽然入侵部队因为这场纵深突破而疲惫不堪，油料也即将耗尽，但波兰军队的指挥体系混乱不堪，根本无法从德军暂时的懈怠或许多孤立的波兰部队仍在实施的顽强抵抗中获益。这些波兰部队在胡乱战斗中耗尽了精力，而德国人逐步逼近，正在完成他们的合围。

　　9月17日，苏联红军跨过波兰东部边界。这场背后一击决定了波兰的命运，因为他们几乎已没有任何军队可用于抵抗第二场入侵。次日，波兰政府和最高统帅部逃过罗马尼亚边界——总司令发回一份电报，告诉他的军队继续战斗。大多数波兰部队可能没有收到这份电报，但接下来几天，确实有许多波兰部队英勇地执行了这道指令，虽然他们的抵抗逐渐瓦解了。尽管遭到空中和地面的猛烈轰炸和炮击，可华沙守军坚守到9月28日，波兰军队最后一股较大的残部直到10月5日才投降，而游击抵抗一直持续到当年冬季。约有8万人逃过中立国边界。

　　从东普鲁士向南延伸，穿过比亚韦斯托克、布列斯特－立托夫斯克、利沃夫，直到喀尔巴阡山，作为联军的德国和苏联军队沿这条战线会师并互致问候。通过共同瓜分波兰，他们建立起伙伴关系，但这种关系并不牢靠。

在此期间，法国人只是给德国的西部防线造成个小小的凹陷。看上去他们只为缓解盟友的压力付出了微不足道的努力，事实确实如此。西线德军的数量并不多，防御也很薄弱，这自然让人觉得法国人本来可以做得更好。但和波兰的情况一样，我们只要做些深入分析，就能纠正双方兵力对比所暗示的表面结论。

虽说法国北部边界线长达 500 英里，可法国军队要想发动进攻，只能把行动限制在莱茵河到摩泽尔河这片 90 英里的狭窄地段，除非他们破坏比利时和卢森堡的中立。德国人完全可以把他们可用军力的精锐集结在这片狭窄地段，在西格弗里德防线接近地布设一片密集的雷区，以此阻滞进攻方。

更糟糕的是，除了一些初期试探性进攻，法国军队直到 9 月 17 日前后才发动攻势。可此时波兰显然已告崩溃，于是法国有了很好的借口取消进攻。法国的动员体制导致他们无法尽早发动攻势，这种体制本来就已经过时落伍。这是他们依赖一支应征军的致命产物——他们必须把大批"接受过训练的预备役人员"从日常工作中召集起来，各兵团做好准备后才能有效地投入战斗。另外，法国统帅部仍坚持陈旧的战术思想，特别是他们认为，任何一场进攻都必须像第一次世界大战那样，以一场大规模炮击加以准备，这就进一步造成延误。他们仍把重型火炮视为对付一切防御阵地必不可少的"开罐器"。可他们的大部分重型火炮必须从仓库取出，要到动员的最后阶段，也就是第十六天，才能使用。这些情况主导着他们为发动一场进攻所做的准备工作。

过去几年，法国政治领导人保罗·雷诺不断指出这些理念已然过时，还敦促必须组建一支由职业军人组成，随时可战的机械化力量，不能依靠老迈、动员缓慢的应征兵。可没人重视他的这番呼吁。法国政治家和大部分法国军人一样，仍对征兵制和兵力数量笃信不疑。

1939 年的军事问题可以用两句话来概括。东方,一小股坦克力量与具有优势的空中力量相结合,把一种新奇的技术付诸实践,迅速粉碎了一支彻底过时的军队。在此期间,西方,一支动作迟缓的军队没能及时施加任何有效的压力。

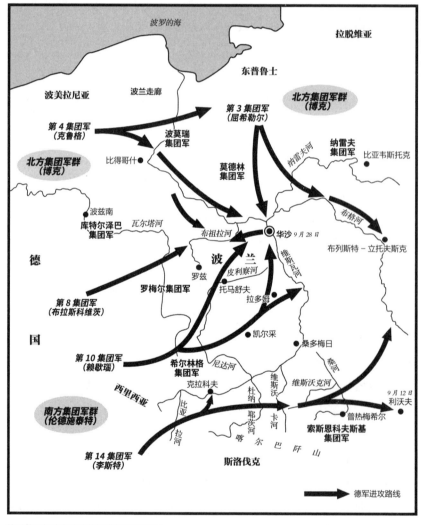

德军装甲部队在波兰的推进(ZVEN 制)

第四章

虚假战争

"虚假战争"这个词是美国媒体创造的。和许多生动的美国话一样，这个词很快在大西洋两岸传播开来。描述从 1939 年 9 月波兰崩溃到次年春季希特勒发动西方战局这段时期的战事时，"虚假战争"成了专用名词。

创造这个词的那些人认为，这场战争是假的，因为英法军队与德军没有发生任何大规模交战。实际上，那段时期充满不祥的活动，大多在幕后进行。其间，一名德国参谋人员发生了一起奇怪的事故。希特勒对这起事件震惊不已，接下来几周，德国人彻底改变了他们的军事方案。与新拟制的计划相比，旧方案毫无胜算。

局外人对这些情况一无所知，他们看到的只是战线保持平静，因而得出结论，战神睡着了。

对这种表面看似消极的状况，各种说法不尽相同。有人认为，虽然英国和法国为了波兰对德国宣战，但他们没有认真对待开战意图，而是等待和平谈判。另一个颇为流行的说法是，英法两国足智多谋。美国报纸刊登了许多报道，声称联军最高统帅部故意采用一种构思巧妙的战略防御方案，正给德国人布设陷阱。

这两种说法都毫无根据。当年秋季和冬季，盟国政府和最高统帅部耗费大量时间讨论了进攻德国或德国侧翼的方案（以他们的现有资源看，这是不可能做到的），而不是集中力量，准备有效抵御希特勒即将发动的进攻。

法国陷落后，德国人缴获了法国最高统帅部的档案，还挑出一部分耸人听闻的文件加以公开。这些文件表明了盟国首脑整个冬季是如何反复考虑各种进攻方案的——取道挪威、瑞典、芬兰打击德国侧后方；取道比利时打击鲁尔区；取道土耳其和巴尔干地区打击德国遥远的东翼；打击苏联高加索山区的庞大油田，从而切断德国的石油供应。这些想法纯属天方夜谭，盟国领导人就像活在梦幻世界里，直到希特勒发动进攻，这盆兜头冷水才把他们浇醒。

希特勒总是未雨绸缪，波兰战局临近尾声时，他还没有公开提出召开一场全面和平会议的建议，就开始考虑进攻西方国家的事宜。他显然意识到，西方盟国不太可能考虑此类建议。但目前，希特勒只把自己的想法告诉了亲信随从。直到 10 月 6 日公开发表和平呼吁，遭到对方断然拒绝，他才把详情告知蒙在鼓里的陆军总参谋部。

三天后，希特勒给德国陆军首脑下达了一道长长的指令[1]，阐明自己的观点，给出他认为对西方国家发动进攻是德国唯一可行路线的理由。这是一份最能说明问题的文件。他在这道指令中阐述了自己的结论：与法国和英国进行一场旷日持久的战争会耗尽德国的资源，而且德国可能会遭到苏联从背后发起的致命打击。他担心德国与苏联签订的条约无法确保对方长时间保持中立，一旦机会出现，苏联就会放弃中立立场。他认为击败法国后，英国就会做出妥协。

希特勒认为，他目前掌握的兵力和装备足以击败法国，因为德国在最重要的新式武器方面占有优势：

目前，无论作为进攻还是防御武器，德国的装甲兵和空军都达到了其他国家无法企及的技术高度。他们的组织和获得的熟练领导优于其他任何国家，这确保了他们从事作战行动的战略潜力。

希特勒承认法国在旧式武器方面占有优势，特别是重型火炮，但他指出："机动作战中，这些武器并不具有决定性意义。"他还认为，虽然法国训练有素的士兵较多，但凭借新式武器的技术优势，德国完全不必担心对方的数量优势。

他继续指出，如果等待下去，指望法国人厌战的话，那么，"英国作战力量的发展会给法国带来一种新的战斗要素，无论是心理上还是物质上，都对法国深具价值"，无疑会加强法国的防御。

首先必须加以防范的是，敌人也许会弥补他们武器装备方面的弱点，特别是反坦克和防空武器，从而建立一种力量平衡。从这方面说，每过去一个月都意味着时间的浪费，不利于德国的进攻力量。

让希特勒深感焦虑的是，一旦轻松征服波兰引发的兴奋之情消退，德国军人的"战争意志"也会随之下降。"目前，他的自尊与他要求别人对他的尊重同样强烈。但战事推延六个月，再加上敌人的有效宣传，可能会导致这些重要的品质再次遭到削弱。"[2]希特勒觉得应该迅速发动进攻，以免为时过晚，他说道："就目前情况看，时间有利于西方国家，而不是我们。"他这份备忘录得出结论：只要条件允许，今年秋季就发动进攻。

希特勒坚决主张，必须把比利时纳入进攻地域，此举不仅仅是为了获得机动空间，从而迂回法国的马其诺防线，也是为防范英法把军队开入比利时、部署到靠近鲁尔区的边界线上的危险，"这会导致战火逼近我们的军火工业中心"。（正如法国档案表明的那样，这恰恰是法国陆军总司令甘末林一直主张的方案。）

获知希特勒的意图后，德国陆军总司令布劳希奇和总参谋长哈尔德震惊不已。与德国大多数高级将领一样，他们并不认同希特勒的看法，也就是新式武器的威力能够抵消对手在训练有素的兵员方面的优势。他们按照惯例计算了师的数量，认为德国陆军没有足够的力量击败西方国家的军队。他们指出，德国勉强动员的 98 个师，总兵力远比另一方少，更何况这 98 个师中还有 36 个师装备低劣、训练欠佳。他们还担心这场战争会发展成另一场世界大战，最终给德国带来致命后果。

这些将领忧心忡忡，于是打算采取非常手段。就像一年前发生慕尼黑危机时那样，他们开始考虑采取行动推翻希特勒，计划从前线抽调一支精锐部队开赴柏林。后备军总司令弗里德里希·弗洛姆将军的协助至关重要，但他拒不合作。弗洛姆指出，要是命令部队背叛希特勒的话，他们是不会服从的，因为大多数普通士兵非常信任希特勒。部队会做出怎样的反应，弗洛姆的判断可能是正确的。大多数直接接触部队，对军方高层讨论的事宜一无所知的军官都证实了这一点。

大部分德国军民，即便没有因胜利而陶醉，也受到戈培尔博士的宣传荼毒，戈培尔宣称希特勒渴望和平，盟国却决意摧毁德国。不幸的是，盟国的政治家和新闻媒体为戈培尔提供了大量可供引用的素材，这让他得以勾勒出一幅盟国恶狼企图吞噬德国羔羊的画面。

虽然战争期间反对希特勒的第一场阴谋胎死腹中，但希特勒没能像他希望的那样，于当年秋季发动进攻。具有讽刺意味的是，事实证明这对他而言堪称幸运，而对包括德国民众在内的全世界人民来说却是不幸的。

德军发动进攻的日期暂定于 11 月 12 日。布劳希奇 11 月 5 日再次设法说服希特勒打消入侵法国的念头，还详细阐述了反对这项方案的理由。希特勒拒不接受布劳希奇的观点，还严厉申斥了他，同时坚决主张必须在 11 月12 日发起进攻。但 11 月 7 日，进攻令取消了，因为气象专家预测会出现恶劣的天气。进攻日期推迟三天，随后又一次次推延。

虽然恶劣天气的到来显然是推迟进攻的理由，但希特勒对不得不推延进攻行动非常恼火，他根本不相信这是唯一的理由。11 月 23 日，他召集所有高级将领举行会议，大谈发动进攻的必要性，以此打消他们的顾虑——他对苏联的潜在威胁深表担忧，还强调西方盟国不仅不考虑他的和平建议，反而大力加强军备。"时间有利于敌人。""我们有个致命弱点，那就是鲁尔区……如果英法军队取道比利时和荷兰进入鲁尔区，我们就会陷入最大的危险。"

希特勒随后申斥这些将领胆小如鼠，说他怀疑他们企图破坏他的计划。希特勒指出，从德国重新占领莱茵兰那天起，他们就不断反对他采取的各项措施，可每一次胜利都证明他是对的，所以他现在要求他们无条件地听从他的想法。布劳希奇企图指出这场新冒险有所不同，而且风险更大，结果遭到希特勒更加严厉的申斥。希特勒当晚单独接见布劳希奇，又训斥了他一顿。于是，布劳希奇递交辞呈，可希特勒把它丢在一旁，告诉他必须服从命令。

不过，事实证明，与这些德军将领相比，天气是个更好的破坏者。十二月上半月，恶劣的天气致使德军的进攻行动一再推延。希特勒随后决定等到来年再说，还批准圣诞节放假。圣诞节刚过，天气再度恶化，但希特勒1月10日把进攻日期定为1月17日。

可是，希特勒做出决定那天，发生了最富戏剧性的意外事件。许多著作提到了这个故事，但最简明扼要的说法出自德国空降兵司令施图登特将军：

> 1月10日，我派一名少校作为第2航空队的联络官，从明斯特飞赴波恩，任务是与空军商讨进攻方案中一些不太重要的细节。可他随身携带了**对西线发动进攻的全套作战方案。**
>
> 冰天雪地，狂风呼啸，他乘坐的那架飞机在冰冻、积雪覆盖的莱茵河上空迷失方向，飞入比利时境内，不得不在那里迫降。他没能彻底烧毁重要文件。文件中涵盖德国西线进攻方案的重要部分，就这样落入比利时人手中。派驻海牙的德国空军武官报告，比利时国王当晚同荷兰女王进行了长时间的电话交谈。[3]

当然，德国人当时并不知道这些文件的确切下落，但他们自然会做出最坏的设想并研究应对方案。与其他人形成鲜明对比的是，希特勒面对这场危机保持着冷静：

> 看看德国高层领导人对这起事件的反应颇为有趣。戈林暴跳如雷，希特勒却从容冷静，镇定自若……起初他想立即发动进攻，幸运的是，他总算

忍住了。他决定彻底放弃既定作战方案。这份方案后来被曼施泰因将军的方案取代。[4]

瓦尔特·瓦利蒙特将军在德国最高统帅部身居要职[5]，他做的相关记录指出，希特勒 1 月 16 日决心更改进攻方案，"主要是那起飞行事故造成的"。[6]

事实证明，此举对盟国来说极为不幸，尽管他们又获得了四个月准备时间，这是因为德国必须彻底更改作战方案，进攻行动无限期推后，直到 5 月 10 日才发起。但德军发动进攻后，联军被打得晕头转向，法国军队迅速崩溃，英军从敦刻尔克勉强经海路逃脱。

人们自然要问问那名少校的迫降是不是真是一起意外事件。照理说，任何一位与这起事件有关的德国将领，战后为取悦审讯者，从而让自己处于有利位置，都会宣称是自己安排了这起事件，以此向盟国发出警告。可事实是，没人这样做，似乎所有人都确信这的确是一起意外事件。但我们知道德国军事情报局局长卡纳里斯海军上将（他后来被希特勒处决），为破坏希特勒的目标，确实采取了许多秘密措施，就在 1940 年春季，德国入侵挪威、荷兰、比利时前，他对这些受到威胁的国家发出警告，可这些提醒没有得到应有的重视。我们还知道，卡纳里斯的工作方式非常神秘，而且他很擅长掩盖自己的足迹。因此，1 月 10 日这起重要事件的起因注定成为悬而未决的谜团。

新方案的诞生不存在此类疑问。它形成了另一个奇特的插曲，尽管这种"奇特"的表现方式不同。

原先的方案是哈尔德领导的陆军总参谋部制定的，规定以主要突击穿过比利时中部，就像 1914 年所做的那样。这场主要突击由博克指挥的 B 集团军群执行，而伦德施泰特的 A 集团军群在左侧遂行辅助突击，穿越丘陵起伏、林木茂密的阿登山区。德国人认为此处不会取得太大战果，因而把所有装甲师分配给博克，德军总参谋部觉得阿登山区的地形过于复杂，坦克无法行进。[7]

伦德施泰特集团军群的参谋长是埃里希·冯·曼施泰因，那些同僚认为他是年轻将领中最富才干的战略家。曼施泰因觉得这份方案过于平淡无奇，完全重复了1914年的施利芬计划，正是联军统帅部做好应对准备的那种进攻。曼施泰因指出，这份方案的另一个缺点是，德军的主要突击会遭遇英国军队，这个对手远比法国人更顽强。另外，这份方案也无法取得决定性战果。以下就是曼施泰因本人的说法：

> 我们也许能在比利时击败英法联军，也许能占领英吉利海峡地带。可我们的攻势很可能被阻挡在索姆河，然后就演变成1914年那样的状况……没有任何达成和平的机会。[8]

鉴于这个问题，曼施泰因构想了一个大胆的方案，把主要突击转向阿登山区，他觉得这是敌人最意想不到的进攻路线。但他心中还有个大问题，因此，1939年11月，他就此咨询了古德里安。

以下是古德里安本人的陈述：

> 曼施泰因问我，坦克是否能朝色当方向穿过阿登山区。他解释说，他的方案是在色当附近突破马其诺防线，从而避免与昔日的施利芬计划雷同，敌人熟悉施利芬计划，很可能已对此做好准备。由于第一次世界大战的缘故，我熟悉那里的地形，研究地图后，我肯定了曼施泰因的观点。曼施泰因随后说服了冯·伦德施泰特将军，还把一份备忘录呈送OKH（德国陆军总司令部，由布劳希奇和哈尔德领导）。OKH拒不接受曼施泰因的观点。但曼施泰因后来成功地把自己的构想告诉了希特勒。[9]

瓦利蒙特十二月中旬与曼施泰因商谈后，把曼施泰因的构想带回希特勒大本营。他把这份新方案介绍给国防军最高统帅部（OKW）指挥参谋部参谋长阿尔弗雷德·约德尔将军，于是，约德尔又把这份方案呈送希特勒。1月10日发生那起飞行事故后，希特勒开始寻找新方案，这才想起曼施泰因的建议，于是对此加以研究。可即便如此，希特勒直到一个月后才决定采用这份新方案。

最终决定以一种奇怪的方式确定下来。布劳希奇和哈尔德很反感曼施泰因反对他们的方案、四处兜售自己"灵感"的做法，因而决定把他调离原岗位，派他去指挥一个步兵军，这样就把曼施泰因排挤出高层，让他再也无法发表自己的见解。可由于此次调职，曼施泰因受到希特勒接见，从而获得详细介绍自己新构想的机会。此次召见是希特勒的副官长施蒙特将军安排的，他非常钦佩曼施泰因的才干，认为曼施泰因受到了不公正的对待。

之后，希特勒就把这个新构想强加给布劳希奇和哈尔德，施加的压力很大，两人不得不屈服，就这样开始按照曼施泰因的构想重新拟制作战方案。虽然哈尔德勉强改变想法，但他毕竟是个非常干练的参谋军官，详细拟制的新方案堪称总参谋部的一篇杰作。

一个典型的结果是，希特勒决心支持这个新的关键构想后，很快宣称这种构想出自他本人。他给予曼施泰因的仅仅是与自己的构想不谋而合的荣誉："与我商讨西线新方案的所有将领中，只有曼施泰因理解我的想法。"

要是分析一下当年五月德军发动进攻后的战事发展，我们显然会得出这样一个结论，旧方案几乎肯定无法造成法国沦亡。实际上，即便这份方案付诸实施，最多只能把联军逼退到法国边界。因为德军的主要突击会迎头撞上英法联军战力最强大、装备最精良的部队，还必须在一片满是障碍（河流、运河、大型城镇）的地区杀开血路向前推进。尽管阿登山区的地形看似更加复杂，可如果德国人赶在法国最高统帅部意识到危险前，迅速穿越比利时南部林木茂密的丘陵地带，那么，法国起伏的平原就会出现在他们面前，对长驱直入的坦克来说，那是一片理想的战场。

如果仍采用旧方案，德方很可能陷入一场僵局，这场战争的整个前景就会完全不同。虽然法国和英国不可能凭他们一己之力击败德国，但明确阻挡住德军的攻势能为他们争取时间发展己方军备，特别是飞机和坦克，从而在这些新兵种方面建立平衡。而希特勒赢取胜利的努力遭到无法隐瞒的失败，无疑会重挫德国军民的信心。这样一来，西线一场僵局会让德国国内强大的反希特勒集团得到一个良机，他们会获得更多支持，制订推翻希特勒的计划，以此作为实现和平的初步措施。联军阻挡住德军攻势后，无论发生什么事，欧洲至少可以免遭生灵涂炭，他们蒙受的苦难，都是法国沦亡后发生的一连串事件造成的。

那起飞行事故发生后，希特勒更改了他的作战方案，这让他获益匪浅，盟国却倒了大霉。整件事中最奇特的是，盟国没有从落入他们手中的那个警告上得到任何好处。由于那名德军参谋携带的文件没有彻底烧毁，比利时人立即把副本转呈英法政府。可这两个国家的军事顾问却认为这些文件是用来欺骗他们的。这种看法毫无道理，因为这样一场愚蠢的欺骗只会让比利时人加强防备，促使他们与英法两国展开更紧密的合作。他们很可能迅速做出决定，抢在德国发动入侵前开放国境，允许英法军队进驻，以此加强自身防御。

更奇怪的是，联军统帅部没有更改他们的方案，也没有对下述可能性采取任何防范措施：如果缴获的文件是真的，那么，德国统帅部肯定会把他们的进攻重点转移到其他地方。

十一月中旬，盟国最高军事会议批准了甘末林的 D 方案，这是早期方案的危险发展，英国总参谋部起初质疑此方案。D 方案规定，一旦希特勒发动进攻，联军获得加强的左翼就冲入比利时，尽量向东推进。此举恰恰落入希特勒毂中，因为这完全符合他的新方案的预期。左翼向比利时中部推进得越远，联军就越容易被穿过阿登山区的德军装甲力量在后方迂回并切断。

联军最高统帅部把大部分快速力量用于进入比利时境内，仅以一些二流师构成的一道薄弱屏障掩护联军推进的枢纽，面对"无法逾越的阿登山区"出口，这就导致法国战局的胜败几乎已成定局。更糟糕的是，马其诺防线末端与英军筑垒防线起点之间的缺口处，联军布设的防御尤为薄弱。

丘吉尔在他的回忆录中提到，当年秋季，英国方面对这个缺口深感焦虑，他写道："陆军大臣霍尔－贝利沙先生在战时内阁几次提到这一点……可是，内阁和军方领导人都不好意思批评法国人，毕竟法国军队的实力十倍于我们。"[10]霍尔－贝利沙的批评激起浪潮，他一月初辞去职务，之后更没人愿意提及这个问题了。英国和法国还出现了一种错误的信心，这种危险的势头愈演愈烈。丘吉尔 1 月 27 日发表讲话时宣称："希特勒丧失了他的绝佳机会。"这种安抚人心的说辞成为次日报纸的头版头条。此时，新方案正在希特勒脑中酝酿。

注释

1. Nuremberg Documents C–62.

2. 事实证明，希特勒的焦虑纯属杞人忧天。战事实际上延误了七个月，这段时期，法国人的士气下降得比德国人更严重。盟国的宣传都是呼吁打倒德国，几乎没有试图分化普通德国人与纳粹首脑。更糟糕的是，德国国内一些密谋集团企图推翻希特勒并实现和平，条件是他们能就盟国考虑的和平条件得到令人满意的保证，可英国政府对他们几次做出的秘密试探冷淡至极。

3. Liddell Hart: *The Other Side of the Hill*, p. 149.

4. Liddell Hart: *The Other Side of the Hill*, p. 149.

5. 他在约德尔领导的国防军最高统帅部（OKW）指挥参谋部担任副参谋长。

6. Liddell Hart: *The Other Side of the Hill*, p. 155.

7. 法国总参谋部也持完全相同的看法，英国总参谋部同样如此。1933年11月，刚刚开始组建坦克兵团时，英国陆军部向我咨询怎样才能最好地将这种快速兵团运用于未来的战争，我当时建议，倘若德国入侵法国，我们应当以坦克实施一场反突击，穿过阿登山区。他们告诉我："阿登山区无法通行坦克。"对此，我回答道，基于我对地形的研究，我认为这种观点是错误的——就像我在两次世界大战之间的几部著作中强调的那样。

8. Liddell Hart: *The Other Side of the Hill*, p. 152.

9. Ibid, pp. 153–4.

10. Churchill: *The Second World War*, vol. II, p. 33.

第五章

芬兰战争

　　瓜分波兰后，斯大林急于掩护苏联的波罗的海侧翼，以免遭受希特勒这位临时伙伴日后的威胁。因此，苏联政府不失时机地确保了对波罗的海沿岸这片俄国昔日缓冲地带的战略控制。到 10 月 10 日，苏联已经与爱沙尼亚、立陶宛、拉脱维亚缔结了协定，从而让红军部队进驻这些国家的重要地点。10 月 9 日，苏联开始同芬兰谈判。10 月 14 日，苏联政府提出了要求，这些要求有三个主要目的。

　　首先，为掩护通往列宁格勒的海上通道，必须实现：（1）从两岸以炮兵封锁芬兰湾，阻止敌人的军舰或运输船只驶入海湾；（2）阻止一切敌人接近芬兰湾内位于列宁格勒出口西面和西北面的岛屿。为此，苏联政府要求芬兰割让霍格兰岛、谢斯卡尔岛、拉旺萨尔岛、大捷尔斯岛、洛维斯托岛，苏联愿意用其他地方的领土交换；另外还要租借汉科港三十年，这样，苏方就可以在此建立一座配备岸防炮兵的海军基地，从而与对岸的帕尔季斯基海军基地相配合，封锁芬兰湾入口。

　　其次，为了在陆地上更好地掩护列宁格勒，苏联政府要求芬兰后移卡累利阿地峡的国界线，以此确保重型火炮的射程无法达到列宁格勒。边界线的这种调整不会破坏曼纳海姆防线主要防御的完整性。

　　再次,调整远北"佩萨莫地区的国界线,那段人为绘制的国界线很不合理"。那条直线穿过雷巴奇半岛的狭窄地峡,切断了半岛西端。这番调整的目的显然是防范敌人在雷巴奇半岛站稳脚跟,从而掩护摩尔曼斯克的海上接近地。

　　为换取领土方面的这些调整,苏联提出把雷波拉和波拉约尔皮地区割让给芬兰——就连芬兰白皮书也认为,这种交换能让芬兰获得 2134 平方英里的土地补偿,而他们割让给苏联的领土总共只有 1066 平方英里。

　　客观地审查这些条款就会发现,它们建立在合理的基础上,既能让苏联领土更加安全,也没有严重影响芬兰的安全性。很显然,这些条款让德国人无法把芬兰作为进攻苏联的出发地,也不会给苏联进攻芬兰提供任何明显的优势。实际上,苏联愿意割让给芬兰的领土,能拓宽芬兰极不舒适的狭窄腰部。

　　可是,出于民族情感,芬兰人很难接受这样一份协定。他们虽然愿意割让除霍格兰岛之外的所有岛屿,但对租借汉科港一事毫不妥协,坚称此举与他们严守中立的政策背道而驰。苏联随后提出购买这片领土,认为此举并不违背芬兰的中立义务,可芬兰人拒绝了这项提议。双方的会谈变得日趋激烈,苏联报纸的语气越来越带有威胁性。11 月 28 日,苏联政府废除了 1932 年签订的《苏芬互不侵犯条约》。11 月 30 日,苏联发动入侵。

　　芬兰军队阻挡住红军的初期推进,全世界为之震惊。从列宁格勒直接攻往卡累利阿地峡的红军,在曼纳海姆防线外围阵地陷入停顿,而他们在拉多加湖附近的进攻也没能取得进展。战线另一端,苏联人切断了北冰洋上的小港口佩萨莫,以此封锁通过这条路线为芬兰提供援助的入口。

　　红军还跨过芬兰腰部,遂行了另外两场深具威胁的突击。较靠北的一股红军穿过萨拉攻往凯米耶尔维(位于通往波的尼亚湾的中途),随后被一个芬兰师的反突击逼退,这个师是通过铁路从南方调来的。红军稍南面的那场突击穿过苏奥穆斯萨尔米,1940 年 1 月初也被芬兰军队的反突击截断。芬兰人绕过侵略者侧翼,切断他们的补给线和退路,待敌人饥寒交迫、筋疲力尽后才发动进攻,一举粉碎了对方。

　　西方国家认为芬兰是侵略行径的新受害者,随着芬兰以弱胜强,他们的同情迅速发展为热情。这种印象产生了深远影响,促使法国和英国政府考虑朝这片新战区派遣一支远征军，目的不仅仅是援助芬兰，也是为控制瑞典耶利瓦勒铁矿，从而让德国无法获得铁矿石，同时建立一个威胁德国波罗的海侧翼的据点。但这个计划没能在芬兰的抵抗崩溃前实现，部分原因是挪威和瑞典持反对态度。因此，法国和英国避免了同时对苏联和德国开战的危险，此时正是他们自身防御力量极度虚弱的时候。但联军开赴斯堪的纳维亚半岛的显著威胁，促使希特勒决定占领挪威，从而消除这种威胁。

芬兰初期胜利的另一个影响是，加强了低估苏联军事实力的普遍趋势。温斯顿·丘吉尔 1940 年 1 月 20 日的广播讲话体现了这一点，他说芬兰"向世人揭露了红军军事上的无能"。从某种程度上说，希特勒和他一样，也抱有这种错误判断，结果在次年造成了严重后果。

不过，更加冷静地审视这场战局，就会找到些更好的理由，从而解释红军初期进攻遇挫的原因。没有迹象表明红军为一场强大的攻势进行了妥善准备，他们没有利用苏联庞大的资源为进攻行动分配大量弹药和技术装备。很明显，关于芬兰局势的情报误导了苏联当局，他们觉得芬兰军队不会激烈抵抗，还认为自己所要做的，仅仅是帮助芬兰人民发动起义推翻不受欢迎的政府。这个国家满是天然障碍，这些障碍物缩窄了道路，有助于防御，给侵略者造成一种举步维艰感。从地图上看，拉多加湖与北冰洋之间的国界线似乎很宽，实际上布满湖泊和森林，是构设陷阱和实施顽强抵抗的理想场地。另外，边界线苏联一侧，从列宁格勒到摩尔曼斯克只有一条铁路线，而这条 800 英里的铁路线上，只有一条支线通往苏芬边界。以下事实反映出这种交通限制：芬兰人花团锦簇的报告把红军对芬兰"腰线"的突击描绘得异常猛烈，可红军实际上只投入 3 个师，另外 4 个师用于拉多加湖北面的迂回机动。

进攻芬兰的最佳路线是穿过拉多加湖与芬兰湾之间的卡累利阿地峡，可这片地段获得曼纳海姆防线和芬兰 6 个现役师的掩护，这些师一开始就集结在那里。红军在北面的突击，虽说表现不佳，但实现了把芬兰部分预备力量调到那里的目的。与此同时，苏联红军加紧准备工作，调集了 14 个师，打算对曼纳海姆防线发动一场猛烈冲击。梅列茨科夫将军指挥的这场进攻于 2 月 1 日发起，重点集中于苏马附近 10 英里宽的一片地段，那里遭到猛烈的炮火轰击。击毁芬兰军队的防御工事后，红军坦克和搭乘雪橇的步兵向前推进，占领敌军阵地，红空军负责粉碎对方的反击企图。这种有条不紊的打法持续进行两个多星期后，红军打开的缺口贯穿了曼纳海姆防线全纵深。攻往维普利（维堡）之前，红军转身向外发展，包围两翼的芬兰军队。红军还跨过冰冻的芬兰湾，实施了一场大范围迂回，这些部队从冰封的霍格兰岛出击，在维普利后方登陆。虽然芬兰人在维普利前方的顽强抵抗持续了数周，但坚守卡累利阿地峡期间，他们有限的兵力已然耗尽。一旦这道防线遭突破，他们的交通线受到威胁，最终崩溃也就必然成为定局。避免这场灾难的唯一办法是投降，因为英国和法国提议的远征军还没有到达，尽管他们即将起航。

1940 年 3 月 6 日，芬兰政府派出代表团与苏联进行和平谈判。除了先前提出的条件，苏联现在要求芬兰割让萨拉和库萨摩地区，包括维普利在内的整个卡累利阿地峡，以及费希尔半岛^①的芬兰部分。苏联还要求芬兰修建一条铁路线，从凯米耶尔维通往还没有建立起来的国界线，与苏联境内的支线相连。3 月 13 日，芬兰宣布接受苏联提出的条款。

情况发生了根本性变化，特别是曼纳海姆防线的苏马地段 2 月 12 日发生灾难性崩溃，从这点看，苏联提出的新条件可以说相当温和。与大多数政治家相比，曼纳海姆元帅更加务实，他对请求英国和法国提供援助的做法深表怀疑，敦促政府接受苏联的条件。斯大林也展现出政治家的风度，只是稍稍增加了停战条件，显然急于结束这场战争。红军一百多万将士，以及大部分坦克和战机参与其中，1940 年春季即将到来，届时条件会对红军很不利。

波兰比欧洲任何地区更适合发动一场闪电式攻势，而芬兰战场最不适合从事这种作战，特别是苏联发动入侵时，适逢一年中最不利的季节。

德国的交通线极为发达，波兰的情况恰恰相反，这加剧了波兰边界在地理上遭受的包围。波兰的开阔地形，再加上九月份的干燥天气，确保了机械化力量的推进。波兰陆军比大多数军队更执着于进攻传统，因此，他们在使

---

① 译注：也就是雷巴奇半岛。

用寥寥无几的防御手段方面表现得较弱。

相比之下，芬兰战局的防御方拥有更好的国内交通体系，无论公路条件还是铁路条件，都比边界线另一侧的进攻方有利得多。芬兰人有几条与边界平行的铁路线，因而能够迅速横向调动他们的预备力量。苏联只有一条铁路线，从列宁格勒通往摩尔曼斯克，这条铁路线上只有一条支线通向苏芬边境。而其他地方，苏联人离开铁路线后，不得不行进50～150英里才能跨过国界线，要想威胁任何具有战略重要性的地点，就必须推进得更远。另外，这种推进必须穿过一片满是湖泊和森林、道路状况恶劣，现在被厚厚的积雪覆盖的地区。

这些困难严重限制了苏联能够调动和维系的兵力，除非他们直接穿过卡累利阿地峡，对防御严密的曼纳海姆防线发起冲击。这片狭窄地带，从地图上看宽70英里，就战略现实而言则窄得多。半幅宽度被宽阔的武克希河挡住，剩下的大部分覆盖着一系列湖泊，湖泊间遍布森林。只有苏马附近的空间可供投入大股军力。

另外，除了在芬兰边界明显暴露的地段集结大股力量、驱使他们深深楔入芬兰境内的战略困难外，还有克服防御方抵抗的战术困难，守军熟悉地形，能够充分利用他们的优势。湖泊和森林导致入侵部队挤在狭窄的前进通道上，很容易遭到机枪火力扫射，这种地形条件还为隐蔽的侧翼机动和游击扰乱活动提供了无数机会。面对如此高明的敌人，贸然侵入这样一个国家，即便在夏季也很危险，而在北极的冬季，这种尝试更加困难，重装部队笨拙得就像一个脚踏木屐的人，而这个人企图与穿着运动鞋的对手搏斗。

曼纳海姆元帅把所有预备力量留在最南部，直到苏联人亮出所有底牌。这种做法无疑有些冒险，但从整体上说，他的策略是合理的，敌人的初期深入为他随后的反攻创造了机会，特别是冬季条件下在这种地区。

至于苏联人，他们的作战方案建立在错误假设的基础上，经受现实考验时自然会出问题，这一点不足为奇。但这本身并不能证明红军军事效能低下。虽说斯大林政权特别容易受到符合他们意愿的报告的影响，可其他类型的政府同样无法避免这一点。现代历史中所有的错误假设，最大的莫过于法国1914年和1940年作战方案倚为基础的那些，记住这一点无疑是明智的。

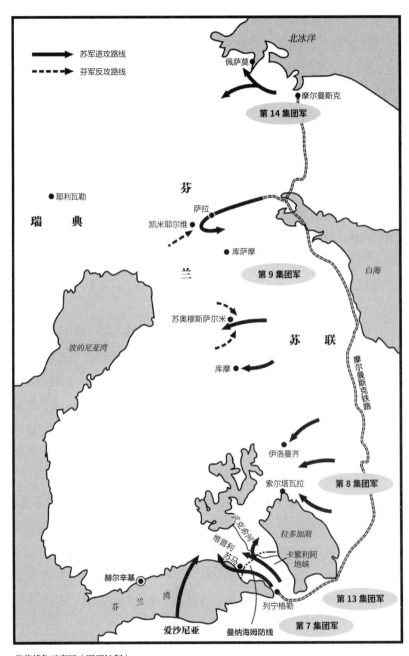

苏芬战争示意图（ZVEN 制）

World War II

第三部

狂澜
1940 年

第六章

挪威沦陷

波兰沦亡后，随之而来的是六个月虚假的平静，但突如其来的雷鸣结束了这段平静期。这道晴天霹雳不是出自暴风云中心，而是来自斯堪的纳维亚边缘。希特勒政权的一道闪电击中了挪威和丹麦这两个和平国家。

4月9日的报纸报道了这样一个消息，英国和法国海军昨日驶入挪威水域，在那里布设雷区，阻止与德国从事贸易的船只驶入。报上的评论对英法海军这种积极行动大加称赞，还对破坏挪威中立的正当性做出辩解。但当日上午的广播让报上的新闻过时了，因为广播里报道了更惊人的消息：德国军队正沿挪威海岸在一连串地点登陆，另外，他们已开入丹麦。

德国人肆意妄为，完全无视英国海上力量的优势，不禁令盟国领导人为之愕然。英国首相张伯伦当日下午在下议院发表声明时说，德军已在挪威西海岸的卑尔根、特隆赫姆，以及南部海岸登陆，他补充道："有报道说他们还登陆了纳尔维克，可我怀疑这个消息不准确。"对英国当局来说，希特勒居然敢冒险在那么遥远的北方登陆，似乎令人难以置信，更加不可思议的是，他们知道本国强大的海军力量就在事发地点附近，掩护布雷行动和其他预定措施。他们认为纳尔维克（Narvik）肯定是拉尔维克（Larvik）的笔误，拉尔维克位于挪威南部海岸。

但当日日终前，一切都清楚了，德国人已占领挪威首都奥斯陆，以及包括纳尔维克在内的所有主要港口。德军同时实施的每一场海路突袭都取得成功。

英国政府因德国的这场胜利沮丧至极，随后又产生新的幻想。时任海军大臣丘吉尔先生，两天后在下议院说道：

> 依我看，希特勒先生犯下个严重的战略错误，我那些经验丰富的顾问亦有同感……斯堪的纳维亚发生的这些事情让我们获益匪浅……他在挪威海岸实施了一连串登陆，这样一来，整个夏季他就不得不从事战斗，而他对抗的盟国不仅拥有具备绝对优势的海军力量，向战场投送战斗力量也比他更容易。我看不出他占有何种优势……我认为我们的死敌被激怒后犯下了战略错误……这就让我们掌握了很大的优势。[1]

随之而来的实际行动却配不上这番豪言壮语。英国人的反击措施缓慢、犹豫、拙劣。英国海军部战前对空中力量不屑一顾，可轮到他们采取行动时却变得极为谨慎，不敢冒险把军舰派往干预行动有可能发挥决定性作用的水域。地面部队的行动更是差劲。虽然英军为驱逐德国侵略者登陆数个地点，可仅仅过了两周，他们就重新登船撤离，只在纳尔维克留下个立足点。一个月后，随着德军在西线发动主要进攻，纳尔维克这个据点也放弃了。

丘吉尔建造的空中楼阁轰然坍塌。这些幻想建立在对局势、对现代战争的变化（特别是空中力量对海上力量的影响）的根本性误解上。

丘吉尔把挪威描述为希特勒的陷阱，谈到德国这场入侵是"希特勒被激怒后"采取的措施，这让他的结束语更具现实意义和重要性。战后发现了关于这场战役的文件档案，最惊人的事实是，尽管希特勒肆无忌惮，可他宁愿让挪威保持中立，最初并不打算入侵该国，直到被盟国意图在该地区采取敌对行动的明显迹象激怒后，他才悍然入侵挪威。

探寻双方幕后事件的经过是件很有吸引力的事，虽然充满悲惨和恐怖，但能看出这些具有强烈进攻思维的政治家，是如何容易相互影响，并造成破坏性力量爆炸的。第一项明确措施出现在 1939 年 9 月 19 日，据丘吉尔回忆录称，他向内阁提出在挪威领海布设雷区的方案，以此"阻止挪威人把瑞典的铁矿石从纳尔维克转运到德国"。他辩称，这项措施"对削弱敌人的战争工业极为重要"。丘吉尔事后告知第一海务大臣："内阁，包括外务大臣（哈利法克斯勋爵），似乎强烈支持这项行动。"

这实在令人惊讶，因为这表明内阁没有慎重考虑**手段**或此举可能招致的后果，就倾向于支持**目标**。英国人 1918 年也曾讨论过类似方案，正如官方海军史指出的那样：

……总司令贝蒂勋爵指出，大舰队全体官兵认为，以压倒性力量驶入一个弱小，但斗志昂扬的民族的水域，这种行径令人极为厌恶。如果挪威人实施抵抗，他们可能会流血牺牲，总司令说，此举"构成的犯罪与德国人在其他地方犯下的罪行同样严重"。

显然，水兵比政客更讲良心，或者说，1939 年战争爆发时，英国政府的想法比第一次世界大战结束时更加鲁莽。

不过，英国外交部人员施加了一种克制性影响，让内阁听到了反对侵犯挪威中立的意见。丘吉尔沮丧地写道："外交部提出（尊重挪威）中立的理由，很有分量，我的意见没能通过。我使用种种方法，在各种场合坚持我的观点……"[2] 讨论这个问题的人越来越多，就连报纸也刊登了支持这种观点的文章。这引发了德国人的焦虑，他们开始采取对策。

从战后缴获的档案看，德国方面第一件具有重要性的事情发生在十月初，德国海军总司令雷德尔对挪威人有可能向英国开放港口深感担忧，他向希特勒汇报了英国占领（挪威港口）可能造成的战略劣势。雷德尔还指出，"在苏联施加的压力的帮助下，控制挪威海岸的若干基地，例如特隆赫姆"，有利于德国实施潜艇战。

但希特勒搁置了这项建议。此时他全神贯注于西线进攻方案，意图迫使法国求和，因而不愿卷入任何无关紧要的作战行动，也不想分散资源。

苏联十一月底入侵芬兰，给英国和德国带来一种更加强烈的新刺激。丘吉尔意识到一种新的可能性，也就是打着援助芬兰的幌子攻击德国侧翼："我欢迎这种新的、有利的气氛，因为这样就可以切断对德国至关重要的铁矿石供应，实现我们主要的战略优势。"[3]

丘吉尔 12 月 16 日的一份报告，列举了他建议采取这项措施的所有理由，还把该措施称作"一场重大进攻行动"。他承认此举可能会招致德国人入侵斯堪的纳维亚，因为就像他说的那样："如果你对敌人开火，那么他肯定会还击。"但他接着断言："要是德国入侵挪威和瑞典，对我们来说，所获超过所失。"他完全没有考虑那些国家一旦沦为战场，斯堪的纳维亚人民会遭受怎样的苦难。

不过，大部分内阁成员仍对侵犯挪威的中立顾虑重重。尽管丘吉尔强烈请求，可他们没有批准立即实施他的方案。不过，他们授权三军参谋长"为派遣一支军队登陆纳尔维克制订方案"，那是通往瑞典耶利瓦勒铁矿区的铁路终端，也通入芬兰。这样一场远征的表面目的是支援芬兰，而真正的主要意图是控制瑞典的铁矿。

当月，一位重要访客从挪威赶到柏林。他就是挪威前国防大臣维德孔·吉斯林，现在是强烈支持德国的挪威纳粹小党派的领袖。他一到达柏林就拜访了海军上将雷德尔，还告诉雷德尔，英国很快会占领挪威。吉斯林计划组织一场政变推翻挪威现任政府，因而请求德国提供资金和暗地里的帮助。他说，挪威一批重要军官准备支持他的政变，其中包括纳尔维克驻军司令桑德洛上校。待他掌握政权，就邀请德军进驻挪威提供保护，阻止英国人开入挪威。

雷德尔说服希特勒亲自接见吉斯林，他们 12 月 16 日和 18 日两次会晤。会谈记录表明，希特勒说他"希望挪威和斯堪的纳维亚其他国家彻底保持中立"，因为他不想"扩大战场"，可"如果敌人企图扩大战争，他也会采取措施，以免遭受威胁"。同时，希特勒承诺为吉斯林提供经费，还保证他会研究为吉斯林提供军事支持的问题。

尽管如此，德国海军总司令部 1 月 13 日的战争日志表明，时隔一个月后，他们虽然对"英国企图在挪威政府默许下占领挪威"焦虑不安，但还是认为"最有利的解决方案是保持挪威的中立"。

那么，山的那一边发生了什么事？1月15日，法军总司令甘末林将军致信达拉第总理，谈到在斯堪的纳维亚开辟一片新战区的重要性。他还拟制了一份方案，打算派一支联军部队登陆芬兰北部的佩萨莫，同时采取预防措施，"夺取挪威西海岸的港口和机场"。这份方案进一步设想了"行动扩大到瑞典，占领耶利瓦勒铁矿区"的可能性。

丘吉尔发表广播讲话，声称中立国有义务加入反对希特勒的斗争，这当然引发了德国人的焦虑。[4] 总之，太多公开的暗示表明盟国很快会采取行动。

1月27日，希特勒给他那些军事顾问下达了明确指令，要求他们为必要时入侵挪威拟制一份详尽的方案。为这个目的组建的特别部门2月5日召开首次会议。

当天，盟国最高军事会议在巴黎召开，张伯伦和丘吉尔一同出席。此次会议批准了以两个英国师和一个规模较小的法国师组成联军"驰援芬兰"的方案，为降低与苏联开战的可能性，这些军人"伪装成志愿者"。但会议就这支军队的派遣路线问题发生争执。英国首相强调了登陆佩萨莫的困难，以及登陆纳尔维克的优势，特别是"能够控制耶利瓦勒铁矿区"。这才是主要目标，只有部分力量会继续前进，为芬兰提供援助。英方观点占了上风，会议决定，这支军队三月初起航。

2月16日发生了一起重大事件。德国"阿尔特马克"号运输船运送英国战俘从南大西洋返航，遭到英国驱逐舰追击后躲入挪威一片峡湾。丘吉尔直接给"哥萨克"号驱逐舰舰长维安下达命令，要求他进入挪威水域，登上"阿尔特马克"号，解救英国战俘。两艘挪威炮艇在场，但没敢插手干预，挪威政府随后抗议英国侵犯其水域，英国方面则予以驳斥。

希特勒认为这种抗议不过是愚弄他的一种姿态，坚信挪威政府就是英国的帮凶。两艘挪威炮艇无所作为，吉斯林报告称"哥萨克"号的行动是一起"预有安排的"事件，这一切强化了希特勒的信念。据德国海军将领说，"阿尔特马克"号事件对摇摆不定的希特勒决心入侵挪威起到决定性作用。就这样，一颗火花点燃了火药的导火索。

希特勒觉得自己不能等待吉斯林的计划慢慢发展，特别是因为派驻挪威的德国观察员报告，吉斯林的党派没能取得太大进展，而发自英国的报告表明，英国人计划对挪威地区采取某种行动，部队和船只正在集结。

希特勒 2 月 20 日召见冯·法尔肯霍斯特将军，任命他指挥一支远征军，准备入侵挪威。希特勒说："我获悉英国人打算在那里登陆，我希望抢在他们前面到达。英国人占领挪威是一场战略迂回，这样一来，他们就会进入波罗的海，而我们在那里既没有军队，也没有海岸防御工事……他们所处的位置让他们能够一路攻往柏林，打断我们两条战线的脊梁骨。"

希特勒 3 月 1 日下达指令，要求全面准备实施入侵。此次行动还要占领丹麦，将其作为一块必要的战略踏脚石，同时掩护德军交通线。

可即便到此时，这道指令仍不是个明确的进攻决定。雷德尔与希特勒会谈的记录表明，希特勒依然犹豫不决，一方面坚信"挪威保持中立对德国最为有利"，另一方面又担心英国人即将在那里登陆。3 月 9 日商讨海军的方案时，希特勒阐述了执行一场"违反所有海战原则"的行动的风险，但他又说这场行动"很紧迫"。

接下来一周，德国方面的焦虑之情有增无减。3 月 13 日，相关报告称英国潜艇集中在挪威南部海岸；3 月 14 日，德方截获一份无线电报，这封电报命令盟国运输船只做好出动的准备；3 月 15 日，一些法国军官抵达卑尔根。德国人觉得自己肯定无法抢先一步了，因为他们的远征军还没有准备完毕。

那么，盟国一方的实际情况如何呢？ 2 月 21 日，达拉第力主以"阿尔特马克"号事件为借口，"立即通过一场突然袭击"占领挪威几座港口。达拉第辩称："这场行动越快发起，就越容易让世界舆论认为它是合理的，我们的宣传就越是能利用挪威在'阿尔特马克'号事件中充当德国同盟的近期记忆。"这番说辞与希特勒的风格如出一辙。伦敦对法国政府的建议深表顾虑，因为远征军还没有准备就绪，而张伯伦仍希望挪威和瑞典政府同意联军进驻。

然而，英国战时内阁 3 月 8 日召开的会议上，丘吉尔又提出一份方案，建议把抵达纳尔维克的部队集结在外海，只让一个支队立即登陆——其原则是"引而不发"。内阁 3 月 12 日召开另一场会议，决定恢复登陆特隆赫姆、斯塔万格、卑尔根、纳尔维克的方案。

　　登陆纳尔维克的部队应当迅速向内陆推进，越过瑞典边境攻往耶利瓦勒铁矿区。这份方案定于 3 月 20 日付诸实施，一切必须在此之前准备就绪。

　　可这份方案随后被芬兰的军事崩溃和该国 3 月 13 日向苏联求和打乱了，这些事情发生后，盟国失去了开入挪威的主要借口。面对这盆兜头冷水，盟国的第一个反应是把分配给挪威远征军的两个师调往法国，但还是留下相当于一个师的兵力待命。随之而来的另一件事是达拉第下台，保罗·雷诺接替他出任法国总理——随着民众要求采取更加强硬的政策、更快采取行动的呼声越来越高，他接掌了政权。3 月 28 日，雷诺前往伦敦参加盟国最高军事会议，他决心敦促英国立即执行丘吉尔一直为之呼吁的挪威方案。

　　但现在已经不需要这种压力了，因为就像丘吉尔说的那样，张伯伦此时也非常希望"采取某种积极的行动"。和 1939 年春季一样，张伯伦一旦下定决心，就迅速行动起来。会议开始后，他不仅强烈主张在挪威采取行动，还敦促实施丘吉尔支持的另一个方案——从空中持续不断地朝莱茵河和德国其他河流投放水雷。雷诺对这份方案心存疑虑，说他必须获得法国战争委员会的同意，但他急切地接受了挪威行动方案。

　　会议决定 4 月 5 日执行在挪威水域布雷的行动，部队随后登陆纳尔维克、特隆赫姆、卑尔根、斯塔万格，为布雷行动提供支援。第一批部队计划 4 月 8 日起航，开赴纳尔维克。可随后发生了一场新的延误。法国战争委员会不同意朝莱茵河投放水雷，以免德国对法国施加报复。他们倒不担心其他行动会让挪威招致报复，甘末林甚至强调，目的之一就是"诱使敌人登陆挪威，让他们落入陷阱"。但张伯伦坚持认为，这两场行动都应该执行，于是请丘吉尔 4 月 4 日赶赴巴黎，设法说服法国采纳他的莱茵河方案（这番努力没能成功）。

　　这就意味着代号"威尔弗雷德"的挪威行动方案必须稍事推迟。奇怪的是，丘吉尔居然对此表示赞同，因为前一天的战时内阁会议上，陆军部和外交部的报告表明，大批德国舰船搭载着部队，集结在最靠近挪威的几座港口。荒唐的是，有人认为这些敌军正等待对入侵挪威的英国军队实施一场反击。更加荒唐的是，这种解释居然被接受了。

挪威行动推迟了三天，计划于4月8日发起。事实证明，这场推延葬送了成功的一切希望，致使德国人抢在联军之前进入挪威。

4月1日，希特勒终于下定决心，命令4月9日清晨5点15分入侵挪威和丹麦。他的决定是根据一份令人不安的报告做出的，这份报告称，挪威的高射炮兵和海岸炮台获准自由开火，不必等待上级命令。这表明挪威军队已做好战斗准备，如果希特勒再等待下去，出敌不意和成功的希望都会丧失。

4月9日夜间，搭乘军舰的几个德军先遣支队，顺利到达从奥斯陆一直延伸到纳尔维克的挪威主要港口，不费吹灰之力地攻占了目标。德军指挥官向挪威地方当局宣布，他们来这里是为了保护挪威，抗击联军即将发动的入侵，盟国发言人迅速发表声明予以否认，后来又不断批驳德方的说法。

就像英国战时内阁成员汉基勋爵当时指出的那样：

……从着手拟制方案到德国发动入侵，英国和德国在策划和准备方面基本保持同步。英国的策划工作实际上开始得还稍早些……两份方案几乎是同时执行的，如果说"侵略行径"这个词确实适用于双方的话，那么，英国甚至还早了二十四小时。

但德国的最后冲刺更快，更有力，以少许优势赢得了比赛，胜负差距微乎其微。

纽伦堡审判中最大的疑点之一，是把策划、实施侵略挪威的行径列入对德国的主要指控。实在难以理解，英国和法国政府怎么有脸同意提出这种指控，或者说，那些官方检察官怎么能就此事提起诉讼。这件事堪称历史上贼喊捉贼的最明显的例子之一。

现在谈谈挪威战役的过程，一个惊人的事实是，德国人发动突然袭击时，用于夺取挪威首都和主要港口的兵力并不多。他们投入2艘战列巡洋舰、1艘袖珍战列舰、7艘巡洋舰、14艘驱逐舰、28艘潜艇、一些辅助船只，以及大约1万名士兵——这是用于入侵行动的三个师的先遣力量。初期登陆时，德国人在任何一处投入的兵力都不超过2000人。他们还部署了一个伞兵营，用于夺取奥斯陆和斯塔万格的机场。这是伞兵部队首次用于战争，事实证明他们很有价值。但在德国人取得的成功中，最具决定性的因素是空军。德国空军为这场战役投入 800 架作战飞机和 250 架运输机，战役第一阶段就把挪威人吓得魂飞魄散，后来又挫败了联军的反制措施。

运送入侵支队的德国海军力量并不强大，英国海军为什么没有拦截、消灭他们呢？庞大的水域、挪威海岸的性质、朦胧的天气都是重要的妨碍。但还有其他因素，以及更多可避免的障碍。甘末林指出，他 4 月 2 日敦促英国总参谋长艾恩赛德，赶紧派出远征军，艾恩赛德回答道："海军部掌握一切，他们喜欢把所有事情组织得井井有条，坚信能阻止德国人在挪威西海岸的一切登陆行动。"

4 月 7 日下午 1 点 25 分，英国飞机发现 "强大的德国海军力量穿过斯卡格拉克海峡出口迅速向北行驶"，朝挪威海岸前进。丘吉尔说："我们发现海军部人员不相信这股敌军正驶往纳尔维克"，尽管哥本哈根发来的报告称 "希特勒打算夺取那座港口"。英国本土舰队傍晚 7 点 30 分从斯卡帕湾起航，但海军部和那些海上将领似乎一心要逮住德国人的战列巡洋舰。他们满脑子都是与敌人的战列巡洋舰交战，忽略了对方企图登陆的可能性，因而丧失了拦截对方运送部队的小型军舰的机会。

既然一支联军远征军已登船，而且做好了出发准备，为什么抢在德国人彻底控制挪威几座港口前实施登陆、击退德军支队的行动这么迟缓呢？上一段解释了主要原因。英国海军部听说发现了德军战列巡洋舰，立即命令停泊在罗赛斯港的巡洋舰中队："把舰上搭载的步兵送上岸，先不管他们携带的装备，迅速同海上舰队会合。"类似命令也发给了克莱德港那些载满部队的舰只。

面对实力并不强大的入侵力量，挪威人为什么没有实施更好的抵抗呢？主要因为他们的军队甚至没有接到动员令。尽管挪威派驻柏林的公使发来警告，挪威总参谋长也一再敦促，可动员令直到 4 月 8 日至 9 日夜间才下达，也就是德国人发动入侵几小时前。一切都太晚了，入侵者迅速采取的行动破坏了挪威军队的这场动员。

另外，诚如丘吉尔所言，挪威政府此时"最关注的是英国人的活动"，不幸而且具有讽刺意味的是，英国的布雷行动恰好发生在德国人登陆前关键的二十四小时内，吸引、分散了挪威人的注意力。

由于缺乏战斗经验、军事机制落伍，挪威人从第一波打击中恢复过来的机会微乎其微。他们根本无法应对一场现代闪电战，即便这场闪电战的规模甚小。入侵者沿一条条深谷迅速推进，一举占领整个挪威，充分证明挪威军队的抵抗虚弱至极。如果他们实施更顽强的抗击，山谷一侧（这些山谷阻止了德军的迂回机动）的融雪本来会给德国人的胜利前景造成更严重的妨碍。

德军入侵时实施的一连串突袭中，最惊人的是他们对纳尔维克的突击，因为遥远北部的这座港口距离德国海军基地约有 1200 英里。两艘挪威海防舰英勇地迎战德国驱逐舰，但很快就被击沉。海岸防御力量没有实施抵抗，主要是由于无能，而不是背叛。次日，一支英国驱逐舰队驶向峡湾，与德国人展开交战，双方互有损伤。4 月 13 日，一支强大的英国舰队在"厌战"号战列舰支援下赶到，一举歼灭这股德国海军力量。但此时，德军部队已经在纳尔维克及其周围站稳脚跟。

南面，德军舰只穿过控制峡湾的挪威海岸炮台的火力夹射，轻而易举地夺得特隆赫姆港，他们这场冒险让考虑过这个问题的盟国专家无比沮丧。通过占领特隆赫姆，德国人控制了挪威中部的战略要地，但问题依然存在：他们的小股部队能否从南面获得增援？

在卑尔根，挪威军舰和海岸炮台给德国人造成些损失，但德军登陆后就没遇到太大的麻烦。

不过，德军入侵主力在奥斯陆接近地遭遇重挫。载有许多司令部人员的"布吕歇尔"号重巡洋舰被奥斯卡博格要塞发射的鱼雷击沉，德国人随后放弃了强行通过的企图，直到下午德军实施猛烈空袭后，这座要塞才投降。因此，占领挪威首都的任务交给降落在福尼布机场的德国伞兵部队。当日下午，这支弱小的象征性部队摆出胜利阅兵的姿态开入奥斯陆，他们这番虚张声势大获成功。但这场延误至少让挪威国王和政府得以逃往北面，他们打算在那里组织抵抗。

　　德国人的计划是同时占领哥本哈根和奥斯陆。从海上很容易进入丹麦首都，清晨 5 点前不久，三艘小型运输船驶入港口，德军战机在空中提供掩护。德国人的登陆没有遭遇抵抗，一个营动身出发，以一场突袭夺得丹麦人的兵营。与此同时，丹麦位于日德兰半岛的陆地国界线遭到入侵，短暂交火后守军就停止了抵抗。占领丹麦，不仅让德国人控制了一条从他们的港口直抵挪威南部、获得掩护的海上走廊，还让他们得到几座前进机场，可以利用这些机场支援位于挪威的部队。尽管丹麦人也许可以抵抗得更久些，可他们的国家太弱小了，根本无法抗击敌人以现代武器发起的一场强大攻击。

　　英国人倘若采取更加迅速、更为果断的行动，本来可以夺回德国人当日上午占领的两处挪威要地。因为德军登陆时，福布斯海军上将指挥的英国主力舰队就在卑尔根海外，他打算派一股力量攻击卑尔根港的德军舰船。海军部批准了他的请求，还建议他对特隆赫姆实施一场类似的打击。可没过多久，海军部又决定推迟进攻特隆赫姆，直到探明德国战列巡洋舰的位置。在此期间，4 艘巡洋舰和 7 艘驱逐舰组成的一股打击力量驶向卑尔根，但英国侦察机发来报告，说那里有 2 艘德国巡洋舰，而不是先前报告的 1 艘，英国海军部又谨慎起来，取消了这场进攻。

　　一旦德国人在挪威站稳脚跟，赶走他们的最佳办法无非是切断他们的补给和增援。要想实现这一点，就必须封锁丹麦与挪威之间的斯卡格拉克海峡。可情况很快就清楚了，英国海军部担心德国人发动空袭，因而不愿派遣除潜艇外的其他舰只进入斯卡格拉克海峡。这种谨慎态度表明海军部意识到了空中力量对海上力量的影响，战前他们从来没有承认过这一点。但这也反映出丘吉尔力图把战争扩大到斯堪的纳维亚的主张并不高明，因为除非有效截断德军增援路线，否则就无法阻止他们加强挪威南部的兵力，他们必然会获得越来越大的优势。

　　如果牢牢守住从奥斯陆通往北面的两条长长的山间隘路，同时迅速消灭盘踞在特隆赫姆的小股德军部队，那么，似乎仍有控制挪威中部的机会。英国人现在为此付出了努力。德军发动入侵一周后，英国军队分别在特隆赫姆北面的纳姆索斯和南面的翁达尔斯内斯登陆，以此作为直接攻往特隆赫姆的初步措施。

但随这个决定而来的是一连串奇怪的不幸。霍特布拉克将军是个干练、具有现代思想的军人，被任命为陆军部队指挥官。听取任务简报后，他于午夜前后离开海军部返回俱乐部，几小时后，有人发现他人事不省地倒在"约克公爵"俱乐部的台阶上，显然是心脏病突发。次日委派的继任者乘飞机赶赴斯卡帕湾，飞机在那里的机场上空盘旋时突然栽向地面。

在此期间，英国三军参谋长和海军部突然改变了他们的观点。4月17日，他们批准了相关方案，次日又转而反对这份方案。他们脑子里想的全是行动的风险。虽然丘吉尔主张集中兵力于纳尔维克，但他也对这些人出尔反尔的态度深感失望。

三军参谋长现在提出的建议是，加强纳姆索斯和翁达尔斯内斯的登陆行动，使之发展成一场针对特隆赫姆的钳形攻势。从纸面上看，这场行动的前景很不错，因为特隆赫姆地区的德军部队不到2000人，而联军登陆的兵力多达1.3万。但这种情况下，联军需要跋涉的路程较长，积雪妨碍了他们的运动，事实证明，联军部队克服困难的能力不及德国人。他们从纳姆索斯向南发起的推进，后方受到威胁干扰，而造成这种威胁的不过是几支德军小股部队在特隆赫姆峡湾顶端附近的登陆，附近水域的一艘德国驱逐舰为他们提供支援。而盟军从翁达尔斯内斯发起的推进，根本没能向北到达特隆赫姆，很快演变成一场抗击德军部队的防御作战，这股德军从奥斯陆攻往居德布兰河谷，途中驱散了挪威军队。由于盟军部队受到空袭的严重扰乱，而且缺乏空中支援，战地指挥官建议撤离。5月1日和2日，两支登陆部队悉数登船，这就让德国人彻底控制了挪威南部和中部。

现在，盟国集中力量夺取纳尔维克，此举主要是为了保全颜面，他们已不再对开赴瑞典铁矿区抱有希望。第一批英军部队4月14日登陆纳尔维克。尽管负责该地区联合部队的海军上将科克－奥雷里勋爵竭力敦促，可麦克西将军的过度谨慎阻止了英军迅速攻往纳尔维克镇。甚至登陆部队增加到2万人后，他们的进展依然缓慢。另一方面，2000名奥地利山地部队，获得几艘被击沉的德国驱逐舰上水兵的加强，在迪特尔将军的熟练指挥下，充分利用了这片复杂地区的防御优势。直到5月27日，他们才被逐出纳尔维克镇。此时，

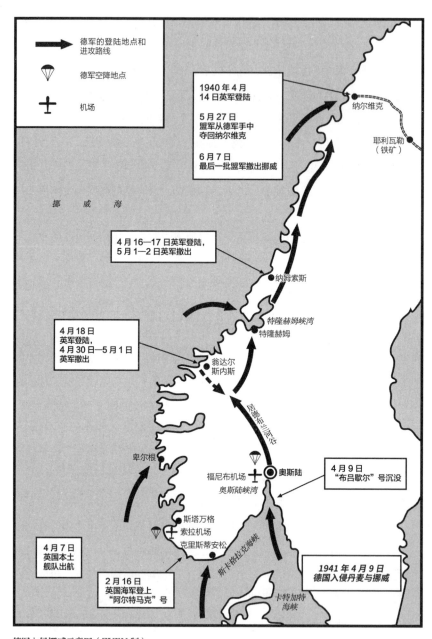

德军入侵挪威示意图（ZVEN 制）

德军在西线的进攻已深深楔入法国，法国处于崩溃边缘。因此，纳尔维克的联军部队于 6 月 7 日撤离。挪威国王和政府也随他们一同离开挪威。

对整个斯堪的纳维亚问题，盟国政府表现出一种过度的进取精神，同时缺乏时间观念，结果给挪威人民造成了苦难。相比之下，希特勒迟迟不愿入侵挪威。但他最终下定阻止西方国家的决心后，就不再浪费时间——他的军队迅速而又大胆地展开行动，这种迅猛足以在决定性阶段抵消他们兵力不足的劣势。

注释

1. Churchill: *War Speeches*, vol. I, pp. 169–170.

2. Churchill: *The Second World War*, vol.I, p. 483.

3. Ibid, p. 489.

4. 1月20日，丘吉尔先生在广播讲话中宣称盟国海军赢得了胜利，还把中立国船只遭受德国潜艇袭击而蒙受的损失，与盟国护航运输队的安全性加以对比。简短地总结后，他问道："可是，如果我刚才提到和没有提到的中立国，按照国际联盟盟约自发地履行自己的职责，站在英国和法国一方反对侵略和恶行，那会出现什么情况？"（Churchill: *War Speeches*, vol. I, p. 137）他这番讲话引起轩然大波，比利时、荷兰、丹麦、挪威、瑞士报纸迅速对此加以驳斥，伦敦方面似乎又回到绥靖主义盛行的时代，宣称广播讲话只代表丘吉尔的个人观点。

第七章

西欧沦陷

1940 年 5 月 10 日，希特勒的军队一举突破西线防御，我们这个时代的世界格局就此发生变化，这给各国人民的未来带来了深远影响。这场震惊世界的戏剧，具有决定性的一幕始于 5 月 13 日，古德里安装甲军在色当渡过默兹河。

同样是 5 月 10 日，精力充沛、干劲十足的丘吉尔先生接替张伯伦出任英国首相。

色当狭窄的突破口很快扩大成一个庞大的缺口。德军坦克穿过这个缺口向前奔涌，没过一周就到达英吉利海峡沿岸，一举切断了位于比利时的英法联军。这场灾难导致了法国的沦陷和英国的孤立。英国虽然隔着海峡勉力支撑，但直到这场旷日持久的战争演变成一场全球范围的斗争后才获救。美国和苏联的力量最终打垮了希特勒，但欧洲各国满目疮痍，而且处在苏联的阴影下。

灾难发生后，普遍的看法是，法国防线的破裂不可避免，希特勒的进攻无法抵抗。但现在已经很清楚，表象与现实存在很大不同。

德国陆军首脑对这场攻势的前景不抱太大信心，完全由于希特勒的坚持，他们才勉强发动进攻。希特勒本人也在关键时刻丧失了信心，他的先遣力量突破法军防御、一条敞开的通道出现在眼前时，他却下令停止前进达两天之久。法国人倘若充分利用这段喘息期，本来会给希特勒的胜利前景造成致命影响。

最奇怪的是，率领德军先遣力量的古德里安，充分利用自己达成的突破迅速向前推进，上级为了让他放缓速度，暂时解除了他的指挥权。要不是古德里安违抗命令，前进得如此之快，德军这场入侵很可能失败，世界局势发展的整个过程大概会与今天所见的情况大不相同。

普遍的看法是，希特勒的军队占有压倒性优势，可实情并非如此，德军兵力实际上少于他们的对手。虽然德军装甲部队的快速机动具有决定性，但他们的坦克在数量上和性能上都不及英法军队。他们只在空中力量这个最重要的因素上占有优势。

另外，没等德军主力投入行动，他们的一小部分军队实际上就已经决定了这场战局的结果。除了德国空军，这股决定性力量编有10个装甲师、1个伞兵师、1个机降师，而希特勒为这场战局集结的总兵力是135个师。

新兵种取得令人眼花缭乱的战果，不仅掩盖了他们规模相对较小的事实，还掩饰了他们赢得胜利的侥幸。要不是联军的失误（这些失误主要是落伍的理念造成的）提供了机会，他们本来是很难取得成功的。即便交战一方愚钝的领导者变相提供了帮助，德军入侵行动的成功还是取决于一连串极为偶然的绝佳机会——古德里安已做好准备，一旦这些机会出现就充分加以利用。

一种新理念，由一位充满活力的执行者加以贯彻，往往会发挥决定性作用，法国战局就是历史上最惊人的例子之一。古德里安曾谈到，战前，独立装甲部队实施纵深战略突破的概念激发了他的想象力——也就是以坦克实施长途奔袭，切断敌军位于深远后方的主动脉。这种理念源自第一次世界大战后英国出现的军事新思潮，皇家坦克部队在训练实践中首次加以验证，作为坦克爱好者的古德里安，领悟到了这种理念的潜在价值。和英法当局一样，大多数德国高级将领对这种理念持怀疑态度，认为它在战争中是行不通的。尽管上级心存疑虑，可战争到来后，古德里安抓住机会贯彻了这种新理念。事实证明，其效果与早期历史中出现的许多对新理念的贯彻一样具有决定性，例如战马、长矛、方阵、弹性军团、斜线战术、骑射手、长弓、滑膛枪、火炮的使用，以及将军队编为一个个独立、机动灵活的师。相关战事表明，坦克突击的确具有更直接的决定性。

德军刚刚入侵西欧就在右翼取得巨大成功，这场打击落在中立国荷兰和比利时的防御要点上。德国伞兵部队率先发起突袭，吸引了联军的注意力，导致他们一连数日没有注意到德国人的主要突击，这场突击从中部发起，穿过遍布丘陵、林木茂密的阿登山区，径直攻往法国的中心。

荷兰首都海牙和鹿特丹的交通枢纽，5 月 10 日清晨遭到德国伞兵突袭，他们还攻击了东面 100 英里的荷兰边界防御。前线和后方这两场打击造成的混乱和恐慌，又因为德国空军四处散布威胁而进一步加剧。德军装甲部队利用这种混乱，迅速穿过南翼一个缺口，第三天就与鹿特丹的伞兵部队会合。支援荷兰的法国第 7 集团军刚刚开抵，可德国人就在他们眼皮底下直奔自己的目标。战役第五天，虽说荷兰军队的主防线没有破裂，但他们还是投降了。德国空军对荷兰人口众多的城市进一步实施近距离空袭的威胁，加快了荷兰人的投降速度。

德军兵力比他们的对手少得多。而且，他们仅以一个装甲师（第 9 装甲师）遂行决定性突击，这是唯一能从进攻荷兰防线的部队中腾出来的师。该师的前进路线穿过许多运河和宽阔的河流，这些水障碍有利于防御。因此，这场突击的成败取决于伞兵突袭的结果。

但伞兵这个新兵种的规模并不大，与他们取得的战果相比，可以说小得可怜。1940 年 5 月，德国只有 4500 名受过训练的伞兵。这个微不足道的总兵力中，4000 人用于进攻荷兰。这些伞兵编为 5 个营，一个 1.2 万人的轻步兵师为他们提供支援，该师以运输机实施机动。

作战方案的要点，最好以德国空降兵司令施图登特的话来总结：

有限的兵力迫使我们集中于两个目标，这两处对入侵的成功至关重要。我亲自指挥的主要突击，直接针对鹿特丹、多特雷赫特、穆尔代克的桥梁，从南面而来的主要路线经这些桥梁跨过莱茵河河口。我们的任务是抢在荷兰人炸毁桥梁前占领它们，确保桥梁畅通，直到我方地面快速部队开抵。我的部队是4个伞兵营和1个机载步兵团（辖3个营）。这场行动大获全胜，我们只伤亡180人。我们输不起，要是完成不了任务，整个入侵就会失败。[1]

施图登特也是伤员之一，他头部负伤，退出战斗后修养了八个月。

德军的辅助突击针对的是荷兰首都海牙，目的是俘获荷兰政府首脑和各军种负责人，从而破坏对方的整个指挥机构。为此，德国人投入1个伞兵营和2个机载步兵团，由施波内克将军指挥。这场突袭虽然造成很大的混乱，但没能成功。

入侵比利时的行动，开始时也颇具戏剧性。地面进攻由赖歇瑙实力强大的第6集团军遂行，该集团军编有赫普纳第16装甲军。第6集团军有效展开前必须克服一道强大的障碍。协助这场进攻的伞兵只有500人，他们的任务是夺取阿尔贝特运河上的两座桥梁，以及埃本·埃马尔要塞，这是比利时最现代化的堡垒，位于河流国界线侧面。

可是，这支实力弱小的伞兵支队改变了整个局面。比利时国界线接近地，有一片向南伸出的荷兰领土，叫作"马斯特里赫特阑尾"，一旦德军跨过荷兰边界，阿尔贝特运河上的比利时边防部队就会接到预警，抢在入侵部队跨过这片15英里宽的地带前炸毁河上的桥梁。伞兵趁夜色悄无声息地从天而降，这是完好无损地夺取重要桥梁的新办法，也是唯一的解决方案。

用于入侵比利时的伞兵部队，规模相当有限，这与当时的报道中德国伞兵在几十个地点空投、总数达几千人的说法形成了强烈对比。施图登特对此的解释是，为弥补实际兵力的不足，也为了尽可能多地制造混乱，他们朝比利时各地大量空投了假伞兵。事实证明，这种伎俩非常有效，民众凭借丰富的想象力夸大所有数字的天性不啻火上浇油。

施图登特指出：

阿尔贝特运河这步险棋也是希特勒亲自策划的。他的奇思妙想很多，这可能是其中最杰出的一个。他召见我，征询我的意见。我考虑了一整天，确定这场行动完全可行，于是奉命着手准备。我使用科赫上尉指挥的500名伞兵。第6集团军司令冯·赖歇瑙将军和他的参谋长保卢斯将军都很能干，可他们觉得这场行动太过冒险，因而对此缺乏信心。

突袭埃本·埃马尔要塞的行动，在维齐希中尉率领下，由编有78名伞降工兵的小股支队遂行。这群伞兵只阵亡了6人。他们降落在要塞顶部，完全出乎敌人的意料，他们制服了那里的防空人员，用一种新式烈性炸药炸毁了装甲指挥塔和所有炮台，这种炸药过去一直是保密的……突袭埃本·埃马尔要塞就建立在使用这种新式武器的基础上，另一款新式武器，也就是货运滑翔机，负责把这些烈性炸药悄无声息地运到目的地。[2]

这座精心设计的要塞能够应对各种威胁，但守军没有想到敌人降落在顶部的可能性。维齐希寥寥无几的"空中骑兵"从要塞顶部控制着1200名守军，直到德军地面部队24小时后赶到这里。

两座关键桥梁上的比利时哨兵同样遭到突袭。其中一座桥梁的哨兵实际上点燃了导火索，企图炸毁桥梁，但一架德国滑翔机上的乘员紧跟着哨兵冲入岗楼，在千钧一发之际扑灭了导火索。

值得注意的是，除了伞兵实施突袭处，德军展开入侵的整条战线上，各处桥梁都被守军按计划炸毁。这表明德国人的成败近在咫尺，因为这场入侵的前景取决于时间因素。

次日上午，大批德军部队开抵，准备突破比利时人设在运河后方的浅近防御。赫普纳的两个装甲师（第3、第4装甲师）随后驶过完好无损的桥梁，在前方平原上展开。德军的迅猛推进迫使比利时军队全面后撤，此时，法国和英国军队正赶来支援他们。

德军在比利时达成的突破，并不是入侵西欧的决定性举措，但确实产生了至关重要的影响。他们不仅把盟国的注意力吸引到错误的方向，还诱使联军把最具机动性的部队投入在那里发展开来的战斗中。这样一来，联军这些快速师就无法脱离战斗，赶往南面应对法国国界线5月13日突然遭受的更大威胁，这种威胁落在法军防御最薄弱处，也就是未完工的马其诺防线西端之外。

在此期间，伦德施泰特集团军群的机械化先遣力量已穿过卢森堡和比利时的卢森堡省，径直攻往法国。他们穿越长达 70 英里的阿登山区，击溃敌人虚弱的抵抗，跨过法国边界，在第四天清晨到达默兹河岸边。

派遣大批坦克和机动车辆穿越如此复杂的丘陵地区是一场大胆的冒险，长期以来，传统战略家一直认为，阿登山区对一场大规模攻势来说是"不可逾越的"，更别说坦克的行动了。可这种困难增加了出敌不意的机会，而茂密的树林有助于掩蔽部队的前进和实力。

不过，为希特勒的成功助力的还有法国最高统帅部。阿登突击的惊人效果，很大程度上归功于法国人的方案，在德国人看来，这份方案非常契合他们修改后的计划。与普遍的看法不同，给法国人造成致命影响的不是他们的防御态度或"马其诺防线情结"，而是他们的方案中更具进攻性的方面。他们的左肩深深探入比利时境内，此举正中德国人下怀，法军就此落入陷阱——这种状况堪比他们 1914 年近乎致命的第 17 号方案。但这一次更加危险，因为对手的机动性更强，德军的机动依靠发动机，而不是脚步。后果自然也更严重，因为左肩由 3 个法国集团军和 1 个英国集团军构成，是联军装备最精良、最具机动性的力量。

盟国这些集团军越是深入比利时，他们的后方就越是暴露在伦德施泰特穿过阿登山区的侧翼攻击下。更糟糕的是，联军这场推进的枢纽，仅以寥寥几个素质低劣的法国师据守，兵员老弱，配备的高射炮和反坦克炮很少，而这两种武器可以说是实施防御的基本需要。甘末林和乔治领导的法国最高统帅部，犯下的最大错误就是以如此弱小的力量掩护这片枢纽。

德军穿越阿登山区是一场棘手的行动，堪称参谋工作中的一项非凡壮举。5 月 10 日拂晓前，德国人在卢森堡国界线对面实施了迄今为止规模最大的坦克集结。三个装甲军排列成三层，前两层是装甲师，第三层是摩托化步兵师。古德里安将军率领先遣力量，指挥整个装甲集群的是冯·克莱斯特将军。

部署在克莱斯特右侧的是一个独立装甲军，也就是霍特将军指挥的第 15 装甲军，该军的任务是穿过阿登山区北部，前出到济韦与迪南之间的默兹河河段。

不过，这 7 个装甲师仅仅是沿边界集结，准备突入阿登山区的德军力量中的一小部分。这段狭窄而又深邃的战线上，他们密集部署了大约 50 个师。

成功与否主要取决于德军装甲力量能否迅速穿过阿登山区并渡过默兹河。只有跨过这道河流障碍，坦克才能获得机动空间。他们必须抢在法国最高统帅部意识到发生了什么情况，调集预备力量阻止他们前渡过默兹河。

德国人赢得了比赛，但这是一场险胜。守军按照预定方案实施爆破，给德军造成一些阻碍，要是他们充分利用这个机会，结果可能会大不相同。对法国的安全来说不幸的是，这些阻滞行动没有获得充足的防御力量的支援。法国人竟然愚蠢到以骑兵师阻滞入侵者的地步。

相反，法国人如果在这个阶段投入装甲力量打击德军侧翼，很可能瘫痪对方这场推进，也就是说，利用这种反攻对德军高级指挥官造成的影响。即便做不到这一点，左翼遭受打击的威胁也会让德军指挥官暂时发生动摇。

克莱斯特目睹了这场进军是多么顺利，因而在 5 月 12 日认同了古德里安的观点，也就是立即渡过默兹河，不必等待步兵军开抵。但德军大规模集结空中力量，共投入 12 个俯冲轰炸机中队，全力协助装甲部队强渡默兹河。这些轰炸机中队 5 月 13 日下午早些时候抵达战场，持续不停地投下冰雹般的炸弹，夜幕降临前，大多数法军炮兵不得不蜷伏在他们的防空壕里。

古德里安这场突击，集中在色当西面一段 1.5 英里长的河段上。他选择的这片地段为强渡河流提供了理想的场地。默兹河向北急转伸向圣芒热，然后再次转向南面，形成个口袋状的突出部。北岸周围的高地林木茂密，为进攻准备、炮兵阵地、炮兵观察所提供了掩护。从圣芒热附近望去，这片河流突出部的壮丽全景尽收眼底，对岸马尔费森林林木茂密的高地构成了另一端的背景。

这场突击在下午 4 点发起，搭乘橡皮艇和木筏的装甲步兵向前冲去。摆渡行动很快就开始了，把轻型车辆运过河去。德军迅速占领河流突出部，他们继续向前，赶去夺取马尔费森林和南部高地。午夜前，他们已取得 5 英里深的进展，还在色当与圣芒热之间的格莱雷架起一座桥梁，德军坦克利用这座桥梁向前涌去。

　　尽管如此，德国人获得的立足点到 5 月 14 日仍很危险，只有一个师渡过默兹河，援兵和补给只能通过一座桥梁运抵。这座桥梁遭到联军猛烈空袭，由于德国空军主力调往其他地方，联军暂时掌握了制空权。但古德里安装甲军的高炮团以密集火力掩护这座至关重要的桥梁，空袭被击退，联军还遭受了惨重损失。

　　当日下午，古德里安三个装甲师都已渡过默兹河。击退法国人一场姗姗来迟的反突击后，他率领部队突然转身向西。到次日晚，他已突破联军最后一道防线，通往西面英吉利海峡沿岸的道路就此敞开。

　　对古德里安来说，这是个难挨的夜晚，但不是因为敌人的缘故：

　　装甲集群司令部发来命令，要求部队停止前进，留在夺得的登陆场内。我不会也不能接受这道命令，因为这意味着丧失突然性，我们的初期战果也会付之东流。[3]

　　古德里安通过电话与克莱斯特激烈争执了一番，克莱斯特批准古德里安"继续向前推进 24 小时，从而扩大登陆场"。

　　古德里安充分利用了上级的谨慎批准，随即赋予三个装甲师充分的自主权。古德里安装甲军向西疾进，与莱因哈特从蒙特尔梅渡场赶来的两个师、霍特从迪南附近渡场赶来的另外两个师会合。这导致法国人的抵抗发生大规模崩溃，德军一路疾进，如入无人之境。

　　到 5 月 16 日晚，德军装甲部队又向西取得 50 多英里进展，他们攻往英吉利海峡，已到达瓦兹河。可上级再次下达了暂停前进的命令。

　　德军高级指挥官对辖内部队轻松渡过默兹河深感惊讶，几乎不敢相信己方的好运。他们仍认为法国军队会对己方侧翼发动一场猛烈反突击。希特勒也很担心这种情况，因而命令装甲部队停止前进，这场暂停持续两天，以便各步兵军赶上，沿埃纳河构设侧翼掩护。

　　古德里安愤而辞职，这个问题呈交上级部门后，他又官复原职，还获准实施一场强有力的侦察。

古德里安对"强有力的侦察"做出灵活解释，这让他得以在第12集团军辖内步兵军着手沿埃纳河构设侧翼防御时，他获准全速攻往英吉利海峡沿岸前，利用这两天时间保持相当强大的进攻压力。

因为德军前几个阶段争取到大量时间，再加上他们使对方陷入了严重混乱，所以暂时止步于瓦兹河没有对德国的胜利前景造成严重影响。尽管如此，这种情况还是表明不同的德国人秉持的时间观念截然不同，新旧学派间的鸿沟远远大于德国人与法国人之间的差异。

战争结束后，甘末林谈到了德军对默兹河渡场的战略性利用：

这是一场了不起的机动。但事先是否完全预料到这种情况呢？我看未必，拿破仑当年没有料到耶拿的机动，毛奇1870年也没有料到色当那场机动。这是随机应变的杰作。它表明部队和指挥部门知道如何实施机动，他们的编成适合快速行动，坦克、飞机、无线电让他们如虎添翼。不投入大股军力从事交战就赢得决定性胜利，这也许是有史以来的第一次。[4]

据法军前线总司令乔治将军说，按照比利时卢森堡省的阻击方案估计，至少能让德国人到达默兹河的时间推迟四天。参谋长杜芒克将军说道：

我们以为敌人会像我们预料的那样行事，我们觉得他们调集足够的炮兵力量后才会设法强渡默兹河，这大概需要五六天，这样一来，我们就有足够的时间加强己方部署。[5]

值得注意的是，法国人的如意算盘与"山的那一边"德军高层的计算如出一辙。可以看出，法国军方首脑对德军进攻行动的基本预想不无道理，这场进攻发起后，更多支持这种预想的理由立即显现出来。可他们没有料到一个个人因素——古德里安。他接受了使用装甲部队独立作战，达成纵深战略突破的理论，他对这种理论的可行性抱有强烈的信念，他还具有不顾上级的命令继续前进的冲劲，这一切颠覆了法国最高统帅部的计算，仅凭德国最高统帅部的决断力绝对做不到这一点。很明显，古德里安和他的装甲兵拖着德国陆军一路向前，这才赢得了近代史上最彻底的一场胜利。

战局每个阶段的进展都取决于时间因素。法国军队的反突击一再失效，就是因为他们对时机的把握过于迟缓，无法跟上不断变化的态势，而态势瞬息万变又是因为德军先遣部队不断向前，动作比德国最高统帅部预想的还要快。

法国人的作战方案，基于德军至少要到九天后才能强渡默兹河这种假设。这与德国军事首脑最初设想的时间安排如出一辙，可古德里安的行动打乱了这种预想。情况发生变化，更严重的问题随之而来。法军指挥官深受 1918 年那些缓慢战事影响，思想上完全无法适应装甲力量的速度，这给他们带来日趋严重的瘫痪效应。

盟国方面，当时意识到这种危险的人寥寥无几，其中之一是法国新任总理保罗·雷诺。战争爆发前，他作为军界外的评论者，曾敦促他的同胞发展装甲部队。雷诺非常清楚装甲部队的效力，他 5 月 15 日清晨打电话对丘吉尔说："我们输掉了这场会战。"

丘吉尔回答道："所有经验都表明，这种进攻不久就会停止。我想起 1918 年 3 月 21 日那天。进攻五六天后，他们不得不停下来等待补给，这就为我们发动反攻提供了机会。这些话是我当时听福煦元帅亲口说的。"[6] 次日，丘吉尔飞赴巴黎，竭力反对比利时的联军部队实施任何后撤。即便他不反对，甘末林的动作也太迟缓，无法撤出那些部队。他现在打算使用大批步兵师，以 1918 年的方式发动一场经过深思熟虑的反攻。丘吉尔对此继续保持信心。不幸的是，甘末林的思想始终处于落伍状态，尽管他比其他法国人更具行动能力。

同一天，雷诺解除了甘末林的职务，从叙利亚召回福煦昔日的助手魏刚。魏刚直到 5 月 19 日才就职，所以，法军总司令职务一连三天无人担任。古德里安 5 月 20 日到达英吉利海峡，切断了比利时境内联军部队的交通线。另外，魏刚的思想甚至比甘末林更落伍，他继续以 1918 年的方式拟制作战方案。恢复态势的希望就此破灭。

总之，盟国领导人所做的事情，不是太晚，就是错误百出，最终没能有效地避免灾难。

英国远征军 1940 年的逃脱，很大程度上归咎于希特勒的亲自干预。德军坦克横扫法国北部，一举切断了英国军队与其基地的联系，就在他们即将冲向敦刻尔克之际（这座港口是英国远征军仅剩的逃生通道），希特勒却下令停止前进。此时，英国远征军主力离那座港口还有一段距离，可希特勒却让他的装甲部队止步不前达三天之久。

英国远征军即将覆灭时，希特勒的决定拯救了他们。死里逃生的这股英军回到英国，继续从事战争，据守海岸，抵御德国的入侵威胁。因此，可以说希特勒一手造成了他自己和整个德国五年后的最终覆灭。英国民众敏锐地意识到远征军这场逃脱是多么侥幸，却对个中原因一无所知，因而称之为"敦刻尔克奇迹"。

希特勒是如何下达这道决定性的停止令的？他为什么要下达这种命令？从许多方面看，那些德军将领也对此不明就里，可能永远无法确定希特勒是如何做出这个决定的，以及他的动机究竟是什么。虽然希特勒给出了一个解释，但可信度值得怀疑。犯下致命错误的身居高位者，事后很少会阐明真相，更何况希特勒并不是个最信奉真理的伟人。他的证词很可能导致相关线索更加混乱。同样很有可能的是，即便他愿意，大概也无法给出真实的解释，因为他的动机杂乱无章，他的举止喜怒无常。另外，所有人的回忆往往会被事后发生的事情覆盖。

历史学家长期研究这起重大事件，已经发现了足够的证据，不仅拼凑起一连串事情，还找到了下达这道决定性命令的一系列较为合理的原因。

切断比利时境内联军左翼的补给线后，古德里安装甲军于 5 月 20 日到达阿布维尔附近海岸。他随后转身向北，攻往海峡各座港口和英国军队后方，这股英军目前仍在比利时境内，面对博克步兵力量的正面推进。古德里安向北攻击前进时，位于他右侧的是莱因哈特装甲军，该军也隶属克莱斯特装甲集群。

5 月 22 日，古德里安这场进军隔断了布洛涅，次日孤立了加来。这样一场快速推进让他到达格拉沃利讷，距离敦刻尔克只有 10 英里，那是英国远征军仅剩的逃生港口。莱因哈特装甲军也前出到艾勒—圣奥梅尔—格拉沃利讷这条运河线。但上级要求他们停止前进。这些装甲兵将领接到的命令是，把部队留在运河线后方。他们一再向上级提出紧急质询和抗议，却被告知这是"元首亲自下达的命令"。

深入探讨希特勒做出拯救英军这种干预行为的根源前，我们先看看英国方面的情况，同时概述这场大规模逃脱的过程。

5 月 16 日，英国远征军总司令戈特勋爵率领英军从布鲁塞尔前方的前进防线后撤一步。可没等他们到达斯海尔德河畔的新阵地，这处阵地就已无法据守，因为古德里安在南面较远处切断了英国远征军的交通线。5 月 19 日，英国内阁获悉戈特"正在研究不得已的情况下率部撤往敦刻尔克的可能性"。可内阁却命令他率领远征军向南退却，进入法国，突破德军在他后方布下的天罗地网，尽管他们获知戈特只有四天的补给和只够从事一场交战的弹药。

这些指示与法军总司令甘末林迟迟拟定、当日上午刚刚下达的作战方案保持一致。当晚，甘末林被解除职务，魏刚取而代之，采取的第一项措施就是取消甘末林的命令，同时还研究了态势。再度延误三天后，他提出一份与他那位前任拟制的方案类似的计划，可事实证明，这份计划纯属纸上谈兵。

在此期间，戈特虽然认为内阁的指示不切实际，但还是从麾下 13 个师中抽调出 2 个，企图让他们和英国派往法国的唯一一个坦克旅一道，从阿拉斯向南攻击前进。这场反突击 5 月 21 日发起时，真正投入行动的只有 2 个实力虚弱的坦克营和 2 个步兵营。英军坦克取得些进展，但没有获得支援，因为德国人的俯冲轰炸把英军步兵打得晕头转向。友邻法国第 1 集团军本该以辖内 13 个师中的 2 个提供配合，可他们的实际贡献微乎其微。这些日子，德国人的俯冲轰炸机和快速机动的坦克，一再给法国军队的士气造成瘫痪性影响。

值得注意的是，英军这场小规模坦克反突击，令一些德军高级将领深感不安。他们一度考虑让己方装甲先遣力量停止前进。伦德施泰特本人称之为"紧要关头",他说:"有那么一刻,我们担心有可能没等步兵师赶去提供支援,我方装甲师就遭切断。"[7] 这种影响表明,如果英军投入两个装甲师,而不是两个坦克营,那么,这场反突击的结果很可能大不相同。

阿拉斯这场反突击昙花一现,北面的联军再也没有付出任何努力以突出重围,而魏刚计划从南面发起的救援进攻,不仅姗姗来迟,而且虚弱无力,几乎有些滑稽可笑。德军摩托化师沿索姆河迅速构设防线,轻而易举地阻挡住魏刚这场进攻,还让向北疾进、赶去封闭包围圈的德军装甲师不受干扰。就凭他那些行速缓慢的部队,魏刚大言不惭的命令根本无法得到执行,而丘吉尔的大声疾呼同样不切实际,他号召军队"放弃躲在混凝土防线或天然障碍物后抵抗进攻的理念",应当"以猛烈、持续不停的突击"重新夺回主动权。

高层人士继续为行不通的作战方案争论不休时,北面被切断的联军斜向撤往沿海地区。虽然他们避开了德军装甲部队从背后刺来的致命一刀,但博克几个步兵集团军对他们施加的正面压力越来越大。

魏刚 5 月 24 日痛苦地抱怨道:"法国军队从南面向北推进,逐步取得进展,有望与联军会合之际,英军却擅自向几个港口后撤了 25 英里。"实际上,从南面而来的法国军队没能取得显著进展,英国人也没有退却,魏刚这番话只表明他活在完全脱离现实的世界里。

5 月 25 日晚,戈特勋爵做出撤往敦刻尔克的明确决定。48 小时前,德军装甲部队已到达距离那座港口仅 10 英里的运河线。5 月 26 日,英国内阁让陆军部发电报给戈特,批准他的决定,授权他执行这样一场后撤。次日的第二封电报通知戈特,通过海路疏散他的军队。

同一天,面对博克的猛烈冲击,比利时军队的防线中段破裂,而且他们没有任何预备力量可用于填补缺口。利奥波德国王已通过凯斯海军上将一再提醒丘吉尔,态势已趋无望。德军的猛攻突破了比利时军队的防线,一切希望就此破灭。德军占领了比利时大部分地区,比利时军队背靠大海,困在一片狭窄地带,周围挤满了难民。因此,比利时国王当日傍晚决定向德国求和。次日清晨,双方停战。

比利时人投降，加剧了英国远征军到达敦刻尔克前遭切断的危险。丘吉尔刚刚向利奥波德国王发出呼吁，请他坚持下去，可私下里却对戈特说："这就像要求他们为我们牺牲自己。"陷入包围的比利时人已经知道英国远征军正准备撤离，他们对这种呼吁的看法自然与丘吉尔不同，这是可以理解的。利奥波德国王也没有听从丘吉尔另一个建议——他（利奥波德国王）"应该趁时机还不太晚，乘飞机逃离"。这位国王觉得"必须与自己的军民待在一起"。从长远看，他的决定也许不够明智，可当时的情况下，这是个光荣的抉择。丘吉尔随后做出的批评不太公正，而法国总理和报纸发出的强烈谴责简直是太不公正了，特别是因为法国军队默兹河防御的崩溃导致了比利时的沦亡。

虽然法国人提出强烈抗议和谴责，但英国远征军撤往海边的行动还是变成了一场赛跑，他们必须抢在德国人封闭包围圈前登船离开。幸运的是，英国一周前就采取了准备措施，尽管是基于一种不同的假设。丘吉尔5月20日批准了"集结大批小型船只，准备驶入法国海岸各港口和水湾"的措施，他认为按照目前的作战方案，英国远征军在向南突击进入法国期间，也许会被敌人切断，这些小型船只有可能救出远征军一些残部。英国海军部毫不浪费时间，立即投入准备工作。5月19日奉命指挥这场行动的拉姆齐海军上将，在多佛港设立指挥部。他们立即为这场代号"发电机"行动的救援搜罗了大批渡轮、炮艇、小型货轮。从哈里奇到威茅斯，负责海运的官员奉命登记所有一千吨以下的船只。

接下来几天，情况迅速恶化，英国海军部很快意识到，敦刻尔克可能是英国远征军唯一的疏散通道。5月26日下午，也就是比利时提出停战24小时前，"发电机"行动付诸实施，此时英国内阁还没有批准英国远征军撤离。

起初，英国人不过是指望这场行动能解救英国远征军的一小部分人员。海军部告诉拉姆齐，行动目标是两天内撤离4.5万人，届时敌人大概会采取行动，导致进一步疏散不复可能。实际上，截至5月28日晚，救援行动只把2.5万人撤回英国本土。幸运的是，这段宽限期比原先预想的要长。

头五天，由于缺乏小型船只，把海滩上的士兵送往停泊在近海的大型船只十分困难，这场疏散的速度受到限制。虽然拉姆齐早已指出过这个问题，但相关需求没有得到充分满足。不过，海军部付出了更大的努力，全力提供小船和驾驭船只的人员，大批平民志愿者加强了海军人员，其中包括渔民、救生艇人员、游艇驾驶者和其他在驾驶船只方面颇具经验的人。拉姆齐写道，表现最佳者之一是伦敦消防队"梅西·肖"号消防艇艇员。

一开始，海滩上等待登船的士兵（大多是后勤人员）缺乏组织，滩头一时间混乱不堪。拉姆齐认为，"陆军军官的军装看不出军衔等级，这种情况"加剧了混乱，但他发现"军衔徽标鲜明的海军军官出现，有助于恢复秩序……后来，作战部队的士兵到达海滩，这些困难就消失了"。

德军5月29日晚发起第一场猛烈空袭，"敦刻尔克港的水道没有早早被沉没的船只堵塞，这只能归功于好运气"。让海港保持畅通至关重要，因为大多数士兵从敦刻尔克港登船，通过海滩疏散的人员不到三分之一。

接下来三天，德国人加强了空袭力度。6月2日，昼间疏散不得不暂停。从英国南部机场起飞的皇家空军战斗机，竭力阻挡德国空军，由于寡不敌众，再加上航程有限，他们无法在敦刻尔克上空滞留太久，因而没办法提供足够的空中掩护。虽然柔软的沙滩部分抵消了炸弹的威力，但德军反复发起空袭，给等候在海滩上的士兵带来沉重压力。更大的物质损失发生在海上，用于这场疏散的英国和盟国大小船只共计860艘，其中6艘驱逐舰、8艘人员运输船、200多艘小型船只折损。幸运的是，德国海军没有介入，潜艇和鱼雷快艇都不见踪影。极好的天气也为这场疏散帮了大忙，这让人颇为高兴。

截至5月30日，已有12.6万名士兵获得疏散，而英国远征军余部也撤到敦刻尔克滩头阵地，当然，后撤期间被敌人切断的一些部队除外。这样一来，面对敌人在陆地上的包围推进，滩头阵地的防御大为加强。德国人错失了良机。

不幸的是，身处比利时境内的法军高级指挥官，仍在执行魏刚不可能完成的计划，对退往海边犹豫不决，因而没有跟随英军尽快后撤。由于这种延误，法国第1集团军残余部分的半数力量5月28日在里尔附近被切断，5月31日被迫投降。不过，他们这三天的英勇抵抗，为其他人员和英军部队的逃脱助了一臂之力。

6月2日午夜，英军后卫部队登船，英国远征军这场疏散就此结束，"发电机"行动顺利撤出22.4万人，驶往英国途中，由于船只被击沉而损失的人员只有2000来人。大约9.5万名盟国士兵（主要是法国人）也获得疏散。次日晚，尽管困难越来越大，可英国人还是全力撤走剩下的法国官兵，2.6万人获救。令人遗憾的是，担任后卫的数千名士兵无法撤离，这给法国造成一种痛楚。

截至6月4日晨，"发电机"行动停止时，共计33.8万名英国和盟国士兵到达英国本土。与先前的预期相比，这是个了不起的成就，皇家海军的表现极为出色。

同样显而易见的是，要不是希特勒十二天前，也就是5月24日，命令克莱斯特装甲集群停在敦刻尔克镇外，英国远征军就无法获救，更不可能"择日再战"。

当时，只有一个英军营守卫着格拉沃利讷与圣奥梅尔之间20英里长的阿河防线，内陆60英里处的运河线防御情况稍好些。许多桥梁没有被炸毁，甚至没做好爆破准备。因此，德军装甲部队5月23日在运河几个地段轻而易举地建立起登陆场，就像戈特在他发出的急电中指出的那样："这条运河是这一侧唯一的防坦克障碍。"如果德军渡过这条运河，就没有什么能阻挡他们了，也没有什么能阻止他们切断英国远征军退往敦刻尔克的后撤路线，除非希特勒下令停止前进。

很明显，自德军攻入法国后，希特勒一直处于一种高度紧张的神经质状态。他的军队进展顺利，没有遭遇激烈抵抗，这让他深感不安——情况似乎好得令人难以置信。从德国陆军总参谋长哈尔德的日记可以看出这种影响。5月17日，也就是法国军队在默兹河的防御发生戏剧性崩溃的次日，哈尔德写道："很不愉快的一天。元首极为紧张。他对自己的成功感到恐惧，不敢抓住任何机会，宁愿限制我们的前进。"

当天，全速奔向海峡的古德里安突然被叫停。次日，哈尔德写道："每个小时都很宝贵……元首大本营对此的看法完全不同……无缘无故地担心南翼。他怒气冲冲，尖叫着说我们正在毁掉整个战局。"直到当晚晚些时候，哈尔德向他保证，担任侧翼防御的后续步兵集团军正沿埃纳河进入防线，希特勒这才同意让装甲部队继续前进。

两天后，德军装甲部队到达海边，切断了比利时境内盟国军队的交通线。这场辉煌的胜利似乎暂时打消了希特勒的顾虑。可德军装甲部队转身向北时，特别是英军坦克从阿拉斯发起反突击造成短暂的惊慌后，希特勒故态复萌，尽管这次较为轻微。他视若珍宝的装甲部队正攻往英军盘踞的地区，而他把英国人视为特别顽强的对手。同时，他还对南面法国军队有可能策划的行动感到不安。

从表面上看，希特勒选择 5 月 24 日上午这个关键时刻视察伦德施泰特的司令部，对他来说是个不幸。因为伦德施泰特是个谨慎的战略家，总是仔细考虑不利因素，避免因过度乐观而犯下错误。出于这个原因，他经常提出沉着冷静的判断，从而纠正希特勒的偏差，但这一次，他的做法没能让德军获益。研讨态势时，伦德施泰特谈到装甲部队经历了一场快速的长途奔袭，实力已然受损，他还指出敌人从北面和南面发起攻击的可能性，尤以后一个方向为甚。

伦德施泰特昨晚已收悉陆军总司令布劳希奇的命令，要求他把完成北面包围圈的任务移交给博克，所以，他现在当然应该考虑南面下一阶段的行动。

另外，伦德施泰特的司令部仍设在色当附近的沙勒维尔，就在埃纳河后方，位于正面朝南的德军战线中央。这个位置造成一种重视前方情况、不太关注最右翼战况的倾向，更何况最右翼的胜局已定。他没太在意敦刻尔克。

希特勒"完全赞同"伦德施泰特的谨慎态度，他随后强调，为后续作战保全装甲部队极为必要。

当日下午返回元首大本营的途中，希特勒召见了陆军总司令。这是"一场极不愉快的会晤"，以希特勒下达一道明确的停止前进令而告终。哈尔德当晚在日记中悲哀地总结了这道命令的影响：

装甲和摩托化部队组成的左翼，前方已没有敌人，元首的直接命令却让他们停留在原地。消灭被围之敌的任务留给空军！

希特勒下达这道停止前进令是受了伦德施泰特影响吗？如果希特勒认为他这道命令是伦德施泰特的影响所致，那么几乎可以肯定，英国军队逃脱后，他会提起此事，以此为自己的决定开脱，因为他惯于把一切过错归咎于他人。可没有任何证据表明，希特勒后来做出解释时提到伦德施泰特的意见是促成他做出决定的因素之一。这是个很有力的反证。

希特勒前往伦德施泰特的司令部时，很可能想为自己的顾虑，以及他打算把更改计划的决定强加给布劳希奇和哈尔德找到更多理由。至于这个决定是不是其他人促成的，就这个问题而言，最初的影响可能来自凯特尔和约德尔，这两人是元首大本营的主要军事顾问。瓦利蒙特将军的证词特别重要，他当时与约德尔的联系非常密切。瓦利蒙特听到停止前进令的传闻极为震惊，于是向约德尔求证此事：

约德尔证实这道命令已经下达，他对我的询问很不耐烦。他的立场与希特勒相同，还强调不仅希特勒，就连凯特尔和他本人第一次世界大战期间在佛兰德斯的亲身经历都无可置疑地证明，装甲部队无法在佛兰德斯沼泽地展开行动，真要投入其中的话，必然会遭受严重损失。考虑到各装甲军已然蒙受的损耗，以及他们在进攻法国第二阶段的行动中即将执行的任务，这种损失是承受不起的。[8]

瓦利蒙特补充道，如果停止前进令最初出自伦德施泰特，他和最高统帅部其他人员肯定会早早听说此事，而为这项决定大加辩解的约德尔，"必然会表明冯·伦德施泰特是最早提出这一建议的人，或至少指出他是这道命令的支持者之一"，这样就能让那些批评者闭嘴，因为"谈到作战事务，伦德施泰特在总参高级军官中具有无可争议的权威"：

不过，我当时还听说了下达这道停止前进令的另一个原因，据说戈林出现了，他向元首保证，他的空军可以从空中封锁包围圈靠海的一侧，从而完成剩下的合围行动。他无疑高估了他那个军种的效力。[9]

我们前面引用了哈尔德5月24日的日记,与那段日记的最后一句相联系,就会发现瓦利蒙特这番话非常重要。另外,古德里安指出,下达给他的命令出自克莱斯特,这道命令中写道:"敦刻尔克交给空军。如果征服加来有困难,那座堡垒同样可以交给空军。"古德里安说道:"我觉得戈林的虚荣心导致希特勒做出了那项重大决定。"

同时有证据表明,就连空军也没有得到充分利用,或者说,没有发挥全部效力。一些德国空军将领指出,希特勒对他们也做出限制。

这一切让德军高层不由得怀疑希特勒军事理由背后的政治动机。伦德施泰特的时任作训处长布卢门特里特,以一种令人惊讶的方式,把这一点与希特勒视察集团军群司令部时说的话联系起来:

希特勒兴致很高,他承认战役进程"是个决定性的奇迹",还告诉我们,战争会在六周内结束。他希望同法国签订一份合理的和约,尔后与英国达成协议就不会有任何障碍了。

接下来一番话语惊四座,他带着钦佩之情谈到大英帝国,谈到这个国家继续存在的必要性,还谈到英国对世界文明的贡献。他耸耸肩评论道,帝国的建立往往是通过严酷手段实现的,"刨刀所到之处,免不了刨花纷飞"。他对比了大英帝国和天主教,说他们是维持世界稳定的两大基本要素。他说他只要求英国承认德国在欧洲大陆的地位。归还德国丧失的殖民地固然最好,但也不是非得如此。他甚至说,如果英国在任何地方遇到任何困难,德国可以派部队支援英国。他认为殖民地主要是声望问题,因为战争期间无法守住这些殖民地,而且几乎没有德国人愿意定居在热带地区。

他总结道,自己的目的是与英国缔结和约,而且是以英国认为接受这份合约无损其光荣为基础的。[10]

布卢门特里特认真思索战事进程时,经常想到希特勒这番话。他觉得希特勒下令停止前进不仅仅是出于军事原因,这更是一项政治方案的组成部分,目的是更容易地达成和平。倘若英国远征军在敦刻尔克全军覆没,英国人可能会觉得他们的光荣受到玷污，必然会为此报仇雪耻。希特勒放对方一条生路，希望与英国达成和解。

这些将领对希特勒心怀不满，承认他们希望消灭英国远征军，因此，他们的说法非常重要。他们对希特勒那番讲话的叙述，基本符合希特勒早些时候在《我的奋斗》一书中所写的内容——值得注意的是，希特勒在其他方面紧密遵循着他这本书中的说法。希特勒性格中的一些因素表明，他对英国抱有一种爱恨交加的情感。齐亚诺和哈尔德的日记也记录了他谈到英国时的思想倾向。

希特勒的性格非常复杂，简单的解释根本无法说明个中真相。他的决定很可能由几条线索编织而成。显而易见的线索有三条：他希望为下一场打击保全装甲力量；他长期以来对佛兰德斯沼泽怀有恐惧；戈林为空军力量做出保证。但希特勒是个颇具政治策略天赋、思想极为复杂的人，在他脑中，某些政治线索很可能与这些军事线索交织在一起。

沿索姆河和埃纳河延伸的法军新战线比原先更长，可他们据守这道防线的兵力却大不如前。除了盟国提供的援助，法国人在战局第一阶段损失了30个师。目前只有2个英国师仍留在法国，但另外2个没有完成训练的师很快要派过去。魏刚总共拼凑了49个师据守这道新防线，留下17个师守卫马其诺防线。短时间内，他们无法加强防线，而兵力短缺打消了遂行纵深防御这一姗姗来迟的尝试。由于大多数机械化师已覆灭或严重受损，法国人也缺乏机动预备力量。

与之形成鲜明对比的是，德国人向前线运送新坦克，10个装甲师恢复了实力，而他们的130个步兵师几乎毫发无损。为发动新的攻势，德军重组了他们的军力，两个新锐集团军（第2、第9集团军）赶来加强埃纳河地区的力量（位于瓦兹河与默兹河之间），古德里安升任装甲集群司令，该集群编有2个装甲军，开入这片地区加以准备。克莱斯特剩下的2个装甲军，打算分别从亚眠和佩罗讷的索姆河对岸登陆场发起攻击，以一场钳形攻势在克雷伊附近的瓦兹河下游会合。霍特指挥剩下的装甲军，负责在亚眠与大海之间推进。

德军这场进攻 6 月 5 日发起，起初位于拉昂与大海之间的西端。法国军队头两天的抵抗相当激烈。但 6 月 7 日，位于最西面的德国装甲军突破到通往鲁昂的道路。法军的防御随后混乱不堪地发生崩溃，德军 6 月 9 日渡过塞纳河时没有遭遇激烈抵抗。但他们并不打算在此处遂行决定性机动，因而停顿下来，对艾伦·布鲁克将军率领的小股英军部队来说这非常幸运，法国投降后，他们中的大多数人实现了第二次疏散。

可是，克莱斯特的钳形攻势没能按计划进行。右钳 6 月 8 日终于取得突破，但从佩罗讷出击的左钳，面对法军在贡比涅北面的顽强抵抗停顿不前。陆军总司令部随后决定撤回克莱斯特集群，命令他们转身向东，赶去支援德军在香槟区达成的突破。

那里的进攻 6 月 9 日才发起，但法国军队迅速崩溃。大批德军步兵刚刚渡河，古德里安的坦克就穿过缺口攻往沙隆，尔后向东进击。6 月 11 日，克莱斯特扩大了扫荡范围，在蒂耶里堡渡过马恩河。这场快速推进继续进行，越过朗格勒平原攻往贝桑松和瑞士边界，一举切断据守马其诺防线的法国军队。

早在 6 月 7 日，魏刚就建议法国政府立即请求停战，次日，他宣称"索姆河战役输掉了"。法国政府内部意见不统一，对投降问题犹豫不决，但 6 月 9 日决定撤离巴黎。迁往布列塔尼还是波尔多，政府成员摇摆不定，最后的折中方案是转移到图尔。同时，雷诺向罗斯福总统发出呼吁，请求他提供支援，雷诺宣称："我们会在巴黎前方战斗；我们会在巴黎后方战斗；我们会在我们的某个省份抵抗，要是被驱离，我们就去北非……"

6 月 10 日，意大利对法国宣战。法国曾姗姗来迟地向墨索里尼表示，愿意在殖民地问题上做出各种让步，但墨索里尼希望提高自己在希特勒心目中的地位，因而拒绝了这些条件。不过，意大利军队十天后发动的进攻，被实力虚弱的法国军队轻而易举地击退。

6 月 11 日，丘吉尔飞赴图尔，徒劳地设法为法国领导人加油打气。次日，魏刚在内阁发表讲话，告诉他们这一仗输掉了，还为两场失败责怪英国人，随后宣称："我不得不明确指出，必须停战。"毫无疑问，他对军事态势的评

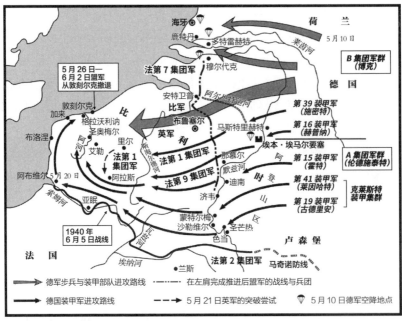

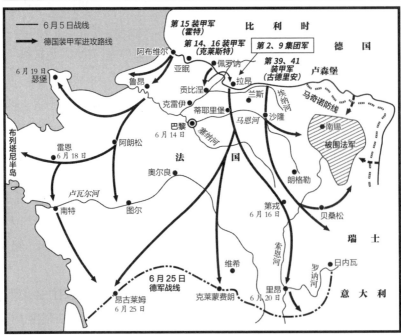

法国的陷落（ZVEN 制）

估正确无误，因为法国军队已四分五裂，大多数人根本无意抵抗，只想向南逃窜。内阁成员意见不一，有人主张投降，也有人提出去北非继续从事战争，法国内阁最后决定迁往波尔多，还指示魏刚设法沿卢瓦尔河组织抵抗。

德军6月14日开入巴黎，两翼推进得更深。6月16日，他们到达罗讷河谷。在此期间，魏刚不断施加压力，要求政府停战，法国军队所有主要指挥官都支持他。为避免法国投降，确保他们去北非继续抵抗，丘吉尔付出了最后的努力，提出一项意义深远的建议——建立法英联盟。除了徒增烦恼，这项主张没起到任何作用。法国内阁为此进行了表决，大多数人反对，于是情况急转直下，他们决定投降。雷诺辞职后，贝当元帅出面组阁，6月16日晚向希特勒提出停战请求。

6月20日，在贡比涅森林中的同一节列车车厢内，也就是1918年德国代表签署停战协定的原址，希特勒把他的停战条款交给法国代表。双方谈判时，继续前进的德国军队渡过卢瓦尔河。6月22日，法国人接受了德国的条款，他们与意大利同样达成停战协定。6月25日凌晨1点35分，停战协定正式生效。

注释

1. Liddell Hart: *The Other Side of the Hill*, pp. 160-161. 本章其他引述都摘自该书。

2. pp. 163-164.

3. p. 177.

4. p. 181.

5. p. 181.

6. Churchill: *The Second World War*, vol.II, pp. 38-39.

7. 我预见到1940年出现的这种情况，自1935年起就在《泰晤士报》和另一些场合敦促，英国的军事努力应当集中于提供一股更强大的空中力量和两三个装甲师，用于对德军在法国达成的一切突破遂行反突击，而不是派遣一支完全由步兵师组成的远征军，因为法国的步兵师多得很。内阁1937年年底接受了这建议，可1939年年初又放弃了这种构想，转而按照传统模式组建一支远征军。截至1940年5月，他们总共向法国派去13个步兵师，包括3个"劳工"师，却没有哪怕是一个装甲师。事实证明，这股力量无法挽救态势。

8. p. 197.

9. p. 197.

10. pp. 200-201.

第八章

不列颠战役

虽然战争始于 1939 年 9 月 1 日德国入侵波兰，两天后英国和法国就先后对德国宣战，但这段历史最奇怪的特点之一是，希特勒和德国最高统帅部对如何应对英国参战，既没有方案，也没有准备。更奇怪的是，1940 年 5 月对西线发动庞大攻势前，德国人在将近九个月的漫长间隔期内什么也没做。甚至在法国军队土崩瓦解，失败已成定局时，德国人还是没制定任何方案。

所以，似乎很明显，希特勒满心指望英国政府会按照他愿意提供的有利条件，同意达成妥协的和平，尽管希特勒野心勃勃，可他并不想同英国人拼个你死我活。的确，希特勒告知德军将领，战争结束了，他批准官兵休假，还把德国空军部分力量调往其他潜在战线。另外，希特勒 6 月 22 日下令裁撤 35 个师。

尽管丘吉尔断然拒绝一切妥协，还表明了继续从事战争的决心，可希特勒仍坚信这不过是虚张声势，认为英国注定要承认"他们的军事态势已趋无望"。很长一段时间里，他始终抱有这种希望，直到 7 月 2 日才下达命令，研究通过入侵征服英国的问题，而两周后的 7 月 16 日，他下令为代号"海狮"行动的入侵加以准备时，仍明显对是否有必要采取这种行动持怀疑态度。不过，他确实说过，八月中旬前必须为这场入侵做好准备。

希特勒 7 月 21 日告诉哈尔德，他打算挥师东进，先解决苏联问题，可能的话，当年秋季就发动进攻，这个事实表明了他内心的犹豫和矛盾。7 月 29 日，最高统帅部的约德尔告诉瓦利蒙特，希特勒决心对苏联发动战争。几天前，古德里安集群的作训处长被召回柏林，为在这样一场战局中使用装甲部队拟制方案。

法国崩溃时，德国陆军根本没有为入侵英国的行动做好准备。参谋人员没想过这个问题，更别说研究了；部队没受过海运和登陆作战训练；他们也没有为这种行动制造登陆艇。因此，德国人付出的努力只是仓促征集船只，把驳船从德国和荷兰运到海峡各港口，还让部队从事登船、下船训练。完全因为英国军队把大多数武器装备丢在法国，暂时处于"赤手空拳"状态，德国人如此草率的临时性举措才有了些成功的可能性。

此次行动的主要部分交给冯·伦德施泰特元帅和他的 A 集团军群，该集团军群把布施第 16 集团军部署在右侧，施特劳斯第 9 集团军部署在左侧。入侵部队将在斯海尔德河河口与塞纳河河口之间的各座港口登船，渡海后在福克斯通与布莱顿之间的英国东南海岸汇聚，同时以一个伞兵师占领峭壁嶙峋的多佛—福克斯通地区。根据这份"海狮"方案，德国人打算在四天内以第一波次的 10 个师实施登陆，建立一片宽大的登陆场。大约一周后，他们就会朝内陆发起主要突击，第一个目标是沿从泰晤士河河口到朴次茅斯的一条弧线占据高地。下一个阶段，他们会把伦敦与西面隔开。

B 集团军群辖内，冯·赖歇瑙元帅指挥的第 6 集团军负责遂行一场辅助行动，第一波次的 3 个师从瑟堡起航，在波特兰比尔西面的莱姆湾登陆，尔后向北攻往塞文河河口。

第二波次入侵力量是负责发展胜利的快速兵团，编有由 6 个装甲师和 3 个摩托化步兵师组成的 3 个军，紧随其后的第三波次编有 9 个步兵师，第四波次由 8 个步兵师组成。第一波次入侵力量虽然没有装甲师，但还是获得大约 650 辆坦克，由两个梯队中的第一个携带（第一梯队的兵力约占 25 万总兵力的三分之一）。第一波次入侵力量的两个梯队，渡过海峡需要 155 艘运输船，总吨位达到 70 万吨，另外还需要 3000 多艘小型船只——1720 艘驳船、

470 艘拖船、1160 艘汽艇。

准备工作七月下旬才开始，尽管希特勒下令，八月中旬前完成准备工作，可德国海军司令部宣称，为发起"海狮"行动集结这么多船只，最快也要到九月中旬才能完成。实际上，海军司令部七月底曾建议把这场行动推迟到 1941 年春季。

但这不是唯一的障碍。德军将领非常担心他们的部队渡海时有可能遇到的风险。他们对己方海军或空军确保海上通道畅通的能力没什么信心，还主张沿一条宽大战线（从拉姆斯盖特到莱姆湾）遂行入侵，从而分散守军的注意力和兵力。德国海军将领更担心的是，倘若英国舰队到达入侵海域会发生些什么。他们对己方力量能阻止对方的干预缺乏信心，因而从一开始就宣称，他们无法为陆军沿宽大战线遂行入侵的方案提供掩护，渡海行动只能以小股陆军部队实施，必须沿一条获得水雷掩护、相对狭窄的通道遂行，这些限制加剧了陆军将领的顾虑。最重要的是，海军元帅雷德尔强调，渡海区域的空中优势至关重要。

希特勒 7 月 31 日与雷德尔商讨后接受了海军的观点，也就是九月中旬前无法发起"海狮"行动。但这场行动没有明确推迟到 1941 年春季，因为戈林向他保证，德国空军可以阻止英国海军的干预，并把皇家空军逐出天空。德国海军和陆军首脑很乐意让戈林先行发动空中攻势，除非他取得成功，否则他们不会采取任何明确的行动。

结果，戈林的行动没能成功，所以这场空中斗争成为决定性的不列颠战役的主要特点，实际上也是唯一的特点。

德国空军对皇家空军的优势，并不像当时普遍想象的那么大。他们无法一波波投入大批轰炸机，保持接连不断、令英国民众心惊胆寒的空袭，而他们的战斗机数量也比英国多不到哪里去。

这场空中攻势主要由阿尔贝特·凯塞林元帅和胡戈·施佩勒元帅指挥的第 2、第 3 航空队遂行，第 2 航空队驻扎在法国西北部和低地国家，第 3 航空队部署在法国北部和西北部。每个航空队都是一股独立成军的力量，编有各种不同的作战部队——波兰和西欧战局中，德国空军与陆军的推进相配合，这种整合发挥了优势，但一场彻头彻尾的空中战役期间，这种整合就不那么有利了。每个航空队分别制订、提交自己的计划，完全没有整体方案。

8月10日，这场空中攻势即将正式开始时，第2、第3航空队共有875架水平轰炸机、316架俯冲轰炸机。事实证明，这些俯冲轰炸机面对英国战斗机时太过脆弱，因此，他们8月18日后撤出战斗，留作日后的入侵之用。

另外，施通普夫将军指挥的第5航空队部署在挪威和丹麦，编有123架水平轰炸机，但只参加了一天的战斗，也就是8月15日的行动，由于损失惨重，他们再也没有从事这种远距离出击。不过，这股力量的存在确实起到牵制作用，英国战斗机司令部不得不把部分力量留在英国东北部。八月下旬，第5航空队还提供了100来架轰炸机，弥补第2、第3航空队蒙受的损失。

德国人8月10日发起进攻时，共有929架战斗机，大多是单引擎的梅塞施密特Me-109，但也有227架航程较远的双引擎Me-110。Me-109的原型机于1936年面世，最高速度超过每小时350英里，较高的爬升率也让它比英国战斗机更具优势。但转弯和操控性能导致这款战机在空战中处于劣势。另外，与英国战斗机不同，这场空中战役开始时，大多数Me-109没有为飞行员提供装甲保护，不过，它们配备了防弹油箱，英国战斗机却没有。

这场战役中，有限的航程对德国单引擎战斗机来说是个决定性因素。官方宣称Me-109的巡航航程达412英里，这个数字具有误导性。它的真实活动半径只有100多英里，从加来海峡或科唐坦半岛起飞后，刚刚够到达伦敦，只能在那里短时间从事战斗。换句话说，Me-109的续航时间只有95分钟，战术飞行时间仅为75~80分钟。轰炸机遭受了严重损失，再加上显而易见的脆弱性，因而有必要为它们提供战斗机护航。每架轰炸机需要两架战斗机掩护，因而德国人每日仅出动轰炸机300~400架，而且只能打击英国南部目标。

Me-109起飞和降落时很难操控，这款战机的起落架很脆弱，法国海岸匆匆修建的机场加剧了这种麻烦。

双引擎战斗机Me-110的最高时速据称是340英里，实际上慢得多，通常只有 300 英里每小时或更低，因而很容易被英国的喷火式战斗机追上。这款战机加速迟缓，而且很难操控。Me-110 本来要成为德国空军战斗机中的"明星"，可事实证明，它糟糕的技术性能令人失望至极，这款战斗机甚至需要 Me-109 提供保护。

不过，德国战斗机最大的弱点是机载无线电设备极为原始。虽然它们配备了可供飞行期间通信的无线电话，但与英国人使用的设备相比，可以说相当拙劣，而且从地面上无法指挥这些战机。

在法国损失 400 多架飞机后，皇家空军的战斗机力量获得重建，到七月中旬，他们约有 650 架战斗机，恰好是德国人五月份发动进攻时，皇家空军战斗机的总数。这些战斗机主要是飓风和喷火式，但也有近 100 架较为老式的其他型号。

皇家空军战斗机实力的显著恢复，主要归功于比弗布鲁克勋爵付出的努力，丘吉尔先生当年五月组阁时任命他为飞机生产大臣。批评他的人抱怨道，比弗布鲁克的积极干预对长期进展造成不利影响。但战斗机司令部司令休·道丁上将公开发表声明时宣称："这项任命的效果堪称奇迹。"到仲夏时，英国的战斗机产量增加了 2.5 倍，英国全年生产了 4283 架战斗机，而德国只生产了 3000 来架单、双引擎战斗机。

双方机载武器方面的对比难分高下。飓风和喷火式战斗机只配备机枪，一共八挺，固定在机翼前段。它们安装的是美制勃朗宁机枪，之所以选择这款武器，是因为遥控使用时相当可靠，而且射速较高，每分钟达 1260 发。Me-109 战斗机通常在机头引擎罩安装两挺机枪，机翼安装两门 20 毫米机炮，这种武器是根据西班牙内战的经验开发的，那场战争成为德国空军的武器试验场，Me-109 在那里接受了测试，另外还有些已淘汰的早期型号战斗机参与此战。

阿道夫·加兰是德国空军的王牌飞行员，回顾往事，他无疑认为 Me-109 配备的武器更好。英国人的看法不太一致，有人认为高射速的勃朗宁机枪短促点射时具有优势，也有人认为五六发炮弹造成的破坏远远超过勃朗宁机枪同等时长的点射。一些英国战斗机飞行员痛苦地抱怨道，尽管他们确定击中了对手，"可什么也没发生"。值得注意的是，不列颠战役期间，大约30架喷火式战斗机配备了两门20毫米西斯帕诺机炮，而装有四门机炮的飓风式战斗机十月份投入使用。

从一开始就显而易见的是，德国轰炸机配备的武器非常糟糕，只有几挺可自由移动的机枪，没有己方战斗机护航时根本无法击退英国战斗机。

双方战斗机飞行员的对比更加复杂。战役初期，英国飞行员处于不利境地。他们虽然训练标准较高，但数量严重短缺。皇家空军训练学校扩充得很慢，而他们的缺点很大程度上决定了战斗的进行。消耗不得不降低到最低程度，哪怕这意味着不得不让一些实施空袭的敌机通过。最让道丁烦恼的是缺乏飞行员，而不是飞机。

通过在七月份节约资源，道丁设法在八月初把他的飞行员数量增加到1434人，其中包括皇家海军航空兵借出的68名飞行员。可一个月后，这个数字降到840人，每周平均损失120名飞行员。相比之下，皇家空军作战训练单位这个月交付的战斗机飞行员不到260人。九月份人员短缺的情况更加严重，因为技艺娴熟的飞行员数量不断减少，而仓促训练出来的新人经验不足，伤亡率特别高。一个个新中队赶来接替疲惫不堪的战斗机中队，遭受的损失比他们替换的中队更高。许多情况下，疲惫伴随着士气下降和"精神失常"的增加。

就飞行员数量而言，德国人起初没有这么严重的问题。尽管当年五月和六月，他们在欧洲大陆损失惨重，可飞行学校交付的飞行员数量，超出了前线飞行中队的吸收能力。不过，戈林和德国空军高层人士只是把战斗机部队看作也当作防御性次要兵种，这就给他们的士气造成一种潜在的负面影响。另外，战斗机部队许多最优秀的飞行员用于补充轰炸机、俯冲轰炸机部队的损失，戈林还不断批评他们缺乏进取精神，把德国空军的失败归咎于他们——实际上，这种失败很大程度上是戈林缺乏远见，以及作战方案有误所致。相比之下，英国战斗机飞行员的士气获得加强，至为关键的这几个月，他们不断受到鼓励，丘吉尔称赞他们是"少数人"，是皇家空军的精锐，是民族英雄。

德国战斗机部队越来越多地用于护航任务，飞行员和战机疲于奔命，承受的压力倍增，他们每天出动 2 ~ 3 个战斗架次，有时候多达 5 个架次。戈林不允许他们有休息日，也不批准前线部队轮换。因此，纯粹的疲劳加剧了他们遭受沉重损失的感觉和压力。九月份到来时，他们的士气一落千丈。让士气进一步下滑的是，这些飞行员亲眼所见的登陆准备工作形同儿戏，因而对德国高层真的打算入侵英国产生怀疑，越来越觉得自己为维持这样一场徒具表象、实则已然被放弃的行动付出牺牲太不值得。

德军轰炸机机组损失惨重，面对皇家空军战斗机的攻击，他们有一种无能为力感。因此，虽然他们继续英勇地执行命令，但士气下降的趋势越来越明显。

总之，战役初期阶段，交战双方的技能和勇气旗鼓相当。英国人认为，虽然己方损失惨重，压力巨大，但敌人这两方面的情况更糟糕，这种事实和感觉逐渐帮助他们取得优势。

整个战役期间，德国人经常面临一个不利条件，即缺乏情报。执行这场空中攻势时，德国空军的基本指南是一本战前推出的手册，名叫《蓝色研究》，手册中列出了关于英国工厂状况和分布的可用数据，以及打着"民用航线验证试飞"幌子实施全面航拍侦察的结果。德国空军情报部门为此提供的补充也不够，领导相关部门的只是一名少校。1940 年 7 月，这位施密德少校主持了对皇家空军的调查，他大大低估了英国的战斗机产量，认为他们每个月只能生产 180 ~ 300 架。实际上，比弗布鲁克战役期间付出努力、加快生产进度后，飓风和喷火式战斗机当年八月和九月的月产量增加到 460 ~ 500 架。（这种严重低估造成的虚假印象，又因为乌德特将军负责的生产部门提交的报告而加剧，这些报告大谈飓风和喷火式战机的缺点，却没有指出它们的优点。）

施密德少校的调查报告没有提到皇家空军严密的防御系统，包括雷达站、作战指挥室、高频无线电网络。但设在萨福克海岸鲍德西的英国雷达研究站，以及海岸周围高高竖起的格状天线，战前无法瞒过情报观察，因此，德国人 1939 年似乎不太可能对英国预警系统的关键特点缺乏了解。虽然他们 1938 年就知道英国人正在试验雷达，1940年5月甚至在布洛涅海滩上缴获了一座移动雷达站，但德国科学家却认为这些设备很粗劣。德军占领法国大部分地区后，获得了关于英国雷达的更全面的情报，这是因为法国人疏于保密，可德国人似乎没有好好利用这些情报。戈林本人也不太重视雷达对战斗的潜在影响。

实际上，直到德国人七月份沿法国海岸设立起监听站，他们才通过英国海岸那些雷达天线发射的信号流意识到，自己面对的是某些至关重要的新东西。德国空军首脑甚至低估了英国雷达的涵盖范围和效力，几乎没有为干扰、破坏这些雷达付出任何努力。发现英国战斗机在无线电的紧密控制下展开行动后，他们并不感到惊慌，还得出结论：这套系统导致英国战斗机司令部丧失了灵活性，大规模攻击完全能摧毁该系统。

夸大对方在激烈空战中的损失，交战双方都有这种倾向，但这种错误做法给德国人造成的不利影响更严重。起初，德国空军情报部门对道丁掌握的力量所做的评估非常准确，认为对方总共有50个飓风和喷火式战斗机中队，作战力量大约是600架战机，而部署在英国南部的战斗机不过400 ~ 500架。可战役开始后，德国人高估了皇家空军的损失，低估了英国的飞机产量，这种错误计算造成混乱，德国飞行员发现英国战斗机的数量始终不见减少，起初困惑不解，后来就对此沮丧不已。他们报告的击落敌机数，远远多于皇家空军的实有数量。

造成错误计算的另一个原因是德国空军首脑的习惯做法，他们轰炸英国战斗机司令部的一座基地后，就用红铅笔把驻扎在那里的皇家空军战斗机中队的番号划掉。这么做的部分原因是航拍侦察的效果很差，另一方面也因为对轰炸战果的分析过于乐观。例如，德国空军估计，截至8月17日，他们"永久摧毁"了不下11座机场，实际上，只有曼斯顿一座机场很长一段时间内无法使用。另外，德国空军还大费周折地攻击英国东南部不属于战斗机司令部的那些机场。同时，德国空军首脑没有意识到诸如比根希尔、肯利、霍恩彻奇这些地区基地，在战斗机司令部组织体系中的重要性，也没有发现那里的作战指挥室危险地暴露在地面上。因此，德国空军八月底对一些地区基地实施破坏性攻击后，没有继续遂行这种行动。

德国人遇到的另一个麻烦是天气，而天气具有双重意义：英吉利海峡上空的天气通常不利于进攻方，这种天气往往从西面而来，所以英国人总是能先行掌握。德国人破译了英国人从大西洋发出的无线电气象报告的密码，却没有充分加以利用，还经常犯错。特别是他们的轰炸机和护航战斗机的会合，屡屡被意外出现的云层和恶劣的能见度破坏。法国北部和比利时上空的云层给德国轰炸机造成延误，这些机组人员缺乏盲飞经验，总是姗姗来迟地飞抵会合点，而早已到达的战斗机承担不起浪费油料的代价，因而赶去掩护其他轰炸机，这就让某些轰炸机编队得到两倍护航力量，而另一些轰炸机编队却毫无掩护，结果遭受严重损失。秋季到来后，天气越发恶化，这种错误越来越多，造成了灾难性后果。

但在另一个领域，德国人组织得较好，因而处于有利地位。英国的海空救援勤务起初杂乱无章，落入海中的飞行员能否获救，基本上听天由命。八月中旬，近三分之二至关重要的空战发生在大海上空，这导致海空救援问题更加严重。德国人在这方面组织得更好，他们使用大约 30 架亨克尔水上飞机从事救援工作，而德国战斗机飞行员和轰炸机机组人员配备了充气橡皮艇、救生衣、信号枪，以及能把周围海水染成鲜绿色的化学物质。一名战斗机飞行员迫降在海上，飞机沉没前有 40 ~ 60 秒钟时间逃离。要是没有这些海上救援措施提供的保证，德国空军的士气下降得可能会更快。

除了皇家空军的战斗机，德国空军这场攻势还必须面对英国防空部队高射炮的强大抵抗。这些防空部队由陆军提供，编制上隶属陆军（就像配属英国远征军的那些高炮部队），但作战时接受皇家空军战斗机司令部指挥。虽说他们在不列颠战役期间击落的德国轰炸机较少，可高射炮火经常产生扰乱效果，加剧了进攻方的压力，导致他们的轰炸准确度大打折扣。

担任防空司令部司令的是陆军中将弗雷德里克·派尔爵士。他原先是炮兵，皇家坦克部队 1923 年组建后，他转入这个兵种，很快成为快速装甲力量最积极的拥护者和倡导者。但派尔 1937 年晋升少将后，陆军委员会任命他为第 1 高射炮师师长，该师负责掩护伦敦和英国南部地区。次年，现有的 2 个高射炮师扩编到 5 个，随后增加到 7 个。1939 年 7 月底，也就是战争即将爆发前，获得擢升的派尔负责指挥所有防空力量，包括正在组建，用于保卫机场和其他重要地点，抗击低空袭击的轻型高射炮连。

对付这种袭击，另一种很有价值的工具是拦阻气球，一连串香肠形状的气球以钢索固定在 5000 英尺高度。这些设施由皇家空军提供，虽然接受战斗机司令部指挥，但处于单独控制状态。

战前岁月，陆军委员会经常强烈反对扩充本土防空力量，充其量就是勉强同意而已，他们认为此举实际上削弱了陆军的实力。因此，派尔发展防空力量及其效能的努力，在陆军部遇到许多障碍，他也沦为不受陆军部待见的人，这就给他重返陆军主流兵种、获得进一步升迁的前景带来了不利影响。但对国家来说幸运的是，他与道丁这个很难相处的人建立起密切而又和睦的关系，两人合作得非常好。

1939 年 9 月初，战争爆发时，防空司令部获得批准的编制已逐步扩充到 2232 门重型高射炮，和两年前遭否决的"理想"方案相比几乎增加了一倍，另外还有 1860 门轻型高射炮和 4128 部探照灯。不过，由于犹豫和拖延，战争爆发时他们只有 695 门重型高射炮和 253 门轻型高射炮可供部署，这两个数字大致是当时获得批准的编制数量的三分之一和八分之一。可不管怎样，情况还是比一年前慕尼黑危机期间好得多，那时候只有 126 门重型高射炮可供使用。探照灯的情况较好，编制数量 4128 部，实际可用数达到 2700 部，超过三分之二。

战争开始后，一个新的复杂问题随之出现，海军部要求提供 255 门重型高射炮，用于掩护六个舰队锚地。海军部战前从来没有提出过这种要求，他们对舰艇凭借自身配备的高射炮独立击退空袭的能力充满信心。可现在，为掩护福斯湾的罗赛斯锚地，他们就需要不下 96 门重型高射炮，这个数字相当于掩护整个伦敦的高射炮的数量，是掩护德比地区的高射炮数量的四倍，至关重要的罗尔斯－罗伊斯引擎厂就设在该地区。

英国军队 1940 年 4 月远征挪威，提出了更大的需求，消耗了大量重型、轻型高射炮。

法国六月份沦陷，英国本土的防空态势急剧恶化，因为敌人的空军基地从挪威延伸到布列塔尼，形成了一个包围英国的圈子。

此时，防空司令部的可用力量已增加到1204门重型高射炮和581门轻型高射炮，分别比战争爆发时增加了几乎一倍和一倍以上。要不是因为各种消耗，情况本来会更好。接下来五周，防空力量新增了124门重型、182门轻型高射炮，但其中半数重型高射炮和四分之一轻型高射炮不得不用于训练，以及部署在由于意大利站在德国一方参战而受到威胁的海外地区。七月底，英国本土的防空力量，与战争爆发时他们认为必要的数量相比，重型高射炮稍稍超过一半，轻型高射炮仅为三分之一，而此时的战略形势远比当初预料的更加恶劣。探照灯较为充足，现在有近4000部，几乎达到了规定编制，但变化的情况现在要求大幅度增加探照灯数量。

不列颠战役初期，德国空军针对英国舰船和海峡内各港口的行动逐渐升级，偶尔还引诱英国战斗机应战。8月6日前，德国空军的主要指挥官凯塞林和施佩勒，都没有接到关于如何实施进攻的明确指示，这就解释了这些初期行动的模式为何如此令人费解。[1]

德国空军对英国舰船的定期攻击始于7月3日，次日，由Me-109护航的87架俯冲轰炸机攻击波特兰海军军港，但没取得太大战果。7月10日，德国空军一小群轰炸机，在大批战斗机掩护下，攻击了多佛港外的一支船队，值得注意的是，Me-110无法匹敌赶去掩护这支船队的飓风式战斗机。7月25日，德国人在同一水域猛烈攻击一支船队，随后英国海军部决定各船队夜间穿越海峡。另外，由于德国空军有几次成功打击了英国驱逐舰，海军部决定把停泊在多佛港的驱逐舰撤到朴次茅斯。8月7日夜间，德国人设在维桑附近峭壁上的雷达发现另一支船队正穿越海峡。次日，这支船队遭到德军俯冲轰炸机攻击，获得战斗机掩护的俯冲轰炸机一波波袭来，一次多达80架。他们击沉近7万吨船只，自身损失31架飞机。

8月11日，皇家空军在一场混战中损失了32架战斗机。尽管如此，7月3日到8月11日这段时期，德国人还是损失了364架轰炸机和战斗机，而皇家空军折损203架战斗机——英国工厂一周的产量就弥补了这种损失。

希特勒8月1日下达了姗姗来迟的命令，要求德国空军"尽快消灭敌人的空中力量"，戈林与他那些将领商讨后，决定于 8 月 13 日发动一场大规模攻势。这场行动的代号是"鹰日"。行动初期阶段，德国空军取得些战果，过于乐观的报告让戈林确信，只要天气良好，他四天内就能获得空中优势。可到 8 月 13 日，天气已不像先前那么有利。

尽管如此，"鹰日"当天，德国空军还是对英国东南部的战斗机机场和雷达站展开初步轰炸。曼斯顿、霍金格、林姆尼的前进机场遭到严重破坏，一些雷达站几小时内无法使用。怀特岛文特诺的一座雷达站被彻底炸毁，但另一台发射机传送的信号导致德国人没发现他们取得的这个战果——雷达塔很容易吸引敌人的俯冲轰炸机，让它们远离位于基地的作战指挥室，德国人始终错误地认为这些作战指挥室安全地设在地下。这应该归功于空军妇女辅助队的女雷达标图员，她们坚守岗位，不断汇报空袭动向，直到自己的雷达站遭到轰炸。

英国东南部浓密的云层迫使戈林把主要攻击推迟到下午，但几个编队没有接到行动延时的信号，结果把他们的努力浪费在杂乱无章的空袭中。德国空军下午发动大规模进攻，但过于分散，战果令人失望。德国空军当日执行了 1485 架次战斗飞行，是皇家空军的两倍。德方损失 45 架轰炸机和战斗机，声称击落 70 架敌机，实际只击落 13 架皇家空军战斗机。

这场主要进攻的开始阶段，德国空军付出的大部分努力浪费在打击那些不属于战斗机司令部的机场上——他们的主要目标应该是战斗机司令部控制的那些机场。另外，德国轰炸机编队与护航战斗机之间缺乏协同。

次日（8 月 14 日），云层减弱了德军的进攻力度，他们投入的力量只有首日的三分之一。但 8 月 15 日上午天色放晴，德国空军付出了整场战役期间最大的努力，共执行 1786 架次战斗飞行，投入的轰炸机超过 500 架。最初的空袭针对霍金格和林姆尼机场，前一座机场更重要，但受损情况并不严重，而后一座机场一连两天无法使用。

当日下午早些时候，第 5 航空队的 100 多架轰炸机，组成两个编队飞过北海，攻击纽卡斯尔附近和约克郡的机场。较大的一个机群编有 65 架轰炸机，从挪威斯塔万格起飞，大约有 35 架 Me-110 护航，可这些战斗机几乎提供不了什么掩护，这股打击力量遭遇皇家空军第 13 战斗机大队和地面高射炮的顽强抵抗，没给任何一处目标造成严重破坏，反而被击落 15 架，皇家空军没有损失一架战机。编有 50 架轰炸机的另一股打击力量从丹麦奥尔堡起飞，没有护航力量，皇家空军第 12 战斗机大队出动 3 个中队截击，大多数轰炸机在成功突破后奔袭约克郡德里菲尔德的皇家空军轰炸机基地，给这座机场造成严重破坏。他们在英国上空损失 7 架轰炸机，返航时又折损 3 架。

南部，英国人的防御不太成功，这是因为德国空军的攻击更频繁、更猛烈，航程也较短。当日下午早些时候，受到大批战斗机掩护的 30 架德国轰炸机取得突破后飞往罗切斯特，轰炸了那里的肖特飞机厂。大约同一时刻，24 架战斗轰炸机发起突袭，重创萨福克郡马特尔沙姆荒原的皇家空军战斗机机场。德国空军的大量突袭导致英国人的雷达画面发生混乱，皇家空军一个个战斗机中队各自为战，来回奔波。对防御方来说幸运的是，德国第 2、第 3 航空队没能有效协同他们的进攻，因而丧失了迫使对方疲于奔命的良机。下午 6 点，德国第 3 航空队大约 200 架战机冲过海峡，奔袭英国中南部的机场。借助雷达预警，负责掩护南部的皇家空军第 10、第 11 战斗机大队，出动了不下 14 个中队，共约 170 架战斗机，迎战对方这场大规模进攻，导致德国人的突袭收效甚微。不久后，德国第 2 航空队投入约 100 架战机，再次攻击英国东南部，可又一次遭遇对方激烈抵抗，没能取得太大战果。而到达目标上空的德国轰炸机发现，英国人的战斗机都已分散开来，伪装得非常好。

当日也许是整个不列颠战役中最具决定性的一天，德国空军在英国上空损失 75 架飞机，而英方折损 34 架战斗机。值得一提的是，德国人投入的轰炸机数量，不到他们轰炸机总数的一半，这相当于间接承认，这些轰炸机依赖战斗机护航，而他们的战斗机已悉数投入。另外，当日的行动清楚地表明，德国人的俯冲轰炸机，也就是令人心惊胆寒的斯图卡，完全不适合它们目前遂行的任务，Me-110 战斗机同样如此，尽管德国人对这款战机寄予厚望。

就是这一天，深受鼓舞的丘吉尔说道："人类战争史上，从来没有这么少的人为这么多人做出过这么大的贡献。"

但次日（8月16日），德国空军再次付出强大的努力，他们错误地认为，皇家空军昨日损失100多架飞机，目前只剩300架战斗机。这场进攻虽然给几处目标造成破坏，但总体战果令人失望。8月17日天气很好，可德国人没有发动大举进攻。8月18日，德国空军重新发起更强大的进攻，结果损失了71架飞机（轰炸机占一半），皇家空军折损27架战斗机。之后，德国人的进攻力量开始下降。实际上，他们对肯利和比根希尔的低空突袭造成很大破坏，而且难以防御，因为他们的飞行高度低于雷达探测范围，可德国人没有意识到这一点，他们觉得己方损失太大，难以为继。恶劣的天气随后让这场战役陷入停顿。

8月19日，戈林再次召集空军将领开会，商讨一番后，他们决定把这场空中攻势继续下去，这次要付出新的努力，消灭英国战斗机力量。

8月10日后的两周，德国空军损失了167架轰炸机（包括40架俯冲轰炸机），因此，轰炸机部队负责人呼吁加强战斗机护航力量。戈林支持轰炸机部队，斥责战斗机部队作战不力，这就加剧了两个兵种间的紧张关系和摩擦。

英国一方同样有摩擦，特别是指挥第11战斗机大队（部署在至关紧要的英国东南部）的基斯·帕克空军少将，与指挥第12战斗机大队（部署在英国中部）的特拉福德·利－马洛里空军少将之间的矛盾。帕克强调在敌人到达目标前实施拦截、击落敌轰炸机的重要性，他认为这样一来，就能迫使对方越来越多地使用Me-109战斗机从事近距离护航，而这项任务根本不适合这款战机。利－马洛里觉得这种方案给皇家空军战斗机飞行员造成的压力太大，他们很容易在地面上遭到攻击，通常是加油时，或是到达足够的高度前。

他们在使用空中力量的战术方面也存有分歧。"利－马洛里派"推崇大规模集中拦截力量，即"大联队"理论。而帕克坚持认为，借助雷达，皇家空军可以采用更加灵活的策略，待德国人逼近时再投入拦截力量，也就是"稀释浓度"理论。

还有人指出，道丁的观点与帕克一致，考虑到民众的士气，过于在意维持东南部的前进机场，实际上，把这些基地撤到伦敦后方更加明智，因为这种距离超出了德国轰炸机和担任护航的Me-109战斗机的航程。

8月8日到18日，英国战斗机司令部牺牲了94名飞行员，另有60人负伤。尽管这段时期损失175架战斗机，另外65架严重受损，还有30架被击毁在地面上，可他们并不缺战斗机。

8月24日天气好转，戈林发起第二次争夺制空权的行动。这次策划得更好。凯塞林指挥的第2航空队，经常在海峡法国一侧的上空保留一些战机，这让帕克猜疑不定，因为雷达无从区分轰炸机和战斗机，也无法预料敌机何时会突然冲过海峡。这个新阶段，皇家空军第11战斗机大队的前进机场，遭到比先前更猛烈的打击，他们不得不放弃曼斯顿机场。

德国人这份新方案的另一个特点是，他们猛烈攻击伦敦周围的皇家空军基地和设施，炸弹无意间落入伦敦城内。8月24日夜间，大约10架德国轰炸机，飞往罗切斯特和泰晤士港这些目标途中迷了路，结果把炸弹投入伦敦市中心。这个错误立即招致英国人次日夜间出动80架轰炸机，对柏林实施报复性轰炸，这种空袭随后又进行了几次。希特勒发出警告，可英国人置之不理，于是他下令对伦敦展开报复性空袭。

德国空军发动这场新攻势前，第3航空队的大部分Me-109战斗机调拨给第2航空队，加强加来海峡地区的护航力量。这个策略取得成效。皇家空军战斗机突破德国战斗机构成的掩护圈时遇到更大困难，损失很大，而德国轰炸机更加顺利地突破拦截奔向目的地。另外，德国人发展出一种新战术，大股编队穿过雷达探测区后分散成一个个小股突击群。

德国空军第二次大举进攻开始的那天，也就是8月24日，北威尔德和霍恩彻奇的地区基地，完全靠他们的高射炮防御才幸免于难。朴次茅斯船厂遭到第3航空队猛烈打击，也是靠高射炮自保，高射炮炮火迫使德国轰炸机胡乱投弹，反而让朴次茅斯市受到严重破坏。经过这番努力，第3航空队改为夜间轰炸，从8月28日起，一连四天夜袭利物浦，可由于德国飞行员缺乏训练，再加上英国人对他们导航电波的干扰，许多轰炸机没找到默西赛德郡地区。但这场突袭也暴露出英国人在抵御夜间空袭上的弱点。

对英国战斗机司令部而言，八月份最后两天的情况极为恶劣。值得注意的是，德国人以15～20架轰炸机组成小股编队，三倍于这个数量的战斗机提供护航。8 月 31 日，皇家空军遭受了整个战役期间最惨重的损失，39 架战斗机被击落，德国人损失 41 架飞机。皇家空军的实力有限，承受不起这种损失，更何况他们没能阻挡住进攻者。英国西南部大多数机场严重受损，还有些机场已无法使用。

就连道丁也开始考虑是不是应该后撤东南部的战线，退到 Me-109 战斗机航程外。他留下 20 个战斗机中队掩护北部地区，这项决策受到越来越激烈的批评，因为那片地区只遭到一次昼间空袭，之后一直平安无事。另外，部署在东英吉利和中部地区的第 12 战斗机大队，强烈要求直接参战，而帕克抱怨道，这些人没有按照他希望的方式协同作战。帕克与利－马洛里，道丁与皇家空军参谋长纽沃尔之间的紧张关系，无助于顺利解决问题。

八月份，英国战斗机司令部在战斗中损失 338 架飓风和喷火式战斗机，另外 104 架飞机严重受损，德国空军损失 177 架 Me-109 战斗机，另外 24 架遭重创。因此，战斗机交换比是 2 比 1。其他原因还让皇家空军损失了 42 架战斗机，让德国空军损失了 54 架 Me-109。

因此，戈林九月初有充分的理由认为，消灭英国战斗机力量及其东南部设施成功在望，但他没有把握住立即扩大自己获得的优势的重要性。

9 月 4 日，德国空军改变集中力量打击英国战斗机司令部那些机场的策略，甚至因为对英国飞机制造厂（罗切斯特的肖特厂和布鲁克兰的维克斯－阿姆斯特朗厂）的一连串攻击而削弱了打击机场的力度。这种改变非常有效，但也缓解了英国战斗机司令部的压力。这一点很重要，因为英国飞行员的耐力和神经已到达极限，他们的战斗表现明显下降。

道丁意识到对方改变策略的重要性，因而下令派战斗机为南部的飞机制造厂提供最大限度的掩护。两天后，德国人对布鲁克兰重新发起的进攻遭到拦截，而他们对伦敦周围五个地区基地的空袭也被击退。

8 月 24 日到 9 月 6 日这两周，皇家空军有 295 架战斗机被毁，另有 171 架严重受损，但他们制造、修复了 269 架战斗机。德国空军折损的 Me-109 战斗机仅仅是英方损失的一半，但他们还损失了 100 多架轰炸机。

德国空军的损失，以及为轰炸机提供更强大掩护的呼声，现在严重影响到他们做出或可能做出的努力。虽然他们曾有过一天出动大约 1500 架次的纪录，八月份最后两天也短暂提高到 1300～1400 架次，但九月份第一周，他们从来没有达到每天 1000 架次。不列颠战役已沦为消耗战，头两个月，德国空军损失 800 多架飞机。凯塞林第 2 航空队在这场空中攻势中担任主力，现在只剩 450 架可投入战斗的轰炸机和 530 架 Me-109 战斗机。因此，战役第三阶段结束时，形势终于变得对英国有利了。德国空军调整了努力方向，这导致第四阶段的形势更加有利于英国。

9 月 3 日，戈林和他那些将领在海牙召开会议，做出的一项重大决定是对伦敦展开昼间轰炸攻势，凯塞林从一开始就主张这样做，希特勒现在也同意了。这场攻势的开始日期定于 9 月 7 日。

与此同时，第 3 航空队的 300 架轰炸机用于发动一场夜间轰炸攻势。施佩勒深表赞同，他一向主张轰炸英国人的船只和港口，越来越怀疑消灭英国战斗机力量、炸毁对方机场这种行动的前景。

9 月 7 日下午，第 2 航空队大约 1000 架战机（300 多架轰炸机，由 648 架战斗机护航）组成的庞大机群朝伦敦飞去，加来与维桑之间，戈林和凯塞林站在白鼻角的峭壁上凝神观望。这个机群在 13500 英尺到 19500 英尺之间分成若干层，形成向上延伸的梯次排列，他们分为两个波次，排成紧密编队飞行。提供掩护的德国战斗机采用了新战术，一股护航力量以 24000～30000英尺高度飞在前方，另一股护航力量从四面八方为轰炸机提供近距离掩护，彼此间的距离只有 300 码。

事实证明，这种新战术难以应对，但首次遭遇时，皇家空军几乎不需要想出应对之策。第 11 战斗机大队指挥部的调度人员认为敌人会对内陆地区基地发起攻击，因而派 4 个战斗机中队升空，大多集中于泰晤士河北面。这样一来，通往伦敦的航路敞开了。德国空军第一波次打击力量径直飞往伦敦各座码头，第二波次飞越伦敦市中心，随后飞往东区和各座码头。这场轰炸没有德国人设想的那么准确，许多轰炸机投弹前的瞄准时间过短，但东区人口密集，居民遭受严重伤亡。这是德国空军首次对伦敦实施大规模昼间空袭，但也是最后一次，导致 300 多名市民丧生，1300 多人身负重伤。

对英国战斗机司令部来说，这是个令人沮丧的黄昏。不过，皇家空军各战斗机中队虽然到达战场太晚，而且对德国人的新战术有些不解，但还是击落41架敌机，自身则损失了28架战斗机。最令德国人震惊的是，从诺霍特飞来的第303（波兰）战斗机中队对他们发起异常猛烈的攻击。

伦敦东区燃起的火焰成为德国人随后发起夜间空袭的导航信标，这场夜间轰炸从当晚8点持续到次日清晨5点。戈林打电话给他妻子，兴高采烈地说"伦敦在燃烧"。由于遭遇的抵抗微乎其微，他和他那些下属认为英国战斗机力量即将耗尽。因此，戈林次日下达命令，扩大轰炸伦敦的目标地区。

在此期间，德国人集结于英吉利海峡，准备实施入侵登陆的驳船数量与日俱增。9月7日上午，英国政府发出防范入侵登陆的警告。敌人的空袭刚一结束，警报声就响了起来，一些辅助部队迅速集合，各座教堂的大钟也敲响了，以此作为敌人即将入侵的警报。

由于缺乏适用的夜间战斗机，值此关键时刻，伦敦和其他城市的防御主要依靠高射炮和探照灯。9月7日夜间，伦敦的防空力量只有264门高射炮，但派尔迅速采取措施，接下来48小时，这个数字增加了一倍。另外，他从9月10日夜间开始采用弹幕射击，按照他的命令，无论是否看见敌机，每门高射炮都要尽可能地开炮轰击。虽说击中敌机的数量微乎其微，但火炮齐射的轰鸣振奋了民众的士气，还产生一种重要的实质性影响，迫使敌人的轰炸机飞得更高。

9月9日下午，凯塞林对伦敦发动第二次昼间空袭。皇家空军第11战斗机大队这次做好了准备，9个战斗机中队严阵以待，第10、第12战斗机大队的另一些中队配合行动。他们的拦截非常成功，大多数德军飞行编队离伦敦很远就被打散。取得突破的德国轰炸机不到半数，而且没有一架轰炸机成功命中目标。

德军这场新攻势最重要的影响是缓解了英国战斗机司令部的压力，德国人先前的集中攻击让他们承受了极为沉重的压力，德国空军改变策略转而空袭伦敦前，英国战斗机司令部已趋崩溃。英国首都和市民遭受了苦难，可他们以这种方式保全了国家防御力量。

另外，9月9日这场空中攻势的战果令人失望，促使希特勒再次把为期10天的入侵行动"黄灯期"推迟到14日，也就是说，入侵英国本土的行动于9月24日发起。

不断恶化的天气为伦敦的防御提供了一丝喘息之机，但9月11日和14日，一些德国轰炸机达成突破，英国战斗机的拦截零零星星，德国空军乐观地报告道，英国战斗机司令部的抵抗开始崩溃了。因此，虽然希特勒又一次推延"黄灯期"，但这次只延后三天，推迟到17日。

9月15日（周日）上午，凯塞林再次发起新的大规模攻势。英国战斗机这次的防御安排得更好，也更及时。虽然德军空中编队从海岸起一路遭遇英军以1~2个战斗机中队发起的接二连三的攻击（共计22个战斗机中队），但还是有148架轰炸机突破到伦敦地区，不过，这些轰炸机没能准确地投下炸弹，大部分炸弹的落点散布得很广。德国轰炸机随后返航，第12战斗机大队杜克斯福德联队的60架战斗机从东英吉利方向俯冲而下，这些战斗机没能获得足够的高度，因此丧失了一些攻击效力，可这股庞大的力量还是让德国飞行员大吃一惊。当日下午，云层给进攻方帮了大忙，大批轰炸机顺利到达伦敦，投下的炸弹造成严重破坏，特别是在房屋林立的东区。但这一整天，大约四分之一的德国轰炸机被击落，受损的更多，一名或多名机组人员阵亡或负伤的情况很普遍，他们返回基地时，自然给这些机场的士气造成了不利影响。

事后的核实确认，德国空军当日实际损失60架飞机。这个数字不到英国空军部当时得意扬扬地宣布的击落敌机数——185架——的三分之一，但论交换比还是皇家空军占优，因为他们只损失26架战斗机（半数飞行员获救），这是最近几周中对英国人较为有利的一次交战。戈林仍对他那些战斗机飞行员大加申斥，继续发表乐观的言论，还估计英国战斗机力量四五天内就会消耗殆尽，可上司和部下都不再接受他的乐观态度。

9月17日，希特勒接受了海军司令部的看法，认为目前还没有击败皇家空军，他强调，由于天气恶劣多变，入侵行动推迟，具体时间"另行通知"。次日，他下令不再向海峡各港口集结船只，还批准着手疏散已集结的船只——英国人的空袭已炸沉、炸伤12%的运输船（170艘中的21艘）和10%的驳船（1918 艘中的 214 艘）。10 月 12 日,"海狮"行动明确推延到 1941 年春季。希特勒次年一月决定,除了某些长期措施,停止一切准备工作。他的心思无疑已转向东方。

戈林仍坚持实施他的昼间攻击,尽管偶尔在某些偏远港口取得些成功,可总体战果越来越令人失望。9 月 25 日,布里斯托尔附近菲尔顿的飞机厂遭到猛烈打击,次日,南安普顿附近的喷火式战机生产厂暂时瘫痪。但德国空军 9 月 27 日对伦敦的大举空袭以惨败告终。他们 9 月 30 日发起最后一场大规模昼间空袭,只有少量轰炸机到达伦敦,德方损失 47 架飞机,皇家空军折损 20 架战斗机。

九月份下半月的战果令人失望,轰炸机损失惨重,面对这种情况,戈林转而使用战斗轰炸机开展高空行动。九月中旬前后,参战的德国战斗机部队奉命把三分之一战斗机改成战斗轰炸机,就这样,他们总共改造了大约 250 架。但战斗机飞行员没有太多时间接受再训练,而改装的战斗轰炸机,载弹量不足以造成太大破坏。另外,一旦发生交战,飞行员往往本能地立即抛掉炸弹。

使用这些改装的战斗轰炸机,最大的作用是暂时减少了德国空军的损失,同时对皇家空军保持压力。但十月底,德国空军的损失再次攀升到原先的程度,不断恶化的天气导致战斗轰炸机机组人员压力倍增,他们使用的是临时修建的、沼泽般的机场。十月份,德国空军损失了 325 架飞机,远远高于皇家空军的损失。

正规轰炸机实施的夜间空袭,给英国带来了唯一的严重麻烦。从 9 月 9 日起,施佩勒第 3 航空队的 300 架轰炸机确定了一种标准模式,对伦敦实施了 57 场夜间轰炸,每次平均投入 160 架轰炸机。

戈林十一月初下达的新命令,标志着这场空中攻势的策略发生明确改变。这场攻势现在完全集中于对城市、工业中心、港口的夜间轰炸。第 2 航空队的轰炸机投入后,遂行夜间空袭的轰炸机数量达到 750 架,但他们每次只投入大约三分之一的力量。这些轰炸机夜间以较慢的速度在较低的高度飞行,因而可以携带比昼间轰炸更多的炸弹，这样一来，每次夜间轰炸总共能投下1000 吨炸弹，但准确性较差。

11 月 14 日夜间，德国空军空袭考文垂，就此拉开新攻势的序幕。这场空袭得到皎洁的月光和一支特种"探路者"部队的帮助。但他们后来对其他城市（例如伯明翰、南安普顿、布里斯托尔、朴次茅斯、利物浦）的大规模夜袭，效力比不上第一场。12 月 29 日，伦敦，特别是伦敦市中心遭到严重破坏，但德国人的空袭力度随后有所减弱，直到次年三月天气好转后才再次恢复。5 月 10 日夜间，一连串猛烈空袭给伦敦造成的破坏到达顶点，当日适逢德国人在西线发动闪电战一周年。但英国上空的"闪电战"5 月 16 日落下帷幕，之后，德国空军主力调往东面，准备参加入侵苏联的行动。

1940 年 7 月到 10 月底，德军这场空中攻势造成的损失和破坏，远远超过公认的程度，德国人如果对英国主要工业中心施加更大压力，反复实施攻击的话，本来会造成更严重的破坏。可德国人始终没能实现消灭皇家空军战斗机力量、粉碎英国民众士气这个目标。

不列颠战役期间，从七月到十月底，德国人损失 1733 架飞机，而不是英方声称的 2698 架，皇家空军损失 915 架战斗机，而不是敌人声称的 3058 架。

注释

　　1. 派尔将军每天都把德国人实施空袭的航图交给我，希望我从中找出线索，可我看不出敌人空袭模式和意图的明确迹象。

第九章

从埃及发起的反击

1940 年 6 月 10 日，希特勒对西欧的进攻到达顶点，法国军队临时构设的索姆河—埃纳河防线破裂，法国的失败已成定局时，墨索里尼率领意大利参战，期望瓜分些战利品。在他看来，这似乎是个毫无危险的决定，可对英国在地中海和非洲的态势来说，这却是致命的。这是英国历史上最黑暗的时刻。因为部署在法国的英国军队，虽说很大一部分经海路逃脱，可武器装备几乎损失殆尽，就这样手无寸铁地面对胜利的德国人迫在眉睫的入侵威胁。驻扎在利比亚和意属东非的意大利军队即将发动入侵，守卫埃及和苏丹的小股英国军队却无法获得任何加强。

导致情况更加严重的是，意大利参战致使穿越地中海的海上航路过于危险，已无法使用，援兵不得不绕道好望角，也就是沿非洲大陆西海岸向下，再沿东海岸向上，从而进入红海。7000 名英国士兵组成的小股援军，1940 年 5 月就已做好出发准备，可直到 8 月底才到达埃及。

从兵力上说，意大利军队占有压倒性优势，与之对抗的英国军队实力虚弱，率领这股英军的是阿奇博尔德·韦维尔将军，经霍尔 – 贝利沙先生推荐，韦维尔 1939 年 7 月出任新设立的中东英军总司令一职，这是英国为加强那里的军力而采取的第一项措施。可即便到目前，那里也只有大约 5 万名英军将士，他们面对的是 50 万意大利和意大利殖民地士兵。

南部战线，集结在厄立特里亚和阿比西尼亚的意大利军队超过 20 万，很可能向西攻入苏丹（那里只有 9000 名英国和苏丹士兵），或向南攻入肯尼亚（那里的守军也不多）。崎岖的地形和遥远的路程，再加上意大利人压制近期征服的埃塞俄比亚人时遇到的困难，以及意大利军队战斗力低下，这一切构成这段危险时期内对苏丹的主要保护。除了发生在卡萨拉和加拉巴特的两起小规模边境入侵事件，意大利人没有发动任何进攻。

北非战线，格拉齐尼亚元帅率领一支更强大的军队驻扎在昔兰尼加，守卫埃及的 3.6 万名英国、新西兰、印度士兵与之对峙。埃及境内的西部沙漠沿这条战线把双方隔开。英军最靠前的阵地设在马特鲁港，位于埃及境内 120 英里，尼罗河三角洲以西约 200 英里处。

不过，韦维尔没有消极等待，而是以一个不完整的装甲师的部分军力充当进攻掩护力量，深入沙漠展开行动。这支部队很有进攻性，不断越过边界线接二连三实施袭击，以此扰乱意大利人的据点。因此，战局开始前，克雷将军率领的第 7 装甲师就获得了对敌人的心理优势，这个师很快成为著名的"沙漠之鼠"。韦维尔对 J. F. B. 库姆中校指挥的第 11 轻骑兵团（其实是个装甲车团）赞誉有加，说该团"这段时期一直待在最前线，经常深入敌后"。

6 月 14 日，J. A. C. 康特准将率领一支快速纵队突袭卡普佐堡，一举攻占这座重要的边境要塞，但英国人并不打算长期占领，因为他们的策略是保持机动，成为"沙漠之主"，同时诱使意大利人集结兵力，从而沦为目标。截至九月中旬的三个月内，意大利军队伤亡 3500 人，尽管英军经常遭到空中轰炸和扫射，大批意大利战机当时几乎不受干扰，可英军只伤亡 150 来人。

直到 9 月 13 日，意大利人集结了超过 6 个师的兵力，这才小心翼翼地向前推进，进入西部沙漠。他们前进了 50 英里，距离英军设在马特鲁港的阵地还不到半数路程，就停在西迪拜拉尼，在这里构设了一连串加强营地，可这些营地隔得太远，无法相互支援。时间一周周流逝，意大利人毫无继续前进的迹象。在此期间，由于丘吉尔的大胆倡议，韦维尔获得更多增援力量，包括以三艘快速商船从英国本土匆匆运抵的 3 个坦克团。

韦维尔现在决定,既然意大利人不再前进,那么他就去主动打击他们。这场进攻取得惊人的效果,导致整个意大利军队覆灭,意大利对北非的控制几近崩溃。

但这种戏剧性结果是始料未及的。韦维尔策划的进攻行动,不是一场持续性攻势,而是一场大规模突袭。他的想法是猛挥一拳暂时打晕入侵者,同时把部分军力转移到苏丹,击退那里的另一支意大利军队。因此,英国人没有做好相应的准备,无法扩大他们赢得的压倒性胜利,这种情况令人遗憾。

进攻方案制定后,英国人加以演练,却发现这份方案在可行性上存在很多问题,于是做出彻底修改。他们原本打算实施正面突击,但这种冲击很可能失败,特别是因为前进路线上可能有敌人布设的雷区,于是决定改走间接路线,从后方夺取敌军营地。对进攻方案的更改出自多尔曼 - 史密斯准将的建议,他是韦维尔派去参加进攻演练的一名参谋人员。西部沙漠军队指挥官奥康纳将军立即意识到这种更改的好处,随之而来的胜利主要归功于他的执行力,这是因为韦维尔和 H. M. 威尔逊中将这些高级将领离前线太远,无法对一场快速发展的交战产生积极影响。但他们确实带来了一种重要而又不幸的负面影响,我会在后文阐述。

迪克·奥康纳的军队编有 3 万人,他们要对付 8 万敌军。不过,英国人有 275 辆坦克,意大利人只有 120 辆。第 7 皇家坦克团的 50 辆玛蒂尔达式坦克装甲厚重,能抵御敌人的大多数反坦克武器,在这场和随后的交战中发挥了深具决定性的作用。

12 月 7 日夜间,英军从马特鲁港的阵地动身出发,踏上 70 英里的征程穿越沙漠。次日夜间,他们穿过敌军一连串营地间的一个缺口。12 月 9 日清晨,贝雷斯福德 - 皮尔斯将军指挥印度第 4 师步兵力量,从后方冲击尼贝瓦营地,第 7 皇家坦克团担任先锋。意大利守军猝不及防,被俘 4000 人。进攻方的损失微不足道,英军坦克兵只伤亡 7 人。

随后,玛蒂尔达坦克一马当先,向北攻往西图马尔营地,下午早些时候攻陷这座营地,而东图马尔营地也在当日日终前陷落。在此期间,第 7 装甲师一路向西,前出到海岸道路,就此切断了敌人的后撤路线。[1]

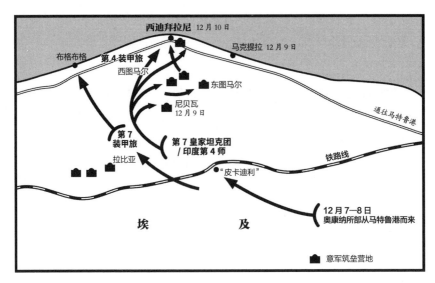

英军夺取西迪拜拉尼（ZVEN 制）

次日，印度第4师向北开进，攻往排列在西迪拜拉尼附近的意军营地。敌人此时处于戒备状态，猛烈的沙尘暴也妨碍了这场进军。但第一次进攻受挫后，第7装甲师调回另外两个坦克团，当日下午从两翼发起一场向心突击，日终前克服了意军设在西迪拜拉尼的大部分阵地。

第三天，第7装甲师预备旅奉命向西开进，进一步实施迂回机动，该旅前出到布格布格前方海岸，截住大批后撤中的意大利官兵。他们在那里俘房1.4万人，缴获88门火炮，这样一来，英军共俘房4万名意军官兵，缴获400门火炮。

遂行入侵的意大利军队残部，退过己方边界线，龟缩在拜尔迪海岸要塞，随后被第7装甲师的包围扫荡迅速隔断。令人遗憾的是，英国人手头没有后备步兵师，无法充分利用意大利人士气低落的有利局面，因为英军高级指挥官的计划是，攻克西迪拜拉尼后立即调离印度第4师，把该师送回埃及，然后派往苏丹。这些高级指挥官离前线太远，很难看清奥康纳赢得了怎样一场决定性胜利，以及这场胜利提供了多么大的机会，因而他们坚持调回印度第4师的命令。

就这样，交战第三天，即 12 月 11 日，溃败的意大利人惊慌失措地向西逃窜，赢得胜利的半数英军向东开拔，两支军队背道而驰！这是个奇特的场景，造成一场严重延误——澳大利亚第 6 师从巴勒斯坦调来，协助英军继续推进前，三周时间被白白浪费了。

1941 年 1 月 3 日，英军终于对拜尔迪发起冲击，第 7 皇家坦克团充当"开罐器"的 22 辆玛蒂尔达坦克一马当先。意军防御迅速崩溃，第三天，全体守军举手投降，包括 4.5 万名官兵，拥有 462 门火炮、129 辆坦克。澳大利亚师师长 I. G. 麦基少将指出，每一辆玛蒂尔达坦克对他来说都相当于一个步兵营。

攻克拜尔迪后，第 7 装甲师立即向西疾进，隔断图卜鲁格，待澳大利亚人赶来后对这座海岸要塞发起突击。图卜鲁格 1 月 21 日遭到冲击，次日陷落，英军又俘虏 3 万名意军官兵，还缴获 236 门火炮和 87 辆坦克。英军只剩 16 辆玛蒂尔达坦克用于此次进攻，可还是取得决定性突破。当晚，皇家坦克团一些人员收听广播时听到一位评论员说："我们猜测，这场突击是某个著名的骑兵团执行的。"一名坦克兵怒不可遏，朝收音机狠踢一脚，吼道："只有殖民地士兵、黑人或骑兵才能在这场该死的战争中立功！"这种反应合情合理，因为战争史上从来没有哪支作战部队，像第 7 皇家坦克团在西迪拜拉尼、拜尔迪、图卜鲁格那样，在一连串交战中发挥了这般深具决定性的作用。

英军攻入昔兰尼加的快速进展，是在遭遇新障碍的情况下实现的，因而更加令人瞩目。本应调拨给奥康纳的援兵、运输工具、飞机被扣留在埃及，甚至还从他麾下抽调了一些部队。这是因为丘吉尔先生另有考虑。第一次世界大战期间的经历让他印象深刻，希腊人挺身反抗意大利人的侵略也令他深受鼓舞，因此他开始思考以巴尔干诸国建立一个强大同盟抵抗德国的可能性。这种想法很有吸引力，但不切实际，因为巴尔干诸国落后的军队根本无力抗击德国空军和装甲力量，而英国能为他们提供的援助少之又少。

一月初，丘吉尔决定敦促希腊人接受英国坦克和炮兵部队登陆萨洛尼卡，他命令韦维尔，立即为派遣这样一股军力做好准备，尽管这意味着削弱奥康纳实力并不强大的部队。

但时任希腊政府首脑梅塔克萨斯将军没有接受这项提议，他说英国提供这股军力很可能招致德国人发动入侵，而这股力量却又不足以击退对方。另外，希腊总司令帕帕戈斯将军表达了这样一种观点：英国人在展开任何分散力量的新尝试前，应当先完成对非洲的征服，这样更明智些。

希腊政府彬彬有礼的回绝，与奥康纳攻克图卜鲁格同时发生，因此，英国政府现在决定批准奥康纳继续前进，夺取班加西港。此举能完成对意属北非东半部昔兰尼加的征服。但英国首相还是很看重他的巴尔干方案，故而告诉韦维尔，不要给奥康纳派遣援兵，因为这有可能削弱为巴尔干战区集结的兵力。

奥康纳获准继续前进，取得的战绩又一次远远超出人们对他那股薄弱力量的一切期望。他的快速力量是第 7 装甲师，该师目前只剩 50 辆巡洋坦克，外加 95 辆轻型坦克，这些轻型坦克的装甲板很薄，无法有效抵御穿甲弹。奥康纳发现敌人在沿海道路上的德尔纳设有一处强大的阵地，于是做出决定，待更多补给物资和巡洋坦克运抵，便以一场迂回机动迫使敌人弃守该阵地。他估计这些物资和坦克会及时送到，这样就可以在 2 月 12 日恢复进军。

但 2 月 3 日的空中侦察表明，敌人准备弃守班加西角，撤往阿盖拉瓶颈地带，他们在那里可以封锁从昔兰尼加通往的黎波里的道路。空中侦察还看见大股敌军队列已经在路上了。

奥康纳立即决定展开一场大胆攻击，拦截敌军后撤，这场行动只使用克雷将军实力严重消耗的第 7 装甲师，该师必须穿越沙漠腹地，目标是前出到远远超出班加西的沿海道路。从第 7 装甲师位于迈奇尼的阵地算起，这场进军的行程大约是 150 英里，这是该师首次展开穿越极度崎岖地带的长途跋涉。第 7 装甲师只携带两天的口粮和少量油料就动身出发了，这是军事史上最大胆的冒险，也是最扣人心弦的赛跑之一。

康特第 4 装甲旅 2 月 4 日上午 8 点 30 分动身出发，第 11 轻骑兵装甲车团担任先锋。另一个装甲旅，也就是第 7 装甲旅，已缩减成一支部队，即第 1 皇家坦克团。当日中午，空中侦察发来令人不安的消息，称后撤之敌已位于班加西以南地区。为加快速度实施拦截，克雷命令康特以摩托化步兵和炮兵组织一支全轮式部队，追上库姆中校率领的第 11 轻骑兵装甲车团，和他们一同前进。康特提出反对意见，认为从纵队后方抽调这些部队，还要为他们安排特殊的运输工具和信号联络，势必造成混乱和延误。另外，当日下午遇到极为崎岖的地形，坦克几乎超越了轮式车辆部队。夜间，借助月光，康特率领部队一路跋涉到午夜过后，这才停止前进，让他那些坦克组员休息几个小时。

2 月 5 日上午，由于地形条件良好，库姆的部队取得更快的进展。当日下午，他们在贝达富姆南面设立起一道拦截阵地，横跨敌人两条后撤路线。傍晚时，他们截住了一支惊异莫名的队列，由意大利炮兵和平民疏散者组成。

在此期间，紧随其后的康特装甲力量，下午 5 点左右到达敌人穿过贝达富姆的后撤路线。天黑前，他们粉碎了敌炮兵和运输车辆组成的两支队列。这场战斗宣告他们长达 33 小、跋涉 170 英里的长途行军结束了，就装甲部队的机动性而言，这是一项前所未有的纪录。利比亚境内缺乏道路，地形崎岖，这些限制条件让这番壮举更为惊人。

次日晨（2 月 6 日），敌人获得坦克掩护的主力队列出现了。对方有 100 多辆新式意大利巡洋坦克，而康特只有 29 辆巡洋坦克。幸运的是，意大利坦克没有集中，而是零零碎碎地开抵并停在路边。英国坦克实施了巧妙的机动，占据有利射击位置，利用地面褶皱隐蔽、保护车身。一连串坦克战持续了一整天，第 2 皇家坦克团的 19 辆巡洋坦克首当其冲，到下午只剩 7 辆战车，这时，隶属另一个旅的第 1 皇家坦克团赶到，带来 10 辆巡洋坦克。第 3、第 7 轻骑兵团大胆使用他们配备的轻型坦克，为分散、扰乱敌人发挥了很大作用。

夜幕笼罩战场时，英军击毁 60 辆意大利坦克，次日晨又发现 40 辆遗弃的坦克，而英国人只损失 3 辆坦克。意大利步兵和其他士兵发现提供掩护的坦克都被击毁，自己彻底暴露在外，开始成群结队地投降。

库姆的部队充当最后一股拦截力量，俘获了一些从第 4 装甲旅的打击下逃脱的意军残部。黎明后不久，意大利人展开最后一次冲击，投入 16 辆坦克，企图突破英军最后一道封锁线，但被英军步兵旅第 2 营击退。

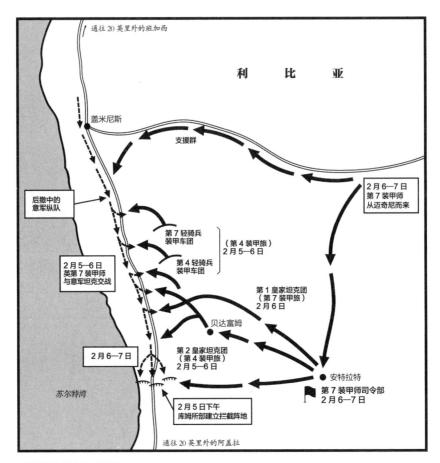

贝达富姆之战（ZVEN 制）

贝达富姆之战，英国人共抓获 2 万名俘虏，还击毁、缴获 216 门火炮和 120 辆坦克。而英军总兵力（康特和库姆的部队）只有 3000 人。拜尔迪及其守军 1 月 4 日投降，干了七个月陆军大臣后刚刚重新担任外交大臣的安东尼·艾登，套用丘吉尔那句名言说道："从来没有这么多人向这么少人交出这么多战利品。"用这句话形容贝达富姆的胜利尤为贴切。[2]

但胜利的光芒很快就消散了。格拉齐尼亚的军队灰飞烟灭，英国人获得

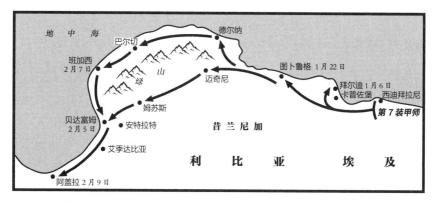

跃进阿盖拉（ZVEN 制）

一条畅通无阻的通道，穿过阿盖拉瓶颈地带直奔的黎波里。可就在奥康纳和他的部队希望迅速赶往那里，把敌人逐出北非最后一个据点时，英国内阁下达的命令制止了他们的推进。

丘吉尔 2 月 12 日给韦维尔发去一封长电报，对"提前三周"占领班加西深表欣喜，然后指示韦维尔停止前进，留下最低限度的部队守卫昔兰尼加，做好把最大可能的军力派往希腊的准备。奥康纳掌握的空军力量几乎立即被抽调一空，只留下一个战斗机中队。

是什么造成了这种一百八十度大转变？梅塔克萨斯将军 1 月 29 日突然去世，新任希腊总理是个性格不太坚强的人。丘吉尔认为这是恢复他看重的巴尔干方案的绝佳机会，因而迅速采取行动。他再次向希腊政府提出自己的建议，这次说服了对方。经韦维尔同意，英国三军参谋长和驻中东军队的三位司令批准，5 万名英军官兵组成的第一支特遣队 3 月 7 日登陆希腊。

4 月 6 日，德军入侵希腊，很快把英国人驱赶到第二个"敦刻尔克"。他们差一点全军覆没，好不容易才从海路逃脱，可他们的全部坦克、大部分武器装备和 1.2 万名官兵落入德国人手中。

奥康纳和他的参谋人员确信他们本来可以夺取的黎波里。这样一场推进需要将班加西作为基地港口，还需要动用一些留给希腊那场赌博的运输船只。

但这些问题都已解决。后来担任蒙哥马利参谋长的德甘冈将军指出，中东联合计划参谋部认为可以在春季前夺取的黎波里，把意大利人赶出非洲。

希特勒大本营的得力干将瓦利蒙特将军透露，德国最高统帅部的看法同样如此：

> 我们当时无法理解，英国人为什么不利用意大利人在昔兰尼加遭遇的困境，一路攻往的黎波里。没有什么能阻挡他们。留在那里的少量意大利部队惊慌失措，觉得英军坦克随时会出现。[3]

2月6日，也就是格拉齐尼亚的军队在贝达富姆覆灭那天，希特勒召见了一位年轻的将领，他就是曾在法国战局期间出色指挥德国第7装甲师的埃尔温·隆美尔，希特勒命令他接掌德军一小股机械化军队，前往非洲救援意大利人。这支军队编有两个规模不大的师——第5轻装师和第15装甲师。但第5轻装师要到四月中旬，第15装甲师要到五月底才能完成运输工作。这是个进展缓慢的方案，因此，英国人前方的道路依然畅通无阻。

隆美尔2月12日飞赴的黎波里。两天后，一艘运输船到达，送来一个侦察营和一个反坦克营，这是德军分批运抵的第一股力量。隆美尔立即把他们部署到前线，还以他迅速打造的假坦克"加强"这股薄弱的力量。这些假坦克用大众汽车制造，这是德国批量生产的廉价"人民汽车"。第5轻装师装甲团直到3月11日才抵达的黎波里。

隆美尔发现英军没有杀来，他觉得自己可以使用手头现有的力量发动一场进攻。他的第一个目标仅仅是占领阿盖拉瓶颈地带。这场行动3月31日轻而易举地取得成功，于是他决定继续前进。隆美尔认为英国人显然高估了他的实力，也许是被他那些假坦克欺骗了。另外，德军空中力量不落下风，这导致英军指挥部一时间弄不清德军地面力量的虚实，还导致皇家空军在后续战斗中呈交了一些误导性报告。

就时机来说隆美尔也很幸运。英军第7装甲师二月底返回埃及休整补充，接替这个师的是近期开抵、经验不足的第2装甲师部分力量，该师余部已开赴希腊。澳大利亚第6师也派往希腊，接替他们的第9师训练不足、装备欠佳。奥康纳获准休假，缺乏经验的尼姆将军接任指挥工作。另外，就像韦维尔后来承认的那样，他当时不相信德国人即将发动进攻的报告。双方的兵力对比可以证明他的观点没错，而他没有考虑到隆美尔这样的将领，这似乎也没什么可以指责的。

隆美尔没有理会上级要求他等到五月底的命令，4月2日以50辆坦克恢复进军，两个意大利新锐师缓慢地尾随其后。隆美尔通过机动和欺骗，力图以他这股薄弱的力量虚张声势。英国人对隆美尔最初的突击深感震惊，于是严重夸大了对方在逼近中制造的阴影，相距近100英里的两股虚弱力量也成为强大的合围铁钳。

隆美尔这场大胆推进产生了神奇的效果。英军混乱不堪地仓促退却，4月3日弃守班加西。面对这种紧急情况，奥康纳奉命赶去协助尼姆，但在后撤期间，他们俩乘坐的汽车无人护送，于4月6日夜间驶入德军先遣部队身后，结果二人都成了俘虏。与此同时，一个英军装甲旅在漫长而又仓促的后撤期间损失了几乎所有坦克。次日，英军第2装甲师师长和一个新开抵的摩托化旅及其他部队，被包围在迈奇尼，他们最后被迫投降。隆美尔的部下以长长的卡车车队卷起遮天蔽日的尘云，夸大了他们实施包围的兵力，也掩饰了他们缺乏坦克力量的窘境。意大利人仍远远落在后面。

到4月11日，英国人已被赶出昔兰尼加，还退过埃及边界线，但他们还有一小股力量被包围在图卜鲁格。隆美尔这番壮举与英军先前征服昔兰尼加的行动同样惊人，速度甚至更快。

英国人现在不得不重新付出努力肃清北非，面临的困难远比先前更加巨大，特别是因为隆美尔的存在。他们丧失了1941年2月的绝佳机会，不得不为此付出巨大的代价。

注释

1. 由于克雷将军患病，交战期间指挥第7装甲师的是J. A. C. 康特准将。

2. 这场胜利的大部分功劳应当归于没有参加此次战役的P. C. S. 霍巴特少将，第7装甲师1938年在埃及组建，霍巴特担任师长，为这个师发展出高超的机动能力付出了大量心血。但在如何使用一支装甲部队，以及装甲力量以传统部队的重要独立性展开行动能做到些什么等问题上，霍巴特的理念与他那些更加保守的上级的看法背道而驰。霍巴特的"异端邪说"，再加上他毫不妥协的态度，导致他1939年秋季，也就是德军装甲部队证明同样的理念的可行性前六个月，被解除职务。

3. Liddell Hart: *The Other Side of the Hill*, p. 250n.

第十章

征服意属东非

墨索里尼 1940 年 6 月煽动法西斯意大利参战时，部署在意属东非（自 1936 年起就包括被征服的埃塞俄比亚）的军力，和北非一样，远远超过英军。据意大利相关记录称，该地区的意军编有 9.1 万名白人士兵和近 20 万本地士兵，后一个数字似乎是理论上的兵力数，较为合理的估计是，真实兵力大约是上述数字的一半。1940 年头几个月，也就是意大利参战前，英国在苏丹的驻军只有 9000 名英军和当地士兵，另有 8500 名英属东非士兵驻扎在肯尼亚。

意大利人在这片庞大的双重战区迟迟没有主动采取行动，与他们在北非的表现如出一辙。一个主要原因是他们意识到，自己不太可能突破英国封锁，获得更多补给和油料。但这不是个好理由，因为目前情况下，最重要的是抢在非洲的英国军队获得充分加强前，发挥己方强大的兵力优势。

七月初，意大利人犹犹豫豫地从西北方的厄立特里亚出发，占领了苏丹境内十几英里的卡萨拉镇，为此投入的兵力多达 2 个旅、4 个骑兵团、20 余辆坦克，共计 6500 人，而他们对付的是苏丹国防军 300 来人的一个连守卫的一处前哨。指挥驻苏丹英军部队的威廉·普拉特少将，当时只有 3 个营部署在这么一大片地区，分别驻扎于喀土穆、阿拉巴特、苏丹港。普拉特非常明智，看清意大利人的入侵行动如何发展前，没有贸然投入自己的部队。意大利军队占领了诸如埃塞俄比亚西北边界外的加拉巴特、肯尼亚北部边界的摩亚雷这些哨所后，没有继续前进，而是停顿下来。

直到八月初，意大利军队才发起一场更加认真的进攻，攻往最易于得手的目标——位于亚丁湾非洲海岸沿海地带的英属索马里兰。就连这样一场有限行动也具有防御性。实际上，墨索里尼已命令意大利军队保持防御。但该地区的最高统帅——埃塞俄比亚总督奥斯塔公爵，认为法属索马里兰的吉布提港为英军进入埃塞俄比亚提供了一个轻而易举的入口，他也不相信与法国达成的停战协定。因此，他决定占领毗邻的、面积更大的英属索马里兰。

那里的英国守军由 A. R. 蔡特准将指挥，只有 4 个非洲和印度营，另一个英军营，也就是第 2 "黑卫士" 营，正在赶来的途中。意大利入侵力量编有 26 个营，还获得火炮和坦克支援。但索马里兰的小股骆驼部队有效阻滞了对方的推进，A. R. 戈德温 – 奥斯汀少将赶到战场接管指挥权时，侵略者已到达港口城市柏培拉接近地的图格阿甘山口。守军在这里实施了顽强防御，一连四天的战斗中，进攻方毫无进展，可由于得不到援兵，也没有更多可供防御的险要地形，英军不得不从柏培拉港经海路疏散，大多数人乘船前往肯尼亚，英军正在那里集结兵力。这场交战导致意军伤亡 2000 多人，英军为此付出的代价只有 250 人，还把意大利人打得心惊胆寒，给他们日后的行动造成深远的战略影响。

1940 年 11 月，艾伦·坎宁安中将接掌了肯尼亚英国军队的指挥权，这股力量最初只编有戈德温 – 奥斯汀指挥的非洲第 12 师（南非第 1 旅、东非第 22 旅、黄金海岸第 24 旅），不久后获得非洲第 11 师加强。

当年秋季，肯尼亚驻军增加到 7.5 万人左右——2.7 万名南非人、3.3 万名东非人、9000 名西非人、大约 6000 名英国人。这些士兵编为 3 个师：南非第 1 师，非洲第 11、第 12 师。苏丹驻军现在也达到 2.8 万人，包括印度第 5 师在内，而印度第 4 师在北非参加了对意大利军队出色反攻的初期阶段后，即将开赴这里。第 4 皇家坦克团也派来一个坦克中队，此外这里还有苏丹国防军。

丘吉尔先生觉得，既然英国军队有这么多兵力，就应该展开更多行动，因而一再敦促实施过去从来没有遂行或考虑过的更加积极的行动。中东地区总司令韦维尔与坎宁安达成一致，提出春雨结束后的五月或六月从肯尼亚进军意属索马里兰。普拉特十一月在北部战线的首次推进遭遇顽强抵抗，这种情况加剧了韦维尔的顾虑。此次进攻的目标是加拉巴特，由 W. J. 斯利姆准将指挥的印度第 10 旅遂行，斯利姆是个果断的指挥官，后来成为这场战争中最著名的高级将领之一。英军对加拉巴特的初步进攻取得成功，可随后冲击邻近的默特马哨所，却被实力旗鼓相当的一个意大利殖民地旅阻挡住。这主要是因为一个英国营意外失利，该营刚刚加入印度旅，上级不顾斯利姆的忠告，认为此举能加强印度旅，结果适得其反。后来发生的事情表明，北部地区的意大利部队比其他地方的意军顽强得多。

当年冬季唯一充满希望的插曲是 D. A. 桑福德准将的活动，战争爆发后，这位退役军官被召回现役，随后前往埃塞俄比亚，在贡德尔周围的山地酋长中煽动叛乱。冬季期间，更加"离经叛道"的奥德·温盖特上尉率领一个苏丹营和他神出鬼没的"基甸部队"，支援、扩大了桑福德的活动。流亡国外的埃塞俄比亚皇帝海尔·塞拉西，1941 年 1 月 20 日乘飞机归国，三个多月后的 5 月 5 日，温盖特陪同他重返首都亚的斯亚贝巴，就连丘吉尔都没想到会这么快。

由于丘吉尔和南非的史末资不断施加压力，1941 年 2 月，韦维尔和坎宁安被迫从肯尼亚入侵意属索马里兰。英军占领基斯马尤港顺利得出人意料，这就简化了补给问题，于是，坎宁安的部队渡过朱巴河，攻往 250 英里外的摩加迪沙，这座较大的港口是意属索马里兰的首都，一周后的 2 月 25 日，英军占领这座城市。他们在城内缴获大量汽车和航空油料，和基斯马尤港的情况一样，英军的迅速推进阻止了意军计划中的爆破。出色的空中支援是这场快速推进获得成功的另一个重要保障。

坎宁安的部队随后进军内陆，开赴埃塞俄比亚南部，非洲第 11 师挺进 400 英里，3 月 17 日占领吉吉加，逼近省会城市哈勒尔。这让他们靠近了原英属索马里兰的边界线，从亚丁湾而来的一支小股部队，3 月 16 日在

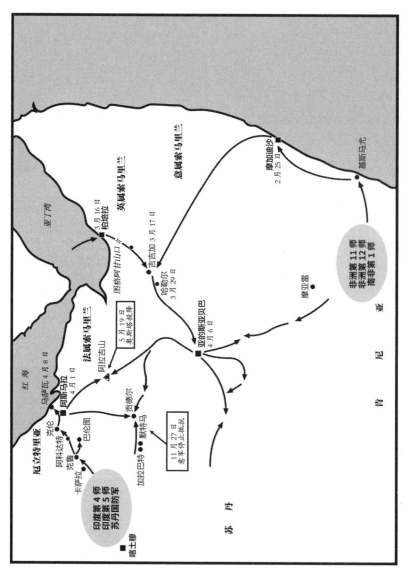

意大利"非洲帝国"的崩溃（ZVEN 制）

那里重新登陆。英军克服一些顽强抵抗后，于 3 月 29 日占领哈勒尔，坎宁安的部队随后转身向西，攻往埃塞俄比亚首都亚的斯亚贝巴，这座城市位于 300 英里外的埃塞俄比亚西部中心。一周后的 4 月 6 日，坎宁安的部队占领亚的斯亚贝巴，一个月后，海尔·塞拉西皇帝在温盖特护送下回到他的首都。埃塞俄比亚游击队员对意大利妇女实施暴行的报道，明显加快了意大利人的投降速度。

但意军在北部的抵抗更顽强，从一开始就是这样。指挥官弗鲁希将军在厄立特里亚地区的战线上有 1.7 万名装备精良的意军士兵，后方还有超过三个师的兵力。普拉特将军一月份第三周向前推进，这场行动由实力强大的印度第 4、第 5 师遂行。奥斯塔公爵已命令厄立特里亚地区的意大利军队抢在英军推进前后撤，因此，意军第一场认真抵抗是在卡萨拉以东 60 英里、厄立特里亚境内 40 英里的克鲁实施的。

两支印度纵队在巴伦图和阿科达特的山区阵地遭遇更激烈的抵抗，这两地分别位于克鲁以东 45 英里、70 英里处。幸运的是，贝雷斯福德－皮尔斯将军指挥的印度第 4 师率先到达更远处的目标，这就让印度第 5 师更加轻松地攻往巴伦图。

韦维尔随后意识到扩大目标、征服整个厄立特里亚的可能性，于是，他据此给普拉特将军下达了新命令。但厄立特里亚首府阿斯马拉在阿科达特前方 100 多英里处，马萨瓦港离得更远，两地之间伫立着克伦山区阵地，这是东非最强大的防御阵地之一，也是通往阿斯马拉和意大利海军基地马萨瓦港的唯一门户。

2 月 3 日上午，英军首次尝试强行突破，可行动以失败告终，接下来几天，他们反复发起冲击，一次次被击退。置身前线的意军指挥官卡尔尼梅奥将军展现出顽强的战斗精神和杰出的战术技巧。英军付出一个多星期的努力后停止进攻，这片战场随后陷入长时间的沉寂。英国人直到三月中旬才恢复进攻，此时，印度第 5 师已调来，准备加入行动。这场战斗再次沦为旷日持久的厮杀，意大利军队以一连串反突击逼退进攻方，但 3 月 27 日，第 4 皇家坦克团一个重型步兵坦克中队终于冲破障碍，一举突破意军防线——从西迪拜拉尼到图卜鲁格，第 7 皇家坦克团在北非赢得一连串胜利，发挥决定性作用的也是重型坦克。

经过 53 天激战，克伦之战终于结束了。弗鲁希将军的部队向南撤入埃塞俄比亚，英军 4 月 1 日占领阿斯马拉。他们随后向东攻往 50 英里外的马萨瓦港，经过一番战斗，港内守军 4 月 8 日投降。厄立特里亚战役宣告结束。

在此期间，奥斯塔公爵指挥的意大利军队残部向南撤入埃塞俄比亚境内，打算在阿斯马拉以南大约 80 英里的阿拉吉山一处山区阵地实施最后的抵抗。他手头只剩 7000 名士兵和 40 门火炮，补给物资勉强够支撑三个月。另外，埃塞俄比亚人如何对待俘虏的报道也导致意大利人的士气严重下降。因此，虽然奥斯塔公爵是个勇敢的军人，但他还是愿意以"不失体面的条件"向英军投降。5 月 19 日，这股意军放下武器，这样一来，意军官兵被俘总数达到 23 万。埃塞俄比亚西南部还有加泽拉将军指挥的一股陷入孤立的意大利军队，埃塞俄比亚西北部，纳西将军率领的一支部队位于贡德尔附近，但这些部队分别在当年夏季和秋季遭到围剿。这就是墨索里尼短命的"非洲帝国"的结局。

World War II

第四部

泛滥
1941 年

第十一章

巴尔干和克里特岛沦陷

　　有人说，虽然威尔逊将军的部队最终仓促撤离希腊，但当初派遣他们前往希腊的决定无可非议，因为此举导致德国入侵苏联的行动推迟了六周。但熟悉地中海局势的一些军人，特别是当时在开罗联合计划参谋部任职，后来成为蒙哥马利参谋长的德甘冈将军，质疑这种说法，还把这场冒险斥为政治赌博。他们认为把实力不足的军队派往希腊，根本无法保证该国免遭德国入侵，反而丧失了利用意大利人在昔兰尼加的惨败，赶在德军援兵开抵前一举夺取的黎波里的绝佳机会。

　　这种马后炮得到相关事件证实。仅仅三周，德国人就占领了希腊，英军被赶出巴尔干地区，而驻扎在昔兰尼加、实力遭到削弱的英国军队也被德国非洲军驱离，他们本来是可以登陆的黎波里的。这些失败让大英帝国颜面扫地、前景堪忧，而且只会加剧带给希腊人民的苦难。就算希腊战役确实推迟了德国入侵苏联的行动，也无法证明英国政府的决定是合理的，因为他们当时根本没有考虑过这个目标。

　　不过，研究这场战役是否具有这种作用还是很有历史价值的。支持这种观点的最明确证据是，希特勒原本命令5月15日前完成进攻苏联的准备工作，但三月底，这个暂定日期推迟一个月，改为6月22日。冯·伦德施泰特元帅说，由于参加巴尔干战局的那些装甲师迟迟没能归建，他这个集团军群的准备工作受到妨碍，这是侵苏行动延误的主要原因，当然还有天气方面的因素。

负责指挥伦德施泰特麾下装甲力量的冯·克莱斯特元帅，观点更加鲜明。他指出："与我们的总兵力相比，用于巴尔干战局的部队的确不算多，可装甲部队占的比例很高。我麾下部署在波兰南部、准备进攻苏联的大多数坦克参加了巴尔干战局，这些坦克需要大修，车组人员也需要休整。许多坦克当初一路向南攻往伯罗奔尼撒半岛，不得不从那里赶回来。"[1]

冯·伦德施泰特和冯·克莱斯特元帅的观点当然受到这样一种影响：他们那段战线上的进攻行动，很大程度上依赖于这些装甲师归建。其他德军将领则认为巴尔干战局没有给入侵苏联的行动造成太大影响。他们强调，进攻苏联的主要任务分配给冯·博克元帅部署在波兰北部的中央集团军群，赢得胜利的机会有多大主要取决于该集团军群的进展。伦德施泰特集团军群遂行次要任务，兵力不足不会产生决定性影响，因为苏联红军无法轻易调动。伦德施泰特集团军群兵力不足，原本甚至有可能打消希特勒在入侵第二阶段向南进军的念头，正如我们将要看到的那样，他这种念头造成致命延误，动摇了德军赶在冬季到来前到达莫斯科的前景。必要时，不等几个装甲师从巴尔干地区返回加强伦德施泰特集团军群，就可以发动入侵。但此种情况下，地面是否干燥到足以承受尽早发动的一场进攻，这一疑问加剧了关于是否推迟行动的争论。哈尔德将军认为，入侵实际发起前，天气条件其实并不适合这种行动。

如果没有巴尔干战局的麻烦，当时可能会做出怎样的决定？这些将领事后的看法无法解答这个问题。一旦入侵苏联的暂定日期因为这个原因推迟，一切在几个装甲师从巴尔干地区归建前就发动进攻的主张就都无从谈起了。

但希腊战局不是侵苏行动推迟的原因。入侵希腊的计划纳入 1941 年作战方案时，希特勒就已经把这场行动视为入侵苏联的先期步骤。推迟侵苏日期的决定性因素是南斯拉夫 3 月 27 日发生的一场始料未及的政变，西莫维奇将军和他的同谋推翻了不久前刚刚与轴心国缔结条约的政府。恼人的消息

传来，希特勒怒不可遏，当天就决定对南斯拉夫发动一场压倒性进攻。这场
进攻需要的地面和空中力量，远远超过希腊战局，这促使希特勒做出更充分、
更致命的决定，推迟入侵苏联的行动。

希特勒入侵希腊，不是因为英军登陆该国的事实，而是因为他对这
种登陆深感担心，希腊战局的结果让他松了口气。英军登陆希腊，甚至
没能阻止南斯拉夫现任政府与希特勒达成协议。另一方面，这场登陆可能
鼓舞西莫维奇成功地推翻了政府，完全不把希特勒放在眼中，但这一点
做得不太成功。

冯·格赖芬贝格将军对巴尔干战局作战行动所做的总结更具启发性，他
是李斯特元帅第 12 集团军的参谋长，遂行巴尔干战局的正是这个集团军。

格赖芬贝格强调指出，希特勒始终记得联军 1915 年在萨洛尼卡获得立
足地，1918 年 9 月最终发展出一场具有决定性的战略突击，因而他 1941 年
间担心英军再度登陆萨洛尼卡或色雷斯南部海岸。这会导致德国南方集团军
群向东攻入苏联南方时，英军位于该集团军群后方。希特勒认为英国人会像
以往那样进入巴尔干地区，他还想起第一次世界大战末期，巴尔干地区的联
军如何为赢得最终胜利做出实质性贡献。

因此，他决定占领萨洛尼卡与泽泽阿加赫（亚历山大罗波利）之间的
南色雷斯海岸，以此作为侵苏行动开始前的一项预防措施。李斯特第 12 集
团军被指定用于这场行动，这股力量编有克莱斯特装甲集群。该集团军集结
在罗马尼亚，渡过多瑙河后进入保加利亚，从那里突破梅塔克萨斯防线——
右翼力量攻往萨洛尼卡，左翼力量攻往泽泽阿加赫。到达海岸后，只留下少
量德军部队，掩护那片海岸的主要任务交给保加利亚人。第 12 集团军主力，
特别是克莱斯特装甲集群，尔后转身向北，取道罗马尼亚，投入东线南部地
区的作战行动。德国人原先的方案中并没有占领希腊主要地区的内容。

这份方案呈送保加利亚国王鲍里斯时，他说他不信任南斯拉夫，他们可
能会威胁第 12 集团军右翼。但德国代表向鲍里斯国王保证，鉴于南斯拉夫
1939 年同德国签订了条约，他们估计那个方向没什么危险。几位德国代表的
印象是，鲍里斯国王不太相信这个保证。

事实证明他的怀疑准确无误。第12集团军即将按计划从保加利亚展开行动时，贝尔格莱德突然发生政变，迫使摄政的保罗亲王退位。布卢门特里特指出：

> 贝尔格莱德的某些人似乎不赞成保罗亲王的亲德政策，他们希望站在西方国家一边。这场政变事先是否得到西方国家或苏联支持，我们作为军人无从判定。可不管怎样，这场政变不是希特勒策划的！相反，这场突如其来的政变令人很不愉快，几乎打乱了第12集团军在保加利亚的整个行动方案。[2]

例如，克莱斯特麾下几个装甲师，不得不立即从保加利亚攻往西北方的贝尔格莱德。另一项临时性举措是，魏克斯第2集团军迅速集结驻扎在卡林西亚和施蒂里亚州的部队，向南开入南斯拉夫。巴尔干地区的突发事件迫使德国人把侵苏战局开始日期从五月推迟到六月。所以从这一点看，贝尔格莱德政变的确影响了希特勒发动侵苏战争。

1941年，天气也起了重要作用，但这是个偶然因素。波兰布格河—桑河一线以东地区，地面行动在五月份前受到严重妨碍，因为大部分道路泥泞不堪，整片地区几乎沦为沼泽。许多缺乏治理的河流泛滥成灾。越往东去，这些不利条件越是明显，尤以普里皮亚季河和别列津纳河的沼泽森林区为甚。即便是正常时期，五月中旬前的活动也受到很大限制，而1941年的情况特别异常，冬季持续的时间很长，直到六月初，布格河仍处于严重泛滥状态。

北面的情况同样如此，当时在东普鲁士指挥一个先遣装甲军的冯·曼施泰因将军说，五月下旬到六月初，那里大雨滂沱。显然，如果提早发动入侵，前景堪忧，正如哈尔德说的那样，除了巴尔干的麻烦，提早发动入侵的可行性值得怀疑。1940年的天气对入侵西方非常有利，可1941年的天气却对入侵东方大为不利。

一小股英国援兵登陆萨洛尼卡后，德国人入侵希腊，此时，希腊军队的主要任务是守卫从保加利亚山区进入希腊的通道，德国军队目前集结在保加利亚。但对敌人会沿斯特鲁马河谷前进的预期，掩盖了对方不那么直接的行动。

德军机械化纵队从斯特鲁马河转身向西，赶往与边界线平行的斯特鲁米察河谷，越过山间隘口，进入瓦尔达尔河谷的南斯拉夫一侧。这样一来，他们就进入了希腊军队与南斯拉夫军队之间的结合部，同时迅速发展突破，沿瓦尔达尔河而下，一路攻往萨洛尼卡。这就切断了盘踞在色雷斯的希腊军队大部。

遂行这场突击后，德国人没有从萨洛尼卡直接向南进军，翻越已设有英军阵地的奥林匹斯山，而是再次调转方向，穿过西面的莫纳斯提尔山口。德军向希腊西海岸发展胜利，切断了阿尔巴尼亚境内的几个希腊师，迂回英军侧翼，还构成转回到联军残余部队后撤路线上的威胁，导致希腊境内的所有抵抗迅速崩溃。英军和联军主力经海路撤往克里特岛。

德国人纯粹凭借空中入侵占领克里特岛，是战争中最惊人、最大胆的壮举之一，这也是这场战争期间最引人注目的空降行动。这场行动导致英国损失惨重，它留下的一个警告是，日后绝不能忽视遇到类似突袭的风险。

1941 年 5 月 20 日上午 8 点，大约 3000 名德国伞兵在克里特岛上空跳伞。据守克里特岛的是 2.86 万名英国、澳大利亚、新西兰士兵，另外还有 2 个希腊师，兵力与英军差不多。

作为德军征服巴尔干地区的后续行动，进攻克里特岛是意料中的事，希腊的英国特工早已就德国人的准备情况提供了杰出的情报。可德军的空降威胁没有得到应有的重视。丘吉尔透露，根据他的建议被任命为克里特岛指挥官的弗赖伯格将军，5 月 5 日报告："我不知道什么叫畏惧，我丝毫不担心敌人的空降突击。"[3] 他更担心敌人从海上入侵，但皇家海军消除了这种危险。

丘吉尔还是对敌人的威胁深感焦虑，"特别是来自空中的威胁"。他敦促"至少再派十来辆步兵坦克"，加强岛上仅有的 6 辆坦克。[4] 更要命的问题是克里特岛根本没有空中支援，无法抗击德国人的俯冲轰炸机，也无法拦截对方的空降部队。岛上就连高射炮都寥寥无几。

发动入侵当晚，岛上的德军兵力增加了一倍，而且还在不断加强，他们先使用伞降和滑翔机机降，从第二晚起就以运输机运送部队。这些运输机在德军夺取的马莱迈机场降落时，这座机场仍遭到守军火炮、迫击炮火力轰击。

最后，通过空运送抵的德军官兵达到 2.2 万人。一些运输机着陆时坠毁，许多士兵丧生或负伤，但活下来的都是最顽强的战士，而他们的对手虽然占有数量优势，却没有受过如此严格的训练，有些人仍对自己被逐出希腊心存余悸。更重要的是他们装备不足，特别是缺乏短程无线电设备。即便如此，这些士兵中的大多数人还是从事了顽强的战斗，他们的坚决抵抗产生了重要影响，尽管这一点后来才为人所知。

英国高层的乐观情绪持续了一段时间。德军入侵次日，丘吉尔就根据收悉的情报告知下议院，"大部分"伞降入侵者已被消灭。一连两天，中东英军司令部大谈克里特岛守军正在"扫荡"残余的德寇。

但第七天，也就是 5 月 26 日，克里特岛英军指挥官报告："依我看，我麾下的官兵已到达耐力的极限……我们在岛上的处境已趋无望。"弗赖伯格是个意志坚定的军人，他得出的结论自然不容置疑。疏散行动 5 月 28 日夜间开始，5 月 31 日晚结束。由于敌人拥有空中优势，皇家海军在竭力撤离岛上尽可能多的官兵时遭受了重大损失。他们共救出 1.65 万人，包括 2000 名希腊人，其他人不是阵亡就是落入德军手中。皇家海军阵亡 2000 多人，3 艘巡洋舰和 6 艘驱逐舰被击沉，另外 13 艘舰艇遭重创，包括 2 艘战列舰和地中海舰队当时唯一的一艘航空母舰。

德军阵亡 4000 人左右，负伤者还要多一倍。因此，他们的不可归队减员不到英军（希腊人和当地招募的士兵除外）伤亡数的三分之一。不过，德国人的损失主要由他们仅有的一个伞兵师的精锐力量承受，给希特勒造成一种始料未及的影响，这对英国又是有利的。

但目前，克里特岛的陷落似乎具有灾难性。四月份，英军十天内就被隆美尔赶出昔兰尼加，德军入侵希腊后，没用三周又把英军驱离这个国家。克里特岛这场惨败紧跟前两场灾难而来，因而给英国民众带来更沉重的打击。韦维尔当年冬季从意大利人手中夺得昔兰尼加，这场胜利似乎只是阴云中绽现出的一丝令人困惑的阳光而已。随着他们在德国人面前遭遇新一轮失败，以及德军春季重新发起空中闪电战，英国的前景甚至比 1940 年更加惨淡。

但希特勒没有以英国人预期的任何方式扩大他在地中海赢得的第三场胜

利,也就是说,他没有攻往塞浦路斯、叙利亚、苏伊士运河或马耳他。一个月后,他发动了侵苏战争,从那时起,他就不再理会把英国人逐出地中海和中东地区的良机。放弃这种机会,固然是因为他专注于侵苏行动,但克里特岛胜利后他的反应也与之不无关系。为赢得这场胜利付出的代价令他沮丧不已,远远盖过征服带给他的兴奋之情。这场战役与以往代价低廉、收获更大的胜利形成了鲜明对比。

在南斯拉夫和希腊,虽然遇到山脉障碍,但他那些新组建的装甲部队,像在波兰和法国平原那样所向无敌。他们犹如旋风般横扫这两个国家,一举粉碎了对方的军队。

后来的记录表明,李斯特元帅的军队俘虏9万名南斯拉夫人、27万名希腊人、1.3万名英国人,而他们为此付出的代价仅仅是伤亡5000人。英国报纸当时估计,德军的损失超过25万,就连英国官方声明也把这个损失数定为"大约7.5万人"。

希特勒在克里特岛赢得的胜利,缺陷不仅仅是伤亡较高,更是暂时削弱了一支新式登陆战斗力量,他本来可以借此伸出手去,越过海洋夺取要地,而无遭受英国海军拦截之虞——皇家海军尽管损失惨重,可依然控制着海洋。实际上,希特勒在克里特岛扭伤了手腕。

战争结束后,德国空降兵司令施图登特将军出人意料地透露,希特勒接受进攻克里特岛的方案时显得非常勉强:

> 德国军队到达希腊南部,他(希特勒)就打算结束巴尔干战局。听说这个消息,我飞去见戈林,提出仅以伞兵部队占领克里特岛的方案。戈林这个人总是很容易被激发起热情,他马上看出这份方案的可行性,于是派我去见希特勒。4月21日我见到了希特勒。我首次向他解释这份方案时,希特勒说道:"听上去不错,可我觉得有些不切实际。"但我最终还是设法说服了他。
>
> 行动中,我们使用了一个伞兵师、一个滑翔机团、第5山地师,这个师过去没有经历过空运。[5]

依照计划，里希特霍芬第8航空军的俯冲轰炸机和战斗机将提供空中支援。1940年德军接连打开进入比利时和法国的门户时，他们也曾充当过决定性工具。施图登特继续说道：

没有一支部队从海路进入。我们原本打算从海路提供加强，但唯一可用的海上运输工具是希腊的小帆船。于是我们把这些小船编成一支船队，用于运送这场远征需要的重武器，例如高射炮、反坦克炮、火炮和一些坦克，另外还有第5山地师两个营……据说英国军队仍在亚历山大港，实际上他们正在开赴克里特岛的途中。船队驶向克里特岛，结果遭遇英国军队，被打得七零八落。赶来报仇的德国空军重创了英国海军。但我们在克里特岛上的作战行动，由于预期中的重武器没能运抵而受到很大妨碍……

5月20日，我们没能彻底占领任何一座机场。我们在马莱迈机场取得的进展最大，我方宝贵的伞兵突击团在那里与新西兰精锐部队展开激战。5月20日至21日夜间对德军指挥部而言至关重要。我不得不做出个重大决定。我决心使用手中掌握的伞兵预备队，彻底占领马莱迈机场。

要是敌人当晚或5月21日晨实施一场有组织的反冲击，那么他们也许能击溃伞兵突击团严重受损、疲惫不堪的残部，特别是因为伞兵团饱受弹药短缺之苦。

可新西兰人只是发起一些零零碎碎的反冲击。我后来听说，英军司令部认为，除了伞兵突击，德军主力经海路到达马莱迈与干尼亚之间的海岸，因此，他们把已方兵力留在既占海岸上。值此关键时刻，英军司令部没有冒险把这些部队派往马莱迈。5月21日，德军预备队成功占领机场和马莱迈村。当日傍晚，第1山地营作为第一批空运部队降落在机场上，德国就这样赢得了克里特岛之战。

但胜利的代价远较空降方案倡导者的预期为高，部分原因是岛上的英军比他们估计的数量多三倍，但也有其他原因。

许多损失是着陆不佳造成的。克里特岛适合空降的地点很少，盛行风从岛内吹向大海。飞行员担心把伞兵投到海里，因而把他们投入岛内很远的地方，有些伞兵实际上落入英军防线内。装有武器的空投罐，落点往往与伞兵离得太远，这是导致我方人员过度伤亡的另一个原因。岛上的少量英军坦克起初把我们吓得够呛，幸运的是，只有二十多辆敌坦克。敌步兵，主要是新西兰人，虽然措手不及，但还是进行了激烈的抵抗。

元首对伞兵部队的惨重损失深感不安，他得出结论，认为伞兵已没有突袭价值，后来他经常对我说："伞兵部队的时代过去了。"

我说服希特勒接受空降克里特岛的方案时，还建议行动成功后，我们应该从空中夺取塞浦路斯，再从塞浦路斯出发，占领苏伊士运河。希特勒似乎并不反对这种想法，但没有明确批准实施，因为他现在满脑子想的是即将发起的侵苏战争。他对空降克里特岛的惨重损失深感震惊，后来就不愿再实施大规模空降行动。我多次向他提出建议，但全然无效。

因此，英国、澳大利亚、新西兰在克里特岛的损失并非毫无收益。施图登特夺取苏伊士运河的方案可能无法实现，除非隆美尔驻扎在非洲的装甲部队获得大力加强，但夺取马耳他应该是一项比较容易的任务。一年后，希特勒被说服了，打算发起这一行动，可随后又改了主意，取消了行动。施图登特说："他认为只要英国舰队出现，所有意大利舰艇就会龟缩在港内，听凭德国空降部队陷入困境。"

注释

1. Liddell Hart: *The Other Side of the Hill*, p. 251.

2. Liddell Hart: *The Other Side of the Hill*, p. 254.

3. Churchill: *The Second World War*, vol.III, 246.

4. Ibid, p. 249.

5. Liddell Hart: *The Other Side of the Hill*, p. 228–43.

第十二章

希特勒转而对付苏联

希特勒1941年6月22日入侵苏联，适逢1812年拿破仑侵俄周年纪念日前一天，这场入侵彻底改变了战争的整体面貌。事实证明，和当年的先行者一样，这一步对希特勒同样具有致命性，虽然结局到来得没那么快。

拿破仑年底前被迫撤离俄国，他发动这场入侵后的次年四月，俄国人进入他的首都。希特勒入侵三年后才被赶出苏联，苏联人直到第四年四月才攻入德国首都。希特勒深入苏联境内的距离是拿破仑当年的两倍，可他没能攻入莫斯科，重演拿破仑那场虚幻的成功。希特勒深深楔入苏联腹地，归功于出色的机动性，但这不足以实现他的目的。苏联的广袤空间先是导致他一再受挫，随后就造成了他的败亡。

在侵略者自杀性步骤的副作用方面，历史同样一再重演。在大英帝国孤立疆界外的大多数人看来，英国的处境似乎已趋无望，可希特勒入侵苏联却让她起死回生。这些局外人清楚地看到，那座位于一片敌对大陆边缘的小岛，境况是多么绝望，这片大陆对她的包围比拿破仑时代更紧密。空中力量的发展削弱了"海上护城河"的价值。这座岛屿的工业化让她依赖于进口，导致潜艇构成的威胁倍增。英国政府拒不考虑任何和平方案，这就带领整个国家走上这样一条绝路：从逻辑上说，即便希特勒放弃通过入侵迅速征服该国的企图，英国也必然在目前情况下逐渐耗尽资源，最终难逃覆灭的厄运。毫不妥协的过程相当于慢性自杀。

美国也许会以"打气"的方式让英国继续浮在海面上，可此举只能延长这个过程，无法避免最终结局。另外，丘吉尔仲夏时节决定以整个英国弱小的力量轰炸德国本土，结果抵消了这种缓解措施。这样的轰炸袭击充其量只起到"针刺"效果，却阻止了希特勒把注意力转往其他地方的倾向。

但英国民众不太考虑他们面临的艰难处境。他们本能地抱有一种固执之情，对战略问题一无所知。丘吉尔鼓舞人心的演讲帮助他们克服了敦刻尔克撤退造成的沮丧情绪，还为这些岛民提供了他们想要的"兴奋剂"。丘吉尔充满挑战意味的口气令他们振奋不已，根本没有冷静下来想想这些举措是否具有战略依据。

希特勒造成的影响远比丘吉尔更深，他一举征服法国，逼近到英国海岸，此举唤醒了英国民众，而早些时候关于希特勒推行暴政和侵略成性的证据却没能做到这一点。英国人再次以他们传统的方式做出应对——不惜一切代价跟希特勒拼到底。他们这种斗牛犬似的集体性格，从来没有如此清楚地表现并证明他们的极度愚蠢。

一位西欧征服者被一个"不认为自己被打败"的民族搞得不知所措，这是历史上的第二次。正如《我的奋斗》一书所示，希特勒远比拿破仑更了解英国人，因此，他采取了不寻常的措施，以免伤害对方的自尊心。他寄希望于英国人认清现实，可令他困惑的是，对方居然看不到前景的绝望性，也没有意识到他那份和平提议规定的条件是多么宽大仁慈。这种混乱情况下，希特勒犹豫了，不知道接下来该如何是好，随后，他转向拿破仑付诸出力的同一个方向——征服苏联，以此作为最终解决英国问题的先决条件。

这不是他突如其来的想法，而是由某种循序渐进的过程决定的。这个决定的因果关系也很复杂，甚至比拿破仑的转向更加复杂，不是仅凭任何一个单独的因素或原因就能解释的。

与法国舰队 1805 年在菲尼斯特雷角受阻相比，德国空军在英国南部上空遭受的惨重损失虽说更具战术决定性，可战略决定性不大。因为戈林遭遇的挫折给德国造成的影响，与维伦纽夫的后撤给拿破仑造成的影响不同，并没有立即改变希特勒的想法。希特勒继续付出努力，企图粉碎英国民众的意志，只是改变了施加压力的方式而已，从试图消灭英国空中防御力量改为夜间轰炸英国的工业城市。除了天气因素，德国人施加压力的间歇性放松还归因于希特勒的犹豫不决。他似乎不愿对英国采取极端措施，而是希望说服对方接受和平，他对此满怀希望，而追逐这个目标时却又笨拙无比。

与此同时，受到他的经济需求和内心恐惧的影响——这种影响因他的偏见而加剧，希特勒的想法以一种不断加强的势头朝另一个方向发展。虽然他与斯大林缔结的条约为他在西线赢得胜利铺平了道路，但他对西欧的征服很大程度上是形势的产物，他一直在考虑推翻苏维埃俄国。对他来说，这种想法不仅仅是实现雄心壮志的权宜之策，反布尔什维主义是他内心最坚定的信念。

英国的顽强抵抗，强烈影响到希特勒挥师东进的冲动，但英国拒绝他的和平提议前，这种想法已然在他脑中重新浮现。

早在1940年6月，希特勒仍在从事法国战局时，斯大林就趁机占领了立陶宛、爱沙尼亚、拉脱维亚。希特勒确实同意苏联把波罗的海诸国纳入势力范围，可没有同意苏联实际占领这几个国家。虽然他身边的大多数顾问很现实地认为，红军开入波罗的海诸国，是因担心德国赢得西线的胜利后有可能实施某些行动而采取的预防措施，但希特勒还是觉得自己被斯大林愚弄了。整个西方战局期间，德国在东部只留下10个师面对100个红军师，希特勒对此深感不安，这表明他对苏联怀有一种深深的不信任感。

6月26日，苏联又一次没有预先通知德国，就给罗马尼亚发出一份最后通牒，要求对方立即归还比萨拉比亚，并且割让北布科维纳，以此作为罗马尼亚1918年从苏联手中抢走前一个省份的"小小补偿"。他们要求罗马尼亚政府24小时内做出答复，罗马尼亚人屈从于这种威胁，红军立即从空中和陆地涌入这两个地区。

在希特勒看来，苏联人此举比"抽他耳光"更恶劣，因为他们不祥地逼近了罗马尼亚油田，随着海外资源遭切断，德国的石油供应目前全靠这些油田。接下来几周，面对这种威胁他越来越紧张不安，还担心德国空军对英国实施的空中攻势会受到影响。同时，他还开始怀疑斯大林的真实意图。7月29日，他对约德尔谈道，如果苏联企图占领罗马尼亚油田德国就对她开战的可能性。几周后，他把2个装甲师和10个步兵师派往波兰，以此作为反制措施。9月6日他发给反谍报部门的一道指令称："接下来几周，东部地区的力量会得到加强。这些重组决不能给俄国人留下我们正准备在东部发动进攻的印象。"德军部队必须频繁变更驻地，以此掩盖真实实力：

> 另一方面，必须让俄国人知道，强大、训练有素的德国军队已部署在总督辖区、各东部省份和保护国。应当让对方得出这样一个结论：我们准备以强大的军力反对俄国的占领，以此保护我方利益，特别是在巴尔干地区。

这道指令的语气主要表达出一种防御性，重点在于威慑苏联不要发动侵略，而不是预示德国即将发动入侵。但德军防线与希特勒必须保护的油田相距太远，因而无法指望为这些油田提供直接保护，这就促使他考虑在波兰前线摆出一种强硬的牵制姿态。这种牵制对方的想法很快演变成对一场大规模入侵的构想——为预防某种特殊风险而排除全部危险。

九月中旬的相关报告称，苏联宣传部门已经在红军内部改用反德宣传路线。此举表明苏联人对德国首次增兵东部深感疑虑，正要求他们的军队迅速为一场苏德冲突做好准备。但希特勒认为这是对方企图发动进攻的证据。他觉得自己不能再等待下去，决不能等到赢得并巩固他在西方的胜利后再对付苏联。他的畏惧、野心、偏见相互作用，促使他改变了自己的想法。这种心态下，他的疑虑之情很容易激化。英国人似乎没有意识到他们的绝望处境，困惑不已的希特勒把目光转向苏联，企图找到相关解释。接下来几个月，他一次次对约德尔和其他人说，英国肯定寄希望于俄国人插手干预，否则她早就屈服了。这两个国家肯定达成了某种秘密协议。斯塔福德·克里普斯爵士前往莫斯科，以及他与斯大林的会晤，都证实了这一点。德国必须尽快发起打击，否则就会腹背受敌。希特勒没有想到的是，苏联人可能同样担心他发动入侵。

　　保卢斯将军（后来以被红军包围在斯大林格勒的第6集团军司令的身份而出名）九月初出任副总参谋长时，进攻苏联的方案已制定出大纲。他奉命"审核这份方案的可行性"。方案中确定的目标首先是消灭苏联西部地区的红军部队，尔后是深入苏联腹地，直到阿尔汉格尔斯克—伏尔加河一线，从而确保德国免遭对方从东部发起空袭的威胁。

　　到十一月初，这份方案的细节部分已告完成，随后以两场图上作业加以检验。希特勒现在已不太担心苏联发动进攻，反而越来越醉心于入侵苏联。对各种庞大战略方案的准备和沉思总是令他甘之如饴。他透露自己的想法时，那些将领表现出的顾虑，只会让他更坚定地固执己见。面对过去的一个个问题，他们都曾质疑过成功的可能性，可哪一次没有证明他是正确的？他现在必须再次证明他们错了，更重要的是，这些将领的质疑表明，他们虽然一个个卑躬屈膝，但仍对他这个业余战略家抱有一种潜在的不信任感。另外，他那些陆海军将领对渡海进攻英国的行动惊疑不定，而他却不能保持消极被动状态。他已制定取道西班牙进攻直布罗陀，从而封锁地中海西端的方案，但这场行动规模甚小，无法满足他的雄心壮志。

　　十月底发生的事情影响到他的决定，就最终结局看，所造成的影响比其他因素更大。墨索里尼没有通知希特勒就入侵希腊，希特勒对意大利这个小伙伴无视他的警告，破坏他的计划，企图染指他打算建立的势力范围恼怒不已。虽然意大利军队的败退很快消除了最后一个风险，但墨索里尼的肆意妄为，促使希特勒加快了他在巴尔干地区的行动。这也构成他推迟完成西部方案，加快向东转进的新理由。由于希特勒在控制巴尔干地区的竞赛中不得不战胜他的伙伴，接下来又必须得对付苏联，英国问题不得不留到最后解决。到目前为止，这还不是个明确决定，但这是他脑海中最重要的想法。

　　11月10日，莫洛托夫到访柏林，双方商讨的问题相当广泛，包括德国建议苏联明确加入轴心国的事宜。会谈结束后，双方发表了一份联合公报，称"双方在互信的气氛中广泛交换意见，并就德国和苏联的所有重要问题取得相互理解"。参加会谈的德国代表私下里也对会谈结果深感满意，11 月 16 日做出的相关总结如下：

> 目前暂时不会签订明确的条约。苏联似乎希望等几个更进一步的问题得到澄清后加入三国条约……莫洛托夫获悉德国打算在巴尔干地区采取行动支援意大利，他没有提出异议。他建议为苏联在保加利亚的影响力创造适当的条件，类似于德国在罗马尼亚的影响力，但德方没有讨论这项建议。不过，德国对土耳其控制的达达尼尔海峡不感兴趣，支持苏联在那里建立基地的愿望……

但双方完全缺乏互信，外交辞令从来没有这么空洞过。希特勒 11 月 12 日下达的第 18 号指令中宣称：

> 为弄清俄国目前的态度，已经开始同俄国进行政治会谈。不管这些会谈的结果如何，根据口头命令在东部所做的一切准备工作应当继续进行。

外交人员展开商讨时，军事方案正在推进。希特勒本人并不像其他人那样对会谈结果感到满意，他认为苏联针对三国条约提出的进一步问题纯属托辞，他现在一门心思地想对苏联发动进攻。雷德尔 11 月 14 日面见希特勒后写道："元首仍倾向于挑起与俄国的冲突。"莫洛托夫离开后，希特勒召见了一些将领，明确告诉他们，他即将入侵苏联。这些将领力图劝他打消从事这场冒险的念头，但徒劳无获。他们指出，这意味着一场两线战争，第一次世界大战已证明，这种情况对德国是致命的，希特勒反驳道，除非粉碎英国的抵抗，否则不可能寄希望于苏联按兵不动。要击败英国，就需要扩充空军和海军，这意味着削减陆军，可苏联仍是个威胁，这种情况下，削减陆军是不可行的。"巴尔干国家发生的事情明确表明，俄国绝对靠不住。"情况发生了变化，因此，"海狮"行动不得不推迟。

12 月 5 日，希特勒收到哈尔德关于东部作战方案的报告。12 月 18 日，他下达了"第 21 号指令，'巴巴罗萨'方案"。这道指令的开头处是一段重要声明："德国国防军必须做好在结束对英国的战争前就以一场快速战局粉碎苏俄的准备。"

为此，陆军必须动用一切可供使用的部队，前提条件是必须保卫既占地区免遭突袭。海军仍以英国为主要作战对象。

我会根据情况在对苏俄作战开始前八周命令军队开始集结。准备工作需要较长时间，如果还没有开始，那么现在就必须着手进行，1941年5月15日前务必完成（就适合的天气条件而言，他认为这是最早的可能日期）。必须做到格外谨慎，切切不可暴露进攻企图……

装甲部队应当果敢作战，楔入敌深远纵深，歼灭部署在俄国西部地区的俄国陆军主力，阻止敌人有作战能力的部队撤入俄国纵深地区。

这道指令继续指出，倘若这些结果仍不足以打垮苏联，那么就由德国空军消灭乌拉尔地区最后一片苏联工业区。占领波罗的海的基地可以瘫痪红海军舰队。罗马尼亚会为这场进攻提供帮助，牵制南方的苏联军队，同时在后方提供各种辅助勤务。当年十一月，希特勒已就参加侵苏行动事宜征询过罗马尼亚新独裁者安东内斯库将军的意见。

"根据情况"这句话听上去不太确定，但希特勒已拿定主意，这一点似乎无可置疑。这道指令后面的一段话解释了上述条件："各位总司令根据本指令下达的所有命令必须基调一致，也就是说，现在的措施是为了防备俄国改变目前对我们的态度而采取的预防措施。"精心设计的欺骗计划掩饰了这份作战方案，在这方面，希特勒自然发挥了领导作用。

另外，欺骗不仅针对敌人，也针对自己人。希特勒与部下商讨作战方案时，许多人对入侵苏联的风险担忧不已，特别是因为这意味着一场两线战争，因此，希特勒觉得最好装作一切都还没有最终决定下来。这让他们有时间见风使舵，自己也能利用这段时间掌握关于苏联敌对意图的更具说服力的证据。这些将领表现出的顾虑，不由得让希特勒对他们心不在焉的态度担心不已。虽然这些人当初宣誓效忠，肯定会服从他的命令，但这不足以让他们产生成功所需的决心。他不得不使用这些职业工具，所以必须说服他们。

东线的德国集团军群名称与指挥官变动情况，1941 年 6 月—1945 年 5 月

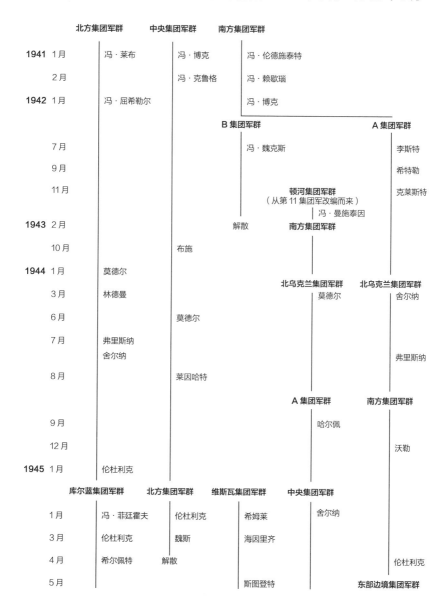

※资料来源：Lieutenant−Colonel Albert Seaton: *The Russo−German War,1941−1945*, London: Arthur Barker, 1970, Appendix B. 表格形式有所调整。

1月10日，德国与苏联签署了一份新条约，体现出去年十一月他们同莫洛托夫在边界和经济问题上的会谈成果。这让苏德关系从表面上看依然融洽，可希特勒私下里把斯大林称为"冷酷无情的敲诈者"。同时，从罗马尼亚和保加利亚传来一些苏联人在那里活动的报告，这也令人不安。

1月19日，墨索里尼赶来拜访希特勒，此次会晤期间，元首谈到他与苏联人之间的麻烦。他没有透露自己的进攻方案，但着重提到由于德国军队集结在罗马尼亚，他已收到苏联方面的强烈抗议。希特勒下一段话包含了他的一个重要观点："过去，俄国根本没有任何危险，因为她对我们不构成丝毫威胁；可现在是空中力量时代，从俄国和地中海发起的空袭，会把罗马尼亚油田变为一片浓烟滚滚的废墟，而轴心国的生存依赖于这些油田。"这也是他对德国将领提出的论点，而那些将领认为，即便苏联人企图发动入侵，这种风险也可以通过加强边界线后方的德军防御力量来消除，用不着攻入苏联。

2月3日，希特勒在贝希特斯加登召开军事会议，批准了"巴巴罗萨"方案的最终定稿，还向军方首脑阐述了这份方案的要点。凯特尔估计敌人部署在苏联西部地区的兵力大约是100个步兵师、25个骑兵师、相当于30个机械化师的坦克力量。这种估计很接近实际情况，因为德军发动入侵时，苏联西部地区的红军可用兵力是88个步兵师、7个骑兵师、54个坦克和摩托化师。凯特尔随后指出，德军兵力没这么多，"但质量好得多"。实际上，德国遂行入侵的军队编有116个步兵师（包括14个摩托化师）、1个骑兵师、19个装甲师，另外还有9个负责保护交通线的师。凯特尔并不打算以这种兵力对比消除与会将领的不安，因为它表明德军在这场即将发动的大规模入侵中不占任何数量优势，就连装甲力量这种决定性因素也明显处于劣势。方案策划者显然把所有希望寄托于质量优势。

凯特尔继续说道："俄国人的作战意图不明。他们没有在边界线上部署强大的军力。一切后撤只能在较小范围内进行，出于补给原因，波罗的海诸国和乌克兰对俄国人至关重要。"当时看来这种判断合情合理，可事实证明这是个过于乐观的假设。

入侵军力分成三个集团军群，会上概述了他们的作战任务。莱布指挥北方集团军群从东普鲁士出击，取道波罗的海诸国攻往列宁格勒。博克率领中央集团军群从华沙地区发动进攻，沿通往莫斯科的公路攻向明斯克和斯摩棱斯克。伦德施泰特指挥南方集团军群，从普里皮亚季沼泽以南地区展开行动，战线一直延伸到罗马尼亚，目标是第聂伯河和基辅。中央集团军群遂行主要突击，因而获得的兵力最多。北方集团军群得到的兵力与敌人大致相当，而南方集团军群处于兵力劣势。

凯特尔在报告中指出，匈牙利的态度依然可疑，他强调，出于保密原因，只能在最后时刻与那些有可能同德国合作的国家进行磋商。但这项规定不适用于罗马尼亚，因为该国的合作太过重要。（希特勒不久前再次会晤安东内斯库，请他允许德国军队取道罗马尼亚，赶去支援位于希腊的意大利军队，但安东内斯库犹豫不决，认为此举可能会招致苏联入侵罗马尼亚。第三次会晤期间，希特勒向他承诺，不仅要归还比萨拉比亚和北布科维纳，还要让罗马尼亚获得"直到第聂伯河"的苏联南方领土，以此作为该国支持侵苏战争的回报。）

凯特尔补充道，由于德军炮兵主力已调离，直布罗陀的作战行动已不复可能。虽说"海狮"行动也已搁置，但"应当采取一切措施，给我方部队留下这样一种印象，入侵英国的行动正在进一步准备中"。为散布这种假象，英吉利海峡沿岸和挪威境内某些地区应当突然封闭，而军队向东集结必须说成为登陆英国而实施的一种欺骗措施。

与军事方案相结合的是个叫作"奥尔登堡"方案的大规模经济计划，目的是压榨他们征服的苏联领土。德国人为此成立了一个经济部门，完全独立于总参谋部。该部门研究了相关问题，5月2日呈交一份报告，开头处写道："战争第三年，所有德国军队必须依靠俄国土地自给自足，只有实现这一点，战争才能继续下去。如果我们从俄国拿走我们需要的东西，数百万俄国人无疑会被饿死。"这到底是一份冷酷的科学声明，还是对过度的目标和需求发出的警告，这一点不得而知。报告继续指出："最重要的是攫夺、运走油籽和油饼，谷物是次要的。"国防军统帅部（OKW）国防经济局负责人托马斯将军早些时候提交的一份报告指出，要是能解决运输问题的话，征服苏联整个欧洲地区也许能缓解德国的粮食问题，但无法解决德国经济问题的其他重要部分——"印度橡胶、钨、铜、铂、锡、石棉、马尼拉麻的供应问题仍无法解决，除非能确保与远东之间的交通线。"这些警告没有让希特勒望而却步，但报告中的另一个结论，"高加索的石油供应，对利用被占领地区是必不可少的"，对希特勒产生了非常重要的影响，促使他一路前进到失去重心的程度。

初期发生的烦心事严重妨碍了"巴巴罗萨"方案，给这份方案的实施造成影响深远的延误。这是因为获得英国支持的希腊和南斯拉夫，在外交方面断然拒绝德国的要求，给希特勒造成了心理影响。

发动侵苏战争前，希特勒希望确保自己的右肩免遭英国干涉。他打算控制巴尔干地区，但不想付诸激烈的战斗，而是寄希望于武力外交。他觉得德国在西方赢得胜利后，应该比以往任何时候更容易取得成功。苏联入侵比萨拉比亚，为他顺利进入罗马尼亚排除了障碍，果然，罗马尼亚投入他的怀抱。事实证明，下一步也很容易。3月1日，保加利亚政府吞下他的诱饵，同意缔结一份条约，允许德国军队穿越该国领土，沿希腊边界占据阵地。苏联政府发表广播声明，反对这种违反中立的行为，但没有采取任何更强硬的措施，这让希特勒更加确定，苏联没有做好战争准备。

希腊政府对希特勒的外交进逼反应迟缓，遭受意大利入侵后，希腊做出这种反应也很自然，但希腊政府没有屈从于希特勒的威胁。他们成功击退墨索里尼的入侵，激发、振奋了希腊人民的斗志。当年二月，他们接受了英国军队的支援，德国人开入保加利亚没过几天，英军开始登陆希腊。

这种挑战促使希特勒一个月后入侵希腊。此举毫无必要地偏离了他的主要路线。因为英国支持希腊的军力少得可怜，除了对他的右肩造成些许刺激外，做不了其他事，而希腊军队正全力对付意大利人，同样不足为患。

南斯拉夫发生的事情，加剧了希特勒侵苏方案受到的不利影响。他对南斯拉夫采取的措施，起初进展顺利。德国施加压力后，南斯拉夫政府同意以不承担军事义务这样的折中方案加入轴心国，但附带的秘密条件是，德国军队可以使用通往希腊边界的贝尔格莱德—尼什铁路线。南斯拉夫代表3月25日签署了这份条约。两天后，南斯拉夫空军司令西莫维奇将军和一群年轻军官在贝尔格莱德发动军事政变。他们控制了广播电台和电话局，推翻了现任政府，建立起西莫维奇领导的新政府，随后拒绝了德国的要求。英国特工协助促成了这场政变，政变取得成功的消息传到伦敦，丘吉尔发表讲话："我要告诉你们和全国人民一个重大消息。今天清晨，南斯拉夫改邪归正了。"他继续宣布，南斯拉夫新政府会从英国获得"一切可能的援助和救济"。

这场政变彻底改变了巴尔干局势。希特勒无法容忍这种冒犯，丘吉尔的兴高采烈激怒了他。希特勒立即决定入侵南斯拉夫和希腊。必要的准备工作进展神速，因此，十天后的4月6日，德军发动进攻。

巴尔干人贸然发起挑战的直接后果很悲惨。德军没用一周就占领了南斯拉夫，他们发动入侵时实施的空袭彻底摧毁了首都贝尔格莱德。希腊三周多时间就告沦陷，英军几乎没有从事战斗，经过一场漫长的后撤，惊慌失措地逃上疏散他们的船只。战役每个阶段，他们都遭到德军迂回。丘吉尔和他那些支持者的判断注定导致这种结果，他们宣称军事干预完全有可能取得成功，不仅没有考虑到英国会丧失信用，还全然无视南斯拉夫和希腊人民可能遭受的深重苦难。两国人民的失望之情造成持久的影响。另外，丘吉尔这种倡议的最终结果是，南斯拉夫复国，可这个国家敌对他所代表的一切，这不能不说是历史上的一个讽刺①。

但这段插曲的间接后果非常重要，希特勒的判断反映出这一点。即便以数量乘以质量来衡量，他的优势也很有限，因此，他无法在从事南斯拉夫和希腊战局的同时发动侵苏战争。尤为不利的是，与苏联人相比，他的坦克数量处于劣势。投入装甲师对迅速征服巴尔干地区至关重要，现在，他必须等待这些装甲师悉数归建，然后才能发动侵苏战争。因此，"巴巴罗萨"行动4月1日延期，从五月中旬推迟到六月下旬。

---

① 译注：这里指的是铁托1945年建立的南斯拉夫联邦人民共和国。

希特勒迅速征服这两个国家，完全来得及赶上入侵苏联的新日期，这确实是一项了不起的军事成就。的确，他那些将领认为，如果英国人成功守住希腊，"巴巴罗萨"行动就不可能实施。结果，德国人只耽误了五周。但希特勒最终丧失了击败苏联的机会，原因之一就是这场延误，当然还有其他因素，例如南斯拉夫那场政变、八月份的意外耽搁（希特勒犹豫不决所致），以及当年早早到来的冬季。

到 5 月 1 日，除了遭切断的部队和被俘者，英军已从希腊南部海滩登船撤离。同一天，希特勒确定了"巴巴罗萨"行动的发起日期。他的指令总结了双方的力量对比，随后补充道：

> 对作战过程的估计——边界线可能会发生激烈交战，持续四周。后续发展期间，估计对方的抵抗会减弱。俄国人会在指定地点战斗到最后一息。

6 月 6 日，凯特尔下发了这场入侵的详细时间表。除了列出参加入侵行动的军力，这道指令还表明 46 个步兵师留在西部面对英国，但只配备 1 个摩托化师和 1 个装甲旅。占领法属北非的"阿提拉"行动和应对英军开入葡萄牙这种可能性的"伊莎贝拉"行动，"仍有可能在接到命令的十天内执行，但不会同时实施"。"第 2 航空队已撤出作战行动并调往东部，第 3 航空队接手指挥对英国实施的空战。"

这些指令还暗示，为确保芬兰军队在侵苏行动中提供配合，德国与芬兰总参谋部的谈判已于 5 月 25 日开始。已确定提供帮助的罗马尼亚人，会在 6 月 15 日获知侵苏行动的最终安排。德国会在 6 月 16 日暗示匈牙利人加强他们的边界防御。次日，德国东部所有学校停课。德国商船必须在不引起注意的情况下驶离苏联，准备驶往苏联的船只一律停航。从 6 月 18 日起，"就不再需要伪装进攻意图"。届时，苏方采取任何大规模加强措施都已为时过晚。取消进攻的最迟时间是 6 月 21 日 13 点，发生这种意外情况的代号是"阿尔托那"，而按计划发动进攻的代号是"多特蒙德"。德国军队跨过苏德边界线的时间定于 6 月 22 日 3 点 30 分。

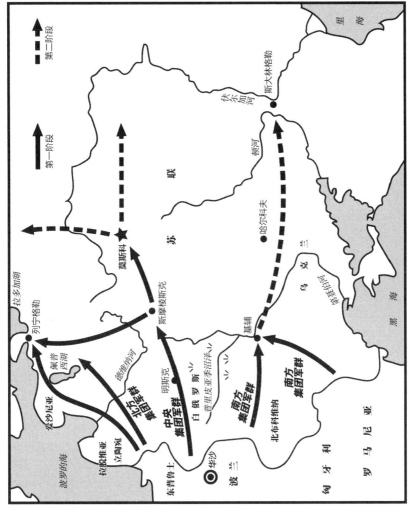

"巴巴罗萨"方案（ZVEN 制）

　　尽管德国人采取了各种防范措施，可英国情报部门很早就掌握了关于希特勒意图的出色情报，还把具体内容告知苏联人。甚至在德方最终确定发动入侵前一周，这些情报就准确地预测到入侵的确切日期。可苏联人对英国一再发出的警告持怀疑态度，反而继续信赖苏德条约，这让英国人恼怒而又困惑不解。他们觉得苏联人抱有一种不信任感（希特勒入侵苏联的消息传来后，丘吉尔发表的广播讲话反映出这种感觉），获知红军遭遇初期灾难后，英国人把这种情况部分归因于对方猝不及防。

　　研究苏联报纸和广播，就会发现英国人这种印象是站不住脚的。从四月份起，这些报纸和广播就反映了苏联采取防范措施的重要迹象，还表示他们注意到德国军队的调动。同时，他们着重谈到德国严格遵守《苏德互不侵犯条约》，谴责英国和美国企图在苏联与德国之间制造不和，特别是通过散布德国准备入侵苏联的谣言这种手段。6 月 13 日，以斯大林特有的语气发表的这种性质的广播指出："德军部队调入德国东部和东北部，必须假定其动机与苏联无关。"这句话很可能鼓舞了希特勒，让他觉得自己的欺骗计划成功地给对方留下自己希望他们产生的印象。广播中还回应了外国记者关于苏联召集预备役人员的报道，对此的解释是，此举不过是常规夏季演习前的训练而已。6 月 20 日，莫斯科广播电台生动地播报了普里皮亚季沼泽附近进行的军事演习，举行这场演习可能是为了安抚国内民众。广播里还宣布，条件许可的话，6 月 22 日（周日）会检验莫斯科的民防工作。尽管如此，国外关于德国即将入侵苏联的报道再次被斥为"敌对苏联的势力的恶意捏造"。

　　德国方面完全知道英国人为警告苏联而付出的努力。实际上，德国派驻莫斯科的海军武官 4 月 24 日就报告："英国大使预言 6 月 22 日是苏德战争爆发日。"但这没有让希特勒更改进攻日期。他也许认为苏联人不会理会英国的一切警告，或是觉得实际日期无关紧要。

　　很难估计希特勒在多大程度上认为苏联没有对他的进攻做好准备，因为他经常对身边人隐瞒自己的想法。自当年春季起，派驻莫斯科的德国观察员发回的报告就告诉他，苏联政府非常消极，而且急于安抚他，只要斯大林活着，就不会有苏联进攻德国的危险。直到 6 月 7 日，德国驻莫斯科大使还报告："所有观察都表明，负责苏联外交政策的斯大林和莫洛托夫，正尽一切努力避免与德国发生冲突。"证实这一点的似乎不仅仅是苏联人根据贸易协定继续交付物资的方式，还包括他们取消了对南斯拉夫、比利时、挪威的外交承认。

另一方面，希特勒经常宣称派驻莫斯科的德国外交官是世界上最拙劣的情报人员。他还给他那些将领提供了性质截然相反的报告——苏联人正准备发动进攻，必须先发制人。希特勒本人并不相信这些报告，他可能是故意欺骗他们，因为他仍与这些将领意见不一致，这些人继续提出反对入侵苏联的观点。希特勒后来意识到，苏联人没有像他希望的那样毫无准备，沮丧之余，他又认为对方的意图与自己的想法类似。德国军队跨过边界线后，这些将领几乎没有发现红军在边境附近从事进攻准备的任何迹象，这才知道希特勒误导了他们。

第十三章

入侵苏联

苏联的问题不在于战略和战术方面，更多地取决于空间、后勤、机械化力量。某些战役决策虽然也很重要，但比不上机械化力量不足和作战空间过大造成的影响，这种影响必须根据相关因素加以衡量。看看苏联地图就很容易了解空间因素，但机械化力量这个因素需要详细说明。要想了解当时发生的事情，对机械化力量加以初步分析至关重要。

希特勒以往发动的一场场入侵，一切都取决于机械化力量，尽管这股力量只占德军总兵力的一小部分。德国和仆从国投入的作战师中，装甲师仅占十分之一，有 19 个。其他类型的师数量众多，可其中只有 14 个实现了摩托化，因而能跟上装甲先遣力量。

德国陆军 1940 年只有 10 个装甲师，1941 年增加到 21 个，但装甲力量表面上增加一倍的印象完全是错觉。这种"翻倍"主要是通过削减每个装甲师的实力实现的。西方战局期间，每个装甲师的核心是编有两个团的一个装甲旅，每个装甲团有 160 辆坦克。入侵苏联前，每个装甲师抽离一个装甲团，新装甲师就以这些装甲团为核心组建而成。

资深坦克专家反对这种做法，他们指出，此举的实际作用是给所谓的装甲力量增加了指挥部人员和非装甲辅助部队的数量，而装甲部队的规模没有发生变化，这削弱了每个装甲师的冲击力。1.7 万人的装甲师，只有 2600 名坦克兵。但希特勒固执己见。面对苏联的广袤空间，他希望自己拥有大量装甲师以实施纵深突击，认为红军的技术劣势能弥补己方装甲师坦克实力的削减。他还强调这样一个事实，由于新型三号和四号坦克的产量增加，每个装甲师配备的中型坦克多达三分之二，这些坦克配有口径更大的主炮和厚度加倍的装甲板，而西方战局期间，各装甲师配备的坦克，三分之二是轻型坦克。因此，尽管坦克数量减半，可装甲师的冲击力反而加强了。就目前的情况而言，希特勒的观点不无道理。

但坦克数量的减少突出了德国装甲师一个根本性缺陷——这些装甲师辖内的大多数部队是非装甲的，而且缺乏越野机动性。坦克在战争中取得的最大进步（甚至比使用装甲更重要）是具备了离开道路活动的能力，因而不必依赖铺面道路平整、坚硬的路面。轮式车辆只是加快了行军速度，以一种更灵活的方式重现铁路的效果，而坦克却给机动带来革命性变化。坦克配有履带，不需要沿铺面道路构成的固定路线行进，这样就以二维运动取代了一维运动。

英国当初倡导机械化战争的那些人，早就意识到这种潜力的重要性。第一次世界大战结束时，他们提出的装甲力量模式是，所有车辆，甚至包括运送补给物资的车辆，都是配备履带的越野车型。就连德国陆军也没能实现他们这种愿景，尽管德军对此的应用远远超过任何一支军队。

1941 年改编后的德国装甲师，履带式车辆总共不超过 300 部，而轮式车辆几乎达到 3000 辆，绝大多数只能在道路上行进。西方战局期间，轮式车辆过多不是什么大问题，因为拙劣的防御部署导致一场影响深远的崩溃，进攻方利用良好的铺面道路网扩大战果。但东方缺乏良好的道路，从长远看，这是个深具决定性的阻碍。实际上，德国人比他们作为取胜之道而采用的理论落后二十年，因而在苏联遭到惩罚。

他们的作战行动之所以取得成功，是因为对手的装备更加落后。虽然红军在坦克方面占有很大的数量优势，但他们的机动车辆总数很有限，就连坦克部队也无法彻底实现汽车运输。事实证明，这是实施机动、抗击德军装甲力量突击的关键障碍。

德国对苏联的初期入侵（ZVEN 制）

投入"巴巴罗萨"行动的德军装甲力量共计 3550 辆坦克，只比入侵西欧期间多 800 辆。而苏联人八月份宣称，他们已击毁 8000 辆敌坦克。据斯大林 1941 年 7 月 30 日发给罗斯福的电报称，红军有 2.4 万辆坦克，半数以上部署在苏联西部地区。

1941 年 6 月 22 日（周日）清晨，德军兵分三路，涌过波罗的海与喀尔巴阡山之间的边界线。

左翼，莱布率领北方集团军群跨过东普鲁士边界，攻入苏联占领的立陶宛。中央偏左侧，华沙以东，博克指挥中央集团军群，对波兰北部红军防线形成的突出部两翼发起一场大规模进攻。中央偏右侧是一片 60 英里的平静地区，德国军队在这里被普里皮亚季沼泽西端隔开。右翼，伦德施泰特指挥南方集团军群攻往利沃夫突出部北侧，这个突出部是在喀尔巴阡山附近加利西亚的红军防线上形成的。

博克右翼与伦德施泰特左翼之间的缺口是故意留下的，目的是集中力量，加快进军速度。因此，德军入侵第一阶段的前进速度显著提高。但是，由于普里皮亚季沼泽这片地区没有遭受打击，苏联人得到一片掩蔽区，他们可以借此为掩护，把预备力量集结于此，后期阶段从这里向南发起一系列侧翼反突击，遏止伦德施泰特攻往基辅。可如果博克从普里皮亚季沼泽北面发起进攻，成功实现把红军包围在明斯克周围这个目标的话，那么，红军的侧翼反突击也就不值一提了。

德军将这场进攻的重点置于中央偏左侧。受领这项任务的是博克，西方战局期间，主要突击原本由他负责实施，后来转交给伦德施泰特集团军群。为执行这项具有决定性的任务，博克获得大部分装甲力量，其他集团军群只编有一个装甲集群，博克却掌握两个装甲集群，分别由古德里安和霍特指挥。博克集团军群还编有第 4、第 9 集团军，每个集团军辖 3 个步兵军。

每个装甲集群（后改为装甲集团军）辖 4 ~ 5 个装甲师和 3 个摩托化师。

虽然德军高层一致同意，问题的解决取决于这些装甲集群，可他们在使用这些装甲集群的最佳方式上产生分歧。这场"理论之战"具有深远的意义。一些高级将领希望以一场传统合围模式的决定性会战歼灭红军，他们认为跨过边界线后就应当尽快实施这种会战。制订方案时，他们遵循了克劳塞维茨提出、毛奇建立、施利芬发展的正统战略理论。他们之所以强烈支持这种理论，是因为担心击败红军主力前深入苏联腹地过于冒险。为确保这种方案取得成功，他们主张装甲集群必须在会战中与步兵军相配合，作为钳形力量从两翼向内转动，迂回敌军后方以封闭合围圈。

以古德里安为首的坦克专家持不同看法。他们主张装甲集群应尽快楔入深远后方，也就是采用法国战局期间的方式，事实证明这种做法深具决定性。古德里安指出，他和霍特的装甲集群应当不失时机地朝莫斯科方向发展他们取得的突破，至少要到达第聂伯河，然后再朝内翼旋转。他们越早到达那一线，红军就越有可能像当初的法军那样发生崩溃，而第聂伯河像1940年的英吉利海峡那样成为一块铁砧的机会也越大。古德里安认为，两个装甲集群推进期间，在他们之间陷入包围的红军应该留给步兵军解决，装甲集群疾进时仅以小股力量朝内翼旋转，协助封闭包围圈就可以了。

这场论战以正统战略理论获胜而告终，这是希特勒的决定。他虽然很大胆，但还是不敢孤注一掷，把命运寄托于先前采用过的奇思妙想。事实证明，他对保守主义的妥协，造成的后果比1940年更加不利。坦克专家虽然获得比1940年更高的地位，但没有得到以他们认为最佳的方式实现其理念的机会。给希特勒的决定造成影响的，不仅仅是他对那些坦克专家的主张产生的怀疑，还有他生动的想象力——他脑中充斥着把红军主力包围在一个庞大合围圈内的愿景。

这种愿景成了一团鬼火，诱使他越来越深地进入苏联腹地。前两次合围尝试未果，第三场合围捕获了更多俘虏，却让他渡过了第聂伯河。第四场合围困住50多万红军将士，可随之而来的冬季天气导致德国人没能充分利用战线上敞开的缺口。每个阶段的会战，德国人都在打开、封闭铁钳的过程中消耗了时间，结果，他们力图完成战术目标时忽略了战略目标。

古德里安的主张能否取得更大战果，这是个未知数。但即便在当时，德军总参谋部一些最富才干的军官，虽说不属于坦克学派，还是支持古德里安的观点，而他们事后更加明确地赞同古德里安当初的主张。他们承认为这样一场纵深推进提供增援和补给有很多困难，可他们觉得这些困难是可以克服的：一方面充分利用空运，另一方面抽离装甲部队的辎重单位，仅以他们的战斗部队向前疾进，集中力量维持这股突击势头，而装甲部队附属的摩托化队列尾随其后即可。但这种谢尔曼风格的轻装前行完全不符合欧洲战争的惯例，因而在目前这个阶段无法获得普遍支持。

　　这场论战的结果是，德军最终决定遵循正统战略理论，由此制定的方案是在到达第聂伯河前形成个庞大的合围圈，确保歼灭红军主力。为加大实现该方案的可能性，博克集团军群计划以第4、第9集团军辖内步兵军实施一场距离较短的合围机动，两个装甲集群在外围遂行一场远距离机动，也就是说，他们必须比步兵军推进得更加深远，然后再朝内翼转动。这种内外两个包围圈的模式，虽说远远不够，但还是在一定程度上符合古德里安、博克、霍特的主张。

　　这场推进的轴线是通往明斯克和莫斯科的路况良好的道路。这条公路穿过克鲁格第4集团军作战地域，古德里安装甲集群隶属该集团军。布列斯特－立托夫斯克要塞阻挡住公路入口，布格河为这座要塞提供了掩护。因此，德军的首要任务是在河对岸占领一座登陆场，肃清布列斯特－立托夫斯克要塞，尔后才能利用路况良好的公路获得突击势头。

　　权衡相关问题时产生了一个疑问：各装甲师应该先等待步兵师打开缺口，还是在突破期间勉励协同，在步兵师旁边快速前进？为节省时间，他们决定采用第二种方案。步兵师夺取要塞时，几个装甲师从两侧绕过他们。强渡布格河后，这些装甲师绕开布列斯特－立托夫斯克要塞，朝要塞后方的公路汇聚。另一个加快速度的措施是，所有参加突破行动的部队暂时由古德里安统一指挥，达成突破后，装甲集群就像离膛的炮弹那样，独自向前疾进。

　　由于德军进攻正面宽大，再加上他们采用迂回战术，以及这场进攻具有突然性，博克麾下军队在许多地段取得纵深突破。次日，博克集团军群右翼的装甲部队到达布列斯特－立托夫斯克前方40英里的科布林，而他的左翼力量攻占了格罗德诺要塞和铁路枢纽。红军在波兰北部据守的比亚韦斯托克突出部，形状明显发生变化，德军正插入突出部腰部。接下来几天，这个突出部遭切断的危险日趋加剧，因为德军两翼朝巴拉诺维奇汇聚，构成切断前进地区所有红军部队的威胁。红军数量庞大的坦克部队战斗效率低下，间接地为德军这场机动迅速取得进展帮了大忙。

　　但红军极为顽强的抵抗也给德军的进展造成妨碍。德国人的机动性往往优于对手，可无法打败他们。陷入包围的红军部队最终被迫投降，可投降前总是实施长时间抵抗，他们对已然无望的战略态势做出的反应顽固而又迟缓，严重延误了进攻方的行动。在一个交通落后的国家，这一点尤为重要。

德军进攻布列斯特－立托夫斯克要塞时，这种影响首次出现。尽管德国人使用火炮和战机实施了猛烈炮击和轰炸，可要塞守军还是坚守了一个星期，在最终被打垮前让德军突击部队付出了沉重的代价。这种初期经历在许多地方一次次重复，德国人此前从来没有遇到过这种情况。另外，他们在一个个道路枢纽部遭遇的激烈抵抗，拖缓了他们的迂回机动，因为红军堵住了他们必须依靠道路行进的补给单位的前进路线。

入侵途中，这个国家的特点加深了德军官兵的沮丧感。一名德军将领恰如其分地表述了这种感受：

这片空间似乎无穷无尽，一望无垠。森林、沼泽、平原，单调的景观无边无际，这让我们沮丧不已。良好的道路少之又少，路况恶劣的小径倒是很多，雨水很快会把沙路或土路变成一片泥沼。一个个村庄看上去凄惨而又悲凉，村里都是些茅草覆顶的木屋。自然条件很艰苦，活在这种环境下的人辛苦而又麻木，他们对天气、饥饿、干渴无动于衷，对生生死死、瘟疫、饥荒几乎有些漠不关心。俄国百姓很坚强，俄国军人更坚强，他们好像有一种无限的顺从和忍耐力。

德军第一场合围尝试，在出发战线前方 100 英里的斯洛尼姆周围达到顶点，德军步兵力量形成的内钳，几乎把集结在比亚韦斯托克突出部内的两个苏联集团军紧紧困住。但德国人封闭合围圈的速度不够快，致使半数陷入重围的红军力量分成一个个缺乏协同的小股群体逃离包围圈。德国第 4、第 9 集团军辖内大多数部队没有实现机械化，这就给他们完成合围造成了妨碍。

位于两翼的德军装甲主力向前推进 100 多英里，跨过 1939 年的苏联边界线，在明斯克前方朝内翼转动。6 月 30 日，也就是入侵第九天，德军攻占明斯克。当晚，一支向前疾进的古德里安先遣部队到达明斯克东南方 90 英里、博布鲁伊斯克附近具有历史意义的别列津纳河，距离第聂伯河不到 40 英里。但他们封闭包围圈的努力失败了，由于他们没能封闭外围这个大合围圈，希特勒迅速赢得决定性胜利的梦想就此破灭。突如其来的大雨（法国人去年夏季曾为这种降雨徒劳地祈祷过）挽救了备受重压的苏联人。降雨导致沙质路面沦为一片泥沼。

与法国相比，苏联境内的障碍更难克服，不仅限制了越过田野的战术机动，还妨碍到沿道路实施的战略运动。整个地区唯一一条路况良好的柏油路，是穿过明斯克通往莫斯科的新公路，但这条公路对希特勒的作战方案作用有限——他考虑的不是直扑莫斯科，而是实施一场大范围合围机动，因而不得不使用两侧的软面道路。七月初的暴风雨过后，这些"流沙"吞噬了入侵者的机动性，还加强了德军既占地区内，红军部队在一个个孤立包围圈里实施的顽强抵抗。虽说德军在比亚韦斯托克和明斯克附近的两场合围中捕获30多万名俘虏，可包围圈封闭前逃脱的红军将士人数与之相当。红军下一道防线设在第聂伯河前方和后方，这些逃脱的红军官兵对加强这道防线至关重要。

值此关键阶段，苏联的自然环境也造成越来越严重的妨碍。明斯克东南方是一片广阔的森林和沼泽，而别列津纳河不是一条明确的河流线，在这里，许多支流蜿蜒穿过一片黑色的泥炭沼泽。德国人发现只有两条道路上设有承重能力较强的桥梁，一条是穿过奥尔沙的主要公路，另一条则通往莫吉廖夫。其他道路上只有些摇摇欲坠的木桥。虽说德军的推进速度很快，可他们发现红军炸毁了最重要的桥梁。他们还首次遇到雷区，结果出现更多延误，因为他们目前的推进完全依靠道路。别列津纳河给希特勒这场进军造成的妨碍，几乎与当年给拿破仑大军后撤造成的破坏同样严重。

这些因素加剧了德国人在第聂伯河以西地区封闭合围圈的困难。

这场大规模合围没能实现，迫使德军司令部命令部队继续前进，渡过第聂伯河，这是他们起初希望避免的情况。他们已深入苏联境内300多英里。为遂行新的合围，德军铁钳再次张开，目标是在斯摩棱斯克前方的红军第聂伯河防线后方封闭合围圈。但七月份头两天，德国人忙着封闭明斯克包围圈，同时前调第4、第9集团军辖内步兵军。为赶去协助突破斯大林防线，这些步兵兵团每天跋涉20英里，一连行进了两个半星期。

事实证明，这场突击比德军司令部预想得容易些，因为后撤中的红军没时间重组部队实施适当的抵抗，也来不及改善远没有完工的防御工事。第聂伯河本身就是最大的障碍，但古德里安麾下各装甲师克服了这个困难，他们在远离主要渡口的许多河段迅速实施突袭。到 7 月 12 日，德国人已在罗加乔夫与维捷布斯克之间的宽大战线上突破斯大林防线，正迅速攻往斯摩棱斯克。这场轻而易举的突破表明，倘若一开始就像古德里安主张的那样，批准一股装甲力量全速挺进，战果可能会大于所冒的风险。

突如其来的降雨加剧了地形复杂造成的困难，对德军的影响甚至超过红军组织混乱的抵抗。这些情况下，德国人为停顿不前、损失时间付出了沉重的代价。每次大雨都暂时导致入侵者的机动陷入停滞。从空中望去，这是一幅奇特的景观——止步不前的装甲车辆排成长长的队列，延伸出去一百英里或更远。

坦克也许能继续前进，可坦克和其他履带式车辆仅仅是装甲师全部车辆中的一小部分。他们的补给单位和庞大的步兵部队搭乘重型轮式车辆，这些车辆无法离开道路行驶，如果路面沦为泥沼，它们也无法在这种道路上行进。太阳出来后，沙质道路很快就干了，队伍继续前进，但一次次延误给实现战略计划造成了严重妨碍。

不过，这种延误从表面上看并不明显，因为古德里安装甲集群沿通往斯摩棱斯克的主要公路行进，速度相对较快，7 月 16 日，他们攻入斯摩棱斯克。没用一个星期，他们就完成了第聂伯河与杰斯纳河之间的 100 多英里行程。但北翼的霍特装甲集群，行军进度因为沼泽地和暴雨受到延误。他们缓慢的进展当然影响到希特勒合围计划的执行，也让苏联人获得时间，把部队集结在斯摩棱斯克周围。这场合围的最后阶段，德军两翼遭遇激烈抗击。红军的抵抗确实非常顽强，导致德军封闭合围圈的两股铁钳仅相距 10 英里却无法会合。德国人估计 50 万红军官兵陷入包围，虽说很大一部分红军部队突围而出，但到 8 月 5 日，还是有 30 万红军将士被俘。

这场不完整的胜利给德国人留下个悬而未决的问题。这意味着通往前方 200 英里处的莫斯科的前进路线上，仍有大股红军部队阻挡他们，对方还不断获得新动员的预备力量的加强。同时，德军发动新攻势的能力却遭到削弱，这是因为路况恶劣，他们难以前调援兵。

这就意味着一场不可避免的延误，可眼下发生的这场延误，耽搁的时间实在太长。博克麾下几个集团军在杰斯纳河止步不前，就这样白白浪费了夏季最好的两个月。原因归结于希特勒举棋不定，以及普里皮亚季沼泽南面的伦德施泰特集团军群进展缓慢。

南方战线上，德国人起初并不占有兵力优势。实际上，他们面对的红军，从纸面上看相当强大。布琼尼元帅统率的西南方面军辖30个坦克和摩托化师、5个骑兵师、45个步兵师，部署在波兰南部和乌克兰。这股军力中的6个坦克和摩托化师、3个骑兵师、13个步兵师驻扎在比萨拉比亚，面对罗马尼亚人。该方面军的坦克力量是面对德军主要突击的铁木辛哥西方面军的两倍。总之，布琼尼有5000辆各种型号的坦克，而担任伦德施泰特装甲铁拳的克莱斯特装甲集群只有600辆战车。另外，克莱斯特麾下许多装甲师参加了巴尔干战局，投入更加庞大的侵苏战局前几乎没时间大修他们的坦克。

伦德施泰特不得不依靠突然性、速度、空间，以及对方的指挥官。布琼尼是俄国内战期间著名的骑兵英雄，一名部下恰如其分地把他描述为"胡子很大，脑子很小的人"。一些最优秀的红军指挥员死于战前的大清洗，幸免于难者政治上很可靠，可在军事上往往就不那么可靠了。只有等这些太过可靠的老前辈在战争的考验中遭淘汰，年轻一代的精英才有出头之机。

伦德施泰特的主要突击集于沿布格河展开的左翼。作战计划充分利用了他有限的兵力，还得益于这样一个事实：他的出发线恰好位于在加利西亚苏占区形成的利沃夫突出部侧面。因此，这场进攻是从一根天然"楔子"处发起的，只要向前推进一小段距离，就能构成切断喀尔巴阡山附近所有红军部队交通线的威胁。赖歇瑙第6集团军强渡布格河后，克莱斯特装甲集群穿过突破口，攻往卢茨克和布罗德。

突然性不仅帮助伦德施泰特取得初步突破，还消除了红军采取反击措施的潜在危险。伦德施泰特知道红军以25个师面对匈牙利的喀尔巴阡山边界线，因而估计这股敌军可能会调转方向，趁他攻往卢茨克之际打击他的右翼。没想到，这股红军撤走了。（红军的这种应对，再加上德国人在红军前进地域发现他们缺乏准备，让伦德施泰特和其他德军将领怀疑，希特勒声称苏联人即将发动进攻的说法没有合理性。)

　　尽管开局很顺利，可伦德施泰特的军队没能取得博克集团军群在中央偏左侧那样的快速进展。古德里安一再强调逼迫红军疲于奔命、决不能让他们获得集结之机的重要性。他深信，只要不浪费时间，他就能到达莫斯科，这样一场朝斯大林政权神经中枢的推进，很可能导致苏联的抵抗陷入瘫痪。霍特和博克赞同他的观点。但希特勒 7 月 19 日为下一阶段战事下达的指令，恢复了他原先的构想。这道指令要求德军装甲力量离开博克中央集团军群的中央地区，开赴两翼——古德里安装甲集群必须转身向南，协助粉碎盘踞在乌克兰地区、抗击伦德施泰特的苏联军队，霍特装甲集群转身向北，协助莱布攻往列宁格勒。

　　布劳希奇又一次采用拖延策略，而不是立即敦促部下采取不同的方案。他认为，发起任何后续行动前，装甲部队必须获得休整，检修他们的战车，补充损失的兵员。希特勒同意这样一场休整很有必要。与此同时，德军高层就后续行动事宜争论不休，装甲部队恢复进攻后，他们的讨论仍没有结束。

　　这番争论白白耗费几周时间后，总参谋长哈尔德怂恿布劳希奇提出尽快攻往莫斯科的建议。希特勒 8 月 21 日颁布了一道更加明确的新指令，指令开头处称：

　　陆军 8 月 18 日提出关于东线作战如何继续的建议不符合我的意图。冬季到来前所要实现的最重要目标不是夺取莫斯科，而是占领克里木和顿涅茨的工业及煤炭区，并且切断俄国的高加索石油供应线。

　　因此，他下令肃清通往这些南方目标的道路，博克集团军群部分力量（包括古德里安装甲集群）必须转身向南，协助歼灭盘踞在基辅周围、抗击伦德施泰特的红军部队。

　　接到这些指令后，哈尔德劝说布劳希奇和他一同辞职。但布劳希奇指出，这种做法毫无用处，因为希特勒会直接拒绝接受他们的辞呈。至于他们的争辩，希特勒以他经常说的一句话来表明自己不予理会："我这些将领对战争的经济方面一窍不通。"希特勒做出的让步仅仅是，允许博克在基辅地区的红军被歼灭后恢复向莫斯科进军，为实现这个目标，古德里安装甲集群届时会重返博克集团军群。

基辅合围战是一场巨大的胜利，引发了乐观的预期。古德里安一路向下，穿过红军后方，而克莱斯特装甲集群向上攻击前进。两支铁钳在基辅以东 150 英里处会合，封闭了合围圈，据德方称，这个合围圈困住 60 万红军官兵。由于恶劣的路况和多雨的天气减缓了德军合围机动的速度，基辅会战直到九月下旬才结束。冬季即将到来的阴影遮掩了胜利的光辉，对侵略者造成一种历史性威胁。事实证明，夏季浪费的两个月对德军进抵莫斯科的前景至关重要。

9 月 30 日，德军重新发动进攻。博克麾下部队在维亚济马周围完成一场庞大的合围，又一次俘获 60 万红军官兵，德国人的前景看似一片光明。这场战役让他们立即获得一条通往莫斯科、几乎畅通无阻的道路。可维亚济马战役直到十月底才结束，德军将士疲惫不堪，随着天气恶化，整个地区沦为一片泥沼，红军新锐部队也出现在莫斯科前方。

大多数德军将领希望停止进攻，占据一道合适的冬季防线。他们记得拿破仑大军当年的遭遇，许多人开始重读科兰古对 1812 年战争的冷酷记述。但德军高层的看法不同，这次不能归咎于希特勒，日益加剧的困难和寒冷的环境给他留下了深刻印象，甚至让他情绪低落。11 月 9 日，希特勒郑重指出："如果双方都承认无法歼灭对方的军队，就会出现一场妥协的和平。"但博克主张德军必须继续进攻，布劳希奇和哈尔德支持他的意见。11 月 12 日召开的一场高级将领会议上，哈尔德声称，有充分的理由认为苏联的抵抗即将崩溃。

布劳希奇、哈尔德、博克当然不愿意停止前进，因为早些时候竭力劝说希特勒夺取莫斯科，不要追求南方目标的就是他们。就这样，德军 11 月 15 日恢复向莫斯科的进军，此时的天气情况暂时有所改善。但德国人在泥泞和积雪中苦苦挣扎两周后，不得不停在距离莫斯科仅 20 英里处。

就连博克也开始怀疑继续前进的价值，尽管他此前曾宣称："决定问题的是最后一个营。"可远离前线的布劳希奇仍要求不惜一切代价把这场进攻进行下去。希特勒因为目前取得的可怜战果暴跳如雷，疾病缠身的布劳希奇对此深感担忧。

12月2日，德军再度付出努力，一些支队渗透到莫斯科郊区，但整体推进还是被阻挡在莫斯科前方的森林中。

对策划并指挥一场大规模反攻的朱可夫来说，这就是个信号。这场反攻击退了筋疲力尽的德国人，迂回他们的侧翼，造成一种危急的态势。从将军到士兵，德国侵略者脑中充斥着拿破仑大军撤离莫斯科的可怕画面。值此关键时刻，希特勒果断禁止部队后撤（最短距离的局部后撤除外），这种情况下，他的做法无疑是正确的。希特勒的决定迫使德军官兵留在面对莫斯科的前进阵地上，遭受的痛苦难以言述，因为他们没有在苏联从事一场冬季战局所需的服装和装备，可一场全面后撤很可能沦为恐慌性溃败。

希特勒八月份决定停止向莫斯科进军，转而肃清一条攻入苏联南方的道路，这让他丧失了夺取苏联首都的机会。他的军队在苏联南方战果赫赫，却无法弥补没能攻占莫斯科的损失。赢得基辅合围战的胜利后，伦德施泰特占领了克里木和顿涅茨盆地，但古德里安装甲集群调离后，伦德施泰特攻入高加索油田的行动遭遇挫败。他的部队顺利夺得顿河畔的罗斯托夫，可已呈强弩之末，很快就被红军击退。他随后打算退守米乌斯河畔一道更好的防线，但希特勒禁止这种后撤。伦德施泰特回复称，他无法执行这种命令，要求解除自己的职务。希特勒立即派人替换了他。伦德施泰特离职后，德军防线很快就被红军突破，希特勒不得不批准后撤。十二月第一周的这些事情，与德军在莫斯科遭遇的挫败同时发生。

同一周，布劳希奇以体弱多病为由辞去职务，下一周，博克也这样做了。没过多久，由于希特勒拒不接受列宁格勒附近的北方战线的后撤建议，莱布辞职。就这样，四位高级指挥官都离开了。

希特勒没有委派布劳希奇的接任者，而是趁此机会亲自担任陆军总司令一职。圣诞节时，他解除了古德里安这位早期胜利创造者的职务，原因是古德里安未经批准擅自后撤疲惫不堪的部队。

这场入侵遭遇挫败的一个根本因素是，侵略者错误地估计了斯大林能够从苏联纵深腹地调集的预备力量。就这方面而言，德军总参谋部和情报机构犯下的错误并不亚于希特勒。哈尔德八月中旬的日记中，一句意味深长的话点明了这种致命错误："我们低估了俄国：我们估计他们有 200 个师，可我们现在已经识别出 360 个俄国师。"

这在很大程度上抵消了德军初期取得的辉煌成就。德国人没能肃清前进道路上的守军，现在不得不对付开抵战场的新锐红军兵团。苏联庞大的动员体系，在德国军队鞭长莫及处顺利运作，从 1941 年冬季起，德国人在苏联前线总是处于兵力劣势。德军凭借他们出色的技能和训练，最终以一连串庞大的合围成功歼灭了大批红军，可随后陷入秋季的泥泞。冬季霜冻让道路变硬后，他们再次发现红军新锐力量挡住去路，而他们自己已人困马乏，再也无力奔向目标了。

除了错误估计苏联的资源，最致命的因素是希特勒和他那些高级将领八月份反复商讨接下来该如何行事，浪费了整整一个月时间，德军最高统帅部的优柔寡断实在让人震惊。

他们的下属，特别是古德里安，非常清楚自己想做些什么——他打算直奔莫斯科，身后的步兵集团军负责肃清被他穿过后变得杂乱无章的红军部队。1940 年，他就以这种方式赢得了法国战局。此举的风险确实很大，但有可能抢在红军二线部队掩护莫斯科前攻占这座城市。而德国统帅部最终采取的做法却导致更大，甚至是致命的危险。

实际上，苏联之所以幸免于难，主要原因是这个国家持续的原始性。这种反思不仅仅适用于解释苏联军民的坚韧——他们忍受困苦、在各种物资short缺的情况下负重前行的能力，远远超过西方国家的军民。一个更大的有利条件是苏联各条道路的原始性，所谓的道路，大多不过是沙土小径。下雨时，这些道路沦为深不见底的泥沼。如果苏维埃政权在苏联修建的道路系统堪比西方国家，那么这个国家很可能和法国一样，早就被德国迅速打垮了。

但这个结论也有个相反的说法。希特勒失去胜利的机会，是因为他那支军队的机动性基于车轮而不是履带。苏联的泥泞道路上，坦克能够继续前进，轮式车辆却陷入其中。如果为装甲部队提供履带式运输车辆，那么，也许即便泥浆遍地，他们当年秋季仍有可能到达苏联的重要中心。

第十四章

隆美尔进入非洲

　　1941 年，非洲的战事进程经历了一连串惊人的变化，交替打破了交战双方的期望，但没能出现决定性结果。这是一场快速运动的战争，但又是一场跷跷板式的运动，上上下下持续不停。1941 年始于英军把意大利人逐出昔兰尼加，但埃尔温·隆美尔将军随后率领一股德军开抵战场，仅仅两个月后，英国人就被赶出昔兰尼加，只在图卜鲁格这座小港口保留了一个立足地。隆美尔一连两次冲击图卜鲁格都被击退，但英军随后救援图卜鲁格被围守军的两次尝试也遭遇挫败。英军为集结力量偃旗息鼓了五个月，当年十一月，他们付出更大的努力，从事了一场历时一个月的拉锯战，双方各有胜负。之后，筋疲力尽的德军残部再次被迫撤到昔兰尼加西部边界。尽管如此，隆美尔当年最后一周还是展开一场边界反攻，这预示着英军推进的另一次戏剧性逆转。

　　隆美尔 1941 年 3 月底的首次进攻，以及他对战果的全力扩大，造成了很大冲击，因为英方完全没有考虑过敌人提前发动进攻的可能性。韦维尔 3月 2 日给伦敦的三军参谋长发去一份态势研判报告，就德国军队开始抵达的黎波里一事发出警告后，他强调指出，对方需要把自身兵力加强到两个师或更多，才有可能发动一场猛烈进攻。他得出结论，这些困难导致德国人"不太可能在夏季结束前发动这样一场进攻"。相反，丘吉尔的电报表明，他担心德国人不会等待一场传统的集结完成，因而强烈主张采取进攻性应对措施，不过，他未免高估了英国军队的能力。3 月 26 日，丘吉尔致电韦维尔：

> 我们当然对德军迅速攻往阿盖拉深感关切。他们的习惯做法是，只要不遭遇抵抗就向前推进。我估计你正等待这只乌龟把头伸得长长的，然后把它砍断。依我看，让他们提早领教我军的战斗力至关重要。[1]

可英军技战术素质不够。虽说部署在前进地区、实力受损的英国第 2 装甲师仍编有 3 个装甲团，而隆美尔只有 2 个，英军在中型坦克的数量上也占有优势，可这些坦克中的很大一部分是缴获的意大利 M13 型，英军的巡洋坦克几乎都处于严重磨损状态，车组人员不得不以意大利坦克作为补充。韦维尔下达的指示是，"如果遭到进攻就退却，实施一场阻滞战斗"，这就削弱了这支实力不济的部队取得成功的前景。因此，隆美尔 3 月 31 日刚刚投入进攻，英军就放弃了阿盖拉东面的瓶颈阵地，为对方进入一片广袤的沙漠敞开了道路。隆美尔在这片沙漠中可以任意选择各种不同的进军路线和打击目标，英军完全不适应这种激烈的运动战，面对这种打法时不知所措。接下来几天，隆美尔没有给英国人丝毫喘息之机。英军损失的大多数坦克，不是毁于战斗，而是在一连串漫长而又混乱的后撤中发生故障或耗尽了燃料。

没过一周，英军就从昔兰尼加西部边界的阵地退却 200 多英里。不到两周时间，他们后撤了 400 英里，退到昔兰尼加东部边界，也就是埃及西部边界，仅在图卜鲁格留下一股军力。坚守这座小型港口，以此作为"插入敌军侧翼的利刺"的决定，对接下来十二个月的非洲战局进程造成了深远影响。

迅速蔓延的崩溃，自然动摇了英军官兵的信心，于是，他们竭力夸大进攻方的实力。但在距离战场较远处却能清楚地看出敌人力量有限，面临战略上的障碍。身处伦敦的丘吉尔及时权衡了这些问题，4 月 7 日致电韦维尔：

图卜鲁格有意大利人构筑的永备防御工事，你肯定能守住，至少要坚守到敌人调来强大的炮兵力量。似乎很难相信他们几周内能做到这一点。敌人倘若在围攻图卜鲁格的同时攻往埃及，就要冒上很大的风险，因为我们能从海上提供支援，威胁敌军交通线。因此，图卜鲁格似乎是个必须坚守到底、决不考虑撤出的地方。我很想听听你的意见。[2]

韦维尔已决定全力坚守图卜鲁格，但他 4 月 8 日从开罗飞赴此地后，却报告那里的情况严重恶化，对守卫这座港口的前景深表怀疑。丘吉尔与三军参谋长秘密商议后，起草了一份语气更加强硬的电报，称"弃守图卜鲁格要塞似乎是不可想象的"。可没等这封电报发出，韦维尔又发来电报，说他决心在图卜鲁格坚守一段时间，同时在边界线集结一股机动力量，以此牵制敌军，缓解图卜鲁格的压力，另外还要按照原定方案，在后方 200 英里的马特鲁港地区努力构设一道防线。图卜鲁格近八个月后才解围，全凭要塞守军的顽强防御，英军才没有继续后撤。

坚守图卜鲁格要塞的主力是莫斯黑德将军指挥的澳大利亚第 9 师，这个师从班加西地区顺利撤到图卜鲁格。另外还有从海路运抵的澳大利亚第 7 师第 18 步兵旅，以及随后开抵的第 1、第 7 皇家坦克团几个支队以 50 余辆坦克构成的一股小规模装甲力量。

4 月 11 日，也就是耶稣受难日那天，隆美尔以试探性推进发起进攻。复活节后星期一的清晨，德军对距离港口 9 英里、全长 30 英里的防御周边南端中央地段发起主要突击。他们突破了守军薄弱的防御，先遣装甲营向北疾进 2 英里，在那里被守军炮兵挡住，随后被赶出战局塑造的一个狭窄口袋，投入战斗的 38 辆坦克损失了 16 辆，这个坦克总数暴露了隆美尔的实力是多么虚弱。意大利军队 4 月 16 日发起冲击，可他们付出的努力迅速崩溃，一个澳大利亚营投入反冲击，近 1000 名意大利官兵举手投降。

罗马的意大利最高统帅部早就对隆美尔的孤军深入深感不安，现在请求德国最高统帅部约束隆美尔的冒险举动和他攻入埃及的意图。德军总参谋长哈尔德也急于限制一切海外作战行动，因为德国军队正准备入侵苏联，海外作战需要援兵，可能会削弱集结在主要战区的德军的实力。希特勒倾向于支持隆美尔这种干劲十足的指挥官，哈尔德却对这些将领抱有一种本能的反感，因为他们的做法完全不符合总参谋部既定的模式。因此，哈尔德的副手保卢斯将军前往非洲视察情况时，哈尔德在日记中刻薄地写道："去阻止这个彻底发疯的军人。"保卢斯到达非洲，查看了情况，对隆美尔告诫一番后，还是批准他对图卜鲁格重新发动进攻。

这场进攻4月30日发起，此时，德国第15装甲师部分先遣部队（虽然不是该师装甲团）已从欧洲运抵，赶来加强第5轻装师。德军这次的打击目标是英军防御的西南角，攻势在夜色掩护下实施。到5月1日昼间，德军步兵已经打开个宽度超过1英里的缺口，第一拨坦克随后朝10英里外的图卜鲁格发展胜利，可前进1英里后，他们出乎意料地遭遇英军新布设的一片雷区，40辆坦克被炸坏17辆，德国人冒着炮火抢修损坏的履带，除5辆外，其他受损坦克顺利撤出。第二拨德军坦克和步兵转向东南面，企图沿防线背面卷击守军，但横向前进近3英里后，被英军部署在雷区后方的火炮、20辆发动反冲击的英军坦克，以及若干持续抵抗的澳大利亚哨所共同射出的火力阻挡。至于意大利支援部队，他们提供增援时行动缓慢，退出战斗却很迅速。

次日，德国人最初投入的70余辆坦克，只剩35辆仍能战斗，这场进攻暂时停顿下来。5月3日夜间，莫斯黑德以他的预备步兵旅发起一场反冲击，但以失败告终，战事出现两败俱伤的局面。英军周边防线的西南角仍控制在隆美尔手中，可他的实力显然不足以夺取图卜鲁格，因此，保卢斯回国前下令禁止隆美尔重新发起进攻。这就形成一种围困状态，韦维尔击退隆美尔、解救守军的两次努力失败后，这场围困一直持续到年底。

韦维尔五月中旬展开第一次尝试，"简短"行动这个代号透露出这场救援尝试的试探性，但英国人更重视六月中旬发起的"战斧"行动，并对此寄予厚望。为确保行动取得成功，根据丘吉尔的倡议，英国承受了巨大的风险，取得的战果却完全与之不匹配——这种风险指的是英国向埃及派遣大批增援坦克之际，守卫英国本土的军队仍缺乏装备，而此时希特勒还没有转身进攻苏联。另外，这番增援取道地中海航线，会遭遇敌人空中力量"火力夹射"，这进一步加剧了风险。

　　勇敢的丘吉尔准备承担这种双重风险，目的是努力赢得非洲的胜利，同时确保英国在埃及的地位，这与希特勒和哈尔德的态度形成鲜明对比，两人一致认为应当减少德国向地中海战区投入的力量。当年十月，冯·托马将军前往昔兰尼加进行一场考察性视察，他提交的报告称，需要 4 个装甲师组成的一股力量，才能确保入侵埃及的行动取得成功。但希特勒不打算投入这样一股军力，而墨索里尼也一直不愿接受德国提供这么大规模的支援。隆美尔只有 2 个师的小股军队，仅仅是在意大利军队惨败后才派往那里的，目的是守住的黎波里。即便隆美尔已表明他以这样一小股装甲力量能取得多么大的战果，希特勒和哈尔德还是不愿提供相对较少的增援力量，这种增援本来很可能发挥决定性作用。拒绝提供援兵后，他们丧失了征服埃及、趁英军依然虚弱之际把他们赶出地中海地区的机会，从长远看，他们后来不得不为此投入更多军力，付出更大的牺牲。

　　反观英国一方，尽管资源依然匮乏，可当年四月就组建了一支护航船队，准备把大批装甲增援力量运往埃及。4 月 20 日，这支船队即将起航时，韦维尔发来一封电报，强调了局势的严峻性和他需要更多装甲力量的紧迫性。丘吉尔立即提出建议[3]，并获得三军参谋长一致支持，要求五艘载有坦克的快船到达直布罗陀后转身向东，抄近道穿过地中海，这样就能提早六周到达。他还主张加大增援规模，把 100 辆最新型的巡洋坦克包纳其中，尽管帝国总参谋长迪尔将军提出反对意见，他认为德国人很可能发动春季入侵，抽调坦克会削弱英国本土已经很虚弱的防御力量。

　　自德国空军一月份出现在地中海后，"猛虎"行动是英国人以一支护航船队穿越这片水域的首次尝试。借助雾天帮助，这支护航船队顺利通过，没有遭到空中攻击，只有一艘载有 57 辆坦克的船只，穿越西西里海峡时触雷沉没。另外四艘快船 5 月 12 日平安到达亚历山大港，运来 238 辆坦克（135 辆玛蒂尔达式、82 辆巡洋坦克、21 辆轻型坦克），这个数字四倍于韦维尔为守卫埃及而拼凑起来的坦克数量。

但韦维尔没有等待这么一大批增援运抵，而是决定利用隆美尔在图卜鲁格遭遇的挫败（据悉德国人严重缺乏补给），以集结在边界附近、戈特准将指挥的残部发起一场进攻。这就是"简短"行动。韦维尔的初期目标是夺回海岸附近的边界阵地，抢在敌军援兵赶来前消灭守军，他知道敌人部署在那里的守卫力量很薄弱。但他的作战意图远不止这些，就像他5月13日发给丘吉尔的电报中写的那样："如果行动取得成功，就考虑立即以戈特的部队和图卜鲁格守军采取联合行动，把敌人驱赶到图卜鲁格以西。"

两支坦克部队调来担任戈特这股进攻力量的铁拳：配备29辆老式巡洋坦克的第2皇家坦克团——这些坦克已经翻修过；配备26辆玛蒂尔达式坦克的第4皇家坦克团——这款坦克的装甲板很厚，但速度较慢，正式归为"步兵坦克"。第2皇家坦克团获得摩托化步兵和炮兵组成的一个支援群加强，绕过筑垒阵地的沙漠侧翼，赶往西迪阿齐兹，封锁敌人的增援和后撤路线。第4皇家坦克团率领第22摩托化禁卫旅直接发起进攻。

英军夜间实施一场30英里的接敌行军，5月15日清晨突袭意大利人设在哈勒法亚山口顶部的哨所，抓获几百名俘虏，但7辆玛蒂尔达坦克逼近时被守军炮火击毁。英军还迅速攻占了位于韦德井和穆赛义德的另外两座哨所，可他们到达卡普佐要塞前，突然性已不复存在，一个德军战斗群展开侧翼行动，英军这场进攻发生了混乱。他们虽然最终占领卡普佐要塞，但随后被迫撤离。同时，面对一场反冲击的威胁，英军不得不中止了攻往西迪阿齐兹的迂回机动。另一方面，位于边界的敌军指挥官对英军这场进攻投入的强大力量非常重视，于是命令部队后撤。

因此，夜幕降临时，交战双方都在退却。但隆美尔立即取消了德意联军的后撤命令，他派一个装甲营从图卜鲁格迅速开赴战场，而此时戈特已决定退往哈勒法亚，远离战场的上级指挥部门下达的坚守令送抵时，戈特的部队已经在后撤的途中。天亮后，德国人发现战场上空无一人，他们如释重负，因为这个加强装甲营耗尽油料后动弹不得，直到当日晚些时候补给物资运抵。

英军这场后撤没有停在哈勒法亚，他们在这个山口只留下小股守军。德国人迅速利用了英军暴露在外的阵地，从几个方向突然发起一场向心突击，

5月27日重新夺回这个山口。对德国人来说，复夺哈勒法亚山口是个重要的收获，因为这个山口给英军接下来更加猛烈的"战斧"行动造成严重妨碍。另外，这两场行动的间隔期，隆美尔在哈勒法亚山口和另外几个前进哨所给英国坦克布下陷阱，派驻了几个88毫米高射炮连，把这些高射炮变成极为有效的反坦克炮。

事实证明，这种紧急措施对即将到来的交战至关重要。此时，德军三分之二的反坦克炮仍是战争爆发前五年研发的老式37毫米反坦克炮，远不及英军配备的2磅坦克炮和反坦克炮①。它们对付英军的巡洋坦克时收效甚微，面对玛蒂尔达坦克更是无能为力。就连新式的50毫米反坦克炮（隆美尔现在有50来门），也只能在很近的距离内击穿玛蒂尔达厚厚的装甲板。但轮式88炮却能在2000码距离上射穿马蒂尔达厚达77毫米的正面装甲。隆美尔只有12门88炮，但他把一个高炮连（4门88炮）部署在哈勒法亚山口，让另一个高炮连驻扎在哈菲兹山脊，这两处恰恰是英军打算在进攻开始后立即夺取的阵地。

对隆美尔来说这是件幸事，因为英军发起进攻时，他在许多方面都处于严重劣势，特别是在坦克的数量上，这是沙漠交战的主要武器。德国没有派来更多援兵，这场战役开始时，他只有100辆中型坦克可用，其中半数以上交给围困图卜鲁格的部队，也就是说在后方80英里外。另一方面，"猛虎"护航船队的到达，让英军得以投入大约200辆中型坦克，这样一来，他们在战役开始时就具有四比一的坦克优势。这场战役的胜负，很大程度上取决于他们能否抢在隆美尔从遥远的图卜鲁格调来装甲力量余部（第5装甲团）前，利用这种优势粉碎边界地区的敌军。

对英国人来说不幸的是，他们以"步兵思维"拟制的进攻方案降低了取胜的机会。这种倾向因坦克类型杂乱无章而加剧，最终导致数量优势无从发挥。

---

① 译注：40毫米口径。

"猛虎"护航船队到达后，韦维尔得以为这场新攻势重建了两个装甲旅，但五月中旬的"简短"行动失败后，英军剩下的坦克寥寥无几，他们目前掌握的总坦克数，只够配备每个装甲旅辖内三个坦克团中的两个。[4] 另外，运抵的新式巡洋坦克只够装备一个坦克团，原先的旧式巡洋坦克只够装备第二个坦克团。另一个装甲旅的两个坦克团只能配备玛蒂尔达步兵坦克。这就强烈影响到英军指挥部的决心，他们决定战役开始时以这个装甲旅协助步兵，直接冲击敌人的筑垒阵地，而不是集中所有可用坦克力量，粉碎前进地区的敌装甲部队。事实证明，这种决定对进攻发展产生了严重的不利影响。

"战斧"行动的目标雄心勃勃，就像丘吉尔设想的那样，此次战役要在北非赢得"决定性"胜利，"歼灭"隆美尔的军队。战役能否取得如此圆满的胜利，韦维尔表达了一种谨慎的怀疑，但又说他希望这场进攻能"成功地把敌人赶回图卜鲁格以西"。这就是他给贝雷斯福德－皮尔斯将军下达的作战指令中规定的目标，贝雷斯福德－皮尔斯是西部沙漠军队指挥官，负责指挥这场进攻。

计划中的进攻分为三个阶段。开局阶段，印度第 4 师对哈勒法亚—塞卢姆—卡普佐筑垒地域发起突击，配备玛蒂尔达坦克的第 4 装甲旅提供支援，第 7 装甲师余部负责掩护沙漠侧翼。第二阶段，第 7 装甲师以辖内两个装甲旅朝图卜鲁格发展胜利。第三阶段，第 7 装甲师会同图卜鲁格守军向西攻击前进。这份方案蕴含了英军失败的种子。因为按照这个计划，英国人第一阶段就抽调半数装甲力量支援步兵，这导致他们赶在德军另一个装甲团从图卜鲁格赶来支援前，击败前进地区敌装甲团的机会减半，从而大大降低了实现作战方案第二、第三阶段目标的可能性。

为前出到敌人的边界阵地，突击部队必须实施一场 30 英里的接敌行军，这场进军 6 月 14 日下午发起。最后一段跃进的距离是 8 英里，借助 6 月 15 日凌晨的月光完成，英军右翼随即投入交战，冲击敌人设在哈勒法亚山口的前哨阵地。但守军的防范比五月份强得多，而英军制定的计划是，待炮兵获得足够的光线实施炮火准备后，坦克才能投入冲击，这就丧失了突然性。让这个决定变得更加糟糕的是，负责支援冲击哈勒法亚山口的一个炮兵连陷入沙土中。率领这场突击的玛蒂尔达坦克连在行军最后阶段投入冲击，此时已天色大亮，传回来的第一条消息是该连连长在电台里发出的喊叫："他们正把我的坦克炸成碎片。"这也是他的最后一条消息。投入进攻的13辆玛蒂尔达坦克，只有1辆在隆美尔以4门88炮布设的"坦克陷阱"中幸免于难，英军官兵后来把这个陷阱称为"地狱火山口"。

在此期间，英军中路纵队以一个玛蒂尔达坦克团为先锋，翻越沙漠高原攻往卡普佐要塞。这条进军路线上没有88炮，面对英军的巨大威胁，守军的抵抗迅速崩溃。英国人一举攻占要塞，当日晚些时候又击退敌人两次反冲击。

但巡洋坦克旅率领的左路纵队，本打算迂回敌军侧翼，结果遭遇隆美尔布设在哈菲兹山脊的"坦克陷阱"，被阻挡在那里。下午晚些时候，英军重新发起进攻，却只是更深地落入陷阱，遭受的损失也更大。德军靠前部署的装甲团主力开抵战场，构成侧翼反击的威胁，迫使剩余的英军坦克缓缓退往边界线。

战役首日的夜幕降临时，英国人损失了一半以上的坦克，主要是两个反坦克陷阱所致，而隆美尔的装甲力量几乎毫发无损，随着他的另一个装甲团从图卜鲁格开抵，战场上的力量对比变得对他有利了。

第二天，隆美尔以整个第5轻装师从图卜鲁格包围英军位于沙漠一侧的左翼，又以第15装甲师在卡普佐要塞发起一场强有力的反突击，一举夺得主动权。英军得以击退对方从卡普佐要塞发起的反突击，主要是利用了精心选择、隐蔽良好的阵地提供的防御优势。但德军正面、侧翼威胁造成的综合效应，打乱了英国人当日重新发起进攻的计划，夜幕降临时，德国人的包围运动取得了不祥的进展。

利用这种优势，战役第三日清晨，隆美尔把麾下所有快速力量调到沙漠侧翼，目的是以一场镰刀般的扫荡攻往哈勒法亚山口，切断英军后撤路线。当日上午，这种威胁愈发明显，英军高级指挥官匆匆协商后，命令他们混乱不堪的部队迅速后撤。位于卡普佐要塞的英军前方部队难以逃脱，但残存的英军坦克在那里顽强抵抗，为搭乘卡车的步兵争取到撤出战斗的时间，到第四天早上，英军已退回到后方30英里的进攻出发线。

历时三天的"战斧"行动，人员损失并不严重，英军阵亡、负伤、失踪人数不到1000，德军的伤亡也差不多如此。但英国人损失91辆坦克，而德军只损失12辆。这片战场最终控制在德国人手中，因此，他们可以修复大部分损坏的坦克，而英军仓促后撤时，不得不丢弃许多仅仅发生机械故障的坦克，如果时间允许的话，这些坦克本来是可以修复的。双方悬殊的坦克损失，强调了英军这场进攻战役完全没有实现最初的希望和预期的目标。

图卜鲁格、"简短"行动、"战斧"行动标志着战争的战术趋势出现了新的变化。此前，第一次世界大战期间、前半个世纪盛行的防御优势论几乎被彻底颠覆。自1939年9月以来，快速机动的装甲部队遂行的进攻行动，在各个战区屡屡取得巨大的成功，以至于民众和军方开始认为防御有一种固有的缺点，他们觉得进攻势必占据上风。可"战斧"行动表明，就像图卜鲁格和"简短"行动预示的那样，只要了解现代武器的性能并加以巧妙使用，即便在北非沙漠这种开阔地区，依然能实施有效的防御。从这时起，随着战争的持续和经验不断增加，越来越明显的是，以更具机动性的形式实施的防御，已经重新获得第一次世界大战中享有的优势，克服这种防御只能投入更强大的兵力，或使用极其高超的技巧，以此打破对方的平衡。

对英军下一次企图击败隆美尔、肃清北非的前景来说不幸的是，他们要么忽视，要么误解了"战斧"行动的教训。英军高级指挥部门呈交的总结报告，最大的疏漏是忽视88炮在防御中发挥的作用。他们没有重视将这款重型高射炮用作反坦克炮的报告。当年秋季，88炮又一次给他们的坦克造成严重损失，他们才姗姗来迟地意识到这个事实，可还是固执地认为，这种笨重的武器只能在预先挖掘好的阵地内使用。因此，他们没有预见到隆美尔的防御战术会出现新的进步（机动使用88炮），更没有为此制定对策。

被英军作战部队和他们的高级指挥官忽略的另一个重要发展是，敌人越来越大胆地使用常规反坦克炮，让它们与坦克紧密协同，防御期间是这样，进攻时同样如此。即将到来的交战中，这种协同成为决定性因素，产生的影响甚至超过 88 炮。实际上，相关分析表明，英军坦克遭受和力量对比不相符的严重损失，主要原因是德国人部署 50 毫米反坦克炮的方式，他们把这款轻巧的反坦克炮推到己方坦克前方，隐蔽在低洼处的阵地里。英军坦克组员没有发现这种埋伏，坦克被击穿时，他们不知道穿甲弹射自敌人的坦克还是反坦克炮，自然倾向于把中弹原因归于最显眼的对手，也就是敌坦克。这种错误的推论后来造成一种错误的信念，他们觉得自己的坦克和坦克炮比不上敌人，这就导致丧失信心的状况愈演愈烈。

英国人在审查夏季战局过程时，除了疏漏以上要点，还误解了一个重要问题，给英军为下一场进攻拟制的方案造成严重不良影响。"战斧"行动结束近三个月后，韦维尔起草的一份电报得出结论："我军失败的主要原因，无疑是巡洋坦克与步兵坦克难以协同行动……"事实上，他们从来没有尝试这种协同，也没有测试两款坦克协同行动的可行性。两个玛蒂尔达坦克团一开始就调离装甲师，置于步兵师师长指挥下，整个交战期间，他一直牢牢掌握着这些坦克部队，没有按照预定计划在战役第一阶段结束后交还坦克团。通过合理的组合，步兵坦克本来可以在坦克战中发挥重要作用，充当巡洋坦克强大的进攻机动枢纽。玛蒂尔达与 A10 巡洋坦克之间的速度差异很小，而 A10 坦克曾在第一次利比亚战役和"战斧"行动中，与速度更快的新式巡洋坦克进行过卓有成效的协同。事实证明，德国人在这次和后来的战役中，都能协同使用速度差异很大的不同型号坦克，这种速度差并不亚于英军更快的巡洋坦克与玛蒂尔达坦克之间的差异。

不幸的是，没有经受检验的假设认为这种协同太过困难，这导致英军在下一场进攻中，把巡洋坦克旅与步兵坦克旅彻底分开。结果，他们在同一场战斗中分成两个相互隔绝的部分各自为战。

注释

1. Churchill: *The Second World War*, vol. III, p. 178.

2. Churchill: *The Second World War*, vol. III, p. 183.

3. 丘吉尔当日发给三军参谋长一份私人备忘录，他尖锐地写道："中东战事的命运，我们是否会丢失苏伊士运河，我们集结在埃及的大批军队是否会一败涂地或陷入混乱状态，美国人穿过红海同我们携手合作的一切前景是否会破灭，这一切可能取决于几百辆坦克。可能的话，必须不惜一切代价把这些坦克运抵。"（*The Second World War*, vol. III, p. 218.）

4. 丘吉尔主张沿地中海航线再运送100辆坦克，以此装备每个装甲旅的第三个坦克团，可海军部不愿再次冒险。丘吉尔在他的回忆录中苦涩地写道："如果不是韦维尔将军不但没有力请，反而持反对意见的话，我肯定会把争议提交内阁裁决。韦维尔的态度让我失去了依据。"（*The Second World War*, vol. III, p. 223.）就这样，护航船队绕道好望角，直到七月中旬才到达苏伊士。

第十五章

"十字军"行动

英国1941年仲夏付出的努力,没能在非洲赢得决定性胜利,也没能把敌人逐出非洲大陆,这让丘吉尔比以往任何时候都更加希望实现这些目标。他决心投入更强大的力量,尽快做出新的努力。为此,他把大批援兵派往埃及,全然不顾身边军事顾问的提醒:远东,特别是新加坡的防御,才是第二优先事项,排在英国本土防御之后,但位列中东之前。帝国总参谋长约翰·迪尔爵士,力图提醒丘吉尔在两个地区和所冒的风险方面谨慎斟酌自己的决定,可迪尔性格太过温和,长期以来过于恭顺,面对丘吉尔强硬的个性、观点、立场时无法坚持自己的意见。

但远东的危险现在已变得相当严重,部署在那里的英国军队少得可怜。虽然日本目前仍置身战争之外,但罗斯福和丘吉尔当年七月采取了切断日本经济资源的措施,这必然导致日本以诉诸武力这种唯一可行的方式反击。日本起初犹豫不决,这让美国和英国获得四个多月时间加强他们在太平洋地区的防御,可两个国家没有好好利用这个机会,就英国的情况而言,这种疏忽很大程度上是因为丘吉尔的兴趣和努力集中于北非。因此,隆美尔间接导致新加坡沦陷,一方面是因为他给英国首相留下深刻的个人印象,另一方面是因为他对尼罗河河谷和苏伊士运河构成潜在威胁。

为了在非洲重新发起代号"十字军"的进攻行动，英国军队获得大力加强，还换装了技术兵器。坦克团由原先的 4 个增加到 14 个，这样一来，4 个完整的装甲旅（每个旅辖 3 个坦克团）就构成一股打击力量，图卜鲁格守军也获得从海路运抵的 1 个装甲旅（辖 2 个坦克团和 1 个坦克连），可用于突破敌人的封锁，与英军打击力量会合。这些装甲旅主要配备新式十字军巡洋坦克或美制新式斯图亚特坦克，斯图亚特是现有坦克中速度最快的一款，但也有 4 个坦克团配备的是玛蒂尔达或瓦伦丁步兵坦克。英国第 70 步兵师接替了在围困战中首当其冲的澳大利亚第 9 师，除了派驻图卜鲁格的这个新锐师，英国人还调来另外 3 个摩托化步兵师，这让他们的摩托化步兵师数量达到了 4 个。

相比之下，隆美尔从德国获得的援兵寥寥无几，也没有得到更多装甲部队扩充他原先的 4 个装甲团。第 5 轻装师的番号改为第 21 装甲师，坦克数量却没有增加。隆美尔扩充麾下军队的唯一办法是以一些额外的炮兵和步兵营拼凑了一个非摩托化步兵师，起初称为非洲师，后来改称第 90 轻装师。原来编有 3 个师（含 1 个装甲师）的意大利军队增加了 3 个规模较小的步兵师，但这些师装备陈旧，缺乏汽运车辆，价值大打折扣，因而只能执行静态任务，他们给隆美尔的战略机动自由造成一种令人尴尬的妨碍。

英国人的空中力量现在也占有巨大优势。他们的实力获得加强，总共有 700 来架飞机可立即用于支援进攻行动。德国人只有 120 架飞机，意大利人有 200 架。

英军在坦克方面的优势更大。进攻发起时，他们总共有 710 辆中型坦克（包括大约 200 辆步兵坦克），敌人只有 174 辆德制、146 辆意制中型坦克，意大利坦克都是些过时的型号，派不上太大用场。因此，就整股敌人而言，英军占有二比一的优势，对德军则占有四比一的优势——两个德国装甲师各辖 2 个装甲团，英军总司令认为这是"敌军的骨干力量"。另外，除了少数维修中的战车，隆美尔没有预备坦克，而英军的预备坦克或正在运送途中的战车多达 500 辆，因此，他们更有能力从事一场旷日持久的交战。结果，这些预备坦克最终扭转了战役局势。[1]

隆美尔用于抵消坦克方面严重劣势的本钱是，到当年秋季，德军的常规反坦克炮，三分之二换为新式50毫米长身管型，这款火炮的穿甲能力比旧款37毫米反坦克炮高70%，比英军配备的2磅炮高25%。因此，他的防御不再像夏季那样严重依赖少量88炮。

除了向埃及派遣大批援兵和英国新生产的武器装备，丘吉尔还给英军打击力量换了一批指挥官。"战斧"行动失败四天后，韦维尔被解除职务，取而代之的是驻印度英军总司令克劳德·奥金莱克爵士，而各部队指挥官和装甲师师长不久后也走马换将。丘吉尔对韦维尔的谨慎作风越来越不耐烦，"战斧"行动令人失望的结果促使他决定换一位新司令。但丘吉尔恼怒地发现，奥金莱克坚决顶住他的压力，不肯早早发动进攻，坚持等待部队充分做好准备，实力强大到足以赢得决定性胜利。因此，"十字军"行动直到"战斧"行动结束五个月后的十一月中旬才发起。在此期间，这股实力获得极大扩充的英军改称第8集团军，艾伦·坎宁安中将任司令，坎宁安爵士当初肃清了意属索马里兰，随后又从南部攻入埃塞俄比亚，把意大利人一举逐出东非。新组建的第8集团军编有A.R.戈德温-奥斯汀中将指挥的第13军，C.W.M.诺里中将指挥的第30（装甲）军。不过，除了诺里出身骑兵，其他新任指挥官都没有使用坦克或对付敌装甲力量的经验，最初派来担任装甲军军长是一位坦克专家，可他在进攻发起前不久的一起空难中丧生，上级这才派诺里接任装甲军军长职务。

第13军编有新西兰师和印度第4师，外加1个步兵坦克旅。第30军编有辖2个装甲旅（第7、第22旅）的第7装甲师、第4装甲加强旅、第22禁卫（摩托化）旅、南非第1师。南非第2师担任预备队。

英军进攻计划的基础是以第13军牵制据守边界阵地的敌军，第30军绕过这些边界阵地侧翼，"寻找并歼灭"隆美尔的装甲力量，尔后与距离边界70英里的图卜鲁格守军会合，这股守军应当朝第30军的来向突围而出。因此，两个军和各自配备的装甲部队实际上是在相距甚远的不同地区作战，而不是合兵一处，共同发挥作用。英军中装甲力量最强大的部队，也就是配备玛蒂尔达和瓦伦丁坦克的装甲旅，分成一个个小规模部队支援步兵，而不是从事坦克战。英军向前发展时，这种配属方式很快造成兵力分散，导致处处力量薄弱。

就这样，英军的战略性迂回让敌人猝不及防，一时间陷入混乱，可他们没能把握这种良机。英军这场进攻很快出现混乱，很大程度上是他们的自身问题所致。隆美尔讥讽地说道："如果你有两辆坦克，而我只有一辆，你把两辆坦克分开，让我逐一击毁它们，那么两辆坦克与一辆坦克又有什么区别呢？你们把三个装甲旅依次送到我面前。"

麻烦的根源在于每一本官方军事手册和参谋学院长期灌输的古老准则："消灭战场上的敌军主力"是主要目标，也是军事指挥官唯一合理的目标。两次世界大战之间，秉承步兵思维的指挥官，考虑如何使用手中掌握的坦克力量时，更加积极地运用了这种准则，他们经常说："消灭敌人的坦克，然后我们就可以继续战斗了。"第8集团军及辖内装甲军接到的指令，充分体现出这种思维习惯的持久性："你们的当前目标是消灭敌人的装甲力量。"但消灭一支装甲部队其实并不适合作为当前目标，因为这是一股流动的力量，不像步兵兵团那么容易固定下来。要想消灭敌人的装甲部队，最好是通过诱使对方掩护或夺取某些要点这种间接方式。为歼灭隆美尔神出鬼没的装甲力量，英军装甲部队采用了一种过于直接的方式，不仅导致自身力量拉伸、分散，还很容易落入隆美尔布满火炮的反坦克陷阱。

11月18日清晨，英国第30军跨过边界线，随后转身向右，开赴90英里外的图卜鲁格。这场行军获得一把"空中保护伞"掩护，实际上，眼下并不需要这种空中掩护防范敌人发现、滋扰行军队列，因为夜间一场暴风雨席卷了敌人的机场，对方的飞机目前无法起飞。出于同样的原因，即便恶劣的天气导致英军进展缓慢也无关紧要。隆美尔对即将朝他袭来的"钢铁风暴"一无所知。他一心想着再次冲击图卜鲁格，他的打击力量也已调往那里，准备遂行这场进攻，但他还是在南面的沙漠里留下一支强有力的掩护部队，以防英军滋扰。

11月18日夜幕降临时，英军装甲纵队穿过阿卜德小道，次日晨向北进击，击退隆美尔的掩护部队时，英军原本 30 英里宽的正面拉伸到 50 英里。这种过度拉伸的不良影响很快就会蔓延开来。

中路，第 7 装甲旅两个先遣坦克团到达并夺取了敌人设在西迪雷泽格悬崖顶部的机场，距离图卜鲁格外围仅 12 英里。但该旅余部和师属支援群直到次日晨（20 日）才赶上来，此时，隆美尔已匆匆派出非洲师部分力量，携带大量反坦克炮，扼守悬崖顶部边缘，挡住英军去路。没有援兵赶来加强这里的英军部队，因为另外两个英军装甲旅也遇到了麻烦，一个在西面，另一个在东面，而南非第 1 师也奉命向西调动。

西翼发生的情况是，英军第 22 装甲旅一头撞上意大利装甲部队，击退对方后，对古比井附近的意军筑垒阵地发起冲击。第 22 装甲旅由几个义勇兵团组成，不久前才获得坦克，在沙漠作战方面没什么经验。他们怀着巴拉克拉瓦"轻骑兵旅冲锋"的不朽精神，展开一场太过勇敢的突击，结果中了意大利人的埋伏，遭到火炮的猛烈轰击，160 辆坦克损失了 40 辆。第 30 军军长认为这场进攻进展顺利，因而抽调南非师赶来占领古比井。

东翼，第 4 装甲加强旅追击一支德军装甲部队，队列拉长到 25 英里，他们在突然发现一股强大的德军装甲力量出现在自己后方附近时大吃一惊，没等两个团中的一个赶回去协助拦截敌军，位于最后方的部队已遭到重创。这场打击是隆美尔第一项反击措施的结果，由第 21 装甲师两支装甲部队组成的一个战斗群遂行，这个强有力的战斗群当时正赶往南面察看情况。

对东翼的英军装甲部队来说幸运的是，次日上午他们没有遭到整个非洲军的集中打击。英国人获得喘息之机的原因是非洲军军长克吕维尔收到一份错误的报告，这份报告让他认为，英军最危险的进军正沿北部路线，也就是卡普佐小径行进。于是他把麾下两个装甲师都派往卡普佐，却发现那片地区空无一人。由于缺乏空中侦察，德国人仍在"战争迷雾中"摸索。更糟糕的是，这场东调导致第 21 装甲师耗尽油料，一时间进退不得。只有第 15 装甲师当日能返回，下午，该师在杰卜尔塞莱赫攻击了仍处于孤立境地的英军第 4 装甲加强旅，这个旅一连两天遭到德军猛烈打击，损失相当惨重。英军高级指挥官虽然对敌人的动向了如指掌，却没能充分利用非洲军暂时调离战场提供的喘息之机。他们也没有立即采取措施,把严重分散的三个装甲旅集中起来。但当日中午,第4装甲加强旅的情况岌岌可危时,第22装甲旅派往东面加强该旅,而不是按照原定计划赶往西迪雷泽格与第7装甲旅会合。从这一侧调动到另一侧要经历长的行程,第22装甲旅直到夜幕降临才开抵。由于姗姗来迟,他们无法为战斗提供任何帮助。

第13军编成内的新西兰师和步兵坦克旅,这段时间一直待在7英里外的吉卜尼井,他们渴望前进,急于提供帮助。可上级没有要求他们参加坦克战,还拒绝他们提供援助。这充分说明,"两个相互隔绝的部分"这种理念在此次交战中被贯彻到怎样的程度。

11月21日清晨到来时,杰卜尔塞莱赫的几个英军装甲旅发现当面之敌消失了。德国人这次没有扑空,因为隆美尔现在清楚地掌握了英军的战役布势,他命令克吕维尔集中两个装甲师,全力打击西迪雷泽格的英军先遣部队。

诺里将军刚刚通知这股力量赶赴图卜鲁格,还命令图卜鲁格守军实施突围。可行动还没有发起就出了岔子。上午8点,英国人看见两支德军装甲纵队从南面和东面逼近。驻扎在西迪雷泽格的三个英军坦克团中的两个匆匆赶去迎战敌人。这样一来,他们只剩一个坦克团(第6皇家坦克团)率领向图卜鲁格的进军,德军精心布设的火炮集中火力猛烈轰击,很快就粉碎了这个团。这又是一场"轻骑兵冲锋",当前情况下,第6皇家坦克团未免太"轻"了。在此期间,另外两个坦克团也遭到整个非洲军全力打击。第7轻骑兵团被德军第21装甲师打垮后几乎全团覆灭。但第2皇家坦克团勇敢地对德军第15装甲师发起攻击,由于他们行进中射击的技术相当出色,这场进攻大获全胜,敌人转身逃离。可德军当日下午再度发起冲击,还巧妙地采用了新战术:把反坦克炮悄然部署到他们的坦克前方,还绕到对方的侧翼。通过这种方式,他们让英军蒙受严重损失,全凭第22装甲旅姗姗来迟地从杰卜尔塞莱赫开抵(第4装甲加强旅次日才到达),第7装甲旅遭受重创的残部才幸免于难。至于图卜鲁格守军发起的突围,这场进攻楔入德意联军封锁阵地4英里深,可由于第30军行动受挫,突围不得不停顿下来,遂行突围的部队留在一个又深又窄的危险突出部内。

战役第五日拂晓，非洲军又一次消失不见了，但这次只是为补充弹药和油料。可就连这种短暂的间歇也是隆美尔不允许的，中午前后，他赶到一直待在战场附近的第21装甲师师部，命令该师沿一条间接路线发起进攻。师属装甲团向西穿过西迪泽泽格北面的山谷，随后调转方向，打击布设在那里的英军阵地西翼。没等英军残余的两个装甲旅采取行动，这股德军就冲过山坡，一举占领机场，还打垮了英军支援群一部。两个英军装甲旅姗姗来迟的反突击缺乏协同，夜幕降临时，这场交战以一种混乱的状态告终。但这并不意味着倒霉的一天就此结束，因为昼间休整了一番的德国第15装甲师，黄昏时重返战场，一举击中第4装甲加强旅身后，还包围了旅部和担任预备队的第8轻骑兵团的营地。英军猝不及防，大多数人员、坦克、无线电设备被德军俘虏或缴获。该旅旅长一直在西迪雷泽格指挥反突击，因而逃过一劫，但11月23日拂晓到来时，他发现自己的旅残缺不全、四分五裂，而且没办法整顿、指挥这些残部。这种困境导致他当日的行动陷入瘫痪，而事实证明，这是至关重要的一天。

11月23日清晨，非洲军军部也遭遇类似的命运，这对英国人来说多少算是一种补偿，尽管其效果没有立即显现出来。之所以发生这种事，是因为坎宁安终于命令第13军向前推进，不过推进程度有限。新西兰人11月22日夺得卡普佐，第6旅奉命攻往西迪雷泽格。11月23日拂晓后不久，该旅一头撞上非洲军军部，随即将其打垮。克吕维尔将军刚刚离开，赶去指挥下一阶段交战，因而逃脱了被俘的厄运。可他损失了整个作战指挥部和无线电设备，这就给接下来几天的作战行动造成严重妨碍，甚至比英方意识到的更加严重，但英国人目前关心的是自身的麻烦和日趋加剧的苦难。

11月23日是个周日，英国称之为"基督降临节前的第二个周日"，而在德国，它被称为"亡灵节"。鉴于当天沙漠中发生的事情，这场交战后来按照德国人的习俗来命名可以说冷酷而又贴切。

夜间，西迪雷泽格的英军稍稍向南退却，等待南非第1师提供增援，该师正向前调动。但两股英军没能取得会合，这是因为德军两个装甲师集中力量发起突击。他们从清晨的薄雾中出现时，英国人和南非人猝不及防，德军把他们隔开，席卷了对方的运输营地，还造成一场惊慌逃窜。要不是克吕维尔命令德军装甲师停止行动，这场灾难本来会更加深重，克吕维尔不太清楚战场上的情况，他希望与意大利"阿列特"师会合后再发起一场决定性打击。但意大利人的前进步伐谨慎而又缓慢，直到下午，克吕维尔才从南面对诺里先遣部队的主力，也就是目前陷入孤立的南非第5旅和第22装甲旅施以打击，一些小股英军部队趁这段间隔设法溜出陷阱。克吕维尔展开进攻时，英军已组织起良好的防御。德军集中力量的冲击最终突破对方的防御，打垮了守军，英军阵亡、被俘3000人左右，但非洲军剩余的160辆坦克，损失了70多辆。

德国人直接进攻对方预有防御的阵地时，坦克力量蒙受的损失，很大程度上抵消了前几天凭借娴熟的机动获得的实质利益。的确，为这种战术性胜利付出的惨重代价，在战略方面给德国人造成的破坏，远远超过"十字军"行动中的一切交战。虽然英国第30军蒙受的损失更加惨重（最初的500辆坦克，只剩70辆可用于战斗），但英军庞大的预备队完全可以恢复他们的坦克实力，隆美尔却没有这种预备力量。

11月24日，双方的交战又一次发生戏剧性转变。隆美尔现在决心投入麾下所有快速力量，越过边界线，以一场深远突击楔入英国第8集团军后方地区，以此扩大自己的胜利。他没有浪费时间等待全军完成集结，第21装甲师刚刚做好准备，他就率领该师动身出发，通知第15装甲师尾随在后，还命令意大利快速军（辖"阿列特"装甲师和"的里雅斯特"摩托化师）支援德军装甲师，封闭围困英军部队的包围圈。

正如隆美尔前一晚发给柏林和罗马的报告中指出的那样，他的意图是利用英军的分裂状况，缓解边界线上德意守军的压力。但夜间，他的目标扩大了，隆美尔身边的主要参谋人员说（他们的说法得到司令部作战日志证实）："总司令决心以麾下装甲师追击敌军，恢复塞卢姆前线的态势，同时攻往英军位于西迪奥马尔地区的后方交通线……这意味着对方很快就会被迫放弃战斗。"

隆美尔这场进攻，不仅打击英军部队后方和补给线，还让英军指挥官震惊不已。此时，这样一场突击的成功前景甚至超出了隆美尔的期望。因为前一天，英军在坦克战中惨败，坎宁安考虑过撤往边界线的问题，奥金莱克从开罗飞抵，坚决主张继续战斗，这才打消了坎宁安的后撤念头。但隆美尔冲向边界线，导致这条路线上的英军惊慌奔逃，自然在第8集团军司令部引发了更大的惊恐之情。

隆美尔率领部队穿越沙漠，五小时内行进60英里，下午4点在舍费尔赞井到达边界线。他随即派出一个战斗群，穿过边界铁丝网赶往东北方的哈勒法亚山口，控制第8集团军用于后撤和补给的沿海路线，同时把威胁扩大到该集团军身后。隆美尔率领这个战斗群前进一段距离后只身返回，由于引擎发生故障，他被困在沙漠中。幸运的是，乘坐指挥车的克吕维尔碰巧从这里路过，这才把隆美尔捎上。可夜色降临后，他们怎么也找不到边界铁丝网上的缺口。于是，两位指挥官和他们的参谋长，在这片满是英国和印度士兵的地区过了一夜，他们平安无事仅仅是因为普通士兵"别惹恼睡觉的将军"的天性。另外，克吕维尔这辆指挥车是缴获自英军的战利品，因此他们才能在天亮后迅速溜走，安全地回到第21装甲师师部。

但隆美尔在境外逗留12个小时返回后获悉，第15装甲师还没有开抵边界线，而尾随其后的意大利"阿列特"师早早停止了前进，理由是他们发现南非第1旅拦住去路。运送油料补给的运输队也没有到来。这些延误不仅妨碍，而且削弱了隆美尔这场反攻的发展。他无法按照计划派一个战斗群赶往英军铁路终端哈巴塔，从而封锁悬崖的下山路径和沿山顶通往埃及的主要内陆路线。他还不得不放弃派遣另一个战斗群，沿穿过迈德莱奈堡的小径向南赶往贾拉卜卜绿洲的想法，第8集团军前进指挥部就设在那里，此举本来会加剧那里的混乱和惊慌。即便在边界地区，这一天也白白浪费了，除第21装甲师实力已遭到削弱的装甲团对西迪奥马尔发起一场代价高昂、最终失败的冲击外，德军没有取得更大战果。实力更强的第15装甲师姗姗来迟地开抵战场，沿靠近边界线一侧向北卷击，取得的战果不过是消灭了对方一个野战修械所，16辆英国坦克正在那里抢修。

前一天袭来的威胁极为惊人，而敌人今天的进展却微不足道，这让英国人获得了喘息和恢复平衡之机。另外，奥金莱克的副参谋长尼尔·里奇，11月26日接替坎宁安出任第8集团军司令，值此紧急时刻发布这项任命，目的是确保无论风险如何都能战斗下去。对英国人来说非常幸运的是，敌人在推进期间错过了阿卜德小径南面的两座大型补给物资堆栈，英军继续战斗、恢复进军，很大程度上依赖这两座物资堆栈。德军装甲师从西迪雷泽格攻往东南方，从这些补给物资堆栈北面经过，可如果意大利人继续前进的话，他们的进军路线本来会更靠近这些物资堆栈。

虽说隆美尔这场突击已然丧失势头，但11月26日上午，英军仍处于岌岌可危的境地。第30军遭受严重破坏，当日昼间没有采取任何行动缓解敌人对第13军后方部队构成的威胁——这些部队过于分散，还因电台故障而相互隔绝。不过，德国人也失去了无线电联络，内部通信受到严重限制，他们的麻烦甚至比英军更大。这是因为他们的获胜前景取决于迅速、协同一致地行动，向英军后方发展威胁，而英军所能采取的最佳对策是坚守边界线阵地，同时以第13军部分力量继续向西攻击前进，与图卜鲁格守军会合，对隆美尔的后方构成双重威胁。这种威胁现在促使位于阿代姆的德国装甲集群司令部发出一连串电报，敦促几个装甲师返回，以便缓解压力。

后方令人不安的呼吁，再加上前进地区无线电通信中断和油料短缺，导致隆美尔这场反攻难以为继。11月26日上午，他命令克吕维尔"迅速肃清塞卢姆战线"，第15装甲师位于一侧，第21装甲师位于另一侧，同时发起进攻。但隆美尔失望地发现，第15装甲师为补充油料和弹药，当日清晨已返回拜尔迪，该师重返战场时，他又发现第21装甲师误译命令后已撤离哈勒法亚，可能也在返回拜尔迪补充油料和弹药的途中。因此，德军当日昼间没有采取任何行动。傍晚时，隆美尔勉强批准第21装甲师继续返回图卜鲁格。次日清晨，第15装甲师发起进攻，一举打垮最后方的新西兰旅旅部和支援单位，这才按照隆美尔的命令，跟随第21装甲师撤离。开局深具希望的一场反攻，就以这样一种渐隐的方式结束了。

对隆美尔这场反攻的回顾性评论，当然受到已经知道这场推进以失败告终的影响。具有战术思维的评论家认为，隆美尔应该集中力量，更加局部性地发展他在西迪雷泽格赢得的胜利：消灭英国第30军残部，或粉碎前进阵地中的新西兰师，或攻克图卜鲁格，从而肃清自己的侧翼和补给线。但这些战术性措施都无法为取得战胜英军的决定性战略成果创造良机，反而会给他带来更大的风险：丧失时效性，在一场徒劳无获的进攻中遭到严重削弱。从一开始，隆美尔就在力量对比方面处于严重不利的境地，势必会被一场旷日持久的消耗战拖垮。如果他企图追击并消灭第30军残余的装甲力量，对方肯定会避战，因为英军坦克的速度更快。而采取其他措施就意味着攻击据守防御阵地的步兵和炮兵。隆美尔承担不起从事一场消耗战的代价，因此，如果有更好的前景，那么，采取这些战术性措施是很不明智的做法。从本质上说，他采取的措施，也就是集中所有快速力量实施一场纵深战略推进，确实制造了这样一种前景。他最终说服墨索里尼把意大利快速军交给他指挥，从而加大了获胜的机会。

隆美尔这场突击，事后经常被批评为鲁莽行事。可战争历史表明，此类突击多次取得过成功，特别是这种行动会对敌军部队甚至指挥官的士气造成影响。隆美尔的亲身经历也支持这种观点。当年四月和六月，他两次逼迫英军后撤，第一次简直是一场崩溃，采用的也是类似的战略突击，只不过投入的兵力较少，没有到达这种深具威胁性的位置而已。两个月后，也就是1942年1月，隆美尔发起第四次纵深突击，再度导致英军崩溃，尽管这一次没有像十一月那样深入足以切断英军后撤路线的程度。与另外三次取得成功的战略性反击相比，隆美尔发起十一月那场战略突击时，敌军更加分散，也更为零碎。

上文在阐述那些关键日子的作战行动时，实际上已经提到隆美尔失败的原因：他率领第21装甲师前进期间，提供支援的第15装甲师行动迟缓，意大利快速军畏敌不前；发展"冲击波"期间，兵力分散，最终丧失了突击势头；边界线上的行动拙劣而又徒劳，这部分归因于缺乏准确的情报、无线电设备发生故障，以及误译命令；英军对德国人后方构成了威胁；奥金莱克决心继续战斗，因而采取了反威胁措施，而不是后撤；关键时刻，第8集团军换将。坎宁安的继任者，在这种情况下出任第8集团军司令，无论面临怎样的风险，他必然会继续战斗下去——这是个幸运的决定，但事实证明，这可能也是个致命的决定。（两个月后，面对一场较小的威胁，这位继任者的反应与他的前任当年十一月做出的应对相似。）

对这场战役及其教训做出任何军事分析时，还有另一个因素值得注意和强调。如果隆美尔造成的惊慌混乱更广泛地散布开来，那么，奥金莱克继续战斗的决定就会毫无用处，只会招致更严重的灾难。不过，大多数第30军支离破碎的残部，只要不在隆美尔进军路线上，就仍留在原先的阵地或附近，哪怕已遭到孤立，第13军的情况也是如此。英军部队严重分散，第30军被打得晕头转向，这些事实有助于遏制这种支离破碎的军队退往己方基地的常见倾向。这种情况下，敌人显然在向东挺进期间超过了他们，留在原地，待在"漩涡"边缘似乎更安全，哪怕无法确定补给物资能否继续运抵。

隆美尔的战略性反击没能达成目标，两个问题随之而来：第一，他是否能重整旗鼓？第二，他是否有可能重新占据上风？他对这两个问题都给出肯定的答案，鉴于他虚弱的实力，这着实令人惊讶。但隆美尔重新取得的优势无法让他获益，由于消耗造成的累积影响，最终不得不后撤。这种结果说明，隆美尔11月24日发起纵深战略反击的决定看似轻率，实际上是正确的，因为这个决定为彻底扭转战局创造了良机。

非洲军向西折返时只剩60辆坦克（三分之一是轻型坦克），采取直接行动扭转图卜鲁格态势的机会看起来十分渺茫，自身的境况似乎也岌岌可危。因为获得大约90辆瓦伦丁和玛蒂尔达坦克加强的新西兰师向西挺进，11月26日夜间突破了隆美尔的封锁线，与图卜鲁格守军会合，守卫图卜鲁格的英军还有70多辆坦克（含20辆轻型坦克）。同时，英国人从基地调拨的新装备让第7装甲师的坦克数量增加到近130辆，这样一来，英军在坦克数量上占有五比一的优势（中型坦克的数量比达到七比一）。要是英军以一种充分集中的方式使用这些坦克，非洲军的生存前景会很渺茫，仅凭第7装甲师就足以粉碎他们。

后撤第一阶段，非洲军处于危险境地，主要是因为第21装甲师退却途中遭遇一道拦阻阵地，行军受到延误。结果，第15装甲师11月27日下午遭到英军第7装甲师两个装甲旅拦截和袭击时，第21装甲师无法提供支援。英军第7装甲师的坦克数量增加了三倍，一个旅（第22旅）拦住第15装甲师去路，另一个旅（第4旅）从侧翼攻击德军行军队列，给对方的运输车辆造成严重破坏。虽然德国人经过几小时激战阻挡住了对方的攻击，但他们沿卡普佐小径进行的西向后撤停顿下来。不过，黄昏临近时，英军坦克向南撤入沙漠，按照惯例排成防护性车阵过夜，德国人得以借助夜色掩护继续向西行进。次日，英军装甲旅重新发起进攻，但被德军设立的反坦克掩护阻挡，夜幕降临后，德国人又一次不受妨碍地向西退却。

就这样，非洲军 11 月 29 日上午与隆美尔麾下其他部队会合，缓解了他们的压力。次日，隆美尔集中力量对付孤立在西迪雷泽格岭上的新西兰第 6 旅，以意大利"阿列特"装甲师掩护侧翼和整个行动，防范南面的英军装甲部队滋扰。隆美尔的坦克绕到英军阵地另一侧，从西面发起突击，他的步兵则从南面遂行冲击。傍晚前，新西兰第 6 旅已被驱离山脊，但该旅一股残部逃脱，在下方山谷的贝勒赫迈德附近加入新西兰师主力。新交付的坦克加强了英军装甲力量，这股力量集中于第 4 装甲旅，但该旅没有全力突破隆美尔的反坦克屏障并实施救援。英军指挥官经常被诱入陷阱，德军坦克和反坦克炮的巧妙配合给他们带来严重损失，这些英军指挥官现在变得极为谨慎。

12 月 1 日清晨，隆美尔包围了贝勒赫迈德的新西兰师，一举切断他们与图卜鲁格守军之间的走廊。4 点 30 分左右，英军第 4 装甲旅接到命令：拂晓时"全速"向北进击，"不惜一切代价"与敌坦克交战。该旅 7 点前动身出发，上午 9 点到达西迪雷泽格机场，驶下悬崖后与新西兰师会合。他们随后打算对敌坦克发起一场反冲击，估计对方"大约有 40 辆坦克"。但此时，新西兰师部分部队已被德军打垮，还下达了全面后撤的命令。于是，新西兰师残部向东撤往扎夫兰，夜间又退往边界线，第 4 装甲旅向南后撤 25 英里，退往贝拉奈卜井。

双方第三回合交战的结果，对德军而言确实是个惊人的成就，因为这场交战开始时，他们的坦克力量就处于一比七的劣势，战斗结束时，他们仍处于一比四的劣势。

奥金莱克又一次飞赴第 8 集团军司令部。他正确地判断出隆美尔军队的潜在弱点，决心继续战斗下去，并为此调集了新锐力量和储备坦克。边界地区的印度第 4 师被南非第 2 师接替，随后向前调动，与第 7 装甲师会合，准备以一场迂回运动切断隆美尔的补给和后撤路线。

敌人形成了强大的新威胁，隆美尔收悉这个消息，决定向西退却，同时集中剩余的坦克发起一场打击，破坏英军的迂回运动。因此，12月4日夜间，非洲军向西溜走，放弃了围攻图卜鲁格的努力。

当日上午，印度第4师先遣旅进攻西迪雷泽格以南20英里的古比井意军阵地，面对守军的猛烈火力，这场冲击以失败告终。次日上午他们重新投入进攻，可又一次被击退。遂行这些行动时，英军装甲力量掩护进攻部队的北翼，以防隆美尔介入，不幸的是，这些装甲部队12月5日下午返回车阵，打算试验一种构结车阵的新方法。下午5点30分，隆美尔的装甲部队突然出现在古比井的战场上，一举打垮了毫无掩护的印度旅一部，该旅残部趁夜幕降临逃之夭夭。

遭遇这场挫败，第30军军长诺里决定推迟原定向阿克鲁马的侧翼进军，这场推延导致英军丧失了切断隆美尔后撤路线的机会。重新恢复进军前，诺里命令第4装甲旅寻找、消灭敌装甲力量。可这个目标没能实现，相关记录表明，第4装甲旅没为此付出太大努力，尽管该旅刚刚获得40辆新坦克，从而让坦克总数达到136辆，几乎是非洲军剩余坦克数的三倍。接下来两天，第4装甲旅一直待在古比井附近的阵地里，偶尔短距离出击一番，企图把敌人引入印度第4师炮兵阵地的直接打击范围，但没能如愿。

12月7日，隆美尔决定撤往贾扎拉防线，因为上级部门通知他，年底前可能不会有援兵运抵。当日夜间，非洲军开始与敌人脱离接触。英国人迟迟没有意识到发生了什么事，直到12月9日，他们的装甲部队才驶向阿克鲁马南面路口的骑士桥。距离骑士桥8英里处，他们遭到德军后卫部队阻截，这表明英军只求自保，对追击退却之敌并不积极。到12月11日，隆美尔的部队已平安返回贾扎拉，作为一道预备防线，这里早已构筑起防御阵地。

戈德温-奥斯汀指挥的第13军接过追击敌军的任务，12月13日冲击贾扎拉防线。英军的正面突击受阻，但掩护隆美尔内翼的意大利快速军，遭受英军施加的压力后迅速撤离，致使英军左翼前出到贾扎拉防线后方15英里的西迪卜雷吉塞。不过，德军装甲部队展开一场反冲击，阻挡住了对方的包围机动。

12 月 14 日，戈德温－奥斯汀在重新发起进攻前，派第 4 装甲旅以一场更大范围的侧翼迂回攻往赫莱格埃莱贝，那是贾扎拉与迈奇尼之间多条小径的一个交汇点。深入隆美尔身后设立封锁线的这场行动于下午 2 点 30 分发起，第 4 装甲旅向正南方跋涉 20 英里后停下来过夜。次日清晨 7 点，他们再次动身出发，向前推进 60 英里。由于路况恶劣，行程受到耽搁，直到下午 3 点才到达赫莱格埃莱贝，比规定时间晚了四个小时，已无法按照预定计划牵制隆美尔的装甲预备队，以此协助英军的主要突击。另外，第 4 装甲旅到达目的地后没有采取任何行动，德国人直到次日上午才发现该旅的存在。

与此同时，英军 12 月 15 日发起的主要突击失败了。他们在海岸附近实施进攻，在贾扎拉阵地上夺得一片立足地，但德军装甲部队中午展开一场反突击，打乱了对方的包围进攻，还歼灭了进攻部队一股先遣力量。

英军指挥部门仍期盼深入敌军后方的那个强大的装甲旅能在次日取得决定性战果。但 12 月 16 日上午，第 4 装甲旅向南行进 20 英里，以便在彻底安全的情况下补充油料。当日下午返回时，该旅在更靠近防线处遭到德军反坦克炮拦截，于是再度南撤，结成车阵过夜。相关记录表明，双方展开远距离交火，但没有造成伤亡损失。分析人士得出结论，该旅似乎希望看着敌人离开，于是，敌人就沿留给他们的畅通无阻的道路离去了。

尽管非洲军 12 月 15 日成功实施了一场装甲反突击，自身损失轻微，可他们目前只剩 30 辆坦克，而战场上的英军坦克多达 200 辆。权衡局势后，隆美尔认为无法长时间坚守贾扎拉防线，因而决定后撤一大步，与敌人彻底脱离接触，同时等待援兵到来。他打算退往的黎波里塔尼亚边界线上的卜雷加港，这是个理想的防御阵地。卜雷加港当初是他发起首次进攻的跳板，日后还会发挥这个作用。就这样，12 月 16 日夜间，隆美尔又一次后撤，非洲军和意大利快速军沿沙漠路线行进，意大利步兵师则沿海岸道路退却。

英军很晚才展开追击。第 4 装甲旅直到次日下午 1 点才动身出发，行进两小时后，距离赫莱格埃莱贝他们先前到达的位置还有 12 英里，该旅就停下来准备过夜，同时为进一步推进做些后勤准备。12 月 18 日，该旅沿一条沙漠路线前出到迈奇尼以南某处，但他们转身向北时，错过了逮住敌军后撤队列尾部的机会。

与此同时，印度第4师搭乘汽车，在步兵坦克陪伴下穿过绿山崎岖的山地，逼向海岸附近。该师12月19日占领德尔纳，但敌人徒步行军的队列，大多已顺利穿过瓶颈地带，英军在更西面拦截他们的企图，由于地形复杂和油料短缺而受阻，只逮住对方少量残部。现在，大多数追击部队因为缺乏油料停止了前进。

率领追击行动的摩托化步兵穿过班加西大弯的沙漠"弦线"，12月22日到达安特拉特，随后发现敌装甲部队（30辆坦克）部署在贝达富姆附近，目的是掩护徒步跋涉的意大利部队沿海岸线后撤。于是，英军又一次停止追击，直到隆美尔的后卫部队11月26日后撤30英里，退往艾季达比亚。与此同时，重新获得装备的英军第22装甲旅赶来加强追击部队。跟随敌后卫部队的禁卫旅对艾季达比亚发起一场正面突击，但以失败告终，而第22装甲旅深入沙漠，以一场30英里的纵深迂回穿过赫赛埃特。这场行动中出现了意想不到的逆转，12月27日，该旅突然遭到一支德军装甲部队的侧翼打击，在接下来三天的战斗中陷入包围。虽然30辆英军坦克设法逃脱，但该旅损失了65辆战车。隆美尔这场反击获得两个新锐装甲连（30辆坦克）支援，他们12月19日在班加西登岸，正好赶在港口疏散前抵达，这也是"十字军"行动开始以来，隆美尔首次获得增援力量。

对长途追击的英军来说，他们在赫赛埃特遭遇逆转是个令人失望而又沮丧的结局，犹如给图卜鲁格周围的战斗最终赢得胜利的兴奋之情泼了盆冷水。但隆美尔被迫后撤还是让英国人获益匪浅，因为这场后撤导致边界线上的德意守军陷入孤立境地，毫无希望可言。拜尔迪1月2日投降，剩下的两座边界哨所1月17日投降。这样一来，英军在边界地区俘虏的人数达到2万人，包括早些时候在西迪奥马尔被俘的人员。轴心国军队伤亡3.3万人，而英军伤亡人数不到1.8万。但轴心国损失的人员中，三分之二是意大利人，德军损失的1.3万人中，很大一部分是行政后勤人员。而历时六周的战斗中，英军的损失大多发生在战斗部队，包括许多训练有素的沙漠战老兵，这种损失难以弥补。

以经验不足的部队从事战斗，特别是在沙漠里，其弊端很快会在下一场交战中暴露无遗。这场交战在一月份第三周到来，所有人都认为隆美尔已被打垮，他却出人意料地发起另一场攻击，赢得的战果与他 1941 年的首次进攻同样惊人。

注释

1. 交战双方的坦克力量和资源对比，可参阅英国官方史第30—31页的表格。根据许多不同的记录和汇编推算出英军作战坦克数量为713辆（含201辆步兵坦克），根据另一些资料计算，这个数字达到756辆（含225辆步兵坦克）。

第十六章

潮起远东

从 1931 年起，日本人就积极扩大他们在亚洲大陆的立足地，此举不仅以牺牲中国为代价，还损害了英美两国在该地区的利益。那一年，日本侵占中国东北，次年在那里建起傀儡政权。此后，日本一直致力于征服这个庞大的国度，但陷入游击战的泥沼中难以自拔。最后，为解决中国问题，他们进一步向南扩张，企图切断中国的外来补给线。

希特勒 1940 年征服法国和低地国家，日本人趁法国无能为力之机，以胁迫手段迫使法国同意日本对法属印度支那实施"保护性"占领。

针对这种情况，罗斯福总统 1941 年 7 月 24 日要求日本军队撤出中南半岛，为加强这种要求，他 7 月 26 日签署总统令，冻结日本在美国的一切资产，还对日本实施石油禁运。丘吉尔先生同时采取行动，两天后，流亡伦敦的荷兰政府也被说服采取同样的政策。就像丘吉尔说的那样，这些措施意味着"日本一下子丧失了重要的石油来源"。

许多人通过早在 1931 年进行的探讨就已认清，这种瘫痪性打击会迫使日本孤注一掷，因为这是日本除了崩溃或放弃现行政策外的唯一选择。值得注意的是，日本力图通过谈判解除石油禁运，在此期间把他们的打击推迟了四个多月。美国政府拒绝解除禁运令，除非日本从中南半岛和中国撤军。估计没有哪个政府会接受这种条件，更不必说刚愎自用的日本人了。因此，从七月份最后一周起，就有充分的理由认为太平洋战争随时可能爆发。这种情况下，美国人和英国人在日军发动偷袭前幸运地获得四了个月"宽限期"。但这两个国家都没有妥善利用这段间隔期从事防御准备。

1941 年 12 月 7 日上午，六艘航空母舰组成的一股日本海军力量，对夏威夷群岛的美国海军基地珍珠港发动了一场猛烈空袭。这场偷袭是日本宣战前实施的，与 1904 年的先例如出一辙，日本人当年先进攻旅顺港，然后再对俄国宣战。

直到 1941 年年初，日本针对美国的战争方案一直是把主力舰队用于南太平洋，配合对菲律宾群岛的进攻，抗击越洋而来、救援菲律宾驻军的美国舰队。美国人预料到日本会采取这种措施，日本人近期侵占中南半岛，加强了他们的这种研判。

但日本联合舰队司令长官山本五十六大将在此期间拟制了一份新方案，也就是突袭珍珠港。机动部队（打击力量）沿一条大范围迂回航线取道千岛群岛，在完全没被发现的情况下从北面逼近夏威夷群岛，日出前以 360 架舰载机从距离珍珠港近 300 英里的海上发起攻击。八艘美国战列舰中，四艘被击沉，一艘搁浅，另外几艘也遭到重创。日本人仅用一个多小时就控制了太平洋。

通过这场偷袭，日本人扫清了海上入侵之路，随后对太平洋上的美国、英国、荷兰领土展开一连串侵略。日本海军主力机动部队驶向夏威夷群岛时，其余海军力量护送运兵船队进入西南太平洋。几乎是空袭珍珠港的同时，日军开始登陆马来半岛和菲律宾群岛。

马来半岛上的目标是英国海军设在新加坡的海军基地，但日本人没有从海上实施攻击——新加坡的防御方案本来就是针对这个方向上的进攻制订的。日本人采用的路线非常间接。他们在马来半岛东北海岸的哥打巴鲁登陆，目的是夺取机场，分散守军注意力，主力部队却在新加坡以北 500 英里的半岛颈部弃船登岸。日军从半岛最东北面这些登陆地沿西海岸而下，不断迂回企图拦截他们的英军防线。

日军之所以取得累累战果，一方面是因为他们出人意料地选择了这样一条复杂的路线，另一方面是因为浓密的植被经常提供意想不到的渗透良机。经过一场持续六周、几乎毫不停顿的后撤，英军一月底被迫从内陆退入新加坡岛。2月8日夜间，日军渡过1英里宽的海峡发动进攻，在几个地点登陆，尔后沿一条宽大战线发展新的突破。2月15日，新加坡守军投降，打开西南太平洋大门的钥匙就此丢失。

1941年12月8日，日军以一场规模较小的独立行动进攻香港的英军基地，迫使这片殖民地及其守军圣诞节那天投降。

菲律宾主岛吕松，日军先是登陆马尼拉北面，尔后迅速在菲律宾首都后方实施登陆。面对这种扰乱手段和不断汇聚的威胁，美军放弃了岛上大部分地区，十二月底前退入小小的巴坦半岛。这样一来，他们得以沿一条大幅度缩窄的防线抗击敌人的正面冲击，因此，守军一直坚守到次年四月才被打垮。

此前，甚至在新加坡陷落前，日本人的征服浪潮就在马来群岛蔓延开来。1月11日，日军登陆婆罗洲和西里伯斯岛。1月24日，更强大的日军部队接踵而至。五周后的3月1日，日本人进攻爪哇，这座岛屿是荷属东印度群岛的核心。进攻前，日军采用迂回运动隔离了该岛。没过一周，整个爪哇岛就像熟透的李子那样落入他们手中。

澳大利亚显然遭受到紧迫的威胁，但这种威胁没有发展开来。日本人目前朝相反的方向付出主要努力，也就是向西征服缅甸。从泰国攻往仰光，这种宽大正面上的直接推进，对日本人在整个亚洲大陆上的主要目标来说是一条间接路线，这个目标就是瘫痪中国的抵抗力。因为仰光是英美补给物资取道滇缅公路运往中国的入境港。

同时，日本人采取这种行动还有个精明的目的：彻底征服通往太平洋的西部门户，在那里的主要路线上建立一道牢固的屏障，以防英美两国日后利用这些路线发动进攻。3月8日，仰光沦陷，接下来两个月，英国军队被赶出缅甸，翻山越岭退入印度。

这样一来，日本人就确保了一片自然属性极其强大的掩护阵地，收复失地的一切尝试都会受到严重阻碍，而且注定是个非常缓慢的过程。

盟国耗费了很长一段时间才集结起足够的力量，设法收复日本占领的地区——从东南端开始。在那里，他们从澳大利亚的幸免于难中获益，这片庞大的基地靠近日本人的一连串前哨。

除了欧洲和北美洲的国家之外，日本是唯一的先进工业国家，因为自1868年明治维新起，日本就开始了现代化的快速进程。但从本质上说，日本社会依然是"封建制"的，备受推崇的是武士，而不是生产者或商人。天皇无比神圣，统治阶级掌握一切权力。另外，军队的影响力巨大，他们怀有爱国狂热和强烈的排外情绪，希望自己的国家统治整个东亚，特别是中国。从30年代起，他们就以威胁和刺杀的手段实际控制了日本的政策。

自开始现代化以来，日本从未遭受过失败，这一点极大影响到这个国家解决经济和战略问题的策略。1904—1905年的日俄战争表明，无论在陆地上还是在海上，日本军队都占据优势，完全可以推翻欧洲人对世界其他民族的统治，自那之后，大日本帝国战无不胜的信念就在日本民众中广泛传播开来。

自1902年起，日本就是英国的盟国，1914年8月，日本借此攫夺了德国在中国的租借地，还获得了德国在太平洋上的殖民地马绍尔群岛、加罗林群岛、马里亚纳群岛。第一次世界大战结束后，1919年的《凡尔赛和约》承认了这些收益，这让日本成为太平洋西侧占有主导地位的强国。尽管如此，日本民众仍对战争收益不够满意，认为日本和意大利一样，都是"穷国"。因此，他们开始觉得自己与意大利和德国有一些共同之处。

1915年，日本向中国提出"二十一条"，遭到美国抗议后不得不撤回，控制中国的企图受挫，可能加剧了日本人的沮丧感。值得注意的是，自中日甲午战争起，中国一直是日本军队的主要目标。虽然第一次世界大战结束后，根据日本海军的观点，帝国防卫政策把美国列为主要假想敌，但日本陆军始终对苏俄深感担忧，认为对方驻扎在远东的庞大陆军力量是一种对日本大陆政策更大的威胁。

1921—1924年，日本蒙受了一连串羞辱。首先，英国礼貌地拒绝与日本续签同盟条约。双方的同盟关系破裂，某种程度上是日本在太平洋采取扩张主义政策的种种迹象所致，但这项明确决定是在美国的强大压力下做出的。日本人视之为侮辱，认为这是白人联手打压他们。随后，美国接二连三地采取立法措施限制日本移民，这加剧了日本人的愤慨，1924年的移民法全面禁止亚洲移民，这种怒火到达顶峰。两次"丢脸"激起日本人强烈的愤恨之情。

与此同时，英国宣布了在新加坡建造一座远东海军基地的计划，这座基地足以容纳一支战列舰队。其意图显然是遏制日本，而日本人视之为一种挑战。

这一切都给日本政治领导人造成伤害，自从他们接受1921年《华盛顿海军条约》，同意把日美英三国的主力舰总吨位比例限制在3：5：5，这些政治领导人就受到国内各方越来越激烈的攻讦。他们还同意把山东省交还中国，后来又签署了1922年的《九国公约》，保证中国领土主权的完整性，这又引发了日本民众的不满。

具有讽刺意味的是，《华盛顿海军条约》实际上削弱了太平洋地区遏制日本的力量，给日本随后的扩张主义举动帮了大忙，美国和英国计划建造的海军基地，不是工期被推延就是只得到些许加强。而在公然废除这份条约前的十三年里，日本发现很容易规避主炮口径和战舰吨位方面的限制。

1929年爆发的世界性经济危机，也让日本较为开明的政治领导人深受打击，因为日本在这场经济危机中遭受的破坏尤为严重，导致民众的不满情绪加剧，军国主义者趁机提出他们的观点：对外扩张才是日本经济问题的解决之道。

1931年9月，九·一八事变爆发。根据相关不平等条约的规定，日本人有权派部队"保卫"南满铁路。9月18日当晚，他们以遭到威胁性进攻为借口，进攻奉天（沈阳）和邻近城镇的中国驻军，随后解除了他们的武装。接下来几个月，日本人占领了整个东三省。虽然国际联盟和美国都不承认这种占领，但抗议和广泛的批评却促使日本于1933年退出国际联盟。三年后，日本与纳粹德国和法西斯意大利缔结了《反共产国际协定》。

1937 年 7 月，卢沟桥事变爆发，日本关东军侵入中国华北地区。接下来两年，这场持续进行的入侵不断扩大，面对中国军民英勇顽强的抵抗，日本人越来越深地陷入中国战场的泥潭。1937 年夏季，他们对上海的进攻遭遇重挫。但从长远看，这场挫败对日本人还是有好处的，因为这促使他们纠正自己的战术缺陷，以及自日俄战争以来滋生的过度自信的情绪，不久后，伪满洲国的西部"边界"也发生了一场冲突，日本人在苏联红军那里受到另一场教训。苏联红军 1939 年 8 月调集 5 个机械化旅和 3 个步兵师，在诺门罕地区包围了一支 1.5 万人的日本军队，导致日军损失 1.1 万人。

当月，德国同苏联签订互不侵犯条约，这个意想不到的消息令日本惊惧不安，日本内阁的温和派人士重新占据上风。但这种反作用仅仅持续到希特勒 1940 年征服西欧，1940 年 7 月，在日本陆军支持下，近卫文麿公爵组织的亲轴心内阁掌握了政权。日本随后加快了在中国的扩张，九月底与德国和意大利签署《三国同盟条约》，根据这份条约，三国承诺反对一切新加入西方同盟的国家，签订这份条约的主要目的是反对美国的干预。

1941 年 4 月，日本为了进一步自保，又同苏联缔结了一份中立条约，这就让日本得以腾出军力向南扩张。尽管如此，他们仍对苏联顾虑重重，仅为南进抽调了 11 个师团，13 个师团留在中国东北，在中国其他地区还驻有 22 个师团。

日本人于 7 月 24 日接管了法属印度支那，法国维希政府勉强接受。两天后，罗斯福总统冻结了日本在美国的所有资产，英国和荷兰政府也迅速采取了相同的措施。于是，这些国家与日本的贸易就此中断，特别是在石油方面。

日本和平时期的石油消耗，88% 依赖进口。禁运开始后，日本的石油储量可供正常使用三年，如果以全面战争的消耗量计算，只够一年半所用。另外，日本陆军省的一份调查报告表明，完成对华战争还需要三年时间，在此之前，石油储备会消耗殆尽，因此，在这方面取得一场胜利至关重要。唯一可用的石油来源是荷属东印度群岛的油田，他们估计，虽然荷兰人有可能在日军占领这些油田前破坏那里的设施，但这些油田还是可以在日本国内的石油储耗尽前得到修复并投入使用。来自爪哇和苏门答腊的石油可以挽救局势，还能确保日本完成征服中国的任务。

征服包括马来亚在内的这片地区，日本可以得到全世界橡胶产量的五分之四，锡产量的三分之二。这不仅能让日本获得巨大的收益，还能给敌人造成比日本失去石油更大的损失。

这就是日本领导人面临贸易禁运时不得不考虑的主要因素。除非说服美国解除禁运，否则他们就必须做出选择：要么放弃征服野心（这种情况下，陆军很可能在国内发动政变），要么夺取石油，同西方国家开战。这是个严酷的抉择。如果他们继续在中国大陆征战，但撤出印度支那，停止向南扩张，贸易禁运也许能获得部分缓解，可这样一来，日本会变得更加虚弱，而且无力承受美国提出的进一步要求。

做出这种孤注一掷的选择前当然会犹豫不决，这也许能够解释日本人为何把相关决定推迟四个月，迟迟不发起打击。另外，军人的天性让军方首脑希望获得足够的时间从事准备工作，并就应当采取何种战略的问题进行长时间探讨。还有些人甚至乐观地希望并指出，倘若日本的行动仅限于夺取荷兰和英国领土，美国可能会继续置身事外。

8月6日，日本恳请美国解除禁运。美国当月做出决定，一旦爆发战争就控制整个菲律宾群岛，而日本却要求美国停止向那里派遣增援部队。美国对此做出坚定的回复，警告日本不要再继续侵略。

经过两个多月的内部争论，近卫公爵下台，东条英机出面组阁，这是一起很可能具有决定性的事件。尽管如此，他们还是进行了旷日持久的讨论，直到11月25日才做出开战决定。这项决定的一个促成因素是，一份报告表明，当年四月到九月，日本的石油储量减少了四分之一。

尽管如此，日本联合舰队司令长官山本五十六大将还是在同一天接到命令，如果日美两国在华盛顿继续进行的谈判有望取得成功，就取消偷袭珍珠港的行动。

下表总结了1941年12月太平洋地区的海军力量：

	主力舰	航空母舰	重巡洋舰	轻巡洋舰	驱逐舰	潜艇
英国	2	—	1	7	13	—
美国	9	3	13	11	80	56
荷兰	—	—	—	3	7	13
自由法国	—	—	—	1	—	—
同盟国总数	11	3	14	22	100	69
日本	10	10	18	18	113	63

※以上数据引自：Roskill: The War at Sea, vol. I, p. 560.

值得注意的要点是，虽然双方在大多数方面旗鼓相当，但日本人在航母这个至关重要的舰种上占有巨大的优势。另外，这个表格无法体现双方素质方面的差异。日本军队组织严密、训练有素，特别擅长夜战，与盟军一方不同，他们没有指挥或语言上的困难。珍珠港和新加坡是盟军两座主要海军基地，之间隔着 6000 英里水域。从物质上说，日本海军也强得多，他们有许多新舰，其中大多数武备精良，速度更快。主力舰方面，只有英国皇家海军的"威尔士亲王"号能匹敌性能普遍更胜一筹的日本战列舰。

陆军实力方面，日军总兵力是 51 个师团，而西南太平洋的作战行动中，他们只投入 11 个师团。也就是说，他们的战斗兵力不到 25 万。如果算上行政、后勤人员，总兵力可能达到 40 万人左右。盟军的兵力更难确定。日本人决定发动进攻时，他们估计英军在香港驻有 1.1 万人，在马来亚驻有 8.8 万人，在缅甸驻有 3.5 万人，共计 13.4 万人；美军在菲律宾驻有 3.1 万人，另有 11 万菲律宾士兵；荷兰人在他们的殖民地驻有 2.5 万名正规军士兵和 4 万名民兵。从表面上看，日本人以这么少的兵力发起如此深远的攻势，似乎是一场大胆的赌博。实际上，这是一场精心计算过的豪赌，因为控制海洋和天空，通常能让日军获得局部兵力优势，而这种优势又因为日本士兵的丰富经验和高质量训练（特别是在两栖登陆、丛林战、野战方面）被放大数倍。

空中力量方面，日本的 1500 架一线陆航战机只投入 700 架，可他们获得驻扎在台湾岛的第 11 航空舰队 480 架海军战机，以及分配给偷袭珍珠港的 360 架舰载机加强。起初，日本人为了给南方作战行动提供空中掩护，专门分配了航空母舰。但当年十一月，也就是太平洋战争爆发四周前，零式战机（这款战机的性能远远超过盟军现有机型）的航程增加了，可以从台湾岛飞行450英里到达菲律宾，然后再折返。这样一来，腾出的航母就能用于偷袭珍珠港。

面对日本强大的航空兵力量，美国在菲律宾驻有307架战机，包括35架B-17远程轰炸机，但其他战机的性能都很低劣；英国在马来亚派驻了158架一线战机，大多是过时的型号；荷兰人在他们的殖民地驻有144架战机。而在缅甸，英国人当时只有37架战斗机。日本航空兵本来就数量占优，在质量上超过对手更让其优势倍增，性能出众的零式战斗机尤为值得一提。

在这样一片满是岛屿和海湾的水域，日本人对两栖作战的发展也让他们获益匪浅。他们的一个严重弱点是商船队规模较小，只有区区600万吨，但这个缺点直到战争后期才成为决定性障碍。

总之，日本发动战争时享有巨大的全面优势，特别是质量方面。开始阶段，他们面临的唯一真正危险是美国太平洋舰队迅速介入的可能性，可他们通过偷袭珍珠港消除了这种危险。

情报是另一个重要的影响因素，但确定双方力量对比时很少考虑这一点。总的说来，由于事先对作战地区进行了长时间的认真研究，日本人在这方面干得很不错，但盟军占有一个巨大的优势，美国人早在1940年夏季就破译了日本的外交密码，这项成就归功于威廉·F. 弗里德曼上校。从那时起，美国人就能读到日本外务省或大本营的所有密电，战前谈判期间，没等日本代表提出东京的最新提议，美国人就已经知道了。但日本当局没有把发动进攻的确切日期和作战要点告知日本大使。

虽然美国人被珍珠港事件打得猝不及防，但他们掌握了日本的密码，这本身就是个巨大的基本优势，随着他们逐渐学会更好地加以使用，优势变得越来越大。

日本的战略旨在实现防御和进攻的双重目标：一方面，要确保日本重新获得石油供应，这样才有能力征服中国；另一方面，这场扫荡期间必须切断中国继续抵抗所需的补给线。挑战美国的风险很大，因为这个国家的潜力远不是日本所能比的，但日本领导人做出这种决定时，受到欧洲形势发生变化的鼓励：轴心国现在几乎统治了整个欧洲大陆，希特勒的猛烈进攻让苏联备受重压，根本无法干预远东事务。日本人希望，在建立起一个北起阿留申群岛、南到缅甸的同心防卫圈后，美国发现这个防卫圈牢不可破，最终不得不承认日本的征服和所谓的大东亚共荣圈。

这份方案与希特勒的侵苏设想存在一些共同之处，希特勒也打算以进攻行动建立一道从阿尔汉格尔斯克延伸到阿斯特拉罕的防御屏障，从而把亚洲部落拒之门外。

起初，日本人的方案一直是占领菲律宾，尔后等待美国人发动反攻——估计他们会取道托管岛屿，然后就集中力量击退美军。（这份三阶段战争方案表明，日本人认为 50 天内可以完成对菲律宾的占领，100 天内能占领马来亚，150 天内可征服荷属东印度群岛。）但 1939 年 8 月，山本五十六海军中将出任联合舰队司令长官，他是个对航母价值笃信不疑的狂热信徒。他敏锐地意识到，美国太平洋舰队是"直指日本咽喉的一柄匕首"，必须立即以一场突然袭击打垮这支舰队，以此推迟对方的反击措施。日本海军军令部接受了他的观点，但相当勉强，而且顾虑重重。

时间表和时区差异（夏威夷的 12 月 7 日星期天，在马来亚却是 12 月 8 日星期一），导致何时发起进攻的问题趋于复杂。但他们最终还是做出妥善安排，所有主要作战行动都在格林尼治标准时间 17 点 15 分到 19 点之间发起，所有突击都在当地时间凌晨展开。

美国一方，长期以来一直认为放弃菲律宾从政治上说是无法接受的。但军方认为，不可能守住这些与夏威夷珍珠港相距 5000 英里的岛屿。他们的观点占据了上风，因此，美军的作战方案仅仅是守住一处立足地，也就是首都马尼拉附近，吕宋岛上获得加强的巴坦半岛。但 1941 年 8 月，这份方案又一次被修改，美国人决定守卫整个菲律宾。

导致方案被修改的一个因素是道格拉斯·麦克阿瑟将军施加的压力，自 1935 年起，他一直是菲律宾政府的军事顾问。1941 年 7 月底，他被召回美国陆军现役，还被任命为远东总司令。罗斯福总统一向对麦克阿瑟的意见评价颇高，1934 年，他亲自把麦克阿瑟陆军总参谋长的四年任期延长一年，由此可见他对这位将军的信赖。另一个因素是，罗斯福总统认为，由于德国深深陷入侵苏战事，他完全可以大胆地对日本采取更加强硬的立场，就像他实施石油禁运那样。第三个因素是 B-17 远程轰炸机的出现引发的乐观情绪，美国人希望这款轰炸机不仅能有效打击驻台湾岛的日军，还能轰炸日本本土。可没等大批 B-17 轰炸机加强菲律宾的航空兵力量，日本人就抢先动手了。另外，美国陆海军参谋长从来没有认真考虑过日本人偷袭珍珠港的可能性。

第十七章

日本的征服狂潮

　　偷袭珍珠港方案的执行，和这份方案被采纳一样，都应当归功于山本海军大将的推动。几个月来，派驻檀香山日本领事馆那些训练有素的海军情报军官，发回大量情报，特别是关于美国军舰的调动情况。日本联合舰队内部，舰员和飞行员为作战行动进行了严格训练，目的是能够在各种天气条件下投入这场行动，轰炸机组至少从事了 50 次训练飞行。

　　如前所述，零式战斗机的航程近期获得增加，西南太平洋的作战行动不再需要航空母舰支援，这给奇袭珍珠港的方案提供了很大帮助。英国海军 1940 年 11 月袭击塔兰托的行动也让这份方案获益匪浅，英国舰队航空兵在那里取得成功，只用 21 架鱼雷攻击机就击沉了停泊在强大筑垒港口内的三艘意大利战列舰。即便是当时，谁也没想过在水深不到 75 英尺处（这是塔兰托的平均水深）施放航空鱼雷的可能性，因此，所有人都认为珍珠港不会遭受这种攻击，因为那里的水深只有 30～45 英尺。但到 1941 年，英国人凭借他们在塔兰托获得的经验，已经能在水深不到 40 英尺处施放航空鱼雷，他们的办法是在航空鱼雷上安装"木鳍"，防止鱼雷俯冲后撞向浅浅的海底。

　　日本人通过他们的驻罗马和伦敦大使馆获知这些详情后深受鼓舞，积极进行了类似试验。另外，为了让计划中的攻击更加有效，他们的水平轰炸机挂载了 15、16 英寸口径的穿甲炮弹，这种炮弹装有弹翼，因而能像炸弹那样落下。没有哪艘军舰的甲板装甲能承受垂直落下的这种穿甲弹。

美国太平洋舰队本来可以为他们的大型舰只安装防鱼雷网，以此防范塔兰托式的危险，日本人对这种可能性深感担忧，但太平洋舰队司令赫斯本德·E.金梅尔上将的看法和美国海军部一样，认为当时使用的那种防鱼雷网过于笨重，给军舰的快速调动和小型船只的通行造成严重妨碍。结果，这个决定葬送了珍珠港内的舰队。

多种因素共同决定了日军的进攻日期。日本人知道金梅尔海军上将总是在周末把他的舰队带回珍珠港，届时，这些军舰上的舰员不会悉数在岗，这就提升了偷袭效果。因此，星期天自然成为不二之选。十二月中旬后，天气可能不利于马来亚和菲律宾的两栖登陆，因为降雨会达到最强，这种情况也不利于袭击珍珠港的打击力量在海上补充油料。东京时间 12 月 8 日，在夏威夷是星期天，届时没有月光，随之而来的夜幕有助于日军航母编队悄然逼近夏威夷。那里的潮汐也有利于登陆行动，日本人起初考虑过这种方案，可由于缺乏运兵船，再加上这样一支入侵部队的逼近很可能会被发现，所以最终放弃了这个构想。

选择海军打击力量的接敌航线时，日本人考虑了三种方案。一条是取道马绍尔群岛的南路航线，另一条是取道中途岛的中路航线。这两条航线较短，但都被放弃，最终采用的是从千岛群岛出发的北路航线，这就意味着途中需要加油，但优点是避开了运输航线，而且被执行巡逻任务的美国侦察机发现的风险也较小。

日本人还使用了所谓的"长短腿"攻击法并从中获益。航空母舰借助夜幕掩护接敌，航行到最靠近目标处，拂晓时派飞机升空，航母转身驶离目标，但不是沿原路折返，完成攻击的舰载机在比起飞海域更远的地方与航母会合。因此，日军战机的去程和归程一短一长，而追击的美军战机来回都得飞行较长的航程。美军防御规划人员没有考虑到这种劣势。

以重要性排序，日本人的打击目标是：美军航母（日本人希望最好有 6 艘，最少也要有 3 艘航母在珍珠港内），战列舰，油库和其他港口设施，惠勒、希卡姆、贝洛斯机场这些主要基地的飞机。日军用于此次突袭的力量是 6 艘航母搭载的 423 架战机，其中 360 架实施攻击，包括 104 架水平轰炸机、135 架俯冲轰炸机、40 架鱼雷攻击机、81 架战斗机。护航力量编有 2 艘战列舰、3 艘巡洋舰、9 艘驱逐舰、3 艘潜艇，另有 8 艘油轮随行。机动部队统归南云忠一海军中将指挥。日本人还打算利用预期的混乱状况，以袖珍潜艇同时发动攻击。

11 月 19 日，潜艇部队拖着 5 艘袖珍潜艇驶离日本吴港海军基地。机动部队主力 11 月 22 日集结在千岛群岛的单冠湾，11 月 26 日驶离。12 月 2 日，他们收到进攻命令已得到确认的消息，于是所有舰艇实施灯火管制。即便到此时仍有附带条件，如果机动部队 12 月 6 日前被发现，或双方在华盛顿谈判的最后一刻达成协议，就放弃任务。12 月 4 日，机动部队最后一次加油，航速从 13 节提高到 25 节。

檀香山领事馆不断发出的情报，由东京转发给机动部队，令他们失望的是，据悉，12 月 6 日，也就是进攻发起前夕，珍珠港内没有航空母舰。（实际上，一艘航母在加利福尼亚海岸，另一艘正把轰炸机运往中途岛，还有一艘刚刚把战斗机运往威克岛，另外三艘位于大西洋。）但情报中称，8 艘战列舰停泊在珍珠港内，没有悬挂防鱼雷网，因此，南云中将决定继续前进。次日清晨 6 点到 7 点 15 分之间（夏威夷时间），舰载机在珍珠港正北面 275 英里的海面上起飞。

两个迟来的警告本来会对这场突袭的结果造成影响，实际上却没有发挥应有的作用。第一个警告是美国人从 3 点 55 分起，几次发现日本潜艇部队接近——美军驱逐舰 6 点 51 分击沉了一艘潜艇，海军飞机 7 点击沉了另一艘。第二个警告是美国人设在岛上的六座雷达站中最北面的一座，7 点后不久发现大批飞机朝珍珠港飞来，显然超过 100 架。可情报中心认为这是按计划从加利福尼亚飞来的一群 B–17，这种判断毫无根据，因为那群 B–17 只有 12 架，而且是从东面，而不是从北面飞来。

日军战机的第一波攻击 7 点 55 分开始，一直持续到 8 点 25 分，然后是俯冲轰炸机和水平轰炸机于 8 点 40 分发起的第二波攻击。但第一攻击波使用的鱼雷攻击机是决定性因素。

八艘美国战列舰中，"亚利桑那"号、"俄克拉荷马"号、"西弗吉尼亚"号、"加利福尼亚"号被击沉，"马里兰"号、"内华达"号、"宾夕法尼亚"号、

"田纳西"号遭重创。[1]另外三艘驱逐舰和四艘较小的舰只也被击沉，三艘轻巡洋舰和一艘水上飞机供应船遭重创。日本人还炸毁188架美军飞机，击伤63架，而他们的损失仅仅是29架飞机被击落、70架飞机受损、5艘袖珍潜艇在一场彻底失败的进攻中悉数损毁。人员伤亡方面，美方阵亡、负伤3435人，日方伤亡情况不明，阵亡人数可能不到100人。

10点30分到13点30分，返航的日本飞机降落在他们的母舰上。12月23日，机动部队主力回到日本。

这场偷袭为日本赢得三大优势：美国太平洋舰队实际上已丧失战斗力；日军在西南太平洋的作战行动得到确保，不会受到美国海军干扰，执行偷袭珍珠港任务的机动部队可用于支援这些作战行动；日本人现在获得更多时间延长、构建他们的防御圈。

此次偷袭的主要缺点是错过了美国的航空母舰，这是主要目标，也是日后作战行动的关键。日本人也没有炸毁珍珠港的油罐和其他重要设施，如果做到这一点，本来会大幅度减缓美国人的恢复速度，因为珍珠港是唯一一个完整的舰队基地。日本突然发动偷袭，事后才正式宣战，这让美国群情激愤，全国上下一致支持罗斯福总统对日本施以最猛烈的还击。

具有讽刺意味的是，日本人打算在合乎法规的范围内行事，可又希望通过突然袭击获益，换句话说，他们想在不越线的情况下尽量贴着边走。对美国人11月26日提出的要求的回复，定于12月6日（星期六）深夜发给日本驻华盛顿大使，日本方面责成他周日13点，也就是夏威夷时间早上7点30分呈交美国政府。这样一来，美国政府几乎没有时间（只有大约半小时）通知夏威夷和其他地区的指挥官战争已然来临，而日本人完全可以宣称他们的做法符合国际法。可是，由于日方这份照会太长，足足有5000字，再加上日本大使馆解码这份长电耽误了时间，日本大使直到华盛顿时间14点20分才呈交这份照会。此时，日军对珍珠港的袭击已经开始了大约35分钟。

美国人强烈谴责日本以偷袭的方式进攻珍珠港，斥之为野蛮的行径，从历史角度看，这种说法令人惊异。因为日军这场偷袭与他们当年进攻旅顺港内的俄国舰队非常相似，美国人早该预见到这一点。

1903 年 8 月，日本与俄国为解决他们在远东的分歧展开谈判。五个半月后，日本政府得出结论，从俄国人的态度看，不可能达成令人满意的决议，因而在 1904 年 2 月 4 日决定诉诸武力。2 月 6 日，谈判破裂，但双方都没有宣战。东乡平八郎海军大将率领日本舰队悄然驶向被俄国占领的海军基地旅顺港。2 月 8 日夜间，东乡派出鱼雷艇攻击旅顺港内的俄国分舰队。这场偷袭导致俄国海军最优秀的两艘战列舰和一艘巡洋舰丧失了战斗力，这一战果后来让日本获得了远东地区的制海权。日本直到 2 月 10 日才宣战，俄国也在同一天对日本宣战。

两年前与日本结成同盟的英国在当时的态度，与三十七年后响应美国谴责日本卑劣行径的做法形成具有讽刺性的对比。《泰晤士报》1904 年 2 月发表评论称：

> 由于天皇和他的顾问做出了具有男子汉气概的决定，日本海军发挥主动性，以一场大胆的行动开启了战争……俄国分舰队停泊在暴露的外锚地，实际上相当于邀请对方发起攻击。我们英勇的盟国海军及时而又正确地接受了邀请，从而赢得赫赫战果……这番功绩对士气的影响非常大，也许会影响并改变整个战争的进程……通过这些积极的行动，日本海军已从政治家赋予他们的主动权中获益，还建立起一种拥有士气优势的局面。

1911 年版的《大英百科全书》，关于"日本"的条目也称赞了日本选择战争的行动，称日本是为了"反对一个军事独裁国家和一项自私的限制政策"而战。

特拉法尔加海战 99 周年纪念日，即 1904 年 10 月 21 日，海军上将约翰·费舍尔爵士出任英国第一海务大臣。他立即游说国王爱德华七世和另一些深具影响力的人物，建议以"哥本哈根海战"的方式，消除德国舰队实力增长构成的危险，也就是说，不经宣战就发动一场突然袭击。他甚至四处宣传这种突袭手段。费舍尔不断倡导的这种做法自然引起了德国政府的关注，他们对此当然比英国政界人士更加重视。

在日本海军偷袭旅顺港的行动取得成功之前，费舍尔海军上将是否提出过他的建议，这一点我们无从确定。但不管怎样，纳尔逊未经宣战就在哥本哈根重创丹麦舰队的突然袭击，是英国海军史上著名的一页，每个水兵对此都很熟悉。东乡平八郎当年作为一名年轻的海军军官，曾在英国进行过七年专业学习。因此，纳尔逊的哥本哈根突袭，对东乡海军大将1904年发挥主动精神的影响，可能和东乡平八郎对费舍尔所提方案的影响同样大。

对美国人来说，尽管存在历史教训，可珍珠港1941年遭到偷袭还是令他们无比震惊，这种冲击不仅引发了他们对以罗斯福总统为首的美国政府的广泛批评，还让他们产生一种深深的怀疑——造成这场灾难的固然是盲目和混乱，但更重要的是某种阴谋。这种怀疑论传播开来，特别是在罗斯福的批评者和政敌中，而且长久不衰。

不过，很明显的是，虽然罗斯福总统长期以来一直希望率领美国加入这场反对希特勒的战争，并为此寻找借口，但关于美国陆海军总部骄傲自满、错误估计的证据，远比美国修正主义历史学家的观点重要得多，这些历史学家认为罗斯福为达到参战目的，故意策划或设计了珍珠港灾难，可他们为此提供的证据却寥寥无几。

香港沦陷

远东地区这个英国前哨的早早丢失，堪称最明确的一个例证，充分说明为了虚幻的威望，战略和常识是如何白白牺牲掉的。[2] 香港问题上，就连日本人也没有像英国人那样干出"死要面子"的蠢事。在英国面临的战略态势中，香港显然是个薄弱点，保卫这里远比保卫新加坡难得多。这座岛屿港口毗邻中国大陆，与日本人设在台湾岛的航空兵基地仅隔400英里，与新加坡的英国海军基地却相距1600英里。

英国三军参谋长1937年年初审核战略态势时，把日本列为仅次于德国的假想敌，还把新加坡和英国本土看作英联邦赖以生存的基石，因而强调，为保卫英国在地中海的利益所做的一切考虑，决不能干扰派一支舰队前往新加坡的决定。讨论香港问题时，他们一致认为援兵至少要90天后才能开抵，还进一步指出，即便获得加强的守军能守住这片殖民地，这座港口还是会被从台湾岛展开行动的日本航空兵炸毁。不过，他们依然不顾实际情况，以一种过于乐观、不太现实的方式拒绝了合乎逻辑的结论，理由是撤离守军会损失威望，而且有必要鼓励中国抵抗日本。他们得出结论："必须把香港视为一个重要，但并非至关紧要的前哨，应当尽可能长时间坚守。"[3] 这个结论注定了香港守军的命运。

两年后的 1939 年年初，三军参谋长再度审核战略态势，得出同样的总体结论，但一个重大变化是，他们在优先次序上把地中海的安全置于远东地区之前。这让香港的防御更趋无望，加剧这种状况的是，一支日本远征军已位于香港南北两面的中国大陆，孤立了英国这片殖民地，导致这座岛屿暴露在陆地进攻下。

1940 年 8 月，随着法国沦陷，新的三军参谋长小组重新审核战略态势，此时担任帝国总参谋长的迪尔将军在这个小组中代表陆军。这一次，他们面对的是香港无法防御的事实，因而建议撤离守军（当时只有 4 个营）。丘吉尔先生领导的战时内阁接受了他们的意见。但这项决定没有得到执行。一年后，三军参谋长又变了卦，建议丘吉尔接受加拿大政府提供的两个营兵力以加强香港守军。提供援兵和政策逆转，主要受到 A. E. 格拉塞特少将乐观看法的影响，这个加拿大人近期一直在香港负责指挥工作，返回英国途中，他告诉加拿大总参谋长，提供两个营的援兵足以让香港长时间抵抗敌人的进攻。英国三军参谋长建议丘吉尔接受这种提议时指出，即便在最糟糕的情况下，这些援兵也能让守军在香港实施一场"更具价值"的防御——这又是个关乎"威望"的理由。1941 年 10 月 27 日，两个加拿大营运往香港，这导致白白牺牲的人数增加了近 50%。

12 月 8 日清晨，日军从中国大陆进攻香港，使用的兵力超过一个加强师（12 个营），这支装备精良的部队还获得充足的空中掩护和火炮支援。次日，英军退守九龙半岛所谓的醉酒湾防线，12 月 10 日清晨，日军一个联队占领了防线上一座重要的堡垒。日军这场突袭迫使英军早早放弃了醉酒湾防线，退往香港本岛。日军继续向前，准备按计划冲击这道防线。

英国人击退了日军渡过海峡的初次尝试，但此举也导致他们分散了兵力。12 月 18 日至 19 日夜间，日军主力在东北角登陆，他们集中兵力的推进很快突破到南面的深水湾，一举切断守军力量。部分守军圣诞节当晚投降，另一部分守军次日上午停止了抵抗。尽管获得了援兵，可香港只坚守了不到十八天，仅仅是预期坚守时间的五分之一。日军伤亡不到 3000 人，而他们俘虏了获得加强的全体守军，近 1.2 万人。这座岛屿的沦陷发生在英国占领香港一百年，中国正式割让香港九十九年之际。

菲律宾沦陷

12 月 8 日凌晨 2 点 30 分，日军偷袭珍珠港的消息传到驻菲律宾美军司令部，他们立即进入戒备状态。与此同时，台湾岛的晨雾延误了日本人计划中对菲律宾发动的空袭。但结果证明，这种妨碍反而对日本人有利。因为美国方面一片混乱，对是否应该立即派 B-17 轰炸机对台湾岛展开报复性轰炸争论不休。结果，这些 B-17 轰炸机奉命绕吕宋岛飞行，以免被敌人炸毁在地面上。11 点 30 分，这些轰炸机降落，为即将发起的打击加以准备，就在这时，先前受到延误的日军战机飞临上空。由于美国的预警系统存在缺陷，大多数美军飞机首日就被炸毁，特别是 B-17 轰炸机和现代化的 P-40E 战斗机。空中力量对比的天平就此偏向日本人一侧，从这时起，他们凭借从台湾岛展开行动的 190 架陆航飞机和 300 架海军岸基飞机掌握了制空权。12 月 17 日，剩下的 10 架 B-17 轰炸机撤回澳大利亚，哈特海军上将徒有虚名的"亚洲舰队"寥寥无几的水面舰只也不得不撤离，仅在这片水域留下 29 艘潜艇。

至于地面力量，由于麦克阿瑟力主，新的决定是守卫整个菲律宾，可他却反其道而行，精明地把 3.1 万名正规军士兵（美国人和菲律宾侦察兵）中的大多数集结在马尼拉附近，这样一来，绵长的海岸线只能派素质低劣的菲律宾部队守卫，这些部队名义上有 11 万人左右。从战略上看，麦克阿瑟的决定是明智的，但这意味着日本人在他们选择的任何一处海岸登陆都不会遭遇太大困难。

遂行这场进攻的是本间雅晴中将指挥的第 14 军。他在登陆和初期行动中投入 5.7 万人。相比较而言，这股兵力并不多，这就让突然性和空中优势变得更加重要。日本人还必须夺取一些离岛和防御薄弱的沿海地区，以便为他们航程较短的陆航飞机迅速修建机场。

日军在发动进攻当天一举夺得吕宋岛以北 120 英里、巴坦群岛的主岛，12 月 10 日跃进吕宋岛北面的甘米银岛。同一天，另外两个联队分别在吕宋岛北海岸的阿帕里、维甘登陆。12 月 12 日，从帕劳群岛而来的第四个联队在吕宋岛东南面的黎牙实比登陆，没有遭遇任何抵抗。这些先期行动为日军 12 月 22 日的主要登陆行动铺平了道路，这场登陆选择的地点是马尼拉以北 120 英里的林加延湾。85 艘运输船载有本间将军的 4.3 万名官兵。12 月 24 日，从琉球群岛而来的另一支 7000 人的部队，在马尼拉对面东部海岸的拉蒙湾登陆。这些部队都没有遭遇任何激烈抵抗，因为缺乏经验、装备低劣的菲律宾军队迅速瓦解，特别是日军坦克朝他们驶去时，美军赶来增援为时已晚。到目前为止，日军伤亡不到 2000 人。

麦克阿瑟原本打算趁入侵者在滩头立足未稳之际粉碎对方，可他意识到这种希望无法实现，因而 12 月 23 日决定恢复原定方案，把所有残余的部队撤入巴坦半岛。某些错误的报告促使他做出这种决定，这些报告把日军兵力高估了近一倍，还严重贬低他麾下的菲律宾部队。12 月 26 日，马尼拉被宣布为不设防的城市。虽然起初陷入混乱状态，但麦克阿瑟的部队还是顶着敌人的压力一步步后撤，1 月 6 日前在巴坦半岛建起防御，这得益于日军兵力实际上只有传说中的一半这个事实。

但退入这座 25 英里长、20 英里宽的半岛后，美国人不得不养活包括平民在内的 10 万人，而不是原定方案中估计的 4.3 万人。另外，半岛上疟疾肆虐，没过多久，仍能从事战斗的美国兵只剩四分之一。

日本人最初对半岛阵地发起的冲击被击退，随后实施的两栖侧翼突击也以失败告终。付出了一个月的努力后，日军停止进攻，因为他们的兵力已相当虚弱——1 万人患了疟疾，第 48 师团派去支援对荷属东印度群岛的进攻。到三月初，日军防线上只剩 3000 人，但美国人并不知道这种情况，因而没有发动进攻。另外，美军的战斗兵力也下降到原先的五分之一，而麦克阿瑟

3月10日逃往澳大利亚对他们的士气造成严重影响。同样明显的是，上级没有采取任何措施救援他们，华盛顿当局早在一月份就做出了这种决定。

到三月底，日本人增派了2.2万名援兵，以及更多飞机和火炮。他们从4月3日起恢复进攻，一步步把美军逼向半岛顶端。4月9日，负责指挥残余美军的金将军无条件投降，以免遭受一场"大规模杀戮"。

战斗现在转移到获得加强的科雷希多岛，岛上的守军近1.5万人（包括毗邻三座小岛上的兵力）。但这座岛屿与巴坦半岛仅隔2英里，这让日军得以利用猛烈的炮火隔着海峡发起轰击，他们还不断发动空袭。炮击和轰炸持续了一周又一周，逐渐粉碎了岛上的防御，打哑了美军的大多数火炮，还击中岛上的供水系统。5月4日，日军发射的炮弹多达1.6万发。5月5日午夜前，2000名日军士兵渡过海峡登陆科雷希多岛。他们遭遇激烈抵抗，损失了半数以上兵力才登上海滩，但日军坦克上岸后改变了力量对比，导致守军土崩瓦解——日本人实际上只投入了3辆坦克。5月6日上午，自撤离巴坦半岛后一直指挥科雷希多岛防务的温赖特将军，为避免无谓的牺牲，通过广播下达了投降的命令。

本间将军起初拒绝接受这种局部投降，因为美国和菲律宾一些支队仍在南面的各座岛屿从事游击战，吕宋岛较为偏远的地区，另一些部队也在实施抵抗。温赖特担心放下武器的科雷希多岛守军会遭到屠戮，因而同意下令全面投降。但有些支队拒不服从，他们听命于麦克阿瑟从澳大利亚发来的号召，直到6月9日，他们才停止抵抗。

这场战役中，美军损失约3万人，而他们的菲律宾盟友折损了大约11万人，但大多数菲律宾士兵是开小差逃跑的，两国在巴坦半岛的投降人数约为8万，在科雷希多岛又有1.5万人放下武器。日军伤亡人数，虽说难以确定，可除了患病者，似乎只有1.2万人左右。

尽管如此，虽然遭遇初期溃败，但菲律宾最终坚守的时间比其他任何地方更长，守军在巴坦半岛抵抗了四个月，整个抵抗周期长达六个月，而且他们没有从菲律宾岛外获得任何有效支援和补给。

马来亚和新加坡沦陷

按照日本的攻略方案，征服马来亚和新加坡的任务分配给山下奉文中将指挥的第 25 军，该军辖 3 个师团和支援部队，总兵力约 11 万，战斗兵力 7 万人左右。另外，目前可用的海运船只只能把该军四分之一的兵力直接运过暹罗湾，也就是包括 1.7 万名战斗兵在内的 2.6 万人。这股挺进力量的任务是夺取北部几座机场。山下奉文第 25 军主力沿陆路前进，从中南半岛穿过泰国，再沿克拉地峡而下，尽快增援海运部队，然后沿马来半岛西海岸攻击前进。

从表面上看，面对这样一个深远目标，日军投入的兵力实在太少，远不及珀西瓦尔将军守卫马来亚的总兵力，这股兵力共计 8.8 万人，包括 1.9 万名英国士兵、1.5 万名澳大利亚士兵、3.7 万名印度士兵、1.7 万名马来士兵。但庞大的守军鱼龙混杂，不仅装备低劣，还缺乏训练，而山下奉文的 3 个师团（近卫、第 5、第 18 师团）却是日本陆军的精锐。日军还获得 211 辆坦克（马来亚的英军没有坦克）和 560 架飞机支援，战机数量不仅比马来亚的英军多四倍，性能也优异得多。另外，日本人认为十一月到次年三月的雨季会阻碍英军的抵抗，因为这种恶劣天气下，只有较好的道路才能通行。他们还认为马来亚多山的"脊柱"高达 7000 英尺，遍布密林，会分散守军防御，帮助自己从东部海岸转移到西部海岸。

英军的部署不无讽刺意味，广泛分散的地面部队用于守卫那些根本没有配备足够空军力量的机场，而修建这些机场的目的又是掩护一座没有舰队的海军基地。结果，日本人成为这些机场和海军基地的主要受益者。

日军的主要登陆地点是马来半岛泰国颈部的宋卡和北大年，另外四个辅助登陆地点位于泰国海岸更北面。第三个重要登陆地是马来亚境内的哥打巴鲁，在这里登陆的日军，意图夺取此处的机场，再沿东部海岸而下，以此牵制敌军，从而掩护主力沿西部海岸攻击前进。当地时间 12 月 8 日清晨，日军遂行了这些登陆——5500 名日本士兵登陆哥打巴鲁的行动，实际上是在偷袭珍珠港前一个多小时实施的。经过一场短暂战斗，那里的守军放弃了机场，而日军夺取泰国境内机场的行动进行得更加顺利。英军阻止日本人推进的"斗牛士"行动发起得太晚，因为他们不愿在日本人侵犯泰国中立立场前越过边界线。英军的空中侦察12月6日就在暹罗湾发现一支日本船队，但恶劣的天气导致他们无法确定对方的后续动向和目标。"斗牛士"行动的准备工作反而打乱了英军的防御部署。12月10日上午，日军第5师团转身赶往西部海岸，他们穿过马来亚边界，沿两条道路进入吉打州。

当天，海上的一场决定性灾难落到英国人头上。

七月份决定切断日本的石油供应后，温斯顿·丘吉尔姗姗来迟地"意识到禁运造成的严重影响"，一个月后的8月25日，他主张向远东派遣一支他所说的"威慑性"海军力量。英国海军部计划把"纳尔逊"号、"罗德尼"号战列舰，以及另外4艘较旧的战列舰、1艘战列巡洋舰、2～3艘航空母舰集结到远东。丘吉尔宁愿部署"数量最少，但性能最佳的舰只"，因而建议派遣1艘新式国王乔治五世级战列舰，再加1艘战列巡洋舰和1艘航空母舰。他8月29日告诉海军部：

> 我觉得日本绝不会……对抗美国、英国、俄国现在形成的反对她的力量……没有什么比我提到的这股力量，特别是一艘国王乔治五世级战列舰的出现，会让她更加犹豫。这可能的确是一股决定性威慑力量。[4]

据此，"威尔士亲王"号战列舰和"反击"号战列巡洋舰驶向新加坡，但英国没有派出任何一艘航空母舰。原先指定用于此次任务的一艘航母在牙买加搁浅，不得不拖入船坞修理。印度洋上还有一艘英国航母，离新加坡也不远，可海军部没有命令这艘航母驶往新加坡。因此，这两艘巨舰不得不依靠岸基战斗机提供空中掩护，可岸基战斗机数量很少，甚至还要减去北部机场先前损失的那些。

"威尔士亲王"号和"反击"号12月2日抵达新加坡，次日，海军上将汤姆·菲利普斯爵士赶来接掌这支"远东舰队"。如前所述，12月6日，据报一支大型日本运输船队正驶往马来亚方向。12月8日中午，菲利普斯获悉这支船队在宋卡和哥打巴鲁卸下运载的部队，这场登陆获得至少1

艘金刚级战列舰、5 艘巡洋舰、20 艘驱逐舰掩护。北面的机场已丢失，再也无法提供岸基空中掩护，但下午晚些时候，菲利普斯还是勇敢地率领他的 Z 舰队（编有 2 艘巨舰和负责护航的 4 艘驱逐舰）向北而去，准备打击日军运输船队。

12 月 9 日傍晚天色晴朗，菲利普斯失去了天然掩护。Z 舰队已被日军空中侦察发现，于是他转身向南，驶向新加坡。可当晚从新加坡发来的一封电报，错误地声称一股日军已在马来半岛东海岸中点的关丹登陆。菲利普斯觉得仍有可能达成突然性，即便冒险也是合理的，于是改变航向赶往关丹。

日本人已经为 Z 舰队有可能实施的一切拦截行动做好准备，该舰队抵达新加坡的消息已通过广播传得人尽皆知。日本精锐的第 22 航空战队，由海军航空队最优秀的飞行员组成，驻扎在中南半岛南部，西贡附近几座机场。另外，12 艘潜艇构成的巡逻线涵盖了从新加坡到哥打巴鲁和宋卡的接近航线。12 月 9 日下午早些时候，位于这道屏障最东端的日军潜艇就发现并上报了 Z 舰队的北上。收悉报告后，一直忙着准备空袭新加坡的第 22 航空战队，匆匆卸下炸弹换装鱼雷，赶去对 Z 舰队实施一场夜袭，由于菲利普斯转身向南，他们没有找到 Z 舰队。但这支航空战队拂晓前再次升空，在关丹附近发现了 Z 舰队。日本人投入 34 架水平轰炸机和 51 架鱼雷攻击机，前者 11 点过后不久发起攻击，后者接踵而至，一个个攻击波接连不断。日军战机对付的是快速机动的舰只，而不是珍珠港内静止不动、遭受突袭的军舰，另外，"威尔士亲王"号配有 175 门高射炮，每分钟能射出 6 万发炮弹。但日军战机的攻击非常准确。两艘巨舰都被击沉，"反击"号 12 点 30 分沉没，"威尔士亲王"号 13 点20 分沉没。护航的驱逐舰救起两艘军舰 2800 名舰员中的 2000 人，但菲利普斯海军上将与舰同沉。日本人没有阻挠救援工作，他们只损失了 3 架飞机。

战前，英国海军部首脑对战列舰有可能被空袭击沉的说法不屑一顾，丘吉尔倾向于支持他们的观点。这种谬见甚至一直持续到 1941 年 12 月致命的这几天。另外，就像丘吉尔写的那样："我们自己和美国人此时都大大低估了日本人在空战方面的效力。"[5]

这场打击决定了马来亚和新加坡的命运。日本人得以不受妨碍地继续实施登陆，还在岸上建起航空兵基地。面对马来亚寥寥无几的英军飞机，日本人的优势空中力量成为决定性因素，一方面粉碎了英军的抵抗，另一方面协助己方部队沿马来半岛长驱直入，打开了进入新加坡的后门。新加坡沦陷是英国人先前疏忽大意、判断失误的结果，主要责任在伦敦。

从12月10日起，英军沿西部海岸的后撤几乎持续不停。他们设在诸如日得拉这些地方的重要拦阻阵地，不是被日军坦克和火炮攻破，就是受到日军步兵穿过毗邻丛林实施迂回的威胁。马来亚北部地区指挥官希斯将军希望在霹雳河站稳脚跟，但从北大年斜向而来的一股日军迂回了这道防线。英军设在霹雳河后方金宝的强化阵地，也遭到日军从海上实施的侧翼机动迂回，日本人为此使用了挺进期间缴获的小艇。

12月27日，陆军中将亨利·波纳尔爵士从空军上将罗伯特·布鲁克－波帕姆爵士手中接过远东英军总司令的职务。

一月初，英军退往仕林河，这条河流掩护着雪兰莪州，以及通往吉隆坡附近南部机场的几条道路。但1月7日至8日夜间，日军一个坦克中队突破了英军组织不善的防御，迅速赶去夺取位于战线后方近20英里的公路桥。河流北面的英军部队遭切断，4000名官兵和他们的装备悉数损失，日军为此付出的代价仅仅是损失6辆坦克和少量步兵。印度第11师被击溃。这场灾难迫使英国人早早放弃了马来亚中部，还危及他们长时间坚守柔佛北部、等待大批援兵从中东经海路开抵新加坡的机会。

灾难发生当天，韦维尔将军在前往爪哇履新的途中到达新加坡，他出任的是一个紧急设立的新职务——美英荷澳（ABDA）司令部盟军最高统帅。波纳尔将军随后出任韦维尔的参谋长，远东英军司令部撤销。韦维尔决定，目前的防御应当立足于柔佛，必须把最精锐的部队和援兵留在那里。这就意味着一场更快速的后撤，而不是珀西瓦尔将军原先计划的逐步退却。英军1月11日弃守吉隆坡，1月13日（而不是原定的1月24日）又放弃了淡边的瓶颈阵地。但日本人也趁机利用柔佛境内状况更好的道路系统，得以同时投入两个师团，而不是轮流使用，这就导致澳大利亚人在金马士据守的坚强防御全然无效。因此，英军穿过柔佛的后撤甚至比预想得更快。

与此同时，英军在东部海岸的相应后撤，导致他们1月6日放弃了关丹及其机场。1月21日，面对日军从海路而来的威胁，他们弃守恩达乌。到1月30日，英军东部和西部部队都退到马来半岛最南端。后卫力量次日晚渡过海峡进入新加坡岛。日本陆军航空队的效力不及海军航空队，没有为阻止英军这场后撤做出任何贡献，只是为打击敌机场发挥了作用。

就这样，日本人仅用54天就征服了马来亚。他们只伤亡4600人左右，而英军损失了大约2.5万人（主要是被俘）和大批武器装备。

日本入侵力量的两个先遣师团，横扫500英里长的马来半岛后，于1942年2月8日（星期天）夜间强渡把新加坡岛与大陆隔开的狭窄海峡。30英里长的海峡上，日军选择了8英里长的一段实施强渡，这里的海峡宽度不到1英里。据守这片地段的是澳大利亚第22旅的3个营。

第一波突击部队搭乘装甲登陆艇，后续部队使用了他们收集到的各种船只，还有些日本兵甚至带着他们的步枪和弹药泅渡过海。有些登陆艇被击沉，但大多数突击部队顺利登陆，守军犯下许多莫名其妙的错误也帮了大忙。海滩上的探照灯没有开启，通信手段不是失效就是没有使用，炮兵迟迟才投下计划中的防御火力网。天亮后，已有1.3万名日军士兵登岸，澳大利亚人退往内层阵地。中午前，入侵方的兵力增加到2万多人，在新加坡岛西北部建立了一片深深的立足地。日军第三个师团很快也登上岛来，这让他们的总兵力达到3万多人。

紧随其后的另外两个师团位于岛外的大陆上，山下将军觉得狭小的新加坡岛无法有效展开太多部队。但接下来几天，他还是投入些新锐力量替换前线部队。

就数量而言，新加坡守军有足够的兵力击退日军入侵，更何况对方的入侵地域完全在守军意料之中。即便是现在，珀西瓦尔将军手头仍有大约8.5万名官兵，主要是英国、澳大利亚、印度士兵，也有当地马来人和中国人组成的部队。但大多数人缺乏训练，难以匹敌日军进攻部队，日本士兵大多是为此次进攻战役精挑细选出来的，英军多次在密林地区或橡胶园遭到对方迂回。总的说来，英军的指挥相当拙劣。

战役伊始，英军空中力量就在数量和质量方面都处于下风，最后阶段，所剩无几的战机悉数撤离。英军地面部队沿马来亚半岛实施了一场漫长的后撤，早已士气低迷。敌人的猛烈空袭持续不断，己方却缺乏空中掩护，更是让他们的斗志一蹶不振。

英国政府当初犯下的一个错误就是没能提供这种空中掩护，丘吉尔和他那些军事顾问现在发出的呼吁没能消除这一错误的恶劣影响，他们号召士兵"应当不惜一切代价血战到底"，指挥官"应当为大英帝国的荣誉与他们的部队共存亡"，还要执行一项"全面的焦土方案"，摧毁有可能为侵略者所用的一切，"完全不必考虑部队或当地居民的安危"。这一切表明，英国当局对心理学一窍不通。置身前线的战斗人员，看见身后燃烧的油罐腾起滚滚浓烟，绝不会为此士气大振。如果知道自己注定要战死或被俘的话，他们更不会因此而产生昂扬的斗志。一年后，希特勒下令不惜一切代价坚守突尼斯，德军防线遭突破，背后是大海，而敌人掌握着制海权，面对这种情况，就连顽强的德国非洲老兵也迅速崩溃了。此类破釜沉舟、背水一战的要求很难有效激励部队的士气。

新加坡的抵抗2月15日（星期天）告终，也就是日军登陆该岛一周后。此时，守军已退到岛屿南海岸的新加坡城郊区。储备的食物即将耗尽，供水随时会被切断。珀西瓦尔将军当晚打着白旗去向日军指挥官投降。对一名勇士来说，这是痛苦的一步，可投降无法避免，他之所以亲自出降，是希望为自己的部下和民众争取更好的待遇。

对英国人多年来一直引以为豪的"日不落帝国"的帝国主义统治来说，新加坡这两个黑色星期天（日军登陆和英军投降）深具致命性。

不过，守军没能击退日本陆军的进攻并非主要原因，新加坡投降其实是两个月前海军失败的后果。

这也是一长串错误和疏忽的结束。新基地及其防御的发展慢得可怜，不愿花钱的政治原因并非唯一障碍。英国决定修建这座基地后的几年里，白厅在守卫这座基地的最佳办法这一议题上发生激烈争论。但最激烈的争论却发生在据说像"三位一体"那般团结的参谋长委员会。空军参谋长特伦查德力陈飞机的至关重要作用，而第一海务大臣贝蒂不仅对飞机会给战列舰构成严重威胁的说法嗤之以鼻,还崇尚巨炮主义。这两位都是大人物,都很有影响力。

面对两种不同的观点,英国政府犹豫不决,两人退役后,相关争论仍持续了很长一段时间。总的说来,皇家海军还是占了上风。因此,新加坡获得了巨炮,没有得到飞机。不幸的是,最终的进攻不是来自巨炮所指的方向,而是来自背后。

30 年代,一些研究新加坡防御问题的陆军人员开始提出这样一种看法:敌人的进攻有可能取道马来亚半岛从后门而来。加剧这种可能性的是,海军基地建在新加坡北侧,位于该岛与大陆之间狭窄的水道中,持这种观点的军人包括 1936—1937 年担任马来亚英军总参谋长的珀西瓦尔。时任马来亚英军总司令多比将军支持这种看法,1938 年就着手在马来亚半岛南部修建一道防线。

当时已出任陆军大臣的霍尔 - 贝利沙先生,迅速意识到加强新加坡小股守军的必要性,这是因为他上任后采取的政策,主要特点就是帝国本土防御优先于欧洲大陆的作战行动。英国与德国和意大利开战的危险迫在眉睫,加强地中海地区军力的必要性成为第一要务,但他还是说服印度政府向马来亚派出 2 个旅,从而让那里的守军增加了两倍。从战前有限的资源看,英方几乎不太可能派遣更多军力。

1939 年 9 月战争爆发后,英国的资源开始增加。但由于战争当时仅限于西方,英国自然把主要力量投向那片地区。随后就是 1940 年 5 月和 6 月的灾难,法国崩溃,意大利参战。这场可怕的危机中,英国政府的第一要务是加强不列颠的防务,其次是为地中海地区的防御提供军力。这两个需要很难同时获得满足。确实,丘吉尔最大胆、最伟大的举动就是他敢于冒险,没等面临入侵危险的英国本土获得确保就决定加强埃及的防御。

硬要挑剔马来亚这段时期获得的增援可能不太公平。1940 年至 1941 年冬季,那里的守军获得 6 个旅加强,鉴于当时的情况,这一点难能可贵。不幸的是,那里的空中力量没有得到类似加强,而这恰恰是更重要的。

1940 年年初,新任马来亚英军司令邦德将军提出了这样一种观点:新加坡的防御取决于整个马来亚的防御。为此,他估计至少需要 3 个师,还建议皇家空军承担起马来亚防御的主要职责。英国当局原则上采纳了这些意见，但做出一项重要修改。身处马来亚的英军指挥官认为需要一支由500多架现代化飞机组成的空中力量，而参谋长委员会觉得300架左右就够了，还说就连这个数量也要到1941年年底才能凑齐。而日军1941年12月发动入侵时，派驻马来亚的一线英军飞机只有158架，而且大多是过时的机型。

1941年间，英国的现代化飞机，除了用于英国本土防空，大多派去支援地中海地区失败的进攻战役。当年下半年，他们还把600架飞机运往苏联，马来亚几乎没获得任何飞机。英国人没有向马来亚派出哪怕是一架远程轰炸机，却把数百架用于夜间空袭德国本土，战争这一阶段，这种轰炸显然是徒劳的。很明显，马来亚的防御需求没有得到足够的重视。

这个谜题的线索可以在丘吉尔本人的战争回忆录中找到。五月初，帝国总参谋长约翰·迪尔爵士向首相提交了一份报告，反对以英国本土或新加坡陷入险境为代价，继续加强北非的打击力量：

> 据我看，丢失埃及不会造成一场灾难……仅凭一场成功的入侵就足以导致我们最终失败。因此，至关重要的是联合王国，而不是埃及，联合王国的防御必须列为首位。优先次序方面，埃及甚至不能列在第二位，这是因为我们在战略上的一条公认原则是，不得已的情况下，新加坡的安全排在埃及之前。但新加坡的防御水平仍然大大低于标准。
>
> 当然，战争中必须冒险，可应当是经过计算的合理风险。我们绝不能犯削弱重要地点的安全防卫这种错误。[6]

丘吉尔对这份报告深感失望，因为这不符合他对隆美尔发动进攻的想法，还与他早日在北非赢得决定性胜利的梦想背道而驰。"如果听从这项建议，就意味着彻底回到防御状态……我们手头就不会有任何用于采取主动行动的部队。"丘吉尔在回函中尖锐地写道：

我猜测，你宁愿丢失埃及和尼罗河流域，宁愿我们集结在那里的五十万大军投降或被歼灭，也不愿丢失新加坡。我不赞成这种观点，但我也不认为新加坡会沦陷……如果日本参战，美国完全可能加入我们这一方。而且无论如何，日本都不太可能一开始就围攻新加坡，因为这种行动与日本把他们的巡洋舰和战列巡洋舰分布在东方贸易航线上相比，对他们构成的危险更大，而对我们造成的危害却小得多。[7]

显然，丘吉尔被激怒之后曲解了帝国总参谋长的观点。迪尔将军不是要削弱埃及的防御，仅仅是想推迟丘吉尔一心想发起的进攻，他对这场进攻行动寄予了过高的期望。结果，北非的六月攻势以惨败告终，而十一月重新发起的进攻，虽说获得大批增援，还是没能取得任何决定性战果。丘吉尔发给迪尔元帅的回函还清楚地表明，他严重误判了新加坡面临的风险。令人惊讶的是，丘吉尔回顾往事时毫无悔意地写道：

据我所知，许多政府面对最高专业权威做出的如此严重的声明是会屈服的，但我说服政界同僚时没有遇到任何困难，当然我还获得了陆海军首脑的支持。因此，我的观点占据了上风，派往中东的援兵没有减少，而且不断运去。[8]

当年七月，罗斯福总统派他的私人顾问哈里·霍普金斯出使英国，转达他对这项政策明智与否的疑虑之情，还提醒丘吉尔，"企图在中东做太多事"可能会增加其他地区面临的风险。美国陆海军专家赞同这种警告，他们认为新加坡的防御优先级应当高于埃及。

这些观点没有改变丘吉尔的看法。"我不能容忍放弃为埃及而斗争的想法，如果马来亚出了任何差错，我就辞职谢罪。"但他确实没想到那里真的会出岔子。他坦率地说道："我承认在我看来，与我们的其他需求相比，日本的整个威胁仍处于一种不祥的朦胧状态。"显然，马来亚薄弱的防御没能获得加强，责任主要归咎于丘吉尔本人，因为他力主在北非发起一场为时过早的进攻战役。

新加坡沦陷的直接战略影响深具灾难性，因为日本人随后征服了缅甸和荷属东印度群岛，通过这场双管齐下的扫荡，日本人在一侧逼近印度，在另一侧逼近澳大利亚，形势相当严峻。随后经过近四年苦战，付出巨大的代价后，新加坡才得以收复，这是日本最终因为精疲力竭以及遭到原子弹轰炸后崩溃的结果。

但新加坡早早沦陷带来的长久而又广泛的影响无法被抵消。长期以来，新加坡一直是西方强国在远东权力的突出象征，因为这种权力的建立和长期维护凭借的是英国海上力量。自第一次世界大战以来，英国人大力强调在新加坡建立一座大型海军基地的重要性，以至于这座基地的象征意义甚至超过了它的战略价值。1942 年 2 月，日本人轻而易举地攻占这座基地，沉重打击了英国人乃至欧洲人在亚洲的威望。

英国人最终姗姗来迟地回到新加坡，此举无法抹去上述印象。白人在"魔法"失效后自然就丧失了优势地位。认清了白人的弱点后，亚洲人民深受鼓舞，战后反抗欧洲殖民统治和入侵的运动就如火如荼地爆发开来。

缅甸沦陷

英国人丢失缅甸是马来亚沦陷的初期后果，致使日本人得以占领通往中国和太平洋的西部门户，从而建成了他们的战略方案中设想的庞大防卫圈。虽说是个"后果"，但缅甸战役是一场独立的作战行动，由饭田祥二郎中将率领的第 15 军遂行。

第 15 军只编有 2 个师团，即便加上支援部队也只有 3.5 万人。该军的任务是占领包括克拉地峡大部分地区在内的泰国，并掩护第 25 军身后，第 25 军此时正从克拉地峡宋卡地区的登陆点向南攻入马来亚。第 15 军随后着手执行入侵缅甸的独立任务，当前目标是当时的缅甸首都仰光。

保卫缅甸的部队兵力不足、素质低劣，因此，日军以不太多的兵力从事如此庞大的一场行动并无不合理之处。起初，缅甸守军的兵力稍稍超过一个师，主要由近期召集的缅甸部队组成，只获得 2 个英国营和 1 个印度旅加强，担任总预备队的第二个印度旅正在赶来的途中。危机到来时，大多数可用援兵都调往马来亚，但为时已晚，根本无法挽救新加坡。直到一月底，尚未完成训练且兵员不足的印度第17师才开始到达缅甸，他们是承诺中更强大的增援力量的先遣部队。空中力量更加糟糕，面对日军的100架飞机，缅甸守军起初只有37架飞机，但马尼拉一月初陷落后，日军又调来一个飞行团，这就让他们的飞机数量增加了一倍。

日军早在十二月中旬就开始了入侵缅甸的行动，第15军一个联队攻往克拉地峡西侧（或称之为缅甸一侧）的德林达伊，意图夺取那里的三座重要机场，从而阻止英国空军增援马来亚。12月23日和25日，日军猛烈空袭仰光，印度劳工四散奔逃，不仅放弃了修筑防御工事的工作，还堵塞了道路。1月20日，日军从泰国朝毛淡棉直接发起进攻，经过一场激烈而又混乱的战斗，1月31日攻克这座城市，守军身后是宽阔的萨尔温江江口，很难逃脱，结果悉数被俘。

十二月底，韦维尔派他的参谋长T. J.赫顿中将接掌缅甸战事指挥权，赫顿又把守卫毛淡棉和仰光接近地的各种杂牌部队，交给新开抵的印度第17师师长J. G.史密斯少将指挥。

毛淡棉沦陷后，日军继续攻往西北方，二月份头两周在毛淡棉附近和上游25英里处渡过萨尔温江。史密斯一直主张实施一场适当的战略后撤，退守可以让他集中兵力的一处阵地，但上级批准这场后撤时已经晚了，他只得在比林河勉强设立防御，这是条很窄的河流，许多地方都可以涉水而过。日军很快迂回了这处阵地。随后，英军为撤往后方30英里的锡当河与敌人展开一场赛跑，这条1英里宽的河流距离仰光70英里。尽管日军在利用丛林小径实施迂回期间遭遇种种困难，可由于对方起步较晚，他们还是得以截住英军。2月23日清晨，日军炸毁了至关重要的锡当河桥梁，这导致史密斯的大部分部队滞留在东岸。采用各种巧妙的方式渡河逃生者只有3500人，仍带着步枪的人不到一半。3月4日，乘胜追击的日军到达并包围了勃固，这是个公路与铁路的交汇点，史密斯的残部和少量援兵正朝这里汇聚。

次日，哈罗德·亚历山大将军赶来，从赫顿手中接过缅甸的指挥权。这种情况下，丘吉尔做出这种紧急决定合情合理，特别是因为高层完全没有料到这场早早发生的崩溃。但对赫顿而言，这种做法很不公正，他不仅针对守卫仰光的可行性陈述了自己的怀疑，还充分展现出自己的远见卓识：他把补给物资运往仰光以北 400 英里的曼德勒地区，同时加快修筑从印度曼尼普尔邦延伸而来的一条山区道路，以此连接曼德勒和通往重庆的滇缅公路。这段时期和更早的阶段，韦维尔高估日军技能的看法给英国国内的观点造成很大影响，实际上，要是英军发起猛烈反击，完全可以打破日军战无不胜的神话。

亚历山大到达后，首先要求坚守仰光，还下令发起一场进攻，意图恢复态势。可是，尽管新开抵的第 7 装甲旅和一些步兵增援部队发起了强有力的行动，可这场进攻收效甚微。于是，亚历山大很快就转而接受赫顿的意见，3 月 6 日下午下达命令，次日下午实施爆破后撤离仰光。就这样，对此始料未及的日军 3 月 8 日开入这座弃守的城市。尽管如此，残余的英军还是利用日军包围圈上的一个缺口，沿一条向北穿过卑谬的道路幸运地逃脱了。

战斗暂时停顿下来，在此期间，日本人又增派第 18 和第 56 师团，外加 2 个战车联队，空中力量也增加了一倍，现在的飞机数量超过 400 架。英军获得的增援部队少得多。空中力量方面，他们只有 3 个实力严重受损的战斗机中队，还从中国借来美籍志愿大队的 2 个中队，起初只有 44 架飓风式和战斧式战斗机，可他们成功击退了日军对仰光的空袭，进攻方遭受到完全与兵力对比不符的损失。但随着仰光弃守，大多数英国飞机撤入印度，英国人直到三月底才从中东获得首批增援——大约 150 架战斗机和轰炸机。仰光沦陷破坏了预警系统，导致剩下的英军飞机再也无法有效抗击日军，这与早些时候马来亚发生的情况如出一辙。

四月初，获得加强的日本第 15 军北上伊洛瓦底江，直扑曼德勒，企图实现这样一个目标：切断、封锁通往中国的滇缅公路。大约 6 万名英军将士目前在曼德勒以南 150 英里处守卫着一条东西向防线，中国军队在他们东翼提供支援。但日军大胆迂回英军东翼，包围了守军，四月中旬还夺得仁安羌油田。担任蒋介石参谋长的美军将领约瑟夫·史迪威拟制了一份方案，意图诱使日军前出到锡当河，然后以一场钳形机动包围敌军，但日本人实施了一场大范围机动，绕过英军东翼，攻往滇缅公路上的腊戍，这就打乱、破坏了史迪威的方案。英军东翼迅速败退，情况很快表明，不仅腊戍难以守住，就连通往中国的补给路线也无力确保。

因此，亚历山大明智地决定，不能像日本人期望的那样坚守曼德勒，应当撤往印度边界。这场超过 200 英里的漫长后撤始于 4 月 26 日，后卫部队提供掩护，4 月 30 日，也就是日军侧翼推进到达腊戍前一天，他们炸毁了伊洛瓦底江上的阿瓦桥。

现在的主要问题是，英军必须赶在五月中旬雨季到来前撤到印度边界和阿萨姆，以免泛滥的河水淹没各条道路。日军迅速奔向钦敦江，企图拦截英军的后撤，但英军后卫部队绕道后顺利逃脱，最终在雨季开始前一周到达德穆。最后一段狂奔期间，他们丢弃了大部分武器装备，包括所有坦克，但大多数人员得以保全。尽管如此，他们在缅甸战役中的伤亡仍是日军的三倍：13500 人对 4500 人。这场上千英里的后撤中，缅甸的英军部队之所以能全身而退，很大程度上归功于第 7 装甲旅的坦克一次次发起反冲击，以及决心放弃仰光后，英军执行后撤时始终保持着冷静的头脑。

锡兰和印度洋

缅甸境内的日军以一种看似不可阻挡的方式从仰光攻往曼德勒之际，日本海军进入印度洋，这又让英国人深感震惊。英国人认为印度东南角外的大岛锡兰至关重要，因为这座岛屿对日本海军来说是一块潜在的跳板，他们利用该岛可以威胁英军部队和补给物资绕道好望角和南非前往中东的航线，以及英国通往印度和澳大利亚的海上航线。另外，马来亚沦陷后，锡兰的橡胶对英国非常重要。

英国三军参谋长告诉韦维尔，守住锡兰远比保全加尔各答更重要。出于这个原因，守卫锡兰的英军兵力不下 6 个旅，而此时，缅甸守军明显不足，印度的兵力极为虚弱。另外，海军上将詹姆斯·萨默维尔爵士指挥的一股新锐海军力量三月份集结在那里，这支舰队编有 5 艘战列舰（其中 4 艘是老旧型号）和 3 艘航母（其中的"竞技神"号是老旧的小型航母）。

与此同时，日本人正准备投入一股更强大的海军力量，从西里伯斯岛攻入印度洋，这股力量编有 5 艘参加过偷袭珍珠港的航空母舰和 4 艘战列舰。因此，这个消息传来时，守卫锡兰的前景看似不妙。但这种威胁并不严重，至少不像看上去那么严重。因为日本海军这场进攻主要以防御为目的，手头没有可用于执行入侵锡兰的部队。他们的目标是发动一场突袭，驱散集结在那里的英国海军力量，同时掩护经海路运往仰光的己方增援部队。

萨默维尔预计敌人会在 4 月 1 日发起攻击，因而把麾下力量分成两部，速度更快、战斗力更强 A 部队执行巡逻任务，直到被派往阿杜环礁补充油料，那是英国海军设在锡兰西南方 600 英里左右，马尔代夫群岛的一座秘密基地。日本海军的进攻实际上是 4 月 5 日发起的，以 100 多架飞机攻击了科伦坡的港口，造成很大破坏，还击退了英军的空中反击。当日下午，日本人投入 50 架轰炸机再度实施攻击，炸沉两艘英军巡洋舰。萨默维尔分成两股的海军力量行动迟缓，已无法介入，他们随后撤离，型号老旧的战列舰撤往东非，速度较快的军舰退往孟买。但日本舰队 4 月 9 日成功打击亭可马里后撤离，这场短暂袭击期间，日本海军的商船袭击队在孟加拉湾击沉 23 艘商船，共计 11.2 万吨。

对英国海上力量来说，这又是一场耻辱的失败，所幸没有更进一步。实际上，要是英国人不把一股明显过时的海军力量集结在锡兰招来这样一场打击的话，日军可能根本不会发动此次攻击，因为这场行动超出了他们的计划范围。

另一个后果是英国派出一股陆海军联合力量，夺取法属马达加斯加北面的迪耶果苏瓦雷斯港，目的是防止日军占领这座港口，此举进一步破坏了英国与法国的关系，还分散了兵力。英军五月份实施了这场代价高昂的行动，九月份又发起一场更大规模的远征，意图占领整个马达加斯加岛。就像英国人 1940 年在阿尔及利亚奥兰军港附近的米尔斯克比尔港击沉法国军舰一样，从长远看，"担心"是很容易坏事的。

注释

1. "内华达"号抢滩搁浅，"加利福尼亚"号后来打捞起来。

2. 1935年3月，担任陆军作战与情报局局长的迪尔将军，请我去陆军部同他谈谈当前和未来的防务问题。讨论重点是远东，特别是在与日本开战的情况下设法守卫香港的问题。当晚这场讨论的相关记录写道："我建议，他似乎也同意，明智的做法是以较少的兵力守卫香港，即便丢失这座前哨也在所不惜，如果以重兵加强，使之在精神上成为凡尔登或旅顺港，那么，香港一旦沦陷，会给我们的威望造成更大破坏。"

3. Official History: *The War Against Japan*, vol. I, p. 17.

4. Churchill: *The Second World War*, vol. III, p. 774.

5. Churchill: *The Second World War*, vol. III, p. 551.

6. Churchill: *The Second World War*, vol. III, p, 375.

7. Ibid., p. 376.

8. Ibid., p. 377.

World War II

第五部

转向
1942 年

第十八章

苏联的潮流逆转

1940年春季，德国人4月9日发起入侵挪威和丹麦的战局。1941年春季，他们又在4月6日发动巴尔干战局。但1942年战局没有这么早就启动。这个事实表明，德国人1941年迅速战胜苏联的企图遭遇的挫败让他们筋疲力尽，以及他们的进攻努力在苏联遭到的消耗十分严重。天气条件固然不利于德军在苏联战线展开早春攻势，可地中海地区的英军处境岌岌可危，德国人在东端或西端采取行动都不会受到任何妨碍。但英国海外交通的这片关键地区，没有出现新的威胁。

苏联战区，红军十二月发动的冬季反攻持续了三个多月，进展不断减小。到1942年3月，他们在某些地区已取得150多英里进展。但德国人仍牢牢控制着他们冬季战线上的主要堡垒，例如施吕瑟尔堡、诺夫哥罗德、勒热夫、维亚济马、布良斯克、奥廖尔、库尔斯克、哈尔科夫、塔甘罗格，尽管红军穿过这些要塞间的空隙，已深入后方许多英里。

从战术角度看，这些要塞城镇构成强大的障碍；而从战略上说，它们趋向于主导局势，因为这些要塞城镇堪称苏联稀疏交通网的焦点。虽然德国守军无法阻止对方穿过各座要塞间的空隙，但只要这些交通阻碍点完好无损，就能约束、削弱对方发展突破。因此，这些要塞很大程度上实现了马其诺防线上法军堡垒当初企图发挥的制动作用——倘若沿法国边界构设的一连串堡垒没有中途停止，从而让德国人获得足够的空间实施迂回的话，马其诺防线也许真能成功阻挡住对方。

红军没能充分削弱这些要塞，让它们发生崩溃，结果导致他们穿过各座要塞间的空隙实施的深入推进，后来反而变得对他们自己不利。因为红军推进后形成的突出部，防御力自然比不上那些要塞城镇，这要求他们投入过多的部队守卫这些地区，而德国人以他们控制的要塞充当进攻跳板，发起侧翼突击，很容易切断红军突出部。

到 1942 年春季，苏联战线呈一种深深的犬牙交错状，看上去就像一个个峡湾深入内陆的挪威海岸线的翻版。德国人得以守住这些"半岛"，充分证明了获得足够的武器并实施熟练而又顽强的抵抗时，现代防御的威力。这种教训甚至比红军 1941 年的防御更深刻，驳斥了战争初期得出的肤浅推论，即迅猛的进攻能轻松克服虚弱的抵抗，当初得出这种推论，是因为进攻方在武器威力方面占有决定性优势，或遭遇缺乏训练、不知所措的守军。德军1942 年年初的防御，以一种规模更大的方式重演了第一次世界大战期间圣米耶勒突出部的经历，证明了在理论上难以据守的地区坚守四年之久所预示的可能性。1941 年冬季战局的经历也倾向于支持历史的长远证据，也就是说，共生效应主要是心理上的，而且初期阶段最危险，如果部分陷入包围的部队没有立即崩溃、意识到突如其来的冲击，那么，这种效应就会逐渐降低。

事后看来，希特勒禁止部队大规模后撤，显然以这种方式恢复了德军将士的信心，可能还让他们免遭一场大范围的崩溃。另外，他力主构建"刺猬"防御体系，这也让德军在 1942 年战局开始时获得了重要的优势。

尽管如此，德国人还是间接为这种僵硬的防御付出了沉重的代价。防御取得成功激发起这样一种信念：接下来一个个冬季，面对更加不利的条件，仍有可能成功重演这种防御。一个更直接的障碍是德国空军承受的压力，冬季条件下，为了给多多少少陷入孤立境地的要塞城镇守军不断空运补给，他们付出了旷日持久的努力。由于气候恶劣，飞机失事率居高不下，天气晴好时，他们不得不投入大批飞机全力弥补守军短缺的补给物资，为了给一个军运送物资，他们有时候不得不一天出动 300 多个运输机架次。为一连串暴露在外的前进阵地提供空运补给，如此大规模的努力破坏了德国空军的空中运输组织，而经验丰富的空军部队调往其他战区，严重限制了德国空军在苏联前线的战斗力。

这场冬季战局，给一支没有为此做好准备的军队带来巨大的压力，还以其他方式造成严重的延迟效应。冬季结束前，许多德国师的兵力只剩编制力量的三分之一。这些师再也没能恢复实力，直到夏季，他们也没能达到足以展开积极行动的水平。另外，德国国内冬季期间组建的新师，兵力数基本上是虚构的。1942 年和之后，在激烈的战斗中几乎全军覆没的那些德国师，番号没有取消，以此蒙蔽敌人，但缺员没有获得补充。这些名义上的师有时候只编有两三个营。

希特勒那些将领告诉他，要想在 1942 年恢复进攻，必须再提供 80 万名补充兵。德国军备生产部长阿尔贝特·施佩尔指出，他不可能从各个工厂抽调这么多人参军服役。

最终解决缺员问题的办法是彻底改变部队编制。步兵师从 9 个营减少到 7 个营，步兵连的战斗兵力定为最多 80 人，而以前是 180 人。这种缩编有两个目的，德国人发现，随着训练有素的军官不断损失，接替他们担任连长的年轻军官，指挥原先编制的连队时很容易力不从心，他们还发现，较大编制的连队损失也更大，而战斗力却没有太大差异。

德方大幅度削减营的数量和兵员数量，但盟军情报人员后来几年估算德国师的数量时，仍认为德国师与己方师大致相当，这造成了很大的错误。更准确的估算是把两个德国师等同于一个英国或美国师。到 1944 年夏末，就连这种比例也无法提供有效指导，因为此时能达到缩编后规定兵力的德国师寥寥无几。

1942 年战局还能看到德国陆军的坦克力量获得一种流于表面，而非实际性的加强。冬季期间，他们新组建了两个装甲师，其中一个装甲师以现有的骑兵师改编而成，因为他们发现骑兵师的价值非常有限。摩托化步兵师配备的坦克稍有增加，但现有的 20 个装甲师，只有半数补充了坦克。

因此，总的说来，德国人的"资产负债表"对他们继续发动进攻来说，代表着一种不稳定的基础。即便付出最艰苦的努力，他们也很难恢复到原先的数量，因此，他们不得不更多地使用素质远较己方部队低下的仆从国军队。德国人没有任何预备力量，无法弥补另一场代价高昂的战局造成的损失。更大的障碍是，他们无力把两大进攻利器（空军和装甲力量）发展到足以确保优势的规模。[1]

德国总参谋部意识到情况的不利方面，但总参首脑对希特勒所做决定的影响力不断下降。他们根本无力抗拒希特勒施加的强大压力，但前线战事的压力也是希特勒无法抗拒的，他只能把这场战争继续进行下去。

1941 年 11 月，甚至在德军最后一次试图攻占莫斯科前，德军统帅部就讨论过 1942 年恢复进攻的问题。当年十一月的这番讨论中，伦德施泰特不仅主张转入防御，还建议撤回到波兰境内的进攻出发线。据说莱布赞同他的观点。尽管另外一些重要将领并不主张如此彻底地改变现行策略，可大多数人对这场东线战争会把他们领向何处越来越感到不安，还对恢复进攻表现得很不积极。德军十二月对莫斯科的进攻以惨败告终，随后遭受俄罗斯冬季的严峻考验，这一切加剧了他们的焦虑之情。

但 1941 年战局失败后，许多高级指挥官被解除职务，军方反对派的力量受到削弱。十一月底，伦德施泰特建议停止向南进军高加索的行动，把部队撤到米乌斯河的冬季防线，希特勒拒不接受，于是，伦德施泰特提出辞呈，希特勒予以批准。就时机和方式而言，伦德施泰特的离去至少还算幸运。待整个战局的挫败举世皆知时，德国方面公开宣布了布劳希奇离职的消息，暗示他是那个应当受到谴责的人。此举有两个目的，一是给希特勒找个替罪羊，二是为希特勒直接掌握陆军铺平道路。博克是希特勒最后一次全力夺取莫斯科的热情支持者，十二月中旬却因为担忧和紧张而老胃病复发，希特勒 12 月 20 日接受了他的辞呈。莱布暂时留任，北路德军没能攻占列宁格勒很难归咎于他，因为他本打算对这座城市发起冲击，进攻即将开始时希特勒下令取消行动，元首担心巷战可能会给德军造成严重损失。但莱布没能说服希特勒批准他把部队撤出杰米扬斯克突出部，于是他也递交了辞呈。

布劳希奇和三位集团军群司令离职，削弱了陆军总参谋长哈尔德对希特勒的限制力。这种影响和希特勒的强势地位，因为那些继任者不敢袒露内心的怀疑，在元首面前表现得更加顺从而进一步深化。希特勒非常清楚加官晋爵会诱使这些将领改变立场，俯首听命。职业野心很难抗拒这种形式的诱惑。

接任伦德施泰特职务的是赖歇瑙，克鲁格接替了博克，莱布辞职后，屈希勒尔取而代之。博克放弃中央集团军群的指挥权是因为他暂时患病，1942年1月，赖歇瑙突发心脏病去世，博克又接替了他的职务。但当年七月夏季攻势期间，苏联南方的德国军队重组时，博克终于被打入冷宫。德国人通过这番重组，从南方集团军群抽调兵力组建了一个A集团军群，由李斯特元帅指挥，负责攻往高加索山区。南方集团军群剩余力量改称B集团军群，起初由博克指挥，他离任后交给魏克斯将军统率。

1942年头几个月，德国人拟制了重新发动大规模攻势的方案。希特勒的决定受到他那些经济专家的影响。他们告诉他，除非德国从高加索获得石油，另外还有小麦和矿石，否则就无法继续从事这场战争——德国没能获得高加索的石油，可还是把这场战争持续了三年多时间，这个事实证明那些专家的观点是错误的。但希特勒迅速接受了这些经济论点，因为这符合他本能的冲动——总是做些积极、具有进攻性的事情。无论有可能获得怎样的缓解和潜在的好处，后撤的主意都让他深恶痛绝。希特勒不愿后撤，所以除了继续前进外，他别无选择。

这种本能也导致他对令人不快的事实麻木不仁。例如，德国情报机构获得的情报表明，苏联设在乌拉尔和其他地区的工厂每个月能生产600～700辆坦克。可哈尔德把相关报告呈交希特勒时，这位元首却拍着桌子宣布，这种生产速度是不可能做到的。总之，他只相信他愿意相信的东西。

不过，希特勒还是认识到德国资源的局限性，他承认必须限制这场新攻势的范围。正如当年初春确定的那样，此次攻势在两翼实施，而不是沿整条战线遂行。

德军把主要努力置于黑海附近的南翼，采取的形式是攻入顿河与顿涅茨河之间的走廊。他们在顿河南弯与黑海入海口之间到达并渡过顿河下游，随后转身向南攻往高加索油田，同时向东扩展到伏尔加河畔的斯大林格勒。

制定这个双重目标时，希特勒起初接受了这样一种想法：夺取斯大林格勒也许能打开一条通道，德国军队可以借此转身向北，进入掩护莫斯科的苏联军队后方，他身边的亲信甚至谈到进军乌拉尔。但经过多次争论，哈尔德总算让他相信，这是个过于雄心勃勃、不可能实现的方案，因此，此次攻势的实际目标是前出到斯大林格勒前方，从而为战略要点提供战术安全性。另外，攻占斯大林格勒的目的现在定义为：这是为进军高加索山区提供战略性侧翼掩护的手段。因为斯大林格勒位于伏尔加河畔，控制着伏尔加河与顿河之间的陆桥，作为一个交通要点形成了这个瓶颈潜在的软木塞。

希特勒 1942 年的作战方案还包括一场辅助攻势，意图在当年夏季攻占列宁格勒。除了关乎自己的声望，希特勒还觉得北方这场行动非常重要，因为它可以确保与芬兰的陆地交通线，缓解芬兰的孤立境地。

东线其他地段，德国军队奉命继续保持防御，行动仅限于改善他们的既设阵地。简言之，德军 1942 年的攻势只在战线两翼发起。这种有限进攻说明德国预备力量短缺到了怎样的程度。另外，南翼德军向前推进时，必须抽调仆从国军队提供侧翼掩护，德军推进得越远，侧翼掩护需要的兵力就越多。

在一侧实施纵深推进，而不同时对敌军中央防线施加压力，这种方案与德国将领年轻时就一直被灌输的战略准则背道而驰。在他们看来更严重的是，这场侧翼推进不得不在红军主力与黑海之间冒险穿过，一想到自己的内陆侧翼主要靠罗马尼亚、匈牙利、意大利军队掩护，他们就觉得更加不安。希特勒以不容否定的声明回复了这些将领顾虑重重的问题：德国必须获得高加索的石油供应，这样才能把战争继续下去。至于依靠仆从国军队掩护己方侧翼，希特勒说这些军队用于守卫顿河防线，以及斯大林格勒与高加索山区之间的伏尔加河防线，这些河流本身就有助于防御。夺取斯大林格勒和据守这个要点的任务还是交给德国军队完成。

克里木半岛的德国军队 5 月 8 日发动进攻，这是大陆上主要攻势的初步行动，意图夺取东部的刻赤半岛，去年秋季，红军在那里阻挡住德军的冲击。德国人这次的进攻行动不仅经过精心准备，而且获得大批俯冲轰炸机支援，因而一举突破红军的防御。德军穿过缺口后转身向北，迫使大批守军背靠大海展开最后的抵抗，但德国人的俯冲轰炸机很快就迫使他们放下了武器。肃清己方通道后，德军席卷了 50 英里长的半岛。在距离半岛顶端 12 英里，历史上著名的"鞑靼壕沟"短暂受阻后，德军 5 月 16 日攻占刻赤城。这样一来，除了西南角长期遭受围困的塞瓦斯托波尔要塞，他们彻底肃清了克里木半岛上的红军。

德国人把这场突击视为创造一根杠杆、协助实现主要目标的手段，也就是说，可以派一支德军部队跨过刻赤海峡，踏上形成高加索西端的库班半岛。但沿陆地路线进入高加索的主要突击进展神速，因而没有必要利用这种杠杆了。

德军顺利肃清了前进路线，红军 5 月 12 日朝哈尔科夫发动的反攻为此帮了大忙，这场打击针对的是保卢斯第 6 集团军，该集团军正准备消灭红军的伊久姆突出部。面对德国人的防御技能，红军付出的这番努力为时过早，超出了他们现阶段的能力。发起反攻时，铁木辛哥元帅下达的日训令提出了雄心勃勃的目标和过高的期望，训令开头处写道："我特此命令部队展开果断的进攻。"这场旷日持久的哈尔科夫反攻正中德国人下怀，红军大批预备力量投入其中，结果面临一场致命的反击。他们突破了哈尔科夫地区德军的防御，然后朝西北面和西南面散开。按照希特勒的命令，保卢斯第 6 集团军和克莱斯特第 1 装甲集团军对伊久姆突出部的进攻行动提前一天发起，博克的反攻就此结束了红军的进攻。两个完整的苏联集团军和另外两个集团军部分部队被德军切成碎片，到五月底，已有 24.1 万名红军将士成了俘虏。德军六月份发动他们的主要突击时，红军已没有预备力量可用于抵抗对方这场猛攻。

德军这场攻势在地点和时间上交错进行，计划在苏联南方沿整条德军战线遂行，这条战线从塔甘罗格附近的海岸斜斜地向后延伸，沿顿涅茨河通往哈尔科夫和库尔斯克。这是一条梯次配置的战线。左侧最靠后的地段率先展开行动。右侧最靠前的地段，必须等待左翼部队到达平行位置，然后再向前推进，但同时要发挥侧翼影响力，协助削弱左翼面临的抵抗。

位于右翼的是德国第 17 集团军，而第 11 集团军驻扎在克里木。第 17 集团军左侧稍后方的是第 1 装甲集团军。7 月 9 日后，这两个集团军编为李斯特的 A 集团军群，指定用于入侵高加索山区。位于该集团军群左侧的是博克 B 集团军群，编有第 4 装甲集团军、第 6 集团军、第 2 集团军、匈牙利第 2 集团军。两个装甲集团军负责实施决定性突击，都从德军后侧出击，攻往红军最靠前的阵地——第 1 装甲集团军从哈尔科夫地区展开突击，第 4 装甲集团军从库尔斯克地域出击。各步兵集团军尾随其后并提供支援。

作为主要突击的初期行动，德军 6 月 7 日冲击塞瓦斯托波尔要塞。遂行这项任务的是曼施泰因指挥的第 11 集团军。虽然红军顽强抵抗，但德国人最终通过兵力和技能优势赢得胜利，不过，这座要塞和整个克里木半岛直到 7 月 4 日才彻底落入德军手中。苏联人就此丧失了他们在黑海的主要海军基地。他们的舰队虽说依然存在，可实际上已处于消极被动状态。

德国人在克里木展开这场行动的同时，还在主要突击地段附近实施了一场重要的牵制性进攻。6 月 10 日，德军强渡顿涅茨河，在北岸夺得一处立足地，以此利用伊久姆"楔子"。他们把这片立足地逐渐扩大成一座大型登陆场，6 月 22 日从这座登陆场向北发起一场强有力的装甲部队突击，两天内前出到顿涅茨河以北 40 英里左右的库皮扬斯克枢纽站。这就为协助德军 6 月 28 日发起主要突击、向东推进的行动，创造了很有价值的侧翼掩护。

德军主要突击的左翼，激烈的战斗持续了数日，红军预备力量耗尽后，德国第 4 装甲集团军才在库尔斯克与别尔格罗德之间地域达成突破。尔后，德军迅速穿越 100 英里的平原，前出到沃罗涅日附近的顿河河段。这似乎预示着他们会直接渡过顿河上游，越过沃罗涅日，从而切断从莫斯科通往斯大林格勒和高加索的横向铁路线。实际上，德军没有这种意图。他们接到的命令是到达顿河后停止前进，尔后转入防御，为其他部队继续向东南方挺进提供侧翼掩护。匈牙利第 2 集团军赶来接替第 4 装甲集团军，第 4 装甲集团军随后转向东南方，沿顿河与顿涅茨河之间的走廊而下，德国第 6 集团军尾随其后，受领的任务是夺取斯大林格勒。

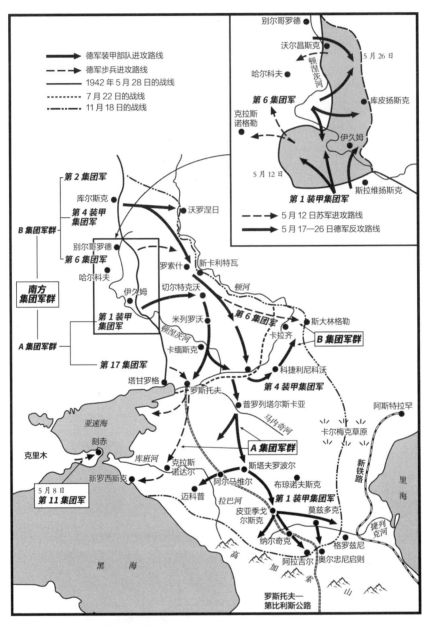

德军向斯大林格勒进军（ZVEN 制）

左翼的整个行动，掩盖了德军右翼正在形成的威胁。这是因为红军注意力集中于德国人从库尔斯克攻往沃罗涅日的行动时，克莱斯特第 1 装甲集团军从哈尔科夫地区发起的突击构成更大的危险。这得益于红军哈尔科夫进攻战役失败后组织不善的防御阵地，以及插入红军侧翼的库皮扬斯克"楔子"。克莱斯特迅速取得突破，麾下各装甲师向东疾进，沿顿河与顿涅茨河之间的走廊前出到切尔特克沃，这座城市位于莫斯科通往罗斯托夫的铁路线上。他们随后转身向南，取道米列罗沃和卡缅斯克，攻往罗斯托夫及其上方的顿河下游河段。

克莱斯特的左翼力量从出发线向前推进 250 英里，7 月 22 日渡过顿河，几乎没有遭遇抵抗。次日，他的右翼力量到达红军罗斯托夫防御边缘，随后楔入其中。位于顿河西岸的罗斯托夫暴露在德军猛烈攻击下，迅速后撤的红军根本没有组织适当的防御。德军的侧翼机动加剧了红军的混乱，这座城市很快落入他们手中。德军占领罗斯托夫，切断了从高加索而来的输油管，这样一来，红军的油料供应只能依靠油轮从里海运来，或是利用西面草原上仓促铺设的一条新铁路线。苏联还丧失了另外一大片重要的粮食产地。

德军这场攻势蔚为壮观，但一个重要的不足之处是，他们尽管击溃了大批红军部队，可俘虏的人数不如 1941 年那么多。另外，德国军队的前进速度也不够快。这不是敌人的抵抗造成的，而是因为许多训练有素的德军装甲部队先前遭受过损失，以及他们倾向于采取更为谨慎的措施。1941 年的装甲集群升级为装甲集团军，步兵和炮兵的比例有所增加，这种支援力量的加强往往会拖缓部队的速度。

虽说大批红军部队被德国人的迅猛推进暂时切断，但许多部队还是趁德军展开清剿前逃之夭夭。德军的突击攻向东南方，溃败的红军部队自然逃往东北方，这让红军指挥部门得以把这些残兵败将收容在斯大林格勒地区或附近，从这里对攻入高加索山区的德军侧翼构成一种固有的威胁。这种影响对战局下一阶段至关重要，此时，德军兵分两路，一股攻往高加索油田，另一股奔向斯大林格勒的伏尔加河河段。

渡过顿河下游后，克莱斯特第 1 装甲集团军转向东南方，进入马内奇河河谷，马内奇河通过一条运河与里海相连。红军炸毁了这里的大型水坝，放水淹没河谷，暂时阻挡住德军坦克的猛冲。耽搁两天后，德军顺利渡过马内奇河，尔后继续朝高加索山区挺进，沿一条宽大的战线展开。未遇抵抗，地形开阔，这些有利条件极大鼓舞了德国军队，克莱斯特的右路纵队几乎朝正南方穿过阿尔马维尔，攻往罗斯托夫东南方 200 英里的重要石油中心迈科普，8 月 9 日到达这座城市。同一天，德军中路纵队的车辆驶入迈科普以东 150 英里的皮亚季戈尔斯克，这座城市伫立在高加索山麓。而克莱斯特的左路纵队继续沿偏东方向攻往布琼诺夫斯克。各机动支队在主力部队前方疾进，因此，德军八月初渡过顿河后的这场推进，速度相当惊人。

但德国人的进军速度突然放缓下来，主要原因是油料短缺和多山的地形。这两个制约因素又因为斯大林格勒地区的战斗造成的遥远影响而被加强，投入斯大林格勒的大批德军部队，要是用于高加索山区，本来可以决定性地推动这里的进军。

为这样一场规模浩大的进攻行动提供所需要的油料非常困难，这种困难又因为油料运输必须使用穿过罗斯托夫瓶颈的铁路线，而俄国宽轨距铁轨必须改成中欧标准轨距而加剧，由于苏联舰队依然存在，德国人不敢冒险使用海路运送补给物资。他们还采用空运的方式前送了少量物资，但通过铁路和空运交付的补给物资总量不足以维持德军的前进势头。

一座座山脉是德国人实现目标的天然障碍，德军到达这片地区，遭遇的抵抗越来越顽强，这加剧了山区地形的阻碍效力。起初，绕开阻挡他们前进的红军部队不太困难，对方往往会在德军切断他们前撤离，而不像 1941 年那样殊死抵抗。这种变化可能是因为红军采取了更灵活的防御策略，但德军指挥部审讯俘虏后确信，一种日趋增长的趋势是，部分遭到迂回的红军士兵打算逃回自己的家乡，特别是来自苏联亚洲地区的人员。不过，德军到达高加索山区后，红军的抵抗更加顽强了。这里的防御部队主要由当地征召的士兵组成，他们不仅熟悉山区地形，还认为这是为保卫自己的家园而战。这些因素极大加强了红军的防御力量，而山区地形限制了德军装甲部队潮水般的进击，给进攻方造成严重妨碍。

第 1 装甲集团军以一场侧翼突击攻入高加索山区,尾随其后的德国第 17 集团军穿过罗斯托夫瓶颈,从那里转身向南,攻往黑海沿岸。

德军占领迈科普油田后,高加索战线重新划分,还分配了更多目标。第 1 装甲集团军负责拉巴河与里海之间的主要地段,第一个目标是夺取罗斯托夫通往第比利斯这条大路的山区路段,第二个目标是攻占里海岸边的巴库。第 17 集团军负责拉巴河与刻赤海峡之间的狭窄地区,首要任务是从迈科普和克拉斯诺达尔向南进击,翻越高加索山脉西端,夺取新罗西斯克和图阿普谢这两座黑海沿岸的港口。该集团军的第二个目标是从图阿普谢沿滨海道路而下,一举打通前往巴统的道路。

虽然图阿普谢南面的滨海道路在高山悬崖下方通过,但第 17 集团军的第一项任务看上去相对容易些,因为他们只要前进不到 50 英里就能到达海边,而山脉西端也逐渐平缓,变成山麓丘陵。可事实证明,这项任务并不轻松。前进中的德军必须渡过库班河,河口附近与宽阔的沼泽地接壤,东面的山丘崎岖不平,足以构成困难的障碍。第 17 集团军快到九月中旬才攻占新罗西斯克,但他们一直没能到达图阿普谢。

相比之下,主要进军路线上的第 1 装甲集团军取得了更大的进展,但速度越来越慢,停顿的次数越来越多。油料短缺严重阻碍他们攻往山区。有时候,德军装甲师为等待补给物资运抵,不得不停顿数日之久。这种障碍让德国人丧失了他们的最佳机会——在突然性尚存、守军没有获得加强的时候冲向各个山口。第 1 装甲集团军在力图打开一条进入山区的道路时遇到障碍,这是因为大部分训练有素的山地部队被调拨给第 17 集团军,该集团军正设法前出到图阿普谢并打通前往巴统的沿海道路。

德军到达捷列克河时首次受到严重阻碍,这条河流掩护着通往第比利斯的山区道路接近地,以及山脉北面更加暴露的格罗兹尼油田。捷列克河的宽度不像伏尔加河那般令人敬畏,但湍急的水流造成棘手的麻烦。克莱斯特随后决定向东面的下游迂回,九月份第一周在莫兹多克附近顺利渡过捷列克河。可他的部队随后在捷列克河前方遍布密林的丘陵地带再度受阻。格罗兹尼就在莫兹多克渡口前方 50 英里处,但德军倾尽全力也没能到达那里。

　　造成这场挫败的一个重要因素是，苏联人把数百架轰炸机调到格罗兹尼附近几座机场。这股航空兵力量突然出现，确实有效阻止了克莱斯特的推进，因为他的高射炮部队和提供支援的空中力量，大多已调去支援斯大林格勒的德国军队。因此，苏联轰炸机不受妨碍地扰乱克莱斯特的部队，还点燃德军前进路线上的大片森林，以此加剧德国人的痛苦煎熬。

　　红军还实施了一场大范围牵制行动，他们派若干骑兵师沿里海海岸而下，扰乱克莱斯特暴露的东翼。红军骑兵在草原上对德国人稀疏的防御展开行动，他们发现骑兵的特性发挥了异常出色的效力。在那片广阔的草原上，他们可以随心所欲地突破德军任何一座前哨，切断对方的补给线。苏联人修建的从阿斯特拉罕向南延伸的铁路线，给他们沿这道侧翼日趋加强的集结帮了大忙。这条铁路线铺设在平坦的草原上，没有任何路基，也不需要路堑和路堤。德国人很快发现，他们切断铁路线的做法毫无作用，因为他们刚刚炸毁某段铁路，对方马上铺设起新的铁轨。同时，敌人来无影去无踪，克莱斯特面临的侧翼威胁日趋严重。虽说德军快速支队前出到里海海岸，可那片"海洋"对他们来说无异于"海市蜃楼"。

　　整个九月和十月，克莱斯特不断设法从莫兹多克向南进击，在不同地点一次次发起突袭，可每次都以失败告终。他随后决定把突击重点从左侧调整到右侧，打算以一场钳形攻势进攻奥尔忠尼启则，那是通往达里亚尔山口的门户，而山区道路穿过达里亚尔山口通往第比利斯。十月份最后一周，德军发起这场进攻，为此，克莱斯特获得德国空军所能抽调出的力量支援。他的右钳以一场西向迂回机动夺得纳尔奇克，随后又攻占阿拉吉尔——这是穿过马米松山口的另一条军用道路的起点。德军从阿拉吉尔攻往奥尔忠尼启则，而担任左钳的部队也从捷列克河谷发起突击，朝这里汇集。雨雪天气在这最后阶段给德国人造成延误，就在克莱斯特的部队即将到达他们的当前目标时，红军突然发动一场时间、目标把握得非常好的反突击。此举导致一个罗马尼亚山地师骤然崩溃，前进期间，这个师表现得不错，但此刻再也无力坚持下去。结果，克莱斯特不得不退却，放弃了自己的计划。战线随后稳定下来，德国人仍面对着他们徒劳地试图突破的高山屏障。

德军在高加索中部最终被击退，适逢红军在斯大林格勒发起他们庞大的反攻。

德国人还计划在高加索西部地区展开最后的努力，但一直没有实施。为此，希特勒姗姗来迟地决定打出他一直精心保留的空降兵王牌。这个伞兵师仍以第7航空师的番号为伪装，已经集结在克里木半岛及其附近，准备突袭图阿普谢通往巴统的滨海道路，与第17集团军重新发起的推进会合。但红军随后在斯大林格勒地区发动反攻，尔后又在勒热夫附近展开一场新的进攻——为间接缓解斯大林格勒的压力，朱可夫的军队八月份在那里差一点达成突破。希特勒对这场双重威胁深感震惊，因而取消了攻往巴统的行动，还命令通过铁路把伞兵师向北运往斯摩棱斯克，以此增援中央战线。

这些失败和危险都是德军在斯大林格勒受挫的后果，那座城市本来是个次要目标，攻占那里却逐渐发展成一项主要努力，吸引了德国人实现主要目标所需的陆军和空军预备力量，最终导致德军耗尽了实力却一事无成。

具有讽刺意味的是，德国人起初为遵循传统战略准则付出了代价，随后又为违反这些准则再次付出代价。原本集中力量的理念最后却造成分散兵力的致命后果。

直接攻往斯大林格勒的行动由保卢斯率领的第6集团军遂行。该集团军沿顿河与顿涅茨河之间走廊的北侧而下。由于装甲部队沿南侧的迅猛推进提供了援助，第6集团军起初取得了不错的进展。但他们越向前推进，实力遭受的削弱就越严重，因为他们不得不派出越来越多的师，沿顿河掩护不断延长的北翼。炎热天气中漫长而又快速的行军，以及战斗损失造成的减员，进一步加剧了集团军遭受的削弱。而他们克服后撤中的红军步步为营的抵抗时，这种削弱亦成为一种障碍。更艰巨的战斗造成更严重的损失，因此，他们对付敌人下一场抵抗时的兵力也更少。

第6集团军逼近顿河向东伸出的河曲部时，这种影响已变得非常明显。7月28日，该集团军一股快速先遣力量前出到卡拉奇附近的顿河河段，离他们的进攻出发线350英里，距离斯大林格勒的伏尔加河向西伸出的河曲部不到40英里。但这不过是昙花一现，红军在顿河河曲部内的顽强抵抗拖缓了德军的总体进展。与装甲集团军相比，第6集团军的战线狭窄，辖内快速部队较少，这影响到他们的机动能力。德国人耗时两周才粉碎了顿河河曲部内的红军部队。即便如此，他们又用了十天时间，才在顿河对岸建起几座登陆场。

8月23日，德国人准备朝斯大林格勒发起最终突击。他们决定实施一场钳形攻势，第6集团军从西北面遂行，第4装甲集团军从西南面而来。当晚，德军快速部队前出到斯大林格勒上方30英里的伏尔加河岸边，还逼近了城市南面15英里的伏尔加河河曲部。但守军的顽强抵抗导致德军两支铁钳没能合拢。下一个阶段，德军从西面发动一场进攻，从而完成了半圆形包围圈，苏联当局号召红军将士不惜一切代价坚守到最后一兵一卒，这种语气体现出局势的紧迫性。红军官兵以惊人的耐力响应了这种号召，因为他们在神经高度紧张的情况下从事战斗，面临的补给和增援问题也很严重。身后两英里宽的伏尔加河并非对他们全然不利，虽说这条河流导致防御任务趋于复杂，但它也加强了红军部队的抵抗力。

德国人沿红军的防御弧线一次次发起冲击，这种进攻似乎无休无止，经常变换地点和方式，但微乎其微的进展完全无法弥补进攻方付出的代价。有时候他们确实突破了红军的防御，但突破深度远远不够，充其量只能迫使对方局部后撤。更常见的是，德军的冲击无法达成突破。随着进攻行动一次次受阻，战斗发生地的心理重要性随之增加，就像1916年的凡尔登。就眼前的情况来说，地名加剧了这种心理影响。"斯大林格勒"对苏联人来说是个鼓舞人心的象征，而对德国人，特别是他们的元首而言，却成了催眠剂。这座城市让希特勒陷入催眠状态，导致他丧失了战略眼光，也不考虑关乎未来的一切问题。斯大林格勒比莫斯科更加致命，因为这座城市的名称具有重大意义。

任何一位头脑冷静的战争经历分析人士，都能看清继续付出努力不仅无利可图，而且风险极大。除非防御部队陷入孤立无援的境地，又或者他们国家的预备力量消耗殆尽，否则，这种反复发起的进攻很少能获得回报——目前这种情况下，承受不起旷日持久的消耗的是德国人。

尽管苏联损失巨大，可这个国家的人力储备还是远远超过德国。苏联最缺的是武器装备，这种短缺是1941年的严重损失造成的，还部分归咎于

1942 年再次遭受的挫败。他们缺乏火炮，很大程度上以卡车搭载的迫击炮代替[①]卡车和各种运输车辆也严重不足。但 1942 年夏末，后方地区新工厂生产的武器装备源源不断地运抵前线，另外还有美国和英国提供的补给物资。同时，战争爆发后苏联征召大批人员的动员工作正结出硕果，而从亚洲调来的新师数量也在增加。

斯大林格勒战区的位置相当靠东，因而从东面进入这片战地更加方便。这有助于斯大林格勒城的防御，虽然直接增援的规模因为该城尴尬的位置而受到限制，但北翼红军不断加强的实力产生一种间接影响，影响力并不亚于一股重要的援兵。如果不是因为红军缺乏现代战争中的主要武器，那么，他们在那一侧施加的反压力也许早已扭转局面。可随着德国人陷入局部消耗战，有限的人力和物力储备逐渐耗尽，这种影响变得越来越大。这样的战斗中，德国人作为进攻方，遭受的消耗高于防御方，而这种消耗恰恰是他们难以承受的。

德军总参谋部很快意识到这种消耗的危险性。哈尔德参加完希特勒召开的每日形势研讨会出来后，经常摊开双手，以恼怒而又沮丧的手势告诉那些助手，他又一次没能让希特勒明白道理。随着冬季日益临近，哈尔德反对继续进攻的争论变得越来越激烈，综合效应导致希特勒紧张不安，因此，他们之间的关系发展到双方都无法忍受的程度。讨论作战方案时，希特勒继续保持他的老习惯，在地图上大手一挥，可现在进展微乎其微，几乎无法察觉。随着希特勒越来越无法驱散红军，他就越来越倾向于把这些碍手碍脚的顾问赶出他的办公室。他总是认为这些"老家伙"对他的作战方案缺乏热情，这些方案失败的次数越多，他越是觉得总参谋部从中作梗。

因此，哈尔德和他的几名助手九月底离职，由当时在西线担任伦德施泰特参谋长的、更年轻的库尔特·蔡茨勒取而代之。蔡茨勒 1940 年担任过克

[①] 译注：这里指的是喀秋莎火箭炮。

莱斯特装甲集群参谋长，德军装甲部队从莱茵河一路横扫到英吉利海峡，这场长途进军行政方面的成功，很大程度上归功于他大胆的后勤方案。除了这份重要的资历，希特勒还觉得，自己在攻往里海和伏尔加河的远程问题上与一名较年轻的军人打交道更容易些，更何况这位军人是他以火箭般的速度突然提拔到军队最高职位的。起初，蔡茨勒在这方面确实如他所想，没有像哈尔德那样不断提出让他心烦的反对意见。可没过多久，蔡茨勒自己就烦了，随着攻占斯大林格勒的希望逐渐消失，他开始与希特勒发生争执，认为把德军战线保持在如此深远的前方是不可行的。后来发生的事情证明他这番警告完全正确，希特勒却不再喜欢听取他的建议，1943 年采取了疏远他的态度，这就让蔡茨勒的建议变得越来越无效。

同样的基本因素，给红军最终的反攻帮了大忙，结果导致德军进攻斯大林格勒的挫败沦为一场致命的失败。

朝斯大林格勒汇聚的德军越是靠近这座城市，他们的机动力就越是受到限制，而狭窄的正面有助于守军把他们的预备力量更迅速地调到弧度减小的防线上遭受威胁的地段。同时，德国人丧失了他们先前通过分散敌军获得的优势。夏季战局开始阶段，一直到德军前出到顿河，行动目标的不确定性导致红军陷入瘫痪，可现在，德国人的目标变得非常明显，这就让红军指挥部门很有把握地投入了他们的预备力量。因此，进攻方朝斯大林格勒不断集结兵力变得越来越无效，集中力量的进攻遭遇到集中力量的防御。

同时，德国人朝斯大林格勒投入重兵，不得不从他们的侧翼抽调越来越多的预备力量，而这条侧翼由于过度拉伸早已不堪重压——从沃罗涅日起，沿顿河延伸到斯大林格勒"地峡"，长达 400 英里左右，从斯大林格勒起，跨过卡尔梅克草原到捷列克河，长度又是 400 英里。虽说这些荒原限制了红军对后一片地区发动反攻的力度，但这种限制并不适用于顿河地区，那里尽管有河流掩护，可一旦河面结冻或红军为实施强渡找到无人据守的河段，就会变得极度脆弱。另外，红军还在斯大林格勒以西 100 英里，谢拉菲莫维奇附近的顿河对岸成功保留了一座登陆场。

从八月份起，红军实施了几次小规模试探性进攻，预示出这道过度拉伸的侧翼面临的危险。苏联人发现德军侧翼的防御非常稀疏，而且主要由德国的仆从国军队负责：匈牙利人守卫着从沃罗涅日向南的防线；从新卡利特瓦附近向东延伸的防线由意大利人负责；斯大林格勒以西最后一个向南弯曲部附近，以及斯大林格勒城外都由罗马尼亚人据守。长长的侧翼战线上，这些仆从国军队之间只部署了少量零零碎碎的德国团或师以提供加强。师属防区长达 40 英里，也没有适当的防御工事。铁路终端往往位于前线后方一百英里或更远处，这片地区无比荒凉，几乎找不到木材修筑防御工事。

德军总参谋部不安地意识到这些问题，因而早在八月份就告诉过希特勒，冬季无法守住这条充当侧翼防御的顿河防线。希特勒没有理会这番警告。所有防御考虑都从属于夺取斯大林格勒这个目标。

九月中旬，德军攻入斯大林格勒满目疮痍的郊区，继而突入工厂区，他们这种过于直接的进攻，局限性更明显地暴露出来。陷入巷战对进攻行动始终是一种障碍，对一支主要凭借卓越的机动力获得优势的军队来说尤是如此。同时，防御方使用了工人组成的部队，为保卫自己的家园，这些工人战斗得非常勇猛。这种情况下，当地民众参加战斗，在不断投入的援兵开始扭转局面前的关键几周，这对守军的实力是个重要的补充。这里的守军指的是崔可夫将军指挥的第 62 集团军，以及舒米洛夫将军指挥的第 64 集团军部分力量。第 62 集团军先前在顿河以西的战斗中遭到严重削弱，负责整个斯大林格勒地区防务的叶廖缅科将军却无法为他们提供补充力量。

德国人到达城内建筑区后，把整体进攻分成一个个局部突击，这就分散了他们的冲击力。同样的局限性促使德国人恢复了一种老习惯，那些抱有步兵思维的老派指挥官对此甘之如饴，他们分散，而不是集中使用坦克力量。许多进攻只使用 20 ~ 30 辆坦克，尽管一些规模较大的冲击投入了 100 辆坦克，可这个数字意味着每 300 名参战士兵才能分摊到一辆坦克。坦克的比例这么小，反坦克武器自然占据了上风。但微不足道的坦克数量造成战术拙劣的同时，也暴露出德国人越来越严重的物资缺乏问题。德军空中支援规模的下降同样表明了这一点。德国人赖以成功的两件主要兵器日趋不足，这自然导致步兵的负担更重，向前推进的代价更高。

从表面上看，随着防御圈不断缩小，敌人日益逼近市中心，守军的处境越来越危险，甚至已趋绝望。最紧急的时刻是 10 月 14 日，但罗季姆采夫将军率领近卫步兵第 13 师阻挡住了德军的冲击。即便克服了这场危机，形势依然严峻，因为守军离背后的伏尔加河非常近，已没有太大空间实施吸收冲击的战术。他们再也无法承担以空间换取时间的代价。但这种表面现象下，基本因素正在发挥对他们有利的作用。

德军的损失越来越高，受挫感越来越强，再加上严冬即将到来，这一切导致他们士气低落。另外，由于预备力量消耗严重，他们过度拉伸的侧翼防线丧失了弹性。因此，苏联统帅部筹划的反攻行动，时机已然成熟，他们为此调集了大批预备力量，足以对这样一个过度拉伸之敌实施有效打击。

红军 11 月 19 日和 20 日发动反攻，选择的时机恰到好处。这个进攻发起日期介于第一场强霜冻与暴雪降临之间，霜冻让道路变硬，有利于部队快速运动，而大雪却会妨碍机动。此时，德国人精疲力竭，最深刻地感受到这场原本以为会胜利的进攻遭遇挫败后产生的自然反应。

红军这场反攻，在战略和心理方面都很巧妙，采用了具有双重意义的间接路线。他们投入两支铁钳，每支铁钳都由几个叉子组成，一举插入进攻斯大林格勒的德国军队两翼，从而把第 6 集团军和第 4 装甲集团军与 B 集团军群隔开。两支铁钳选择的插入地段，那里的侧翼掩护主要由罗马尼亚军队负责。朱可夫、华西列夫斯基、沃罗诺夫将军这个红军总参谋部出色的三人小组拟定了反攻方案。而这份方案的主要执行者是西南方面军司令员瓦图京将军、顿河方面军司令员罗科索夫斯基将军、斯大林格勒方面军司令员叶廖缅科将军。

这里应该指出，苏联人把整条战线分成 12 个方面军，由莫斯科的最高统帅部大本营直接统辖。他们没有把这些方面军编为更大的集团，现在的惯例是，大本营从总参谋部派遣一位高级将领和几名参谋人员，协调执行特定作战行动的几个方面军。每个方面军通常编有 4 个集团军，这种集团军的编制小于西方国家的集团军，而且直接指挥辖内几个师，不需要军级指挥部。

红军坦克和机械化部队编为一个个旅，几个旅组成一个军，这种军级编制实际上相当于较大的师，方面军司令员直接掌握这些坦克和机械化军。

苏联人没有全面检验新编制的利弊，就于 1943 年夏季恢复了军级编制。减少指挥链上的层级，让高级指挥员手中掌握更多分队，就能够加快作战行动，提高机动的灵活性。从理论上说，指挥链上的每个额外层级都是缺点，往往会造成战机贻误，因为下级必须逐级向上报告情况，高级指挥员也必须把命令逐级下达给真正的执行者。另外，指挥层级太多也削弱了高级指挥员的控制力，不仅让他对战场上的态势有一种鞭长莫及感，还减少了他对作战部队的个人影响力。因此，中间层级指挥部越少，作战行动就越趋于活跃。另一方面，一个指挥部掌握更多分队，就能以更大的灵活性提高机动力。更具灵活性的编制能够发挥更大的打击效力，因为这种编制更具备适应各种情况、在决定性地点集中兵力的能力。如果某人除拇指外只有一两根手指，那么他会发现，意图抓住任何物体或对手时远比用一根拇指和四根手指困难得多，他的手既没有灵活性，也无法集中压力。在西方国家的军队中就能见到这种局促的限制，他们的大部分兵团和部队只分成两个或三个操纵灵活的部分。

斯大林格勒西北方，红军先遣力量沿顿河河岸而下，攻往卡拉奇和向后通往顿涅茨盆地的铁路线。斯大林格勒东南方，左路铁钳的几个叉子向西突击，攻往向南通往季霍列茨克和黑海的铁路线。切断这条铁路线后，他们奔向卡拉奇，11 月 23 日完成了合围。接下来几天，这个包围圈不断加强，困住德国第 6 集团军和第 4 装甲集团军辖内一个军。迅速行动的这几天，红军保持防御战术优势的同时，还在战略上扭转了态势，这就是间接路线经常能实现的双赢。因为德国人现在被迫继续进攻，不是攻进去，而是突出来。但他们的反向努力没有像先前正向推进那样取得成功。

同时，红军另一股强大的力量冲出谢拉菲莫维奇登陆场，朝顿河河曲部以西地域展开，分成若干股，向南攻入顿河与顿涅茨河之间的走廊，在奇尔河与从卡拉奇发起突击的左钳力量会合。这场外环合围行动对红军整个作战方案取得成功至关重要，因为它破坏了敌人的行动基地，还在几条较为直接的路线上降下一道铁幕，以防德军解围部队利用这些路线搭救保卢斯集团军。

德国人十二月中旬从西南面发起救援行动，渡过顿河，前出到科捷利尼科沃—斯大林格勒一线。这股仓促集结的救兵统归曼施泰因第11集团军司令部指挥，该司令部调离中央集团军群，很快升级为顿河集团军群。但顿河集团军群统辖的部队寥寥无几，很难配得上这个威风凛凛的番号。为执行解救斯大林格勒被围部队的任务，曼施泰因不得不依靠微薄的预备力量，其中包括通过铁路从法国布列塔尼调来的第6装甲师。

曼施泰因凭借娴熟的战术技能，充分利用了麾下寥寥无几的装甲力量，深深楔入红军拦截阵地。但临时拼凑的部队实施的这场仓促推进，被红军阻挡在距离被围集团30英里处，随后就在红军对其侧翼施加的压力下逐渐退却。这场救援失败后，解救保卢斯的一切希望荡然无存，因为德军统帅部再也没有预备力量发起另一场解围行动了。但曼施泰因尽可能长久地坚守自己暴露在外的阵地，甚至已超出安全限度，目的是掩护空中生命线，通过这条航线为命运已定的第6集团军运去少量补给物资。

12月16日，红军在更西面发起一场新的外环合围机动。沃罗涅日方面军司令员戈利科夫将军，以他的左翼力量在新卡利特瓦与莫纳斯特尔希纳之间60英里河段的数个地点渡过顿河中游，据守这片河段的是意大利第8集团军。拂晓时，红军首先展开猛烈的炮火准备，把意大利人打得四散奔逃，随后，红军坦克和步兵跨过冻得严严实实的顿河冰面。暴风雪遮天蔽日，导致寥寥无几的守军目不能视物，但没能阻止红军的前进，他们迅速向南攻往米列罗沃和顿涅茨河。与此同时，瓦图京的部队也从奇尔河攻往西南方的顿涅茨河。没用一周，红军朝同一方向汇聚的两场推进，就把敌人彻底逐出顿河与顿涅茨河之间的走廊。由于对方防御太薄弱，溃败得太快，红军第一场合围没能抓获太多俘虏，但第二阶段，他们追上并困住大批后撤中的敌军。因此，第二周结束时，也就是当年年底，陷入包围的敌军官兵多达6万人。

红军这场猛烈进攻，威胁到顿河下游和高加索山区所有德国军队的后方。但深深的积雪，以及德军部队在米列罗沃和顿涅茨河北面另外几个交通中心实施的顽强抵抗，让德国人暂时避免了这种危险。

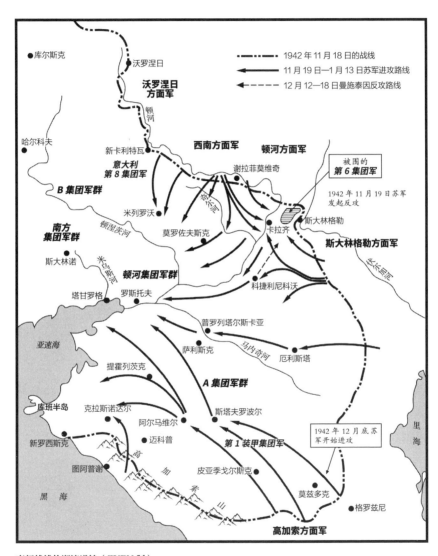

图例：
- ━·━·━ 1942 年 11 月 18 日的战线
- ◀━━━ 11 月 19 日—1 月 13 日苏军进攻路线
- ◀┅┅┅ 12 月 12—18 日曼施泰因反攻路线

库尔斯克

沃罗涅日

沃罗涅日方面军

顿河

哈尔科夫

新卡利特瓦

西南方面军　**顿河方面军**

意大利第 8 集团军

谢拉菲莫维奇

被围的**第 6 集团军**

B 集团军群

米列罗沃

齐尔河

1942 年 11 月 19 日苏军发起反攻

南方集团军群

顿涅茨河

莫罗佐夫斯克

卡拉齐

斯大林格勒

斯大林诺

米乌斯河

顿河集团军群

科捷利尼科沃

斯大林格勒方面军

萨尔河

塔甘罗格

罗斯托夫

亚速海

普罗列塔尔斯卡亚

萨利斯克

马内奇河

厄利斯塔

提霍列茨克

A 集团军群

库班半岛

克拉斯诺达尔

阿尔马维尔

斯塔夫罗波尔

里海

新罗西斯克

迈科普

高

第 1 装甲集团军

1942 年 12 月底苏军开始进攻

图阿普谢

皮亚季戈尔斯克

加

索

莫兹多克

黑海

山

格罗兹尼

高加索方面军

南部战线的潮流逆转（ZVEN 制）

可是，威胁非常明显，而且很可能扩大，希特勒终于意识到，倘若自己不放弃征服高加索的梦想，强行命令那里的军队坚持下去——他们后方600英里的侧翼已暴露在外，那么，比斯大林格勒包围圈更大的一场灾难就不可避免。因此，希特勒一月份命令高加索山区的德国军队后撤。这项决定非常及时，克莱斯特的军队逃脱了遭切断的厄运。这股德军全身而退延长了战争，但被困于斯大林格勒的德国军队彻底投降前，此举就已经向全世界表明，德国这股大潮正在消退。

朱可夫将军选择突击地点的技能非常出色，从心理和地形理由上说都是如此，这是红军这场反攻的突出特点。他击中了敌军布势的精神弱点。另外，一旦红军突击部队丧失局部势头，他就展现出发展另一种威胁的能力，而这种威胁制造出导致敌人全面崩溃的机会。一场集中力量的突击，在破坏防御方抵抗力时有一种递减效应，因而朱可夫实施了广泛分布的一连串突击，旨在扩大压力，从而恢复初期成效。反攻逐渐发展成进攻，不再具有"反冲弹簧"的冲劲，这通常是更有利可图的、自身消耗不大的战略形式。

在包括物质和精神这些主导事件进程的其他因素之下，是空间与兵力比这个基本条件。东线的空间极为广阔，因此，如果进攻方不集中力量于太过明显的目标（例如1941年的莫斯科，1942年的斯大林格勒），那么，他们总能找到迂回机动的空间。因此，德国人只要保持质量优势，就能在没有数量优势的情况下赢得进攻行动。但东线空间如此深邃的事实也成为红军的救星，特别是他们在机械化力量和机动性方面无法匹敌德国军队那段时期。

但德国人丧失了这种技术和战术优势，还消耗了太多人力。随着兵力的萎缩，苏联广阔的空间越来越对他们不利，危及他们守住这样一道过度拉伸的战线的能力。现在的问题是，他们是否能通过收缩战线恢复平衡，或者说，他们的实力是否已经消耗到再也没有翻身机会的程度。

注释

1. 就连西方国家遥远的旁观者也能推断出这些缺点。我1942年3月写了篇评论，得出的结论是："这个夏季不仅会重演去年秋季德国人的挫败，而且会明确改变战争的潮流，这似乎是个合理的预测。"

第十九章

隆美尔的涨潮

与 1941 年相比，1942 年的非洲战局发生了更猛烈、影响更深远的逆转。这场战局开始时，交战双方的军队在昔兰尼加西部边界对峙，那里恰恰是九个月前他们驻守的地方。但新年过后三周，隆美尔又一次发动战略反攻，取得的进展超过 250 英里，英军朝埃及边界退却了三分之二路程后才重新集结起来。战线随后在贾扎拉一线稳定下来。

临近五月底，隆美尔再次出击，阻止了英军的一场攻势，为去年十一月他的进攻行动被对方所阻报了一箭之仇。这次，经过另一场扣人心弦、变化多端的拉锯战，英国人被迫后撤，退却得又快又远，到达阿莱曼一线才站稳脚跟，那是进入尼罗河三角洲的最后一道门户。这一次，发展胜利的隆美尔一周内取得 300 多英里进展。可这场突击和他的实力此时已呈强弩之末。隆美尔攻往亚历山大和开罗的努力受到遏制，这场让双方筋疲力尽的交战结束前，他已临近失败边缘。

八月底，获得加强的隆美尔，为赢得胜利付出了更大努力。但英国人已得到更强大的增援，而且由哈罗德·亚历山大和伯纳德·蒙哥马利将军为首的新指挥团队统率。隆美尔这场突击遭到遏制，他被迫放弃了微不足道的初期战果中的一大部分。

十月下旬，英军重新发动进攻，这场行动深具决定性，投入的兵力远远超过以往任何一次。经过历时十三天的激烈交战，隆美尔的资源几近枯竭，他的坦克几乎消耗殆尽。隆美尔的战线随后崩溃，但他率领残部幸运地逃脱了。这股残余力量极为虚弱，根本无法实施认真的抵抗，到八周后的年底，隆美尔已被驱赶到的黎波里塔尼亚的布埃拉特，也就是说，从阿莱曼后退了一千英里。但这不过是暂时停顿一下而已，他们一路退到突尼斯才停下脚步，次年五月，非洲的德意联军彻底覆灭。

1942 年 1 月初，英国人认为自己在艾季达比亚被击退，不过是进军的黎波里途中一场暂时中断而已。他们忙着为进攻行动拟制方案、集结力量，这场行动恰如其分的代号是"杂技演员"。月底前，他们做了一连串空翻，向后退却了。

1 月 5 日，六艘船只组成的船队，搭载着一批新坦克，顺利溜过英国海空力量构成的封锁网到达的黎波里，这让隆美尔的坦克增加到 100 多辆。获得这批增援，又收到一份关于英军先遣力量弱点的报告后，隆美尔开始策划一场反攻，但他没有透露自己的意图。隆美尔 1 月 21 日发动反攻。1 月 23 日，意大利总参谋长赶到他的司令部提出反对意见，但此时，隆美尔的先遣部队已向东疾进一百英里，而英军向东退却的速度更快。

隆美尔发动反攻时，英军先遣力量主要由新近开抵的第 1 装甲师组成，这个师的装甲旅辖三个改装的骑兵团，配备 150 辆巡洋坦克，他们在坦克战方面没什么经验，对沙漠作战更是全无了解。给他们造成更大麻烦的是，隆美尔新获得一批三号坦克，装甲板厚度达到 50 毫米，防护性能比旧款坦克更好，而德军反坦克炮兵一直在操练，进一步发展与己方坦克协同行动的进攻战术。海因茨·施密特描述了这种改善：

我们带着十二门反坦克炮，从一个有利位置跃进到另一个有利位置，而我们的坦克静静地隐蔽着，只露出炮塔，可能的话就为我们提供掩护火力。然后我们建立自己的阵地，坦克再度向前时为他们提供掩护火力。这种战术很有效，尽管敌坦克的火力相当猛烈，可他们却无法阻止我们前进。对方不断遭受损失，不得不连续后撤。我们不由得感到，此时对付的不是曾在卡普佐小径让我们大吃苦头的那种顽强、经验丰富的对手。[1]

更糟糕的是，三个英军坦克团零零碎碎地投入战斗。德国人在安特拉特附近突然对他们发动袭击，英军在第一场交战中损失近半数坦克。意大利总参谋长卡瓦莱罗将军随后介入，暂时阻止了隆美尔的挺进，他拒不批准意大利快速军跟随非洲军一同前进。但英国人没有充分利用德军这场暂停，由于没遇到英军强有力的反突击，隆美尔1月25日再次向前，攻往姆苏斯，一举突破英军禁卫旅和第1装甲师据守的防线，第1装甲师带着残余的30辆坦克向北退却，逃离了隆美尔的进军路线。

隆美尔朝姆苏斯发起的这场深具威胁的深远突击，迫使英军指挥部仓促命令班加西的印度第4师撤离这座堆满补给物资的港口，退往德尔纳—迈奇尼一线。但奥金莱克从开罗飞赴第8集团军司令部会晤里奇，他当晚取消了后撤令，还命令部队做好发动反攻的准备。可事实证明，他这番干预并不像去年十一月时那么合适或有效。因为此举导致英军分散开来而且静止不动，企图掩护班加西与迈奇尼之间140英里长的防线，而隆美尔却获得时间和机动自由，从姆苏斯的中央阵地发展自己的行动，同时选择其他打击目标。

隆美尔构成的威胁变化不定，接下来几天给英军指挥部门造成一连串"命令、收回成命、混乱"。一个相关后果是，第13军军长戈德温－奥斯汀请求上级解除他的职务，因为集团军司令绕过他，直接给下属指挥官下达命令。随之而来的结果更加糟糕。

隆美尔的军队实力弱小，因而他决定转身向西攻往班加西，消除那个方向对他身后构成的威胁，同时佯装向东攻往迈奇尼。这场佯攻让英军指挥部落入彀中，他们仓促增援迈奇尼，而过度拉伸的印度第4师却没有得到任何支援。隆美尔迅速转向班加西，英军猝不及防，他们匆匆放弃了这座港口和堆积如山的物资储备。隆美尔利用这种突然性，派出两个小股战斗群向东疾进。他们这场大胆出击和由此构成的威胁，迫使英国人放弃了一连串可供防御的阵地，一路退到贾扎拉防线，尽管非洲军主力由于补给短缺仍停在姆苏斯，没有向东攻击前进。2月4日，英国第8集团军撤入贾扎拉防线的防御工事，但直到四月初，隆美尔说服了犹豫不决的意大利上级指挥部门，才得以让他的军队前出到靠近英军阵地处。

此时，英军据守的贾扎拉阵地，不仅构筑了野战工事，还布设了广阔的雷区，已经发展成一道真正的筑垒防线。但英军的防御准备很快被他们重新发起进攻的计划取代，贾扎拉防线发展成适合进攻的跳板，就不太适合防御了，因为这是一道笔直的战线，缺乏必要的纵深。除了沿海地段，防线上的各支撑点相距太远，无法相互提供火力支援。这道防线从海岸起，向南延伸50英里，越往南缺口越大。位于比尔哈基姆的左翼阵地，由柯尼希将军指挥的自由法国第1旅据守，与西迪穆夫塔的据点相距16英里。导致防御复杂化的另一个因素是，前进基地和铁路终端设在贝勒赫迈德，此举是为了重新发起进攻。对敌人的一场迂回突击来说，这是个很明显的目标，因此，英国人必须保护堆放在那里的大量补给物资，战斗中的英军指挥官一直为此担心不已，机动自由受到严重限制。

对早早发起一场进攻的可行性和合理性，英国人在政策和规划方面也存在意见冲突。从二月份起，丘吉尔就敦促尽早展开行动，他指出，苏联人浴血奋战、凯塞林持续不断的空袭把马耳他岛炸得满目疮痍之际，63.5万名英军将士却在近在咫尺的中东战区无所事事。但奥金莱克敏锐地意识到英国军队技战术方面的缺点，他希望等待里奇的实力提高到足以抵消隆美尔的质量优势后再行动。丘吉尔最终否决了他的意见，还下达了一道发动进攻的明确命令，要求奥金莱克"必须服从，否则就等着被撤职"。于是，英军打算六月中旬展开行动，可这份方案又一次受挫，因为隆美尔5月26日抢先发动进攻。

交战双方都获得增援，因此，他们的实力都比去年十一月"十字军"行动开始时更加强大，但师的数量保持不变，也就是说，3个德国师（含2个装甲师）和6个意大利师（含1个装甲师）对阵6个英国师（含2个装甲师）。按照师的数量计算，就像那些政治家和将军常做的那样，隆美尔以九比六的优势发动进攻，这种军事算术经常用于解释英军的失败。

但双方实力对比的实际情况并非如此，这表明以师的数量来计算实力是多么具有误导性。5个实力不足的意大利步兵师，其中4个没有实现摩托化，因而无法在快速机动作战中发挥积极作用，这场贾扎拉之战就是明证。而英国第8集团军不仅有充足的汽运车辆，除了辖内6个师，还配有2个独立摩托化加强旅和2个集团军属装甲旅。另外，两个装甲师中的一个（第1装甲师）编有2个装甲旅，而不是常规编制的1个。总之，第8集团军在战场上有14个坦克团，还有3个坦克团正在赶来的途中，而他们要对付的是隆美尔的7个装甲团，其中只有4个德军装甲团配备了具有战斗力的新式坦克。

从数量上说，英国第8集团军的装甲兵团共有850辆坦克，另外还有420辆坦克可作为援兵前调。他们的对手总共有560辆坦克，可其中230辆是陈旧过时、性能不可靠的意大利坦克，另外330辆德制坦克中的50辆是轻型坦克。因此，德国人在战斗中真正可以依靠的只有280辆中型坦克，除了维修中的30辆坦克，以及刚刚运抵的黎波里的20辆新坦克，他们没有可用的预备坦克。因此，根据实际情况计算，英军在这场即将到来的坦克战中占有三比一的数量优势，倘若这场交战沦为消耗战，他们的优势超过四比一。

英军在火炮数量方面的优势是三比二，但这种优势被部分抵消，因为他们把这些火炮分配给各个师，而隆美尔亲自掌握由56门中型火炮组成的一股机动预备力量，这股力量在战场上颇具效力。

空中力量方面，双方的实力对比，较任何一场战役更接近于旗鼓相当。英国沙漠空军的一线力量大约是600架飞机（380架战斗机、160架轰炸机、60架侦察机），他们面对德意联军的530架飞机（350架战斗机、140架轰炸机、40架侦察机）。但与英国的飓风和小鹰式战机相比，德国空军的120架Me-109战斗机占有质量优势。

交战双方的坦克质量对比是个更大的问题。第8集团军失败后，英国人自然认为己方坦克比不上敌人的战车，奥金莱克的公函表述了这种观点。可是，对双方坦克配备的火炮和装甲的技术与测试数据所做的分析却无法证明这一点。德国人的中型坦克，大多配备50毫米短身管主炮，侵彻力略逊于英制坦克的2磅炮，后者的初速较高。装甲防护方面，1941年时的大多数德国坦克，防护性不及英国新型巡洋坦克，德国坦克的装甲板，最厚处只有 30 毫米，而英国坦克达到 40 毫米。但德国坦克现在得到了更好的防护（炮塔除外），一些新运抵的坦克，车身装甲板厚度增加到 50 毫米，其他坦克也给最为暴露的车身部分配备了附加的装甲板。可不管怎么说，所有德国坦克的防护性，都比不上装甲板厚度达到 78 毫米的玛蒂尔达和装甲板厚度 65 毫米的瓦伦丁坦克。

德国人一款新式中型坦克（三号 J 型）参加了此次战役，这款坦克配备 50 毫米口径长身管主炮，类似于他们的反坦克炮。可这款坦克只有 19 辆到达前线，另外 19 辆已运抵的黎波里。这种加强远比不上英军获得的增援：400 多辆新式美制格兰特坦克运抵埃及。战役爆发时，贾扎拉的两个英国装甲师配备了近 170 辆格兰特，这款坦克装有一门 75 毫米口径主炮，侵彻力甚至优于德国三号 J 型坦克的 50 毫米长身管主炮，装甲板厚 57 毫米，防护性当然比 50 毫米厚的三号坦克更好。因此，英军使用的坦克不如德国人的战车，这种常见的说法实际上毫无根据。相反，英军坦克不仅在数量上占有很大优势，质量方面同样如此。[2]

反坦克炮方面，随着 6 磅（57 毫米）反坦克炮运抵，英国人现在重新获得质量优势，这款火炮的侵彻力比德军配备的 50 毫米长身管反坦克炮高 30%。目前运抵的新式 6 磅反坦克炮，数量足够装备英军摩托化步兵旅和装甲旅辖内的摩托化步兵营。虽说德国人的 88 炮仍是最强大的"坦克杀手"，可隆美尔只有 48 门 88 炮，这款火炮的炮架过于高大，因而比交战双方使用的任何一款标准反坦克炮更容易遭到打击。

分析技术因素无法充分解释第 8 集团军在贾扎拉遭遇的失败。相关证据明确表明，这主要是德国人总体上更高明的战术造成的，特别是坦克与反坦克炮相互配合的战术。

贾扎拉筑垒防线由第 13 军据守，目前指挥该军的是戈特中将，他把两个步兵师靠前部署，南非第 1 师居右，第 50 师居左。编有大部分装甲力量的第 30 军仍由诺里指挥，该军负责掩护南翼，还要抗击德军从中路发起的一切坦克突击——奇怪的是，英军指挥官认为隆美尔很可能选择这条进军路线。这种双重任务导致英军装甲力量布势欠佳，第 1 装甲师位于卡普佐小径附近，只编有 1 个装甲旅的第 7 装甲师部署在南面 10 英里处，为掩护、支援守卫比尔哈基姆的法国旅，第 7 装甲师拉伸得很厉害。奥金莱克致电里奇，建议他集中兵力，不幸的是，英军前线指挥官没有按照他的建议行事。

5 月 26 日月夜，隆美尔麾下三个德国师和意大利快速军的两个师迅速绕过英军侧翼，另外四个非摩托化意大利师在贾扎拉防线前方露面。虽然英国人天黑前就发现并报告了隆美尔的迂回机动（德军队列的车辆超过一万部），拂晓时再次汇报敌人绕过比尔哈基姆，但英军指挥官仍认为隆美尔的主要进攻会像他们预期的那样从中路而来。几个英军装甲旅行速缓慢，零零碎碎地投入战斗，位于南翼的两个外围摩托化旅在孤立无援的状况下被德军击溃。德国人还打垮了第 7 装甲师师部，俘虏了师长 F. W. 梅瑟维少将，尽管他后来设法逃脱了。这是梅瑟维在短短几个月里第二次遭遇不幸，因为他先前一直指挥第 1 装甲师，该师当年一月在安特拉特被隆美尔的突袭打得溃不成军。

尽管隆美尔取得初期胜利，可他没能如愿以偿地突破到海边，从而切断贾扎拉防线上的几个英国师。他的装甲师首次遭遇配备 75 毫米主炮的格兰特坦克，对此震惊不已。他们发现自己遭到对方的毁灭性火力打击，可由于距离太远，他们无法还击。前调包括三个 88 炮连在内的反坦克力量后，他们才成功取得进展，而且是在己方坦克绕过英军装甲部队侧翼后。英军各坦克团和装甲旅相隔较远，因而很容易受到这种侧翼迂回影响。尽管如此，夜幕降临前，德军装甲师朝卡普佐小径以北只取得 3 英里进展，还为此付出了沉重的代价，他们距离海岸还有近 20 英里。隆美尔在日记中写道："我们迂回贾扎拉防线后方英军部队的计划没能成功……新式美制坦克出现，在我方队列中撕开些大口子……就这一天，德军坦克的损失超过三分之一。"[3]

隆美尔次日重新付出努力，意图到达海边，可进展甚微，还蒙受了更大损失。夜幕降临时，他迅速赢得胜利的企图已告失败，但英军没有就势反攻，这本来是个绝佳机会。不过，隆美尔的处境还是愈发危险了，因为他的补给纵队不得不冒着不断遭到英军装甲部队和空中力量拦截的风险，绕道比尔哈基姆，经过长途跋涉才能到达。隆美尔乘车赶赴前线期间，差一点被俘，更幸运的是，他返回自己的前进指挥部时发现，"我们不在的时候，英国人打垮了我的指挥部"。非洲军目前只剩150辆可用坦克，意大利人还有90辆，而英军仍有420辆坦克。

又经过毫无进展的一天，隆美尔命令他的突击部队占据防御阵地。这处阵地很危险，因为它超出了贾扎拉筑垒防线，这导致他与辖内其他部队被英国守军和广阔的雷区隔开。背水而战的形势很严峻，而背对雷区从事战斗更加困难。

接下来几天，英国空军朝这片阵地投下雨点般的炸弹，第8集团军则从地面发动进攻，这片阵地被恰如其分地称为"大锅"。英国报纸上满是胜利在望的报道，声称隆美尔已陷入绝境，英国军事指挥部门也放下心来，认为可以从容不迫地对付隆美尔，反正他已经在劫难逃。

可6月13日夜间，整个前景突然改变。里奇6月14日弃守贾扎拉防线，迅速撤往边界线，导致图卜鲁格守军陷入孤立境地。到6月21日，隆美尔已占领这座要塞，俘虏3.5万名守军，还缴获大量物资。除了新加坡的沦陷，图卜鲁格失守堪称英国在这场战争中最严重的灾难。次日，面对紧追不舍的隆美尔军队，第8集团军残部放弃了塞卢姆附近的边界阵地，匆匆向东退却。

是什么造成了这样一场戏剧性转变？这种混乱纠缠的战斗很少发生，其中的线索也从来没有被好好阐述过。"大锅之谜"继续困扰着那些力图从英方角度撰写这个故事的作者，不断涌现的神话更加令人困惑不解。

除了隆美尔在坦克方面占有优势的神话外，还有另一个神话：6月13日这个致命的日子，形势突变，英军坦克折损大半。实际上，那天只是一连串灾难性日子的顶点。"大锅之谜"的基本线索可以在隆美尔的日记中找到。他5月27日晚写道：

> 尽管处境危险，困难重重，可我还是对这场战役的前景充满希望，因为里奇把他的装甲力量零零碎碎地投入战斗，这就为我们创造了机会，每一次单独交战都以足够的坦克迎击对方……他们根本就不应该上当受骗地分散自己的力量……[4]

隆美尔随后记录了他占据那片危险地暴露在外的防御阵地时的情形：

根据某种假设……（强大的德军装甲力量所处的位置威胁到他们的后方时）英国人绝不敢使用他们的装甲兵团主力打击贾扎拉防线前方的意大利人……因此我估计，英军机械化旅会继续冲击我们组织良好的防线，在此过程中耗尽他们的实力。[5]

果然不出隆美尔所料。英国人零零碎碎地投入力量，一次次冲击他的阵地，为此付出了沉重的代价。这种直接进攻可以说是谨慎行事中最糟糕的一种形式。击退英军进攻的同时，隆美尔打垮了身后陷入孤立的一处据点——据守在那里的是英军第150步兵旅，还为他的补给纵队肃清了一条穿过雷区的通道。

四天后的6月5日，里奇对隆美尔坚守的阵地发起一场大规模冲击。可这场进攻又一次以零碎投入力量的方式遂行，守军利用长长的间隔期组织、加固己方阵地。复杂的进攻方案遭遇各种麻烦，结果进攻沦为一连串过于直接而又脱节的冲击，被德军逐一击退。到第二天傍晚，因为战斗损失和机械故障，英军坦克实力从400辆下降到170辆。另外，隆美尔利用进攻方的混乱状况，在第一晚突然发动一场钳形反突击，击溃印度第5师一个旅，还迂回到另一个旅身后，次日他歼灭了这个旅和支援印度第5师的全部炮兵力量。德军俘获4个炮兵团和4000名俘虏，战果斐然。

这场行动进行之际，英军几个装甲旅被挡在战场外。他们实施的救援断断续续，毫无协同可言。更糟糕的是，前一晚，德军坦克打垮了印度第5师师部，第7装甲师师长梅瑟维也被逐出战场，导致英军的指挥控制彻底崩溃，这也是梅瑟维在此次战役中第二次退出指挥舞台。

同时，隆美尔还着手切断第8集团军阵地上的另一处重要地段。6月1日晚，德军消灭了西迪穆法塔据点，隆美尔立即派出一个德国战斗群和意大利"的里雅斯特"师，进攻更为孤立的比尔哈基姆据点，自由法国第1旅守卫着南翼这个据点。这场进攻非常艰巨，隆美尔不得不亲自赶去指挥突击部队，他后来指出："我在非洲任何地方都没有经历过这么激烈的战斗。"直到第十天他才攻破对方的防御，大多数法军官兵在夜幕掩护下逃之夭夭。

隆美尔现在可以自由行事，发起一场新的远程奔袭了。虽说几个英军装甲旅已获得新锐增援，坦克总数达到 330 辆，是非洲军剩余坦克数的一倍多，可他们的信心严重动摇，德国人闻到了胜利的气息。隆美尔 6 月 11 日向东突击，次日把三个英军装甲旅中的两个困在他的装甲师之间，迫使英国人在一片狭窄地区从事战斗，而他却可以集中火力打击对方。德军前进时，梅瑟维正赶去找他的集团军司令，结果脱离了自己的部队，这是他三周内第三次弄出这种问题。英军又一次失去指挥，若非如此，他们本来可以全力挣脱陷阱的。到 6 月 12 日下午，英军两个装甲旅陷入困境，最终逃脱的人员寥寥无几，赶来救援的第三个旅遭遇严阵以待的德军，损失相当惨重。6 月 13 日，隆美尔挥师向北，把英军逐出骑士桥据点，同时继续打击英军装甲力量残部。夜幕降临时，英国人只剩下 100 辆坦克。隆美尔首次在坦克数量方面获得优势，另外，他控制着战场，因而得以回收、维修那些受损的坦克，这与英军的情况完全不同。

据守贾扎拉防线的两个英国师现在面临遭切断、陷入围困的危险，这是因为隆美尔 6 月 14 日派非洲军向北穿过阿克鲁马，径直攻往滨海公路。但那里的雷区耽搁了他们的行动，他们直到下午晚些时候才通过。德军装甲部队此时疲惫至极，夜幕降临后停止前进，倒头入睡，没有理会隆美尔要求他们继续前进、切断滨海公路的命令。这对南非师来说实属幸运，整个夜间，他们的车队沿这条道路火速撤退。但德军装甲部队次日晨奔向海边，切断了南非师部分后卫部队。贾扎拉防线上的另一个师是英国第 50 师，他们向西突围，穿过意军防线，然后向南，再转身向东，经过一番长途跋涉后到达埃及边境，这才幸免于难。南非第 1 师沿滨海公路溜走，也朝埃及边境退却，这段路程超过 100 英里，从图卜鲁格出发也有 70 英里。

这样一场大踏步后撤与奥金莱克的意图背道而驰，他给里奇下达的指示是，第 8 集团军应当重新集结在图卜鲁格以西一线，同时坚守这道防线。可里奇没有告诉他这位总司令，贾扎拉防线上的两个师正退往埃及边界线，待奥金莱克获知此事已为时过晚，根本无法阻止这场后撤了。更糟糕的是，英国军队陷入了"两头落空"的境地。

这是因为 6 月 14 日，英军火速后撤时，丘吉尔发来一封口气强硬的电报，要求"任何情况下都不得放弃图卜鲁格"。6 月 15 日和 16 日的电报中，他又重复了这番告诫。从伦敦远道而来的这道命令造成个巨大的错误。因为第 8 集团军匆匆奉命在图卜鲁格留下部分力量，余部继续撤往边界线，这让隆美尔抓住机会，赶在图卜鲁格妥善组织防御前，一举打垮了陷入孤立的要塞守军。

隆美尔又一次迅速转身向东。德军装甲部队冲向海边，绕过图卜鲁格周边防御，攻克或孤立了设在第 8 集团军后方的一些据点，一路疾进，赶往图卜鲁格东面夺取坎布特的几座机场。进军期间，他们把几个英军装甲旅残部扫到一旁，这些英军部队随后退往埃及边界。但隆美尔没有追击残敌。刚一夺取坎布特的几座机场，他立即率领部队向西折返，以惊人的速度对图卜鲁格发起冲击。获得加强的图卜鲁格守军编有克洛普将军指挥的南非第 2 师（辖印度第 11 旅）、禁卫旅、集团军属第 32 装甲旅，共有 70 辆坦克。可他们看到隆美尔的装甲部队向东而去，认为图卜鲁格不会受到攻击，因而没有为此加以准备。6 月 20 日清晨 5 点 20 分，德军炮兵和俯冲轰炸机对图卜鲁格周边防御东南部一片地区展开狂轰滥炸，随之而来的是一场步兵突击。上午 8 点 30 分，德军坦克涌过英军防御上的缺口，隆美尔亲临前线，加速发展突破。当日下午，德军装甲部队打垮了惊慌失措的守军实施的抵抗，攻入图卜鲁格镇内。次日晨，守军司令克洛普将军得出结论，继续抵抗毫无希望，撤离要塞也无法做到，因而做出投降的重大决定。虽说少数守军成功逃脱，可还是有 3.5 万名官兵沦为俘虏。

这场灾难的后果是，里奇残存的部队仓促撤入埃及境内，隆美尔奋起直追。他在图卜鲁格缴获的大量物资给德军保持追击势头帮了大忙。据非洲军参谋长拜尔莱因说，隆美尔这段时期的运输工具，80% 是缴获的英国车辆。不过，巨大的缴获虽然为隆美尔提供了运输车辆、油料、食物，让他得以保持机动性，却无法恢复他的战斗力。非洲军 6 月 23 日前出到埃及边界线时，只剩 44 辆可用坦克,意大利人只剩 14 辆。尽管如此,隆美尔还是决定遵循"宜将剩勇追穷寇"的格言。

德军攻克图卜鲁格次日,凯塞林元帅从西西里飞抵前线,反对隆美尔在非洲继续前进,他要求按照先前达成的协议,召回他的空军部队用于进攻马耳他。意大利驻非洲总司令部也不愿继续前进,巴斯蒂科实际上已于 6 月 22 日给隆美尔下达了停止前进的命令,隆美尔回复称,他不会"接受这种建议",还开玩笑地邀请这位名义上的上司去开罗和他共进晚餐。赢得这样一场胜利,隆美尔完全有资格放肆一番,更重要的是,希特勒大本营发来电报,透露了元首为奖励他的丰功伟绩,擢升他为陆军元帅的消息。同时,隆美尔直接请求墨索里尼和希特勒批准他继续前进。希特勒和他的军事顾问已经对计划中进攻马耳他的行动深感怀疑,他们觉得意大利海军无法在面对英国海军的情况下支援德军,而空降马耳他的德国伞兵部队会因为没有补给和援兵而陷入困境。希特勒早在一个月前的 5 月 21 日就决定,如果隆美尔成功夺取图卜鲁格,就取消进攻马耳他的"大力神"行动。墨索里尼也为费心费力的"大力神"行动终于有了一个不那么艰巨的替代方案松了口气,另一方面,他也渴望赢得更加辉煌的前景。因此,隆美尔 6 月 24 日晨收到电报:"领袖(墨索里尼)批准装甲集团军追击敌人进入埃及的企图。"几天后,墨索里尼飞抵德尔纳,另一架飞机运来一匹白色战马,他准备骑着这匹马胜利进入开罗。据意大利方面的资料称,就连凯塞林似乎也认为追击残敌进入埃及,比进攻马耳他更好些。

没等隆美尔到达埃及边界线,英军就已撤离,这给隆美尔的大胆进击提供了理由,也证明他采取这种行动完全合理。这是对关于精神影响,以及拿破仑经常被引用的"战争中,精神之于物质是三比一"这句格言的最惊人的证明。因为里奇决定放弃边界线防御时(他致电奥金莱克,声称"以空间换取时间"),他还有三个几乎完整无损的步兵师,第四个新锐师正在赶来的途中,可用于作战的坦克数量是非洲军的三倍。

但收到图卜鲁格传来的消息,里奇无比震惊,因而放弃了坚守边界线的一切企图,他 6 月 20 日夜间做出这个决定,也就是克洛普决定投降的六小时前。

里奇打算在马特鲁港站稳脚跟，然后以撤离边界线的几个师，在刚刚从叙利亚开抵的新西兰第 2 师加强下，在那座港口城市解决问题。但 6 月 25 日晚，奥金莱克从里奇手中收回第 8 集团军指挥权。他和参谋长埃里克·多尔曼－史密斯商讨相关问题后，取消了坚守马特鲁港筑垒阵地的命令，决定在阿莱曼地区从事一场更具机动性的交战。这是个艰难的决定，因为此举不仅意味着疏散部队和仓库时会面临许多困难，而且势必在国内，特别是白厅，引发新一轮惊呼。做出这个决定时，奥金莱克展现出冷静的头脑和坚定的意志。虽说物质力量对比无法证明进一步后撤合情合理，可鉴于马特鲁港阵地很容易被敌人绕开的弱点，以及英军士气低迷的问题，奥金莱克的决定很可能是明智的。从埃及边界线仓促后撤的英国军队，虽然士气没有一蹶不振，但是信心严重动摇，处于一种混乱状态。新西兰师师长兼战争历史学家霍华德·基彭伯格少将，目睹了这些部队到达马特鲁港的情形，他们"混乱不堪，彻底混杂在一起"，无论步兵、炮兵还是装甲兵，他"见不到一支成建制的部队"。[6] 隆美尔不会给他们实施重组的时间，他的追击速度迫使里奇放弃边界线防御，"以空间换取时间"这个理由完全站不住脚。

6 月 23 日至 24 日夜间，隆美尔获得罗马批准后继续前进，借助月光跨过埃及边界线，随即穿越沙漠。到 6 月 24 日晚，他已取得 100 多英里进展，前出到西迪拜拉尼东面的滨海公路，紧追退却中的英军。不过，他只逮住对方一小股后卫力量。次日晚，隆美尔的部队逼近了英国人在马特鲁港及其南面占据的阵地。

马特鲁港的阵地很容易被绕过，因此，戈特第 13 军的快速力量已获得新西兰师支援，部署在南面的沙漠，而马特鲁港的防御由霍姆斯第 10 军的两个步兵师负责。两个军之间有一个 10 英里宽的缺口，以雷区加以掩护。

德军没有停下来精心准备进攻行动。由于实力不足，隆美尔不得不依靠速度和突然性。英军坦克总数达到 160 辆，其中近半数是格兰特式，而隆美尔只有 60 辆德制坦克（其中四分之一是二号轻型坦克）和少量意大利制坦克。他的三个德国师，步兵总数只有 2500 人，六个意大利师也只有 6000 人左右。以如此虚弱的力量发起任何进攻行动，都堪称胆大妄为，但在精神效应和速度的帮助下，大胆行事赢得了胜利。

实力严重受损的三个德国师率领这场突击，6月26日下午投入进攻。其中两个师已到达上文提到的那个缺口对面。幸运的是，第90轻装师到达的是雷区最浅处，午夜前已越过雷区达12英里。次日夜间，该师再次抵达滨海公路，就此切断了英军撤离马特鲁港的直接路线。第21装甲师为穿越深度翻了一倍的雷区耗费了更多时间，但拂晓时已取得20英里进展，随后转身绕到明加尔盖姆的新西兰师后方，遭到拦截前击溃了该师部分运输部队。位于更南面的德国第15装甲师遭遇英军装甲力量，当天大部分时间一直受到拦截。但第21装甲师迅猛而又深入的推进，以及该师对英军后撤路线构成的威胁，足以促使戈特将军当日下午下令后撤，这场后撤很快沦为混乱不堪的奔逃。新西兰师陷入孤立无援的境地，但天黑后成功突出敌人薄弱的包围圈。守卫马特鲁港的英国第10军，直到次日拂晓才收到第13军后撤的消息，此时他们的退路已被切断9小时之久。但马特鲁港守军次日晚借助夜色掩护，分成小股向南突围，三分之二的部队得以逃脱。不过，还是有6000人被俘，这个数字甚至超过了隆美尔整个打击力量的兵力数，英国人还丢下大批补给物资和技术装备，这让隆美尔获益匪浅。

同时，隆美尔装甲部队的前进速度如此之快，甚至粉碎了英军在富凯暂时站稳脚跟的希望。德军6月28日晚迅速到达那里的滨海公路，逮住并打垮了一个印度旅的残部，这个旅在先前的战斗中遭粉碎。次日晨，他们又困住逃离马特鲁港的一些英军队列。一直在马特鲁港扫荡残敌的第90轻装师，当日下午沿滨海公路向东进击，午夜前，他们前进了90英里，终于赶上德军装甲先遣部队。次日（6月30日）上午，隆美尔欣喜地写信告诉他妻子："离亚历山大只剩100多英里了！"傍晚时，他距离目标只有60英里，打开埃及的钥匙似乎已掌握在他手中。

注释

1. Schmidt: *With Rommel in the Desert*, pp. 125-6.

2. 对这个问题更加全面的研究，可参阅Liddell Hart: *The Tanks*, vol.II, pp. 92-8, and 154-6.

3. *The Rommel Papers*, pp. 207-8.

4. *The Rommel Papers*, p. 208.

5. Ibid., p. 211.

6. Kippenberger: *Infantry Brigadier*, p. 127.

第二十章

非洲的潮流逆转

6月30日，德军逼近阿莱曼一线，为等待意大利军队开抵，他们只前进了很短一段距离。事实证明，为集结力量进行的这种短暂停顿破坏了隆美尔的良机。因为当日上午，英军几个装甲旅残部仍龟缩在滨海公路南面的沙漠里，不知道自己已被隆美尔的装甲部队超越。完全因为追兵的实力过于薄弱，没能将其困住并消灭，这股残余力量才得以逃回阿莱曼防线。

隆美尔的短暂停顿，可能是关于敌军防御阵地实力的错误情报导致的。实际上，这道防御阵地由四个据点构成，而这些据点设在海边与陡峭的盖塔拉洼地之间35英里长的防线上，由于遍布盐沼和柔软的沙地，这片洼地限制了迂回机动。最大、最强的一个据点设在海岸边的阿莱曼，由南非第1师据守。第二个据点位于南面，也很强大，是英国人在代尔谢恩新建的，由印度第18旅守卫。第三个据点位于7英里外的巴卜盖塔拉，由新西兰第6旅据守。然后，经过一个14英里宽的缺口，就是印度第5师一个旅守卫的奈格卜德维斯据点。负责掩护那个缺口的是一些小股快速纵队，由这三个师麾下部队和当初守卫马特鲁港的两个师的残部组成。

隆美尔为7月1日的进攻行动制定方案时，不知道代尔谢恩有个新据点，也不知道自己的快速推进超越了后撤中的英军装甲部队，这股敌军刚刚逃回阿莱曼。所以他估计这些英军装甲部队可能会部署在南面掩护侧翼。基于这种判断，他打算先在那里实施一场牵制进攻，然后迅速北调非洲军，在阿莱曼与巴卜盖塔拉之间取得突破。但非洲军遭遇事先未知的代尔谢恩据点，直到傍晚前才攻克这个这里。他们俘获了大部分守军，可是，这个据点长时间的坚守，足以打破隆美尔迅速取得突破后发展胜利的希望。姗姗来迟的英军装甲部队赶到战场时，已无法救援这个据点，但他们阻挡非洲军继续前进。隆美尔命令该军借助月光向前推进，但英军飞机利用月光实施轰炸，驱散德军补给队列，粉碎了隆美尔的企图。

当天（7月1日，星期三）堪称整个非洲战事中最危险的时刻。与英军八月底击退隆美尔重新发起的进攻，或十月份以隆美尔后撤而告终的交战相比，是个真正的转折点，这场战役，由于更明显的戏剧性结果而垄断了"阿莱曼"这个名称。实际上存在一连串阿莱曼交战，而"第一次阿莱曼交战"最为关键。

隆美尔到达阿莱曼的消息导致英国舰队驶离亚历山大港，穿过苏伊士运河撤入红海。开罗的军事机构匆匆焚烧文件，烟囱腾起滚滚浓烟。英军官兵以一种黑色幽默称之为"灰烬周三"。参加过第一次世界大战的老兵记得，这是索姆河战役开战纪念日，英军在1916年的那一天伤亡6万人，这是有史以来英国最严重的单日损失。开罗居民看见烧焦的纸张犹如黑色的暴风雪，自然视之为英国人正逃离埃及的标志，急于疏散的人群挤满火车站。世界上其他地区的人听到这些消息，就认为英国输掉了中东这场战争。

但夜幕降临时，前线的态势变得很有希望，守军逐渐恢复信心，这与后方的惊慌失措形成了鲜明对比。

隆美尔7月2日继续进攻，而非洲军可用于战斗的坦克已不到40辆，部队疲惫不堪。他们直到下午才重新发动进攻，但很快停顿下来，因为他们看见两支庞大的英军坦克队列，一支挡住去路，另一支迂回他们的侧翼。奥金莱克冷静地评估了态势，意识到隆美尔进攻部队的弱点，还策划了一场反攻，他希望这场行动能发挥决定性作用。他的方案没能按计划实施，执行过程中的障碍打破了他的希望，但也挫败了隆美尔的企图。

隆美尔 7 月 3 日付出了更大努力，可非洲军此时只剩 26 辆坦克，他们当日上午向东推进，被英军装甲部队挡住，德国人虽然在下午重新发起进攻后取得 9 英里进展，但还是被英军逼停。英国人还击退了意大利"阿列特"师的向心突击，行动中，一个新西兰营（第 19 营）突然对该师侧翼展开反突击，几乎俘获了"阿列特"师整个炮兵部队，"该师其他人员惊慌逃窜"。[1] 这场崩溃是过度紧张的明确标志。

次日（7 月 4 日），隆美尔在他的家书中沮丧地写道："很不幸，事态没有像我们希望的那样发展。敌人的抵抗力太强，我方实力已然耗尽。"他的进攻不仅被挡住，还遭遇令人不快的反击。他的部队实力虚弱，筋疲力尽，暂时无力重新发起冲击。他被迫停止进攻，好让麾下部队喘口气，尽管这意味着让奥金莱克获得调集援兵的时间。

另外，奥金莱克重新获得主动权，甚至没等援兵开抵，他几乎就已决定性地扭转了局势。他当日的计划与前一天大致相同，以诺里第 30 军阻挡敌装甲集团军的进攻，而戈特位于南面的第 13 军向北攻击敌军身后。但这一次，装甲部队主力留在北面，统归第 30 军指挥。不过，第 13 军仍辖有近期获得改编的第 7 装甲师，这个师现在称为"轻装甲师"，辖一个摩托化旅，配有装甲车和斯图亚特坦克。该师缺乏打击力，但机动性强，强大的新西兰师攻击敌军侧翼时，这个轻装甲师可以迅速实施一场大范围迂回，绕到敌人后方。

不幸的是，英军无线电保密欠佳，德国人的无线电拦截部门窃听到奥金莱克的意图，把这个情报告知隆美尔。于是，隆美尔调回第 21 装甲师，迎击对方的包围进攻，执行奥金莱克决定性意图的英军指挥官本来就有些犹豫不决，隆美尔这种反制措施更让他们畏首畏尾。北部地区也表现出类似的迟疑。德军第 21 装甲师调离时，英军第 1 装甲师一些斯图亚特坦克向前推进，这种微不足道的进展却产生了非常显著的效果，德军第 15 装甲师虚弱的部队突然恐慌起来，该师的战斗力量目前仅剩 15 辆坦克和大约 200 名步兵。就连如此顽强的德军部队也发生恐慌，可见他们的过度紧张已到了多么严重的程度。可英国人没有抓住这个机会，投入整个装甲师或整个军发动一场全面进攻，否则，这场进攻很可能具有决定性。

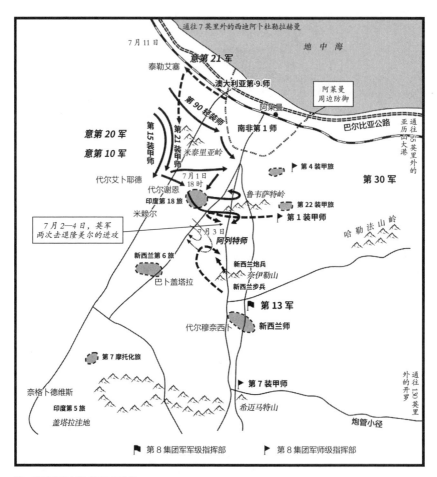

第一次阿莱曼交战（ZVEN 制）

当晚，奥金莱克以前所未有的强烈语气指示他的军队展开进攻，他在命令中写道："我们的任务依然是尽可能把敌人消灭在东面，不能让他们全身而退……决不能给敌人喘息之机……第 8 集团军必须进攻，把敌人消灭在他们目前的阵地上。"但他没能把自己的斗志沿指挥链成功地传达下去。奥金莱克已把他的战术指挥所迁到第 30 军军部附近，可这座军部设在前线后方近 20 英里处，与南面第 13 军军部的距离差不多也是这么远。而隆美尔的装甲集团军司令部离前线只有 6 英里，他经常赶赴最前线，身先士卒地发挥个人影响力。无论德国人还是英国人，那些更传统的军人经常批评隆美尔，说他动辄离开指挥部，喜欢直接指挥战斗。不过，虽说直接指挥战斗给他制造了些麻烦，但这也是他取得巨大成就的主要原因。此举堪称昔日伟大将领的作风和施加的影响力在现代战争中的复苏。

7 月 5 日，第 13 军在实现奥金莱克的目标和执行他的命令方面进展甚微，第 30 军更是无所作为。新西兰师几个旅在进攻隆美尔后方的行动中发挥主导作用，可他们居然不知道总司令的意图和对他们采取果断行动的期望。也许有人会批评奥金莱克把装甲主力交给第 30 军，而不是用于加强计划中第 13 军的后方打击，但没有理由认为这样使用装甲力量会比把他们派往中央地区发挥出更有力的作用，鉴于敌军实力虚弱，中央地区的猛烈冲击很容易取得成功。英国第 1 装甲师目前的坦克实力达到 99 辆，而该师对面的德国第 15 装甲师只有 15 辆坦克，整个非洲军也只有 30 辆。

最好的借口，基本上也是最正确的解释，就是长时间的压力造成的疲惫，最终导致至关重要的第一阶段作战行动以一场僵局告终。

总的说来，德国人和意大利人目前可能还是占有优势，但最终会处于不利境地。英国人的处境从来没有像现在这般令人绝望，而到 7 月 5 日，隆美尔的军队更接近彻底崩溃，而不是全面赢得胜利的边缘。

一场短暂的平静随之而来，几个意大利步兵师余部前调，在北部地区目前保持平静的战线接防。德国部队腾了出来，用于投入隆美尔策划中的南部地区新攻势。7 月 8 日，隆美尔即将发动进攻时，他麾下三个德国师的战斗力量已获得些许加强，坦克不超过 50 辆，步兵约 2000 人左右，而七个意大利师（包括新开抵的"利托里奥"装甲师）只有 54 辆坦克和大约 4000 名步兵。新开抵的澳大利亚第 9 师加强了英军的实力，1941 年间，这个师曾在图卜鲁格实施过英勇防御，一同开抵的还有两个坦克团，这让英军坦克实力超过 200 辆。澳大利亚师奉命加入第 30 军，目前担任该军军长的是原第 50 师师长 W. H. 拉姆斯登中将。

隆美尔打算把他的努力转移到南面，这与奥金莱克的愿望和新方案完全吻合，他打算以澳大利亚师沿滨海公路向西发动一场进攻。德军向南调动时，新西兰人撤离巴卜盖塔拉，一路向东退却。因此，德军 7 月 9 日的进攻，战果仅仅是夺得这个"空无一人"的哨所。

次日清晨，澳大利亚人在海岸附近发动进攻，迅速打垮了据守该地区的意大利师。虽说匆匆赶到战场的德军部队挡住澳大利亚师，收复部分失地，但隆美尔滨海公路补给线遭受的强大威胁，还是迫使他放取消了南面的进攻行动。奥金莱克立即对隆美尔位于鲁韦萨特岭、已遭到削弱的防线中央地段发起进攻，意图扩大战果。可由于下属指挥官处置不当，再加上装甲部队与步兵缺乏娴熟的协同，这份精心策划的方案又一次失败了——德军多次赢得胜利，很大程度上靠的就是熟练的步坦协同。

英军各兵种之间拙劣的战术协同，由于长期以来的不信任感而变得更加糟糕，步兵觉得自己前进期间，如果暴露在敌装甲部队反击下，己方装甲部队可能不会提供支援：

> 此时，不仅新西兰师，就连整个第 8 集团军也对我方装甲部队充满最强烈的不信任感，甚至可以说是仇视。到处都能听到其他兵种倒霉的故事，我方坦克绝不会及时出现在希望他们出现的地方，这是明摆着的事实。[2]

尽管如此，英军的进攻和威胁还是给兵力薄弱的隆美尔造成很大压力，而他在北部发起的反突击收效甚微。虽说英军坦克对付打击己方步兵的德军坦克时行动迟缓，可他们有效震慑了意大利步兵，迫使对方大批投降。隆美尔 7 月 17 日在家书中写道：

总而言之，目前的情况从军事意义上说对我很不利。敌人利用他们的优势，特别是步兵方面的优势，逐一歼灭意大利兵团，德国兵团实力太弱，独木难支。这种状况真让人欲哭无泪。[3]

次日，英国第 7 装甲师对隆美尔的南翼构成威胁，以此拉伸德军，而奥金莱克准备投入近日开抵的更多援兵，发动一场更猛烈的新攻势。这场进攻的用意还是在德军防线中央地段取得突破，但这次将进攻方向置于鲁韦萨特岭南侧，攻往米赖尔。刚刚开抵的一个新锐装甲旅（第 23 旅）被用于此次进攻，该旅配备 150 辆瓦伦丁坦克，但三个坦克团中的一个被派去支援澳大利亚人，以便在北面的米泰里亚岭遂行一场辅助突击。

这场进攻的前景很乐观，因为第 8 集团军获得这个装甲旅和另一些新锐援兵，投入战场的坦克已近 400 辆。而隆美尔的坦克力量甚至比他的对手估计得还要少，整个非洲军只剩不到 30 辆坦克。但是，运气和出色的判断让这些坦克部署在英军主要突击即将到来处，也就是说，只有一小部分英军坦克投入这里的战斗。

奥金莱克此次的方案是：新西兰师向北实施一场大规模侧翼攻击，削弱敌人的抵抗后，印度第 5 师就沿鲁韦萨特岭及其南面的山谷径直向前，从而以一场宽大正面的夜间进攻突破敌防线中央地段；尔后，在昼间，新开抵的第 23 装甲旅一路攻往山谷顶端的米赖尔，第 2 装甲旅随后越过米赖尔，遂行发展突破的任务。这是个精心策划的方案，但需要执行者对具体过程进行彻底研究，而英军指挥官没做到这一点。军部召开的会议上，一个个连续的步骤没有得到充分协调，戈特的下属仍对彼此的任务迷惑不解。

这场进攻 7 月 21 日夜间发起，新西兰人实现了他们的目标。但德军坦克随后赶到，在黑暗中发动一场反突击，这就造成一场混乱。拂晓时，他们粉碎了最靠前的新西兰旅，而负责掩护新西兰师侧翼的第 22 装甲旅却没有出现在战场上，因为该旅旅长的作风与德国人完全不同，他宣称坦克无法在黑暗中行动。

在此期间，印度第 5 师的夜间进攻没有达成目的。更糟糕的是，该师没能为身后的第23装甲旅在雷区中清理出一条通道。第40、第46皇家坦克团次日上午发动进攻时，遇到向后退却的印度士兵，却没有掌握前进路线上的雷区是否肃清的确切消息。他们就这样向前冲去，满怀敬佩之情的新西兰人恰如其分地称之为"一场真正的巴拉克拉瓦冲锋"。英军坦克兵很快发现步兵没有在雷区上打开通道，他们冲入一个三重陷阱——驶入雷区误陷其中时，还遭到德军坦克和反坦克炮的猛烈打击。两个坦克团只有11辆坦克幸免于难，但这场不幸的进攻也有个积极的方面，这两个新锐皇家坦克团恢复了步兵，特别是新西兰人的信心，让他们觉得自己不会因为己方装甲部队的谨慎行事而陷入困境。第23装甲旅另一个团也在北面的进攻行动中展示出类似的大无畏精神。可代价相当高昂，英军当日损失118辆坦克，相比之下，德国人只折损了3辆。尽管如此，英军坦克实力仍十倍于隆美尔。但初期进攻失利的确造成了严重影响，英国人没有继续付出努力，投入他们具有压倒性的力量恢复进攻。

经过一场历时四天的重组和整顿，英军再次试图突破隆美尔的防线，他们这次在北面展开一场进攻。开局进展顺利，澳大利亚人借助月光夺得米泰里亚岭，位于他们南面的第50师也打得不错。尾随其后的第1装甲师本应迅速穿过，可该师师长却对步兵在雷区打开的缺口宽度极不满意。他的延误破坏了整个进攻行动的前景。直到上午10点左右，首批英军坦克才开始穿越雷区，随后就被赶到北面的德军坦克压制住。已到达雷区另一端的英军步兵遭切断，旋即被德军的反突击粉碎。与此同时，澳大利亚人也被驱离米泰里亚岭，部分人员同样陷入困境。

奥金莱克无奈地决定停止进攻。经历了旷日持久的战斗，许多部队显示出筋疲力尽的迹象，陷入孤立境地后投降的倾向越来越严重。同样明显的是，这样一条狭窄的战线上，防御方占有优势，随着隆美尔终于获得一些增援力量，这种优势不断加强，到八月初，隆美尔的坦克力量比7月22日增加了五倍多。

这场令英国人深感失望的交战就此结束，但他们的处境比交战开始时好得多。隆美尔对这场战役的描述，最后一段话堪称最终裁决："虽然英国人在这场阿莱曼交战中的损失高于我方，但奥金莱克付出的代价并不过分，因为对他来说重要的是阻止我军前进，不幸的是，他做到了。"[4]

虽然第 8 集团军在七月份阿莱曼交战期间的伤亡超过 1.3 万人，但他们俘获 7000 多名俘虏，包括 1000 多名德国人。如果他们更有力、更高效地执行作战方案，那么，他们的损失会更低，战果也会更大。即便从上述数字看双方的总损失相差并不大，可而隆美尔所能承受的损失小得多。鉴于英军援兵现在不断涌入埃及，几乎可以肯定，隆美尔一旦受挫，等待他的必然是一场致命的失败。

隆美尔自己的记述清楚地表明，七月中旬他已经多么危险地濒临失败边缘。他 7 月 18 日写给妻子的信中甚至更明确地承认了这一点："昨日是特别艰难、尤为关键的一天。我们又一次渡过难关。但不可能长期如此，前线总有一天会破裂。从军事上说，这是我经历过的最艰难的时期。当然，援兵在望，可问题是我们能否活着见到他们到来。"[5]四天后，隆美尔的部队不得不投入寥寥无几的预备队，抗击英军一场更猛烈的打击，最终幸免于难。

隆美尔对这场交战的后续记述，高度评价了英军总司令："奥金莱克将军……亲自接掌了阿莱曼的作战指挥，以相当高超的技艺部署他的军队……他似乎以一种极为冷静的态度看待战场上的态势，因为他从来不对我们采取的任何行动匆忙做出'二流'应对措施。之后发生的事情，这种情况表现得非常明显。"[6]

但奥金莱克在他足智多谋的参谋长多尔曼 – 史密斯帮助下制定的一连串"一流"方案，每次都被他那些"三流"执行者搞砸，没能取得太大战果。造成这种情况的一个重要原因是，来自英联邦不同国家的军队混杂在战场上，面对如此紧张的情况，各国政府深感焦虑，他们谨慎行事的要求必然导致战地指挥官分散心神。经历了近期令人不快的几个月，产生这种焦虑之情很自然，可它增加了战争中常见的摩擦。

同样合乎情理的是，七月交战结束时普遍的失望之情，重新引发了六月灾难造成的指挥拙劣这种印象，还由此产生一种冲动：高级指挥部门必须进行重大改组。一如既往，批评集中于最高指挥官，而不是把事情搞砸的那些下属。更好的理由是，部队需要恢复信心，而奥金莱克的反攻遭遇挫败，又一次动摇了部队的信心。这种情况下，撤换最高指挥官是激励部队士气最简单的办法，尽管这对被撤换的指挥官不太公平。

丘吉尔决定飞赴埃及评估态势，他8月4日抵达开罗，当天刚好是英国参加第一次世界大战的纪念日。虽然正如丘吉尔承认并说过的那样，奥金莱克"遏止了逆潮"，但关于这股已发生逆转的潮流，当时所见的情形并不像事后看到的那么清楚。隆美尔仍盘踞在距离亚历山大和尼罗河三角洲仅60英里处，近得令人不安。丘吉尔已经在考虑改组中东英军总司令部的事宜，他发现奥金莱克坚决反对自己尽早恢复进攻的要求，还竭力主张把进攻行动推迟到九月，以便让新开抵的援兵获得些时间适应环境，在沙漠条件下接受些训练。于是，丘吉尔的意向变成了决定。

南非总理史末资元帅应丘吉尔的邀请飞赴埃及，丘吉尔与他会晤后，坚定了撤换奥金莱克的决心。丘吉尔起初想到的接任人选是才能出众的帝国总参谋长艾伦·布鲁克将军，但老于世故的布鲁克不愿离开陆军部接替奥金莱克的职务。于是，经过进一步讨论，丘吉尔发电报给伦敦战时内阁其他成员，提议让亚历山大出任中东英军总司令，把第8集团军司令一职交给戈特，鉴于这位勇敢的军人在近期战事中作为军长的表现不尽如人意，这项任命不免令人感到惊讶。但戈特次日飞赴开罗的途中因飞机失事丧生，因此，蒙哥马利幸运地从英国调来填补这个职务的空缺。两个军的军长也换了人——奥利弗·利斯中将接掌第30军，布莱恩·霍罗克斯中将出任第13军军长。

这番人事改组带来了颇具讽刺性的结果，英军重新发起的进攻行动，推迟到比奥金莱克当初提出的日期更晚的时候。这是因为蒙哥马利坚决主张部队完成训练和准备工作后才能发动进攻，急躁的首相不得不做出让步。这意味着英国人把主动权交还给隆美尔，让他获得了赢取哈勒法山交战胜利的机会——实际上，这不过是任由他自取灭亡而已。

当年八月，隆美尔只获得两个兵团的增援：一个德国伞兵旅和一个意大利伞兵师。这两个兵团都取消了摩托化，作为步兵使用。但隆美尔麾下各个师的损失，由于兵员和新装备运抵而获得很大补充，尽管意大利师得到的补充比德国师多得多。隆美尔打算八月底发动进攻，此时，他的两个装甲师有大约 200 辆中型坦克，而两个意大利装甲师也有 240 辆坦克。虽然意大利人获得的仍是旧型坦克，因而现在更加落伍，但德军三号坦克中包括 74 辆配备长身管 50 毫米主炮的新款，此外他们还有 27 辆配备新式长身管 75 毫米主炮的四号坦克。对隆美尔来说，这是个重要的质量提升。

可是，英军部署在前线的坦克力量已达 700 多辆，其中包括大约 160 辆格兰特。结果，接下来这场坦克战，英军只使用了 500 辆坦克，因为这场交战很短暂。

筑垒防线仍由七月份那四个步兵师据守，这些师的实力已得到恢复。第 7 轻装甲师仍在前线，第 1 装甲师调回后方整补，接替该师的是 A. H. 盖特豪斯少将指挥的第 10 装甲师，这个师辖两个装甲旅，也就是第 22 旅和新近开抵的第 8 旅，战斗爆发后，重新获得装备的第 23 装甲旅置于该师控制下。一个新开抵的步兵师调上前线，据守哈勒法山上的后方阵地。

多尔曼－史密斯拟制、奥金莱克在任期间批准的防御方案没有发生根本性变化。可交战获胜后，广泛报道的说法是，随着指挥部门发生变更，作战方案也彻底更改了。因此，必须强调指出，亚历山大在他的《电函录》中以诚实的态度阐明事实，否定了那些无稽之谈。他说他从奥金莱克手中接过指挥权后发现：

> 这份方案是尽可能顽强地坚守海岸与鲁韦萨特岭之间地区，同时从哈勒法山上强大的预设防御阵地，对敌人在鲁韦萨特岭南面的一切推进构成侧翼威胁。目前指挥第 8 集团军的蒙哥马利将军原则上接受了这份方案，我也表示同意，我还希望，倘若敌人给我们足够的时间，他就能加强左（南）翼，从而改善我方态势。[7]

隆美尔发动进攻前，哈勒法山的阵地获得加强，但这里的防御没有经受严峻考验，因为交战的胜负取决于能否正确判断敌军装甲部队的部署情况，以及防御行动是否有效。

防线北部和中央地段得到强有力的加强，而南端，新西兰人在奈伊勒山上守卫的哨所与盖塔拉洼地之间的 15 英里防线，是敌人唯一有可能达成快速突破的地段。因此，隆美尔要想取得突破，必然会采用这条进军路线。这一点显而易见，这正是奥金莱克当初制定这份防御计划的依据。

由于在进攻目标方面无法达成突然性，隆美尔必须依靠时间和速度实现这一点。他希望，如果迅速突破南部地段，一举切断第 8 集团军交通线，对方就会陷入混乱，防御也会破裂。他计划以一场夜间进攻占领雷区，尔后，非洲军和意大利快速军一部拂晓前向东疾进 30 英里左右，然后转向东北方的海岸，直奔第 8 集团军补给地区。他希望这番威胁能诱使英军装甲部队发起追击，这就让他获得了捕捉、歼灭这股敌军的机会。与此同时，第 90 轻装师和意大利快速军余部构成一条掩护走廊，强度足以抵抗英军从北面发起的反突击，一直坚持到他在英军后方赢得坦克战。隆美尔的文件记录中称，他"主要依赖英军指挥部门的缓慢反应，因为相关经验告诉我们，他们总是耗费许多时间才做出决定并付诸实施"。

可德军 8 月 30 日夜间发动进攻后发现，那片雷区远比他们预料得更深。拂晓时，隆美尔的先遣部队越过雷区仅仅 8 英里，非洲军主力直到上午 10 点才开始向东进击。此时，他们的大批车辆遭到英国空军猛烈轰炸。交战初期，非洲军军长瓦尔特·内林将军负伤，接下来的战斗中，指挥该军的是参谋长弗里茨·拜尔莱因中将。

很明显，一切突然性已荡然无存，前进速度远远落后于计划时间，于是，隆美尔考虑停止进攻。但他与拜尔莱因商讨后，决定遵循自己的本性继续进攻，只不过把目标修改得更加有限。英军装甲部队显然已获得时间占据他们的战斗阵地，德军如果继续深入，侧翼有可能遭受敌装甲部队威胁，因此，隆美尔觉得有必要提早转身向北。于是他命令非洲军立即向北攻往 132 点，也就是是哈勒法山制高点。德军改变进攻方向，朝英军第 22 装甲旅的部署地区而去，也驶向一片妨碍机动的软沙地区。而原先策划的进军路线避开了这片"黏糊糊"的地区。

英军第 8 装甲旅的作战阵地位于东南面，与第 22 装甲旅相距 10 英里左右，更直接地用于拦截敌人的迂回行动，而不是从侧翼实施间接拦截和威胁。这两个旅的部署位置相距较远，蒙哥马利之所以甘冒风险，是因为每个旅的坦克实力都与整个非洲军几乎旗鼓相当，所以，应该能坚持到另一个旅赶来支援。

可是，第8装甲旅清晨4点30分才开抵指定位置，幸运的是，德国人也耽搁了这么长时间，按照隆美尔的原定方案，非洲军应该在拂晓前到达同一地区。如果第8装甲旅牢牢占据阵地前双方就展开一场夜战，或是拂晓时爆发冲突，可能会造成棘手局面，特别是对第8装甲旅这支首次参战的部队来说更是如此。

由于隆美尔比原定方案提早转向北面，这场打击直接落在英军第22装甲旅头上，仅此而已，而且德国人当日晚些时候才发动进攻。由于英军的空袭持续不断，再加上运送油料和弹药的车队姗姗来迟，德军的前进受到妨碍，非洲军下午才转身向北。逼近哈勒法山和第22装甲旅主阵地时，德军装甲队列遭遇猛烈的火力打击，第22装甲旅年轻的新旅长罗伯茨巧妙指挥精心部署的坦克，以及这个多兵种合成旅的支援炮兵，一再击退对方的正面冲击和局部迂回，夜幕降临后，双方停止交战，防御方获得了应得的喘息之机，进攻方却沮丧不已。

可是，德军的进攻之所以失败，不是因为被英军击退，而是因为非洲军油料短缺，当日下午3点左右，隆美尔就取消了全力夺取132点的命令。

直到9月1日晨，非洲军缺乏油料的窘况还是没有得到解决，隆美尔被迫放弃了当日实施一切大规模行动的想法。他能做的，充其量是以一个师（第15装甲师）遂行有限的局部冲击，设法夺取哈勒法山。非洲军目前的窘境相当尴尬，英国轰炸机的夜间空袭，霍罗克斯第13军炮兵部队昼间持续不停的炮击，不断给他们造成损失。实力获得加强的守军一再击退德军装甲部队逐渐衰竭的进攻，这是因为蒙哥马利已确定德军不会向东攻往他的后方，因而当日上午早些时候命令另外两个装甲旅集结到罗伯茨旅身旁。

下午，蒙哥马利"下令策划一场反突击，力争夺回主动权"。他的想法是从新西兰人的阵地转身向南发起一场进攻，切断德军退路。他还安排前调第 10 军军部,负责指挥一场追击,任务是"投入所有可用预备力量攻往代巴"。

德国装甲集团军现在只剩一天的油料配给,只够他们行进 60 英里左右。因此,第二晚再次遭到几乎持续不停的轰炸后,隆美尔决定终止进攻,实施一场逐步后撤。

昼间,哈勒法山前方的德军部队逐渐调离,开始向西分批退却。但蒙哥马利没有批准部下发起追击的请求,因为他的策略是避免冒险,以防英军装甲部队像以前多次发生过的那样,落入隆美尔布设的陷阱。同时,他命令新西兰人在其他部队支援下,于 9 月 3 日至 4 日夜间向南展开进攻。

但隆美尔的军队 9 月 3 日开始全面后撤,尾随其后的只有些英军巡逻队。当晚,新西兰师对敌军后方侧翼发起拦截进攻,在那里遂行防御的是德国第 90 轻装师和意大利"的里雅斯特"师。进攻沦为一场混战,英军损失惨重,被迫停止了行动。

接下来两天(9 月 4 日和 5 日),非洲军继续实施分阶段后撤,英国人没有再采取拦截措施,仅派出小股先遣力量,极为谨慎地尾随其后。9 月 6 日,德国人在他们原先战线以东 6 英里的高地上停下脚步,显然打算在这里实施坚守。次日,蒙哥马利获得亚历山大批准,决定终止这场交战。因此,隆美尔得以在南面保留这片小小的既占地区,对他遭受的损失,以及最初目标的决定性挫败来说,这也算些许安慰。

但对第 8 集团军辖内部队而言,见到敌军后撤,哪怕对方仅仅后退了几步,这种兴奋之情也远远大于没能切断敌军的失望感。这是潮流逆转的明确迹象。蒙哥马利已经在他的军队里建立起一种新的自信精神,也加强了他们对他的信心。

可问题依然在于,蒙哥马利是否错失了切断非洲军退路、一举粉碎对方后续抵抗能力的良机呢?如果实现这一点,本来可以免除后来的一切麻烦,英军也不会为进攻隆美尔预有准备的阵地付出沉重代价。但就目前而言,哈勒法山之战堪称英军赢得的一场巨大胜利。这场交战结束后,隆美尔无疑丧失了主动权,另外,鉴于英军源源不断获得增援力量,下一场交战对隆美尔来说注定是"无望之战",这是他本人恰如其分的说法。

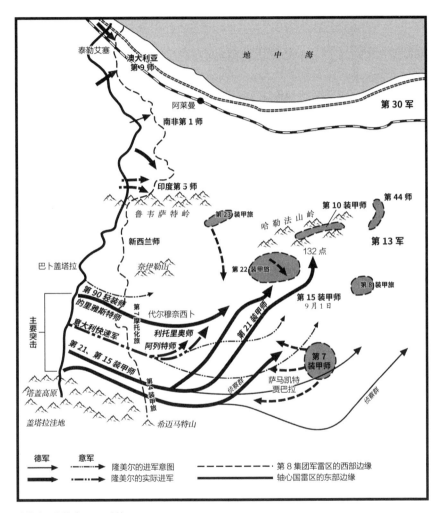

哈勒法山交战（ZVEN 制）

战后我们掌握了关于交战双方兵力和资源更加详细的资料，由此可以看出，从隆美尔攻入埃及的行动首次受阻那一刻起，他的最终失败就注定了，因此，七月份第一次阿莱曼交战堪称真正的转折点。尽管如此，隆美尔八月底以获得加强的力量重新发动进攻时，他看上去仍是个巨大的威胁，这是因为交战双方的力量这一次比之前或之后更接近于旗鼓相当，隆美尔仍有可能赢得胜利，要是英军仍像前几次交战他们具有更明确的优势时那样畏缩不前或笨拙行事，隆美尔可能早已取得胜利。但到头来，这种可能性消失了，而且一去不复返。虽然哈勒法山之战只是同一地区多次进行的阿莱曼交战中的一场，但它却被赋予单独的名称，这就说明了这场交战的重要意义。

从战术上说，这场交战也有特殊意义。因为防御方依靠纯粹的防御赢得胜利，没有实施反攻，甚至没有认真策划过任何反攻行动。因此，它与第二次世界大战和更早的战争中大多数"转折点"之战形成了鲜明对比。英军的防御取得成功后，蒙哥马利决定放弃进攻，此举虽说丧失了困住并歼灭隆美尔军队的机会（当时看，这的确是个天赐良机），但没有削弱此次交战作为战役转折点的潜在决定性。从那时起，英军将士对最终胜利有了信心，他们士气大振，而德意联军却怀着绝望的心情执行任务，觉得无论自己付出怎样的努力和牺牲，都不过是暂时推迟最终的失败而已。

从这场交战的技战术方面也能学到许多东西。英军的部署和地形的选择，极大地影响到最终结局，他们的灵活配置同样如此。最重要的是空中力量与地面部队的作战方案紧密而又出色的协同。交战的防御模式加强了这种协同的有效性，地面部队守住防线，空中力量不断轰炸隆美尔的军队攻入其中、已沦为陷阱的"竞技场"。这种交战样式，空中力量可以更自由、更有效地展开行动，因为"竞技场"内的部队都是敌军，都是打击目标，这就与更具流动性的交战期间，空中行动经常受到妨碍形成了鲜明对比。

七周后，英军发起进攻。深感不耐烦的英国首相对这种延误恼怒不已，但蒙哥马利已下定决心，必须等待部队完成准备、他确定能取得胜利后再投入进攻，亚历山大支持他的做法。自这年年初起，英国遭受的一连串灾难动摇了丘吉尔的政治地位，因此，他不得不听从两位将领的主张，同意把进攻行动推迟到十月下旬。

D日（进攻发起日）的确切日期取决于月相，因为英国人计划以一场夜袭开启进攻，目的是减弱敌人的防御火力，但也需要足够的月光，以便在敌人布设的雷区清理出通道。因此，进攻日期定于10月23日夜间，10月24日是满月。

促使丘吉尔希望尽早发动进攻的一个关键因素是，英美军队在北非实施的一场宏大联合登陆，代号"火炬"行动，现在定于十一月初发动。英国军队如果在阿莱曼决定性地击败隆美尔，也许会鼓励法国人欢迎那些"火炬手"把他们从轴心国统治下解放出来，而弗朗哥将军可能更不愿意让德国军队开入西班牙和西属摩洛哥——德军这种应对措施可能会破坏并危及盟军的登陆行动。

但亚历山大认为，如果他在"火炬"行动两周前发起"捷足"行动，那么，这段间隔期"足够我们歼灭当面的轴心国军队大部，另一方面，这段间隔期又太短，敌人无法对非洲实施任何大规模增援"。他觉得，不管怎样，要想让北非另一端实施的登陆行动取得成功，确保他这一端的胜利至关重要。"我确信，决定性因素是必须做好准备才发动进攻，否则，就算不招致灾难，也会有失败之虞。"这些观点占据了上风，虽然他现在提出的日期比丘吉尔当初建议奥金莱克发起进攻的日期推后了近一个月，但丘吉尔还是同意延期到10月23日。

到那时，英军实力的优势，无论是数量还是质量方面，都加强到前所未有的程度。如果以师的数量这种常规评估计算，交战双方的实力看上去旗鼓相当，因为彼此都有包括4个装甲师在内的12个师。可实际兵力对比完全不同，第8集团军的战斗兵力高达23万人，而隆美尔的战斗兵力不到8万，德国士兵只有2.7万。另外，第8集团军有7个装甲旅，辖23个坦克团，隆美尔只有4个德国装甲营和7个意大利装甲营。这场交战爆发时，第8集团军共有1440辆中型坦克，其中1229辆已做好战斗准备，而在一场旷日持久的交战中，他们还可以从埃及的基地仓库和车间抽调另外1000辆坦克。隆美尔只有 260 辆德制坦克（其中 20 辆正在维修，另外 30 辆是二号轻型坦克）和 280 辆意大利制坦克（都是老旧过时的型号）。这场即将到来的坦克大战，德国人所能依靠的仅仅是 210 辆德制中型坦克。因此，就实际情况而言，英军发动进攻时，可用坦克数量的优势高达六比一，而他们弥补损失的能力也是德国人望尘莫及的。

战斗力方面，就一场坦克对坦克的交战来说，英国人的优势更大，因为他们的格兰特坦克现在获得更新式、更优异的谢尔曼坦克加强，这款坦克正从美国大批运抵。交战开始时，第 8 集团军有 500 多辆谢尔曼和格兰特，还有很多正在运输途中，而隆美尔只有 30 辆新型四号坦克，仅比哈勒法山交战期间多 4 辆，这款坦克配备了初速更高的 75 毫米主炮，因而能匹敌那些新式美制坦克。另外，隆美尔还丧失了先前在反坦克炮方面的优势。虽然他的 88 炮数量增加到 86 门，近期还运抵 68 门缴获的苏制 76.2 毫米反坦克炮作为加强，但他那些标准的 50 毫米德制反坦克炮已无法击穿谢尔曼、格兰特或瓦伦丁坦克，除非是在近距离内。给他造成更大麻烦的是，新式美制坦克配备了高爆弹，故而能在远距离击毁德国人的反坦克炮。

空中力量方面，英军享有比以往更大的优势。中东空军总司令亚瑟·特德爵士目前掌握 96 个作战中队，包括 13 个美国中队、13 个南非中队、1 个罗德西亚中队、5 个澳大利亚中队、2 个希腊中队、1 个法国中队、1 个南斯拉夫中队。英军一线飞机总数超过 1500 架，其中 1200 架可用飞机部署在埃及和巴勒斯坦，随时准备支援第 8 集团军的进攻行动，而德国和意大利在非洲支援装甲集团军的可用飞机只有 350 架左右。英国人掌握的空中优势深具价值，他们可以扰乱德国装甲集团军的运动，破坏对方各个师的补给，还可以掩护第 8 集团军的补给运输不受对方的类似干扰。但对这场交战的结果更加重要的是，英国空军和海军潜艇共同展开间接战略行动，切断了德国装甲集团军的海上补给线。九月份，穿越地中海运送给隆美尔的补给物资，近三分之一沉入海底，还有许多船只被迫折返。十月份，供应中断的情况更加严重，只有不到一半物资运抵非洲。德军炮兵严重缺乏炮弹，甚至无法还击英军的炮击。最严重的损失是油轮被击沉，英军发动进攻前几周，没有一艘油轮到达非洲。因此，这场交战开始时，德国装甲集团军只剩三天油料配量，而不是最低储备要求规定的三十天配量。这种严重短缺在各个方面都给德军装甲部队的反击措施造成妨碍，快速部队被迫零碎投入力量，无法迅速集结于进攻地点，还导致战斗进行之际，越来越多的坦克动弹不得。

食物补给短缺也是德军部队疾病蔓延的重要原因。战壕里恶劣的卫生条件加剧了各种病症的滋生，特别是意大利人据守的防线。早在七月交战期间，英军就被意大利人污秽、臭气熏天的战壕吓倒，不得不撤离这些既占阵地，没等挖掘新战壕，他们就在开阔地被德军装甲部队击溃，这种情况发生过好几次。但对卫生状况的漠视最终波及了无辜者，痢疾和传染性黄疸不仅在意大利军队，还在他们的德国盟友中传播开来，就连装甲集团军某些重要军官也沦为受害者。

最重要的"患病减员"是隆美尔本人。早在八月份进攻哈勒法山之前，他已卧病不起。病情稍事恢复后，隆美尔得以在那场交战中行使指挥权，可他随后再次病倒，不得不返回欧洲治疗休养。施图梅将军暂时接替他的职务，而非洲军军长一职的空缺由冯·托马将军填补，两人都调自东线。隆美尔缺席，再加上这两位指挥官缺乏沙漠地区作战的经验，给德国人为抗击英军即将发起的进攻所做的策划、准备工作造成另一个障碍。交战开始后第二天，施图梅驱车赶赴前线时遭遇猛烈火力，他跌落车下，死于心脏病突发。当晚，希特勒打电话给隆美尔，问他是否能返回非洲，就此结束了隆美尔在奥地利的康复期。次日（10 月 25 日），隆美尔返回非洲，当晚到达阿莱曼附近，随即接掌了防务。此时，德军防线严重内陷，而当日昼间毫无效果的反突击导致他们损失了近半数可用坦克。

蒙哥马利起初的方案是在左右两侧同时发动进攻——奥利弗·利斯第 30 军居右（北面）、布莱恩·霍罗克斯第 13 军居左（南面），尔后投入他的装甲主力（集中在赫伯特·拉姆斯登第 10 军辖内），一举切断敌军补给路线。但十月初，他又得出结论，"鉴于集团军训练标准方面的缺陷"，这份方案未免有些过于雄心勃勃，于是改为一份目标更加有限的作战方案。按照这份代号"捷足"行动的新方案，英军的推进集中于北面靠近海岸处，也就是泰勒艾塞与米泰里亚岭之间4英里宽的地段，而第13军在南面发起一场辅助突击，分散对方注意力，但不要全力推进，除非敌军防御崩溃。这份谨慎而又有限的作战方案引发了一场旷日持久、代价高昂的交战，鉴于第8集团军拥有巨大的实力优势，执行原先那份大胆的方案本来可以避免这种情况的发生。战斗沦为消耗的过程，英军陷入苦战，而不是实施机动，一段时间里，他们似乎徘徊在失败边缘。但双方的实力差距实在太大，即便消耗率完全不同，结果肯定还是有利于蒙哥马利达成其目的——他为此付出了坚定的决心，这也是他从事一切行动时的特点。在既定作战方案限度内，蒙哥马利还展现出更改进攻方向，以战术手段导致敌人陷入混乱的出色能力。

英军以1000多门火炮实施了15分钟猛烈的炮火急袭，步兵10月23日（星期五）夜间10点发起突击。这场进攻的开局非常顺利，这得益于德军缺乏炮弹，施图梅不得不阻止他的炮兵轰击英军集结地。但雷区的深度和密度构成更大障碍，为清理雷区，英国人耗费的时间远比预计得更多，因此，英军装甲部队拂晓时仍在雷区内的车道上，有些甚至还没有进入雷区。直到第二天早上，英军步兵又一次实施夜袭后，4个英军装甲旅才穿过雷区，也就是说从原先的战线推进了6英里，他们穿过雷区极为狭窄的通道时蒙受了很大损失。而第13军在南面发起的辅助突击也遇到类似麻烦，他们次日（10月25日）放弃了行动。

但英军在北面插入德军防御的楔子看上去极为凶险，守军指挥官昼间零零碎碎地投入坦克力量，力图阻止这根楔子膨胀开来。这种应对措施不出蒙哥马利所料，已占据有利位置的英军装甲部队猛烈打击德国人断断续续的反突击，给他们造成严重损失。傍晚时，德国第15装甲师的可用坦克只剩四分之一，而第21装甲师仍在南部地区。

次日（10月26日），英军恢复进攻，但向前推进的企图受阻，英军装甲部队为这场失败的努力付出了沉重的代价。他们把"楔入"发展成"突破"的机会已然丧失，英军装甲部队构成的巨大楔子陷入德军用反坦克炮布设的强大陷阱。发起进攻的第二晚，拉姆斯登和他的几位师长就对使用装甲力量强行穿越如此狭窄的车道这种做法提出异议，随着装甲部队沿狭窄正面推进时遭受的损失越来越大，装甲部队官兵普遍产生了一种他们被滥用的感觉。

虽然蒙哥马利摆出极度自信的姿态，但他敏锐地意识到，这场初步突击失败了，德国人封闭了突破口，他必须制订新方案，同时让他的主要突击力量休整。无论是这次还是日后的作战行动，蒙哥马利都愿意根据实际情况改变目标，这对麾下部队来说是件好事，也无损于他的为将之道，远比他事后大谈"一切按计划顺利进行"的习惯好得多。具有讽刺意味的是，蒙哥马利这种习惯往往会掩盖、削弱他因为适应性和多样性而赢得的赞誉。

新方案冠以"增压"行动的代号，这个名称很不错，给执行者留下深刻印象，表明它与以往的作战行动截然不同，而且具有更好的成功前景。英军第7装甲师作为援兵调往北面。但隆美尔趁机利用这段平静期重组麾下部队，第21装甲师已向北开进，意大利"阿列特"师尾随其后。英国第13军在南面遂行的辅助突击，没能实现分散敌人注意力、把对方部分装甲力量牵制在南面的意图。这些北调行动，致使双方的军队随后更加集中在那里，从战术上说对隆美尔较为有利，因为这导致英国人更依赖于强攻和消耗。但对英军来说幸运的是，他们的数量优势实在太大，如果以坚定的决心从事这种"杀戮"，即便消耗率严重于己不利，最终结果必然还是他们赢得胜利。

蒙哥马利10月28日夜间发起新攻势，从他们已插入敌军防线的那个大楔子向北攻往海边。他的意图是夹断敌人的沿海"口袋"，然后沿滨海公路向西发展胜利，直奔代巴和富凯。可这场新突击受到雷区延误，随着隆美尔迅速采取应对措施，把第90轻装师调往这一侧，英国人获胜的前景暗淡了。尽管如此，英军停止进攻时，隆美尔还是觉得自己很幸运，因为他的资源此时即将耗尽。非洲军只剩90辆坦克，而第8集团军仍有800多辆可用坦克，因此，虽然英军付出4辆坦克换1辆德军坦克的代价，但数量比还是攀升到十一比一。

隆美尔10月29日写信告诉他妻子："我没有太多希望了。夜里，我睁大双眼躺着，无法入睡，因为我肩上的责任实在太重。白天我疲惫至极。

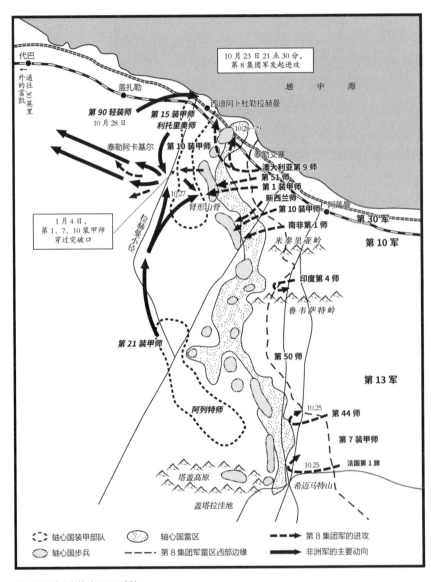

第二次阿莱曼交战（ZVEN 制）

如果这里出了问题怎么办？这就是昼夜折磨我的想法。如果发生这种情况，我想不出有什么补救办法。"[8] 从这封信件明显能看出，战斗的压力不仅削弱了部队，他们的指挥官也深受其害，毕竟他仍是个病人。那天清晨，隆美尔曾考虑下令向西撤往 60 英里后方的富凯阵地，可他又不愿采取这种后撤措施，因为此举意味着牺牲他那些非机动化步兵中的很大一部分，于是，隆美尔推迟了这个重大决定，寄希望于再次阻止英军的冲击会迫使蒙哥马利停止进攻。事实证明，德军阻挡住对方朝海岸发起的进攻，反而对英军有利，这是因为，倘若隆美尔此时逃之夭夭，那么，英国人策划的一切都会付之东流。

蒙哥马利获知麾下军队朝海岸的突击遇挫，立即决定恢复原先的进军路线，希望抓住敌军少量预备队北调的良机。这是个明智的决定，也是蒙哥马利灵活行事的另一个例子。可他的部队没这么灵活，实施重组耗费了不少时间，直到 11 月 2 日才重新发动进攻。

英军的进攻一再遭到拦截，这次又止步不前，不免加深了伦敦的沮丧和焦虑之情。丘吉尔对进攻行动的缓慢进展深感失望，好不容易才忍住冲动，没给亚历山大发去一封刻薄的电报。承受怒火的是帝国总参谋长艾伦·布鲁克爵士，他竭力安抚内阁，可内心越来越焦虑，急切地想知道"我是不是错了，蒙蒂是不是战败了"。就连蒙哥马利本人也不再像看上去那般自信，私下里承认自己焦急万分。

英军 11 月 2 日重新发动进攻，结果又一次受挫，许多人的强烈印象是，这场攻势可能不得不彻底停止了。行动失败是因为雷区再次造成延误，而敌人的抵抗远比预计得更顽强。拂晓到来时，英军先遣装甲旅"发现自己位于拉赫曼小径，面对敌人强大反坦克炮屏障的无数炮口，而不是已按计划越过这条小径"。[9] 他们困在狭窄逼仄处，还遭到隆美尔所剩无几的坦克发起的反冲击，昼间的战斗中，该旅损失了四分之三的坦克。但剩下的英军坦克顽强坚守，掩护身后几个旅穿越雷区缺口。可是，这些旅越过拉赫曼小径后也被敌人挡住。夜幕降临时，这场交战结束了，战损和机械故障导致英军折损近 200 辆坦克。

英军再度受挫，形势似乎一片黯淡，从遥远的后方看去更是如此，可这片阴云即将消散。这是因为当日结束时，隆美尔已耗尽资源。他能实施这么长时间的防御实在令人惊讶。隆美尔手中的核心力量是非洲军两个装甲师，可即便交战开始时，他们的战斗兵力也只有9000人，经过战火摧残，目前只剩2000来人。更严重的是，非洲军仅剩30辆可用坦克，而英军仍有600多辆，因此，他们与德军的数量比攀升到二十比一。至于装甲薄弱的意大利坦克，它们被英军炮火炸得粉碎，许多幸免于难的战车向西逃窜，从战场上消失了。

隆美尔当晚做出决定，以一场两阶段后撤退往富凯阵地。11月3日中午过后不久，就在这场后撤顺利进行之际，希特勒发来一道重要命令，要求不惜一切代价坚守阿莱曼阵地。隆美尔此前从来没受过希特勒干涉，不知道这种情况下必须抗命，于是他停止后撤，召回了已在后撤途中的部队。

这场反复深具致命性，德军不仅丧失了退往后方实施更有效抵抗的机会，就连恢复阿莱曼阵地的尝试也纯属徒劳。11月3日晨，英军空中侦察发现德军正向西退却，立即上报了这个情况，这当然促使蒙哥马利继续加强行动。虽然英军昼间两次迂回敌军掩护力量的尝试都告失败，但第51高地师和印度第4师夜间发起一场步兵进攻，沿西南斜线遂行冲击，成功突破了非洲军与意大利军队之间的结合部。11月4日拂晓到来后不久，英军三个装甲师穿过缺口迅速展开，他们接到的命令是转身向北，沿滨海公路切断敌军后撤路线。摩托化新西兰师和接受该师指挥的第4装甲旅，为这场发展胜利的行动提供加强。

切断并歼灭隆美尔全军的天赐良机就在眼前。非洲军军长托马在当日晨的混乱中被俘，隆美尔下午才下达后撤的命令，而他们直到次日才收到希特勒姗姗来迟的批准后撤令。这样一来，英国人全歼敌军的机会就更大了。但隆美尔刚一下令，德军部队就迅速行动起来，挤入剩下的汽运车辆匆匆后撤，而英军发展胜利的行动又犯了老毛病——过于谨慎、犹豫不决、行动迟缓、机动范围过窄。

三个英军装甲师穿过突破口展开后，立即向北赶往盖扎勒的滨海公路，就在德军破裂的防线后方10英里处。非洲军残部抓住机会，迅速向侧面稍事移动，随即阻挡住英军这场狭窄的转向。英国人只取得几英里进展就被德军虚弱的掩护力量挡住，直到下午才继续前进，而此时，德国装甲集团军已奉命后撤。夜幕降临后，英国人谨慎地停下来过夜。这实在让人扼腕叹息，因为他们已超过敌军，而他们身后仍有一大批德国装甲集团军的残部。

次日（11 月 5 日），英军的拦截行动还是太窄、太慢。第 1、第 7 装甲师起初攻往代巴，这座城镇就在盖扎勒前方 10 英里处。先遣部队直到中午才到达代巴，却发现后撤之敌在他们面前溜走了。第 10 装甲师攻往西面 15 英里的杰拉勒，逮住了敌军的尾巴，缴获 40 辆坦克，大多是耗尽燃料的意大利坦克。黄昏时，他们才重新追击后撤之敌主力，前进 11 英里后，他们一如既往地停下来过夜。此时，他们距离富凯悬崖这个新目标仅 6 英里。

英军达成突破后，新西兰师和配属的装甲旅接到的命令是赶往富凯，可他们跟随在英军装甲师身后穿过缺口，不免受到延误，部分原因是交通管制不佳，随后又为肃清前进道路上的意大利人耗费了不少时间。因此，11 月 4 日夜幕降临，新西兰师停止前进时，离富凯还有一半路程。11 月 5 日中午，他们到达目标附近，但在一片可疑的雷区前停下脚步，实际上，这是英国人当初为掩护己方部队撤往阿莱曼布设的假雷区。没等新西兰人进入雷区，夜幕又一次降临了。

与此同时，已到达代巴的第 7 装甲师奉命重返沙漠，赶往富凯前方 15 英里的贝格古什。但该师穿过新西兰师尾部和那片可疑的雷区时受到耽搁，随后就停下来过夜。

次日上午，遂行追击的三个英国师在富凯和贝格古什附近会合，但后撤之敌已向西溜走，他们只俘获几百名散兵游勇和几辆耗尽燃料的坦克。

现在，逮住隆美尔后撤部队的主要希望寄托在英国第 1 装甲师身上，该师在代巴错过敌人后，奉命沿一条更长的迂回路线穿过沙漠，切断马特鲁港西面的滨海公路。可这场推进由于油料短缺两次停顿，第二次停顿时，他们距离滨海公路只有几英里。该师师长恼怒不已，因为他和另一些人曾力主，至少让一个装甲师做好长途追击到塞卢姆的准备，因此，运输车队应该卸下一部分弹药，换上额外的油料，可这个建议没被采纳。

11月6日下午，沿海地带下起雨来，夜间雨势变大。这导致英军停止了所有追击行动，隆美尔趁机逃之夭夭。事后，这场大雨成为英国人没能截住隆美尔后撤的主要借口。可稍加分析就会发现，降雨造成妨碍前，英国人已然丧失了绝佳机会，他们行动范围太窄，过于谨慎，太缺乏时间概念，不愿在夜间前进，过度专注于交战，没有牢记深具决定性的发展胜利阶段的基本要求。如果他们的追击深深地穿过沙漠，一路前出到更遥远的拦截点，例如塞卢姆的悬崖峭壁，他们本来可以避免敌人的抵抗或天气突变造成妨碍的风险，因为沿海地带很可能降雨，而沙漠里很少有这种事。

11月7日夜间，隆美尔从马特鲁港撤往西迪拜拉尼，在这里稍事停顿，而他的运输纵队利用通往塞卢姆和哈勒法亚悬崖的山间隘路穿过埃及边界线上的瓶颈地，途中遭到英国空军猛烈轰炸。滨海公路一度发生严重的交通堵塞，排列的车队长达25英里，尽管英国人实施了轰炸，可由于交通管理组织良好，大多数车辆还是在次日夜间顺利通过。因此，11月9日，虽然还有1000来部车辆没有穿过这处瓶颈地，但隆美尔还是命令后卫部队撤往边界线。

在此期间，蒙哥马利组织了一股专用于追击的力量，编有第7装甲师和新西兰师，另外两个装甲师停止前进，以免耗尽燃料，导致隆美尔趁机对无法动弹的英军部队发起反攻。这场长途追击11月8日展开，新西兰师直到11月11日才到达边界线，虽然第7装甲师两个装甲旅穿过滨海公路南面的沙漠，前一天下午就已跨过边界线，但他们还是没能逮住敌人的尾巴，对方11月11日穿过卡普佐继续后撤。

隆美尔摆脱了蒙哥马利大军的钳制，成功避开英军一次次切断他后撤路线的企图，可他的实力虚弱至极，根本无法在边界线或更后方的昔兰尼加重新设立一道防线。他的战斗力量只剩大约5000名德国兵、2500名意大利士兵、11辆德国坦克、10辆意大利坦克、35门德国反坦克炮、65门德国野炮，以及少量意大利火炮。这是因为平安逃脱的1.5万名德军战斗人员，三分之二丢失了所有作战装备，而幸免于难的意大利官兵，大多赤手空拳。第8集团军除了击毙数千名敌人，还俘虏大约1万名德国人和2万多名意大利人（这些数字包括行政后勤人员），击毁/缴获450辆坦克和1000多门火炮。对该集团军自身伤亡 1.35 万人，以及眼睁睁地看着隆美尔"溜走后择日再战"的失望之情来说，这是个不小的补偿。

英军短暂停顿、补充给养后，再次向前推进。但这次只是尾随，而不是追击，他们对隆美尔以往的反扑记忆犹新，所以沿滨海公路谨慎前行，没敢穿过班加西弧形地区的沙漠"弓弦"。他们跨过昔兰尼加东部边界线两个多星期后，先遣装甲部队才于 11 月 26 日到达卜雷加港，隆美尔此时早已隐蔽在这片瓶颈阵地。德军穿过昔兰尼加后撤期间，唯一的麻烦和危险是缺乏油料。隆美尔在卜雷加港获得一个新锐意大利师（"半人马座"装甲师）和三个意大利步兵师部分力量加强，这些步兵部队没有实现摩托化，因而对隆美尔来说是一种累赘，而不是一股可用力量。

战场上又出现了两周的沉寂，英国人借此前调援兵和物资，准备进攻卜雷加港的德军阵地。"为歼灭防御之敌"，蒙哥马利再次拟制方案，他打算以一场猛烈的正面突击牵制隆美尔，同时派一股强大的力量实施大范围迂回，切断隆美尔的后撤路线。这场正面突击定于 12 月 14 日发起，但 12 月 11 日至 12 日夜间先实施一场大规模突袭，以此吸引德军注意力，遂行迂回的英军部队趁机沿沙漠路线出发。但隆美尔 12 月 12 日夜间悄然溜走，破坏了英国人的计划。隆美尔迅速退往卜雷加港以西 250 英里，布埃拉特附近一处阵地，与第 8 集团军设在班加西的新前进基地相距 500 英里。

年底时，隆美尔仍守卫着布埃拉特阵地，这一次，战场上出现了一个月的平静期，因为蒙哥马利前调、集结军力后才能发动新的进攻。但很明显，非洲战事的潮流已彻底逆转。因为隆美尔的军队再也无法加强到匹敌第 8 集团军的程度，而他的后方地区和潜在的后方阵地，由于英美第 1 集团军从阿尔及利亚向东攻入突尼斯而受到威胁。

可希特勒很快恢复了幻想，墨索里尼也紧紧抓住元首的幻想，因为他不愿见到意大利的非洲帝国土崩瓦解。的确，他们的幻想再次成为重中之重，尽管此时仍不确定隆美尔是否能摆脱追兵，是否能把他遭受重创的军队的残余力量顺利救出。隆美尔平安到达卜雷加港后接到命令，希特勒要求他"不惜一切代价"守住这道防线，阻止英军进入的黎波里塔尼亚。为强调这种纯属梦想的要求，隆美尔再次被置于巴斯蒂科元帅麾下，就像他挥师进入埃及前那样。隆美尔 11 月 22 日拜见巴斯蒂科，直言不讳地告诉他，这道要求在沙漠边界"抵抗到底"的命令，必然导致残余的军队全军覆没——"我们要么存人失地，要么人地皆失"。

卡瓦莱罗和凯塞林 11 月 24 日赶来看望隆美尔，隆美尔告诉他们，他手中只有 5000 名仍有武器的德国士兵，要想守住卜雷加港阵地，就必须在蒙哥马利发动进攻前为他迅速提供 50 辆配备 75 毫米长身管主炮的四号坦克、50 门同型号的反坦克炮，另外还要足够的油料和弹药。隆美尔提出的要求并不过分，可这个要求显然无法获得满足，因为大多数可用装备和援兵都派往突尼斯。但这两位还是敦促隆美尔执行坚守卜雷加港的命令。

为了让希特勒面对现实情况，隆美尔飞赴设在东普鲁士森林、拉斯滕堡附近的元首大本营。他受到的接待很冷淡，待他指出最明智的做法是撤离北非时，希特勒"怒不可遏"，再也不愿听他说下去了。这场冲突比以往任何事情更严重地动摇了隆美尔对元首的信念，他在日记中写道："我开始意识到，阿道夫·希特勒根本不愿面对现实，他的理智肯定已告诉他正确的做法，可他情绪冲动的反应却与之相反。"希特勒坚称，在非洲控制一座重要的登陆场具有政治必要性，因此，决不能撤离卜雷加港防线。[10]

隆美尔返程途中前往罗马，发现墨索里尼更明事理，也很清楚把足够的物资运往的黎波里，再转运到卜雷加港的困难。于是，隆美尔设法获得墨索里尼批准，在布埃拉特构设一道中间阵地，把非摩托化的意大利步兵部队及时撤到这条防线，待英军发起进攻时，他就可以迅速撤离剩余的部队。墨索里尼批准后，他迅速采取行动，英国人刚刚显露出进攻迹象，隆美尔就在夜间率领他的部队溜走了。另外，他还下定决心，绝不在布埃拉特或的黎波里前方停留，以免给蒙哥马利创造困住他的机会。隆美尔制定的方案是一路退往突尼斯边界线和加贝斯瓶颈地，那里不容易遭到迂回，他还可以使用离他更近的援兵发起一场卓有成效的反攻。

注释

1. *The Rommel Papers*, p. 249.

2. Kippenberger: *Infantry Brigadier*, p. 180.

3. *The Rommel Papers*, p. 257.

4. *The Rommel Papers*, p. 260.

5. Ibid., p. 257.

6. Ibid., p. 248.

7. Alexander: *Despatch*, p. 841.

8. *The Rommel Papers*, p. 312.

9. Alexander: *Despatch*, p. 856.

10. *The Rommel Papers*, p. 366.

第二十一章

"火炬"行动，大西洋的新潮流

1942 年 11 月 8 日，盟军登陆法属北非。盟军进入西北非的这场行动，发生在英军向非洲东北端阿莱曼的隆美尔阵地发起进攻两周后，也是那片阵地崩溃四天后。

1941 年圣诞节，英美两国首脑在华盛顿召开"阿卡迪亚"会议，这是日本偷袭珍珠港、美国参战后举行的首次盟国会议。丘吉尔在会上提出"西北非方案"，以此作为"收紧对德包围圈"的一个步骤。他告诉美方，为登陆阿尔及利亚，他们制定了一份代号"体育家"的行动方案，只要第 8 集团军在昔兰尼加赢得决定性胜利，并向西攻往突尼斯边界线就付诸实施。丘吉尔还提出："如果法国人同意的话，美国军队就应邀在摩洛哥沿岸同时实施登陆。"罗斯福总统支持这份方案，因为他一眼看出该方案在总体战略中蕴含的政治利益，可他那些军方顾问却怀疑这份方案的可行性，还担心这会影响对希特勒控制的欧洲早日发动更直接进攻的前景。他们最多只同意继续研究这份方案——此时已更名为"超级体育家"。

接下来几个月，双方的讨论集中于跨越英吉利海峡的进攻计划，这场行动准备在八月或九月发起，以满足斯大林开辟"第二战线"的要求。由于美国陆军总参谋长马歇尔将军，和他选中派往伦敦担任欧洲战区美军总司令的艾森豪威尔将军极力主张，科唐坦半岛（瑟堡）成为大多数人赞成的登陆地点。英国人强调以不足的兵力过早登陆欧洲的弊端，还指出这样一座登陆场不仅无法缓解苏联人的压力，还会面临陷入围困或被打垮的风险。但罗斯福总统转而支持这份方案，莫洛托夫五月底访问华盛顿时，罗斯福总统亲口保证，说他"希望并期待1942年在欧洲开辟第二战线"。

当年六月，隆美尔抢先对贾扎拉防线发动进攻，东北非的英国军队出人意料地崩溃了，这促使盟国重新拾起登陆西北非的方案。

丘吉尔和他的三军参谋长6月17日飞赴华盛顿参加新会议时，贾扎拉之战的形势已严重恶化。到达华盛顿后，丘吉尔立即飞往哈德逊河畔罗斯福的老家海德公园，同罗斯福进行了私下会谈。丘吉尔再次强调过早登陆法国的弊端和风险，建议恢复"体育家"计划，以此作为更好的替代方案。6月21日，英美三军参谋长在华盛顿召开会议，他们对瑟堡方案意见不一，但一致认为北非方案不够健全。

他们共同否决了这份方案，但很快又重新研究起来，一是因为形势相当紧迫，二是因为罗斯福急于在1942年采取某种积极行动，从而履行他对苏联人的承诺，哪怕这种行动不像预期得那么直接。6月21日传来消息，隆美尔攻克图卜鲁格要塞，英国第8集团军残部撤往埃及。

接下来几周，英国人的处境愈发恶化，要求美国直接或间接介入非洲战事的主张相应加强。六月底，隆美尔追击后撤的英军到达阿莱曼防线，随后发起进攻。7月8日，丘吉尔致电罗斯福，称年内登陆法国的"大锤"方案必须放弃，并再次敦促执行"体育家"方案。他随后通过时任英国驻华盛顿联合参谋代表团团长，陆军元帅约翰·迪尔爵士转呈了一份电报，称"'体育家'方案为美国提供了1942年打击希特勒的唯一手段"，否则，两个西方盟国只好"在1942年按兵不动了"。美国陆海军参谋长对这种观点的反应是重新提起对"体育家"方案的反对意见，马歇尔批评这份方案"代价高昂，徒劳无益"，金海军上将支持他的意见，宣称"海军无法做到一方面履行对其他战区承担的义务，一方面为'体育家'提供必要的船只和护航"。他们还一致认为，英国人反对1942年登陆法国，清楚地表明即便到1943年他们也不愿从事这种冒险。因此，获得金欣然支持的马歇尔提出彻底改变战略的建议——除非英国人接受美国早日渡过英吉利海峡进攻欧洲大陆的方案，否则，"我们就转向太平洋，对日本发起决定性打击；换句话说，就是除了空中作战，我们会对德国采取守势，把所有可用资源投入太平洋地区"。

但罗斯福总统反对向英国盟友发出这种最后通牒的主意，声称他不赞成改变战略方向的建议，他告诉两位参谋长，除非他们说服英国人1942年实施一场跨海峡入侵，否则就必须进攻法属北非，或向中东派遣一股强大的援兵。他强调指出，年底前采取某种显著的行动，在政治上至关重要。

面对总统的决定，美国陆海军参谋长想必会选择暂时增援中东地区英国军队的方针，而不是执行他们长期以来一直强烈反对的"体育家"方案。另外，马歇尔的规划人员研究了两份方案后得出结论，两害相权取其轻，最好选择前一份方案。可出人意料的是，马歇尔和金转而赞成"体育家"方案。七月中旬，他们俩和哈里·霍普金斯作为总统代表飞赴伦敦，发觉英国三军参谋长坚决反对艾森豪威尔尽早在瑟堡附近登陆的方案，于是，"体育家"成为他们的首选替代方案。

据哈里·霍普金斯说，马歇尔宁愿登陆西北非也不想增援中东，主要原因是"我方部队与埃及的英国军队混杂在一起会引起麻烦"。虽然西北非的联合行动也会出现部队混杂的问题，但很明显，派往中东的美国援兵肯定会置于英军总司令指挥下。

7月24日和25日，英美联合参谋长委员会在伦敦又举行了两次会议，决定采用"超级体育家"方案，罗斯福总统迅速表示支持。另外，他还在发来的电报中强调，计划中的登陆行动"不得迟于10月30日"，这道指令出自霍普金斯私下发来的一份电报所提的建议，旨在"避免拖沓和延误"。按照丘吉尔的倡议，行动代号更名为"火炬"，因为这是个更鼓舞人心的名称。双方还同意由美国人担任最高统帅，丘吉尔很乐意以这种善意平息美国陆海军参谋长的恼火，因此，马歇尔7月26日告诉艾森豪威尔，由他出任这个职务。

虽然双方已决定实施"火炬"行动，可时间和地点还没有确定，甚至没有充分研究过。因此，双方在这两个问题上又发生了新的争论。

关于时间问题，英国三军参谋长在丘吉尔鼓动下，提出的目标日期是10月7日。但美国陆海军参谋长认为11月7日更合适，因为"从可用的作战运输船只看，这是部队实施登陆合理的最早日期"。

至于登陆地点，双方的意见分歧更大。英国人主张在地中海内的非洲北海岸实施登陆，这样才有可能迅速攻往突尼斯。但美国陆海军参谋长坚持六月份修改的"体育家"方案规定的有限目标，当时这份方案被视为一场纯粹美国人的行动，他们还急于把登陆地点限制在摩洛哥西海岸（大西洋海岸）的卡萨布兰卡地区。他们担心的不仅仅是法国人实施抵抗的危险，还有西班牙的敌对反应，另外，德国人也有可能采取反击措施，通过占领直布罗陀封锁进入地中海的门户。就这个问题而言，美国人对战略问题如此谨慎的态度令英国人深感失望。他们争辩道，这会让德国人获得时间占领突尼斯，加强或取代法国人在阿尔及利亚和摩洛哥的抵抗，从而挫败盟军的作战目的。[1]

艾森豪威尔和他的参谋人员倾向于同意英国人的观点。他8月9日拟制的第一份纲要是个折中方案。这份方案建议在地中海内部和外部同时登陆，但不能在阿尔及尔以东登陆，因为这有可能冒遭遇敌人从西西里岛和撒丁岛发起的空袭的风险，另外还要在波尼实施一场规模较小的登陆，目的是夺取那里的机场，波尼位于阿尔及尔以东270英里处，距离比塞大也有130英里。英方规划人员对这份折中方案并不满意，因为它似乎不太可能满足取得成功的主要条件，他们把这个条件定义为："我们必须在通过直布罗陀后的26天内占领突尼斯各要地，最好是在14天内。"他们认为，在波尼或更东面实施一场主要登陆，对尽快攻往突尼斯至关重要。

这番争论引起罗斯福总统的重视，他指示马歇尔和金重新研究行动方案。艾森豪威尔也很重视此事，他报告华盛顿，他那个司令部里的美方成员现在确信英国人的观点不无道理，他目前正在拟制新方案，打算取消卡萨布兰卡的登陆，把其他地点的登陆日期提前。

艾森豪威尔的司令部8月21日拿出的第二份纲要，大体遵循了英国人的意见。这份方案放弃了登陆卡萨布兰卡的构想，规定美军在奥兰（直布罗陀以东250英里），英军在阿尔及尔和波尼登陆。但艾森豪威尔本人对这份方案不太热情，他强调指出，这样一场远征完全在地中海内进行，侧翼严重暴露在外。艾森豪威尔这个结论与马歇尔的观点完全一致。

第一份计划纲要不符合英国人的心思，第二份纲要美国人又不满意。马歇尔告诉罗斯福总统，"只有一条交通线穿过海峡，实在太危险了"，他反对在地中海内奥兰（距离比塞大600英里）以东任何地点实施登陆。

丘吉尔携布鲁克将军出访埃及和莫斯科返回后，获悉了这个谨慎转变的消息。访问莫斯科期间，斯大林对西方盟国没能开辟第二战线大加讥讽，还轻蔑地提出："你们打算让我们孤身奋战，而你们袖手旁观吗？你们是不是永远不会投入战斗？一旦你们投身战斗，就会发现情况没那么糟糕！"这当然刺痛了丘吉尔，但他设法引起斯大林对"火炬"行动潜力的兴趣，还生动描述了这场行动会如何间接缓解苏联的压力。因此，丘吉尔发现美国人建议缩减这项行动时不免深感震惊。

8月27日，丘吉尔给罗斯福发去一份长电，声称美国陆海军参谋长主张的修改可能会"断送整个方案"，他指出，"要是我们不能在首日占领阿尔及尔和奥兰的话，这场行动就会丧失意义"。丘吉尔还强调缩小目标可能会给斯大林留下不良印象。

罗斯福在8月30日的复电中坚称："任何情况下，我们必须把一个登陆点放在大西洋沿岸。"因此，他建议美军在卡萨布兰卡和奥兰登陆，英军在东面几处地点登陆。另外，罗斯福还考虑到英国人在北非对维希法国军队采取的军事行动，他提出一个新问题：

我深深地感到，最初的进攻行动必须由一支纯粹的美国地面部队执行……我甚至要说，我有理由相信，如果英军和美军同时登陆，势必引起非洲所有法国军队全力抵抗，反之，起初由美军实施登陆，英军地面部队不介入，就有可能出现法军不抵抗或只进行象征性抵抗的机会……我们相信，初步进攻发起后，德国空军或伞兵部队至少两周内无法大批开抵阿尔及尔或突尼斯。[2]

美国人主张他们先行登陆，英军一周后再在东面登陆，英国人因此感到震惊，因为他们认为就战略目标而言，东面的登陆行动比西面的更重要、更紧迫。另外，他们还对美国人估计德军两周内无法实施有效干预的乐观态度感到不快。

丘吉尔非常乐意利用美国驻维希政府大使莱希海军上将的影响力，在政治上和心理上铺平道路。虽然他"急于保持这场远征的美国特色"，因而愿意"在技术上可能的情况下尽量把英国军队留在幕后"，但他认为不可能隐瞒这样一个事实：大部分运输船只、空中支援、海军部队是英国的，他们会在地面部队登陆前出现。丘吉尔9月1日给罗斯福发去一封委婉的复电，谈到这些问题，还强调指出："我同意你的看法，这样一场政治上不流血的胜利大有可能，可一旦落空，势必造成一场后果极为严重的军事灾难。"他继续说道：

> 最后我要指出，虽然存在困难，但我们认为，占领卡萨布兰卡和奥兰的同时占领阿尔及尔至关重要。阿尔及尔是最友好、最具希望的登陆地点，那里的政治反应对整个北非深具决定性。由于对登陆卡萨布兰卡的可行性有所怀疑而放弃阿尔及尔，我们认为这是个后果很严重的决定。如果这导致德国人不仅在突尼斯，而且在阿尔及利亚先发制人的话，那么，整个地中海地区的力量对比就会不堪设想。[3]

这番话清晰地阐明了把登陆阿尔及尔列入行动方案的理由，但没有提到在更东面和比塞大附近登陆的重要性，这是个疏漏，也是个让步，严重降低了早日取得战略成功的机会。

罗斯福9月3日复电丘吉尔，同意把阿尔及尔列入行动方案，还建议美国军队先行登陆，"英国军队一小时内再行登陆"。丘吉尔立即接受了这份解决方案，但提出削减用于登陆卡萨布兰卡的军力，从而确保阿尔及尔的登陆行动更具效力。罗斯福稍事修改后同意了这个要求，还建议卡萨布兰卡和奥兰的登陆兵力各减少一个团级战斗队，从而为"登陆阿尔及尔提供一万人的兵力"。丘吉尔9月5日的复电称："我们同意你提出的军事部署。我们有许多受过充分训练，可用于登陆行动的士兵。方便的话，他们可以换上你们的军装。他们会为此感到自豪的。运输船只不成问题。"罗斯福当日的复电只有一个词："万岁！"

就这样，罗斯福与丘吉尔的往来电报终于解决了问题。三天后，艾森豪威尔把登陆日期定于 11 月 8 日，但谢绝了丘吉尔让英军突击队换上美国军装的建议，因为他急于在最初的登陆行动中保持一种全美国人的外表。丘吉尔对行动方案的推延和修改不再斤斤计较。确实，他在 9 月 15 日发给罗斯福的电报中恭顺地说道："整个'火炬'行动中，无论军事还是政治方面，我都把自己视为你的副手，只请求允许我坦率地向你提出我的观点。"[4]

罗斯福 9 月 5 日的"万岁！"电报解决了这场被恰如其分地称为"跨大西洋的笔墨官司"的分歧，虽然马歇尔继续表示怀疑，而他在政治上的顶头上司，陆军部长亨利·史汀生，也为登陆北非的决定在罗斯福面前大加抱怨。但总统的决定促使详细规划工作迅速推进，以弥补拖延造成的影响。不过，这份方案带有"折中"造成的双刃效应。就像美国官方历史学家承认并强调的那样，由于盟军在北非迅速赢得决定性胜利的机会减少，他们的努力必然被长期牵制在地中海地区。[5]

按照最终确定的行动方案，登陆大西洋海岸、占领卡萨布兰卡的行动由乔治·S. 巴顿少将率领一支全美国人的军队遂行，共计 2.45 万人，H. 肯特·休伊特海军少将指挥的西路海军特混舰队负责运载他们。这支舰队编有 102 艘舰船，其中包括 29 艘运输船，他们直接从美国起航，主力从弗吉尼亚州的汉普顿锚地出发。

占领奥兰的任务交给中路特混舰队，共计 1.85 万名美军官兵，由劳埃德·R. 弗雷登道尔少将指挥，托马斯·特鲁布里奇海军准将率领一支英国海军舰队护航。他们从克莱德湾起航，因为这些美军部队八月初已运抵苏格兰和北爱尔兰。

负责登陆阿尔及尔的东路海军特混舰队完全由英国人组成，指挥官是海军少将哈罗德·巴勒斯爵士，但突击部队编有 9000 名英国士兵和 9000 名美国士兵，指挥官查尔斯·赖德少将是美国人。另外，2000 多人的英军突击队里也有美国士兵。这种奇特的混合编制是出于这样一种目的:把美国人放在"橱窗"前面,好让法国人认为突击部队都是美国人。11 月 9 日,也就是登陆次日,阿尔及利亚的所有盟军部队统归新组建的英国第 1 集团军指挥,担任该集团军司令的是肯尼斯·安德森中将。

用于奥兰和阿尔及尔的突击部队搭乘两支大型护航船队从英国出发,速度较慢的一支 10 月 22 日起航,速度较快的一支四天后出发。这种时间安排让他们得以在 11 月 5 日夜间同时穿过直布罗陀海峡,之后,海军上将安德鲁·坎宁安爵士指挥的英国地中海舰队就能以部分力量为他们提供掩护。这支舰队的存在足以威慑意大利舰队,即便盟军登陆,他们也不敢轻易干涉,因此,就像坎宁安不无遗憾地指出的那样,他强大的海军力量"一直无所事事地游弋着"。可他手中的工作很多,因为他是艾森豪威尔手下的盟军海军司令,负责"火炬"行动的整个海上事务。从英国起航的商船,包括十月初先遣护航船队送来的军需船,超过 250 艘,其中有 40 来艘运输船(包括 3 艘美国运输船),而英国海军投入行动,担任护航和掩护的各类战舰多达 160 艘。

登陆行动前的外交序幕,宛如间谍小说和西部传奇的混合物,介入到历史领域,还带有滑稽的幕间节目。美国派驻北非的首席外交代表罗伯特·墨菲,一直积极地为登陆行动铺平道路,他谨慎地对他认为有可能赞同并帮助盟军登陆的那些法国官员做出试探。墨菲最看重的是阿尔及尔地区法军指挥官马斯特将军,他以前是北非法国陆军总司令朱安将军的参谋长,另外还有指挥卡萨布兰卡地区法国军队的贝图阿尔将军,但美国人不知道,整个卡萨布兰卡地区的防务是由米舍利耶海军上将负责的。

马斯特将军竭力主张盟国派一名高级军事代表秘密前往阿尔及尔,同朱安将军及其他人进行幕后谈判,商讨相关计划。据此,刚刚出任"火炬"行动副总指挥的马克·克拉克将军,亲自带着四名重要的参谋军官飞赴直布罗陀,随后搭乘英国潜艇"六翼天使"号(艇长是 N. A. A. 朱厄尔上尉),前往阿尔及尔以西 60 英里左右的一座海边别墅,约定的会谈地点就在那里。10 月 21 日清晨,潜艇靠近海岸,但已来不及在天亮前把克拉克一行送上岸,因而不得不潜入海中待了一整天,困惑而又失望的法方人员只好打道回府。英国潜艇给直布罗陀发了封电报，通过一条秘密电台线路转到阿尔及尔，于是，墨菲和几名法国人次日夜间回到那座别墅，而克拉克一行划着四艘帆布小舟登岸——几人登船时，一艘小舟翻覆。别墅里点起一盏灯，后面挂了条白床单，透过窗户的光线指引克拉克一行来到会晤地点。

马克·克拉克以一种笼统的方式告诉马斯特，一支庞大的美军部队正准备开赴北非，英国海空力量为此提供支援，但他这番话说得不够坦率。另外，出于安全考虑，克拉克没有对马斯特透露盟军的登陆时间和地点。马斯特提供的帮助非常重要，同他打交道时过于保密是不明智的，因为这让马斯特和他的同伴无法为策划并采取合作措施获得必要的信息和时间。克拉克授权墨菲，登陆行动即将发起前可以把具体时间告诉马斯特，但即便到那时也不得透露登陆地点。此举对马斯特来说为时太晚，他已来不及通知摩洛哥的同伴。

极富戏剧性的是，多疑的法国警察出现在这里，暂时打断了这场会晤。他们搜查别墅时，克拉克和他的同伴匆匆躲入一座空酒窖。为克拉克一行驾驶船只的一名英军突击队军官突然咳嗽不止，情况顿时变得危险起来。克拉克赶紧塞给他一块口香糖，想让他止住咳嗽，这名英国军官很快又讨要口香糖，还说刚才那块没什么味道，克拉克回答道："一点也不奇怪，因为那块口香糖我已经嚼了两个小时了。"法国警察终于离开了，可他们疑心很重，很可能去而复返。克拉克决定拂晓前登船离开，但又遇到了新的麻烦，由于风浪很大，他乘坐的那艘帆布舟被打翻了，克拉克差点被淹死。天亮前不久，他们又试了一次，结果，另外几艘小舟都翻掉了，他们最终穿过海浪回到潜艇上，虽然浑身湿透，但平安无事。次日，他们改乘水上飞机返回直布罗陀。

此次会晤，一个重要问题没能得出结论，需要进一步商讨，也就是选出一位最合适的法国领导人，由他率领北非的法国军队站到盟军这一边来。虽然北非地区法军总司令朱安将军私下表达了愿意这样做的倾向，但他的实际表现却是尽可能长久地"骑墙"，不愿主动采取行动。而他手下那些主要指挥官不仅缺乏威望，而且也不愿采取任何明确措施无视或违抗维希政府的命令。达尔朗海军上将是维希政府的三军总司令，如果年迈的贝当元帅去世，他很可能成为国家元首，达尔朗1941年暗示过莱希，近期更是向墨菲表示，如果能确保美国提供规模庞大的军事援助，他可能愿意放弃与德国合作的政策，率领法国投靠盟国。但达尔朗与希特勒狼狈为奸了很长时间，他的暗示很难让人相信。另外，达尔朗有一种反英偏见，而1940年法国沦陷后，英国人对奥兰和其他地方的法国舰队采取的行动自然加剧了他这种偏见。鉴于英国人在"火炬"行动中发挥重要作用的事实很难掩饰，达尔朗的态度更加令人怀疑。

戴高乐将军被排除在外则是因为相反的理由，他1940年背叛了贝当，随后参加了丘吉尔对达喀尔、叙利亚、马达加斯加采取的行动，因此，依然效忠维希政府的法国军官不愿接受他的领导，就连那些最渴望摆脱德国桎梏的人也是如此。墨菲强调了这一点，罗斯福深表赞同，他极不信任戴高乐的判断力，也不喜欢他的傲慢。

丘吉尔最近刚刚自称为"你的副手"，自然对主子的话言听计从，因此，盟军实施登陆前，戴高乐对这项方案一无所知。

这种情况下，自总统以下的美国人，都欣然接受了马斯特将军和他那些同伴的观点，认为吉罗将军是北非地区法国领导人最理想、最能接受的候选者，实际上，墨菲在此次会晤前就提出过这种看法。1940年5月担任集团军司令的吉罗被德国人俘虏，但他1942年4月设法逃脱，随后逃到法国未被占领的地区，他承诺支持贝当政权，因而获准留下。吉罗居住在里昂附近，虽然受到监视，但还是同法国本土和北非的许多法国军官建立起联系，这些军官和他一样，都希望在美国援助下组织一场反抗德国统治的起义。吉罗在写给他的支持者奥迪克将军的信中表述了自己的观点："我们不希望美国人来解放我们，与我们不希望他们帮助我们自我解放不太一样。"另外，他与美国人私下谈判时提出一个条件，只要有法国军队战斗的法国领土上，就应该由他担任盟军总司令。吉罗收到一份电报后，就认为罗斯福接受了他的条件，结果，盟军登陆前夕的11月7日，他赶到直布罗陀会见艾森豪威尔，这些条件却让艾森豪威尔大吃一惊。

当时，吉罗在法国南部海岸的约定地点，登上两周前送马克·克拉克去阿尔及利亚海岸执行秘密任务的同一艘潜艇——"六翼天使"号。[6]随后他又转乘水上飞机，虽然登机时差点被淹死，但最终平安到达直布罗陀。刚一到达，他就被盟军次日清晨即将登陆北非的消息惊呆了，因为他获知的情况是盟军打算下个月实施这场登陆，他还震惊地发现，指挥盟军的是艾森豪威尔，而不是他。这就引发了激烈争执，吉罗的理由是自己的军衔更高，还得到过相关保证，他不断重申，如果接受最高统帅之下的任何职务，他的国家和他本人都会声望扫地。但11月8日晨重新会谈时，吉罗得到由他担任北非地区法国军队总司令和行政首脑的明确保证，也就当了识时务的俊杰，但盟军后来没有兑现这项承诺，一则因为这是个权宜之策，二则因为达尔朗海军上将的利用价值更高。

美国人把自由的"火炬"送入法属北非时，彻底实现了突然性，却把他们的朋友和帮手弄得手忙脚乱，甚至比敌人造成的混乱更严重。愿意投靠盟军的法国合作者根本没有为协助肃清道路做好准备，美军突然发动入侵，这种情况下，大多数法军指挥官做出的反应，自然是继续效忠以贝当元帅为代表的维希合法政府。因此，登陆行动遭遇初期抵抗，不过，法国人在阿尔及尔的抵抗不像奥兰和卡萨布兰卡那般激烈。

卡萨布兰卡的法国师长贝图阿尔将军，11月7日深夜收到一封电报，获知美军会在8日凌晨2点登陆。他立即调派士兵去逮捕派驻这里的德国停战委员会，还派手下一些军官赶往北面50英里的拉巴特海滩迎接美国人，他估计美军会在那里登陆，因为拉巴特没有海岸防御炮台，还是法属摩洛哥政府驻地。

贝图阿尔采取这些准备措施后，亲自率领一个营占领拉巴特的陆军司令部，把陆军总司令送走。他还给法国驻摩洛哥总督（兼驻军总司令）诺盖将军和米舍利耶海军上将去了信，告诉他们美国人即将登陆，吉罗将军正赶来接管整个法属北非的指挥权，而他本人奉吉罗的命令接管驻摩洛哥法国陆军的指挥权。贝图阿尔写给诺盖和米舍利耶的信要求他们支持他下达的命令，让美国人不受抵抗地登陆，或者干脆袖手旁观，日后接受既成事实更方便些。

收到信件，诺盖打算看看风头，待形势明朗后再说。就在他犹豫不决时，米舍利耶却迅速行动起来。他的空中和潜艇巡逻黄昏前没有发现舰队逼近，因而他匆匆得出结论，认为贝图阿尔要么被骗了，要么是在耍花招。米舍利耶信誓旦旦地声称从海岸上根本看不到强大的舰队出现，诺盖也就笃信不疑了，清晨 5 点后不久，敌军登陆的第一批报告送抵，他仍认为不过是突击队偷袭而已。因此，他不再观望，而是倒向反美一面，命令法国军队抗击登陆，并以叛国罪逮捕贝图阿尔。

巴顿的主要登陆地点是卡萨布兰卡以北 15 英里的费达拉，另外两个辅助登陆地点是更北面 55 英里的梅迪亚，以及卡萨布兰卡以南 140 英里的萨菲。费达拉这片非常适合登陆的海滩，最靠近卡萨布兰卡城及其防御森严的港口，那是摩洛哥在大西洋沿岸唯一一座设施齐全的大型港口。而选中梅迪亚作为辅助登陆地点，是因为那里最靠近利奥泰港机场，那是摩洛哥唯一一座设有混凝土跑道的机场。选中萨菲则是因为一股右翼力量在那里展开行动，可能会阻止内陆城市马拉喀什的强大法国驻军干预卡萨布兰卡方向的战事，还因为萨菲有一座可供中型坦克登陆的港口，此时，新型坦克登陆舰正在制造，来不及用于"火炬"行动。

美国军队顺利渡过大西洋，11 月 6 日逼近摩洛哥海岸时，却收到预计 11 月 8 日会出现"大浪"，无法实施登陆的报告。但休伊特海军上将的气象专家预测风浪会过去，于是他决定赌上一把，按计划登陆大西洋沿岸。11 月 7 日，海浪开始减弱，11 月 8 日，海面上风平浪静，只有些小小的涌浪，可以说风浪比当月任何一天早晨都要小。尽管如此，经验不足还是造成许多意外和延误。

但情况至少比巴顿登船前召开最后一次会议时所做的预测好得多，他当时发表了一通夸大其词的"铁血"讲话，很能代表他本人的特点。巴顿语带讥讽地告诉海军人员，他们精心制定的登陆方案会在"头五分钟内"土崩瓦解，他还宣称："历史上从来就没有海军按照预定时间和地点把陆军送上滩头的先例。可如果你们能在 D 日后一周内，把我们送到费达拉 50 英里范围内的任何一处，我就会一路向前赢取胜利。"

幸运的是，不知所措的法国人犹豫不决，没等他们加强火力，美军几个登陆突击波次就平安踏上滩头。待守军醒悟过来时天色已放亮，足以帮助美国海军炮手压制对方的海防炮台。可是，由于陆军海岸勤务队缺乏经验，混乱的组织工作在登陆滩头和扩大滩头阵地期间造成许多新的麻烦，于是巴顿转而对他自己的部队和勤务人员的失误大加斥责。士兵和小船都有些超负荷。虽然他们次日着手进往卡萨布兰卡时没有遭遇激烈抵抗，但由于后勤"尾巴"拖了后腿，这场进军突然停顿下来。这是缺乏装备造成的，相关装备堆积在滩头，无法前运给战斗部队。第三天依然进展甚微，而法军的抵抗却有所加强，前景看上去不太妙。

要不是首日就消除了法国海军的威胁，形势本来会更加严峻。美国人是在卡萨布兰卡港外一场颇具传统风格的交战中消除这种威胁的。这场交战7点前打响，设在汉克角的海防炮台和港内的"让·巴尔"号战列舰（这是法国最新式的战列舰，但还没有建成，因而无法驶离锚地），朝 R. L. 吉芬海军少将的掩护舰队开炮轰击，这支舰队编有"马萨诸塞"号战列舰、2艘重巡洋舰、4艘驱逐舰。虽说几发炮弹险些命中，可这些军舰毫发无损，而她们的还击相当有效，足以暂时压制汉克角炮台和"让·巴尔"号。她们全神贯注于这场热闹非凡的交战，忽略了控制其他法国舰艇的任务。到上午9点，1艘轻巡洋舰、7艘驱逐舰、8艘潜艇已逃之夭夭。法军驱逐舰驶向费达拉，美军运输船只像活靶子那样停在那里，幸亏休伊特海军上将派1艘重巡洋舰、1艘轻巡洋舰、2艘驱逐舰实施拦截，很快驱离了敌舰。随后，美军掩护舰队接到休伊特的命令，赶来切断了后撤中的敌舰。由于驾驶技术高超，熟练使用烟幕，再加上法国潜艇的救援攻击造成干扰，法国军舰在这场深具压倒性、密集而又猛烈的炮火攻击下幸免于难，只损失1艘驱逐舰，他们随后再次付出英勇的努力，朝运输船只锚地驶去。第二轮交战中，又一艘法国驱逐舰被击沉，8艘法国军舰只有1艘毫发无损地返回母港。在港内，又有两艘法国军舰被击沉，其他军舰也遭到重创。

但美国人取得的战果并不具有决定性，因为汉克角炮台和"让·巴尔"号15英寸口径的舰炮重新活跃起来，而美国军舰的弹药消耗大半，他们非常担心驻扎在达喀尔的法国军舰赶来，如果对方开来的话，他们可能无法击退这股敌军。

幸运的是，阿尔及尔有利的政局发展，彻底改变了卡萨布兰卡和整个大西洋沿岸的态势。下午晚些时候，诺盖将军通过间接途径获悉，以达尔朗海军上将为首的当地法国当局，11月10日下达了停战的命令。面对这份未经证实的报告，诺盖迅速采取行动，命令麾下指挥官停止积极的抵抗，等待一场停战。

在此期间，美军登陆奥兰的行动，遭遇的抵抗比西路特混舰队在卡萨布兰卡地区遇到的更加激烈。但美军特遣部队与运送他们登陆的英国海军部队之间的联合策划及协同相当出色。另外，担任先遣力量的是特里·艾伦少将指挥的美国第1步兵师，这是个训练有素的兵团，还获得美国第1装甲师半数力量的支援。

他们的计划是以一场两翼包抄夺取港口和奥兰城，特里·艾伦的两个团级战斗队在东面24英里的阿尔泽湾海滩登陆，西奥多·罗斯福准将率领第三个团级战斗队在奥兰城西面14英里的莱桑达卢塞海滩登陆。然后，一支轻型装甲纵队从阿尔泽湾滩头朝内陆挺进，另外一支规模较小的装甲纵队，从奥兰以西30英里的布泽贾尔港出发，夺取奥兰南面的几座机场，从后方逼近这座城市。迅速封锁奥兰城至关重要，因为据估计，城内有一万名守军，如果得到内陆各驻地援兵加强，这个数字很可能在24小时内增加近一倍。

行动开始得很顺利。11月7日夜幕降临时，护航船队装模作样地驶过奥兰朝东而去，天黑后重新折返。凌晨1点，登陆行动在阿尔泽湾准时实施，半小时后，美军又在莱桑达卢塞和布泽贾尔港登陆。他们彻底实现了突然性，在这些海滩上没有遭遇抵抗。虽然这片地带设有13座海岸防御炮台，但天亮后才射出扰乱火力，由于英国海军提供的有效支援，以及烟幕的掩护，根本没造成什么破坏。总的说来，下船和卸载工作进行得很顺利，但士兵负荷太重，每个人都背着近90磅的装备，结果拖缓了行动速度。美军占领阿尔泽的港口后，运输船搭载的中型坦克被卸在码头上。

唯一一场严重受挫发生在奥兰港，美军试图直接发起突击夺取这座港口，以防港口设施和港内船只遭破坏。英国海军巡逻艇"沃尔尼"号和"哈特兰"

号，搭载着400名美军士兵，在两艘汽艇陪伴下实施这项大胆的计划，而美国海军当局批评此举纯属蛮干。结果不出他们所料，这确实是一场自杀式任务。特别不明智的是，进攻发起时间定于登陆后两小时，法国人此时已被其他地方的登陆行动惊醒。突击部队打出一面硕大的美国国旗，可这种预防措施没能阻止法国人持续不停地开炮，两艘巡逻艇遭重创，艇员和艇上搭载的士兵阵亡过半，幸免于难者大多负了伤，还沦为俘虏。

上午9点左右，美军从各登陆滩头朝内陆挺进。11点过后不久，沃特斯上校从阿尔泽湾出发的轻型装甲纵队到达塔法劳伊机场，一小时后他们发来报告，称这座机场已做好准备，可以接收从直布罗陀飞来的飞机。但这支装甲纵队转身向北后，在距离拉塞尼亚机场不远处遭到阻截，罗比内特上校从布泽贾尔港出发的装甲纵队也是如此。从阿尔泽湾和莱桑达卢塞出发实施向心突击的步兵部队，逼近奥兰城时遭遇抵抗，被迫停在途中。

第二天，美军没能取得太大进展，这是因为法国人加强了抵抗，还对阿尔泽湾滩头的侧翼发起一场反突击，各种耸人听闻的报告夸大了威胁，打乱了美军整个行动计划，弗雷登道尔将军不得不从其他任务中抽调兵力。美军当日下午夺得拉塞尼亚机场，大多数法国飞机已飞离，持续不断的炮火导致这座机场无法使用。美国人夜间绕过通往奥兰的各条道路上的一些支撑点，第三天早晨朝奥兰发起向心突击。步兵从东西两面实施的冲击再次受阻，但他们吸引了守军的注意力。而两支轻型装甲纵队的先遣力量从南面冲入城内，没有遭遇抵抗，只有些零星的狙击火力，中午前，他们攻到城内的法军司令部门前。法军指挥官随后同意投降。历时三天的陆地战斗，美军伤亡不到400人，法国人的伤亡更小。这种轻微的损失，特别是最后一天法军的抵抗明显减弱，显然是因为法军指挥官已获悉双方正在阿尔及尔进行谈判。

美军在阿尔及尔的登陆行动进行得很顺利，持续的时间也较短，主要归功于当地指挥官马斯特将军和他那些参与举事的同袍。美军除了试图尽早攻入港内时遇到些麻烦（和奥兰的情况一样），在其他地方没有遭遇法军认真的抵抗。

11月7日拂晓，美国运输船"托马斯·斯通"号，在距离阿尔及尔不到150英里处被一艘德国潜艇发射的鱼雷击中，暂时丧失了动力，但此后，深入地中海的护航船队没有遇到其他麻烦。虽然敌人几架侦察机发现了这支船队，但他们天黑后向南驶向登陆滩头时才遭到空袭。一支船队在阿尔及尔以东15英里左右的马提富角附近登陆，另一支船队在阿尔及尔以西10英里的西迪费鲁什角附近登陆，第三支船队则在更西面10英里的卡斯蒂廖内附近登陆。为了在政治上加以伪装，最靠近阿尔及尔的登陆行动都由美军遂行，其中只有一支混编英军突击队，而英国人的主要登陆地点位于更西面卡斯蒂廖内附近的海滩。

这里的登陆行动凌晨1点准时发动，虽然滩头地形险恶而又危险，但行动进行得很顺利。美国人朝内陆推进没多远就遇到法国军队，法国人说他们已接到不得实施抵抗的指示。上午9点左右，美军抵达卜利达机场。阿尔及尔东侧的登陆行动进行得较晚，还出现了些混乱，但由于没有遭遇抵抗，情况很快恢复了正常。

清晨6点后不久，美军到达重要的"白宫"机场，守军开了几枪作为象征性抵抗，美国人随后占领这座机场。但他们朝阿尔及尔的推进不太顺利，先是遇到个不允许他们通过的村庄据点，随后又因为三辆法国坦克构成进攻威胁而停顿下来。马提富角的海岸防御炮台也没有接受投降的命令，当日下午遭到军舰和俯冲轰炸机两次炮击和轰炸，这才放弃抵抗。

硬闯阿尔及尔港的行动更不顺利。英国驱逐舰"布罗克"号和"马尔科姆"号挂着大幅美国国旗，搭载一个美军步兵营实施这场冒险——行动方案是登陆开始三小时后驶入港口，希望届时即便守军不愿投降也已经撤离。可实际情况出人意料，两艘驱逐舰刚刚靠近入口就遭到猛烈的炮火打击。"马尔科姆"号遭重创，不得不撤离。"布罗克"号试了四次才穿过夹射火力，停在码头旁卸下舰上的部队。登陆部队占领港内设施时没有遭到抵抗，可上午8点左右，守军开始炮击"布罗克"号，迫使她解缆后驶离港口。法国的非洲部队包围了登上码头的美军部队，由于弹药即将耗尽，又见不到主力赶来救援的迹象，这股美军中午过后不久被迫投降。但法国人的火力是为了阻挡登陆部队，而不是消灭他们。

阿尔及尔西面，西迪费鲁什角附近的登陆行动发生了更多延误，也更加混乱，一些登陆艇弄错了方向，到达更西面的英军登陆滩头。每个营的辖内分队散布在 15 英里的海岸上，许多登陆艇在海浪中失事，或因为引擎故障而发生延误。幸运的是，登陆部队起初没有遭遇抵抗，甚至受到友好对待，因为马斯特和他的一些军官赶来迎接美国人，为他们肃清了通道，若非如此，这些登陆本来会沦为一场代价高昂的惨败。但美军匆匆重组后，朝阿尔及尔挺进的各个纵队在几处遭遇抵抗，这是因为马斯特此时已被解除了指挥权，他下达的不抵抗命令也被撤销，他的部队现在奉命阻止盟军继续前进。

在阿尔及尔与盟军暗通曲款的法国军官，获知登陆即将发起的消息太晚，也不清楚登陆的具体地点，面对种种困难，他们还是发挥了极为出色的作用。为协助美军登陆，他们制定了自己的计划，而且迅速付诸实施。他们派一些军官前往海岸边，迎接美国人并担任向导，预有组织的部队夺取各控制点，基本封锁了电话设施，占领了警察总局和各分局，扣押了不赞成投靠盟军的高级官员。他们还接管了广播电台，以便吉罗或他的代表发表有望起到决定性作用的广播讲话。总之，美军登陆时，这些法国合作者取得的成就足以瘫痪反对者，早晨 7 点前，他们一直控制着这座城市，甚至超过了他们原先的估计或认为必要的控制时间。但美军从各登陆海滩向前推进的速度太慢，根本无法给予配合。

一直到早晨 7 点，美国人也没有出现，这些合作者对同胞影响力的局限性就暴露无遗了。另外，吉罗也没有像预期的那样赶来，这些合作者以他的名义发表了广播讲话，却没有发挥任何影响，这表明他们高估了吉罗这个名字的分量。他们很快失去了对局面的掌控，不是被漠视就是遭逮捕。

与此同时，高层正在进行决定命运的讨论。午夜过后半小时，罗伯特·墨菲跑去找朱安将军，向他透露了盟军具有压倒性的强大力量即将登陆的消息，敦促朱安采取合作态度，命令麾下部队不要实施抵抗。墨菲指出，盟军是应吉罗将军的邀请，来帮助法国自我解放的。朱安不愿接受吉罗指挥，也不认为吉罗有足够的权威，他说必须把墨菲的呼吁呈交达尔朗海军上将，巧的是，达尔朗此时就在阿尔及尔，他飞来此地探望病得很重的儿子。就这样，达尔朗在睡梦中被电话铃声惊醒，请他立即去朱安的别墅听取墨菲传递的紧急通报。达尔朗赶到后，获知了盟军即将发动进攻的消息，他的第一反应是愤怒地吼叫起来："我早就知道英国佬很蠢，可一直以为美国人更聪明些。我现在才知道，你们和他们一样蠢。"

讨论一番后，达尔朗终于同意发电报给贝当元帅，向他汇报情况，请求授权自己代表元帅酌情处理问题。此时，朱安的别墅已被一群反维希政府的法国武装人员包围，所以，达尔朗实际上遭到软禁。可没过多久，一支法军别动队驱散了这群武装人员，还逮捕了墨菲。达尔朗和朱安面面相觑，各怀心思，于是两人动身赶往阿尔及尔的司令部。回到司令部的朱安采取了重新控制局面的措施，释放了被马斯特及其同伙逮捕的科尔茨将军和另一些军官，同时逮捕了马斯特等人。但达尔朗8点前又给贝当元帅发去一封电报，他在这封电报中强调："局势越来越严峻，防御即将崩溃。"暗示意味很明显，面对不可抗拒的力量，识时务者方为俊杰。贝当的复电授权他酌情行事。

上午9点过后，美国派驻维希政府的代办平克尼·塔克晋见贝当，呈交了罗斯福请求贝当合作的信件。贝当交给他一封早已准备好的回函，对美国的"侵略"深感"困惑和痛心"，声称法兰西帝国会抵抗侵略者，哪怕是老朋友也不行——"这就是我下达的命令。"可他对塔克的态度很和善，似乎一点也不痛心。的确，贝当这番举止给人的印象是，他做出的正式答复只是为了消除德国人的疑心，以免他们插手干预。可几小时后，维希政府总理皮埃尔·赖伐尔，在希特勒施加的压力下，接受了德国提供的空中支援，傍晚时，轴心国正准备派遣军队开赴突尼斯。

在此期间，达尔朗自作主张地下达了命令，要求阿尔及尔地区的法国军队和舰艇停火。虽然这道命令并不适用于奥兰和卡萨布兰卡地区，但达尔朗授权朱安为整个北非安排个解决方案。另外，双方傍晚时达成协议，阿尔及尔的控制权当晚8点移交给美国人，次日（11月9日）拂晓，盟军就可以使用港口。

11月9日下午，马克·克拉克赶来主持更加全面的必要谈判，肯尼斯·安德森接掌盟军部队指挥权，负责进军突尼斯。吉罗到得稍早些，可他发现自己根本不受这些法国重要人物欢迎，于是跑到一户偏远人家避风头。马克·克拉克说他"实际上转入地下了"。可第二天上午，克拉克与达尔朗、朱安和他们的主要下属举行首次会谈时，吉罗又出现了。

会谈中，克拉克敦促达尔朗下令法属北非所有地区立即停火，达尔朗犹豫不决，辩称他已经把一份相关条款概要发给维希政府，必须等待政府回复，克拉克拍着桌子，威胁以吉罗将军代替他下达命令。听到克拉克这么说，达尔朗立即指出，吉罗既没有法定权力，个人威望也不够。他还宣称，这种命令会导致德国人立即占领法国南部——这个预言很快得到证实。双方拍着桌子争论了一番，克拉克厉声告诉达尔朗，如果他不立即下达命令，就把他关押起来——克拉克早有准备，已经在大楼周围部署了一支武装卫队。达尔朗和他的人简短商讨一番后，接受了这种最后通牒，他的命令上午11点20分发出。

维希政府收到报告，贝当本人的反应是予以批准。而赖伐尔应希特勒的紧急召见正前往慕尼黑，途中获悉这个消息，他立即打电话给贝当，劝他不要批准。当日下午早些时候，克拉克收到维希政府拒不接受停战协定的消息。他把这个情况告知达尔朗，达尔朗沮丧地说道："那我就没办法了，只能撤销上午签署的命令。"克拉克反驳道："你不能这么做，不能撤销这些命令。为确保万无一失，我得把你扣押起来。"达尔朗已暗示过这种办法，欣然接受对方的拘押，他发给贝当的回电中写道："我取消了下达的命令，自愿成为对方的俘虏。"取消命令的说法不过是瞒哄维希政府和德国人而已。希特勒通过赖伐尔施加压力，贝当次日宣布北非的所有权力从达尔朗手中移交给诺盖，但他已经给达尔朗发去一封密电，称拒绝接受停战协定是在德国人的压力下做出的，不符合他本人的意愿。这种自相矛盾的话是迫于法国国内的危险局势采用的托词，但也导致阿尔及尔以外的北非态势更加混乱，各级法国指挥官无所适从。

幸亏希特勒命令德国军队入侵法国未被占领的地区（根据1940年的停战协定，这些地区由维希政府控制），这才澄清了态势，打消了法国军官的顾虑。11月8日和9日，维希政府对希特勒提供武力支援的建议不置可否，这种保留态度引起了希特勒的怀疑。赖伐尔11月10日到达慕尼黑面见希特勒和墨索里尼，当天下午，希特勒坚决要求把突尼斯的港口和空军基地交给轴心国军队使用。赖伐尔还是不愿做出正面回答，声称法国不同意意大利人进驻，不管怎么说，这种事只有贝当能做出决定。希特勒再也没有耐心了，会谈结束后不久，他命令德国军队当日午夜开入法国未被占领的地区（这个行动早已准备就绪），另外还要和意大利人一同夺取突尼斯的海空军基地。

德军机械化部队迅速占领法国南部，6个意大利师从东面开入。11月9日下午，德国飞机开始到达突尼斯城附近的一座机场，还运来一支部队护卫停在机场上的飞机，但法国军队把他们的活动限制在机场上。从11月11日起，德军的空运成倍增加，邻近的法军部队被解除武装，德国人还通过海路把坦克、火炮、车辆、军需物资运抵比塞大。月底时，已有1.5万名德军官兵开抵，还有近100辆坦克，但其中很大一部分是组织基地工作的行政后勤人员。意大利也派来9000名士兵，主要是从的黎波里经公路运抵的，他们的任务是掩护南翼。鉴于轴心国军队目前在各处备受重压，仓促实施这种临时性举措实属不易。但与派往法属北非的盟国军队相比，这股德军实在微不足道，要是"火炬"方案规定以更大比例的盟国远征军攻往突尼斯，或盟军统帅部更快地推进麾下军队，德国人挡住他们的机会微乎其微。

德国入侵法国南部，令北非的法军指挥官深感震惊，这就给改善北非盟军的处境帮了大忙。11月11日晨，消息传来前，阿尔及尔又发生了一场"拉锯"。克拉克去见达尔朗，敦促他采取两个紧急措施：一是命令土伦的法国舰队开赴北非港口，二是责成突尼斯总督埃斯特瓦海军上将抵抗德军入侵。达尔朗先是百般推脱，声称广播中已宣布他被解除指挥权，就算他下达命令可能也没人服从。克拉克继续施加压力，达尔朗干脆拒绝了他的要求。无奈的克拉克走出房间，狠狠甩上门，以泄心头怒火。但当天下午，克拉克接到电话，请他再去见见达尔朗，鉴于法国国内的事态发展，达尔朗现在同意照克拉克的主意办，尽管他发给土伦舰队司令的电报更像紧急忠告，而不是一道命令。另一个有利的转变是，维希政府任命的达尔朗的继任者诺盖将军，同意次日来阿尔及尔举行会谈。

11月12日清晨，克拉克突然获悉达尔朗要求突尼斯抵抗德军的命令被撤销了，不由得大吃一惊。他赶紧把达尔朗和朱安召到自己下榻的旅馆，事情很快弄清了，原来是朱安干的好事，朱安争辩道，命令没有撤销，只是在诺盖赶来前暂缓执行罢了，因为诺盖现在是他的合法上级。如此拘泥于指挥权的合法性，虽说是法国军法的特点，但在克拉克看来，此举纯属吹毛求疵。他坚决要求两人必须立即给突尼斯重新下达命令，不必等待诺盖到来。迫于他的压力，两人屈服了，可他们不愿让吉罗参加会谈的态度又引起克拉克的怀疑。克拉克对他们的一再拖延恼怒不已，声称除非他们24小时内做出令人满意的决定，否则就逮捕所有法国领导人，把他们关入港内的一艘船上。

在此期间，达尔朗在非洲地区法国领导人当中的地位已获得加强，这是因为他收到贝当发来的第二份密电，贝当重申了他对达尔朗的信任，还强调他本人与罗斯福总统是有默契的，只是碍于德国人存在，无法公开表明心迹罢了。达尔朗与他那些同胞相比更识时务，这封电报帮了大忙，他得以说服诺盖和其他人同意与盟国达成一项工作协议，就连吉罗也认可了。11月13日举行的另一场会谈上，克拉克又威胁把他们关起来，于是，这群法国人加快了讨论速度。当日下午达成协议，刚刚从直布罗陀飞抵的艾森豪威尔迅速给予认可。协议规定，达尔朗担任高级专员兼海军司令，吉罗出任陆、空军司令，朱安任东部地区司令，诺盖担任西部地区司令兼法属摩洛哥总督。他们立即与盟国展开积极合作，开始了解放突尼斯的行动。

艾森豪威尔本人非常愿意批准这份协议，因为他和克拉克一样，认为只有达尔朗能带领法国军队投靠盟军阵营，还因为他记得离开伦敦前丘吉尔对他说的话："虽然我很讨厌达尔朗，可他要是能把法国舰队带到盟军这边来，我很乐意爬上一英里去迎接他。"罗斯福和丘吉尔迅速认可了艾森豪威尔的决定。

但达尔朗长期被新闻媒体视为邪恶的亲纳粹分子，与他达成这种交易在英美两国掀起轩然大波，甚至比丘吉尔和罗斯福预料得更激烈。英国国内的抗议声更大，因为戴高乐在那里，他的支持者竭力煽动民众的怒火。罗斯福发表公开声明，力图平息这场风波，他这份声明引用了丘吉尔发给他的一封私电中说的话，声称与达尔朗达成的协议"仅仅是权宜之计，唯一的理由是战事紧迫"。另外，罗斯福还在一场不做记录的新闻发布会上，用东正教一句古老的格言描述这份协议："我的孩子，危急时刻你们可以和魔鬼一同过桥。"

罗斯福称这份协议"仅仅是权宜之计"的解释，自然令达尔朗深感震惊，他觉得自己被骗了。他在写给马克·克拉克的一封抗议信中苦涩地指出，公开声明和私下会谈都表明，美国人把他视为"一只榨干后就会丢掉的柠檬"。那些支持达尔朗与盟国达成协议的法国指挥官，都对罗斯福的声明深感不满。艾森豪威尔对此感到不安，他致电华盛顿，强调"法国人目前的情绪与先前的估计大不相同，至关重要的是，切莫鲁莽行事，以免破坏我们建立起的平衡"。史末资将军从伦敦返回南非途中飞抵阿尔及尔，他发电报给丘吉尔："至于达尔朗，公开发表的声明给当地法国领导人造成令人不安的影响，继续采取这种政策的危险性不堪设想。诺盖以辞职相威胁，由于他控制着摩洛哥居民，辞职可能会造成深远影响。"

在此期间，达尔朗和克拉克就合作事宜达成一项明确而又详细的协议。他还劝说西非的法国领导人效仿他的行动，把重要的达喀尔港和一些空军基地交给盟军使用。但圣诞节前夕，达尔朗被一个名叫邦尼尔·德·拉·沙佩勒的狂热青年刺杀身亡，沙佩勒是个保皇党人，属于戴高乐派，这个政治派别一直力主解除达尔朗的职务。以刺杀这种方式加速达尔朗下台，解决了盟国尴尬的政治问题，也为戴高乐上台肃清了道路，而盟国已经从他们与达尔朗达成的交易中大获其利。丘吉尔在回忆录中评论道："谋杀达尔朗，虽说是犯罪行为，却缓解了盟国与他合作的尴尬，同时给他们留下了他在盟军登陆的关键时刻所能给予的一切便利。"根据吉罗的命令，刺客立即交由军事法庭审判，很快就被处决。次日，一众法国领导人推举吉罗接替达尔朗担任高级专员。吉罗"填补了空缺"，但任职时间很短。

如果盟国没能成功争取到达尔朗的帮助，他们的问题会比实际遇到的更加棘手。因为北非驻有近 12 万法军官兵——摩洛哥约有 5.5 万人，阿尔及利亚有 5 万人，突尼斯有 1.5 万人。虽说这些部队较为分散，可他们如果继续抵抗的话，本来会给盟军造成很大障碍。

达尔朗的帮助和他的权威，没能取得预期效果的一个重要表现是，他没能把法国主力舰队从土伦调到北非。舰队司令德·拉博德海军上将没有接到贝当的明确指示，不愿回应达尔朗的号召，达尔朗派去说服他的一名特使被德国人逮住。德军精明地停在海军基地外按兵不动，允许这座基地仍作为一片未占领地区由法国军队守卫，这就让拉博德更加犹豫不决，而且也不太着急。但德国人正制订一份突袭计划，打算完好无损地俘获整个法国舰队，他们布设水雷封锁港口出口，11月27日展开行动。虽然法国人因为延误而丧失了突围之机，但他们还是执行了预先制订的计划，迅速凿沉军舰，破坏了德国人俘获法国舰队的企图，从而兑现了达尔朗11月10日在阿尔及尔与克拉克初次会谈时的承诺："任何情况下，我们的舰队都不会落入德国人手中。"盟国对法国舰队没能驶来北非感到失望，但这支舰队自沉后，德国人利用他们对付盟军的危险也就不复存在，这让盟国如释重负。

这段关键时期，特别是最初几天，盟国深感宽慰的另一个原因是，西班牙没有做出任何干预，希特勒也没有借道西班牙，对进入地中海的西部门户发起反攻。西班牙军队本来可以从阿尔赫西拉斯实施炮击，导致盟军无法使用直布罗陀的港口和机场，还可以切断巴顿军队与阿尔及利亚盟国军队之间的交通线，因为从卡萨布兰卡通往奥兰的铁路靠近西属摩洛哥边界——仅隔20英里。策划"火炬"行动时，英国人曾指出，如果佛朗哥介入，盟军就无法使用直布罗陀[7]，而艾森豪威尔的规划人员估计，占领西属摩洛哥需要投入5个师，三个半月才能完成这项任务。幸亏西班牙作为轴心国的"非交战"盟友一直按兵不动，佛朗哥安于现状是因为美国人不仅购买西班牙的产品，还允许该国从加勒比海获得石油。另外，轴心国的档案表明，希特勒早些时候领教过弗朗哥对他借道西班牙进攻直布罗陀的要求避而不谈的手段，所以从来没有认真考虑过1942年11月发动这样一场反攻。次年四月，突尼斯的轴心国军队饱受重压，墨索里尼担心盟军提早入侵意大利，这才重新提出这个想法。即便到此时，希特勒还是否决了墨索里尼的要求，因为他担心借道西班牙会招致这个"非交战"盟友激烈而又顽强的抵抗，还因为他依然坚信轴心国军队能守住突尼斯。另外，十一月底派往突尼斯的少量轴心国军队成功挡住了盟军的推进，这也加强了希特勒的信心。

注释

1. 6月28日，在华盛顿会议重新研究西北非方案后，有人就这份方案征询我的意见。我听说主要登陆地点打算定在大西洋沿岸的卡萨布兰卡，就指出这个登陆地点比塞大和突尼斯这些战略要地相距1100英里，尽早取得成功的关键在于尽快占领这两处要地，也就是说，登陆地点离这两处要地越近越好。我还强调了在阿尔及利亚北海岸，也就是"法国人背后"登陆的重要性，这样可以削弱对方的抵抗，而从卡萨布兰卡缓慢推进的话，法国人面对这种正面进攻，肯定会加强抵抗。

2. Churchill: *The Second World War*, vol. IV, p. 477.

3. Ibid., pp. 479–80.

4. Churchill: *The Second World War*, vol. IV, p. 488.

5. 这个问题可参阅莫里斯·马特洛夫和埃德温·M. 斯内尔合著的《1941—1942年，联合作战的战略规划》一书中极为高明而又深刻的分析。

6. 出于政治原因，吉罗提出派一艘美国船来接他。为满足他的要求，英国潜艇"六翼天使"号由美国海军军官杰罗尔德·赖特上校担任名义上的艇长，还带上一面美国国旗，必要时可以挂出来。陪同吉罗的是他的儿子和两名年轻的参谋军官，其中一位是安德烈·博福尔上尉，他在这起策动法国陆军倒戈反对德国人的戏剧性行动中发挥了重要作用。赖特和博福尔后来在各自的军队和北约指挥机构中都身居高位。

7. 这不是什么新结论。1936年西班牙内战爆发后，我曾在许多文章、演讲、私下讨论中强调过这一点，我们当时讨论的是，如果西班牙被一个法西斯政权统治，如果这个政权决定与轴心国积极合作，会出现怎样的危险。

第二十二章

奔向突尼斯

　　盟军攻往突尼斯城和比塞大,以一场海上行动为先导,但这场行动的路程很短,目标是布日伊港,位于阿尔及尔以东100英里左右,仅仅是阿尔及尔到比塞大这段路程的四分之一。这是个缩小的计划,而原先的方案是,如果法国人提供充分而又及时的合作,盟军就投入伞兵部队和海上突击队,以一场一连三天(11月11日、12日、13日)的行动夺取波尼、比塞大、突尼斯城的机场,同时以一支登陆阿尔及尔的预备力量乘船赶往布日伊,占领该港和这座前进基地前方40英里的吉杰勒机场。但盟军登陆阿尔及尔后,局势并不稳定,他们觉得这份方案太冒险,涉及的行程也太远,因而放弃了这个行动。不过,他们11月9日决定占领布日伊港和机场,尔后以一支部队攻往靠近突尼斯边界的苏格艾赫拉斯铁路终端,同时派一支海运和空降部队占领波尼。

　　11月10日傍晚,两支获得妥善掩护的船队从阿尔及尔起航,船上搭载的是维维安·伊夫利少将指挥的英国第78师先遣加强旅(第36旅),以及为这场远征准备的物资。次日清晨,船队到达布日伊港外,由于担心港内守军实施抵抗(实际上,法国人友好地迎接了他们),英军冒着大浪在附近海滩登陆,耗费了许多时间。当时的风浪太大,英国人放弃了在吉杰勒附近登陆的企图,也没有及时夺取那里的机场,这导致他们无法以战斗机掩护船队

（这座机场两天后才占领），结果，几艘船只被敌人的空袭炸毁。但 11 月 12 日清晨，一支英军突击队潜入波尼港，一个伞兵支队空降在机场上，都受到法国人热情迎接。

到 11 月 13 日，登陆布日伊港的那个加强旅正向前推进，而第 78 师辖内其他部队从阿尔及尔沿陆路前进，"刀锋"特遣队紧随其后，这支刚刚登陆的装甲纵队编有第 17/21 枪骑兵团和配属部队，由 R. A. 赫尔上校指挥，是英国第 6 装甲师的先遣力量。[1] 为铺平道路，盟军计划 11 月 15 日以一个英国伞兵营，提前降落在突尼斯境内距离突尼斯城 80 英里的苏格埃尔贝，一个美国伞兵营则在泰贝萨附近降落，负责掩护南翼，并夺取那里的一座前进机场。美军的空降按计划实施，两天后，E. D. 拉夫上校率领这个营朝东南方前进 80 英里，意图夺取加夫萨机场，这座机场距离加贝斯湾和通往的黎波里的瓶颈地仅 70 英里。由于天气不佳，英军的空投推迟了一天，但地面先遣部队进展神速，11 月 16 日到达苏格埃尔贝。此时，另一支沿滨海公路前进的纵队，也到达了通往比塞大的公路上的突尼斯小港泰拜尔盖。

次日（11 月 17 日），安德森将军命令第 78 师完成前进集结后"攻往突尼斯，消灭轴心国军队"。为集结力量暂停前进似乎很有必要，实际上这是个不幸的决定，因为迄今为止开抵的轴心国军队相当虚弱——一个实力不足、辖两个营的伞兵团驻扎在突尼斯城，这个团是 11 月 11 日从意大利空运来的，比塞大还驻有两个营，一个是伞兵工兵营，另一个是步兵营。11 月 16 日，原非洲军军长内林将军（他在哈勒法山交战中身负重伤，刚刚康复）带着一名参谋军官赶到，指挥这支只有 3000 名官兵，却冠以第 90 军番号的部队。其至到月底，这个军的力量也仅仅达到师级标准。

德国人没有等待集结就迅速向西推进，以这种大胆之举掩饰了他们虚弱的实力。突尼斯的法国军队，虽说兵力众多，可没等盟军援兵开抵就匆匆撤离，以免过早卷入战斗。11 月 17 日，克诺赫上尉率领 300 来人的一个德国伞兵营，沿突尼斯—阿尔及尔公路前进，部署在那里的法军部队撤往突尼斯城以西 35 英里的迈贾兹巴卜公路中心，以及迈杰尔达河上的重要桥梁。11 月 18 日夜间，法军在这里获得"刀锋"特遣队部分力量增援，包括一个英国伞兵营和一个美国野战炮兵营。（第 17/21 枪骑兵团和他们的坦克还没有赶到；先遣中队 11 月 18 日到达苏格埃尔贝，但没有继续向前。）

清晨 4 点，一名德国军使见到突尼斯的法军指挥官巴雷将军，向他呈交了内林将军的最后通牒，要求法国军队撤往靠近突尼斯边界一线。巴雷打算与对方谈判，可德国人意识到他不过是想争取时间而已，而他们清晨实施的侦察发现了盟军部队的存在。因此，当日上午 9 点，德国人中止谈判，15 分钟后开火射击。一个半小时后，德军俯冲轰炸机出现在战场上空，给他们的威胁恐吓助威。德军实施轰炸攻击后，守军士气严重动摇，德国伞兵随后展开两次小规模地面冲击，这种猛烈的气氛给人造成德军实力强大的印象。法军指挥官觉得，除非更多援兵赶来增援，否则他们无法守住阵地，但安德森将军下达的指示，要求为计划中进军突尼斯城的行动实施集结，完成集结前无法为法国人提供支援。

天黑后，克诺赫上尉派出几队伞兵游过迈杰尔达河，有效模拟了一场兵力越来越多的进攻。盟军部队迅速后撤，没有炸毁桥梁。午夜前，当地英军指挥官把法军指挥官请到自己的指挥所，主张立即撤到后方 8 英里高地上更加安全的阵地。于是，他们向后退却，德军占领迈贾兹巴卜。德国人仅用一个人数不到手中兵力十分之一的支队赢得了胜利，全凭英勇无畏，这是个善用疑兵的典型例子。

北面，维齐希少校率领德国伞兵工兵营和一些坦克，沿滨海公路向西进击，在埃比乌德山遭遇第 36 步兵加强旅先遣营，也就是皇家西肯特郡团第 6 营。虽然德国人打垮了该营部分力量，但这个营一直坚持到旅里其他部队赶来增援。

在此期间，德军派往南面的几支小股力量，已占领通往的黎波里的道路上几座重要的城镇——苏塞、斯法克斯、加贝斯。大约 50 名德国伞兵从天而降，加贝斯的法国守军慌了手脚，匆忙撤离这座城镇。11 月 20 日，两个意大利营从的黎波里赶来增援这群伞兵，及时击退拉夫上校率领的美国伞兵对加贝斯的冲击。11 月 22 日，德军一支小股装甲纵队在斯贝特拉驱散了中央交叉路口的法军，留下一个意大利支队据守后返回突尼斯城，但拉夫伞兵营的另一个支队很快又把这股意大利人赶走。

尽管如此，内林这支实力虚弱的军队不仅守住了突尼斯城和比塞大登陆场，还把这些登陆场扩大成一片庞大的登陆阵地，突尼斯北半部绝大多数地区都包括其中。

安德森11月25日才发起计划中夺取突尼斯城的进攻行动。在此之前，德国人虚弱的军力增加了两倍，不过，他们能用于近战的力量只有2个规模不大的伞兵团（每个团辖2个营）、1个伞兵工兵营、3个补充步兵营、第190装甲营2个连（30辆坦克），其中有一些坦克是配备75毫米长身管主炮的新式四号坦克，这倒是一股相当重要的力量。所以，安德森为完成集结而在突尼斯边界附近进行的漫长停顿，导致轴心国军队与盟军的实力差距缩小了。

11月21日，安德森本人也对自己的力量是否足以实现既定目标存有疑虑。因此，按照艾森豪威尔的命令，更多美军部队匆匆为他提供加强，特别是美国第1装甲师B战斗指挥部，他们从后方700英里的奥兰赶来，轮式和半履带式车辆沿公路前行，坦克用火车运来。[2] 但进攻发起时，这个战斗指挥部只有部分力量开抵。

盟军这场进攻兵分三路，第36步兵加强旅位于靠近海边的左路，更庞大的"刀锋"特遣队居中，沿主要公路前进的第11步兵加强旅位于右路，每路进攻力量都获得美军装甲和炮兵部队加强。

左路部队部署在多丘陵的海滨公路，比预定日期晚了一天才发动进攻，头两日谨慎向前，每天只取得6英里进展，当面的维齐希伞兵营向后退却。11月28日，英军向前推进了12英里，但遭遇维齐希在杰夫纳车站附近山口实施的伏击，先遣营损失惨重。英军11月30日发起规模更大的冲击，但没能打垮德军已获得加强的防御，随后不得不放弃进攻。这场失利进而导致英美混编突击队的一场两栖行动受挫，次日清晨，这支突击队在杰夫纳北面的海岸登陆，封锁了马特尔东面的后方道路。三天后，由于见不到援兵开抵的迹象，再加上补给物资即将耗尽，他们不得不撤离。

中路部队由"刀锋"特遣队构成，该特遣队获得美军一个轻型坦克营（第1装甲团第1营，配备斯图亚特坦克）加强，因而现在有100多辆坦克。11

月 25 日，"刀锋"特遣队一举突破轴心国小股支队据守的前哨线，朝舒伊朱伊山口挺进 30 英里。但次日晨，他们遭到一股德军拦截，对方是配备 10 辆坦克的一个装甲连，身后跟着两个步兵连，这股德军从马特尔向南攻击前进。8 辆德军坦克被击毁，大多是美军 37 毫米反坦克炮的战果，但德国人付出的牺牲并非全无收获，他们对这个方向构成的威胁，促使英军上级指挥部门叫停了"刀锋"特遣队的前进，转而派这股力量掩护右路部队侧翼。

交战双方都在"战争的迷雾"中摸索，但值此关键时刻，与德国人的大胆行事相比，盟军的谨慎显得很不明智，特别是因为昨日下午，"刀锋"特遣队一个小股支队无意间造成德军指挥部门惊慌失措。当时，赫尔命令约翰·K.沃特斯中校指挥美军轻型坦克营，对泰布尔拜和杰代达附近的迈杰尔达河桥梁实施侦察。鲁道夫·巴罗少校率领 C 连执行这项任务，就这样碰巧到达杰代达机场边缘，这座机场最近刚刚启用。巴罗发现并抓住机会，带着 17 辆坦克横扫机场，击毁大约 20 架飞机（报告中把战果夸大到 40 架）。德国人的报告也夸大了盟军这场纵深突破，内林深感震惊，赶紧撤回他的部队，以加强突尼斯城的防御。

主要公路上的右路盟军，进攻迈贾兹巴卜时遭到敌军拦截[3]，对方的几次小规模反冲击就迫使他们混乱后撤。但 11 月 25 日夜幕降临后，为杰代达机场遇袭一事心烦意乱的内林命令守军后撤，生怕他们被盟军重新发起的进攻打垮。跟随后撤之敌的盟军纵队向前挺进 20 英里，11 月 27 日清晨占领泰布尔拜。但次日他们向前短暂推进后，在距离突尼斯城 12 英里的杰代达，突然遭到对方一个混编加强营阻截。他们 11 月 29 日重新发起的进攻也被击退。伊夫利将军建议停止前进，等待更多援兵开抵，最重要的是，德军俯冲轰炸机越来越频繁地扰乱盟军部队，导致盟军官兵神经紧张，因而必须获得己方战斗机更有效的掩护。

安德森接受了这项建议，艾森豪威尔也同意，这两天他视察前进地区时遇到的那些美国军官不断抱怨："我们那支该死的航空兵力量在哪里？为什么我们看到的都是德国佬的飞机？"艾森豪威尔在回忆录中写道，"沿途听到的都是些言过其实的交谈"，严重夸大了遭受破坏的程度，可听到诸如"我们的部队肯定要撤退，没人能在这种境况下存活"这类说法还是让人深感担忧。[4]

同一时间视察突尼斯城的凯塞林元帅，申斥内林过于谨慎，缺乏进攻精神。他没有理会内林关于盟军实力太过强大的辩解，以及盟军轰炸各座机场给轴心国援兵运抵造成很大妨碍的事实。凯塞林还批评了撤离迈贾兹巴卜的决定，命令内林收复失地，至少要到达泰布尔拜。于是，德国人 12 月 1 日以三个装甲连（大约 40 辆坦克）[5] 和少量支援部队发起一场反突击，这股支援力量包括一个野战炮兵连（3 门火炮）和两个反坦克炮连。这场反冲击没有针对进攻杰代达的盟军，而是从北面展开一场侧翼突击，攻往舒伊朱伊山口，意图绕到泰布尔拜附近的盟军后方。德军分成两支向心突击纵队，先打击"刀锋"特遣队，这支特遣队执行侧翼掩护任务，因而拉伸得很严重，部分力量被德军打垮后遭歼灭。当日下午，德军攻往泰布尔拜，但到达目标并切断主要公路前，他们遭到盟军炮火和轰炸拦截。

不过，德军持续施加的压力构成了切断这条交通动脉的威胁，位于杰代达的盟军先遣部队不得不撤回泰布尔拜附近一处阵地。12 月 3 日，德国人施加的压力增大到令人窒息的程度，内林只留下少量部队守卫突尼斯城，几乎把手中掌握的所有兵力投入这场向心突击。当日夜间，盟军先遣部队被逐出泰布尔拜，利用河岸边的一条土路死里逃生，这意味着他们不得不丢弃大批技术装备和运输车辆。德军这场反突击抓获 1000 多名俘虏，他们的"口袋"还困住了 50 多辆盟军坦克。

值得一提的是，德军近期获得的增援包括 5 辆新型虎式坦克，这款重达 56 吨的坦克配备一门 88 毫米长身管主炮。这些钢铁巨兽是一款"秘密武器"，但希特勒决定只派几辆来突尼斯接受战斗测试。争夺泰布尔拜的战斗中，2 辆虎式坦克编入杰代达战斗群。

接下来几天，内林为扩大战果提前展开行动，迅速打破了盟军指挥官以得到加强的实力尽早恢复进攻的企图。内林现在打算以他的小股装甲力量对迈杰尔达河南面实施一场大范围迂回，从而夺回迈贾兹巴卜。美国第 1 装甲师的 B 战斗指挥部刚刚部署到那里，一方面打算重新向前推进，另一方面也想和英军分开，作为一支完整的部队从事战斗。一个先遣支队部署在朱埃塞山，泰布尔拜西南方这片高地俯瞰着南面的平原。作为迂回机动的初步措施，德军12月6日清晨进攻这个观察点，一举打垮高地上的守军，这些守军仓促后撤时极为混乱。虽说盟军已派出增援力量，可他们很晚才出动，到达战场后被德军击退，损失惨重。

德军新发起的这场进攻和由此造成的威胁，促使新到来的英国第5军军长奥尔弗里将军命令麾下位于河流北面的部队，从泰布尔拜附近的阵地撤往靠近迈贾兹巴卜，290高地（英国人称之为"长停山"）附近的一处阵地。另外，他还建议实施一场更远距离的后撤，退往迈贾兹巴卜以西一线。安德森同意这项建议，但艾森豪威尔没有接受。尽管如此，英军还是撤离了长停山。

12月7日，艾森豪威尔在给好友汉迪将军的信中写道："我认为，对我们迄今为止的作战行动的最佳描述是，它们违背了每一项公认的战争原则，与教材规定的所有作战、后勤方式背道而驰，接下来二十五年，利文沃思指挥与参谋学校和战争学院的所有学员会把这些作战行动批判得一无是处。"

12月10日，德军以一股编有30辆中型坦克和2辆虎式坦克的力量恢复侧翼突击，但在距离迈贾兹巴卜2英里处，遭遇精心部署的一个法军炮兵连阻击。德军坦克企图离开道路实施迂回，结果陷入泥泞。美军B战斗指挥部一个支队也对德军后方构成威胁，这就迫使对方赶紧撤离。但德国人随后取得意想不到的间接成功，这是因为天黑后，B战斗指挥部撤离暴露在外的阵地时，听到德军已构成威胁的传言就匆匆改变路线，结果发生了混乱，他们沿河边一条泥泞的小径行驶，许多坦克和车辆陷入其中动弹不得，最后只得被丢弃。这场灾难严重破坏了盟军尽早攻往突尼斯城的希望。此时，B战斗指挥部只剩44辆可用坦克，仅为编制力量的四分之一。德军这两场反冲击极为有效地打乱了盟军的计划，也让他们的获胜前景暗淡下来。

在此期间，希特勒派于尔根·冯·阿尼姆大将接掌突尼斯的轴心国军队，这股力量现在更名为第5装甲集团军。12月9日，阿尼姆从内林手中接过指挥权，随着更多援兵运抵，他着手把掩护突尼斯城和比塞大的两个环形防御圈扩大成一个总登陆场，这个登陆场由长达100英里的防御哨所链构成，从比塞大以西 20 英里左右的海岸一直延伸到东海岸的安菲代维莱。这座登陆场分成三个防区：北部防区由临时组建的"冯·布罗伊希"师（以该师师长的名字命名）据守；第 10 装甲师守卫中部防区（从舒伊朱伊山口以西到法赫斯桥），这个师已零零碎碎地开抵；南部防区由意大利"苏佩尔加"师据守。盟军情报部门估计，轴心国军队十二月中旬的战斗力量约为 2.5 万人，外加 1 万名行政后勤人员和 80 辆坦克，但这种估计未免有些过高。盟军的有效战斗兵力近 4 万人——2 万名英军官兵、1.2 万名美军官兵、7000 名法军官兵，而他们的总兵力大得多，因为盟军的行政后勤组织更庞大。

盟军的集结出现了一些延误，部分原因是天气恶劣，安德森为此推迟了重新发起的进攻。但他 12 月 16 日决定 24 日发动进攻，因为可以利用当晚的满月实施一场步兵夜袭。这项任务由英国第 78 师、第 6 装甲师，美国第 1 步兵师部分力量遂行。

为获得展开空间，盟军实施了一些初期进攻，意图夺回长停山和泰布尔拜北部接近地一线的 466 高地。由于天气恶劣，这两场战斗都沦为混战，还发展成旷日持久的拉锯战，迫使盟军不得不推迟了主要突击。到 12 月 25 日，德国人彻底收复原先的阵地，还把长停山更名为圣诞山。

圣诞节前夕，鉴于这些挫败和暴雨把战场变为一片泥潭，艾森豪威尔和安德森勉强决定放弃计划中的进攻行动。盟军输掉了这场奔向突尼斯的赛跑。

但造化弄人，这场失败反而变相成为最大的幸事。这是因为如果没有盟军的这场挫败，希特勒和墨索里尼就不会有时间和意愿派遣大批援兵前往突尼斯，把据守登陆场的兵力加强到 25 万人以上，他们不得不背靠敌人控制的大海从事战斗，一旦失败就会陷入绝境。1943 年 5 月，这股轴心国军队终于被打垮，欧洲南部几乎陷入不设防状态，这让盟军七月份入侵西西里的行动更加容易。要不是 1942 年 12 月遭遇挫败，盟军在次年五月就不会消灭这么一大批轴心国军队，如果这股力量尚存，盟军重新进入欧洲的进攻行动很可能被击退。丘吉尔喜欢把欧洲南部称为"柔软的下腹"，实际上，对入侵力量来说，那是一片多山、地形极为复杂的地区，之所以"柔软"，完全是因为缺乏防御力量。

注释

1. 第17/21枪骑兵团和该师其他坦克团，每个中队的两个连队配备速度更快的新式十字军III坦克，这款坦克装有威力强大的6磅主炮，另外两个连配备的是2磅主炮的瓦伦丁坦克，这款坦克速度较慢，但性能更可靠，装甲防护也更好。

2. 战争这段时期，美国装甲师编有2个装甲团（每个装甲团辖1个轻型、4个中型坦克营），1个装甲步兵团（辖3个营），3个装甲野战炮兵营。从编制上说，每个美国装甲师有390辆坦克——158辆轻型坦克、232辆中型坦克。作战时，这些坦克分配给A、B战斗指挥部，后来又增加了第三个战斗指挥部。

3. 守卫迈贾兹巴卜的是1个德国伞兵营、1个意大利反坦克连和2门88炮，第190装甲营1个连（17辆坦克）为他们提供加强。

4. Eisenhower: *Crusade in Europe*, p. 120.

5. 德国第10装甲师的先遣部队刚刚到达突尼斯，其中包括一个新锐装甲营的两个连，配有32辆三号坦克和2辆新式四号坦克。这两个装甲连和早些时候开抵的另一个装甲营的一个连队，立即用于这场反冲击。

第二十三章

太平洋的潮流逆转

日本在太平洋地区的进攻，目的是建立所谓的"大东亚共荣圈"，实际上，他们在四个月内几乎实现了这个目标。当时他们已彻底征服马来亚、荷属东印度群岛、香港，几乎整个菲律宾和缅甸南部也是如此。又过了不到一个月，科雷吉多尔岛上的要塞守军投降，美国就此丢失了菲律宾的最后一处据点。一周后，英国人被逐出缅甸，退入印度境内，日本人借此切断了中国与盟友间的陆地交通线。日本军队为这场大规模征服付出的代价仅仅是损失大约1.5万人、380架飞机、4艘驱逐舰。

日本人轻松赢得一连串胜利，自然不愿按照他们战略方案的规定转入防御。他们担心转攻为守会导致军队的战斗意志逐渐下降，同时让经济上更强大的西方对手获得恢复实力的喘息之机。特别是日本海军，急于消灭美国人重返太平洋时有可能使用的两座基地——夏威夷和澳大利亚。正如他们指出的那样，美国海军的航母力量仍可以从夏威夷出击，而澳大利亚显然已成为进攻跳板和据点。

日本陆军继续专注于中国，不愿为这种远征腾出所需的部队，在他们看来，如果入侵澳大利亚，就需要一股极为庞大的力量。联合舰队司令部提出占领锡兰的方案时，陆军就拒绝提供协助。

但日本海军寄希望于朝某个方向再来一场成功的打击，也许就能克服陆军首脑的反对意见，说服他们为一场或另一场远征提供所需的兵力，但关于实施一场成功打击的最佳方向，日本海军内部存在分歧。山本海军大将和联合舰队司令部赞成夺取中途岛（位于珍珠港以西 1100 英里处）的方案，企图以此诱使美国太平洋舰队出战，从而彻底歼灭该舰队。但海军军令部更倾向于穿过所罗门群岛，占领新喀里多尼亚、斐济、萨摩亚，通过夺取这条岛链切断美国与澳大利亚之间的海上航线。后一份方案（孤立澳大利亚）的重要论据是，日本在完成包围澳大利亚的封锁圈方面已取得很大进展，到三月底，他们已经从拉包尔前出到所罗门群岛和新几内亚北部海岸。

1942 年 4 月 18 日，美军空袭东京，打断了日本海军关于采取何种方案的争论，争论随之改变了方向。

空袭东京

美国对日本首都（也是日本本土核心地区）实施的这场空袭，目的是为珍珠港事件报仇，早在一月份就开始了策划工作。由于现存的美国基地距离日本太远，这场空袭必须以海军航母来实施。但他们知道日本人派出哨戒艇，在距离本土 500 英里的海面上构成一条警戒线，实施空袭的飞机不得不从550 英里左右的距离起飞，来回航程至少达到 1100 英里，对海军舰载机来说，这段航程实在太远。另外，美国海军的航母寥寥无几，非常宝贵，如果他们停在原地等待实施空袭的飞机返航，未免过于危险。因此，规划人员决定使用陆军航空兵航程更远的轰炸机，完成轰炸东京的任务后向西飞行，降落在中国的机场上。

这不仅意味着一场 2000 多英里的飞行，还要求飞机必须具备从航母起飞的能力。因此，他们选中了 B–25 米切尔轰炸机。这些轰炸机装上额外的油箱，可携带 2000 磅炸弹飞行 2400 英里。詹姆斯·H. 杜立特尔中校率领飞行员练习短距离起飞和长途水上飞行。因为 B–25 轰炸机体积庞大，无法储藏在甲板下，甲板上还必须留出足够的起飞空间，所以此次行动只使用16 架轰炸机。

4月2日，负责执行这次任务的"大黄蜂"号航母，带着提供护航的巡洋舰和驱逐舰从旧金山起航。4月13日，以"企业"号航母为核心的第16特混舰队与他们会合，"企业"号负责提供空中支援，因为"大黄蜂"号的甲板要留给B-25使用，其自身的舰载机都存放在甲板之下，无法升空。4月18日清晨，一艘日本巡逻艇在距离东京650英里处发现了这支航母编队。舰队司令威廉·F.哈尔西海军中将赶紧与杜立特尔协商，两人一致认为最好立即让轰炸机起飞，哪怕需要多飞一段距离。事实证明这是个明智而又幸运的决定。

8点15分到9点24分，这群轰炸机在波涛汹涌的海上起飞，飞行了不到4个小时就到达日本本土，日本人的防空力量猝不及防，这些轰炸机朝东京、名古屋、神户投下炸弹和燃烧弹。他们随后借助顺风飞往中国。不幸的是，由于油料耗尽、黑夜中难以辨识方向，以及遭遇恶劣天气等多种原因，机组人员不得不迫降或跳伞逃生。82名飞行员中，70人平安归来——日本人处决了3名飞行员，罪名是"轰炸民用目标"。两艘航母毫发无损地撤离，8月25日回到珍珠港。

另一件幸事是，尽管日本巡逻艇发出警告，可日本人认为这场空袭次日（也就是4月19日）才会发起，因为他们估计，美国航母那时候才能到达距离日本本土足够近的地方，继而让舰载轰炸机起飞。届时，执行防空任务的日本航空兵会做好准备，而南云海军中将的航母也会到达预定水域实施反击。

这场空袭的主要成就是激励了美国人因为珍珠港事件而严重动摇的士气，但也迫使日本人把4个陆航战斗机飞行战队留在国内，负责保卫东京和其他城市，另一个牵制性结果是，日军抽调53个大队，扫荡美国轰炸机降落的中国浙江省。但更重要的影响是，这场空袭导致日本人分散了力量，因为他们决定执行中途岛作战方案，阻止美国人再次实施空袭，同时向南推进，切断澳大利亚与美国之间的联系。这种双重努力自然不利于他们集中精力和兵力。

　　按照日本人修改后的方案,第一步(又是个双重努力)是深入所罗门群岛,
夺取图拉吉岛作为水上飞机基地,掩护向东南方的进一步跃进,同时占领新
几内亚岛南部海岸的莫尔兹比港,这就把澳大利亚昆士兰州纳入了日本轰炸
机的打击范围。山本海军大将率领的联合舰队随后执行占领中途岛和阿留申
群岛西部若干要点的任务。按计划歼灭美国太平洋舰队后,第三步就是恢复
向东南方的进军,切断美国与澳大利亚之间的海上交通线。

　　这三步举措的第一步引发了珊瑚海海战,第二步造成了中途岛战役,第
三步导致双方在靠近图拉吉岛的大岛瓜达尔卡纳尔展开旷日持久的激烈厮杀。

　　日本人这份复杂的方案,造成一个具有讽刺意味的间接后果,它帮助美
国人消除了策划和指挥安排方面的分歧。

　　四月初,美国承担起除苏门答腊岛外整个太平洋地区的责任,而英国继
续负责苏门答腊岛和印度洋地区。中国作为一个独立战区接受美国指导。美
国的作战地区一分为二:麦克阿瑟将军指挥西南太平洋战区,他的司令部设
在澳大利亚;太平洋战区由切斯特·W. 尼米兹海军上将指挥。这两位都很
强势,很可能发生冲突,而日本人的方案反而为他们提供了充分的发挥空间。
另外,他们各自负责的作战地区,分界线位于所罗门群岛,日本人在那里实
施两栖登陆的威胁,要求美国联合使用麦克阿瑟的地面部队和尼米兹的海军
力量,因此,两人必须制定一份协同作战方案。

珊瑚海海战

　　用于第一步行动的日本地面部队和航空兵力量集结在新不列颠岛的拉包
尔,海军力量部署在北面一千英里加罗林群岛的特鲁克岛。指定用于两场入
侵的两栖集团身后部署着一支航母打击力量,随时准备击退美国人的一切干
预。这股打击力量编有"瑞鹤"号、"翔鹤"号航母,外加巡洋舰和驱逐舰
组成的护航队,拥有 125 架海军飞机(42 架战斗机、83 架轰炸机)。拉包尔
还有 150 架飞机可提供支援。

　　美国情报部门已经发现了日军作战方案的头绪(这是盟国的主要优势),
于是,尼米兹海军上将把所有可用力量派往南方——"约克城"号、"列克

星敦"号航母从珍珠港出发，带有 141 架舰载机（42 架战斗机、99 架轰炸机），两队巡洋舰担任护航。（另外两艘美国航母，"企业"号和"大黄蜂"号，执行完空袭东京的任务返航后，也奉命开赴珊瑚海，可他们到得太晚，没能参加这场战役。）

5 月 3 日，日军登陆图拉吉岛，没有遭遇抵抗就占领了该岛，这是因为岛上的小股澳大利亚守军预先接到通知后已经撤离。此时，"列克星敦"号正在海上加油，而弗莱彻海军少将指挥的"约克城"号离战场更远。但次日，"约克城"号从距离图拉吉岛 100 英里的海面上发起一连串打击，除击沉一艘日本驱逐舰外，没能取得更大战果。幸运的是，"约克城"号没有遭到报复，这是因为两艘日本航母忙着把少量战斗机运往拉包尔——日本人为节省一次额外的摆渡任务，导致两艘航母脱离战场。交战双方的一连串错误和误解就此开始，总的说来，美国人最终从这些乌龙中获益。

高木武雄海军中将的机动部队现在向南而去，穿过所罗门群岛东部，绕道进入珊瑚海，企图从背后打击美国航母舰队。在此期间，"列克星敦"号已经与"约克城"号会合，两艘航母转身向北，准备拦截开赴莫尔兹比港的日军入侵部队。5 月 6 日，也就是科雷吉多尔岛投降的那个倒霉日子，交战双方的航母战斗群相互搜索，没有发生接触，尽管他们一度仅隔 70 英里。

5 月 7 日清晨，日军侦察机报告，他们发现一艘航母和一艘巡洋舰，高木立即命令全力轰炸目标，迅速击沉这两艘舰只。实际上，那只是一艘油轮和一艘护航驱逐舰，日本人浪费了时间和精力。傍晚时，高木又发起另一场规模较小的攻击，结果，出动的 27 架飞机损失了 20 架。在此期间，弗莱彻的舰载机也受到错误报告误导，把精力耗费在打击日军入侵莫尔兹比港的近距离掩护力量上。这场攻击中，美国人只用 10 分钟就击沉了日军轻型航母"祥凤"号，这是整个战争期间击沉敌舰的最快纪录之一。更重要的影响是，日本人被迫推迟入侵行动，命令他们的部队撤回。错误地攻击了一艘敌舰后反而获益，这个结果具有讽刺性。这也是当日数次盲目攻击中的一次。

5 月 8 日晨，两支航母编队终于发生接触。交战双方势均力敌，日本人有 121 架飞机，美国人有 122 架，而他们的护航力量几乎旗鼓相当——日本人有 4 艘重巡洋舰和 6 艘驱逐舰，美国人有 5 艘重巡洋舰和 7 艘驱逐舰。但日本舰队在一片云带下行驶，而美国人却不得不在晴朗的天空下展开行动。这种情况造成的主要后果是，美国人没有发现对方的"瑞鹤"号航母。但"翔鹤"号吃了三颗炸弹，不得不撤出战斗。另一方面，"列克星敦"号中了两枚鱼雷和两颗炸弹，随后发生的内部爆炸迫使舰员放弃了这艘他们无比珍爱的军舰（他们称她为"列夫人"）。更灵活的"约克城"号只挨了一颗炸弹，因而顺利逃脱。

当日下午，尼米兹命令航母舰队撤离珊瑚海，他这道命令下达得很干脆，因为莫尔兹比港遭受的威胁暂时已消除。日本人也撤出战斗，错误地认为他们击沉了两艘美国航母。

绝对损失方面，美国人的飞机损失情况稍好些，折损 74 架，日方则损失了 80 多架，美方只伤亡 543 人，日方伤亡 1000 多人，但美国人损失了一艘舰队航母，而日本人只损失一艘轻型航母。更重要的是，美国人挫败了敌人占领新几内亚岛莫尔兹比港的战略意图。现在，他们凭借技术优势，为太平洋战争下一阶段的战事及时修复了"约克城"号，而参加珊瑚海海战的两艘日本航母，都没有为投入第二场更具决定性的交战做好准备。

珊瑚海海战是有史以来两支舰队首次在不照面的情况下进行的一场交战，交战距离从达到战列舰极限的 20 英里左右扩展到 100 英里甚至更远。这种场面很快会以一种更大规模的形式重演。

中途岛战役

日本帝国大本营 5 月 5 日下达的命令已经确定了下一阶段的作战行动。联合舰队司令部制订的方案非常全面，堪称详尽无遗，但缺乏灵活性。整个帝国海军几乎悉数投入这场行动，共计 200 来艘军舰，包括 8 艘航母、11 艘战列舰、22 艘巡洋舰、65 艘驱逐舰、21 艘潜艇，还获得 600 多架飞机支援。尼米兹海军上将只能拼凑出 76 艘军舰，其中三分之一是北太平洋的力量，没有参加此次战役。

为实施中途岛这场主要作战，日本人投入了：（1）一股先遣潜艇力量，沿三道警戒线巡逻，意图削弱美国海军的反制措施；（2）近藤信竹海军中将率领的一股入侵力量，编有 12 艘获得护航的运输船，搭载 5000 名士兵，4艘重巡洋舰提供近距离掩护，另一股编有 2 艘战列舰、1 艘轻型航母、4 艘重巡洋舰的力量在较远处提供掩护；（3）南云忠一海军中将的第一机动部队，编有 4 艘舰队航母，搭载 250 多架飞机，担任护航的是 2 艘战列舰、2艘重巡洋舰和一支驱逐舰警戒部队；（4）山本海军大将的主力部队，编有 3 艘战列舰、1 艘轻型航母和一支驱逐舰警戒部队。这些战列舰中，有一艘是近期下水的庞然大物"大和"号，这艘排水量 7 万吨的巨舰装有 9 门 18英寸口径主炮。

为遂行阿留申群岛作战行动，日本人投入：（1）一股入侵力量，编有 3 艘获得护航的运输船，搭载 2400 名士兵，外加一支 2 艘重巡洋舰组成的支援部队；（2）第二机动部队，编有 2 艘轻型航母；（3）4 艘旧型战列舰组成的掩护部队。

这场战役会在阿留申群岛率先打响，日本人计划 6 月 3 日空袭荷兰港，6月 6 日在三个地点登陆。与此同时，南云的舰载机会在 6 月 4 日攻击中途岛上的机场，次日占领西面 60 英里的库雷环礁，以此作为水上飞机基地。6 月 6 日，巡洋舰炮击中途岛，部队实施登陆，这场入侵由近藤的战列舰提供掩护。

日本人估计，待他们的部队登陆中途岛后，美国军舰才会出现在附近水域，他们期望美国太平洋舰队一收到阿留申群岛遭遇空袭的消息就匆匆北上。这样，他们就可以把美国舰队困在两支机动部队之间。可是，为实现消灭美国航母这项战略目标，日本人在战术部署方面却作茧自缚。因为六月初的月光条件很有利，山本海军大将不愿等到"瑞鹤"号补充完珊瑚海海战期间损失的飞机，足以支援其他航母后再动手。至于 8 艘可用航母，2 艘派往阿留申群岛，另外 2 艘跟随战列舰舰队。同时，舰队的行动受到航速缓慢的部队运输船拖累。另外，如果日本人的主要目标是消灭美国航母，而不仅仅是占领中途岛，那么，很难理解他们为何要分兵阿留申群岛。最糟糕的是，日本人打算在一个固定时间占领一个固定地点，这就让他们丧失了战略灵活性。

美国一方，尼米兹海军上将最担心的是日军的实力优势。自珍珠港事件以来，他手上已没有战列舰，珊瑚海海战后，可用于战斗的航母只剩"企业"号和"大黄蜂"号两艘。但经过一番惊人的努力，原先估计90天才能修好的"约克城"号，只用了两天就得以修复，这让尼米兹的航母力量增加到了三艘。

尼米兹有个很大的有利条件，足以抵消劣势，这就是他在获取情报的手段和情报提供方面的优势。三艘美国航母载有233架飞机，驻扎在中途岛北面，既不会被日军侦察机发现，又可以通过以中途岛为基地的远程卡特琳娜侦察机及早掌握日本人的动向。因此，他们希望对日本舰队实施一场侧翼打击。6月3日，也就是美国航母就位后的次日，空中侦察发现了中途岛以西600英里处缓慢行驶的日本运输船。日本飞机的飞行搜索模式存在漏洞，没有发现正从东北方逼近的美国航母。另外，山本和南云都认为美国太平洋舰队此时不在附近水域，这也给美国人帮了大忙。

6月4日清晨，南云投入108架舰载机空袭中途岛，类似规模的第二攻击波也做好准备，随时打击发现的任何敌舰。第一攻击波给中途岛上的设施造成很大破坏，自身损失微乎其微，但他们报告南云，有必要实施第二次空袭。由于南云的航母遭到从中途岛起飞的美国岸基飞机轰炸，他认为必须压制岛上的机场，于是命令第二攻击波为这项任务把鱼雷换装为炸弹，因为此时仍没有见到美国航母的踪影。

不久后传来报告，说在200英里左右之外发现一群美国舰只，日本人起初认为这不过是巡洋舰和驱逐舰组成的一支舰队。但8点20分又传来更准确的报告，称这群军舰中有一艘航母。对南云来说，此时的情况很尴尬，因为他的大部分鱼雷攻击机换装了炸弹，大多数战斗机正在空中巡逻，他还得收回空袭中途岛的第一攻击波。

尽管如此，南云收到消息后改为东北航向，这就避开了美国航母派来攻击他的第一拨俯冲轰炸机。9点30分到10点24分，一连三拨速度较慢的鱼雷攻击机对日本航母发起攻击，美国人投入的41架飞机被日本战斗机和高射炮击落35架。此时，日本人觉得他们已赢得这场战役。

可两分钟后，来自"企业"号航母，由海军少校克拉伦斯·W.麦克拉斯基率领的37架俯冲轰炸机从1.9万英尺高空俯冲而下，这场攻击完全出乎敌人意料，因而没有遭遇抵抗。刚刚击落第三拨鱼雷攻击机的日本战斗机来不及爬升后实施攻击。南云的旗舰"赤城"号航母挨了炸弹，这些炸弹击中甲板上正更换兵装的飞机，引爆了许多鱼雷，迫使舰员弃舰。"加贺"号航母也中了炸弹，舰桥被炸毁，从舰艏到舰尾燃起熊熊大火，傍晚时终于沉没了。"约克城"号航母此时已赶到战场，派出的俯冲轰炸机以三颗半吨重的炸弹命中"苍龙"号，这艘日本航母的舰员没过20分钟就不得不弃舰。

唯一完好的"飞龙"号航母对"约克城"号发起反击，当日下午重创这艘美国航母，迫使舰员弃舰——"约克城"号在珊瑚海海战中受损较重，仓促修复后赶来参战，因而抗损能力较弱。但当日下午晚些时候，24架美国俯冲轰炸机（其中10架来自"约克城"号）重创"飞龙"号。6月5日凌晨，"飞龙"号舰员弃舰，这艘航母上午9点沉没。

6月4日这场战役，堪称海军史上最能代表成败瞬息万变的一仗，也表明以远程海空行动实施的新式交战具有"不确定性"。

山本海军大将获悉他的机动部队遭遇惨败，第一反应是前调他的战列舰，同时从阿留申群岛召回两艘轻型航母，他仍企图从事一场更传统的海战，以此挽回颓势。可随后传来"飞龙"号损失的消息和南云悲观的报告，山本改了主意，6月5日清晨，他决定停止进攻中途岛，但仍希望通过向西退却把美国人诱入陷阱。不过，在这场关键战役中指挥"企业"号和"大黄蜂"号航母的雷蒙德·A.斯普鲁恩斯海军少将，表现得大胆而又细心，最终挫败了山本五十六的企图。

在此期间，日本人按计划行事，6月3日清晨在北太平洋进攻阿留申群岛，用于此次行动的两艘轻型航母，派出23架轰炸机和12架战斗机攻击荷兰港。这股力量过于薄弱，除非运气绝佳，否则不可能取得重大战果，由于云层遮蔽了地面，这场攻击没有造成严重破坏。次日天气晴朗，日本人再次发起攻击，虽然命中一些目标，但战果还是很有限。6月5日，两艘航母奉命南调，赶去协助中途岛水域的主要作战行动。但6月7日，小股日军海运部队实施登陆，没有遭遇抵抗就占领了三个预定目标中的两个——基斯卡岛和阿图岛。日本人大肆宣传这番小小的成就，以抵消他们在中途岛的惨败。从表面上看，占领这些岛屿似乎是个重要的收获，因为横跨北太平洋的阿留申岛链靠近旧金山与东京之间的最短航线。可实际上，这些荒凉、岩石林立的岛屿经常被大雾笼罩或遭遇风暴袭击，完全不适合为一场跨太平洋的进军充当海空军基地。

总之，1942 年 6 月这些作战行动对日本人来说是一场惨败。他们在中途岛战役中损失了 4 艘航母、大约 330 架飞机（大部分是和航母一同沉没的）和 1 艘重巡洋舰，而美国人只损失 1 艘航母和 150 来架战机。俯冲轰炸机一直是美国人的关键武器，相比之下，超过 90% 的鱼雷攻击机被击落，而事实证明，陆军航空队的大型 B-17 轰炸机用于打击军舰时发挥不了太大效力。

除了上文提到的基本战略错误，日本人身上还存在各种影响战役的缺点。他们在指挥方面的错误是，山本海军大将实际上孤立在“大和”号战列舰的舰桥上，南云惊慌失措，山口多闻和另一些将领不是设法夺回主动权，而是按照海军的传统与舰同沉。与山本五十六的做法相反，尼米兹一直待在岸上，因而能全面掌握战略态势。

一连串战术失误更是给日本人雪上加霜：他们没有派出足够多的侦察机及时发现美国航母；高空缺乏战斗机掩护；防火措施欠佳；四艘航母的舰载机悉数出动，这意味着他们不得不在同一时间收回舰载机并重新装备，也就是说，他们的机动部队一段时间内没有打击力量；舰载机更换兵装时，舰队朝敌人来向驶去，这就让美军飞机更容易地发现南云的机动部队，日本人尚未发动进攻，甚至没来得及以战斗机掩护自身，美国人就投入攻击。这些错误中的大多数都源于他们的过度自信。

日本人损失四艘航母和训练有素的飞行员后，在战列舰和巡洋舰方面继续享有的优势就无关紧要了。这些军舰只敢开到他们的岸基飞机能提供掩护的地区，日本人在旷日持久的瓜达尔卡纳尔岛争夺战中遭遇挫败，主要是因为缺乏制空权。中途岛战役为美国人提供了宝贵的喘息之机，直到当年年底，他们的新式埃塞克斯级舰队航母服役。因此可以合理地说，中途岛战役是导致日本最终败亡的转折点。

中途岛战役后的西南太平洋

中途岛战役的结局虽然严重妨碍甚至遏制了日本人在西南太平洋的前进，但没能彻底阻挡住他们。日本人已无法利用己方舰队向前推进，可还是决心以兵分两路的方式继续向前：在新几内亚，以陆地进攻跨过这座大岛东面的巴布亚半岛；在所罗门群岛，实施一连串越岛行动，沿岛链建立若干机场，为这些短途越岛行动提供掩护。

新几内亚和巴布亚

日本 1941 年 12 月挑起太平洋战争时，澳大利亚大部分作战部队正在北非英国第 8 集团军编成内从事战斗——虽然在紧急情况下，这些部队可以召回。新几内亚与澳大利亚一水之隔，可岛上值得一提的守军仅仅是派驻莫尔兹比港的一支旅级部队。莫尔兹比港位于南部海岸，是巴布亚的首府。北部海岸、俾斯麦群岛、所罗门群岛也驻有小股澳大利亚守军，日本人刚一逼近，这些守军就撤走了。但澳大利亚人认为坚守莫尔兹比港至关重要，因为日军可以从这里对澳大利亚本土的昆士兰州发起空袭。澳大利亚民众当然对这种威胁非常敏感。

1942 年 3 月初，从拉包尔出发的日军在靠近巴布亚半岛、新几内亚北部海岸的莱城登陆。可就像上文所述，由于五月份那场原本无足轻重的珊瑚海海战的结果，他们撤回了用于占领莫尔兹比港的海路远征队。在此期间，道格拉斯·麦克阿瑟将军出任西南太平洋战区盟军总司令。六月初的中途岛战役后，盟军的处境，直接或间接地变得更加安全，这是因为大部分澳大利亚部队已返回国内，目前还在组建新师，而美国也把 2 个师和 8 个航空兵大队部署在澳大利亚。巴布亚的情况同样如此，澳大利亚驻军的实力获得加强后超过一个师：两个旅驻守莫尔兹比港，第三个旅部署在半岛东端的米尔恩湾，另外两个营正穿过科科达小径赶往北部海岸的布纳，目的是在那里建立一座空军基地，为盟军计划中沿新几内亚海岸向西实施的两栖推进提供掩护。

但 7 月 21 日，这场行动受到阻碍，日本人看似逐渐消失的威胁卷土重来，他们以 2000 人左右的兵力在布纳附近登陆，这是他们再次企图占领莫

尔兹比港的行动的组成部分，这次采用陆路进攻。更令盟军震惊的是，7 月
29 日，日军占领科科达，几乎跨越了半座半岛，到八月中旬，日军集结的兵
力已超过 1.3 万人，迫使澳大利亚军队沿丛林小径一路退却。不过，虽说半
岛这片地区的宽度不超过 100 英里，可要通过这条小径就必须翻越海拔 8500
英尺的欧文·斯坦利岭，穿越如此复杂的地形，后勤工作的困难与日俱增，
对进攻方来说更是如此，而盟军的空袭严重加剧了这种困难。没过一个月，
日军这场推进就在距离目标大约 30 英里处陷入停顿。与此同时，日军一小
股部队（1200 人，后来加强到 2000 人）8 月 25 日登陆米尔恩湾，经过五天
激战，成功逼近到简易机场边缘，但澳大利亚人随后发起反冲击，这股日军
被击退后登船撤离。

　　到九月中旬，麦克阿瑟已经把澳大利亚第 6、第 7 师主力和一个美国
团集结在巴布亚，准备发动一场进攻。9 月 23 日，西南太平洋战区盟军地
面部队总司令、陆军上将托马斯·布拉米爵士（澳大利亚人）赶到莫尔兹
比港，接掌了作战行动指挥权。他的部队奋力杀回科科达和布纳时遭遇日
军激烈抵抗，可随着空运力量加强，盟军的补给困难获得缓解。日军在山
顶的坦普尔顿十字路口构设了三道连贯的阵地，到十月底，他们已被驱离
最后一道阵地。11 月 2 日，澳大利亚军队夺回科科达，再次启用那里的机
场。日军企图沿库姆希河重新实施抵抗，但盟军空投了架桥材料，还把新
锐澳大利亚和美国部队空运到北部海岸，对敌人构成侧翼威胁，就这样克
服了对方的防御。

　　尽管如此，日军整个十二月还是在布纳周围实施了一场旷日持久的顽抗，
盟军经海路和空运调来更多援兵，1943 年 1 月 21 日最终肃清了日军在海岸
边的抵抗。这场历时六个月的战役中，日军的损失超过 1.2 万人。澳大利亚
军队伤亡 5700 人，美军伤亡 2800 人，共计 8500 人，而这片湿热、疟疾肆
虐的热带丛林中，患病人数是伤亡数的三倍。但事实证明，即便在如此恶劣
的丛林条件下，他们也完全能战胜日本人，而他们的空中力量以各种形式奠
定了决定性优势。

瓜达尔卡纳尔

麦克阿瑟将军和尼米兹海军上将都希望发展中途岛战役的胜利，把太平洋地区的战略态势从防御迅速转为反攻，这催生了瓜达尔卡纳尔岛战役。他们的想法得到了马歇尔将军和金海军上将的支持，但前提是这样一场攻势必须符合英美两国共同商定的大战略——先击败德国。就任何一场早早发动的反攻来说，唯一可行的地区是西南太平洋，这一点也是大家公认的。可由谁来指导和指挥这场反攻呢？这个问题自然引发了意见冲突。现在，敌人对中太平洋地区夏威夷群岛的压力不仅得到缓解，而且可以说被消除了，美国海军当然急于在这场基本上是两栖作战的行动中充分发挥自己的作用。金海军上将勉强接受了先对付德国并为此把美国的军力集结到英国的政策。英国人1942年反对过早发动跨海峡入侵，导致马歇尔转而主张太平洋优先，金海军上将对这种观点的转变深感高兴，哪怕这只是暂时的，因为罗斯福总统不太可能赞成既定政策发生这么明确的改变。

但美国陆海军就西南太平洋地区转入进攻的问题达成一致后，立即暴发了应该由谁来指挥这场行动的争论，六月下旬，这场争论愈演愈烈。在马歇尔主导下，参谋长联席会议7月2日下达的指令体现出一种折中的结果。进攻行动分三个阶段实施，第一阶段占领圣克鲁斯群岛和东所罗门群岛，特别是图拉吉岛和瓜达尔卡纳尔岛。为此，作战地区分界线稍事调整，从而把这片地区纳入尼米兹的作战范围，所以，这场攻势的第一阶段由他指挥。第二阶段就要夺取所罗门群岛其他部分，以及直到莱城前方休恩半岛的新几内亚沿岸。第三阶段是占领日军设在西南太平洋的主要基地拉包尔，以及俾斯麦群岛其他部分，根据对作战地区的重新划分，这两个阶段都由麦克阿瑟指挥。

麦克阿瑟不太满意这份折中方案，中途岛战役胜利后，他立即主张对拉包尔发动一场大规模进攻，踌躇满志地认为自己可以迅速攻占拉包尔和俾斯麦群岛其他部分，把日本人赶回特鲁克岛（位于700英里外的加罗林群岛）。但麦克阿瑟知道，无法指望获得他认为必要的兵力——除了他手中掌握的3个步兵师，还需要1个海军陆战师和2艘航母。因此，他接受了这份三阶段折中方案，但完成这份方案耗费的时间，超出了所有领导人的预想。

　　和巴布亚发生的情况一样,盟军夺取东所罗门群岛的计划受挫。7月5日,美国侦察机报告,日本人已经把一些部队从图拉吉岛派往临近的、更大的岛屿瓜达尔卡纳尔(这座岛屿长90英里,宽25英里),正在隆加角修建一座简易机场(美国人后来称之为亨德森机场)。从那里展开行动的日本轰炸机构成显而易见的威胁,促使美国人立即重新考虑他们的策略,就这样,瓜达尔卡纳尔岛成为主要目标。岛上的山脉林木茂密,动辄降下大雨,气候也不利于健康,总之,对任何作战行动来说,瓜达尔卡纳尔岛都不是个好目标。

　　尼米兹把这场行动的总体战略指挥工作交给地区总司令罗伯特·L. 戈姆利海军中将,而弗莱彻海军少将负责战术指挥,弗莱彻还掌握着围绕"企业"号、"萨拉托加"号、"黄蜂"号组建的三个航母掩护群。莫尔兹比港、昆士兰州和各座岛屿上的简易机场提供岸基航空兵支援。亚历山大·A. 范德格里夫特少将指挥的登陆部队,编有海军陆战队第1师和第2师一个团,共计1.9万名陆战队员,搭乘获得护航的19艘运输船只。美军舰队逼近瓜达尔卡纳尔岛时,没有发现敌人的踪迹。8月7日清晨,海军和航空兵力量展开炮击和轰炸,地面部队9点实施登陆。黄昏前,1.1万名陆战队员登上滩头,次日晨占领了岛上的机场,他们发现这座机场即将竣工。瓜达尔卡纳尔岛上的2200名日本人,主要是建筑工,大多逃入丛林。图拉吉岛的1500名日本守军实施了更顽强的抵抗,直到次日傍晚才被登陆的6000名美国海军陆战队员打垮、消灭。

　　日本人的反应很迅速,可笑的是,相关报告让他们认为美军登陆部队只是实际数量的一小部分,这样一来,他们的应对就更快了。因此,日本人没有停下来准备适当的反制措施,而是派出一连串小股援兵,兵力不断增加,这就导致双方预想的快速进攻和反攻沦为一场旷日持久的战役。

　　但日本海军的护航力量更强大,他们的连续推进引发了一系列重大海上交战。第一场交战对美国人来说糟糕至极,发生在瓜达尔卡纳尔岛西北方海面上,史称萨沃岛海战。8月7日夜间,拉包尔地区的日军总司令三川军一海军中将,集结了编有5艘重巡洋舰和2艘轻巡洋舰的一股力量,动身赶往瓜达尔卡纳尔岛。次日,日本舰队悄无声息地穿过所罗门群岛两条岛链之间被称为"槽海"的狭窄水域，傍晚时逼近萨沃岛，适逢弗莱彻刚刚撤离航母，因为他急需补充油料和战斗机力量。盟军巡洋舰和驱逐舰部队虽然采取了夜间警戒措施，但协同和瞭望能力较差。凌晨时，三川先后袭击了盟军南北两支舰队，没过一个小时又穿过槽海返航，身后的 4 艘盟国重巡洋舰已经沉没或正在下沉，另 1 艘遭重创。5 艘盟国战舰悉数折损，而三川舰队几乎毫发无损。

日本海军这场胜利得益于他们出色的夜战能力，以及优良的光学仪器，特别是他们 24 英寸的长矛鱼雷。这是战争期间美国海军在海上遭受的最惨重的失败之一。对盟军而言幸运的是，三川没有消灭停泊在隆加锚地的大批毫无防御能力的运输船和补给船，从而完成自己的任务，因为他不知道美军航母已撤离，认为如果不迅速退回相对安全的槽海，就会遭到对方的空中打击。另外，三川也不知道登陆瓜达尔卡纳尔岛的美军部队规模如此之大。一名指挥官的优劣，应当根据他做出决定时掌握的情报来判断。

盟国海军残部当日下午向南退却，以免遭受后续打击，尽管海军陆战队需要的食物和弹药补给此时只卸载了一半还不到。士兵的口粮缩减到一日两餐，接下来两周，岛上的陆战队陷入孤立境地，既没有海军支援，也没有空中掩护，直到亨德森机场 8 月 20 日投入使用，头几个陆战队航空兵中队才飞抵。即便到那时，这种空中掩护也极为有限。

日本人没能抓住机会，主要因为他们还是严重低估了瓜达尔卡纳尔岛上的美国海军陆战队的兵力，他们估计岛上有 2000 名美军，认为派一支 6000人的部队就足以消灭对方并夺回岛屿。他们派出两个先遣支队，共计 1500 人，8 月 18 搭乘驱逐舰在隆加角东西两面登陆。这些日军没有等待后续部队到达就发起冲击，结果被美国海军陆战队一举消灭。后续护航船队（只有 2000 人）8 月 19 日从拉包尔起航。这股力量尽管很弱小，却获得了海军的强大支援，日本人企图以此为诱饵，把美国舰队引入陷阱，就和他们当初在中途岛的想法如出一辙。充当诱饵的"龙骧"号轻型航母率领这场进军，尾随其后的是近藤海军中将指挥的 2 艘战列舰和 3 艘巡洋舰，再往后是南云海军中将率领的"瑞鹤"号、"翔鹤"号舰队航母。

这份诱敌方案引发了东所罗门群岛海战，但没能构成日本人满心期望的陷阱，因为戈姆利海军中将从"海岸观察哨"（这个组织主要由澳大利亚皇家海军情报人员和当地种植园主组成）及时获知了日本舰队逼近的消息。他把特混舰队的三个大队集结在瓜达尔卡纳尔岛东南方水域，这三个大队分别围绕"企业"号、"萨拉托加"号、"黄蜂"号航母组成。8月24日上午，美国人发现了"龙骧"号，美军航母出动的舰载机当天下午击沉了这艘轻型航母。他们还发现日本人的两艘舰队航母，因此，对方发起意料中的进攻时，美国航母的所有战斗机已在空中做好应战准备。日军损失惨重，投入的80架飞机被击落70架，美国人只损失17架飞机。唯一遭到重创的舰只是"企业"号。这场不具决定性的海战结束后，日本舰队趁夜间撤离，美国舰队也退出战场。

日本海军付出了毫无成效的努力后，这片地区沉寂下来，但瓜达尔卡纳尔岛上除外，实力虚弱的日军"死战到底"，一次次企图攻入亨德森机场，每次都被美国海军陆战队击退，进攻方几乎全军覆没。但日本驱逐舰不断运来一个个小股支队接替他们，海军陆战队员把这种定期运送援兵的过程戏称为"东京特快"。就这样，瓜达尔卡纳尔岛上的日军力量稳步增加，到九月初又有6000人通过这种穿梭方式运抵。9月13日至14日夜间，这股日军对美国海军陆战队的阵地（后来被称为血岭）发起猛烈冲击，但所有进攻都被击退，日军损失1200多人。

在此期间，日本潜艇重创"萨拉托加"号航母，击沉"黄蜂"号航母，严重削弱了该地区的美国海军力量。由于"企业"号仍在抢修，他们只剩"大黄蜂"号一艘航母提供空中掩护。

日军重新夺回瓜达尔卡纳尔岛的企图一再失败，帝国大本营9月18日下达了一道新指令，把这场战役的优先级列在新几内亚攻略前。可他们还是严重低估了岛上的美军实力，他们认为那里的敌军不会超过7500人，这样算来，派遣一个师团，再以联合舰队临时提供配合应该就够了。第一批增援部队的海运行动，10月11—12日引发了瓜达尔卡纳尔岛沿海的另一场海战。这场交战称为埃斯帕恩斯角海战，双方的损失并不严重，但总的说来有利于美方，起到了振奋士气的作用。不过，这场交战期间，日方设法把他们的援兵送上瓜达尔卡纳尔岛，这样一来，他们在岛上的总兵力达到 2.2 万人。与此同时，美国人也把他们的兵力加强到 2.3 万人，图拉吉岛上增加到 4500 多人。

尽管如此，对美国人来说，十月中旬堪称这场战役最关键的时期，特别是因为两艘日本战列舰实施猛烈炮击，几乎把亨德森机场犁了一遍，引燃了贮存的油料，导致岛上的飞机数量从 90 架减少到 42 架，还迫使美国陆军的重型轰炸机飞回新赫布里底群岛。日本飞机反复实施的轰炸带来压力，而湿热的天气和营养不足的伙食也给美国人造成严重减员。

10 月 24 日，日军终于发起一直受到暴雨和茂密丛林延误的地面进攻。他们的主要突击从南面而来，但美国海军陆战队员据守着精心部署的防御阵地，炮兵的应对也很得当。日军被击退，损失数千人，而美军只伤亡几百人。10 月 26 日，日本人终于败退了，丢下约 2000 具尸体。

在此期间，山本海军大将率领的联合舰队，以 2 艘舰队航母、2 艘轻型航母、4 艘战列舰、14 艘巡洋舰、44 艘驱逐舰航行到所罗门群岛东北面，等待预期中陆军占领亨德森机场的消息。而美国海军，尽管新战列舰"南达科他"号和几艘巡洋舰已开抵，可实力仅仅是对方的一半，就战列舰而言是一比四。但修复的"企业"号为"大黄蜂"号航母提供了支援，从现代海军的角度看，这一点更加重要。哈尔西海军中将接替过度疲劳的戈姆利，也带来了新的活力。两支舰队 10 月 26 日的交战称为圣克鲁斯群岛海战，双方的空中行动再次主导了这场海战。交战双方 10 月 27 日撤出战场前，"大黄蜂"号航母被击沉，"企业"号受损，而日本海军的"翔鹤"号舰队航母和"瑞凤"号轻型航母严重受损。但日军在飞机方面的损失更加严重，70 架战机没能返回，而以这场海战为顶点的十天交战期间，他们共损失 200 架飞机，如果算上他们自八月份最后一周以来蒙受的损失，这个数字就达到 300 架。另外，美国人很快得到补充，包括 200 多架飞机，以及海军陆战队第 2 师余部和一个美国陆军师部分力量。

然而，日本人也获得大批增援，足以恢复行动，他们之所以再次进攻，一是出于自尊心，二是受到他们给美军造成严重损失这种乐观得近乎荒谬的报告驱使。随后发生的两场交战史称"瓜达尔卡纳尔海战"。第一场交战发生在 11 月 13 日（星期五）清晨，虽然只持续了半小时，但美国海军两艘巡洋舰被击沉，日本战列舰"比叡"号严重受损，次日不得不自沉，这是日本海军在这场战争中损失的第一艘战列舰。

瓜达尔卡纳尔海战的第二阶段发生在 11 月 14 日至 15 日夜间，双方的角色互换，日本人企图以一支船队运送 1.1 万名援兵，由顽强的田中赖三海军少将率领一支大型驱逐舰编队护航，近藤海军中将更为重型的军舰提供掩护。7 艘运输船靠近瓜达尔卡纳尔岛时被击沉，另外 4 艘到达该岛，但次日晨也被美军飞机炸毁。因此，只有 4000 名日军士兵登陆，岛上部队急需的补给物资，成功运抵的寥寥无几。

随之发生的海战中，美国驱逐舰遭到沉重打击，但午夜时，近藤的"雾岛"号战列舰遭重创，美国战列舰"华盛顿"号以雷达控制的火炮，在 8400 码距离上开炮轰击，猛烈的火力极具致命性，"雾岛"号七分钟内丧失战斗力，很快就被迫自沉。

与此同时，岛上的美国海军陆战队和其他美军部队，目前在补给物资方面占有优势，已转入进攻，正扩大己方防御圈。月底时，岛上的美军飞机数量增加到 188 架，而日本人已经不敢再派航速缓慢的运输船队运送援兵或补给物资。十二月，他们只能派潜艇把寥寥无几的兵员和物资偷偷送上岛。

日本海军的损失相当严重，因此，海军首脑主张放弃瓜达尔卡纳尔岛，但陆军在拉包尔集结了 5 万名士兵，陆军首脑仍希望把这些部队派去增援岛上的 2.5 万名官兵。到 1943 年 1 月 7 日，美军在瓜达尔卡纳尔岛上的兵力已加强到 5 万多人，还获得充裕的补给，而岛上日军的口粮减少到定量的三分之一，尽管他们仍在顽强抵抗，可是饥饿和疟疾把他们折磨得虚弱不堪，根本无法发动进攻了。

帝国大本营无奈地面对现实，1 月 4 日下令逐步撤出岛上部队。美国人对此一无所知，仍小心翼翼地向前推进，日方这才得以分三批撤走岛上幸存的官兵，这场行动 2 月 1 日夜间开始，2 月 7 日夜间完成，整个过程只损失了一艘驱逐舰。

但总的说来，旷日持久的瓜达尔卡纳尔岛争夺战对日本而言是一场极为严重的失败。他们损失大约 2.5 万人，包括 9000 名饿死、病死者，而美方的损失小得多。更严重的是，日本人至少损失了 600 架飞机和训练有素的飞行员。与此同时，由于人力和工业方面的动员步入正轨，美国在各个领域的实力不断增强。

1942 年 5 月—1943 年 5 月的缅甸战局，反击失败

到 1942 年 5 月，随着英军撤离缅甸进入印度境内，日本人在东南亚的扩张到达预定方案的极限，因而转入防御，力图巩固己方征服成果。与此同时，英国人为下一个旱季（1942 年 11 月）到来后发动反攻拟制了一些方案。可事实证明，由于后勤方面的困难，这些方案都不可行。就连他们唯一的一次尝试，也就是规模极为有限的若开攻势，也以一场灾难性失败告终。

对后勤至关重要的阿萨姆邦和孟加拉邦，从来没有被视为或定为军事基地区。英国人不得不修建机场、仓库、道路、铁路、管道，港口要扩大，整个地区需要重新组织。

英军驻印度司令部面临的第一个难题是运输，因为他们需要的大部分物资必须从海外运来。其他战区的优先级更高，盟国为大西洋和北极护航队、地中海和太平洋战区提供运输工具后，留给印度的运输船只少之又少，即便印度面临遭受入侵的威胁也是如此。分配给印度的运输吨位数，仅仅是把这片地区打造成一块进攻跳板的需求量的三分之一。

国内运输也是个很大的难题。印度东北部的公路和铁路系统陈旧不堪、杂乱无章，需要加以极大改善，才能把加尔各答和其他港口运来的物资送往前线。各种短缺给工作进程造成妨碍，雨季也是如此，不仅出现山体滑坡，还有桥梁被冲走。日军的空袭当然是个麻烦，但更严重的障碍是劳资纠纷和政局动荡，特别是 1942 年夏末克里普斯代表团的使命失败后，印度国民大会党号召民众展开一场非暴力不合作运动，引发了广泛的混乱和风险。亲日分子和印度国内日趋恶化的经济形势为之推波助澜。最大的困难是缺乏火车头，韦维尔要求至少给他提供 185 个火车头，可只得到 4 个！

英国人决定把印度打造成一座可容纳 34 个师、100 个空军中队的基地，这就极大地加剧了后勤方面的困难。他们为修建 220 座新机场投入 100 多万劳工，导致其他项目可用的劳动力大为减少，其中最重要的是修筑道路。另外，供养从缅甸而来的 40 万难民也加剧了后勤补给问题。

虽说印度司令部目前编有许多师，但大多是印度陆军战时扩编新组建的师，他们缺乏装备和训练，也没有经验丰富的军官和军士。少数具有战斗经验的官兵，不仅被缅甸战役和肆虐的疟疾折磨得筋疲力尽、形容枯槁，还在后撤期间丢弃了大部分武器装备。因此，名义上可用的 15 个师，只有 3 个在各个方面都适合投入不久后展开的作战行动。

指挥问题导致行政方面的问题更加棘手，特别是涉及撤入印度境内的部分中国军队、美国第 10 航空队和脾气暴躁的史迪威将军时。

另一个关键因素是需要空中优势，这样才能保卫印度，确保继续为中国供应战争物资，并为成功收复缅甸提供必不可少的空中掩护。幸运的是，1942 年 5 月的雨季刚一到来，日本人就把大批飞机派去支援西南太平洋的战事，剩下的飞机也获得一段休整期。这就让盟军得以在较为平静的情况下集结己方空中力量。到 1942 年 9 月，已经有 31 个英国和印度空军中队驻扎在印度境内。但这些中队中的 6 个不适合参战，9 个用于保卫锡兰，5 个负责运输和侦察任务，只有 7 个战斗机中队和 4 个轰炸机中队在印度东北部从事作战行动。不过，从英国和美国而来的飞机每个月都在增加，到 1943 年 2 月，驻扎在印度的空军中队达到 52 个。另外，那些老旧机型不断更换为更新式的战机——米切尔轰炸机、飓风战斗机、解放者轰炸机、英俊战士战斗机。大部分新式战机直接飞往阿萨姆邦和孟加拉邦的新机场，因为珊瑚海和中途岛海战后，日本人从海路入侵印度的可能性已很小。

1942 年 4 月，韦维尔重组了印度司令部。中央总司令部目前设在阿格拉，负责训练和补给，而西北、南部、东部三个地区陆军司令部负责作战行动。

收复缅甸意味着与中国军队合作，两支中国军队目前分别驻扎在阿萨姆邦和中国云南省。中方 1942 年 10 月的方案是以 15 个中国师从云南出击，另外 3 个中国师和大约 10 个英国或印度师从阿萨姆邦出动，朝缅甸实施一场夹攻。按照中方方案，后者的任务不仅仅是进入缅甸北部，还要对仰光发起一场海路攻击。韦维尔原则上同意这份方案，但对能够实现他认为必要的两个条件深感怀疑，这两个条件分别是：足够强大的空军力量控制缅甸领空；一支配备 4 ~ 5 艘航母的强大英国舰队控制印度洋，为进攻仰光的海路行动提供掩护。鉴于海军力量用于其他地区，第二个条件实际上是不可能实现的。蒋介石认为这些基本条件纯属韦维尔的推托之词，表明英国人根本就不想付出真正的努力，一怒之下，他 1942 年年底放弃了这份作战方案。

若开攻势，1942 年 12 月—1943 年 5 月

尽管如此，韦维尔还是决定发动一场有限攻势，朝梅宇半岛挺进 100 英里，收复若开沿海地区，同时对下一座半岛顶端的阿恰布岛实施一场海上入侵，夺回那里的机场——从这些机场起飞的日本飞机可以攻击印度东北部大部分地区。盟国空军中队如果入驻这些机场，就能掩护缅甸北部和中部。可由于缺乏登陆艇，作战方案中的这个重要部分被迫放弃。

不过韦维尔不愿无所事事，仍主张从陆路开入若开地区。印度第 14 师 1942 年 12 月向前推进，但行速极为缓慢，这就让日本第 15 军司令长官饭田祥二郎将军得以朝该地区派出援兵，一月底阻止了英军的推进，二月份又派去更多增援部队。尽管东部陆军司令诺埃尔·欧文将军提出反对意见和抗议，提醒他的上司，疟疾给部队造成严重减员，士气也受到影响，可韦维尔不为所动，坚持要求部队继续前进。就这样，日军得以打击印度第 14 师身后，3 月 18 日前出到梅宇河畔的蒂兹韦，对该师侧翼构成威胁，迫使对方退却。印度第 26 师随后接替第 14 师，但日军继续反攻，渡过梅宇河，四月初前出到因丁海岸。他们随即向北攻击前进，目的是赶在五月份雨季到来前占领孟都—布迪当一线，从而粉碎英国人在下一个旱季期间（1943 年 11 月到 1944 年 5 月）再次进入缅甸的一切企图。

4 月 14 日，印度第 15 军军长 W. J. 斯利姆中将接掌了若开地区英军部队指挥权，他震惊地发现，疟疾肆虐，再加上正面冲击日军阵地造成的战斗减员，给他那些将士的身心状况造成严重影响。斯利姆虽然希望守住大海与梅宇河

之间的孟都—布迪当一线，但也拟制了方案，必要情况下再向北后撤 50 英里，跨过边界线，退守从科克斯巴扎尔起的一条内陆防线。那里的地形相对开阔，与梅宇半岛的丛林和沼泽相比，更利于英军发挥火炮和坦克的优势，而日军通往海边的交通线会拉得更长，因而更容易遭受攻击。

但这两个计划都没能实现，因为日军迫使英国人 5 月 6 日天黑后弃守布迪当，这种侧翼威胁还导致他们放弃了海边的孟都。由于雨季即将到来，日本人决定停在这条新占领的战线。总之，英军夺回若开及其机场的企图以惨败告终，这场行动只实施了陆地推进，没有辅以海路突击。日本人展现出侧翼迂回和在丛林中实施渗透的高超能力，而英军为正面冲击付出了高昂的代价，再加上无视间接路线，这就严重挫伤了部队的士气。到 1943 年 5 月，他们已退回到去年秋季据守的防线。

钦迪特

缅甸战区北端，战争这段悲观时期唯一的亮点出自"钦迪特"的第一场行动，这个游击组织的创始人奥德·温盖特以传说中的神兽"钦蚍"命名他的部队，缅甸的许多佛塔上经常能见到这种半狮半鹰动物的雕像。温盖特认为这种狮鹫似的动物，象征着他这支部队在此类行动中需要地空力量紧密协同。这股游击力量的前几次行动在缅甸北部钦敦江畔及其对岸实施，可能有助于民众记住他们的名字 ①。

1938 年秋季，当时还是一名上尉的奥德·温盖特从巴勒斯坦回国休假，结识了一些很有影响力的人物，温盖特也给他们留下深刻印象——就像当年年初，时任巴勒斯坦英军总司令的韦维尔和负责北部地区的约翰·埃维茨准将很看重他那样。[1] 但温盖特十二月返回巴勒斯坦后，发现他在犹太复国主义者圈子里的政治活动，让自己成为英国官方人士眼中的可疑分子，韦维尔的继任者，当初批准组建"夜间别动队"的海宁将军，免除了温盖特对这支别动队的指挥权，调他到自己的司令部从事一份不会惹麻烦的工作。1938 年 5

---

① 译注：钦迪特（Chindit）与钦敦江（Chindwin）的发音有些类似。

月①,应海宁的要求,温盖特调回国内,在防空司令部担任无足轻重的参谋人员。

但1940年秋季,温盖特从冷藏状态获救,上级派他去埃塞俄比亚组织游击战,反抗意大利对东非的控制。这项任命是当时已加入内阁的里奥·艾默里建议的,韦维尔迅速接受了这项提议。这场东非战役1941年5月胜利结束后,温盖特的个人运程又一次跌入低谷,以至于情绪低落,疟疾发作时甚至想自杀了事。但温盖特在国内疗养期间,新出现的一个机会救了他,这个机会源自英国在远东遭受的灾难。这次提供机会的还是韦维尔,北非的夏季攻势失败后,韦维尔六月份不再担任中东英军总司令职务,而是调往印度。当年年底,日本人先后入侵马来亚和缅甸,韦维尔发现自己面临一场更大的危机。1942年2月,就连缅甸的态势看上去也无比严峻,韦维尔要求把温盖特派过来,以便在缅甸开展游击战。

温盖特赶到印度后,竭力主张组建"远程渗透部队",训练他们在缅甸丛林展开行动,打击日军交通线和前哨据点。他认为这支部队必须强大到足以让这种打击产生强烈的效果,同时又要小到能避开敌军,所以,旅级部队最合适,就这样,他们对印度第77旅加以改编。这些"钦迪特"必须是比日本人更优秀的丛林战士,部队里还必须有从事此类战斗的专家,特别是爆破和无线电通信方面的高手。他们还必须发展地空协同,因为他们不得不通过空运获取补给,为此,每个"钦迪特"纵队都附有一个皇家空军分排。每个纵队都使用驮畜从事运输。

温盖特要求尽早采取行动,既是为了证明"钦迪特"具备挫败敌人士气的能力,以此恢复英军士气,也是为了在战斗中考验这种远程渗透部队。韦维尔虽然希望在英军发动总攻前和期间使用钦迪特,但还是决定满足温盖特的要求,因为尽早接受考验可以获得战斗经验和情报资料,这种冒险是值得的。

温盖特这个旅编有7个纵队,为计划中的行动分成两股:北部战斗群辖5个支队,共计2200人和850头骡子;南部战斗群辖2个支队,共计1000人和250头骡子。两个战斗群1943年2月14日夜间渡过钦敦江,英军正规部队实

---

① 译注:原文如此。

施牵制行动，为他们提供协助。向东前进时，两个战斗群按预先方案分成一个个纵队，随后对日军前哨展开一连串攻击，还切断铁路线，炸毁桥梁，在各条道路实施伏击。三月中旬，这些纵队渡过钦敦江以东 100 英里的伊洛瓦底江。但此时日本人已经意识到这种威胁，从派驻缅甸的五个师团抽调了两个师团的大部分力量对付"钦迪特"。面对敌人的反制措施和其他困难，各"钦迪特"支队被迫后撤，损失了三分之一兵力和大部分武器装备，四月中旬退入印度境内。

这场行动没取得太大的战略效果，日本人的伤亡也很轻微，但它表明英国和印度部队完全可以在丛林中从事战斗，还在空投补给和空中优势的必要性方面提供了有益的经验。

这场行动还让日本第 15 军新任司令长官牟田口廉也将军意识到，不能把钦敦江视为一道安全屏障，要想阻止英军反攻，就必须继续向前推进。因此，钦迪特的行动导致日军 1944 年跨过印度边界线，引发了至关重要的英帕尔战役。

后续方案

由于后勤方面的困难和资源缺乏，英方取消了 1942—1943 年旱季的一场重要攻势。1943 年 1 月的卡萨布兰卡会议做出决定，下一个旱季（1943—1944 年）的主要方案是继英国和中国军队对缅甸北部发动进攻、占领沿海各要点后，对仰光实施一场海路进攻，代号"阿纳基姆"行动。这些目标意味着必须获得空中优势，还需要集结一支强大的海军力量，配备足够的登陆艇，同时要解决后勤和陆地运输问题。

满足这些要求显然太困难了，因此，韦维尔 1943 年春季倾向于放弃缅甸的作战行动，转而对苏门答腊采取行动，以此作为击败日本人的一条间接路线。韦维尔四月份返回伦敦后同丘吉尔和三军参谋长进行了会谈，说服他们相信"阿纳基姆"行动必须推迟或放弃，以代号"长炮"、进攻苏门答腊的行动取而代之。这种间接路线对丘吉尔很有吸引力，但和放弃"阿纳基姆"行动的原因一样，还因为美方竭力强调尽快重新打通连接中国的补给线的重要性，"长炮"行动不得不被束之高阁。因此，尽管策划工作仍在继续，可南部的作战行动已然搁置。要想在这片战区采取任何作战行动，只能在缅甸北部进行。

注释

1. 温盖特几次来拜望我，同我商讨夜间别动队的训练事宜——当年春季，他获准以犹太地下自卫力量"哈加纳"的精锐青年组织夜间别动队，对付在巴勒斯坦制造很多事端的阿拉伯武装团体。温盖特告诉我他如何把我的战术思想运用到这种游击式的行动中，还送给我一套他就这个问题写的论文。当时他还带着明显的自豪之情强调他是T. E. 劳伦斯的远房表亲——尽管他成名后经常贬低劳伦斯。应温盖特请求，我写信给温斯顿·丘吉尔引荐了他。

第二十四章

大西洋战役

　　大西洋战役最关键的时期是 1942 年下半年和 1943 年上半年，但这场战役漫长而又起伏不定的进程是与这场历时整整六年的战争并存的。实际上，大西洋战役可以说在战争爆发前已经开始，因为第一批远洋潜艇 1939 年 8 月 19 日就从德国驶往大西洋上的作战水域。到当月月底，也就是德国入侵波兰前夕，17 艘潜艇部署在大西洋上，大约 14 艘近海潜艇位于北海水域。

　　德国重新武装期间，潜艇的建造工作开始得较晚，但战争爆发时，他们已有 56 艘潜艇（其中 10 艘还没有充分完成作战准备），只比英国海军少一艘。这些潜艇中的 30 艘是"北海鸭"，并不适用于大西洋。

　　9 月 3 日夜间，也就是德国入侵波兰两天后，英国对德国宣战当天，德国潜艇取得第一个战果，击沉了驶往国外的英国邮轮"雅典娜"号。德国潜艇没有发出警告就发射了鱼雷，此举违背了希特勒特地下达的命令：实施潜艇战必须遵守海牙公约。而肇事艇长为自己的行为辩解，声称他认为那艘邮轮是武装商船。接下来几天，又有几艘船只被击沉。

　　9 月 17 日，德国潜艇取得更重要的战果，U-29 号潜艇在不列颠群岛西部航道击沉"勇敢"号航母。就在三天前，"皇家方舟"号航母差一点被 U-39

号潜艇击中，护航的英国驱逐舰立即还击，很快击沉了这艘潜艇。这种显而易见的风险促使英国人把舰队航母撤出反潜作战行动。

潜艇对商船的袭击也相当成功。战争爆发的第一个月（1939 年 9 月），德国潜艇击沉 41 艘盟国和中立国船只，共计 15.4 万吨，到当年年底，他们击沉的商船达到 114 艘，总吨位超过 42 万吨。另外，当年十月中旬，普里恩上尉指挥的 U–47 号潜艇潜入斯卡帕湾舰队锚地，一举击沉"皇家橡树"号战列舰，迫使英国海军暂时放弃了这座主要基地，直到基地的防御能力获得改善。

但值得注意的是，十一月和十二月，商船的损失不到前两个月的一半，水雷造成的破坏大于潜艇。另外，9 艘德国潜艇被击沉，这个损失数达到德国潜艇总实力的六分之一。而德国飞机对商船的空袭仅仅起到扰乱作用，没能发挥更大效力。

战争初期，德国海军对他们的潜艇和水面舰只都寄予厚望，但从以往的经历看，这种希望不太可能实现。战争爆发时，"施佩伯爵海军上将"号袖珍战列舰部署在大西洋中部，姊妹舰"德意志"号（后来更名为"吕措夫"号）在北大西洋巡弋，但希特勒直到 9 月 26 日才批准她们攻击英国运输船只。两艘战舰都没能取得太大战果，"施佩伯爵海军上将"号被困在普拉特河（即拉普拉塔河）河口，十二月被迫自沉。新建的"格奈泽瑙"号、"沙恩霍斯特"号战列巡洋舰十一月间短暂出击，但在冰岛—法罗群岛海峡击沉一艘武装商船后匆匆返回。根据 1917—1918 年的经验，盟国船只组成护航运输队出行，虽说护航力量不足，许多船只甚至根本没获得护航，可事实证明，此举确实发挥了相当有效的震慑作用。

1940 年 6 月法国沦陷后，英国航线受到的威胁愈发严重。从爱尔兰以南驶过的所有船只都暴露在德国潜艇、水面舰只、空中力量的攻击下。除非甘冒风险，否则唯一的进出途径只剩绕道爱尔兰北面的西北航线。可就连这条航线也不保险，从挪威斯塔万格和波尔多附近梅里尼亚克出动的德国远程战机（四引擎的福克 – 沃尔夫秃鹰，也就是 Fw–200）还是能到达这里并实施轰炸。1940 年 11 月，这些远程轰炸机炸沉 18 艘船只，共计 6.6 万吨。另外，德国潜艇取得的战果也大幅度上升，仅十月份就击沉 63 艘船只，超过 35 万总吨位。

威胁变得如此严重，英国人不得不从反入侵任务中抽出大批军舰派往西北航线。即便如此，英国的水面和空中护航力量仍很虚弱。

六月份是战略形势发生改变的第一个月，德国潜艇击沉的船只达到 58 艘，共计 28.4 万总吨位，虽说这个数字七月份略有下降，但接下来几个月的平均击沉吨位都超过了 25 万吨。

东海岸航线上，1939 年最后几个月，德国人空投布雷造成的损失超过潜艇，德国 1940 年春季入侵挪威和低地国家后，这种威胁造成的压力与日俱增。

另外，德国"舍尔海军上将"号袖珍战列舰当年秋季偷偷进入北大西洋，11 月 5 日攻击了从新斯科舍的哈利法克斯港返回英国的一支护航运输队，击沉 5 艘商船和唯一的护航船"杰尔维斯湾"号武装商船，"杰尔维斯湾"号牺牲了自己，为船队里的其他船只争取到逃脱的时间。"舍尔海军上将"号突然出现在这条至关重要的护航船队航线上，一时间打乱了跨越大西洋的整个海上运输，导致其他船队停航两周之久，他们直到获悉"舍尔海军上将"号已进入南大西洋才重启航运。"舍尔海军上将"号在南大西洋找到的目标较少，但她经过一场超过 4.6 万英里的巡航，4 月 1 日平安返回基尔港时，已击沉 16 艘船只，总吨位 9.9 万吨。"希佩尔海军上将"号重巡洋舰也于十一月底闯入大西洋，圣诞节那天拂晓，她攻击了一支护航运输队，但很快发现对方的护航力量非常强大，因为这是一支运送部队前往中东的船队。结果，"希佩尔海军上将"号遭到猛烈打击，她被几艘护航巡洋舰驱离后，又发生了机械故障，不得不退回布雷斯特港。次年二月，这艘军舰从布雷斯特港再次出击，这回取得了更大的战果，击沉一支开赴非洲海岸、没有护航力量掩护的船队中的 7 艘船只，由于油料不足，舰长随后决定返回布雷斯特港。三月中旬，德国海军司令部命令"希佩尔海军上将"号返回国内彻底整修，就这样，她在"舍尔海军上将"号之前回到基尔港。且不说机械故障，"希佩尔海军上将"号的低续航力就表明这类军舰并不适用于攻击商船。

除了潜艇和水雷，德国人从事海战的最有效武器当属伪装袭击舰，这些袭击舰用商船改造而成，目的是实施袭击，她们自 1940 年 4 月起就展开长途远洋航行。到当年年底，4 艘伪装袭击舰组成的第一波次已击沉 54 艘商船，共计 36.6 万吨，这些战果大多是在远海实现的。伪装袭击舰的现实存在或可能存在，引发的忧虑和混乱并不亚于她们击沉船只造成的影响，而这种威胁又因为德国人在秘密会合点为她们补充油料和物资的熟练方式而加剧。伪装袭击舰的操舰技术很高明，袭击目标也是精心选择的，只有一艘袭击舰卷入战斗，而且没有严重受损。伪装袭击舰的舰长，除一人外，表现得都很人道，给遭受攻击的船只上的船员留出时间上救生船逃生，对待俘虏也很得体。

面对种种威胁，特别是通往英国的大西洋航线上的潜艇威胁，皇家海军的护航资源非常紧张，甚至有些疲于奔命。德国潜艇从布雷斯特、洛里昂、拉罗谢尔附近的拉帕利斯这些法国大西洋港口出发，可以巡航到西经 25 度，而 1940 年夏季，英国人提供的护航只能到达西经 15 度，也就是爱尔兰以西 200 英里左右，离开这个范围，船队只能分散，或在没有护航的情况下继续前进。即便到十月份，近距离护航也只能扩展到西经 19 度，也就是爱尔兰以西 400 英里左右。另外，担任护航的通常不过是一艘武装商船，直到年底，平均护航力量才增加到两艘武装商船。只有驶往中东的船队获得了更有力的掩护。

这里应当指出，新斯科舍的哈利法克斯港是大西洋护航运输队主要的西部终点站，返回英国的船队运载着粮食、油料、弹药出发，头 300 ~ 400 英里由加拿大驱逐舰护航，尔后由远洋护航舰队接管，直到护航运输队到达西部航线获得更好掩护的水域。

1940 年春季，轻型护卫舰的出现为解决护航问题提供了宝贵的帮助。这些小型舰只的排水量只有 925 吨，天气恶劣时舰员被折腾得筋疲力尽，由于航速不够快，她们无法超过，甚至追不上在海面行驶的德国潜艇，但这些护卫舰在各种天气条件下勇敢地执行了掩护船队的任务。

丘吉尔竭力说服罗斯福，经过两个月谈判，九月份终于达成协议，英国把大西洋对岸的八个基地租借给美国 99 年，以此换取美国海军第一次世界大战中剩下的 50 艘老旧驱逐舰，这为解决护航问题帮了大忙。虽说这些驱逐舰已经过时，必须安装潜艇探测器才能投入使用，可她们很快为解决护航问题和从事反潜战做出重要的贡献。另外，这场交换也让美国为保护自己的远洋和近海运输准备好了基地，这是那个伟大的中立国卷入大西洋战役的第一步。

冬季到来，恶劣的天气自然加剧了运输船队和护航力量的困难，但也减少了德国潜艇的活动。德方数据表明，到 1940 年 7 月，潜艇部队的实力自战争爆发以来增加了 50%，被击沉 27 艘，目前还有 51 艘。到次年二月，这个数字下降到 21 艘。虽说德国潜艇部队的实力严重下降，但借助法国海军基地，他们得以在海上保持较多的潜艇存在，还可以把小型近海潜艇用于海上航线。

另一方面，意大利海军为这场斗争做出的贡献可以说微不足道。虽然他们的潜艇自八月份起就展开行动，到十一月，在海上巡弋的意军潜艇不下 26 艘，可取得的战果几乎为零。

潜艇战的压力虽说冬季期间有所减弱，主要是天气恶劣所致，但 1941 年年初卷土重来，还因为邓尼茨海军上将采用"狼群"战术而加剧。这种战术是以几艘潜艇协同行动，而不是单打独斗。德国人 1940 年 10 月采用这种新战术，接下来几个月逐渐加以发展。

他们的作战方式是，大致确定一支护航运输队的位置后，岸上的德国潜艇司令部就通知最靠近的一群潜艇，这群潜艇派出一艘 U 艇寻找并追踪护航运输队，然后用无线电引导其他潜艇赶来。她们集结到猎杀水域，浮上水面发动夜袭，通常是在护航运输队上风处，这种攻击会持续几晚。昼间，这些潜艇彻底避开船队和护航力量。在水面实施攻击时，德国潜艇的速度超过大多数护航舰船。这种水面攻击的方式曾在第一次世界大战期间使用过，邓尼茨本人在二战前的一部著作中阐述过他会如何使用这种战术。

潜艇新战术把英国人打得措手不及，因为他们考虑的主要是水下袭击，而且完全寄希望于潜艇探测器这种有效距离大约为 1500 码的水下探测设备。德国潜艇像鱼雷艇那样在水面上对护航运输队发动攻击时，潜艇探测器起不到什么作用，而潜艇夜间实施行动的话，护航舰船几乎发现不了她们。德国人充分发挥了潜艇浮上水面实施夜袭的价值，破坏了英方为潜艇战所做的准备，导致这场潜艇战沦为一场不对等的交锋。

对付这种新战术的最佳机会是尽早发现负责追踪、充当"保持接触者"的德国潜艇，并把她驱离。如果护航舰船能迫使敌潜艇下潜，对方就会遭遇很大的困难，因为她们的潜望镜在夜间派不上什么用场。对付夜袭的一项重要反制措施是照亮相关水域。这种措施起初依靠照明弹和火箭信号弹，但很快以一种更加有效、被称为"雪花"的照明弹取代，这种照明弹大显神通，几乎能把黑夜变为白昼。而一款强大的探照灯（以发明者的名字命名为利式探照灯）也安装在执行护航和反潜任务的飞机上。更重要的是，雷达的研发为目力观测提供了补充。随着新式仪器设备出现，护航舰只和护航舰队接受了更全面的培训，情报组织方面也得到显著改善。

但这些改善都需要时间，幸运的是，这段时期的潜艇数量不多，限制了新"狼群"的活动。尼米兹海军上将战前曾估计，如果英国采用全球护航体系，德国就需要300艘潜艇才能取得决定性战果，而1941年春季，德国的潜艇作战力量仅为这个数字的十分之一。

对德国人来说幸运的是，其他舰只和飞机对商船的攻击，三月份到达新高峰。"舍尔海军上将"号袖珍战列舰和"沙恩霍斯特"号、"格奈泽瑙"号战列巡洋舰击沉或俘获17艘船只，远程轰炸机炸沉41艘，潜艇也击沉41艘——他们以各种手段击沉的船只达到139艘，超过50万总吨位。

但两艘德国战列巡洋舰3月22日到达布雷斯特港，四月份被英国飞机对这座港口实施的猛烈空袭炸伤，停在港内动弹不得。

五月中旬后，德国海军新列装的"俾斯麦"号战列舰，在新巡洋舰"欧根亲王"号陪伴下驶入大西洋，加剧了海上威胁。英国情报部门干得很出色，伦敦5月21日清晨获悉这两艘军舰位于卡特加特海峡，当日晚些时候，卑尔根附近海岸司令部的飞机也发现了她们。L.霍兰德海军中将立即率领"胡德"号战列巡洋舰和"威尔士亲王"号战列舰从斯卡帕湾出发，赶去拦截预计会绕过冰岛北部的两艘敌舰。次日傍晚，空中侦察发现敌舰已不在卑尔根水域后，托维海军上将率领的主力舰队也从斯卡帕湾起航，开赴同一方向。

5月23日傍晚，"诺福克"号、"萨福克"号巡洋舰在冰岛以西与格陵兰以东冰原边缘之间的丹麦海峡发现了这两艘敌舰。此时，霍兰德将军的舰队已靠近海峡南端。

从表面上看，霍兰德舰队具有很大优势，因为"胡德"号的排水量高达4.2万吨，名义上是英国和德国海军中最大的军舰，配备8门15英寸口径巨炮，随行的还有新入役的"威尔士亲王"号战列舰（排水量3.5万吨，配备10门14英寸口径主炮）。但"胡德"号是《华盛顿海军条约》签订前的1920年建造的，根本没有彻底实现现代化，1939年3月，海军部委员会决定在垂直和水平方面加强这艘军舰的装甲防护，但战争爆发后，这项方案被迫取消。而"威尔士亲王"号刚刚列装，就连舰上的武器都没有彻底校验过。[1]反观德国军舰，虽说名义上符合《华盛顿海军条约》的限制（战列舰3.5万吨，重巡洋舰1万吨），可实际排水量达到4.2万吨和1.5万吨，这让她们的装甲防护超过了表面上的厚度。另外，虽说德国战舰的主炮处于劣势（"俾斯麦"号配备8门15英寸口径主炮，"欧根亲王"号配备8门8英寸口径主炮），但"威尔士亲王"号主炮的缺陷、德方出色的测距设备，以及英国战舰投入战斗的方式，共同抵消了这种不利因素。

日出前一小时，即5点35分，英国人在晨光中发现了敌舰。5点52分，交战双方的四艘军舰在大约2.5万码（14英里）距离上开炮射击。英国一方以"胡德"号为首，因此，两艘德舰集中炮火打击这艘战列巡洋舰。作为旗舰的"胡德"号最容易遭受攻击，特别是被俯射火力打击，出于这个原因，"胡德"号必须尽快缩短交战距离。双方迅速接近，这导致"胡德"号无法使用后炮塔，而德国人却可以使用舷侧的所有火力。德舰第二轮或第三轮齐射发挥了作用，早晨6点，"胡德"号发生爆炸，几分钟内就沉没了，1400名舰员只有3人生还。这种惨烈的场面不禁让人想起四分之一个世纪前英国战列巡洋舰在日德兰海战中的命运。

两艘德舰现在集中火力打击"威尔士亲王"号，这艘战列舰几分钟内就被"俾斯麦"号击伤，还吃了"欧根亲王"号三发炮弹。因此，"威尔士亲王"号的舰长6点13分明智地决定脱离战斗，借助烟幕掩护转身驶离。

交战双方的距离现在已拉近到 1.46 万码。霍兰德阵亡后，负责指挥舰队的韦克－沃克海军少将率领剩下的两艘巡洋舰，他确认了这道命令，决定只与敌人保持接触，直到托维率领的主力舰队赶到战场。这支主力舰队目前在 300 英里外，由于早晨的能见度欠佳，追上德舰的可能性不大。因此，托维下午早些时候听说"俾斯麦"号改变航向，航速也降到 24 节左右时，不由得松了口气。

早晨那场短暂的交锋期间，"威尔士亲王"号的两发炮弹击中了"俾斯麦"号，其中一发炮弹导致该舰燃油泄漏，这就降低了她的续航力，吕特延斯海军上将决定，赶在向战场汇聚的几支英国舰队截住他之前，驶向法国西部一座港口，就这样放弃了进入大西洋的企图，也没有返回德国。

当日下午，托维派柯蒂斯将军率领第 2 巡洋舰中队和"胜利"号航母（这艘航母本来要携带一批战斗机开赴地中海），前往距离"俾斯麦"号 100 英里，近到足以让"胜利"号上的 9 架鱼雷攻击机投入战斗的位置。这些鱼雷机晚上 10 点后起飞，由于天气恶劣，很难找到"俾斯麦"号，可午夜过后不久，他们终于对这艘德国战列舰发起连续攻击。一发鱼雷命中，但没给这艘战列舰厚重的装甲造成严重破坏。5 月 25 日清晨，"俾斯麦"号摆脱追踪者，顺利逃脱了。当日剩下的时间，英国人白白耗费了许多精力，一直没有找到敌舰。

直到 5 月 26 日上午 10 点 30 分，海岸司令部一架执行巡逻任务的卡特琳娜飞机发现了对方并报告说，敌舰就在距离布雷斯特港大约 700 英里的海面上。托维的舰队过于分散，此时的不利部署让他们难以赶在对方撤回港内前逮住她，而且舰队的油料即将耗尽。但萨默维尔海军中将的 H 舰队从直布罗陀赶来，目前的距离近得足以拦截"俾斯麦"号。另外，他这支舰队还编有大型航母"皇家方舟"号。第一波攻击没能奏效，但当晚 9 点左右的第二波攻击更加成功。英国人发射的 13 枚鱼雷，2 枚命中目标。虽然一枚鱼雷击中"俾斯麦"号的装甲板后没能发挥效力，但另一枚鱼雷击中右舰艉，破坏了"俾斯麦"号的螺旋桨和舵机，导致方向舵卡住。事实证明这一击具有决定性。

维安上校的驱逐舰队守住包围圈，夜间实施了更多的鱼雷攻击，"国王乔治五世"号和"罗德尼"号战列舰赶到战场，以大口径火炮发射穿甲弹，猛烈轰击已受损的"俾斯麦"号达一个半小时之久。到晚上10点15分，"俾斯麦"号已燃起熊熊大火，托维随即命令英国战列舰撤离，以免德国潜艇或德国空军的重型轰炸机赶来给她们造成危险，留下几艘巡洋舰消灭正在下沉的"俾斯麦"号。"多塞特郡"号重巡洋舰执行了这项任务，射出三枚鱼雷。10点36分，"俾斯麦"号消失在波涛中。

末日到来前，"俾斯麦"号至少中了8枚鱼雷，也可能是12枚，还吃了不少发大口径炮弹，始终安然无恙。这是对该舰设计人员的最佳赞誉。

"欧根亲王"号巡洋舰5月24日与"俾斯麦"号分道扬镳，驶往大西洋中部补充油料。加注燃料后，"欧根亲王"号的引擎发生故障，于是，舰长决定放弃目前执行的任务，返回布雷斯特港。虽然英国人发现了该舰驶往港口的航线，但"欧根亲王"号还是在6月1日平安到达布雷斯特港。

但是，1941年5月这些戏剧性事件，最终标志着德国人打算以水面舰只赢得大西洋战役这番努力的顶点和失败。

潜艇战持续的时间更长，虽然经历了起伏不定的过程，但还是构成了严重威胁。

当年五月，德国潜艇击沉的船只数急剧攀升，六月份再次达到30多万吨的高位——准确地说，击沉61艘船只，共计31万吨，这个相当于一支大型护航运输队的全部船只。必须指出，水手没被吓得不敢上船，各艘船只也从来不缺船员。

但当年春季，一些重要的有利因素开始发挥作用。3月11日，美国的租借议案成为法律，同一个月，美国以驱逐舰和水上飞机组建起"大西洋舰队支援群"。四月份，美国海军在美洲"安全区"巡逻，这片安全区从西经60度向东延伸到西经26度。

同样在三月份，美国设在格陵兰东海岸的航空兵基地和设在百慕大群岛的军用设施投入使用。五月份，美国海军接管了纽芬兰东南方的阿真舍租借基地。七月初，美国海军陆战队接替了冰岛雷克雅未克的英国驻军，从此时起，美国海军为往来冰岛的美国船只提供保护。美国人在大西洋的"中立"明显变得越来越不中立。英国船只四月份就获准在美国船坞整修，而根据租借法案为英国建造军舰和商船的工作也已经开始。

与此同时，加拿大在这场大西洋战役中越来越多地缓解了英国的压力。当年六月，加拿大组建了一支护航部队，基地设在纽芬兰的圣约翰。加拿大皇家海军现在承担起大西洋反潜护航的任务，作战水域向东延伸到冰岛以南一处会合点。这就让英国海军部的连续护航方案成为可能。

1941 年夏季，加拿大和英国护航部队在西经 35 度附近的大西洋中部会合点会合，交接各自掩护的船队。冰岛护航部队与西部航线护航部队在西经 18 度附近的大西洋东部会合点会合，交接他们掩护的船队。

从七月份起，一支近距离护航部队陪同直布罗陀船队一路行驶到直布罗陀，塞拉利昂船队也获得连续护航，直到西非海岸。

每支船队现在获得的掩护力量平均达到 5 艘护航舰。45 艘船只组成的船队，保护圈超过 30 英里。尽管如此，每艘护航舰的潜艇探测器只能扫描一段一英里的弧线，这就存在很大的缝隙，德国潜艇完全可以穿过这些缝隙而不被发现。

空中掩护方面，从春季起，根据租借法案提供的卡特琳娜水上飞机数量有所增加，这就把空中掩护拓展到距离不列颠群岛 700 英里左右（迫使德国潜艇远离西部航线），距离加拿大 600 英里，距离冰岛南部 400 英里。但大西洋中部仍有个大约 300 英里宽的缺口，美国的解放者式超远程轰炸机可以覆盖这个缺口，不过，这款飞机直到 1943 年 3 月底才稳步提供，到四月中旬只有 41 架交付使用。

在此期间，德国潜艇的数量不断增加，到 1941 年 7 月，65 艘潜艇用于作战行动，这个数字十月份增加到 80 艘。9 月 1 日，德国潜艇的总数量是 198 艘，到目前为止已损失 47 艘。总之，新潜艇入役列装的速度远远超过被击沉的速度。另外，这些潜艇建造得更加牢固，焊接的耐压壳体比英国人包覆装甲的铆接壳体更难破坏，深水炸弹必须在更靠近处爆炸，才能击沉这种潜艇。

九月份期间，由于缺乏足够的空中掩护，四支护航运输队遭受严重损失。

但罗斯福和丘吉尔八月份举行会晤后，总统批准了美国精心策划的"第四号西半球防御计划"，英美两国海军九月份展开更加密切的合作。根据这份方案，美国海军获准护送非美国船只组成的船队，并着手为某些大西洋船队提供护航，范围向东延伸到大西洋中部的会合点，而这个会合点东延到西经22度附近。

此举有助于缓解英国人无法在不列颠群岛与大西洋中部会合点之间提供足够护航力量的问题。到当年年底，英国护航队增加到八支，每支护航队编有3艘驱逐舰和大约6艘小型护卫舰。另外十一支护航队各编有5艘驱逐舰，名义上担任预备队，随时可以为有可能遭遇麻烦的船队提供加强，或对付德国潜艇的集结，但主要还是执行常规任务。

十月份，德国潜艇取得的击沉战果下降到32艘船，共计15.6万吨。值得注意的是，没有一艘船只是在任何一座海岸司令部基地400英里范围内被击沉的。虽然击沉战果下降的部分原因是一些潜艇派往地中海，支援隆美尔在北非展开的行动，但这也表明德国潜艇不愿进入远程侦察机和轰炸机掩护的水域。

十一月，德国潜艇的击沉战果再次下降，稍稍超过十月份战果的三分之一，当年十二月，他们在北大西洋取得的战果更小。但日本参战后，远东水域的损失相当惨重，因为各种原因沉没的船只多达282艘，近60万总吨位。

而在西方，1941年下半年，德国远程轰炸机构成的威胁比潜艇更大，特别是对直布罗陀护航运输队。英国人由此意识到，必须派战斗机为船队提供近距离掩护，因而在六月份投入第一艘护航航母"大胆"号，这艘航母载有凭借弹射器起飞的战斗机。当年十二月，"大胆"号航母为掩护一支返航的直布罗陀船队发挥了重要作用，但在历时九天的战斗中也被德国潜艇击沉。

当年年底，德国海军可用于作战行动的潜艇共计86艘，还有150艘左右用于训练和试航。由于50艘潜艇用于地中海或临近水域，北大西洋上的潜艇只剩36艘。英国海军六月份扫荡了那里的补给船只，击沉9艘德国潜艇，迫使剩下的潜艇撤往南大西洋。1941年4月到12月这九个月，德国和意大利潜艇击沉328艘舰船，共计157.6万总吨位，但这些沉船中，只有三分之一是护航运输队里的船只。另外，轴心国损失的30艘潜艇，20艘是护航部队击沉的。很明显，更强大的护航力量和规避航线导致潜艇暂时落了下风。

我们在此总结一下1942年年初的护航情况可能不无裨益。海军上将珀西·诺布尔爵士领导的西部航线司令部，三个主要作战基地分别设在利物浦、格里诺克、伦敦德里，掌握25支护航舰队，共计70艘驱逐舰和95艘小型舰艇。

这些护航舰艇分为四类：（1）续航力较低的驱逐舰，用于掩护中东和北极船队的第一段航程，邮轮开始运送美国军队渡过大西洋时，也为她们提供掩护；（2）远程驱逐舰和小型护卫舰，为北大西洋船队提供护航，范围从大西洋西部会合点到英国，还要为直布罗陀船队提供护航；（3）远程护卫舰、驱逐舰、快艇，为塞拉利昂船队的主要航程提供护航；（4）防空舰艇，在德国轰炸机攻击范围内加强护航力量，为北极和直布罗陀船队提供护航。

另外，直布罗陀还有相当于两支护航舰队的海军力量，负责当地护航任务，而弗里敦护航部队编有一支驱逐舰队和大约20来艘小型护卫舰。纽芬兰护航部队的舰只主要由加拿大皇家海军提供，共计14艘驱逐舰、大约40艘小型护卫舰，以及20艘用于当地护航任务的其他舰只。

但1942年初，大西洋战役不断改善的前景遭遇严重的不利因素，其中之一是缺乏飞机。菲利普·朱伯特·德拉费尔泰爵士去年夏季接掌海岸司令部时，曾估计该司令部需要大约800架各种类型的飞机，还特别强调了远程轰炸机的重要性。可新的一年里，为应对德国的空袭，海岸司令部的轰炸机转隶轰炸机司令部，新造的轰炸机也分配给轰炸机司令部。双方就优先等级问题发生的冲突愈演愈烈。另外，英国海军订购了31艘护航航母，海军航空兵也为如何弄到足够的舰载战斗机大费周折。

另一个不利因素是，美国为英国制造的新护卫舰，交付使用的速度不如希望得那么快，主要原因是制造跨海峡进攻行动需要的登陆艇列为优先事项，美方仍希望这场行动即便不在1942年实施，也要在1943年发起。这种优先等级的划分，极大程度上导致英国海军在大西洋付出的努力持续疲软，还进一步造成船只严重损失。

第三个不利因素出现在 1942 年头几个月，源于美国自身的海上麻烦，这种麻烦不仅来自太平洋的珍珠港灾难，也来自大西洋——德国潜艇的活动越来越猖獗，美国船只随后也遭受到损失。

邓尼茨海军上将和他的司令部 1942 年 5 月估计，要想击败英国，他们平均每个月必须击沉 70 万吨船只。他们知道 1941 年没能达到这个平均数，可他们不知道平均每个月的实际战果不到 18 万吨。不过，他们认为美国参战后，己方会在大西洋西部获得更大的行动自由，觅寻未获得护航目标的机会也更多。

德国只派出少量潜艇前往美国沿岸展开行动，可他们取得的战果大得出乎意料。美国海军首脑启动护航任务缓慢而又勉强，这种表现与第一次世界大战期间的英国海军将领如出一辙。美国人在采取其他预防措施方面也动作迟缓。发光的航道标志，不受限制地使用船上的无线电，这给德国潜艇提供了他们需要的帮助。而诸如迈阿密这些海滨度假胜地，数英里长的滨海区，夜间仍被海滩上的霓虹灯照得通亮，灯光映衬下，船只的轮廓清晰可辨。德国潜艇昼间潜伏在海岸附近的水下，夜间浮出水面，以火炮和鱼雷实施攻击。

虽说在美国海岸外行动的德国潜艇从来没有超过 12 艘，但到四月初，这些潜艇击沉近 50 万吨船只，其中 57% 是油轮。

这给英国带来了严重后果，因为美国海军不得不把他们的护航舰和飞机撤回本国沿海水域，而英国商船横渡大西洋期间幸免于难，却在美国水域沦为唾手可得的猎物。

这种战果让邓尼茨海军上将深受鼓舞，甚至想把手中能投入的潜艇都派往美国海岸。对盟国而言幸运的是，希特勒的"直觉"在这个关键时刻给他们帮了大忙。这位德国元首在 1 月 22 日召开的会议上宣布，他确信挪威是"决定命运的地区"，坚持要求把所有水面舰只和每一艘可用潜艇都派往那片水域，抵御盟军入侵。三天后，邓尼茨接到一份完全出乎意料的命令，要求他派出首批 8 艘潜艇，掩护通往挪威的海上航线。新建的"蒂尔皮茨"号战列舰一月份也开赴挪威，"舍尔海军上将"号、"欧根亲王"号、"希佩尔海军上将"号、"吕措夫"号尾随其后。

希特勒还是有点远见的，因为丘吉尔四月份的确要求英国三军参谋长审核登陆挪威的可能性，实施这场登陆行动的目的是缓解德国人对北极护航运输队的压力，而他们对这场行动的疑虑之情因为美国人的缘故而加强，因此，这项方案没能付诸实施。

盟国交的另一个好运是，1941 年至 1942 年的严冬给德国潜艇在波罗的海的训练造成延误，因而只有 69 艘潜艇为 1942 年上半年的行动做好了准备。这些潜艇中，26 艘最终派往挪威北部，2 艘派往地中海，12 艘补充相应的损失，因此，大西洋只得到 29 艘。

即便如此，轴心国潜艇的击沉战果每个月几乎还是在增加——二月份达到近 50 万吨，三月份超过 50 万吨，四月份下降到 43 万吨，但五月份又回到 60 万吨，六月份击沉的吨位数不祥地达到 70 万吨。到六月底为止的半年内，因为各种原因沉没的船只，总计 4147406 总吨位，而潜艇击沉的吨位数超过 300 万吨，其中近 90% 是在大西洋和北冰洋实现的。直到七月份，由于反潜方式全面改进，再加上美国海军投入护航，德国潜艇每个月造成的损失才降到 50 万吨以下。

事实证明，1942 年夏季的情况有所好转纯属幻觉。到八月份，德国新建造的潜艇服役，他们的潜艇总数超过 300 艘，其中约半数可用于作战行动。这些潜艇编为格陵兰岛沿海群、加拿大沿海群、亚速尔群岛沿海群、西北非沿海群、加勒比海及邻近水域群、巴西沿海群。德国潜艇八月份击沉的船只再次超过 50 万吨。接下来几个月，他们在特立尼达岛附近撒下一张大网，那里的许多船只仍在独自航行。从政治和大战略方面来说，德国人八月中旬击沉 5 艘巴西船只的举动有些莫名其妙，这导致巴西立即对德国宣战。盟军使用巴西基地后，更有力地控制住整个南大西洋，驱离了德国水面袭击舰。

但这些水面袭击舰已不再像先前那么重要，因为用于远洋袭击商船的德国武装商船，正被尺寸更大的新式潜艇取代，也就是排水量 1600 吨的"潜艇巡洋舰"，作战半径长达 3 万英里。

德国潜艇产量大幅度提高，而且这些潜艇能下潜到 600 英尺，紧急情况下甚至可以潜得更深，可这种优势很快就被抵消了，因为深水炸弹能在更深处爆炸。德国潜艇的战斗力提升还得益于能提供海上加油的新式潜艇油轮，以及效力不断提高的无线电情报。另外，德国人现在又能破译英方指挥护航船队的许多加密信号了，就像他们 1940 年 8 月前做的那样。

另一方面，英国科学家取得的成就中，最重要的是 10 厘米波长的新式雷达，德国潜艇无法截获这种信号。1943 年年初，这款雷达在飞机上得到全面使用，与利式探照灯相配合，恢复了盟军在夜间或低能见度情况下的主动权，挫败了德国潜艇 1.5 米波长的雷达搜索接收器。

邓尼茨这段时期的战时日志表明，他对英国这款新式定位设备，以及大西洋东部英国飞机数量的增加深感担忧。

整个战役过程中，邓尼茨证明自己是个深具才能的战略家，总是在探寻对方的弱点，发现敌人防御薄弱时就集中力量施以打击。他从一开始就掌握了主动权，盟军的反潜力量总是落后他一步。

1942 年下半年，他的计划着眼于格陵兰岛南面的空中护航缺口，企图赶在盟国船队到达这个缺口前找到他们，待对方穿越缺口时集中力量实施攻击，等他们重新获得空中掩护就立即撤离。

另外，邓尼茨当年秋季已获得足够的潜艇，一有机会就可以让"狼群"主动出击。

因此，德国潜艇造成的压力从七月份起与日俱增，十一月击沉的舰船数量攀升到 119 艘，高达 72.9 万总吨位。但其中很大一部分船只是脱离护航运输队，独自航行在南非或南美沿岸时被德国潜艇猎获的。

1942 年秋季，英美军队实施登陆西北非的"火炬"行动，需要海军大力协助，这就加剧了对护航力量的需求。直布罗陀、塞拉利昂、北极护航运输队不得不暂时停航。把美国部队从冰岛运往英国的运兵船队也提出新的护航要求，这些快速船队至少需要 4 艘驱逐舰来护送 3 艘运兵船。

唯一不需要护航的是改成运兵船的"玛丽王后"号和"伊丽莎白女王"号邮轮，可搭载 1.5 万人或更多，相当于大半个师。这两艘排水量 8 万吨的庞然大物，航速超过 28 节，除了航程开始和结束时，没有哪艘驱逐舰能跟上她们。因此，这两艘运兵船的安全完全依赖自身的高航速，以及之字形运动和不断改变的航线。这种危险的策略大获成功，从八月份起，两艘运兵船多次跨越大西洋，没有一艘德国潜艇企图施以拦截。

总的说来，海军护航和空中掩护这些预防措施，无法克服因德国潜艇产量增加而不断加剧的威胁。平均每个月有 17 艘潜艇入役，1942 年年底，德国海军总共有 393 艘潜艇，其中 212 艘可用于作战行动，相比之下，他们年初时只有 249 艘潜艇，仅 91 艘可用于作战。德国损失 87 艘潜艇，意大利损失 22 艘，也就是说，损失数完全不足以抵消建造速度。

轴心国潜艇这一年在所有水域共击沉 1160 艘舰船，计 626.6 万总吨位，而他们的其他武器导致盟国的总损失增加到 1664 艘舰船，超过 779 万总吨位。

虽然盟国交付了 700 万吨左右的新船，可还是给自战争爆发以来每年账目上出现的逆差添加了近 100 万吨的赤字。英国当年的进口量下降到 3400 万吨以下，不到 1939 年进口量的三分之一。最严重的是，英国的商船油料储备下降到堪称危险的低谷，只有 30 万吨，而每个月的消耗量是 13 万吨。虽说可以通过海军的储备库存弥补这种不足，可不到紧要关头是不会采取这种做法的。

因此，盟国 1943 年 1 月在摩洛哥沿岸的卡萨布兰卡召开会议，确定下一阶段的战略时，面对着一份相当令人不安的商船吨位资产负债表。他们消除德国潜艇的威胁、赢得大西洋战役前，是无法成功入侵欧洲的。这场战役和 1940 年的不列颠之战同样重要，鹿死谁手基本上取决于哪一方在物质和心理上能坚持得更久。

指挥官的变更影响到这场斗争的进程。海军上将珀西·诺布尔爵士出任英国海军驻华盛顿代表团团长，成为联合参谋长委员会美国一方的第一海务大臣代表。他在担任西部航线总司令的 20 个月内，花了很大力气改进反潜措施，为了让从事护航任务的海空人员保持高昂的士气，他一再表明对他们的疾苦感同身受，还与这些人建立起密切的个人接触。幸运的是，继任者选得也很好。接替诺布尔的是海军上将马克斯·霍顿爵士，第一次世界大战期间，他是个杰出的潜艇艇长,自 1940 年年初起指挥以英国本土为基地的潜艇部队。霍顿把他对潜艇和潜艇人员的专业了解带入这场反潜战,再辅以充足的干劲和想象力,这些素质的结合让他成为匹敌邓尼茨的合适人选。

霍顿的方案是对德国潜艇发起一场更猛烈、更集中的反击。小型护卫舰和其他小艇的速度不够快,无法在与德国潜艇的战斗中紧追不舍,如果追击得太远,就无法赶上他们保护的船队。这就需要更多单独行动的驱逐舰和护卫舰,为护航运输队提供支援,与敌潜艇发生接触后,一直追击到击沉对方。英国九月份已着手组建这种支援群,但霍顿就职后立即予以大力发展,甚至为此削弱了担负紧密护航任务的力量。霍顿的目的是投入几个新组建的支援群和舰载机,与护航力量和远程飞机紧密配合,对大西洋中部的德国潜艇展开一场协同一致、突如其来的反击。他强调支援群不能浪费时间四处搜寻敌潜艇,这是过去所犯的错误。支援群应当在运输船队附近找到敌潜艇,并与船队护航力量紧密协同。每支运输队进入格陵兰岛空中掩护力量的缺口时,都应由一个支援群提供加强,可能的情况下派飞机支援。霍顿认为德国潜艇习惯了来自护航运输队方向的攻击,一旦支援群从各个方向实施打击,对方就会陷入混乱。

德国一方,希特勒火冒三丈,因为"希佩尔海军上将"号、"吕措夫"号和 6 艘驱逐舰从阿尔滕峡湾出击、新年前夕对一支北极护航运输队实施的攻击没取得太大战果,此举造成了严重后果。希特勒满怀厌恶之情地做出"坚定而又不可改变的决定",拆解德国海军这些大型水面舰只。这个决定导致海军元帅雷德尔一个月后辞去职务,邓尼茨接任海军总司令一职,同时兼任潜艇部队司令。邓尼茨与希特勒打交道很有一套,最终说服希特勒同意把"蒂尔皮茨"号、"吕措夫"号、"沙恩霍斯特"号作为"一支相当强大的特混舰队"留在挪威。

1942 年 12 月到 1943 年 1 月,大西洋上出现了一段平静期,德国潜艇只击沉 20 万吨船只,这主要是暴风雨天气所致。但护航运输队里的商船,特别是那些动力较弱的船只,被驱散后遭受到严重损失,这就破坏了所谓的平静期。

二月份，德国潜艇的击沉战果几乎翻了一番，三月份的战果达到 108 艘舰船，高达 62.7 万总吨位，从而再次逼近 1942 年 6 月和 11 月的峰值。最令人担忧的是，三分之二的船只是在航运输队里被击沉的。三月中旬，38 艘德国潜艇集中攻击两支返回英国，凑巧靠得很近的护航运输队。3 月 20 日空中掩护恢复前，他们击沉 21 艘船只，总吨位 14.1 万吨，自身只损失一艘潜艇。这是整个战争期间规模最大的一场护航战。

英国海军部事后写道："德国人从来没有像 1943 年 3 月份头二十天那样，差一点切断新旧世界之间的交通线。"海军司令部甚至开始怀疑，是否还能把护航运输队继续视为并作为一种有效的防御体系。

但三月份最后十一天，也就是这个命运攸关的月份的下旬，战场上的形势突然发生重大变化。北大西洋上只有 15 艘船只被击沉，而上旬和中旬被击沉 107 艘。四月份的损失减半，五月份损失得更少。马克斯·霍顿统筹的反攻已然生效，在很短时间内实现了预期效果。

三月份最紧要的时刻，美国人要求退出北大西洋护航体系，由他们负责南大西洋航线，特别是通往地中海的航线。他们还非常关注太平洋地区。可实际效果并不好。美国政府把第一支援群的航母交给英国指挥，还提供了至关重要的解放者超远程轰炸机。因此，从 4 月 1 日起，往来美洲大陆与英国之间的所有运输船队，完全由英国和加拿大负责护航。

1943 年春季，德国潜艇在一连串护航战中遭遇挫败，为此蒙受了严重损失。五月中旬，邓尼茨颇具洞察力地报告希特勒："我们正面临潜艇战最严重的危机，因为敌人凭借新的定位设备……导致我们无法从事战斗，还给我们造成沉重损失。"德国潜艇五月份的损失翻了一倍多，投入战斗的潜艇损失率攀升到 30%，而他们根本无法长期承受这么高的损失。因此，邓尼茨 5 月 23 日把潜艇撤离北大西洋，待手中有了新式武器后再说。

到七月份，盟国建造的商船，总吨位已远远超过被击沉的船只。这是问题的关键所在，也是德国这场潜艇攻势已然失败的明证。

但现在回想起来，英国当年三月显然差一点被打败，险遭不测的主要原因是缺乏掩护船队的远程飞机，这一点同样很明显。一月到五月，大西洋上的运输船队，获得空中护航的情况下，只有 2 艘船只被击沉。一旦运输船队获得空中掩护，特别是解放者远程轰炸机提供的护航，德国潜艇以"狼群"战术展开行动就十分困难。他们现在随时可能突然发现一架飞机飞临上空，正指引一个支援群朝他们所在的位置扑来。

可正如邓尼茨意识到并强调指出的那样，以 10 厘米波长工作（德国潜艇无法截获）的新式雷达无疑是个重要因素。而诸如"刺猬炮"（一种反潜火箭）和更重型的深水炸弹，这些新式武器也做出了很大贡献。1942 年年初成立的"西部航线战术单位"，为发展对付德国潜艇的最佳战术体系从事的分析工作，以及 P. M. S. 布莱克特教授针对护航运输队部署所做的研究，同样功不可没。另外，盟国 1943 年 5 月底采用了一套控制船只的新密码，德国人就此丧失了最宝贵的情报来源。

但盟国赢得这场胜利，最重要的因素可能是海空护航力量训练水平的提高，以及水兵与飞行员之间不断加强的协同。

就个人而言，正如上文强调的那样，海军上将马克斯·霍顿爵士为击败德国潜艇发挥了杰出的作用。而这场胜利很大程度上也要归功于空军中将约翰·斯莱瑟爵士，1943 年 2 月，适逢大西洋战役关键时期，斯莱瑟出任海岸司令部总司令。而那些出色的护航部队指挥官，有两位战功赫赫者特别值得一提：从 1941 年起担任这一职务的 F. J. 沃克海军上校，以及 1942—1943 年担任这个职务的 P. W. 格雷顿海军中校。

1943 年 6 月，没有一支运输船队在北大西洋遭遇袭击，而七月份，德国潜艇付出了高昂的代价，特别是在比斯开湾，英国海岸司令部的空中巡逻在那里取得丰硕的战果。当月企图穿越比斯开湾的 86 艘德国潜艇，55 艘被英军发现，17 艘遭击沉（除 1 艘外，其他都是被飞机炸沉的），还有 6 艘被迫返航。就像邓尼茨沮丧地向希特勒报告的那样，德国潜艇唯一的外航航线，只剩比斯开湾紧靠西班牙海岸的一条狭窄水域。但英国反潜巡逻队也为这场胜利付出了高昂的代价，共损失 14 架飞机。

1943 年 6 月到 8 月这三个月，德国潜艇在所有水域（地中海除外）只击沉 58 艘盟国商船，其中近半数战果是在南非沿岸和印度洋取得的。他们为这种有限的战果付出的代价是损失 79 艘潜艇，其中不下 58 艘是被飞机炸沉的。

邓尼茨企图重新获得优势，为此，他敦促希特勒在大西洋上实施更远程的空中侦察，为中继航线提供更有力的空中掩护，戈林起初不太愿意提供这种空中协同，邓尼茨据理力争，他的说辞确实比雷德尔更中听，最终说服了戈林。邓尼茨还获准把潜艇月产量从 30 艘增加到 40 艘，同时优先生产水下航速更快的新型潜艇。但以柴油和过氧化氢作为混合动力、前景看好的瓦尔特潜艇，试验阶段遇到很多麻烦，直到 1945 年战争结束时也没有一艘入役列装。德国人还取得了一个重要的新进展，为潜艇安装了导入新鲜空气、排出柴油引擎废气的通气管，荷兰人 1940 年前发明的这项设备，能让潜艇保持在潜望镜深度时为电池充电。到 1944 年中期，30 艘德国潜艇安装了这种通气管。

1943 年中期，德国人拥有两件新武器：自动寻的鱼雷（借助声音的引导攻击舰船螺旋桨）和滑翔炸弹。但九月和十月，也就是德国重启潜艇战头两个月，盟国 64 支北大西洋护航运输队，共计 2468 艘船只，只损失 9 艘商船，反而击沉 25 艘德国潜艇。遭遇这场惨败后，邓尼茨不再把他的潜艇编为大型机动战斗群。

10 月 8 日，英国根据与葡萄牙达成的协议，接管了亚速尔群岛的两座空军基地，此后就可以为整个北大西洋提供空中掩护了。

1944 年头三个月，德国潜艇遭受了更严重的损失。盟国 3360 艘商船组成的 105 支护航运输队驶过北大西洋，德国潜艇只击沉 3 艘，自身损失 36 艘。邓尼茨现在取消了进一步袭击盟国护航运输队的行动，他告诉希特勒，只有等到新式潜艇和新防御设备投入使用、德国空军提供更好的空中侦察后，他才会重新发起这种攻击。

1944 年 3 月底，邓尼茨奉命以 40 艘潜艇组成一个战斗群，在近海水域展开行动，以防盟军入侵西欧。到五月底，他已经把 70 艘潜艇集结在比斯开湾各座港口，北大西洋只留 3 艘潜艇，执行的任务也仅仅是天气预报。

德国人放弃了北大西洋的潜艇战，英国海岸司令部如释重负。截至 1944 年 5 月底，长达 41 个月的反潜作战行动期间，德国潜艇出入比斯开湾各基地的航次达到 2425 个，而英国海岸司令部的飞机（第 19 大队）炸沉 50 艘德国潜艇，炸伤 56 艘。这段时期，皇家空军第 19 大队在比斯开湾损失 350 架飞机。如果海岸司令部分配到更多飞机，且这些飞机更适合执行这项至关重要的任务的话，他们的损失可能会更小，战果会更大。

这段时期还发生了一些其他的重要事件，其中包括"蒂尔皮茨"号两次在挪威北部锚地遭遇破坏性攻击，第一次是三艘小型潜艇 1943 年 9 月实施的，第二次是英国海军航空兵 1944 年 3 月遂行的。"蒂尔皮茨"号的主炮只在袭击斯匹茨卑尔根岛时发射过，这艘军舰一度伤痕累累却没有沉没，充分体现了德国海军设计、制造军舰的高超能力。另外，虽然"蒂尔皮茨"号仅仅作为一艘"残余的战舰"继续存在并构成威胁，但她仍旧严重影响英国的海上战略，并且牵制了英国海军大批力量。1944 年 11 月，这艘巨舰终于被皇家空军的重型轰炸机炸沉。

"沙恩霍斯特"号的威胁去年十二月已被消除，这艘军舰当时企图拦截一支北极护航运输队，结果遭到英国本土舰队一股强大力量的截击，随即被击沉。

1944 年上半年，英国人在本土水域遇到的主要麻烦，来自德国人开发的一款小型鱼雷快艇。虽说这些快艇的数量从来没有超过 36 艘，可她们能从一条护航航线迅速转到另一条航线，而且善于把握最佳时机，因而构成恼人的麻烦。

德国潜艇集结在法国西部的若干港口，企图抗击盟军的跨海峡进攻，事实证明，此举收效甚微，但盟军 1944 年 6 月登陆诺曼底时，这些潜艇已经安装了通气管，因而不太容易遭受空袭。

美国第 3 集团军冲出诺曼底地区，八月中旬到达这些西部港口（布雷斯特、洛里昂、圣纳泽尔），此时大多数德国潜艇已转移到挪威。从那时起，来往英国的船只，除了使用绕道北部海岸的航线，还可以再次使用原先那条绕道爱尔兰南部的常规航线。

从八月下旬起，一连串德国潜艇从挪威和德国本土驶出，绕过苏格兰和爱尔兰北部，部署在靠近海岸、交通繁忙的拐角处，一路南延到英格兰南部海岸的波特兰角。尽管这些德国潜艇利用通气管装置一直潜伏在水下，遭受的损失较以往为少，可这场近海战役没能取得太大战果。1944 年 9 月到 12 月这四个月，他们在英国沿海水域只击沉 14 艘船只。

北极护航运输队

1941 年 9 月底，英国护航运输队开始驶向苏联北部。阿尔汉格尔斯克港冬季陷入冰封，因而使用了摩尔曼斯克港，这是苏联唯一一座重要的不冻港。德国人没有以强大的陆地攻势占领这座港口，这是个奇怪的战略失误，因为德国人就此丧失了趁这条北部补给航线最脆弱之际彻底切断它的绝佳机会。

德国人很快意识到英国（后来还包括美国）船只正使用这条航线为苏联大规模运送援助物资，于是匆匆加强了派驻挪威的海空军力量，1942 年 3 月、4 月、5 月对盟国北极护航运输队发起一连串强有力的攻击。六月底起航向东行驶的 PQ17 护航运输队遭受的损失最为惨重。英国海军部认为这支船队及其护航力量很快会被德国战舰打垮，因而 7 月 4 日命令船队在巴伦支海上散开。无助的商船遭到德国飞机和潜艇攻击，36 艘船只有 13 艘幸免于难。船队运送的飞机损失 210 架，只交付了 87 架；船上的坦克损失 430 辆，只交付了 164 辆；非战斗车辆损失 3350 辆，只交付了 896 辆；其他货物损失三分之二，共约 99316 吨。

发生这场灾难后，下一支前往苏联的护航运输队直到九月份才派出。英国人为船队提供了更强大的护航力量，海军元帅雷德尔已收到相关情报，谨慎起见，他没有派出手中的大型军舰，否则很有可能打垮船队的护航力量。结果，PQ18 护航运输队的 40 艘商船，27 艘平安到达阿尔汉格尔斯克，而德国飞机和潜艇损失惨重。此后，德国人再也没有在遥远的北方部署这般强大的空中力量。

经过另一段间隔期，英国人在这个冬季又向苏联派出几支规模较小的护航运输队。苏联人虽然一再催促英国多派些船队，却没有在这条漫长的海上航线协助护航，而他们在终点港口采取的保护措施也寥寥无几。从 1943 年 3 月起，英国本土舰队司令托维海军上将不愿在白昼延长的情况下，冒险派出更多护航运输队。大西洋的严峻形势支持了他的意见，于是，北极护航力量调往大西洋，在那里为当年春季决定性地击败德国潜艇发挥了重要作用。

到十一月，北极护航运输队恢复时，可投入的护航力量更加强大，甚至包括一些新建的护航航母。这让实力不断下降的德国空军和潜艇遭受严重损失，同时也把大量货物安全运抵苏联。

从 1941 年起，驶往苏联的 40 支北极护航运输队，共计 811 艘商船，其中 58 艘被击沉，33 艘因为这样或那样的原因折返，720 艘平安到达，向苏联交付了大约 400 万吨货物。他们交付的物品包括 5000 辆坦克和 7000 多架飞机。为苏联提供大规模援助期间，盟国损失了 18 艘军舰和 98 艘商船，包括返航船队里的那些船只，而德国人为拦截这些船队，损失了"沙恩霍斯特"号战列巡洋舰、3 艘驱逐舰、38 艘潜艇。

最后阶段

1945 年头几个月，通过继续生产新潜艇和减少损失，德国潜艇部队的规模仍在增大，他们之所以能减少损失，归功于在潜艇上安装了通气管，以及停止了大西洋的远程作战行动。一月份，30 艘新潜艇入役列装，而近期的平均月产量是 18 艘。其中一些潜艇是改进过的新型号，续航力更强，水下航速也更快，包括 1600 吨的 XXI 型远洋潜艇和 230 吨的 XXIII 型近海潜艇，其中三分之二是较大型的潜艇。当年三月，德国潜艇舰队的实力到达顶点，共计 463 艘。

直到三月份，盟军的轰炸战役才给德国的生产造成严重影响。对盟国来说幸运的是，他们在波罗的海实施的空投布雷行动，虽然没有造成太大的实质性破坏，但严重妨碍了德国潜艇的试航和训练，还导致大批德国新式潜艇无法投入作战行动，造成的影响甚至超出盟国海军首脑的期望。这些新式潜艇如果大量进入海洋，很可能恢复德国潜艇 1943 年构成的那种严重威胁。

但盟军三月份渡过莱茵河，与从东面推进的苏联红军一同逼近柏林时，施加给德国的各种压力不断加强，造成的影响足以削弱对方的力量。

战争最后几周，德国潜艇主要在英国东部和东北部沿海活动。虽说这些潜艇没能取得太大战果，但值得注意的是，没有一艘新式潜艇在这些水域被击沉。

当年五月，德国在投降后交出159艘潜艇，但另外203艘被艇员凿沉。这是德国潜艇艇员骄傲的自尊和坚定士气的象征。

这场历时五年半的战争中，德国人制造、入役了1157艘潜艇，还接收了15艘外国潜艇，他们总共损失789艘潜艇（包括3艘外国潜艇）。他们还列装了大约700艘小型潜艇。他们在海上被击沉的632艘潜艇，很大一部分（500艘）归功于英国或英国指挥的部队。另一方面，德国、意大利、日本潜艇共击沉2828艘舰船，近1500万总吨位。这个庞大的总数中，很大一部分是德国潜艇击沉的，德国潜艇还击沉175艘盟国军舰，大多是英国军舰。德国潜艇击沉的盟国船只，61%是单独航行的船只，9%是护航运输队中的掉队者，只有30%是护航运输队里的船只，而获得空中掩护的情况下，护航运输队的损失非常小。

德国人占据比斯开湾的几座法国海军基地达四年之久，而爱尔兰拒不同意盟国使用他们的西部和南部海岸线，尽管爱尔兰自己的补给物资基本上也依靠船队运来。这些因素都加剧了盟国在大西洋蒙受的损失。很大程度上因为控制着北爱尔兰和冰岛，盟国这才确保了仅剩的一条通往英国的航线始终畅通。

注释

1. 实际上，当时舰上仍有些克莱德赛德造船厂的工人。

World War II

第六部

退潮
1943 年

第二十五章

肃清非洲

　　盟军 1942 年 12 月没能占领突尼斯城，第一个后果就是放弃了原先的作战企图：新组建的第 1 集团军从突尼斯向东进击，与追击德军的英国第 8 集团军会合后困住隆美尔。现在，两个集团军不得不暂时各自对付隆美尔盘踞在的黎波里塔尼亚、阿尼姆部署在突尼斯的军队。随着隆美尔的军队逐渐靠近阿尼姆的军队，他们所处的中央位置享有战略优势，也就是说，他们可以合兵一处，打击从任何一个方向来犯的敌军。

　　盟军圣诞节在突尼斯城前方受阻，面对雨季结束前泥泞遍地的状况无法好转这种前景，艾森豪威尔意图挥师向南，前出到斯法克斯附近海岸，从而切断隆美尔的补给和后撤路线。为遂行这场"缎带"行动，他打算主要使用美国军队，把他们集结在泰贝萨附近，编为美国第 2 军，由弗雷登道尔少将指挥。但一月中旬，联合参谋长委员会跟随罗斯福和丘吉尔来到非洲，参加盟国在卡萨布兰卡新召开的会议，以确定今后的作战目标，艾森豪威尔汇报了自己的意图，联合参谋长委员会商讨他的新方案时强调指出，以缺乏经验的新部队攻入隆美尔那些老兵可能很快就会开抵的地区，此举过于冒险，艾伦·布鲁克将军反对得最为激烈，艾森豪威尔最终放弃了这份方案。

这个决定做出后，下一步行动就交给蒙哥马利，十二月中旬，他的军队停在诺菲利亚附近集结力量，准备向西攻往 140 英里外的布埃拉特阵地，隆美尔从埃及实施漫长后撤的上一个阶段，他的残部已撤到这处阵地。

蒙哥马利一月中旬发动新攻势。这场进攻还是以过去的老套路策划：对敌军战线展开一场牵制性进攻，辅以穿越沙漠内部的迂回机动，切断敌军后撤路线。但蒙哥马利这次没有实施任何初步试探，以免暴露自己的意图并把"敌人从当前战线吓走"。另外，蒙哥马利只以一股装甲车掩护力量监视敌军阵地，主力留在后方，直到进攻发起前一天才实施一场长途接敌行军，1 月 15 日晨直接从行进中投入战斗。获得装甲部队支援的第 51 师沿滨海公路遂行突击，而第 7 装甲师和新西兰师执行计划中的机动。英军起初没有遇到抵抗，到布埃拉特西面才遭遇德军后卫部队阻击。隆美尔已从布埃拉特阵地溜走，又一次逃离蒙哥马利构设的陷阱。隆美尔逃脱得较为轻松，因为就像《电函录》中亚历山大稍带责备口气指出的那样："新西兰人和第 7 装甲师绕过敌军防坦克防御南端的行动有些谨慎。"

隆美尔从事的主要"战斗"，对手还是轴心国最高统帅部。墨索里尼回到遥远而又安全的罗马，又一次脱离现实，圣诞节一周前下达了在布埃拉特阵地"全力抵抗"的命令。隆美尔随即通过无线电台询问意大利总参谋长卡瓦莱罗将军：倘若英军不理会布埃拉特这处很容易绕开的阵地，径直向西攻击前进的话，他该怎么做？卡瓦莱罗没有回答这个问题，但他强调指出，意大利军队绝不能像在阿莱曼那样落入敌人的口袋。

隆美尔向巴斯蒂科指出，墨索里尼的命令与卡瓦莱罗的指示存在明显的矛盾之处。与专制政权的大多数奴才一样，巴斯蒂科不愿做出选择，更不想为违背主子希望和梦想的做法承担责任。但隆美尔一再施加压力，巴斯蒂科被迫同意，并命令非摩托化的意大利部队撤往后方 130 英里，更靠近的黎波里的泰尔胡奈—胡姆斯一线。随后，一月份第二周，卡瓦莱罗要求把一个德国师派回加贝斯隘路，防范美军朝那里推进构成威胁——正如前文所述，美军没能实现这场进军。隆美尔欣然接受，因为这个要求完全符合他设想的方案，于是，他派出第 21 装甲师。这样一来，隆美尔手中只剩德国第 15 装甲师的 36 辆坦克，以及意大利"半人马座"装甲师 57 辆老旧过时的坦克，而他面对的是蒙哥马利为新的进攻行动调集的 450 辆坦克。隆美尔不打算与这样一股压倒性力量进行一场毫无希望的交战，他通过无线电拦截机构获悉英军准备 1 月 15 日发动进攻，于是立即率部撤出布埃拉特阵地。

头两天，英军遭到德国人拦截，这片地区遍布地雷，英国人为突破对方的防御损失了大约 50 辆坦克，这一情况导致他们的行动极为谨慎。1 月 17 日，隆美尔把他的摩托化部队撤往泰尔胡奈—胡姆斯防线，随即命令已退到那里的意大利步兵撤往的黎波里。泰尔胡奈—胡姆斯防线比布埃拉特阵地更利于防御，但蒙哥马利用于打击德军内翼的装甲力量让隆美尔 1 月 19 日得出结论，长时间坚守这道防线毫无希望，还会危及他的后撤路线。因此，他当日夜间着手后撤剩余的部队，同时炸毁了的黎波里的港口设施。

次日清晨，卡瓦莱罗将军发来一封电报，称墨索里尼强烈反对这场后撤，坚持要求这道防线至少坚守三周。当天下午，卡瓦莱罗亲自赶到前线强调这份电报的内容。隆美尔不无讥讽地指出，既然没有足够的援兵，能否满足"至少坚守三周"这种时限只取决于敌人的行动。最后，隆美尔把问题的症结丢给卡瓦莱罗，就像去年十一月他把是否坚守卜雷加港防线的问题交给巴斯蒂科那样："您要么多坚守的黎波里几天，代价是损失整个军队，要么早几天丢失的黎波里，为守卫突尼斯城保留这支军队，您来决定。"卡瓦莱罗不愿做出明确决定，而是拐弯抹角地告诉隆美尔，必须尽可能长久地守卫的黎波里，但也必须保全军队。隆美尔立即着手撤离非摩托化的意大利部队，以及大部分可转移的补给物资。1 月 22 日夜间，他率领余部撤离泰尔胡奈—胡姆斯防线，径直退向的黎波里以西 100 英里的突尼斯边界线，随后又撤往边界线后方 80 英里的马雷斯防线。

就像蒙哥马利本人描述的那样，英军越过布埃拉特阵地后的追击行动一直不顺，不仅因为德国人布设了地雷、炸毁了道路，还因为英军对付敌后卫掩护力量时过于谨慎。蒙哥马利在他的回忆录中强调，沿滨海公路的推进"普遍缺乏主动性和活力"，他还引用了 1 月 20 日日记中的一段话加强这种评论："（我）找来第 51 高地师师长狠狠训斥一通，立即产生了效果。"可实际情况是，隆美尔已退往泰尔胡奈—胡姆斯防线，他之所以下达这道命令，不是因为英军沿滨海公路发起更强有力的推进，而是对方集结起来的装甲力量对德军内翼构成威胁。1 月 22 日，隆美尔放弃这条防线，撤往突尼斯边界线。第 51 高地师借助月光向前推进时，先遣步兵坐在坦克顶上，他们发现敌人消失了。1 月 23 日拂晓，汇聚的英军各纵队先遣力量冲入的黎波里，没有遭遇任何抵抗。

自 1941 年以来，的黎波里一直是英军一连串进攻行动的目标，现在目标已达成，他们从阿莱曼一路追击隆美尔这场 1400 英里的征程圆满结束了。从发起进攻到今天，他们整整用了三个月。对蒙哥马利和他的部队来说，这是个令人振奋的战果，但他也有一种如释重负感。就像他写的那样："自接掌第 8 集团军指挥权以来，这是我第一次产生真正的焦虑之情。"一月份第一周的一场大风给班加西港造成严重破坏，港口的吞吐量从每天 3000 吨下降到不足 1000 吨，迫使他退而使用距离的黎波里近 800 英里的图卜鲁格港，这意味着大大延长了已经很长的陆地补给线。为获得额外的运输能力，蒙哥马利命令第 10 军停止前进，抽调了该军所有运输工具，可他担心的是，除非能在这场新攻势开始后十天内到达的黎波里，否则他就不得不停止前进。

对蒙哥马利来说幸运的是，敌人没有意识到他的时间和补给问题。但他们清楚地知道，蒙哥马利正以一股拥有压倒性优势的坦克力量朝他们扑来，他们手中真正有效的坦克只有第 15 装甲师那些，与英国人相比处于一比十四的劣势。如果没有调离第 21 装甲师应对美军攻往加贝斯隘路的威胁（1 月 13 日，即该师派出两天后，美军取消了这场推进），那么，守住泰尔胡奈—胡姆斯防线的可能性会更大。这种情况下，据蒙哥马利本人的说法，他可能不得不停止前进并退往布埃拉特，因为他进入的黎波里时，离他规定的十天期限仅剩两天。

蒙哥马利在的黎波里休整了几周，集结部队并清理爆破后遭堵塞的港口。第一艘船只 2 月 3 日才驶入港内。2 月 9 日，第一支运输船队开抵。蒙哥马利只派出轻装部队追击后撤之敌，他的先遣师直到 2 月 16 日才跨过突尼斯边界线，而隆美尔的后卫部队昨晚已撤入马雷斯防线的前沿阵地，这道防线是法国人修建的，当初的目的是阻止意大利军队从的黎波里塔尼亚入侵突尼斯。防线上只有一连串陈旧的掩体，隆美尔认为最好依靠各座掩体之间新挖掘的野战堑壕。的确，隆美尔视察马雷斯防线后，竭力主张在后方40英里，加贝斯以西15英里的阿卡里特干河谷一线守卫这条通往突尼斯城的接近路线，阿卡里特干河谷防线不会遭到迂回，因为这条防线的内翼与杰里德盐沼相连。但远离战场的独裁者没有接受他的建议，他们仍对建造空中楼阁抱有幻想，而隆美尔手头的资源已降到最低点。

墨索里尼为丢失的黎波里大发雷霆，他召回巴斯蒂科，还解除了卡瓦莱罗的职务，派安布罗西奥将军接任总参谋长一职。在此期间，隆美尔1月26日收到一封电报，这份电报通知他，鉴于他身体状况不佳，待马雷斯防线上的阵地巩固后，就解除他的职务，目前他这支军队更名为意大利第1集团军，由乔瓦尼·梅塞将军出任集团军司令。但隆美尔获准自行决定移交指挥权和离开的日期，他充分利用了上级这种让步，给盟军造成很大破坏。

隆美尔是个病人，最近三个月的劳累肯定不会改善他的病情，可他二月份还是表现出强劲的活力。

美军逼近隆美尔穿过突尼斯南部的后撤路线，但他没有为此惊慌失措，反而嗅到个绝佳的机会，觉得可以赶在蒙哥马利再次追上来前对那里发起一场打击。虽说马雷斯防线的防御很薄弱，可它还是构成了阻挡敌坦克攻击的障碍，至少可以阻滞蒙哥马利。另外，隆美尔自身的实力也在恢复。向西后撤时，他越来越靠近自己的补给港口，获得的远比在这场漫长的后撤期间失去的更多，目前的兵力已经和秋季阿莱曼战役开始时一样多。到达突尼斯时，隆美尔的总兵力是近3万名德国人[1]和大约4.8万名意大利人，尽管这个兵力数包括已派往加贝斯—斯法克斯地区的第21装甲师，以及派去守卫盖塔尔隘路、面对美军加夫萨阵地的意大利"半人马座"装甲师。就技术装备而言，隆美尔的状况就不太好了：德军坦克只有编制力量的三分之一，反坦克炮是四分之一，火炮只有六分之一。另外，他手中的130来辆坦克，可用于战斗的不到一半。不过，总体情况相对较好，一旦蒙哥马利获得时间充分利用的黎波里港，并在突尼斯边界集结他的优势力量，情况可能会严重恶化。隆美尔急于利用这段间隔期获取利益。

因此，隆美尔现在打算实践战略家所说的"内线"理论，以拿破仑式的风格发动一场双重打击，利用两股会聚敌军之间的中央位置，趁一股敌军来不及提供支援前先打击另一股敌军。如果他粉碎盘踞在身后的美军，就可以腾出手来对付蒙哥马利第8集团军，由于补给路线不断拉伸，该集团军的兵力目前严重分散。

这是个出色的方案，但隆美尔将其付诸实施的最大障碍在于，该方案不得不主要依靠不受他指挥的部队。他从马雷斯防线腾出的力量只够组成一个大型战斗群，规模不到半个师，由冯·利本施泰因上校指挥。而他麾下著名的、值得信赖的第21装甲师，先前已派回突尼斯，就在他希望打击的地点，可这个师已转隶冯·阿尼姆将军的军队。因此，这场行动的主要突击目标和为此投入的兵力，从一开始就由阿尼姆决定，隆美尔只是尽可能提供帮助而已。

美国第2军（编有1个法国师）是这场反攻的打击目标。该军的防线长达90英里，但实际上集中于三条穿过山脉通往海边的路线，先遣部队位于加夫萨、法伊德、丰杜克附近的山口，在那里与柯埃尔兹将军指挥的法国第19军相连。这些通道非常狭窄，守军觉得很安全，而盟军指挥部的注意力，主要集中于击退轴心国军队在丰杜克以北地区实施的一连串试探性进攻。

一月底，久经沙场的德国第21装甲师突然对法伊德山口发起冲击，没等姗姗来迟的美军援兵开抵，就打垮了装备低劣的法国守军，从而为更大规模的后续进攻夺得一个突破口。面对这场突袭，盟军高级指挥官不禁怀疑敌人正在策划这样一场进攻，但他们没有料到这场进攻从何处而来。他们觉得德军突袭法伊德山口是一场牵制行动，认为真正的进攻还是会在丰杜克附近。正如奥马尔·布拉德利将军在回忆录中指出的那样："这种想法堪称近乎致命的猜测。"可无论是艾森豪威尔的统帅部，还是安德森指挥的英国第1集团军司令部，都普遍存在这种想法。亚历山大到来前，安德森负责指挥突尼斯的整个盟军战线。卡萨布兰卡会议期间，亚历山大被任命为新组建的第18集团军群的司令，接受艾森豪威尔领导。第8集团军进入突尼斯后，就和第1集团军合编为第18集团军群。为据守预计中敌人的进攻路线，安德森把编有美军半数装甲力量的 B 战斗指挥部留在丰杜克后方担任预备队。这种错误判断为敌人的挺进大开方便之门。

二月初，盘踞在突尼斯的轴心国军队，总兵力已攀升到 10 万人——7.4 万名德国人和 2.6 万名意大利人，比去年十二月与盟军兵力的对比情况好得多，或者说，与盟军完成集结后的实力相当。这股军力中，行政后勤人员约占 30%。可用坦克完全来自德国军队，目前超过 280 辆——第 10 装甲师 110 辆，第 21 装甲师 91 辆（按照目前的编制，恰好是满编数量的一半），另外一个特种装甲部队配备 12 辆虎式坦克，而隆美尔从利本施泰因战斗群抽调了一个装甲营（26 辆坦克），加强加夫萨公路上的意大利"半人马座"装甲师，这个师目前还剩 23 辆意大利制坦克。但这个总数远不及盟军的实力，即便全部投入，也无法在突尼斯南部的预期进攻战线上取得数量优势。因为支援该地区的美国第 1 装甲师，虽说没实现齐装满员，可还是有大约 300 辆可用坦克（尽管包括 90 辆斯图亚特轻型坦克）和 36 辆坦克歼击车，炮兵力量也比德国装甲师强大得多。[2] 令隆美尔失望的是，第 10 装甲师（该师编有一个中型坦克营和一个配备 4 辆虎式坦克的重装连）只派出部分力量加强第 21 装甲师，而且仅在进攻开始阶段，因为阿尼姆打算以第 10 装甲师在更北面遂行他计划中的进攻行动。

2 月 14 日，德军发起真正的进攻，第 21 装甲师会同第 10 装甲师部分力量，再次从法伊德山口展开猛烈冲击。阿尼姆的副手齐格勒将军直接指挥这场进攻。第 10 装甲师两个小股战斗群从法伊德山口向前猛冲，像张开的钳臂那样抓住美国第 1 装甲师先遣力量（A 战斗指挥部），而第 21 装甲师另外两个战斗群（每个战斗群以一个装甲营为核心组建）趁夜间向南兜了个大圈子，企图迂回并包围美军。虽然部分美军官兵抢在德国人围绕西迪布济德形成的包围圈合拢前逃脱，但技术装备的损失相当严重。战场上满是燃烧的美军坦克，这场战斗中，美军折损 40 辆坦克。次日晨，C 战斗指挥部匆匆前调，意图实施一场反突击，可很快就被遂行合围的德军困住，只有 4 辆坦克逃脱。就这样，德国人以劣势兵力熟练地集结起局部优势力量，在这些零零碎碎的战斗中歼灭美军两个精锐中型坦克营。对盟军来说幸运的是，德国人的追击速度很缓慢。

隆美尔2月14日敦促齐格勒,夜间继续前进,充分发展这场开局胜利——
"美国人没有实战经验,我们从一开始就要给他们灌输一种深深的自卑感。"
可齐格勒觉得自己必须等待阿尼姆批准才能继续行动,直到2月17日,他
才向前推进25英里,到达美军集结的斯贝特拉。结果,德国人在那里遭到
更加激烈的抵抗,因为B战斗指挥部(目前由保罗·罗比内特准将指挥)已
匆匆南调。他们一直把德军阻挡到下午晚些时候,掩护另外两个战斗指挥部
的残部撤离后才退走——这是根据安德森的命令,盟军南翼全面撤往西杜尔
塞勒山脊一线的组成部分。虽然德军迟迟才进入斯贝特拉,但他们的战果增
加了,共缴获100多辆坦克,还抓获近3000名俘虏。

在此期间,隆美尔组织的战斗群奉命冲击盟军位于加夫萨的最南翼,2
月15日前出到对方刚刚撤离的道路中心。这股德军加快速度,转向西北方,
2月17日取得50英里进展,穿过富里亚奈,攻占了泰莱普特的美军机场。
这样一来,该战斗群所处的位置几乎与第21装甲师相平行,不过是在西面
35英里而已,因而更靠近盟军交通线。亚历山大当天赶到前线,2月19日
接管了两支军队,他在《电函录》中指出:"后撤中的美国、法国、英国部
队混乱不堪,彻底混杂在一起,根本没有协调一致的防御方案,也没有明确
的指挥。"隆美尔听说盟军纵火焚烧泰贝萨的补给仓库,这些仓库位于下一
道山脉前方40英里处。在他看来,这是对方"紧张不安"的明证。

此时出现了真正的转折点——尽管盟军指挥官认为这个转折点三天后才
到来。隆美尔希望利用对方的混乱和恐慌,投入所有可用机械化力量,以一
场联合突击穿过泰贝萨。他认为这样一场朝盟军主要交通线发起的纵深突击,
"会迫使英国人和美国人把他们的主力撤回阿尔及利亚,那些焦虑不堪的盟
军指挥官首先想到的就是这个措施"。

但隆美尔发现,已经把第10装甲师调离的阿尼姆不愿从事这样一场冒险。
因此,隆美尔向意大利最高统帅部提交了自己的建议,指望墨索里尼"渴望
赢得一场胜利,巩固他在国内的政治地位",而拜尔莱因说服了派驻突尼斯
的空军指挥官,争取到他对这项方案的支持。

时间一分一秒地流逝,直到2月18日午夜,罗马才发来电报,批准继

续进攻,任命隆美尔指挥这场行动,还把两个装甲师交给他统辖。但命令规定,这场突击应当向北攻往塔莱和卡夫,而不是向西北方穿过泰贝萨。在隆美尔看来,这种变更是"令人震惊而又难以置信的短视",因为此举意味着这场联合突击"太靠近前线,势必导致我军遭遇敌人强大的预备力量"。

因此,德军的进攻地点不出亚历山大所料,他已命令安德森"集中装甲力量守卫塔莱"——尽管他错误地认为,隆美尔宁愿赢得一场"战术胜利",也不会寻求不太直接的战略目标。战事的发展证明,这种错误估计反而对盟军有利,这多亏了意大利最高统帅部,如果隆美尔获准朝他希望的方向攻击前进,盟军本来会陷入严重的混乱状况。因为匆匆南调的英美援军,大多派往塔莱及其东面的斯比巴地区,掩护泰贝萨的只有美国第1装甲师残部,实力较为虚弱。

英军的主要援兵是第6装甲师。该师装甲力量,也就是第26装甲旅,部署在塔莱,而额外的步兵和刚刚开抵的美国第9步兵师炮兵力量,也被调来支援该旅。第6装甲师的车载步兵,也就是第1禁卫旅,用于守卫斯贝特拉正北面的斯比巴缺口,配合该旅的是美国第1、第34步兵师3个团级战斗队。

2月19日清晨,收到意大利最高统帅部的命令后仅仅几个小时,隆美尔就发动进攻。由于先前的延误和阿尼姆召回第10装甲师,这场行动的成功前景大为减弱,已经北调的第10装甲师不得不被召回,可他们无法及时赶来参加这场新攻势的第一阶段。面对这种麻烦,隆美尔命令他的非洲军战斗群调转方向,率领穿过塔莱攻往卡夫的行动,同时命令第21装甲师,利用穿过斯比巴的交汇道路设法前出到卡夫,这样一来,两路突击就有可能相互支援接应。

通往塔莱的道路穿过卡塞林山口,这个山口位于斯贝特拉与富里亚奈之间,据守此处阵地的是斯塔克上校率领的一支美军合成部队。德军起初试图以突袭的方式穿过山口,但遭到阻击,当日下午,盟军各种援兵开抵,这让斯塔克的实力远远超过遂行进攻的非洲军战斗群,该战斗群只有3个规模不大的营(1个装甲营、2个步兵营)。但美军的防御缺乏协调,德国人傍晚时在某些地段达成渗透,入夜后取得进一步突破。在此期间,德军第21装甲

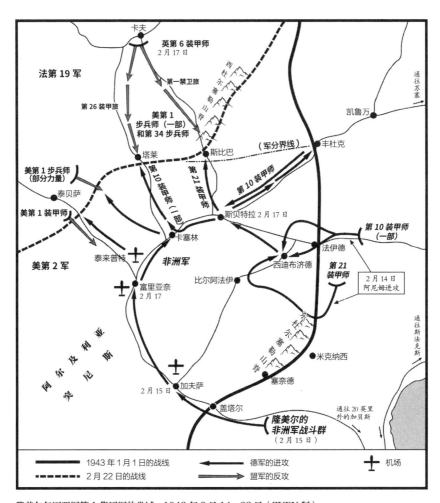

隆美尔包围盟军第1集团军的尝试，1943年2月14—22日（ZVEN 制）

图例：

▬▬	1943 年 1 月 1 日的战线	←	德军的进攻	✚	机场
▬ ▬	2 月 22 日的战线	⇒	盟军的反攻		

师向斯比巴的推进，也为一片雷区和雷区后方盟军部署的强大兵力所阻，防御方投入11个步兵营，以及大量火炮和坦克，而第21装甲师只有2个步兵营和不到40辆可用坦克。因此，隆美尔夜间决定集中力量突破卡塞林山口——那里的防御似乎动摇得更加严重，同时把姗姗来迟的第10装甲师投入卡塞林山口的战斗。可是，已经黯淡的前景愈发渺茫了，因为第10装甲师只有1个装甲营、2个步兵营、1个摩托车营赶来。阿尼姆扣留了该师近半数力量和配属的虎式装甲营，而隆美尔原本把这个重装营当作手中的王牌。

隆美尔集中力量对卡塞林山口的冲击，要到2月20日下午才能发动，这是因为第10装甲师辖内部分部队到那时候才能开抵，这种延误令他"大为震怒"。德军上午的进攻被守军火力击退，下午4点30分，隆美尔亲自赶赴前线，投入所有可用步兵力量（共5个营，包括意大利第5"神射手"营）同时发起冲击，迅速达成突破。但他们随后遭遇一个规模很小的英军支队的顽强抵抗，A. C. 戈尔中校指挥的这个支队编有1个装甲中队、1个步兵连、1个野战炮兵连，赶来支援卡塞林山口的防御。德军前调一个装甲营，这才打垮戈尔支队，另外击毁该支队11辆坦克。美国官方史以任何国家的正史都很罕见的坦诚态度，强调了戈尔支队异乎顽强的抵抗，还意味深长地提到德军在其他地段轻松达成的突破："敌人对美军技术装备的数量和质量深感惊讶，他们缴获的这些装备，大多完好无损。"[3]

攻克卡塞林山口后，隆美尔派出侦察支队，赶往通向塔莱的道路和通向泰贝萨的岔路，此举的目的是让盟军调动预备力量时陷入两难境地，也是想看看能否实现他的原定目标——夺取美军存放在泰贝萨的庞大补给物资堆栈。隆美尔取得进展的消息传开后，第一个目标实现了，这也造成了相应的影响。因为弗雷登道尔上午命令罗比内特的B战斗指挥部从最右翼开赴塔莱后，又改派他们去掩护从卡塞林通往泰贝萨的岔路。在此期间，查尔斯·邓菲准将已率领获得加强的英军第26装甲旅（辖2个坦克团和2个步兵营），从泰贝萨赶往南面，在距离卡塞林山口大约10英里处占据一片阵地，待B战斗指挥部开抵后提供支援。对盟军来说幸运的是，进攻方的实力远没有他们想象得那般强大。

次日晨（2 月 21 日），隆美尔先是原地据守，因为他认为盟军可能会发动一场反突击，夺回卡塞林山口。这场暂停让他那些对手感到惊讶，他们没有意识到隆美尔的军力与他们目前集结起来的力量相比是多么弱小。发现对方按兵不动，隆美尔就投入第 10 装甲师交由他指挥的部分力量，沿通往塔莱的道路向前挺近，这股力量仅相当于一个战斗群，编有 30 辆坦克、20 辆自行火炮、2 个装甲掷弹兵营。面对德军的邓菲加强旅逐步退却，在起伏的山脊上实施抵抗，直到他们遭到迂回和侧射。黄昏时，该旅坦克撤入塔莱预有准备的阵地，一连串德军坦克紧随其后，德国人狡猾地以一辆缴获的瓦伦丁坦克为首，英军因而误以为他们是己方掉队者。就这样，德军冲入这片阵地，打垮英军部分步兵力量，击毁许多车辆，还四处散布混乱。混战三小时后，英军阻挡住对方，但德军撤离时带走了 700 名俘虏。从卡塞林而来的这条道路上，双方展开一连串战斗，德军损失 12 辆坦克，击毁对方近 40 辆坦克——其中包括次日清晨反突击期间迷失方向、误入德军坦克营地的一个英军坦克中队的力量。

隆美尔估计对方很快会发动一场更大规模的反突击，因而决定以逸待劳，击退敌人后再乘胜追击。但当日上午的空中侦察表明，盟军大批援兵开抵战场，更多部队正在赶来的途中。所以，情况很明显，随着轴心国军队左翼的处境越来越危险，穿过塔莱继续发展胜利的前景希望渺茫。昨日下午，非洲军战斗群已前出到泰贝萨岔路，目标是夺取那里的几座山口，掩护向塔莱进击的德军部队侧翼，可美军部署在高地上的炮兵阵地，以猛烈而又密集的炮火阻挡住他们。2 月 22 日晨，该战斗群重新付出努力，只取得微不足道的进展，还遭受了他们难以承受的严重损失。集结在这里的美军是罗比内特 B 战斗指挥部和特里·艾伦第 1 步兵师部分力量，与非洲军战斗群相比完全占有压倒性优势。

当日下午，隆美尔和飞来看望他的凯塞林得出结论，继续向西遂行反攻得不到更多好处，应当停止进攻，调回打击力量后向东实施反攻，打击英国第 8 集团军。按照这项决定，轴心国军队奉命当日黄昏开始后撤，先退到卡塞林山口。

在此期间，艾伦当日清晨就力图组织一场反突击，打击轴心国军队侧翼，可由于联系不上罗比内特，行动受到延误，直到下午晚些时候才发动。此举迫使非洲军战斗群匆匆撤往卡塞林山口，而意大利部队的后撤更是混乱不堪。美军部队在这里展现出他们日趋娴熟的战术技能，准确的炮火和充裕的武器弹药给隆美尔留下深刻印象。如果一场规模更大、范围更广的反攻发展开来，他那支实力虚弱的部队就会陷入极度危险的境地。

但盟军上级指挥部门没有意识到隆美尔的弱点，也不知道形势已发生变化。正如美国官方史所述："面对后撤之敌，指挥地面作战行动的弗雷登道尔格外犹豫，而此时正是敌人最脆弱的时候。"安德森同样如此，他甚至还在考虑防御问题。的确，驻守斯比巴的大批盟军部队夜间向北退却了10英里左右，因为他们担心隆美尔有可能在塔莱取得突破，从而威胁到他们后方。出于类似的担心，安德森还考虑了另一侧泰贝萨的疏散事宜。盟军2月23日晨发现敌人撤离塔莱，却没有发起追击，直到当天深夜才下令展开一场全面反攻——2月25日发动。到那时，轴心国军队已平安撤过卡塞林山口，盟军"歼灭"敌人，"夺回"山口的努力沦为一场列队行军，遇到的仅仅是已然消失的敌人留在身后的各条遭破坏的道路，以及他们布设的地雷。

充分考虑交战双方的实力对比，以及盟军越来越顽强的抵抗，就会发现轴心国军队停止进攻的决定非常正确。面对盟军集结起来的庞大优势力量，继续进军无疑是愚蠢的。从物质上说，轴心国军队这场进攻的战果远远大于损失，他们抓获4000多名俘虏，击伤击毁大约200辆盟军坦克，自身伤亡只有1000来人，坦克的损失更小。因此，作为一场目标有限的进攻，此次行动堪称战果辉煌。不过，轴心国军队虽然危险地接近，但还是没能实现迫使盟军撤出突尼斯的战略目标。如果第10装甲师的全部力量都用于这场反攻，隆美尔从一开始就负责指挥整个行动，按照他的方案全力攻往泰贝萨的话，这个战略目标本来是可以实现的。倘若轴心国军队迅速夺取美军主要基地和机场中心，以及堆放在那里的大量物资，盟军就无法守住他们设在突尼斯的阵地。

证明造化弄人的是，罗马2月23日发来一道命令，把突尼斯境内所有轴心国军队交给隆美尔指挥。隆美尔出任新组建的非洲集团军群司令，表明这场反攻的戏剧性效果恢复了他在墨索里尼和希特勒心目中的地位。可这项任命到来的时机，对隆美尔来说不无苦涩意味，因为命令送抵的那个早晨，轴心国军队已开始后撤，重夺失去的机会为时已晚。

此时要取消阿尼姆计划在北面发动的突击也已经太晚，为遂行这场进攻，阿尼姆保留了本来能让隆美尔的行动获得更好发展的预备力量。按照计划，夺取迈贾兹巴卜是个有限目标，德国人打算在2月26日以2个装甲营和另外6个营展开进攻。但2月24日拂晓，阿尼姆派一名参谋人员告知隆美尔这场有限进攻的方案后，飞赴罗马会晤凯塞林，当日晚些时候，两人商讨后提出一份更加雄心勃勃的方案。按照这份方案，德军的进攻行动会沿海岸与法赫斯桥之间70英里长的战线，在八个不同地点发起，打击英国第5军（辖第46师、第78师、Y师，以及靠近海岸的一个法国团级战斗群）。主要突击以一个装甲战斗群遂行，目标是突尼斯城以西60英里，巴杰的道路中心，与之相配合的是一场短途钳形攻势，目的是夺取迈贾兹巴卜。尽管投入所有可用力量，可实力的增加远远无法满足这场扩大的行动的需求。用于进攻巴杰的装甲战斗群编有两个装甲营，现在的实力加强到77辆坦克（包括14辆虎式坦克），可就连如此微薄的"加强"，也是"窃取"了刚刚运抵突尼斯城、准备交付给南方第21装甲师的15辆补充坦克才实现的。隆美尔获知这份新方案后大吃一惊，称之为"完全不切实际"，他错误地把这份方案归咎于意大利最高统帅部，实际上，意大利人获知这份方案后，和他一样深感震惊。

阿尼姆2月25日下达作战命令，次日发起这场攻势，从而确保原先规模较小的那份方案的规定日期保持不变。虽说做出这么大的变更未免过于仓促，可这也充分证明了德军策划工作的高效性和灵活性。尽管时间紧、任务重，可曼陀菲尔师在最北部地段执行新增加的进攻任务，还是表现得非常出色，几乎前出到盟军位于埃比乌德山的主要横向道路，俘虏1600名据守该地区的法国和英国士兵。但德军装甲战斗群遂行的主要突击，打垮西迪恩西尔附近的英军前进阵地后，被困在距离巴杰10英里的一条狭窄沼泽隘路上，英军野战火炮和反坦克炮给他们造成严重损失。除6辆坦克幸免于难，其他德军坦克都被击伤击毁，这场进攻丧失了突击势头。夹击迈贾兹巴卜的辅助突击取得些初步进展，随后就以失败告终，德国人在南面遂行的另一些进攻同样如此。阿尼姆这场攻势抓获 2500 名俘虏，自身伤亡 1000 多人，可他的坦克损伤 71 辆，而英军的损失不到 20 辆。因此，德军取得的战果可谓得不偿失，他们一直备受坦克短缺之苦，遭受的损失很难获得补充。

更糟糕的是，这场失败的进攻造成延误，隆美尔打算发起第二场进攻需要的几个师一时间无法腾出——此次的打击目标是马雷斯防线对面、蒙哥马利设在梅德宁的阵地。之所以发生延误，是因为凯塞林要求第 10 和第 21 装甲师在靠近美军侧翼处坚守足够长的时间，从而阻止对方向北面派遣预备力量，协助应对阿尼姆的攻势。这种延误严重影响了隆美尔向东发起的反突击。2 月 26 日前，蒙哥马利只有一个师开入梅德宁阵地，他承认自己一度为此忧心忡忡，而他的司令部加紧工作，竭力在隆美尔发动进攻前调集足够的力量。到 3 月 6 日德军展开进攻时，蒙哥马利的实力增加了三倍，相当于 4 个师的兵力，外加大约 400 辆坦克、350 门火炮、470 门反坦克炮。

因此，这段间隔期，隆美尔丧失了利用优势力量实施打击的机会。他的三个装甲师（第 10、第 15、第 21 装甲师）只能集结 160 辆坦克，还不到一个装甲师的满编力量。进攻期间，除了驻扎在马雷斯防线上的几个实力虚弱的意大利师，这股德军只获得不超过 200 门火炮和 1 万名步兵支援。另外，蒙哥马利还有三个战斗机联队从各座前进机场展开行动，从而确保了空中优势。3 月 4 日，也就是德军发动进攻两天前，英国人发现并上报了德军装甲师正在接敌行军，隆美尔实现突然性的机会也就荡然无存了。

这种情况下，蒙哥马利充分发挥自己的才干，策划了一道组织完善的防御，甚至比六个月前的哈勒法山交战更有效地粉碎了敌人的进攻。前进中的德军很快被英军密集的火力压制，还遭到严重削弱。隆美尔意识到继续冲击徒劳无益，当日傍晚下令停止进攻。可到此时，德军虽说只伤亡 645 人，但损失了 40 多辆坦克，而守军的损失轻得多。

这场挫败粉碎了一切合理的希望，表明兵力和武器都处于劣势的轴心国军队，绝无可能赶在两股盟军会合并形成一种联合压力前削弱其中一股。一周前，隆美尔向凯塞林呈交了一份清醒而又沮丧的态势评估报告，体现出他本人和两位集团军司令（阿尼姆和梅塞）的观点。他在报告中强调指出，轴心国军队据守着一道近 400 英里长的防线，面对的是兵力两倍于己、坦克数量六倍于己的优势之敌[4]，因此，防线拉伸得极为稀疏。隆美尔主张把这条防线缩短为一条 90 英里的弧线，只掩护突尼斯城和比塞大，但他也指出，要想守住这条弧形防线，补给物资必须增加到每个月 14 万吨。他还明确要求上级部门阐明突尼斯战役的长远方案。几经催促，隆美尔终于收到回电，可这份回复仅仅说元首不同意他对态势的判断。回电还附有一份表格，列出了交战双方的兵团数量，却没有提到这些兵团的实际兵力和装备数量——这与盟军指挥官当时和后来为说明他们取得的胜利而采用的错误对比如出一辙。

德军在梅德宁遭遇挫败后，隆美尔得出结论，德国和意大利军队继续留在非洲"无异于自杀"。因此，隆美尔 3 月 9 日请了一再推迟的病假，把集团军群的指挥权交给阿尼姆，随后飞赴欧洲，竭力让他的主子弄清楚实际情况。事实证明，此行的结果只是结束了他与非洲战局的联系而已。

隆美尔到达罗马后谒见墨索里尼，这位意大利独裁者"似乎对目前的逆境全无认识，只是一味寻找借口来证明自己的观点正确无误"。隆美尔随后见到希特勒，可这位元首完全听不进他的意见，还明确指出，在他看来"隆美尔已沦为悲观主义者"。他不准隆美尔此时返回非洲，要他安心养病，到时候可能会派他"接掌卡萨布兰卡的作战行动"。由于卡萨布兰卡位于大西洋沿岸偏远处，从希特勒这种说法可以清楚地看出，他仍幻想自己能把盟军彻底逐出非洲，这表明他处于极度妄想的状态。

与此同时，盟军正以强大的优势力量发动一场向心攻势，意图夺取进入突尼斯的南部门户，从而让第 8 集团军与第 1 集团军会合，切断梅塞的意大利第 1 集团军，也就是隆美尔原先指挥的非洲装甲集团军。（拜尔莱因名义上是梅塞的德国参谋长，但所有德军部队的指挥和控制实际上由他负责。）

英军在梅德宁击退德国人的反攻后，蒙哥马利没有利用这场防御胜利和敌人的动摇状态立即展开追击，而是有条不紊地继续集结兵力和物资，以便对马雷斯防线发动一场预有准备的进攻。按照他的计划，这场进攻会在 3 月 20 日发起，也就是梅德宁交战两周后。

为协助这场攻势并对敌人身后施以打击，美国第 2 军计划在蒙哥马利发动进攻三天前的 3 月 17 日，在突尼斯南部实施一场进攻。这场行动的目标由安德森提出，并获得亚历山大批准，它具有三重目的：牵制敌人有可能用于拦截蒙哥马利的兵力；夺回泰莱普特附近几座前进机场，利用这些机场支援蒙哥马利的挺进；在加夫萨附近建立一个前进补给中心，为蒙哥马利前进中的军队提供补给物资。但这场行动并不要求进攻部队前出到滨海公路，从而切断敌人的后撤路线。行动目标很有限，这是因为英国人怀疑美军没有能力遂行这样一场纵深突击（从出发地到海边的距离是 160 英里），他们也不希望美军像二月份那样再次暴露在德军反攻下。但这种限制激怒了满怀进取精神的巴顿，他已接替弗雷登道尔出任第 2 军军长。第 2 军目前编有 4 个师，兵力达到 8.8 万人，大约是当面之敌的四倍。另外，盘踞在目标地区的敌人，估计只有 800 名德军和 7850 名意大利官兵，这些意大利士兵大多隶属加夫萨附近的"半人马座"装甲师。[5]

美军这场进攻的开局很不错。3 月 17 日，艾伦的第 1 步兵师兵不血刃地占领了加夫萨，意大利人后撤近 20 英里，退守盖塔尔东面一道隘路阵地，这道阵地横跨通往沿海城镇加贝斯和迈赫雷斯的岔路。3 月 20 日，沃德的第 1 装甲师从卡塞林地区而下，奔向从加夫萨通往海边的第三条路线的侧翼，次日晨占领塞奈德车站，随后向东进击，穿过米克纳西往前方山口。

当天，亚历山大放松了对巴顿的限制，要他做好准备，以装甲部队实施一场强大的突击，切断滨海公路，从而更有力地支援蒙哥马利对马雷斯防线刚刚发起的攻势。但鲁道夫·朗上校率领的德军小股支队，在山口和周边高地实施了顽强抵抗，阻挡住巴顿的推进。3 月 23 日，美军为夺取居高临下的 322 高地发起一连串冲击，每次都被守军击退，据守这座高地的德军士兵只有 80 人，过去是隆美尔的卫兵。次日，美军投入 3 个步兵营，以 4 个炮兵营和 2 个坦克连提供支援，重新冲击 322 高地，但再次被击退，虽然守军只增加到 350 人。巴顿通过电话下达了一道蛮横的命令，要求进攻必须取得成功。3 月 25 日，沃德亲自率领部队重新发起冲击，可还是没能获胜，面对敌人不断开抵的援兵，该师不得不放弃了进攻行动。巴顿早就责怪这个师"混日子"，于是解除了沃德的职务。但巴顿满脑子进攻思想，没有意识到防御的固有优势，即便面对优势兵力也是如此，特别是以经验丰富的部队抗击缺乏经验的进攻方时更是这样。

盖塔尔地区，缺乏实战经验但训练有素的美国第 1 步兵师辖内部队，又一次证明了防御的优势。2 月 21 日，艾伦的部队在这里突破了意大利军队的阵地，次日又取得些进展，但 2 月 23 日遭遇德军一场反突击。遂行这场反突击的是从海边匆匆赶来、实力已遭到削弱的第 10 装甲师，这是非洲集团军群的主要预备力量，目前编有 2 个装甲营、2 个步兵营、1 个摩托车营、1 个炮兵营。进攻方打垮了美军前沿阵地，随后为一片雷区所阻，艾伦的炮兵和坦克歼击车立即施以猛烈的炮火打击。德军的进攻势头受挫，黄昏时重新发动的进攻也没能取得更大进展——就像一名美军步兵欣喜地报告时指出的那样："我们的炮兵用高爆弹狠揍他们，他们像苍蝇那样倒下了。"虽说德军第二次进攻的损失并不像这份生动的报告说得那么严重，但美军的炮火和地雷让他们损失了大约 40 辆坦克。

美军这场有限进攻，把敌人的主要装甲预备力量引入这场代价高昂的反突击，足以弥补他们在米克纳西遭遇的挫败，不仅牵制了敌人用于抗击蒙哥马利进攻行动的一股重要力量，还大量消耗了对方稀缺的坦克。盟军最终赢得的胜利，主要归功于敌人继二月中旬在法伊德获胜后接连发起的三场不成功的反攻，而不是他们自己的进攻行动。敌人过度拉伸、耗尽了自身力量，盟军这才获得优势。之后，敌人也许能把战争旷日持久地拖延下去，但不过是在一次次失败的反攻中继续消耗残余的力量而已。

蒙哥马利 3 月 20 日夜间进攻马雷斯防线。为此，他调集第 10 和第 30 军，投入大约 16 万兵力、610 辆坦克、1410 门火炮。而梅塞集团军名义上编有 9 个师（相当于蒙哥马利的 6 个师），只有不到 8 万人、150 辆坦克（包括加夫萨附近德国第 10 装甲师的坦克）、680 门火炮。因此，进攻方在兵力、火炮、飞机方面的优势超过二比一，坦克的优势达到四比一。

另外，马雷斯防线从海边向马特马他丘陵延伸 22 英里，越过这片丘陵就是敞开的沙漠侧翼。这种情况下，对实力相对虚弱的轴心国军队来说，更明智的做法是以机动部队在马雷斯防线实施一场阻滞防御，同时在加贝斯北面的阿卡里特干河谷阵地从事抵抗，这道 14 英里宽的瓶颈地位于海岸与杰里德盐沼之间。这就是去年十一月撤离阿莱曼后，隆美尔一直倡议的应对措施，他建议退守阿卡里特干河谷阵地。隆美尔 3 月 10 日谒见希特勒，成功说服了他，希特勒指示凯塞林，应当把马雷斯防线上缺乏机动性的意大利师撤往阿卡里特干河谷，在那里构设阵地。但意大利领导人更愿意坚守马雷斯防线，赞同他们的观点的凯塞林又说服希特勒收回成命。

蒙哥马利原定方案的代号是"拳击手疾驰"。根据这份方案，主要突击是一场正面冲击，由奥利弗·利斯第 30 军辖内三个步兵师遂行，意图突破海岸附近的敌军防御，布莱恩·霍罗克斯第 10 军的装甲部队负责穿过这个缺口发展胜利。与此同时，伯纳德·弗赖伯格指挥临时组建的新西兰军展开一场大范围迂回行军，直奔内陆地区距离加贝斯 25 英里的哈马，威胁敌人后方并牵制敌军预备队。

正面冲击失败了。英国人投入一个步兵旅和一个拥有 50 辆步兵坦克的装甲团，对海岸附近一片狭窄地段遂行进攻，只给敌军阵地造成个浅浅的凹陷——这处阵地得到 200 英尺宽、200 英尺深的齐杰扎乌干河谷掩护，干河谷后方还有一道防坦克壕。干河谷松软的河床，以及那里布设的地雷，阻碍了英军坦克和支援火炮前进，而英军步兵在前方敌阵地占据的立足地，成为德军纵射火力集中打击的目标。次日夜间，获得加强的英军重新发起冲击，扩大了登陆场，英国人冲入敌军防御阵地，许多意大利士兵趁机投降。但英军反坦克炮不得不穿越沼泽地，因而迟迟没能到达。当日下午，靠前部署的英军步兵仍没有获得足够的支援，结果被德军一场反冲击打垮。[6] 借助夜色掩护，英军撤过干河谷。因此，到 3 月 22 日夜间，英军不仅没通过正面冲击达成充分的突破，还放弃了楔入敌军防御的立足地。

在此期间，英军的迂回机动起初进行得不错，随后也遭到遏制。新西兰军从第 8 集团军后方地域实施一场漫长的接敌行军，越过一片复杂的沙漠地带，2.7 万名官兵和 200 辆坦克终于在 3 月 20 日夜间逼近加贝斯以西 30 英里、哈马西南面 15 英里被称为"普卢姆"的山沟，此时，英军在海岸附近的进攻已打响。但肃清接近地后,新西兰人在这条山沟受到长时间阻滞,这里的意大利守军先是获得调自预备队的德国第21装甲师加强,随后得到新开抵的第164轻装非洲师的4个营的支援,这股援兵是从马雷斯防线右侧调来的。

3月23日清晨,恢复海岸地区的进攻显然已毫无机会,蒙哥马利决定重新拟订方案,把手中所有可用的力量集中于内陆侧翼,因为那里的前景更好些,如果以更大的力量重新发起冲击,就有可能突破到哈马。他命令霍罗克斯率领第10军军部和雷蒙德·布里格斯少将指挥的第1装甲师(160辆坦克),当晚朝内陆开进,以一场大范围迂回穿越沙漠,为新西兰军提供增援。同时,弗朗西斯·图克少将指挥的印度第4师,从梅德宁朝内陆侧向行进,肃清哈

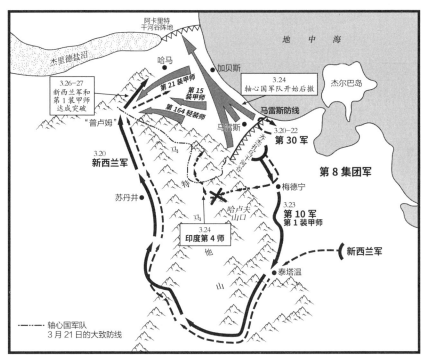

第8集团军迂回马雷斯防线(ZVEN 制)

卢夫山口，穿过马特马他山。使用这条进军路线，对沿沙漠侧翼行进的大股机动部队来说，补给线至少可以缩短100多英里。肃清山口后，图克就沿山顶向北进击，穿过马雷斯防线最靠近的侧翼，从而对敌军侧翼构成额外威胁，即便穿过"普卢姆"缺口的大范围机动受阻，也可以开辟另一条前进路线。

这份新方案是个很好的构思，也是个熟练的转换，展现出蒙哥马利灵活变换突击地点、受阻后开辟新进攻路线的能力，甚至比他在阿莱曼干得更出色——尽管一如他的习惯，蒙哥马利事后总是淡化这种灵活性（这是将才的标志）立下的功劳，大谈一切行动从一开始就是"按计划顺利进行的"。从许多方面看，马雷斯防线之战是他在这场战争期间表现最出色的一场战役。不过，蒙哥马利最初企图在海岸附近一片狭窄的沼泽地带强行突破，结果遇到些麻烦，而他没有以足够的力量确保沙漠机动取得成功，因而暴露了这种机动的可能性。

这种过早的暴露，成为实施代号"增压2号"（这个代号是纪念最终在阿莱曼取得胜利的那份方案）的新进攻方案的主要障碍。因为新西兰人3月20日到达"普卢姆"附近时惊动了轴心国军队指挥部，他们迅速推断对方在这个方向会采取进一步行动，而山顶的观察哨确实在3月23日夜间和24日两次发现这种情况。这表明蒙哥马利的方案发生了变化，他的进攻重点已经转移到沙漠侧翼。因此，英军援兵开抵该地域两天前，德国第15装甲师已调回哈马附近，准备支援第21装甲师和第164轻装非洲师，刚好赶上应对英军计划在3月26日下午发起的进攻行动。

丧失突然性后，"增压2号"行动的成功前景随之暗淡下来，但另外四个因素共同弥补了这种损失。最主要的一个因素是阿尼姆否决了梅塞坚守马雷斯防线的请求，3月24日决定把梅塞集团军撤到阿卡里特干河谷阵地，而不是让这支军队承受陷入困境的风险。这样一来，山谷守军只需要挡住英军的进攻足够长时间，让马雷斯防线上的非机动师撤离即可。第二个因素是空中"弹幕"席卷了进攻路线，16个英国战斗轰炸机中队以炸弹和炮火连续实施低空攻击，每隔15分钟执行一次，每次投入2个中队。指挥沙漠空军的哈里·布罗德赫斯特空军少将组织了这场行动，这种战法源自德国人的"闪电战"，把守军打得惊慌失措，可以说非常奏效，但此举违反了空军司令部的学说，身处遥远后方的皇家空军上级部门对此很不满意。第三个因素是装甲部队夜间向前挺进的大胆决定，德国人经常靠这种策略取得成功，但英国人一直不愿尝试这种做法。第四个因素是好运气，一场沙尘暴遮蔽了英军装甲部队的集结，以及他们穿过两侧布满敌反坦克炮的山沟的第一阶段行动。

英军 3 月 26 日下午 4 点发动进攻，在进攻方身后落下的太阳给守军的视线造成影响。第 8 装甲旅和新西兰步兵打头阵，雷蒙德·布里格斯的第 1 装甲师傍晚 6 点左右从他们当中穿过，在尘埃和暮色掩护下取得 5 英里进展，7 点 30 分夜幕降临时停止前进。午夜前,月亮升起后,他们排成"坚实的方阵"再次向前挺进。3 月 27 日拂晓，该师已顺利穿过瓶颈地，到达哈马边缘。

但德国人部署的反坦克掩护，以及第 15 装甲师以大约 30 辆坦克对英军侧翼发起的一场反冲击，在哈马把英国人阻挡了两天。马雷斯防线上的守军主力，即便步行也足以利用这段时间摆脱遭切断的威胁，撤到阿卡里特干河谷阵地。大约 5000 名意大利官兵被俘，主要是在战役初期阶段，另有 1000 名德国士兵在哈马附近的战斗中被俘，但他们付出的牺牲，掩护了沿海后撤走廊，轴心国军队主力得以平安撤离，武器装备的损失并不大。英军倘若迅速调整进攻方向，本来可以前出到海岸边，切断后撤之敌，可他们丧失了这个机会。停顿一个多星期后，蒙哥马利才做好对付敌军新阵地的准备。

与此同时，获得美国第 9 和第 34 步兵师加强的巴顿，重新朝海岸和敌军后方发动进攻。他的主要突击是从盖塔尔攻向加贝斯，以第 1 和第 9 步兵师为美国第 1 装甲师打开一条通道，第 34 步兵师负责夺取北面 100 英里的丰杜克山口，从而打通进入沿海平原的另一条路线。但第 34 步兵师 3 月 27 日对丰杜克山口的冲击，被守军稀疏的防御挡住，他们次日放弃了进攻。第 34 步兵师随后向西退却 4 英里，脱离敌军火力射程后实施重组。这场后撤让他们的对手在一份战地报告中得出结论："美国人刚一遭到攻击就放弃了战斗。"

美军 3 月 28 日从盖塔尔发起主要突击，经过艰巨的战斗稍稍取得些进展，随后也被对方挡住。此时，蒙哥马利已经在哈马取得突破并前出到加贝斯，因此，亚历山大指示巴顿，以他的装甲纵队攻往海岸地区，不必等待步兵肃清道路。这番努力被敌人一连串精心部署的反坦克炮挫败，经过三天徒劳无获的苦战，美国人不得不再次调来步兵肃清通道，尽管巴顿一再敦促，可依然没能取得更大战果。即便如此，美军在后方达成突破的威胁，还是迫使德国人抽调第21装甲师赶去增援第10装甲师，这就进一步分散了他们微薄的装甲预备力量，有助于蒙哥马利即将对阿卡里特干河谷阵地发起的正面冲击，他为这场进攻集结了570辆坦克和1470门火炮。

阿卡里特干河谷阵地从地形方面看相当强大，因为平坦的海岸地带只有4英里宽，还得到深邃的阿卡里特干河谷掩护，而在这道干河谷变浅、变窄处，一连串陡峭的低矮山丘平地而起，一路延伸到盐沼地带边缘。但轴心国军队放弃马雷斯防线的决心下得太晚，来不及加强阿卡里特干河谷阵地并扩大防御纵深。对守军来说更糟糕的是，他们严重缺乏弹药，这是因为他们在太靠前的马雷斯防线过早实施了抵抗，导致有限的补给物资消耗大半。

蒙哥马利最初的想法和他对付马雷斯防线的构思如出一辙，就是在靠近海岸的一片狭窄地段突破敌军阵地，然后投入装甲部队扩大突破。第51高地师负责执行突破任务，图克指挥的印度第4师负责占领丘陵障碍东端，以此掩护第51师侧翼。但图克主张扩大进攻正面，向西伸展，从而占领位于中央的制高点，他依据的是"次高峰毫无用处"的山地战原则。图克确信自己的部队在山地战和夜战方面训练有素，完全能克服这种艰巨的障碍。蒙哥马利采纳他的建议，扩大了进攻正面，以第30军三个步兵师遂行这场突破。另外，他没有为等待月光周期再浪费一周时间，而是大胆地决定夜间发动进攻，他认为夜色的掩护足以抵消发生混乱的风险。

4月5日夜幕降临后，印度第4师向前推进，次日拂晓到来前，他们已深入丘陵地带，抓获大约4000名俘虏，主要是意大利人。4月6日清晨4点30分，第50和第51师在400来门火炮的猛烈炮火支援下投入进攻。一道防坦克壕阻挡住第50师，但第51师很快在敌军防御阵地上打开缺口，尽管这个突破口没有印度第4师打开的缺口那么大。两场突破为第10军装甲部队迅速发展胜利创造了机会，因此，霍罗克斯指挥的这个军已部署到紧贴战线的后方。

早晨8点45分，霍罗克斯来到图克的师部，官方记录写道："印度第4师师长向第10军军长指出，我们已突破敌军防御，肃清了第10军的挺进通道，立即发动进攻就能结束北非战局。现在应该展开猛攻，决不能吝惜兵力和技术装备。第10军军长打电话给集团军司令，要求投入第10军，从而保持突击势头。"不幸的是，第10军投入战斗太晚，该军着手发展胜利时又发生更大的延误。亚历山大的《电函录》指出："蒙哥马利将军12点投入第10军。"此时，德国第90轻装师发起一场反突击，把英军第51师驱离某些既占地带，部分封闭了突破口。当日下午，霍罗克斯第10军的先遣装甲部队姗姗来迟地穿过这个突破口时，遭到德国第15装甲师所投入力量的反冲击阻截，这是敌人唯一可用的预备队。当天，第10军完全没有利用强大的突击力量扩大印度第4师打开的突破口。

蒙哥马利以他特有的谨慎制订了计划：次日晨借助大规模空中突击和炮击达成突破。可清晨到来时，敌人消失了，他原本策划的粉碎性打击，又一次沦为追击逃窜之敌的行动。

虽说蒙哥马利失去了赢得决定性胜利的良机，可他的对手也丧失了封闭突破口、守住阿卡里特干河谷阵地的机会，因为三个德国装甲师中的两个（第10、第21装甲师）调去拦截威胁他们后方的美军部队。因此，梅塞昨晚告诉阿尼姆，由于这股加强力量调离，阿卡里特干河谷阵地已无法多坚守哪怕是一天。于是，阿尼姆批准他撤往北面150英里的安菲代维莱阵地，位于沿海平原的这道阵地很狭窄，同样得到丘陵障碍掩护。

4月6日天黑后不久，轴心国军队开始后撤，尽管大多数部队不得不步行跋涉，可还是在4月11日顺利到达安菲代维莱阵地。英国第8集团军先遣部队在两个军前方推进，虽然完全实现了摩托化，实力也比偶尔阻滞他们前进、力量虚弱的德军后卫部队强大得多，可直到两天后才到达安菲代维莱。

为拦截后撤之敌，亚历山大把第1集团军辖内第9军投入进攻，意图攻克丰杜克山口，尔后向东挺进50英里，穿过凯鲁万，前出到安菲代维莱以南20英里的海滨城镇苏塞。这个新组建的军由约翰·克罗克指挥，辖英国第6装甲师、第46师一个步兵旅、美国第34步兵师，该军总共有250辆坦克。

步兵的任务是夺取丰杜克山口两侧制高点，从而为装甲部队的前进打开一条通道。部队匆匆集结，计划于4月7日至8日夜间发动这场进攻。但美国第34步兵师辖内部队的行动耽搁了三个小时，失去夜色掩护后，他们的进攻很快被敌人的火力阻挡住，该师十天前的进攻遭遇挫败，这导致他们更倾向于停止前进后就地隐蔽。由于这个师没有继续前进，敌人趁机把火力转向北面，阻截英国第46师那个步兵旅，该旅先前取得更好的进展，已夺得山口北面的高地。克罗克因而决定不再等待步兵肃清通道，立即投入麾下装甲部队强行通过，因为整个进攻行动的关键在于能否迅速突破到沿海平原。

次日（4月9日），凯特利少将率领英国第6装甲师投入进攻，该师在这场行动中损失34辆坦克，但只伤亡67人——损失看似严重，可考虑到该师必须穿过雷区，还要突破对方15门反坦克炮以夹射火力掩护的狭窄通道这些困难，上述损失可以说小得惊人。但英军装甲部队直到下午才通过，克罗克因而决定暂时停止前进，待次日晨再继续发展突破，还把部队召回山口入口处，组成防御严密的车阵过夜。这是个谨慎之举，与他先前的大胆决定形成了鲜明对比。但雷区仍要留下个缺口，以便轮式车队通行。相关报告表明，拜尔莱因指挥的德军装甲部队从南面后撤，已接近凯鲁万。4月10日拂晓，英国第6装甲师恢复向东进击，可他们到达凯鲁万时，后撤中的敌军纵队已顺利通过这个道路中心。据守丰杜克地区的小股德军支队（2个步兵营和1个反坦克连）也已溜走，他们不折不扣地执行了拜尔莱因的命令：必须把英国第9军阻挡到4月10日晨，从而掩护梅塞集团军撤到沿海走廊。该支队前方和身后都遭到优势之敌严重威胁，在这种险恶境况下全身而退，实在是一项了不起的壮举。

两支轴心国军队现在终于取得会合，守卫着从北部海岸到安菲代维莱这条100英里长的防线。虽说他们的处境暂时获得改善，可这种收益却因为他们蒙受的损失（特别是武器装备方面的损失）而减弱。因此，就连这条缩短的防线，对实力不断下降的轴心国军队来说也太长了，而盟军的兵力和技术装备优势不断加大，他们正集结起来准备进攻这条弧形防线。另外，阿尼姆二月份那场反攻在迈贾兹巴卜附近及其北面夺得的地域，大多已被奥尔弗里中将指挥的第5军在三月底和四月初的进攻行动中夺回，这让盟军处于有利位置，可以向东发起攻击，直奔突尼斯城和比塞大。

政治和心理方面的考虑，极大地影响到盟军以一场决定性打击结束北非战局的作战地区选择问题。艾森豪威尔3月23日写信给亚历山大，主张主要突击应当在北部，也就是第1集团军作战地区发起，巴顿军应该调往该地区参加这场决定性进攻，这对美国人的士气而言非常必要。艾森豪威尔后来又写了几封信，一再强调这个要求。亚历山大拟制作战方案时接受了艾森豪威尔的建议，4月10日指示安德森，做好4月22日发动主要突击的准备。亚历山大还对巴顿的强烈抗议做出让步，由于巴顿不愿再次隶属第1集团军，亚历山大就安排美国第2军直接接受自己的指挥，继续独自采取行动。同时，亚历山大还否决了蒙哥马利把刚刚与第8集团军会合的英国第6装甲师纳入麾下的要求，他告诉蒙哥马利，第8集团军在即将发起的进攻中只发挥次要作用，所以必须交出辖内两个装甲师中的一个（第1装甲师），用于加强第1集团军。

这种情况下，政策和战略利益取得一致。北部地区提供了更大的空间，足以让盟军发挥他们的优势，因为那里的进攻道路更宽，补给线也更短，而取道安菲代维莱的南部道路，给装甲部队展开造成的障碍更大，不利于有效实施作战行动。

按照一份分阶段方案，美国第2军辖内部队从突尼斯南部调往北部地区，这场调动每天涉及大约2400部穿过英军弧形后方的车辆，这是一项复杂的参谋工作。奥马尔·布拉德利现在接掌第2军指挥权，巴顿被召回，参加入侵西西里的行动中美国方面的策划工作。英国第9军也调往北面，但该军的行军路程较短，安插在英国第5军与法国第19军之间靠右的中央位置，而法国第19军毗邻盟军右翼的第8集团军。

根据亚历山大4月16日下达的最终方案，此次攻势是四路推进的一场向心突击。英国第8集团军4月19日夜间以霍罗克斯第10军发起突击，穿过安菲代维莱，向北攻往哈马特和突尼斯城，目的是切断邦角半岛颈部，封锁进入半岛的路线，以防轴心国军队残部撤入半岛实施旷日持久的抵抗。

这个目标要求第 8 集团军必须穿过一片非常复杂的瓶颈地区，至少前进 50 英里。位于第 8 集团军侧面的法国第 19 军，必须保持一种不断构成威胁的压力，并利用友邻部队向前推进时创造的一切机会。英国第 9 军辖 1 个步兵师和 2 个装甲师，4 月 22 日清晨在法赫斯桥与古拜拉特之间展开攻击，目标是为装甲部队在那里达成突破打开一条通道。位于该军左侧的英国第 5 军，辖 3 个步兵师和 1 个装甲旅，负责实施主要突击，同一天傍晚在迈贾兹巴卜附近投入进攻，打击德国第 334 步兵师 2 个团据守的 15 英里长的防御地段。美国第 2 军一天后在北部地区发动进攻，那段 40 英里长的防线由曼陀菲尔师 3 个团和第 334 步兵师 1 个团据守，可他们的兵力不到 8000 人，而美国第 2 军的兵力多达 9.5 万人。

这样一场几乎在各个地段同时发动的总攻，成功的可能性看上去很大。盟军目前有 20 个师，作战力量超过 30 万人，外加 1400 辆坦克。盟军情报部门正确地估计，沿 100 英里长的弧形防线构成防御骨干的 9 个德国师，总兵力只有 6 万人，坦克总数不到 100 辆——而一份德方报告指出，他们可用于战斗的坦克只有 45 辆。另外，阿尼姆 4 月 20 日夜间朝迈贾兹巴卜以南发起一场破坏性进攻，虽说在黑夜中取得 5 英里进展，但天亮后被击退，这场反扑没能打乱英军在该地区的集结和进攻。

盟军这场总攻，虽然按规定时间发起，却没有照计划进行。遂行防御的德国军队相当顽强，熟练地利用复杂地形阻挡优势之敌。因此，亚历山大的"最终"方案失败了，他不得不重新制订计划，原先的最终方案成了倒数第二个方案。

第 8 集团军在安菲代维莱的进攻行动以三个步兵师遂行，在与沿海地带接壤的丘陵遭遇顽强抵抗。进攻受阻，损失相当惨重，蒙哥马利和霍罗克斯认为会把敌人一举逐出这片瓶颈地带的乐观希望就此落空。意大利人在这里打得和德国人一样勇猛。内陆更远处，英国第 9 军集结的装甲力量，在法赫斯桥西北面的库尔齐埃地区突破敌军正面达 8 英里之深，但随后陷入停滞，因为阿尼姆投入了手中唯一像样的快速预备力量，这就是实力严重消耗的第 10 装甲师，该师目前的坦克数量不到进攻方的十分之一（英军有 360 辆可用坦克）。英国第5军遂行的主要突击，遭遇据守中央地段两个德军步兵团的顽强抵抗，进展十分缓慢。经过四天苦战，他们只越过迈贾兹巴卜6~7英里。随后，该军的进攻明确无误地停顿下来，在某些地段甚至被逼退，这是因为非洲集团军群剩余的大部分坦克临时编成一个装甲旅介入战斗。北部地区，美国第2军头两日的进攻穿过崎岖的地形，取得的进展微乎其微，4月25日，他们发现敌人悄无声息地撤到后方几英里的另一道防线。总之，盟军这场攻势在任何地段都没有达成明确突破，各处都陷入停滞。

但轴心国军队为挫败对方的进攻，也消耗了自身力量和原本就很微薄的资源，现在已经到了极限。到4月25日，他们的两支军队只剩四分之一个油料基数，也就是说，只够车辆行驶25公里，剩下的弹药估计只够再从事三天的战斗。目前他们获得的弹药和油料补给寥寥无几，而这些物资是他们继续战斗下去的希望所在。这也是盟军下一场攻势中的决定性因素。粮食供应也严重不足，阿尼姆后来指出："即便盟军不发动进攻，最迟到6月1日我也不得不投降，因为我们没什么吃的东西了。"

隆美尔和阿尼姆二月底曾汇报过，如果最高统帅部决定坚守突尼斯，每个月至少需要14万吨补给物资才能维持轴心国军队的战斗力。罗马当局敏锐地意识到运输方面的困难，把这个数字定为12万吨，还估计运输途中沉没的物资可能会多达三分之一。可结果是，三月份只有2.9万吨物资运给轴心国军队，其中四分之一还是通过空运实现的。相比之下，这个月仅仅美国人就把40万吨物资平安运抵北非各座港口。四月份，轴心国军队获得的补给物资下降到2.3万吨，五月份第一周只收到区区2000吨。这是因为盟国（主要是英国）海空力量，获得出色的情报评估帮助，已牢牢控制住跨地中海的补给航线。这些数字充分说明了轴心国军队的抵抗突然崩溃的原因，远比盟国任何一位领导人做出的解释更有说服力。

亚历山大新的"最终计划"，是通过英军在安菲代维莱瓶颈地受阻间接产生的。4月21日，三个师在那里的进攻受挫已成为痛苦的事实，由于损失不断加剧，蒙哥马利被迫停止进攻，如上文所述，这场暂停让阿尼姆得以把剩余的装甲力量调往北面，阻截英军在迈贾兹巴卜东面达成突破的主要突击。

蒙哥马利打算 4 月 29 日恢复进攻，集中力量于狭窄的沿海地带，不再设法夺取内陆高地。霍罗克斯接受了这道指令，但图克和弗赖伯格这两位最重要的师长强烈反对。事实证明，他们的警告不无道理，因为新的进攻很快就遭到阻截。次日（4 月 30 日），亚历山大赶赴前线与蒙哥马利商讨态势，随后下达命令，把第 8 集团军两个最精锐的师调给第 1 集团军，从而在迈贾兹巴卜地区发起一场获得加强的新攻势。安菲代维莱的进攻行动失败前，图克就主张采用这条替代路线。的确应该早点采纳他的建议，因为安菲代维莱这场进攻，甚至没实现牵制轴心国军队、阻止他们增援中央地区这个有限目标。

这番调整，一经决定立即付诸实施。两个被挑出来的师（印度第 4 师和第 7 装甲师）当日黄昏就朝西北方开始了漫长的跋涉。第 7 装甲师在后方担任预备队，必须沿崎岖的道路迂回行进近 300 英里，但该师以运输车辆载运坦克，仅用两天就完成了这场调动。两个师转隶执行决定性进攻的第 9 军，该军朝北面侧向运动，集结在第 5 军防区后方，准备投入这场进攻。霍罗克斯也在调动之列，他要赶去接掌第 9 军指挥权，因为第 9 军军长克罗克参观一款新式迫击炮操演时意外负伤——绝佳机会就在眼前，克罗克的运气实在是糟透了。

在此期间，布拉德利指挥的美国第 2 军，4 月 26 日夜间在北部地区恢复进攻。经过四天苦战，该军穿过这片丘陵地区的行动还是被敌人的顽强抵抗阻挡。但美军持续施加的压力，导致敌人补给物资极度紧张，弹药严重短缺，被迫撤往马特尔东面一道不太容易据守的新防线。轴心国军队 5 月 1 日至 2 日夜间熟练地实施了这场后撤，没有受到干扰，可新防线距离比塞大港仅 15 英里，所以防御严重缺乏纵深，这与面对突尼斯城的迈贾兹巴卜地区的情况如出一辙。

缺乏防御纵深，对补给物资严重短缺的守军来说深具致命性，足以保证盟军计划于 5 月 6 日发动的这场新攻势的决定性。因为轴心国军队的防御一旦遭到突破，他们就不可能通过弹性防御和后撤机动延长抵抗。虽然他们成功挫败了盟军先前的进攻，但为此付出的代价十分沉重，微薄的物资储备几乎消耗殆尽，剩下的弹药只够短时间应对进攻方的压倒性火力，油料也只够实施最短途的反击。另外，他们已无力维持突尼斯境内各座机场，剩余的飞机已撤回西西里岛，因此，他们没有任何空中掩护。

轴心国军队指挥官对这场即将到来的打击并不感到意外，因为他们截获了盟军的无线电通信，这些情报表明大批部队从第8集团军调往第1集团军。可他们缺乏应对手段，即便知道打击即将到来也无能为力。

亚历山大代号"火神"的新方案，规定以第9军的猛烈冲击达成突破，该军必须穿过第5军作战地区，对迈杰尔达河以南河谷一条不到2英里宽的狭窄战线实施突击。这场冲击由英国第4师和印度第4师组成的庞大方阵遂行，四个步兵坦克营提供支援，第6、第7装甲师紧随其后。用于进攻的坦克超过470辆。待两个步兵师取得3英里左右的纵深突破后，两个装甲师就投入突破口，首先前出到距离出发线12英里、离突尼斯城半数路程的圣西普里安地区。亚历山大在他的指令中强调，"主要目标是攻占突尼斯城"，从而阻止敌人的一切集结，还必须毫不停顿地"肃清敌人继续盘踞的地区"。

作为第9军遂行的突击的前期行动，第5军奉命在5月5日傍晚夺取布奥卡兹山的侧翼高地。经过一番激烈战斗，第5军完成了这项任务。之后，第5军的主要任务是为第9军的推进"保持通道畅通"。事实证明这一点不难做到，因为敌人已不再拥有实施一场有效反突击的手段。

由于第1集团军缺乏夜间进攻的经验，按照原定方案，第9军应该在昼间遂行突击，如果真是这样，那么，保持通道畅通可能会更加困难。但由于图克一再坚持，作战方案做出修改，进攻发起时间定于凌晨3点，这样就可以充分利用没有月光的夜晚提供的荫蔽。按照图克的主张，常规弹幕射击也改为对已知敌据点实施集中控制的、持续而又密集的炮火打击，炮兵弹药供应量加倍，每门火炮获得的炮弹增加到1000发。这种密集炮火相当于每两码战线落下一发炮弹，因此，火力掩护的密度比去年秋季阿莱曼战役的弹幕射击高五倍。直接支援突击行动的400门火炮，实施集中射击造成的破坏性影响，又因为拂晓到来后200多个战斗架次的空中突击而加剧、扩展。

到上午9点30分，印度第4师已打开个深深的缺口，付出的代价只是伤亡100来人。该师报告，前方没有发现敌人实施激烈抵抗的迹象。他们还告诉军部，装甲部队"想行进得多快多远都没有问题"。上午10点前，第7装甲师先遣部队开始穿过步兵夺取的战线。右翼，英军第4师的进攻行动发起得稍晚，前进速度也较慢，但由于获得左翼友军顺利推进的帮助，该师还是在中午前实现了目标。几个装甲师终于可以前进了，可下午3点左右，他们在迈西考特附近停下来过夜，此处距离进攻出发线只有6英里，位于步兵夺得的那条战线前方3英里。也就是说，通往突尼斯城的征程，他们只完成了四分之一。英国第7装甲师师史解释了这种过于谨慎的举措，声称师长"认为更明智的做法是把每个旅留在两个师控制的坚固阵地上，而不是放松对两处阵地的控制，继而导致补给工作这种长期任务复杂化"。这种解释清楚地表明，他们根本没有掌握发展胜利的基本原则，更没有贯彻乘胜追击的精神。与阿卡里特干河谷发生的情况一样，霍罗克斯和几位装甲师长对机会的召唤反应迟钝，仍以步兵特有的速度从事作战行动，而不是充分发挥机械化部队的机动性潜力。

这种谨慎纯属多余。迈杰尔达河南面，英军实施打击的这片8英里地段，据守2英里正面的只有德国第15装甲师两个实力虚弱的步兵营和一个反坦克营，他们获得不到60辆坦克组成的一个多兵种合成战斗群的支援，这些坦克几乎就是轴心国装甲部队残余的全部力量了。盟军为支援进攻而倾泻的大量炮弹和炸弹粉碎了对方薄弱的防御。另外，由于缺乏油料，阿尼姆无法按计划北调第10、第21装甲师残余的非装甲部队。为了让敌人相信英军会在库尔齐埃地区重新发动进攻，英国人精心策划了欺骗方案，可事实证明，严重缺乏油料比这份欺骗方案更有效地牵制了敌军。

英国第6、第7装甲师5月7日拂晓继续前进，可又一次表现出过于谨慎的态度，在圣西普里安，只有10辆坦克和少量火炮的小股德军把他们阻挡到当日下午。直到下午3点15分，他们才下达攻入突尼斯城的命令。半小时后，第11轻骑兵团的装甲车冲入城内，自三年前北非战局开始以来，这个团一直发挥着主导作用，这一次堪称功成名就。德比郡义勇骑兵队，也就是第6装甲师的装甲车团，几乎同时进入突尼斯城。坦克和车载步兵尾随其后，扩大并完成对这座城市的占领。在此过程中，部队频频受阻，但这主

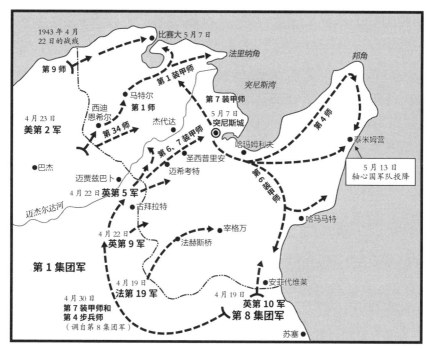

北非战局的最后阶段（ZVEN 制）

要是因为当地民众爆发出歇斯底里的热情，不停地抛出鲜花和飞吻，而不是因为混乱、缺乏组织的小股德军部队实施的零星抵抗。英军当晚逮住的俘虏很多，次日上午抓获得更多，还有大批敌军企图从突尼斯城向南面或北面逃窜。至于城市周边残存的敌军战斗部队，遭到突入城内的英军分割后，也朝不同方向撤离。

与此同时，美国第2军恢复了北部地区的进攻行动，以此配合英军的突击。该军5月6日进展缓慢，敌人的抵抗似乎仍很顽强，但次日下午，美国第9步兵师侦察部队找到一条畅通无阻的道路，该师下午4点15分冲入比塞大，敌人已撤离这座城市，朝东南方退却。正式进入比塞大的荣誉让给5月8日开抵的法国非洲军。从马特尔出发的美国第1装甲师，头两天遭到敌军拦截，南面的第1和第34步兵师同样如此。但5月8日，第1装甲师发现敌人的防御崩溃了，很容易取得进展，原来，敌人已耗尽弹药和油料。另外，英国第7装甲师从突尼斯城出发，正沿敌军后方的海岸向北卷击。

这股敌军夹在英美先遣部队之间，既没有实施抵抗的能力，也缺乏撤离手段，于是开始大批投降。第11轻骑兵团的先遣中队傍晚前收容了大约1万名俘虏。次日清晨（5月9日），另一个中队的部分力量赶赴比塞大以东20英里、法里纳角附近的法里纳港，在那里接受了9000多名敌军官兵的投降，这些残兵败将挤在海滩上，还有些人可悲地试图扎木筏逃生。该中队把这群俘虏交给不久后开抵的美军装甲部队，这才松了口气。上午9点30分，德国第5装甲集团军司令兼北部地区指挥官冯·韦尔斯特将军致电阿尼姆："我们的坦克和火炮都被摧毁。没有弹药和油料。我们会战斗到底。"最后一句话听上去很壮烈，可实属荒谬，因为部队没有弹药就无法从事战斗。韦尔斯特很快获悉，他麾下的官兵都认为这道英勇的命令荒唐至极。因此，他当日中午同意残余部队正式投降，这样一来，盟军在这片地区俘获的敌军总数增加到4万人左右。

盟军分割敌军后，更大一股轴心国军队盘踞在突尼斯城以南地区。从地形条件看，这片地区更有利于防御，盟军指挥官估计对方会在这里实施更长久的抵抗。可这股敌军耗尽了弹药和油料，短暂的抵抗随之崩溃。一种普遍的绝望感加速了这种崩溃，因为轴心国官兵很清楚，即便某些地方还存有一些物资，可他们再也得不到补给供应了，出于同样的原因，他们也无法逃脱。

亚历山大现在的目标是阻止梅塞集团军，也就是南部的轴心国军队，撤入更大的邦角半岛，在那里建立实施最后抵抗的牢固阵地。因此，英国第6装甲师刚刚占领突尼斯城，就奉命转向东南方，直奔半岛根部近角的哈马姆利夫，而英军第1装甲师也朝这个方向汇聚。哈马姆利夫的山丘非常靠近大海，平坦的沿海地带只有300码宽。德军一个支队守卫着这条狭窄的隘路，还获得从机场防御撤出的一些88炮加强，一连两天，他们阻挡住盟军强行通过的一切尝试。但盟军协同一致的努力最终克服了这个障碍。第6装甲师的步兵占领了俯瞰这座城镇的高地，炮兵有条不紊地轰击一个个街区，一支坦克纵队随后贴着海浪，沿海滩行进，顺利避开德军一门残存火炮的打击。5月10日黄昏前，他们已穿过半岛根部到达哈马特，一举切断了残余之敌。由于缺乏油料，这股敌军无法撤入半岛。次日，第6装甲师向南行进，进入在安菲代维莱附近阻挡英国第8集团军的轴心国军队后方。尽管这股敌军手中仍有些弹药，可他们显然已陷入重围，毫无逃脱的希望，于是很快就投降了。

到5月13日，剩下的轴心国指挥官和他们的部队悉数放下了武器。除四月初以来疏散的9000名伤病员，只有几百人通过海路或空运的方式逃往西西里岛。至于盟军最终俘获了多少敌军，这个数字很难确定。5月12日，亚历山大司令部向艾森豪威尔报告，自5月5日以来，俘虏人数已上升到10万人，清点工作结束后，这个数字很可能达到13万。后来的一份报告"称俘虏总数为15万人左右"。但亚历山大战后出版的《电函录》说俘虏总数多达25万。丘吉尔在回忆录中给出相同的整数，但以"接近"这个词加以修饰，艾森豪威尔说俘虏总数"达到24万，德国俘虏约为12.5万人"。但非洲集团军群5月2日发给罗马的报告指出，集团军群四月份领取口粮的人数介于17万与18万之间，这是非洲战局最后一周激战前呈交的报告。因此，很难理解俘虏数量为什么会比报告中说的人数多出近50%。负责为部队供应给养的行政后勤人员通常不会少报部队人数。值得一提的是，这场战争的最后阶段，最终确知的德军领取口粮人数与盟军声称的俘虏数量之间，存在的差异更大。

无论盟军在突尼斯俘获的确切人数是多少，战果无疑是巨大的。最重要的影响是，这一战消灭了地中海战区轴心国久经沙场的军队主力，否则，这股敌军本来可以用于阻止盟军入侵西西里，而这场入侵是盟国重返欧洲的第一个，也是至关重要的一个阶段。

注释

1. 这个数字大致是他们编制力量的一半，和阿莱曼战役开始时的情况一样。

2. 通过相关记录中的这些数字可以明显看出，以双方投入的"师"的数量来对比盟军与轴心国军队的实力是多么荒谬，可盟军指挥官和许多官方历史学家在他们的著作中就是这样比较的。这段时期，一个美国装甲师的编制坦克数量（390辆），是一个常规德国装甲师编制数量（180辆）的两倍多。但实际差距会更大，因为德国人很难弥补他们遭受的损失。可以看出，即便美国第1装甲师的实力遭到消耗，坦克数量依然是与之对阵的各德国装甲师平均坦克数量的三倍。一个英国装甲师的编制近期减少到大约270辆坦克，但不包括特种坦克。而美国师，除了个别例外，当年晚些时候也进行了类似的重组。但1944年，英国装甲师为辖内侦察部队配备了坦克，而不是装甲车，这就把全师坦克数量增加到310辆。盟军装甲师的实际实力，就可用坦克数量而言，通常是德国装甲师的两三倍。为保持实力均衡，德国人不得不依靠质量方面的优势。

3. Howe: *U.S. Army in World War II. Northwest Africa*; Seizing the Initiative in the West, p. 456.

4. 他估计盟军的兵力多达21万，配备1600辆坦克、850门火炮、1100门反坦克炮——这种估计严重偏低。三月初，盟军的实际兵力超过50万，尽管作战部队仅占半数。他们的坦克总数近1800辆，还有1200多门火炮和1500多门反坦克炮。轴心国作战部队的兵力为12万，只有200辆可用坦克。

5. 就连这种估计也有些高——二月份交战前，"半人马座"装甲师的兵力只有5000来人，随后就进一步衰减。

6. 德国第15装甲师以不到30辆坦克和两个步兵营实施这场反冲击。

第二十六章

从西西里重返欧洲

事后看来，盟军1943年征服西西里似乎是件轻而易举的事。可实际上，这场重返欧洲的初期行动是个危险的跃进，而且充满各种不确定性。之所以取得成功，很大程度上归功于一系列蕴藏已久的因素。首先是希特勒和墨索里尼的骄傲自大，两人都企图在非洲"保全颜面"。其次是墨索里尼对他的德国盟友嫉惧交加，不愿让对方在保卫意大利领土方面发挥主导作用。最后是希特勒与墨索里尼的看法不同，他认为西西里并非盟国真正的目标，这种错误判断，一定程度上是英国的欺骗方案植入的巧妙诡计造成的。

最重要的还是第一个因素。整个战争期间最大的讽刺之一是，希特勒和德国总参谋部始终害怕在英国海上力量影响范围内实施海外征战，起初不肯给隆美尔派遣足够的力量发展胜利，最后阶段又把大批军力派往非洲，结果断送了保卫欧洲的前景。

同样具有讽刺意味的是，去年十一月，英美联军入侵法属北非，把德国人弄得措手不及，但德军意外地阻挡住艾森豪威尔夺取突尼斯城的首度尝试，随后就做出了坚守突尼斯这种致命的愚蠢行径。盟军先遣部队从阿尔及利亚谨慎地向东进击时，德国人迅速对这种威胁做出应对，通过空运的方式把部队送过地中海，企图挫败盟军早早占领突尼斯和比塞大港的行动。他们成功控制了山区道路，造成一场旷日持久的僵局。

但德军顺利阻挡住盟军的挺进，让希特勒和墨索里尼认为他们可以长期坚守突尼斯，因而派出大批援兵，意图匹敌艾森豪威尔不断加强的实力。他们投入的力量越多，就越是觉得不能撤离非洲，否则就会颜面尽失。与此同时，无论撤离还是坚守，难度都在增大，因为盟军处于优势地位的海空力量，开始对西西里与突尼斯之间的海峡形成一种束缚。

德意联军在突尼斯打造的登陆场，整个冬季一直阻挡住盟军，也为隆美尔从阿莱曼后撤 2000 英里退到此处的残部提供了庇护所。尽管盟军没能早早占领整个突尼斯，可从长远看，这对他们实际上是有利的。因为这样一来，希特勒和墨索里尼在仍有时间和机会撤离德国和意大利军队时，听不进任何主张撤出非洲的建议。

为说服希特勒，让他知道撤出非洲的必要性，隆美尔 1943 年 3 月 10 日飞赴东普鲁士的元首大本营，为此付出最后的努力。他的日记表明此行纯属徒劳："我尽全力强调指出，必须把非洲的军队撤回意大利重新装备，从而让他们能够守卫我们的南欧侧翼。我甚至对他做出保证（我通常不愿这样做），以这些部队，我可以击败盟军对南欧的一切入侵。但一切都无济于事。"[1]

盟军逼近这座登陆场"准备厮杀"时，轴心国军队不得不意志消沉地坐以待毙，等待着即将到来的打击，他们错失了四月份多雾天气提供的良机，如果获准撤离，这种天气本来可以掩护他们的登船和海上运输。4 月 20 日到 22 日，他们设法阻挡住盟军突破他们防御的首度尝试，但盟军 5 月 6 日再次发起大规模突击，突破了他们的防线，抵抗随之瓦解。彻底崩溃随之而来，很大程度上因为这座登陆场的纵深太浅，还因为守军敏锐地意识到，他们正背水一战，而敌人控制着身后的大海。

据守突尼斯的八个师悉数被俘，其中包括隆美尔久经沙场的老部队，以及意大利陆军的精锐，这导致意大利本土和各座岛屿处在几乎毫无防御的状态下。这些部队本来可以为进入欧洲的意大利门户提供非常强大的防务，从而让盟军成功入侵的机会变得微乎其微。可盟军没有做好立即利用这个机会的准备，尽管他们一月份已决定下一步行动应该是登陆西西里，而攻占突尼斯城也和预定时间非常接近。但对盟军来说幸运的是，敌国统帅部发生的争执和意见分歧延长了这个机会。

我们在此提出另一项证据，最初是韦斯特法尔将军提供的，他当时担任意大利南部总司令凯塞林元帅的参谋长。由于意大利已没有残存的机械化快速力量，意大利军方首脑恳请德国人提供一支由装甲师组成的强大增援力量。当时，希特勒认为应该满足意大利的这种迫切需求，就给墨索里尼发去一封私人电报，答应为他提供五个师。可墨索里尼没有告知凯塞林，就复电希特勒，称自己只需要三个师，也就是说，除了以调往非洲的士兵临时组建的两个师，只需要派来一个新锐师即可。他甚至表示不希望德国派更多部队来。

墨索里尼不愿接受希特勒五月中旬提供的增援，是出于一种骄傲和恐惧兼而有之的心态。他不想让全世界和意大利民众认为他依靠德国的援助。就像韦斯特法尔说的那样："他希望由意大利人来保卫意大利，却对这样一个事实视而不见：意大利军队令人震惊的状况让他这种想法变得完全不切实际。"墨索里尼的另一个理由是，他不希望德国人在意大利获得统治地位。他急于阻挡盟军的入侵，但也急着把德国人拒之门外。

新任陆军总参谋长罗阿塔将军（过去负责西西里岛的防务）最终说服墨索里尼，大批德国增援力量对成功保卫意大利及其岛屿前哨的前景至关重要。于是，墨索里尼同意让更多德国师开入意大利，但前提条件是这些师必须接受意大利指挥官的战术控制。

西西里岛上的意大利驻军只有4个野战师和6个静态海岸防御师，装备欠佳，士气低落。非洲的抵抗崩溃时，本来要派去那里的德国士兵现在编为一个师，番号是第15装甲掷弹兵师，但该师只配备一个装甲营。以类似方式重建的"赫尔曼·戈林"装甲师六月底派往西西里。但墨索里尼不允许这两个师编为一个军，由一名德国将领指挥。这两个师由意大利集团军司令古佐尼将军直接掌握，分成五个战斗群，作为机动预备队沿岛屿150英里长的直径布防。冯·森格尔·翁德·埃特林中将担任德国高级联络官，率领一个小型作战指挥组和一个通信连，以便执行紧急控制。

墨索里尼终于愿意接受德国的更多帮助，希特勒却对是否提供这种援助犹豫起来，而且对危险地点究竟在何处持不同看法。一方面，他怀疑意大利人会抛弃墨索里尼，与盟国单独媾和（相关事件很快证实了这种怀疑），出于这个原因，他对派遣大批德国师深入意大利境内犹豫不决，如果意大利盟友崩溃或改换阵营，这些师就会被切断。另一方面，墨索里尼、意大利最高统帅部、凯塞林认为盟军下一步会从非洲直接入侵西西里，希特勒认为他们这种看法并不正确。就这个问题而言，事实证明希特勒错了。

抗击盟国重返欧洲，希特勒最大的战略劣势是他征服的地区实在太大，从大西洋的法国西海岸一直到爱琴海的希腊东海岸。他很难估计盟军会在何处发动入侵。对方最大的战略优势在于，他们可以凭借海上力量随心所欲地选择入侵目标，还具备分散守军的能力。希特勒一直很警惕对方从英国发动跨海峡入侵，但也有理由担心北非的英美联军有可能在西班牙与希腊之间，他那条南部防线的任何一处登陆。

希特勒认为，与西西里岛相比，盟军登陆撒丁岛的可能性更大。撒丁岛为他们进入科西嘉岛提供了一块很方便的垫脚石，对跃入法国或意大利本土来说，这也是块位置很合适的跳板。同时，希特勒还预料盟军会登陆希腊，所以他希望保留些预备队，以便及时调往那个方向。

一名"英国军官"的尸体被海水卷上西班牙海岸，那里的德国间谍在这具尸体上找到些文件，加强了希特勒的上述判断。除了证件和私人信件，文件中还有帝国陆军副总参谋长、陆军中将阿奇博尔德·奈伊爵士写给亚历山大将军的一封密函，这名死去的军官显然是个信使。信中提到近期几份官方电报，是关于即将发起的作战行动的，还在补充性评论中指出，盟军打算登陆撒丁岛和希腊，同时旨在以他们的"掩护方案"让敌人相信，西西里岛是他们的进攻目标。

英国情报部门实施了一项巧妙的欺骗行动，尸体和信件就是其中的组成部分。这个行动执行得非常好，德国情报部门首脑对此笃信不疑。虽说此举没有改变意大利三军首脑和凯塞林认为西西里岛是盟军下一个目标的看法，可它似乎给希特勒留下了深刻的印象。

按照希特勒的命令，德国第 1 装甲师从法国开赴希腊，赶去支援那里的 3 个德国步兵师和意大利第 11 集团军，新组建的第 90 装甲掷弹兵师负责加强撒丁岛上的 4 个意大利师。补给方面的困难给进一步强化撒丁岛的防御造成妨碍，因为岛上几座港口的大部分码头已被空袭炸毁，但作为一项额外的保险措施，希特勒把施图登特将军的第 11 航空军（辖 2 个伞兵师）调往法国南部，准备对盟军登陆撒丁岛实施一场空降反击。

在此期间，盟军的策划工作进展缓慢。登陆西西里的决定是一场妥协的结果，而且没有就后续目标得出任何结论。1943 年 1 月，英国和美国几位参谋长在卡萨布兰卡会议期间碰面时，最初的意见分歧与 "联合参谋长委员会" 这个名称形成鲜明的对比。美国人（金海军上将、马歇尔将军、阿诺德将军）希望，肃清北非后立即结束分兵地中海的行动，回到直接打击德国的行动路线上。而英国人（布鲁克将军、庞德海军上将、波特尔空军上将）则认为，直接实施一场跨海峡入侵的时机还不成熟，1943 年展开这种行动徒劳无益，甚至会以一场灾难告终——回顾历史，很难质疑这种估计。但所有人一致同意，必须采取进一步行动，以保持对敌人的压力，同时调离苏德战线上的部分德国军队。英国方面，联合规划人员主张登陆撒丁岛，但英美参谋长宁愿选择西西里，丘吉尔也赞成登陆西西里，因此，双方很快就此达成协议。最有力的论据是，占领西西里岛能有效肃清穿越地中海的海上航道，从而节省大量航运力量，因为自 1940 年以来，大多数运送部队和补给物资前往埃及和印度的船队不得不绕道南非。

联合参谋长委员会 1 月 19 日做出入侵西西里岛的决定，确定的目标是："（1）确保地中海航线更加安全；（2）分散德国人对苏联战线施加的压力；（3）加大对意大利的压力。" 如何扩大胜利的问题暂时没提。如果现在就决定下一个目标，很可能引发意见分歧，但在这种问题上避重就轻，很容易造成战略方面的准备不足。

盟军策划入侵西西里岛的方案时，缺乏一种强烈的紧迫感。虽然他们认为征服突尼斯的作战行动可能会在四月底前完成，但联合参谋长委员会还是把七月份有月亮的那段时期定为登陆西西里的预定日期。英方 1 月 20 日为这场"爱斯基摩人"行动提出一份草案：以分别从地中海东面和西面而来的军队，实施一场汇聚的海路进击和入侵。众人一致同意艾森豪威尔出任最高统帅，亚历山大担任他的副手。（这个决定非常重要，因为英军总司令军衔更高，经验也更丰富，而且在这场战役中，英国再次提供了大部分军力，可他们还是愿意唯美国马首是瞻。）二月初，他们成立了一个特别策划部门，总部设在阿尔及尔，但各分支机构散得很开，就空军而言，这种分散不仅体现在空间上，思想上也是如此，结果导致西西里战役期间，空中行动没有紧密贴合陆海军的需求。计划草案的上传下达浪费了许多时间。艾森豪威尔、亚历山大、两位负责具体执行的集团军司令（蒙哥马利和巴顿）都忙于北非战局的最后阶段，没有给予下一步行动足够的关注。蒙哥马利直到四月下旬才抽出时间研究这份草案，随后要求做出许多修改。方案在 5 月 3 日重新拟定，联合参谋长委员会最终批准后，蒙哥马利于 5 月 13 日收到了修改后的最终方案——也就是突尼斯城的德意防线崩溃一周后，敌人最后的残部投降那天。

规划阶段的这些延误令人备感遗憾，因为率领入侵西西里岛的 10 个师中，只有 1 个师参加了北非战局最后阶段的战斗，其中 7 个师是新调来的。如果盘踞在北非的轴心国军队刚一崩溃，盟军就登陆西西里的话，他们会发现这座岛屿几乎毫无防御。要不是丘吉尔在卡萨布兰卡会议期间和之后一再敦促六月份实施登陆的话，敌人用于加强西西里防御的时间本来会更长。联合参谋长委员会支持丘吉尔的意见，可地中海地区的盟军指挥官没有做好 7 月 10 日前发动入侵的准备。

入侵方案的主要变更是，巴顿的军队（西路特遣队）不是在巴勒莫附近的西西里岛西端登陆，而是在靠近蒙哥马利军队的东南部抢滩，而蒙哥马利的登陆地点现在更加集中。敌人前一段时间可能已获得加强，他们也许会发起一场猛烈的反突击，因此，入侵部队更紧密的集结不失为一种合理的预防措施，尽管事实证明这种防范举措毫无必要。但此举导致盟军从一开始就丧失了夺取巴勒莫港的机会，要不是新型 DUKW 两栖车辆和坦克登陆舰共同解决了维持滩头补给的问题，丧失这个机会本来会造成严重的后果。修改后的方案也失去了上一份方案分散敌军注意力的效果，反而有助于敌人在盟军登陆后集中他们分散的预备队，封锁盟军跨越岛屿中部山区的进军。如果巴顿在西北海岸的巴勒莫附近登陆，那么他奔向墨西拿海峡的进军会很顺利——那是敌人实施增援或退却的路线，进而可以困住西西里岛内的所有敌军。结果，几个德国师顺利逃脱，给盟军的后续行动造成深远的不利影响。

不过，这是盟军重返欧洲的首次行动，也是他们第一次对敌人据守的海岸实施大规模海上突击，为安全起见犯下某些错误情有可原。值得一提的是，盟军以 8 个师同时实施登陆突击，其规模甚至比十一一个月后的诺曼底登陆更大。入侵首日和接下来两天，大约有 15 万名盟军士兵登上西西里海滩，最终兵力达到 47.8 万人（25 万英国官兵，22.8 万美国将士）。英军在西西里岛东南角，沿一片 40 英里长的海岸登陆，美军在南部也沿 40 英里长的海岸抢滩，英军左翼与美军右翼之间相隔 20 英里。

海军的行动是在海军上将安德鲁·坎宁安爵士指导下策划和实施的。这场行动涉及夜间登陆前的一种复杂活动样式，但自始至终，海军的行动非常顺利，这为他们的规划者和执行者赢得了极大的赞誉。作为一场两栖行动，这次比盟军登陆法属北非的"火炬"行动执行得更好，他们已经从去年十一月那场行动中学到许多东西。

海军中将伯特伦·拉姆齐爵士率领的东路特遣舰队（英国）编有 795 艘舰船，还带着用于抢滩的 715 艘登陆艇。第 5 师、第 50 师、第 231 步兵旅乘坐船只从地中海东端的苏伊士、亚历山大、海法而来，打算在锡拉库萨与帕塞罗角之间的西西里岛东海岸南部海滩登陆。第 51 师乘坐登陆艇从突尼斯而来，部分力量暂时留在马耳他，这个师计划在西西里岛东南角登陆。预定在该角西面登陆的加拿大第 1 师，从英国搭乘两支护航船队而来，速度较快的第二支护航船队运载该师主力，登陆日前 12 天，也就是 6 月 28 日，从克莱德湾起航。这支船队会在美国护航船队前方穿过比塞大附近布满水雷的海峡。

肯特·休伊特海军中将率领的西路海军特遣队（美国）编有 580 艘舰船，同时携带着另外 1124 艘登陆艇。美国第 45 步兵师搭乘两支护航船队跨越大西洋，在奥兰短暂停留后，带上他们的坦克登陆舰和小型船只离开比塞大，作为右翼力量在斯科利蒂登陆。美国第 1 步兵师和第 2 装甲师，从阿尔及尔和奥兰登船出发，前往杰拉实施登陆。美国第3步兵师在比塞大登船，完全由登陆舰和登陆艇运送的这个师，作为左翼力量登陆利卡塔。

这支庞大的舰队，各个护航船队在海空力量掩护下完成了通行和集结，没有受到任何严重干扰。敌潜艇的袭击只导致船队损失4艘船只和2艘坦克登陆舰。各支船队靠近登陆地点时，敌人的空袭也没有给他们造成明显的破坏，敌机遭到彻底压制，大多数船队甚至没见到敌机出现。盟军在这片战区的空中优势实在太大，4000多架可用战机对付大约1500架德意飞机，而敌人的轰炸机六月份已撤到意大利中北部基地。从7月2日起，西西里岛各座机场遭到猛烈的持续攻击，盟军登陆时，岛上只剩几个次要的简易机场可用，大多数完好的敌战斗机已撤回意大利本土或撒丁岛。盟军声称整个战役期间击毁1100架敌机，实际数字不到200架。

7月9日下午，各支船队开始到达马耳他东面和西面的集结水域，此时狂风大作，卷起高高的海浪，给小型船只带来危险，还构成偏离登陆地点的威胁。幸运的是，午夜时风浪平息下来，虽然仍有些烦人的余波，但只有一小部分突击艇没能准时到达海滩。

受影响最严重的是海上登陆前执行的空降，这场行动由英国第1空降师和美国第82空降师部分力量遂行。这是盟军首次实施大规模空降行动，由于缺乏经验，再加上在夜间进行，遇到些困难完全在情理之中。狂风不仅加剧了运输机和牵引机到达目标的导航复杂性，还与敌人的防空火力相结合，扰乱了空降行动。美军伞兵分成一个个小股，散布在一片50英里宽的地区。而英军滑翔机部队也散得很开，134架滑翔机中的47架落入海中。尽管如此，这些空降部队意外分散在敌军后方造成了普遍的惊慌和混乱，还有些伞兵小组夺得重要的桥梁和交通路口，这就造成一种更加具体的影响。

这场突如其来的风暴给进攻方制造了麻烦，但也让防御方疏于警戒，总的说来，对盟军利大于弊。敌人当日下午发现五支护航船队从马耳他向北行驶，天黑前收到一连串报告，上级部门发出警告，可下级部门要么没收到这些提醒，要么没有加以重视。收悉第一份报告后，担任预备力量的所有德军部队一小时内进入戒备状态，而沿岸部署的意大利人却认为，呼啸的狂风和汹涌的海浪至少能让他们踏踏实实地度过当晚。海军上将坎宁安在他的《电函录》中恰如其分地指出，这些不利条件"让许多个夜晚处于警戒状态，因而疲惫不堪的意大利人倒在床上，心存感激地说道：'无论怎样，他们今晚肯定不会来了。'可他们就是来了。"

意大利人的疲惫不仅仅体现在身体方面。大多数人对这场战争深感厌倦，很少有人像墨索里尼那样充满好战的热情。另外，执行海岸防御勤务的士兵大多是西西里人，之所以这样安排，是因为意大利军方认为，保卫自己的家园会激发起这些官兵的斗志。可这种臆测没有考虑到他们长期以来对德国人的厌恶之情，也没有想到这些士兵早就意识到，抵抗得越是激烈，自己的家园遭受的破坏就越严重。

7月10日的白昼到来后，他们不愿抵抗的情绪进一步加深，因为他们看见目力所及之处的海面上，无数舰船铺天盖地，源源不断的登陆艇搭载增援部队抢滩登陆，为当日清晨已经涌上海滩的突击波次提供加强。

盟军登陆部队迅速打垮了意大利人的海滩防御，到达海岸时，敌人的火力给他们造成的伤亡微不足道，这一点充分抵消了盟军士兵遭受的晕船之苦。亚历山大用两句话总结了这场入侵的第一阶段："意大利海岸防御师的战斗力，评价一向不高，几乎没开一枪就土崩瓦解，而他们的野战师，与我军接触后，也像风中的谷壳那样四散奔逃。敌军集体投降的情况频频发生。"因此，从盟军登陆首日起，守卫西西里岛的整个重任落在临时组建的两个德国师肩头，这股德军随后获得另外两个师加强。

登陆部队在岸上站稳脚跟前这段关键时期，德国人发起一场危险的反突击。此次进攻由"赫尔曼·戈林"师和一个配备重达56吨的新型虎式坦克的中队遂行，他们部署在距离海岸20英里的卡尔塔吉罗内周围，这片山区地带俯瞰着美国第1步兵师登陆的杰拉平原。幸亏这场强有力的打击次日才付诸实施。登陆首日上午，意大利人派出一小群陈旧过时的轻型坦克，发起一场英勇的小规模反冲击，他们攻入杰拉镇内，但很快被美军驱离，而德军主力纵队在赶来的途中受到耽搁，次日晨才到达战场。直到那时，驶上滩头的美军坦克仍寥寥无几，这归咎于大浪给卸载工作带来的麻烦，以及海滩上发生的拥堵。运上滩头的反坦克炮和火炮也不够。成群结队的德国坦克驶过平原，击溃美军前哨，到达与海滩接壤的沙丘。看上去，入侵部队很可能会被赶下大海，值此关键时刻，准确的海军舰炮火力协助打垮了敌人的冲击。另一支德军纵队在一个虎式装甲连支援下猛攻第45步兵师左翼，但也被盟军以同样的方式遏止。

次日，德国第15装甲掷弹兵师两个战斗群，从西西里岛西部展开一场强行军，开抵美军战线。但此时，"赫尔曼·戈林"师已调往英军登陆地区，奉命阻止那里的事态进一步恶化。当时，那片地区的情形看上去最为险恶，因为英军已逼近东海岸中部的港口城市卡塔尼亚，而美军的三个滩头阵地还很浅，并且没有连成一片。

和美军的登陆行动一样，英军的抢滩也没有遭遇激烈抵抗，由于敌人没有早早实施任何反突击，英军迅速取得进展。虽然卸载过程遇到些麻烦和耽搁，但总的说来，情况比毫无遮掩的西部海滩好得多。首日过后，敌人的空袭更加频繁，但盟国空军提供的掩护更有力，因此，运输船只的损失和美军登陆地区一样小。的确，就像坎宁安海军上将指出的那样，对那些在地中海地区经历过战争头几年的人来说，"庞大的船队停泊在敌人的海岸旁……空袭造成的损失微乎其微，这简直是个奇迹"。这种空中掩护的力度是两栖入侵取得成功的关键。但下一个阶段，盟军的进展遭到另一种空中行动的阻碍。

登陆头三天，英国军队肃清了西西里岛整个东南部。蒙哥马利随后"决定全力以赴，从伦蒂尼地区突入卡塔尼亚平原"，下令"7月13日夜间展开一场大规模进攻"。行动的关键是占领卡塔尼亚以南数英里、锡梅托河上的普里马索莱桥。英军为此投入一个伞兵旅。该旅只有半数力量空投到正确地点，但这些士兵完好无损地夺得了普里马索莱桥。

德国第11航空军（该军由德国空降部队组成）军长施图登特所做的说明，概括了下一个阶段的情况。按照希特勒的命令，施图登特的两个师一直驻扎在法国南部，如果盟军像希特勒预料的那样登陆撒丁岛的话，他就率领这两个师飞赴那里。但施图登特的故事表明，空降部队形成了一股非常灵活的战略预备力量，很容易调整目标，用于应对不同的情况：

盟军7月10日登陆西西里后，我马上建议，立即以我的两个师对那里发起一场空降反击。但希特勒没有批准，约德尔反对得尤为激烈。因此，第1伞兵师起初仅仅从法国南部飞赴意大利，部分力量前往罗马，另一部分进驻那不勒斯，而我和第2伞兵师留在尼姆。不过，第1伞兵师很快派往西西里，作为地面部队增援那里为数不多的德军，此时，岛上的意大利军队开始大规模崩溃。该师部分力量通过连续空运的方式，降落在卡塔尼亚以南，东部地区的我军防线后方。我本来希望将他们空投到盟军战线后方。第一批伞兵降落在我军防线后方大约3英里处。一个奇特的巧合是，他们几乎与英国伞兵同时着陆，这些英国伞兵空投到我军防线后方，目的是夺取锡梅托河上的桥梁。我们的伞兵打垮了英国伞兵部队，从他们手中夺回桥梁。此事发生在7月14日。[2]

英军主力开抵后，经过三天激战，夺回普里马索莱桥，重新打通了进入卡塔尼亚平原的道路。但他们向北进击的企图，遭到德军预备队不断加强的抵抗的阻截，德军集结起这些预备力量，全力掩护这条直接通往60英里外墨西拿的东海岸路线，墨西拿位于西西里岛东北角，靠近意大利脚趾部。

蒙哥马利迅速肃清西西里岛的希望落空，被迫把第8集团军主力向西调动，穿过多丘陵的内陆，绕开埃特纳火山，展开一场更加迂回的推进，与向东进击的第7集团军相配合。第7集团军7月22日前出到北部海岸并占领了巴勒莫，但为时已晚，无法截住敌人向东退却的机动部队。新方案极大地改变了巴顿集团军受领的任务。原先的方案是第8集团军朝墨西拿实施决定性突击，第7集团军掩护他们的侧翼，同时分散敌军兵力。随着作战方案的调整，第7集团军承担起进攻重任，最终成为主要突击力量。

新方案规定8月1日重新发起进攻，为此，盟军又从非洲调来2个新锐步兵师（美国第9师和英国第78师），这样一来，西西里岛上的盟军兵力增加到12个师。与此同时，德国人也获得第29装甲掷弹兵师加强，与该师一同到来的还有胡贝将军领导的第14装甲军军部，他现在接手指挥西西里岛上的作战行动。胡贝的任务不是维持西西里岛的防御，而是仅仅实施一场阻滞行动，掩护轴心国军队撤离。墨索里尼 7 月 25 日被推翻后不久，盟军重新发动进攻前，古佐尼和凯塞林独立做出了这项决定。

这样一场阻滞行动，得益于西西里岛东北部的形状和崎岖的地形，那是一片多山的三角形地区。地形条件有利于守军，他们每后撤一步都缩短了防线，需要的防御力量也更少，而盟军企图展开他们的优势力量时空间却变得越来越局促。为加快前进速度，巴顿三次实施了小规模两栖跃进：8 月 7 日至 8 日夜间登陆圣阿加塔，8 月 10 日至 11 日夜间登陆布罗洛，8 月 15 日至 16 日夜间又登陆斯帕达福拉。但这三场两栖行动都为时过晚，没能发挥效力。蒙哥马利 8 月 15 日至 16 日夜间也实施了一场小规模登陆，可敌人的后卫部队此时已向北退却，而敌军主力早已渡过海峡退回意大利本土。

轴心国军队渡过海峡的后撤行动组织得非常好，这场行动的主要部分在六天七夜内执行完毕，没有遭遇盟国海空力量拦截，也没有蒙受严重损失。近 4 万名德军将士和 6 万多名意大利官兵平安撤离。虽说意大利人只带离大约 200 部车辆，丢弃了其他技术装备，可德国人带走近 1 万部车辆，外加 47 辆坦克、94 门火炮、1.7 万吨物资和装备。8 月 17 日清晨 6 点 30 分左右，美军先遣巡逻队进入墨西拿，不久后，一支英军部队也出现了，美国人迎接了他们，还兴高采烈地喊道："你们这些观光客跑到哪里去了？"

轴心国军队这场精心策划的后撤取得成功，充分反映出亚历山大当日向英国首相报告西西里战役已结束的说法是多么不靠谱："截至 1943 年 8 月 17 日上午 10 点，最后一名德国士兵被逐出西西里岛……可以认为 7 月 10 日盘踞在岛上的所有意大利部队已悉数就歼，尽管少许遭受重创的部队可能已逃回意大利本土。"

根据相关记录推算，西西里岛上的德军将士稍稍超过 6 万，意大利官兵多达 19.5 万人，而亚历山大当时估计，岛上有 9 万名德国人和 31.5 万名意大利人。5500 名德军士兵被俘，另有 1.35 万名伤员在后撤行动开始前就已疏散到意大利本土，因此，阵亡的德军官兵充其量几千人而已（英方估计击毙 2.4 万名德军官兵）。英军的损失是，2721 人阵亡，2183 人失踪，7939 人负伤，总计 12843 人。美军的损失是，2811 人阵亡，686 人失踪，6471 人负

伤，总计 9968 人。因此，盟军伤亡总数约为 2.28 万人。就这场战役的重大
政治和战略成果而言（导致墨索里尼垮台，意大利投降），这个代价不算大。
可盟军如果更充分地利用两栖迂回行动，本来可以俘获更多德军官兵，继而
肃清进军路线。入侵行动发起后没过几天，坎宁安海军上将就在他的电报中
明确阐述了自己的观点：

第 8 集团军没有利用两栖登陆的机会。小型步兵登陆艇已为此做好准
备……登陆艇也随时可用……在我看来，这些船只堪称海上力量和灵活机动
的宝贵资产，没有加以使用无疑是有充分的军事理由的。但是，即便实施一
些小规模迂回机动都必然导致敌人惊慌不安，这样做是否会节省大量时间，
并避免代价高昂的战斗呢？从长远来看，这一点值得考虑。[3]

盟军最高统帅部没有决定在意大利脚趾部、撤离西西里岛的轴心国军队
身后的卡拉布里亚登陆，从而切断渡过墨西拿海峡之敌的退路，这让凯塞林
如释重负。整个西西里战役期间，他一直担心盟军采取这种行动，而他手中
却没有可用兵力应对。凯塞林认为："对卡拉布里亚发起一场辅助突击，本
来会让盟军登陆西西里的行动发展成一场压倒性胜利。"西西里战役结束、
在岛上从事战斗的四个德国师顺利逃脱前，凯塞林手中只有两个德国师用于
掩护整个意大利南部。

注释

1. *The Rommel Papers*, p. 419.

2. Liddell Hart: *The Other Side of the Hill*, p. 355.

3. Cunningham: *Despatch*, p. 2082.

第二十七章

进军意大利——投降和受阻

"一事成功百事顺"是从古老的法国谚语衍生而来的一句名言。但从更深层的意义上说,"失败乃成功之母"往往也是正确的。遭到统治当局压制的宗教和政治运动,从长远看,领导者获得殉道的光环后,经常会获得新生,最终取得成功。十字架上的基督远比活着的耶稣更强大。败军之将往往让胜利者黯然失色,汉尼拔、拿破仑、罗伯特·E.李、隆美尔的不朽名声证明了这一点。

其他各国的历史中也能见到同样的情况,尽管是以一种微妙的方式表现出来。大家都知道这样一种说法,战争中"英国人只赢得一场战役——最后一场"。这句话说明了英国人的个性倾向,也就是以灾难为开始,但总是以胜利为结束。这种习惯很危险,而且代价高昂。可具有讽刺意味的是,最终结果往往可以从最初发生的那些事情中追根溯源,英国及其盟友初期遭受的挫败导致敌人过度自信,因而做出不自量力的举动。

另外,即便局面已发生变化,没能立即赢得胜利有时候反而是件好事,有助于取得更圆满的成功,并让最终的胜利变得更加牢靠。最惊人的是,第二次世界大战的地中海战局期间,这种情况发生了两次。

盟军 1942 年 11 月从阿尔及尔攻往突尼斯城的初期行动遭遇挫败,希特勒和墨索里尼深受鼓舞，因而派遣大批援兵渡过地中海驰援突尼斯守军。六个月后，盟军最终困住这些敌军，俘获了两支轴心国军队，从而消除了他们从非洲渡海进入欧洲南部的主要障碍。

因祸得福的第二个例子是盟军入侵意大利本土。他们迅速占领西西里岛，墨索里尼垮台后，攻入意大利本土的第二场路程较短的跃进，看上去是件比较容易的事。前景一片光明，因为意大利瞒着德国人秘密安排了投降，准备在盟军主力登陆的同时宣布。当时，意大利南部只有六个实力不济的德国师，罗马附近还驻有两个师，执行双重任务——既要抗击盟军入侵，同时还要镇压昔日的盟友意大利人。

但凯塞林元帅设法阻挡住入侵者的同时，解除了意大利军队的武装，随后导致盟军在距离罗马100英里的战线上停滞不前。八个月后，盟军才成功到达意大利首都，之后他们再次被挡住。又过了八个月，他们总算冲出狭窄多山的半岛进入意大利北部平原。

可这场漫长的拖延（1943年9月看上去似乎大局已定），为盟军的整体前景提供了重要的补偿。希特勒起初打算把他的军队撤出意大利南部，在北部建立一道山区封锁线。但凯塞林实施的防御出人意料地取得成功，促使希特勒不顾隆美尔的建议，把大批援兵派往意大利南部，目的是尽可能长久地守住尽可能多的意大利领土。这个决定的代价是消耗了大量资源，而希特勒很快就需要这些资源应对苏联红军从东面、西线盟军从诺曼底，朝德国发起两面夹击这种更加危险的威胁。

从自身实力角度考虑，身处意大利的盟国军队牵制的德军资源，比例高于其他战线。另外，德国人可以在意大利战线让出地盘而不必冒太大风险，而他们越是竭力在各处守住一条拉伸的战线，就越容易因为过度拉伸而发生致命的崩溃。这种考虑安抚了意大利境内亚历山大统率的盟军，他们迟迟无法实现早日赢得胜利的希望。

尽管如此，我们也应该认识到，没有哪场大规模远征在发起时是希望遭受挫败的，哪怕这种挫败最终可能变得对己方有利。渴望和寻求失败绝不符合人类天性。因此，有必要探讨这里发生的事情，以及这些事情发生的方式。

导致盟军遭遇挫败的第一个重要因素是，他们没有迅速利用意大利人推翻墨索里尼的反战政变创造的良机。这场政变 7 月 25 日发生，而盟军六个多星期后才开入意大利。他们之所以发生延误，既有军事原因，也有政治原因。五月底，英美三军首脑在华盛顿召开会议，美国人反对从西西里岛进入意大利本土的构想，担心这种举措可能会打乱入侵诺曼底、在太平洋上击败日本人的方案。直到 7 月 20 日，西西里岛上的意大利军队表现出急于投降的态度，几位美国参谋长才同意进军意大利。但这个决定为时已晚，盟军没有做好立即展开追击的准备。

罗斯福总统和丘吉尔先生一月份在卡萨布兰卡会议上提出"无条件投降"，这种政治要求也是个障碍。巴多格里奥元帅领导的意大利新政府，自然急于同盟国政府进行谈判，看看是否能获得更有利的条件，可他们发现很难联系上对方。英美两国派驻梵蒂冈的公使显然是个易于利用的渠道，可就像巴多格里奥的记述表明的那样，由于英美两国异乎寻常的短视，这条渠道毫无用处。"英国公使告诉我们，很遗憾，他手头的密码过于陈旧，几乎可以肯定，德国人完全掌握这些密码，所以，他不建议我们使用这套密码与他的政府进行秘密通信。而美国代办回复说，他根本就没有密码。"因此，意大利人不得不等到八月中旬，这才找到个合理的借口，派遣一名特使前往葡萄牙，在那里会晤英美代表。尽管如此，这种拐弯抹角的谈判方式还是进一步延误了问题的解决。

相比之下，希特勒没有浪费时间，他立即采取措施，应对意大利新政府单独媾和、背弃德意联盟的可能性。罗马 7 月 25 日发生政变当天，隆美尔已赶到希腊接掌那里的防务，午夜前，他接到一通电话，这才获悉墨索里尼已被罢黜，他还奉命立即飞返东普鲁士森林里的元首大本营。隆美尔次日中午到达那里，"接到命令，把他的军队集结在阿尔卑斯山，为有可能开入意大利做好准备。"

这场进军很快就开始了，采用了部分伪装的方式。隆美尔担心，意大利人可能会在盟军伞兵部队协助下，突然采取行动封锁阿尔卑斯山各座山口，因而 7 月 30 日命令德军先遣部队越过边界线，占领各山口。德国人的借口是保护进入意大利的补给路线，以防遭受破坏或敌伞兵突袭。意大利人提出抗议，一度威胁要阻止德军开进，但对开火一事犹豫不决，生怕与他们的盟友发生冲突。德军随后扩大了渗透规模，借口是减轻意大利军队守卫北部地区的重负，以便他们驰援南部地区，因为盟军显然随时有可能登陆意大利南部。从战略上看，德国人的说法很合理，意大利政府首脑根本无法拒绝，除非他们表明自己改换门庭的企图。就这样，到九月初，隆美尔指挥的八个德国师已驻防在意大利阿尔卑斯山边界线内，对凯塞林部署在意大利南部的军队，构成一股潜在的支援或加强力量。

另外，德国第2伞兵师是一股特别强悍的军力，已从法国飞赴罗马附近的奥斯提亚，德国空降部队总司令施图登特将军与该师同行。他战后接受讯问时说道：

> 德方没有把这场调防预先告知意大利最高统帅部，只是事后告诉他们，第2伞兵师用于加强西西里岛或卡拉布里亚。但希特勒给我下达的指示是，必须把这个师部署在罗马附近，我还要接掌已经开抵那里的第3装甲掷弹兵师。凭借手中这两个师，我必须做好解除罗马周围意大利军队武装的准备。[1]

这些德国师的存在，迫使盟军放弃了向罗马派出一个空降师（马修·李奇微将军的第82空降师），支援意大利人保卫首都的方案。如果盟军真派出这股援兵，凯塞林的司令部就会陷入险境，因为他的司令部就设在罗马东南方10英里的弗拉斯卡蒂。

即便如此，从事前看来，施图登特受领的任务还是相当艰巨。这是因为，尽管德国人竭力劝说巴多格里奥元帅，派遣部分力量协助守卫意大利南部海岸，可他还是把五个意大利师集结在罗马地区。除非解除这些意大利军队的武装，否则凯塞林就会处于腹背受敌的窘境，因为他对付两支英美入侵军队时，第三支怀有敌意的军队已经横跨在意大利南部六个德国师的补给和后撤路线上。这些德国师刚刚编为第10集团军，由菲廷霍夫将军指挥，其中包括逃离西西里岛的四个师，他们在西西里战役中损失惨重，实力严重不足。

9 月 3 日，盟军发动入侵，蒙哥马利指挥第 8 集团军，从西西里岛渡过狭窄的墨西拿海峡，登陆意大利脚趾部。同一天，意大利代表与盟国秘密签订了停战条约，但双方同意，盟军发动第二场主要登陆行动前，对停战条约已签署一事暂时保密，这场登陆计划在那不勒斯南面的萨莱诺实施，也就是意大利胫骨部。

9 月 8 日午夜，马克·克拉克将军率领英美军队混编的第 5 集团军，开始在萨莱诺湾弃船登陆，几小时前，BBC 广播电台播出了意大利宣布投降的正式公告。意大利领导人没想到盟军这么快就实施了登陆，而且他们当日傍晚才获知电台已播出那份公告。巴多格里奥不无道理地抱怨道，他的准备工作还没有完成，一时间措手不及，无法配合盟军行事。艾森豪威尔秘密派往罗马的马克斯韦尔·泰勒将军，非常清楚意大利人缺乏准备、惊慌失措的状况。因此，艾森豪威尔当日晨收到泰勒关于前景不妙的警告电报后，取消了李奇微师空降罗马的行动。此时恢复原定方案也为时过晚，所谓的原定方案，就是把李奇微师沿沃尔图诺河空投到那不勒斯北侧，阻止敌军向南驰援萨莱诺。

广播里宣布意大利投降的消息，也让德国人大吃一惊，虽然盟军同时在萨莱诺登陆，在意大利南部制造紧急状况，但德国人在罗马采取的行动迅速而又果断。

要是意大利人的行动和他们的演技同样出色的话，结果可能会大不相同，很长一段时间里，他们细心掩饰着己方意图，过去几天还平抑了凯塞林的猜疑。凯塞林的参谋长韦斯特法尔将军生动地描述了这种情况：

> 9 月 7 日，意大利海军大臣，海军上将德·库尔唐伯爵拜访了凯塞林元帅，声称 9 月 8 日或 9 日，意大利舰队会从拉斯佩齐亚港起航，与英国地中海舰队决一死战。他噙着眼泪说道，意大利舰队不成功便成仁。他随后详细介绍了拟定的作战方案。[2]

这种庄严的保证让德国人深信不疑。次日下午，韦斯特法尔和图桑将军驱车赶往罗马东北方 16 英里，蒙特罗通多的意大利陆军总司令部：

罗阿塔将军非常热情地接待了我们。他同我深入探讨了意大利第7集团军和德国第10集团军在意大利南部进一步实施联合作战的事宜。我们交谈时，冯·瓦尔登堡上校打来电话，告诉我们广播里已宣布意大利向盟国投降……罗阿塔将军对我们保证，这不过是一种拙劣的宣传伎俩罢了。他说，联合作战还是会按照我们之间做出的安排继续进行下去。[3]

韦斯特法尔没有完全听信这些保证，深夜时回到弗拉斯卡蒂的德军司令部后，他发现凯塞林已经给各下属指挥部发出预先安排好的"轴心"暗号，意思是意大利已退出轴心国，必须采取相应行动，立即解除意大利军队的武装。

德军各下级指挥部门根据实际情况和他们自己的部署，采用了说服和武力兼施的方式。罗马地区的形势对施图登特非常不利，于是他采用了突袭战术：

我派伞兵从天而降，夺取意军总司令部。此举只取得部分成功。我们在司令部一处俘虏了30名将军和另外150名军官，而另一处的意大利人仍在抵抗。继巴多格里奥和意大利国王昨晚逃走后，意军总参谋长也逃之夭夭。[4]

意大利指挥官没有设法打垮施图登特的两个师，而是与德军匆匆脱离接触，率领他们的部队向东退往蒂沃利，把首都丢给德国人。这也为谈判铺平了道路，凯塞林在谈判中采用了更温和的说服方式，他提出建议，只要意大利官兵放下武器，就允许他们立即回家。这个决定违背了希特勒把所有意大利军人关押起来的命令，可事实证明，凯塞林这项建议更有效地减少了人员伤亡，也节省了时间。其结果可以用韦斯特法尔的话加以阐述：

意军指挥官完全接受了德国的投降建议，罗马周围的局势彻底平静下来。这就消除了第10集团军补给线遭受的威胁……

罗马不再需要沦为战场，这也让我们深感宽慰。投降协议中，凯塞林元帅承诺把罗马视为一座不设防的城市。他保证只派两个连的警察力量进驻罗马，保卫电话通信等设施。一直到德国结束占领，这项保证始终得到遵守。意大利人投降后，我们又恢复了与德国最高统帅部自8日起中断的无线电联络。兵不血刃地解决意大利军队的另一个结果是，我们可以立即派遣援兵，从罗马地区沿公路赶去支援南部的第10集团军……就这样，经过最初的种种担心，我们以一种最好不过的方式缓解了罗马周边的态势。[5]

在此之前，希特勒和德国最高统帅部那些军事顾问，都认为凯塞林的军队完蛋了。韦斯特法尔提供了这方面的重要证据：

……从八月份起，为我们提供的人员、武器、装备供应和补充几乎彻底中断。当时，最高统帅部搁置了我们的所有需求，他们总是以"看看情况再定"这种话来搪塞。这种异常悲观的态度，可能也对隆美尔B集团军群部署到意大利北部起到一定的作用。该集团军群接到的命令是，把设法逃脱盟军和意大利军队联合攻击的我军残部带入亚平宁阵地。

凯塞林元帅也觉得形势相当严峻。但他认为某种情况下还是能控制局势的：预计中盟军的大规模登陆行动越是在靠南的地区实施，这种机会就越大。可如果敌人通过海运和空运的方式在整个罗马地区实施登陆，第10集团军就很难逃脱遭切断的厄运。我们部署在罗马附近的两个师，实力远不足以完成消灭强大的意大利军队、击退盟军登陆行动这种双重任务，更何况他们还要确保第10集团军的后方交通线。早在9月9日，意大利军队就着手封锁通往那不勒斯的道路，从而切断第10集团军的补给路线，这种情况当然令我们深感不安。这样一来，第10集团军不可能长久坚持下去。因此，总司令获悉9月9日和10日没有飞机降落在罗马周边机场，不禁如释重负。这两天，我们每时每刻都担心盟军在意大利军队配合下实施这样一场登陆。这种空降无疑会极大地鼓舞意大利军队和对我们不满的平民百姓。[6]

凯塞林一语中的地指出："盟军如果空降罗马，或在附近实施海上登陆，而不是登陆萨莱诺的话，肯定会迫使我们撤出整个意大利南半部。"[7]

尽管如此，盟军登陆萨莱诺，那段时期还是让德国人紧张不安，他们对那里发生的事情一无所知，这进一步加剧了这种紧张情绪。"战争迷雾"从来没有这么浓密过，这是因为德国人在盟国境内作战，而这个盟友突然背弃了他们。韦斯特法尔的记述充分阐明了这种影响：

> 总司令起初对萨莱诺的战况知之甚少。依靠意大利邮政网络的电话通信中断了。因为一直不许我们查看意大利的电话技术，所以修理起来不那么容易。起初也无法安排无线电通信，因为第10集团军司令部刚刚成立，通信人员不熟悉意大利南部特有的大气条件。

对德国人来说幸运的是，盟军实施主要登陆的地点没有出乎他们的意料，这让凯塞林极为方便地集结起手中微薄的力量抗击对方。英国第8集团军沿意大利脚趾部朝上攻击前进，同样符合德方预期，而且距离较远，没有对凯塞林的军队构成直接威胁。盟军指挥官不愿离开空中掩护的范围冒险行事，这给凯塞林帮了大忙，据他估计，对方普遍会墨守成规。盟军登陆萨莱诺，虽然乐观地称之为"雪崩"行动，结果却遭到德军遏制，还付出了高昂的代价。的确，马克·克拉克把这场行动称为"近乎一场灾难"。[8]盟军登陆部队勉强挡住德军的反突击，这才没有被赶下大海。

当初策划登陆方案时，马克·克拉克曾建议在那不勒斯北侧的加埃塔湾实施登陆，那里的地形更加开阔，不像萨莱诺那种多山地形会阻碍登陆部队从海滩攻往内陆。可盟国空军总司令特德将军告诉他，如果登陆行动扩展到加埃塔地区，就无法充分提供空中支援，克拉克让步了，同意把萨莱诺定为登陆地点。

盟军方面也有人主张，要想让德国人猝不及防并陷入混乱，就应该摆脱这些限制实施一场登陆，他们认为应当在意大利靴跟部的塔兰托和布林迪西地区登陆，那是"敌人最意想不到的战线"，风险较小，还有望早日获得两座良港。

这样一场登陆直到最后一刻才列入作战方案，以此作为附属行动，但登陆塔兰托的行动只投入英国第 1 空降师，该师从突尼斯的休整营地匆匆集结，搭乘海军部门短时间内仓促拼凑的舰船渡过大海。这个师没遭遇抵抗，但他们到达时没有携带坦克，火炮和车辆也寥寥无几。实际上，他们缺乏所需要的一切，根本无法扩大已取得的战果。

上文对盟军的入侵行动做出了概括性评述，我们接下来要仔细研究这场行动的过程，首先从蒙哥马利第 8 集团军 9 月 3 日渡过狭窄的墨西拿海峡开始。登陆卡拉布里亚的"贝镇"行动，相关命令直到 8 月 16 日才下达，此时，德军最后一批后卫部队正撤离西西里岛。即便到此时，命令中也没有提到作战目标，就像蒙哥马利 8 月 19 日发给亚历山大的电报中语带挖苦地指出的那样。亚历山大在复电中姗姗来迟地确定了作战目标，他告诉蒙哥马利：

> 你的任务是在意大利脚趾部夺得一处登陆场，从而让我们的海军部队穿过墨西拿海峡实施作战行动。
>
> 如果敌人撤离脚趾部，你就投入手中一切可用力量紧迫不放，记住，你在意大利南端与敌军交战的规模越大，对（登陆萨莱诺的）"雪崩"行动的帮助就越大。

对经验丰富的第 8 集团军来说，这是个微不足道，但又有些含糊的目标。蒙哥马利在回忆录中写道："看来上级部门不打算把我的军事行动与登陆萨莱诺的第 5 集团军的行动相协调……"对协助第 5 集团军这个次要目标而言，第 8 集团军的登陆地点可以说极不合适，卡拉布里亚距离萨莱诺 300 多英里，需要行进的路线狭窄而又多山，敌人实施阻截倒是很合适。从脚趾部向上只有两条良好的道路，一条在西海岸，另一条在东海岸，因此，蒙哥马利只能展开两个师，每个师以一个旅为先锋，每条进军路线上展开的兵力很难超过一个营。敌人不需要在这片地区派驻大批部队，完全没必要这样做，因为他们确信盟军主力会在其他地方登陆。一旦第 8 集团军投入卡拉布里亚半岛，第 5 集团军达成突然性的机会必然会变小，因为敌人原先不得不考虑的其他可能，变得愈发不可能了。意大利脚趾部堪称最不利于牵制敌军的地方，敌人完全可以顺利撤走驻守在那里的部队，留下入侵者饱受作战行动受限之苦。

尽管遭遇敌军激烈抵抗的可能性很小，可蒙哥马利还是以他惯有的谨慎和细心，对意大利脚趾部发动这场突击登陆。他集中了近 600 门火炮，交给第 30 军指挥，从西西里海岸实施一场压倒性弹幕射击，掩护迈尔斯·登普西将军的第 13 军渡过海峡，在雷焦附近海滩登陆。大规模集结炮兵力量导致进攻行动比预定日期推迟了好几天。120 门海军舰炮的火力进一步加强了这场炮击的威力。

过去几天的敌情报告表明，德国人在脚趾部附近留下的兵力"不超过两个步兵营"，就连这些部队也部署在海滩后方十英里外，掩护沿半岛而上的道路。敌人撤离的消息让某些爱挑剔的评论者指出，预先实施的炮火准备纯属"杀鸡用牛刀"。这种评论很恰当，但并不准确，因为那里根本无鸡可杀。这场炮击白白浪费了大量弹药。

9 月 3 日清晨 4 点 30 分，遂行突击的两个师（英国第 5 师，加拿大第 1 师）登上空无一人的海滩，这里甚至没有地雷，也没有铁丝网。一名加拿大士兵开玩笑地写道："当日最激烈的抵抗来自一只美洲狮，它是从雷焦动物园逃离的，似乎很得旅长欢心。"遂行突击的步兵没有遭受伤亡，傍晚前，他们已占领半岛脚趾部，取得的进展超过 5 英里，没有遭遇抵抗。他们俘虏了 3 名掉队的德国士兵和 3000 名意大利官兵。意大利人自愿为英军卸载登陆艇上的物资。接下来几天，登陆部队从脚趾部向上推进，还是没有遇到激烈抵抗，在此过程中只同敌人的后卫部队发生过短暂接触。但德军后撤期间熟练地实施了许多爆破，一再给第 8 集团军的挺进造成妨碍。到 9 月 6 日，也就是登陆第四天，从海滩向前推进的英军只取得 30 英里进展，直到 9 月 10 日才到达半岛最狭窄的趾关节，也就是说，这场朝萨莱诺的进军只完成不到三分之一行程。

但据蒙哥马利说，亚历山大 9 月 5 日视察第 8 集团军时"极为乐观"，还带来意大利人两天前私下与盟国签订停战条款的消息。蒙哥马利指出，亚历山大"显然是以意大利人会完全听从盟军的吩咐为前提来考虑他的计划"。他质疑亚历山大的这种信心："我对他谈了我的意见，德国人了解情况后，是不会饶过意大利人的。"后来发生的事情证明了蒙哥马利日记中的这种评述。

亚历山大对"雪崩"行动的前景充满信心，这一点令人惊讶，因为这场行动发起两周前，德国军事评论员"塞多留"在广播里预测，说盟军会在那不勒斯—萨莱诺地区实施主要登陆，同时在卡拉布里亚半岛遂行一场辅助登陆。

一周前的 8 月 18 日，希特勒为应对盟军的登陆威胁下达了相关命令，这些命令意味深长地指出：

1. 必须估计到，意大利在敌人的压力下迟早会投降。

2. 为对此做好准备，第 10 集团军必须确保后撤路线畅通无虞。意大利中部，特别是罗马地区，必须由南线总司令部坚守，直到部队后撤。

3. 从那不勒斯到萨莱诺这片沿海地区，首先受到最严重的威胁，必须至少从第 10 集团军抽调三个机动兵团，组成一个强大的集团集结在这片地区。集团军所有非机动部队都应当开赴该地区。完全机动的部队起初可以留在卡坦扎罗与卡斯特罗维拉里之间参加机动作战。第 1 伞兵师辖内部队可用于掩护福贾。如果敌人在那不勒斯—萨莱诺地区登陆，必须坚守该地区。卡斯特罗维拉里隘路以南地区只需要实施阻滞行动即可……

凯塞林把麾下 8 个师中的 6 个部署在意大利南部，交给冯·菲廷霍夫将军新组建的第 10 集团军，而第 10 集团军司令部设在萨莱诺东南方的内陆镇波拉。因为希特勒 8 月 22 日亲自告诉菲廷霍夫，必须把萨莱诺视为"重心"（就像集团军作战日志中记载的那样）。凯塞林另外 2 个师作为预备队留在罗马附近，准备夺取意大利首都的控制权，同时"在意大利人叛变的情况下"确保第 10 集团军后撤路线畅通。部署在意大利南部的 6 个师，包括近期开抵意大利的 2 个师（第 16、第 26 装甲师）和逃离西西里岛的 4 个师。其中的"赫尔曼·戈林"师和第 15 装甲掷弹兵师因战斗损失而实力严重损失，已调回那不勒斯地区整补，第 1 伞兵师开赴阿普利亚，而第 29 装甲掷弹兵师一直留在意大利脚趾部，面对蒙哥马利的入侵力量。为协助该师阻挡英军，第 26 装甲师（开抵时没有坦克）[9] 临时派往卡拉布里亚。装备最精良的第 16 装甲师负责掩护萨莱诺湾，这是盟军最有可能实施大规模登陆的地区，其他师会为该地区迅速提供支援。第 16 装甲师其实只有 1 个装甲营 [10] 和 4 个步兵营，尽管该师的炮兵力量比较强大。

这是一股薄弱的力量，而他们面对的是一支庞大的舰队，朝萨莱诺湾而来的这支舰队编有 700 艘舰船和登陆艇，搭载用于初步登陆行动的 5.5 万名官兵，后续行动还会投入 11.5 万人。

这场登陆行动中，美国第 36 步兵师在右侧，英国第 46、第 56 师在左侧，而美国第 45 步兵师部分力量担任侧翼预备队。这些师分别隶属道利将军指挥的美国第 6 军和 R. L. 麦克里里将军指挥的英国第 10 军。英国第 10 军在萨莱诺南面一片 7 英里宽的海滩登陆，靠近通往那不勒斯的主要道路，这条道路上有一断低矮而又难走的隘路，首先穿过多山的苏莲托半岛颈部，继而穿过卡瓦缺口。因此，第 10 军尽早取得成功至关重要，不仅可以打开向北通往那不勒斯这座重要港口的道路，而且可以阻挡德军援兵从北面开抵。为协助该军完成任务，两支英国突击队和三个美国游骑兵营用于迅速夺取这条隘路，以及邻近路线上的基温齐山口。

9 月 6 日，英国主力船队从的黎波里起航，一支美国主力船队昨晚从奥兰出发。另一些船队从阿尔及尔、比塞大、西西里岛北部港口巴勒莫和泰尔米尼起航。虽然这些船队的目的地严格保密，但考虑到空中掩护可达到的范围，以及早早夺取一座大型港口的需要，这两个条件合在一起就提供了明确的指示，这些船队开往何处也就不难猜测了。的黎波里一艘供水船上的中国厨师道别时喊出"那不勒斯见"，这句话令人心惊胆寒。[11] 可他不过是重复了水手与士兵平日交谈时说过的话而已。另一个因素也有助于普通人进行猜测，北部和南部突击部队使用的代号是 N 部队和 S 部队。这不仅仅是猜测，因为一道广为流传的行政后勤令提到萨莱诺及其周边的一些地点。

目标如此明显，带来一个更大的障碍，集团军司令马克·克拉克坚持要求登陆行动达成突然性，为此，他甚至禁止海军炮击滩头防御，尽管负责护送、支援登陆部队的海军特遣舰队司令 H. 肯特·休伊特海军中将提出强烈的反对意见。休伊特清楚地意识到，"指望我们达成战术突然性，这纯属幻想"。[12] 可从另一方面也可以说，登陆前猛烈的炮火准备固然可以削弱滩头防御，但也会暴露预定登陆地点，这样一来，敌人就会迅速调集预备力量，从而抵消炮火准备带来的好处。

盟军船队绕过西西里西部和北部海岸后抵近，德国人 9 月 8 日下午早些时候发现了这个情况并上报德军指挥部，下午 3 点 30 分，德军部队进入警戒状态，准备抗击即将到来的登陆入侵。傍晚 6 点 30 分，艾森豪威尔在阿尔及尔广播电台宣布了盟国与意大利签订停战协定的消息。当晚 7 点 20 分，BBC 广播电台的新闻节目重复了这个消息。船上的盟军士兵听到了这些广播。尽管一些军官提醒他们登陆后还要对付德国人，可这些新闻还是给他们留下这样一种印象：此次登陆不过是小菜一碟罢了。他们的希望很快就破灭了。那些曾乐观地预测登陆第三天就能夺取那不勒斯的盟军规划人员也是如此——经过三周苦战，整个行动差一点沦为一场灾难，他们才实现了这个目标。

9 月 8 日下午，驶近中的船队遭到几次空中攻击，天黑后又遭遇空袭，德国轰炸机飞临船队上空时投下降落伞式照明弹。幸运的是，盟军船队遭受的破坏微乎其微。午夜过后，先遣运输船只到达距离海岸 8 ~ 10 英里的投放点，开始放下登陆艇。凌晨 3 点 30 分，这些登陆艇按照规定时间到达海滩。两小时前，德国人接管的一座海岸炮台朝逼近北翼的盟军登陆艇开炮射击，但护航的驱逐舰立即还击，打哑了这座炮台。最后阶段，海军舰炮迅速提供支援，对滩头防御展开一场短暂而又猛烈的炮击，火箭炮艇也参与其中，这是这款新式武器首次亮相。但南部水域没有这种支援火力，因为美军师长遵守了集团军司令"不得开火"的指示，企图以一场悄无声息的登陆达成局部突然性。结果，他们逼近海滩时，岸上的猛烈火力朝这些登陆艇倾泻而下，登陆部队伤亡惨重。

迅速攻往那不勒斯的前景取决于夺取从萨莱诺向北穿过山区的道路，因而有必要叙述盟军从北翼开始，自左到右的登陆行动。美军游骑兵在马约里一片小小的滩头登陆，没有遭遇抵抗，三小时内夺得基温齐山口，还在俯瞰萨莱诺—那不勒斯这条主要道路的山脊上站稳脚跟。英军突击队也在维耶特里轻松登陆，公路从这里离开海滩通往山区。但敌人迅速做出应对，阻滞了英军肃清该镇的行动，把英军突击队挡在镇北面、卡瓦缺口入口处低矮的拉莫利纳隘路内。

英军的主要登陆地点，位于萨莱诺以南数英里的海滩上，从一开始就遭遇顽强抵抗，而第46师部分力量错误地踏上右侧友邻第56师的登陆海滩，随之而来的混乱和拥挤给后续进展造成不利影响。部分先遣部队虽然朝内陆深入2英里，但伤亡惨重，没能实现登陆首日的重要目标：夺取萨莱诺港、蒙泰科尔维诺机场、巴蒂帕利亚和埃博利的岔路口。另外，当日日终时，塞莱河北面的英军右翼与该河南面的美军左翼之间仍有个7英里宽的缺口。

美军的登陆行动，在靠近帕埃斯图姆著名的希腊神庙的四片海滩上实施。他们冒着敌人猛烈的火力逼近海滩，没有获得己方舰只火力支援，登陆后又遭遇密集的火力网，德国人还对滩头发起持续不停的空中打击。对美国第36步兵师的官兵来说，这是一场严峻的考验，因为他们没有任何实战经验。幸运的是，海军随后以舰炮火力为他们提供了强有力的掩护，驱逐舰大胆穿过水雷区支援登陆部队，此处和英军登陆滩头获得的这种支援相当有效，阻挡住小股德军坦克的反冲击，对登陆部队来说，这些敌坦克是最主要的威胁。夜幕降临前，美军左翼已朝内陆推进5英里，到达山区镇卡帕乔，可他们的右翼仍被压制在海滩附近。

第二天（9月10日），美军登陆地区较为平静，这是因为实力虚弱的德国第16装甲师，已经把大部分力量调往北面的英军登陆区，从战略上说，那里对他们守卫萨莱诺地区构成的威胁更大。利用这个机会，美军扩大了他们的登陆场，担任预备队的第45步兵师主力随后登上滩头。与此同时，英国第56师当日清晨占领了蒙泰科尔维诺机场和巴蒂帕利亚，但德国人随后投入两个装甲掷弹兵营和一些坦克，以一场猛烈的反冲击打退英军，还给对方造成一场局部恐慌，就连禁卫旅部分官兵也惊慌失措，幸亏皇家苏格兰龙骑兵团的坦克赶到，提供了类似的支援。

当晚，英国第56师以三个旅发起冲击，意图夺取埃博利山制高点，这场进攻进展甚微，不过他们重新进入巴蒂帕利亚镇。第46师占领了萨莱诺，还派出一个旅解救英军突击队，但没有向北发展进攻行动。美军作战地域，新开抵的第45步兵师沿塞莱河东岸朝内陆推进约10英里，穿过佩萨诺，接近了塞莱桥的道路中心，也就是预想中的滩头防线顶点。但德国人随后从英军登陆区调来一个摩托化步兵营和8辆坦克，渡河后发起反冲击，阻挡住美军的推进，尔后迫使他们后撤。因此，第三天结束时，已登陆的四个盟军师（另一些额外部队相当于第五个师）仍困在两座浅近的、相互隔离的登陆场内，而德国人据守着两座登陆场周边的高地，以及通往平坦海滨地带的接近路线。盟军在登陆第三日到达那不勒斯的希望破灭了。德国第16装甲师的战斗力量，只有一个盟军师的一半，可该师成功遏止了对方的入侵，为德军援兵的到来争取到时间。

率先到达的是第29装甲掷弹兵师，该师此前已经在从卡拉布里亚撤回的途中，一同赶到的还有整补中的"赫尔曼·戈林"师组织的一个战斗群，编有2个步兵营和大约20辆坦克。这个战斗群从那不勒斯地区而来，发起反冲击后突破了英军设在拉莫利纳隘路上方的防线，一度逼近维耶特里。英军突击队重新投入战斗，9月13日终于阻挡住对方。尽管如此，德国人仍牢牢封锁着隘路。很明显，英国第10军目前被压制在萨莱诺附近极为狭窄的沿海地带，而德国人据守在周边高地上。在此期间，马克·克拉克最初的信心因为南部地区发生的情况而严重动摇，这是因为德国第29装甲掷弹兵师和第16装甲师部分力量，突入英美登陆部队之间的缺口。9月12日晚，英军右翼再次被逐出巴蒂帕利亚镇，不仅伤亡严重，还有不少官兵被俘。9月13日，德国人利用两个盟国军之间不断扩大的缺口，对美军左翼发起攻击，迫使他们退出佩萨诺并全面后撤。随之而来的混乱中，德军在数个地段突破美军防线，在某地甚至到达距离海滩不到半英里处。

当晚的形势看上去极为严峻，南部地区的所有商船已停止卸载。另外，马克·克拉克紧急通知休伊特海军中将，请他为第5集团军指挥部重新登船做好准备，还要求他调集所有可用的小型艇筏，以便疏散海滩上的第6军，把他们运往英军登陆区重新登陆，或者把英国第10军调到南面来。[13] 如此大规模的紧急变更部署完全不切实际，麦克里里和海军准将奥利弗强烈反对这项建议，而克拉克的方案上报给艾森豪威尔和亚历山大，盟军统帅部震惊不已。但这有助于加快援兵运抵的速度，另外还有18艘开赴印度途中的坦克登陆舰临时赶来提供支援。第82空降师交给马克·克拉克指挥，当日下午，马修·李奇微迅速回应了克拉克的紧急要求，傍晚时就把第一批部队空投到南部滩头。9月15日，英国第7装甲师开始登陆北部滩头。此时危机已然过去，很大程度上归功于盟国海空力量迅速提供的紧急支援。

9月14日，地中海战区盟军战略和战术航空兵力量投入所有可用飞机，全力轰炸德军部队和他们身后的交通线。当日昼间他们出动了1900多个战斗飞行架次。但是海军舰炮的猛烈轰击为阻挡德军攻往海滩发挥了更大效力。菲廷霍夫战后回忆道：

（我军）当日早晨的进攻遭遇激烈抵抗，但最严重的问题是，前进中的部队不得不承认，迄今为止从来没有经历过这种最为猛烈的炮火——至少16~18艘停泊在锚地的战列舰、巡洋舰、大型驱逐舰发射的舰炮火力。这些舰只以惊人的准确性和机动性轰击每一个发现的目标，取得了压倒性效果。

获得如此强大的支援，美军终于守住了他们昨晚撤到的后方防线。

9月15日的战场较为平静，德国人重组他们遭到炮弹和炸弹猛烈打击的部队，准备在援兵加强下重新付出努力。盟军登陆萨莱诺当天，菲廷霍夫就命令第26装甲师与蒙哥马利的军队脱离接触，这个师现在从卡拉布里亚开到了，但还是没有坦克。第3和第15装甲掷弹兵师一些支队，也分别从罗马和加埃塔开抵。可即便加上这些援军，德国人的实力也只相当于4个师，外加100多辆坦克，而到9月16日，盟国第5集团军已把相当于7个满编师的兵力送上滩头，另外还有大约200辆坦克。因此，盟军统帅部唯一担心的是，他们各个方面的优势发挥效力前，己方部队的士气有可能崩溃，其他都不是问题。另外，英国第8集团军近在咫尺，加强了上述优势，还威胁到敌军侧翼。

亚历山大当日晨搭乘一艘驱逐舰从比塞大出发，赶来视察克拉克的指挥部，还查看了滩头阵地。他以自己特有的机智，打消了疏散指挥部或滩头阵

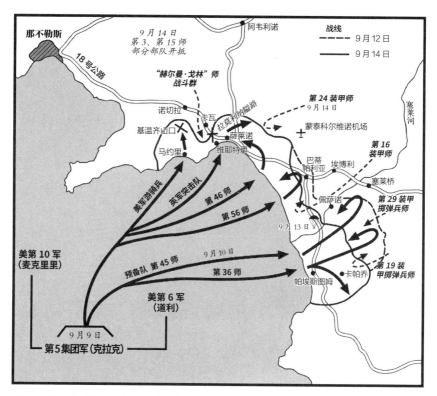

盟军登陆萨莱诺，1943年9月9—16日（ZVEN 制）

地的一切想法。上午 10 点左右，昨日下午从马耳他起航的英国战列舰"厌战"号、"勇士"号以及 6 艘驱逐舰开抵，提供了新的支援力量。由于前进观察员的通信发生延误，这些战舰七小时后才投入战斗，可她随后炮击了位于内陆十几英里纵深处的目标，15 英寸口径主炮射出的重磅炮弹，给敌军官兵的身心造成破坏性影响。

当日上午到来的还有一群第 8 集团军的战地通讯员。他们觉得该集团军支援第 5 集团军的推进过于缓慢，谨慎得毫无必要。因此，他们昨日乘坐两辆吉普车独自向前驶去，利用一些小路和小径绕开主干道上被炸毁的桥梁，穿过50英里敌占区，但没有遇到任何德国人。27小时后，第8集团军先遣侦察队与第5集团军辖内部队会合。

9月16日晨，德国人重新对英军作战地域发动进攻，一股力量从北面攻往萨莱诺，另一股力量攻向巴蒂帕利亚镇。盟军的地面炮火、舰炮火力、坦克共同阻挡住对方这些攻击。进攻遭遇挫败，再加上英国第8集团军已逼近，促使凯塞林得出这样一个结论：把入侵者赶下大海的可能性已不复存在。因此，他当晚批准辖内部队"脱离沿海战线"，逐步向北退却。第一阶段是撤到那不勒斯以北20英里的沃尔图诺河防线，他在这条防线一直坚守到十月中旬。

鉴于盟国海军炮火协助遏止了德军的反突击（大型舰只赶到前基本上就已做到这一点），德国人聊以自慰的是，当日下午，他们以无线电引导的新式FX1400滑翔炸弹直接命中"厌战"号，重创这艘战列舰。9月9日，意大利主力舰队从拉斯佩齐亚起航，赶去加入盟国海军，德国人以同样的手段报复昔日的盟友，以一枚滑翔炸弹击沉意大利海军旗舰"罗马"号战列舰。

对战事稍加分析就会发现，把入侵者赶下大海的努力受挫后，德国人撤离萨莱诺就成为必然。这是因为，虽说凯塞林竭力利用"蒙哥马利极为谨慎的推进"提供的机会，但很明显，一旦英国第8集团军走出狭窄的卡拉布里亚半岛到达战场，就可以朝内陆推进，从而迂回德军阵地，这样他就无法继续坚守西海岸这一地带了。凯塞林的兵力太少，根本没办法掩护这么长的战线。但盟军构成的威胁，发展速度不足以危及或扰乱德军的后撤行动。因为直到9月20日下午，第8集团军的加拿大先遣力量才攻入波坦察，那是意大利脚踝部的主要道路中心，位于萨莱诺湾内陆50英里处。前一天下午，100名德军伞兵冲向波坦察，导致英军整晚停止前进。为打垮德军的抵抗，英国人投入三十倍的兵力，以一个旅发起进攻——这是在战况晦涩不明时，以巧妙的防御阻滞敌军的一个极好例子。这场进攻迫使这一小股伞兵支队后撤，16名德国伞兵被俘，但近2000名意大利居民在该镇遭受的初步空袭中丧生。接下来一个星期，加拿大巡逻队谨慎向前，赶往北面40英里的梅尔菲，只与敌军后卫部队发生了极为短暂的接触。在此期间，由于补给短缺，第8集团军主力停止前进，他们的补给线调整到意大利东南角的塔兰托和布林迪西。

盟军在意大利脚后跟部实施的登陆，没有遭遇任何抵抗。当初，联合参谋长委员会指示艾森豪威尔为占领西西里岛之后的行动拟制方案，盟军规划人员六月份就把塔兰托列为目标之一。可这个目标很快又被去除了，主要因为塔兰托不符合规划人员规定的基本原则，他们不考虑在战斗机掩护范围外实施粉碎敌军防御的登陆行动。和那不勒斯一样，塔兰托超出了喷火式战机从西西里岛东北部机场起飞后，180英里的作战半径，而萨莱诺刚好在这个作战半径内。盟国直到9月3日与意大利签订停战协定后，才重新提起塔兰托方案。当时是作为一项临时性辅助行动添加到入侵方案中的，代号"响板"，这是因为盟军获悉，意大利脚后跟部只有少量德军部队，他们后来才意识到，即便占领并使用那不勒斯港，也不足以维系盟军在亚平宁山脉东西两侧的进军。

坎宁安海军上将主动建议采取这场行动，他告诉艾森豪威尔，要是能调集用于这场行动的部队，他负责解决运送部队的舰船。当时驻扎在突尼斯的英国第1空降师是可以使用的，但缺乏足够的运输机让该师发挥空降作用，因此，这个师在比塞大匆匆登上5艘巡洋舰和1艘布雷舰，9月8日傍晚朝塔兰托进发。次日下午，舰队逼近塔兰托，与驻扎在塔兰托港、正赶往马耳他向盟军投降的一支意大利海军中队交错而过。黄昏时，盟军舰队驶入港口，发现这里的大部分设施完好无损。两天后，英国第1空降师占领了布林迪西（意大利国王维克托·伊曼纽尔和巴多格里奥元帅已从罗马逃到这里），随后又沿海岸前进60英里，占领了意大利脚踝后面的巴里，成功扩大了他们在意大利脚后跟部取得的战果。就这样，盟军夺得这片地区的三座大型港口，足以维持一场沿东海岸而上的进军。实现这个战果，远比在西海岸夺得类似港口早得多。很明显，由于盟军迟迟无法从萨莱诺前出到那不勒斯，德国人在撤离前有足够的时间炸毁那里的港口。

可是，由于缺乏远见，随后也没有采取补救措施，盟军与东海岸出现的绝佳机会失之交臂。"响板"这个代号可以说非常贴切[①]。盟军只把这场行动

---

① 译注：响板的意思是声音很响，可力度并不大，以此形容盟军这场行动声势浩大，却没能取得更大战果。

视为占领几座港口，因而派出第 1 空降师时，没让他们携带运输车辆，只带了 6 辆吉普车，该师缺乏车辆的状况一直持续到 9 月 14 日。这五天，第 1 空降师派出几支巡逻队，搭乘吉普车和征用的车辆向北行进，一路到达巴里，他们在这片宽阔的沿海地带没有发现任何敌军部队。这是因为驻扎在该地区的只有实力严重受损的德国第 1 伞兵师，而且该师部分力量已调到萨莱诺地区，余部奉命撤往塔兰托以北 120 英里的福贾，掩护凯塞林的纵深东翼。可即便车辆运抵、机动性恢复，英军空降师仍奉命滞留在原地，而英军沿东海岸大举推进的行动，此时仍在慢条斯理地策划和准备中。面对眼前的绝佳机会，英国人仍坚持这种谨慎的习惯，实在令人扼腕叹息，因为德国第 1 伞兵师的位置很远，根本无法发动反击，而且这个师的战斗兵力只有区区 1300 人，英军的实力是他们的四倍，更多援兵正在赶来的途中。可惜，长期以来形成的习惯最终还是占了上风。

这里的作战行动交给第 5 军军长奥尔弗里将军指挥（去年十二月攻往突尼斯城过于谨慎、最终失败的行动就是他负责的），亚历山大给他分配的任务是："在意大利脚后跟建立一座基地，掩护塔兰托和布林迪西港，可能的话还包括巴里港，以便实施后续进军。" 9 月 13 日，奥尔弗里军编入第 8 集团军，超出上述限制早早向前推进的一切可能性就此消失，因为蒙哥马利进军前总是集结麾下军队，同时确保足够的物资供应。

9 月 22 日，第 78 师在巴里弃船登岸，印度第 8 师随后登陆布林迪西，而登普西第 13 军也调到东海岸。可直到 9 月 27 日，一小股机动部队才从巴里动身向前，侦察敌人的动向。这股英军一举占领福贾，他们刚一逼近，那里的德军就迅速撤离，因此，英国人兵不血刃地夺得了他们急需的几座机场。直到此时，蒙哥马利仍坚持先前下达的命令，主力部队 10 月 1 日前不得前进，他挥师向前时，只使用了第 13 军 2 个师，把第 5 军 3 个师留在后方，确保"一座坚实的基地"，并掩护第 8 集团军的内陆侧翼。

德国第 1 伞兵师目前沿比费尔诺河坚守防线，掩护泰尔莫利这座小型港口。德军实力虚弱，这道防线对他们来说实在太宽。蒙哥马利精心设计了进攻比费尔诺河防线的行动，打算对敌军后方实施一场海路突击。10 月 3 日凌晨，一个特种勤务旅在泰尔莫利港外登陆，利用夜间袭击达成的突然性，冒着大雨迅速夺得港口和城镇，随后与正面进攻的英军在比费尔诺河对岸的登陆场会合。接下来两天，第78师辖内另外两个步兵旅，从巴列塔经海路调到泰尔莫利，加强登陆场后继续挺进。

但是，10月2日，德国第10集团军司令菲廷霍夫，利用英军迟迟没有沿东海岸进军的机会，从西海岸的沃尔图诺河防线抽出第16装甲师，驰援伞兵虚弱的防御，这股伞兵一直掩护着第10集团军后撤中的左翼。第16装甲师匆匆翻越意大利山脊，10月5日清晨到达泰尔莫利附近，该师迅速发起反突击，迫使英军退回该镇边缘，差一点切断对方通往南部的交通线。但英军第78师从海路调来援兵，在英军和加拿大军队大批坦克支援下投入战斗，阻挡住德军的进攻，最终击退对方。

德军随后脱离战斗，撤往北面12英里、掩护特里格诺河防线的阵地。他们这场猛烈的反突击，导致蒙哥马利停止前进达两周之久，他打算进一步集结力量和补给物资，然后再进攻特里格诺河防线。

在此期间，马克·克拉克的第5集团军从萨莱诺沿西海岸缓慢向上推进，企图迫使菲廷霍夫第10集团军后撤。第一阶段的战事颇为胶着，因为德军右翼顽强坚守萨莱诺北面的丘陵障碍，掩护左翼部队撤离，第10集团军左翼必须从巴蒂帕利亚和帕埃斯图姆周围的南部海岸后撤。德军这场后撤执行了近一周后，英国第10军才于9月23日发动进攻，企图从萨莱诺强行突破到那不勒斯。为遂行这场进攻，第10军不仅投入第46和第56师，还派出第7装甲师和一个额外的装甲旅，以此对付据守各座山口的小股德军（只有3～4个营）。英军进展甚微，9月26日才发现当面之敌昨晚消失不见了——这股德军顺利完成了为南部战友的后撤争取时间的任务。之后，一座座炸毁的桥梁成为盟军推进的主要障碍。9月28日，第10军在诺切拉进入平原地区，可直到10月1日，该军先遣部队才进入距此20英里的那不勒斯。

美国第6军沿遭爆破后发生堵塞的内陆公路缓慢推进，这段时间的平均速度是每天3英里，但他们终于赶上英国第10军的进展，与该军齐头并进，10 月 2 日进入贝内文托。目前指挥第 6 军的是接替道利出任军长的约翰·P. 卢卡斯少将。

第 5 集团军登陆萨莱诺后，耗时三周才到达初期目标那不勒斯，伤亡近 1.2 万人（英军伤亡 7000 人，美军伤亡 5000 人）。仅仅因为萨莱诺地区在空中掩护范围内，他们就选择了过于明显的进攻路线和登陆地点，结果丧失了突然性，所以，这是他们应得的惩罚。

又过了一周，第 5 集团军才逼近沃尔图诺河防线，德国人此时已撤到这条防线。十月份第一周，雨季到来，比预计时间早了一个月，泥泞的道路和湿透的地面给前进中的盟军造成妨碍。第 5 集团军 10 月 12 日夜间冲击沃尔图诺河防线，比预定日期晚了三天，三个德国师阻挡住了这场进攻。美国第 6 军在卡普亚上方的河对岸夺得一座登陆场，可是，英国第 10 军右翼力量企图在那不勒斯—罗马这条主要道路上的卡普亚强渡沃尔图诺河，结果遭遇挫败，继而导致美国第 6 军也无法扩大他们的登陆场。德军还迅速发起反冲击，压制了另外两个英国师在靠近海岸处获得的几座小型渡口。就这样，德军靠前部署的部队遵照凯塞林的命令，坚守这条河流防线直到 10 月 16 日，随后才向北撤往 15 英里外的下一道防线。这条仓促构设的防线始于加里利亚诺河河口附近，穿过一片片掩护接近地的崎岖丘陵，沿 6 号公路延伸，再穿过米尼亚诺隘路，直到加里利亚诺河上游，及其支流拉皮多河和利里河河谷。凯塞林希望守住这条前哨防线，以便为长期防御构筑一道精心策划的防线，这片稍稍靠后的阵地称为古斯塔夫或冬季防线，沿加里利亚诺河和拉皮多河延伸，以卡西诺隘路为枢纽。

恶劣的天气和德国人实施的爆破，导致第 5 集团军的进攻行动又延误了三周，直到 11 月 5 日才冲击第一道德军防线。德军的抵抗极为顽强，盟军苦战十天，除沿海侧翼外，取得的进展微不足道。马克·克拉克不得不撤回疲惫的部队加以重组，以便发起更强大的进攻。直到十二月第一周，盟军才为再次进攻做好准备。到十一月中旬，第 5 集团军的损失攀升到 2.2 万人，美军伤亡近 1.2 万人。

这场漫长的停顿期间，希特勒的观点发生了重大变化。盟军从萨莱诺和巴里的推进极为缓慢，希特勒深受鼓舞，他开始觉得可能没必要撤往意大利北部，于是在 10 月 4 日下达了一道指令，要求"守住加埃塔—奥托纳一线"，他还对凯塞林承诺，从隆美尔驻扎在意大利北部的 B 集团军群抽调 3 个师，协助他尽可能长久地坚守罗马以南地带。希特勒越来越青睐凯塞林长期坚守的计划，但直到 11 月 21 日才决心采用这种方案，他把意大利境内所有德军部队交给凯塞林指挥。隆美尔集团军群撤编，剩下的部队悉数交由凯塞林掌握。尽管如此，凯塞林还是要把部分部队留在意大利北部，守卫并控制这片庞大的地区，而包括 3 个装甲师在内的 4 个精锐师调往苏联前线，取而代之的是 3 个实力耗尽后需要整补的师。

第 90 装甲掷弹兵师的到来，为凯塞林提供了一股规模不大、但很有价值的增援力量。意大利停战时，这个师驻扎在撒丁岛，随后他们渡过狭窄的博尼法乔海峡疏散到科西嘉岛，之后又通过海运和空运退到意大利本土的里窝那港。这场持续不停的后撤耗时两个多星期，避开了盟国海空力量拦截，盟国海空军的干预力度很小，而且断断续续。虽然这个师六个多星期后才交给凯塞林部署，但他及时派遣该师向南开进，协助阻挡蒙哥马利第 8 集团军沿意大利东海岸发起的、拖延了许久的攻势。

德军的桑格罗河防线，掩护着奥托纳和古斯塔夫防线延伸到亚得里亚海那一段，蒙哥马利对这条防线上的德军阵地发动试探性进攻后的那个上午，希特勒决定把意大利境内所有德军部队交给凯塞林指挥，这些部队现在编为 C 集团军群。

蒙哥马利十月份第一周强渡比费尔诺河的行动遭遇德军顽强抵抗，他随后前调第 5 军接防沿海地段，把第 13 军调往内陆丘陵地带，德军后卫部队在那里多次阻挡住加拿大军队的推进。实施这番重组后，第 5 军攻往比费尔诺河前方 12 英里的特里格诺河，10 月 22 日夜间夺得一座小小的登陆场。10 月 27 日，该军发动夜袭，扩大了这座登陆场。但第 5 军很快为泥泞和敌人的火力所阻，直到 11 月 3 日夜间才突入敌军主阵地。德军随后撤往北面 17 英里的桑格罗河。

接下来又是一场漫长的停顿，蒙哥马利准备进攻行动的同时，前调了新近开抵的新西兰第 2 师，获得这股强大的援兵后，他为桑格罗河攻势集结的进攻力量增加到 5 个师又 2 个装甲旅。与此同时，英国第 8 集团军对面的德国第 76 装甲军获得第 65 步兵师，以这个师接替了守卫沿海地段的第 16 装甲师，第 16 装甲师奉命开赴苏联前线。除了这个步兵师，所谓的第 76 装甲军只编有第 1 伞兵师残部和第 26 装甲师一个战斗群，盟军第 5 集团军带来的压力缓解后，第 26 装甲师这个战斗群才逐步回到亚得里亚海一侧。

蒙哥马利发动桑格罗河攻势的目的是粉碎德军冬季防线，前进 20 英里，攻往佩斯卡拉，切断从那里通往罗马的东西向道路，威胁阻挡第 5 集团军的德军部队后方。亚历山大仍希望按照他两个月前（9 月 21 日）下达的指令行事，他在那道指令中把各集团军所要实现的目标分成四个连续的阶段：第一阶段"巩固"萨莱诺—巴里一线；第二阶段夺取"那不勒斯港和福贾的几座机场"；第三阶段占领"罗马和那里的几座机场，以及特尔尼重要的公路和铁路中心"；第四阶段获得罗马以北 150 英里的"里窝那港，佛罗伦萨和阿雷佐交通中心"。亚历山大 11 月 8 日下达了一道新训令，重申迅速攻占罗马至关重要，在此之前，艾森豪威尔也给他下达了类似指令。

蒙哥马利打算 11 月 20 日发动这场攻势，但恶劣的天气和河水暴涨迫使他把初步突击缩小为有限的努力。经过数日激战，英军夺得一座大约 6 英里宽、1 英里深的登陆场。他们克服巨大的困难坚守登陆场，直到 11 月 28 日夜间展开大规模进攻，这比原定计划晚了一周。但蒙哥马利仍对这场进攻踌躇满志，11 月 25 日，他对麾下部队发布了一份个人文告，这种信心表露无遗："现在是把德国人赶到罗马北面的时候了……实际上，德国人的处境正是我们所期望的。我们现在就要狠狠打击他们。"蒙哥马利走出他的拖车，站在一把特大号雨伞下，在雨中宣读了这份文告，这似乎是个不祥之兆。

庞大的空中突击和猛烈的炮火准备提供掩护，再加上五比一的兵力优势，蒙哥马利这场进攻开始得很顺利。德国第 65 步兵师是个多国人员组成的混编师，缺乏经验，装备欠佳，面对英军的冲击很快垮了下来。到 11 月 30 日，英军已肃清桑格罗河前方的山脊。但德军集结起来撤往后方主防线，而追兵奉行的是蒙哥马利反复强调的建立"坚实基地"的指示，这也给德国人帮了大忙。12月2日和3日，英军在内陆侧翼的奥尔索尼亚错失了发展胜利的绝佳机会，这让凯塞林从北面调来的第26装甲师和第90装甲掷弹兵师余部，获得了开抵战场的时间。因此，英军这场推进变得越来越棘手，他们遇到的情况往往是"过了一河又一河"。第8集团军12月10日才顺利渡过桑格罗河前方8英里的莫罗河，直到12月28日才肃清莫罗河前方2英里的奥托纳。该集团军随后在里乔（距离佩斯卡拉还有半数路程）、佩斯卡拉河、通往罗马的横向公路受阻。这就是当年年底出现的僵局，而蒙哥马利此时已经把第8集团军的指挥权移交给奥利弗·利斯，返回英国接掌第21集团军群，为跨海峡入侵诺曼底加以准备。

在此期间，马克·克拉克12月2日在亚平宁山脉西部地区重新发起进攻。此时，第5集团军的实力已攀升到相当于10个师，但其中2个师（英国第7装甲师和美国第82空降师）调回英国，准备参加即将发动的跨海峡入侵。凯塞林的实力也获得加强，目前有4个师据守着亚平宁山脉西面的防线，另外1个师担任预备队。

这场重新发起的攻势，第一阶段的目标是6号公路西面的山壁和米尼亚诺缺口。遂行进攻的是英国第10军和美国第2军，目前指挥第2军的是杰弗里·凯斯少将，两个军获得900多门火炮支援，进攻头两日，这些火炮朝德军阵地倾泻了4000多吨炮弹。12月3日，英军逼近3000英尺高的卡米诺山顶峰，但被敌人的反冲击逼退，直到12月6日才攻占山顶。与此同时，英军右侧的美国人也夺得拉迪芬萨山和马焦雷山，这两座山不高，但更靠近穿过缺口的公路。第二阶段进攻行动始于12月7日，美国第2、第6军沿一条宽大的战线攻往拉皮多河，希望以他们在河流两侧的纵深突击，肃清6号公路东面山壁的敌军。但他们遭遇的抵抗越来越激烈，接下来几周，尽管他们不断付出努力，可前进速度慢如蜗牛，总共只取得几英里进展。到一月份第二周，这场攻势逐渐消退，盟军仍没有到达拉皮多河和古斯塔夫防线前沿。第5集团军的战斗损失攀升到近4万人，这个数字远远超过敌人的伤亡。另外，意大利山区这场历时两个月的冬季苦战期间，仅美军就有5万名病患减员。

入侵意大利的结果令人极度失望。四个月内，盟军从萨莱诺向前推进，只取得 70 英里进展，主要是头几周实现的，距离罗马仍有 80 英里。亚历山大本人把这个过程描述为"向上猛攻意大利"，可当年秋季更普遍的说法是"寸进"。因为意大利的地理形状很像一条腿，所以用"啃咬"这个词更加贴切。

即便充分考虑复杂的地形和恶劣的天气，仔细审查这场战役也能明显看出，盟军一再错失了取得更快进展的良机，这是因为盟军指挥官过度强调"巩固"每一个进展，继续挺进前必须建立一个"坚实的基地"，另外，他们还过于重视进攻前确保足够的兵力和补给物资。他们一次次担心准备不足，结果导致行动得过晚。

评论这场战役时，凯塞林意味深长地指出：

盟军的作战方案自始至终表明，盟军最高统帅部的主导思想是稳步求胜，这种思想导致他们在战术和资源调配方面采用了保守的方式。因此，尽管我们的侦察手段不足，获得的情报很少，可我总是能预见到对方下一步战略或战术举措，从而在我方资源允许的范围内采取适当的对策。[14]

但是，盟军在意大利遭遇的麻烦，根源在于他们选择萨莱诺和意大利脚趾部作为登陆地点，根据盟军向来谨慎的习惯，德国人很容易猜到他们的登陆地点。这种过于明显的决定，最大的受益者是凯塞林和他的参谋长韦斯特法尔，他们认为，盟军为确保免遭空袭的战术安全性，在战略方面付出了沉重的代价，鉴于德国空军当时在意大利南部的实力相当虚弱，这是个毫无必要的过度保险措施。他们还觉得，盟军最高统帅部习惯于把他们的进攻范围限制在空中掩护航程内，简化了许多防御问题，给守军助了一臂之力。

至于盟军应该采用何种方式，韦斯特法尔的看法如下：

要是把登陆萨莱诺的部队用于（罗马北面30英里的）奇维塔韦基亚，结果会更具决定性……罗马只驻有两个德国师……我们来不及迅速抽调其他部队提供支援。如果算上驻扎在罗马的五个意大利师，盟军实施一场海空联合登陆，就能在72小时内占领意大利首都。这样一场胜利，除了获得政治影响，还会一举切断撤离卡拉布里亚的五个德国师的补给路线……这样一来，罗马—佩斯卡拉一线以南的整个意大利南部地区就会落入盟军手中。[15]

韦斯特法尔还认为，蒙哥马利第8集团军登陆意大利脚趾部是个错误，他们在那里不得不沿整个"脚部"向上推进，这就丧失了登陆意大利暴露在外的脚跟部、沿亚得里亚海岸推进的良机。

英国第8集团军本该在塔兰托地区全力实施登陆，那里只驻有一个伞兵师和三个师属炮兵连。的确，他们在佩斯卡拉—安科纳地区登陆甚至会更好些……我们缺乏可用部队，无法从罗马地区抵抗这种登陆。我们也没办法从意大利北部的波河平原抽调部队迅速南下。[16]

同样，如果盟国第5集团军在塔兰托而不是萨莱诺实施主要登陆的话，凯塞林的部队也不太可能从西海岸迅速调往东南海岸。

总之，盟军从头到尾都没能从他们最大的优势，也就是两栖力量中获益，他们忽视了这股力量，这一点构成他们的最大障碍。凯塞林和韦斯特法尔的说辞，很大程度上支持了丘吉尔12月19日从迦太基发给英国三军参谋长的一封电报提出的严厉批评：

意大利前线的整个战事陷入胶着状态，已经变得越来越可耻……完全忽视了在亚得里亚海一侧实施两栖行动，也没有在西面施以任何类似的打击，造成极为严重的后果。

地中海战区的登陆艇，三个月来没有用于实施任何突击行动……这么宝贵的力量完全弃之不用，即便在这场战争中，这种例子也很罕见。[17]

丘吉尔没有看清的是，盟军的战争学说是错误的，他们秉承了谨慎的银行家"不确保安全就按兵不动"的原则。

注释

1. 本书作者对施图登特的审讯。另可参阅：Liddell Hart: *The other Side of the Hill*, pp. 356-7.

2. Liddell Hart: *The Other Side of the Hill*, p. 359.

3. Ibid., p. 359.

4. Liddell Hart: *The Other Side of the Hill*, p. 360.

5. Ibid., p. 360-1.

6. Liddell Hart: *The Other Side of the Hill*, p. 361-2.

7. Ibid., p. 360-1.

8. Clark: *Calculated Risk*, p. 179.

9. 和这段时期大多数德国装甲师一样，第26装甲师只有两个装甲营，一个营配备黑豹坦克，另一个营配备分量较轻的四号坦克，该师的黑豹坦克营没有开赴意大利，而四号坦克营留在罗马附近震慑意大利人。

10. 这个营大约有80辆四号坦克。该师没有配备黑豹坦克营，取而代之的是一个突击炮营，配备40辆突击炮——从远处望去，这款战车很容易让人误以为是坦克。即便如此也很难理解马克·克拉克将军在他的战争回忆录《值得冒的风险》一书中，是如何得出"德国人起初在萨莱诺地区可能有大约600辆坦克"这种结论的，这个数字几乎是德军实际坦克数量的八倍。

11. Linklater: *The Campaign in Italy*, p. 63.

12. S. E. Morison: *History of U.S. Naval Operations in World War II*, vol. IX, p. 249.

13. Cunningham of Hyndhope: *A Sailor's Odyssey*, p. 569. S.E.莫里森的《美国海军战史》第九卷只提到这些紧急措施中的最后一条。

14. Liddell Hart: *The Other Side of the Hill*, p. 364.

15. Liddell Hart: *The Other Side of the Hill*, pp. 364-5.

16. Ibid., p. 365.

17. Churchill: *The Second World War*, Vol. V, p. 380.

第二十八章

德国人在苏联退潮

　　1943年年初，高加索山区的德国军队，看上去很可能遭受与斯大林格勒地区德军相同的厄运。他们比第6集团军更深地陷入包围圈。斯大林格勒的合围形成后，这股德军已被迫在高加索山区待了一个多月，天气越来越冷，危险不断扩大。对构成A集团军群的第1装甲集团军和第17集团军来说，前景极为严峻，目前指挥A集团军群的是接替李斯特元帅的克莱斯特将军。

　　一月份第一周，红军多个合围构成的威胁不断发展，突出了A集团军群岌岌可危的境地。最直接的威胁发生在该集团军群深入高加索山区的头部。红军的第一记耳光抽在A集团军群位于莫兹多克附近的左脸颊，第二记耳光抽在该集团军群位于纳尔奇克附近的右脸颊，他们还收复了这两个城镇。更危险的是，红军越过A集团军群左翼后方200英里的卡尔梅克草原，前出到该集团军群与顿河集团军群的结合部。他们收复埃利斯塔后一路向下，穿过马内奇湖那一端奔向阿尔马维尔——克莱斯特集团军群与罗斯托夫之间的交通线就穿过此地。最危险的是，斯大林格勒方向的大批红军突然向南攻往顿河一线，直扑罗斯托夫，红军一股先遣力量距离这个瓶颈已不到50英里。

　　克莱斯特获悉这个惊人消息的同一天，收到希特勒的明确指令：任何情况下都不得后撤。此时，德国第1装甲集团军仍在罗斯托夫以东大约400英里处。次日，克莱斯特又接到新命令：带上所有装备撤离高加索山区。A集团军群与时间展开一场长途赛跑，这道命令无疑加剧了他们的困难。

为了把通往罗斯托夫的路线留给第1装甲集团军使用，第17集团军奉命沿库班河向西撤往塔曼半岛，必要时可以用船只把该集团军运过刻赤海峡退入克里木。这场后撤的路程不太长，近期被困在图阿普谢周围沿海地带的红军，实力不足以对后撤中的第17集团军施加危险的压力。

相比之下，第1装甲集团军的后撤陷入直接和间接危险。最紧张的阶段是1月15日到2月1日这段时期，此时，第1装甲集团军主力已到达罗斯托夫。尽管如此，该集团军继续退却的后撤路线，虽说不再受到那么狭窄的地形的限制，可接下来两百多英里，红军的一连串突击继续对他们构成威胁。

在斯大林格勒陷入重围的德国军队，拒不接受红军要求他们投降的最后通牒。1月10日，罗科索夫斯基将军对被围之敌发起一场向心突击。饥饿、寒冷、疾病、士气低落、弹药短缺，这些因素导致保卢斯集团军虚弱无力，根本无法实施强有力或旷日持久的抵抗，而且，他们也无力突出包围圈。这样一来，红军得以腾出部分合围力量，用于加强南进部队，从而切断盘踞在高加索山区的德国军队。随着斯大林格勒包围圈不断收缩，他们腾出的部队越来越多。

斯大林格勒的最后一幕上演时，克莱斯特麾下部队已撤离高加索突出部的"鼻端"，他们目前伫立在皮亚季戈尔斯克与布琼诺夫斯克之间的库马河畔。十天后，从埃利斯塔向南进击的苏联红军，前出到库马河一线后方一百多英里处。但此时，克莱斯特后撤中的队列已接近阿尔马维尔，从而通过了最危险的地段。

不过，一场严重的危机正在更后方发展，这是强大的红军部队沿顿河两侧攻往罗斯托夫造成的。东侧，红军逼近马内奇河和萨利斯克铁路枢纽。西侧，他们已到达顿涅茨河，距离该河与顿河下游的交汇点不太远。到达罗斯托夫前，克莱斯特的后卫力量需要行进的路程仍三倍于苏联红军。另外，曼施泰因疲惫不堪的部队竭力掩护克莱斯特后撤走廊的侧翼，目前面临着巨大压力，几乎已到达崩溃边缘。

不过，后撤中的德军最终赢得了这场赛跑，还设法摆脱了敌人构设的陷阱。十天后，克莱斯特的后卫力量靠近罗斯托夫，红军的拦截企图彻底落空。

对德国人来说幸运的是，这片荒野遍布积雪，离开遥远的铁路终端后，就连红军也无法迅速前进，集结足够的力量封闭缺口。这归功于曼施泰因麾下部队竭力坚守这个敞开的缺口，他们长时间守卫着暴露在外的阵地，就连自身的后撤也受到威胁，以至于克莱斯特不得不派几个师折返，为曼施泰因提供加强，协助他的部队撤离。

退出高加索的德国军队在罗斯托夫顺利渡过顿河时，斯大林格勒的德国第6集团军彻底瓦解。保卢斯和集团军大部分人员1月31日投降，最后一批残余力量也在2月2日放下武器。自红军三周前发起进攻以来，共计9.2万名德军官兵被俘，而德军的总损失几乎是这个数字的三倍。投降者中包括24名将军。虽说东线德军将领都带着小瓶毒药，以防自己落入苏联人手中，可似乎很少有人使用，直到1944年7月20日刺杀希特勒的行动失败后，有些将领才服毒自尽，以免落入盖世太保手中。但斯大林格勒战役后，"斯大林格勒"这个名字，在各地的德军指挥官脑中犹如一剂微妙的毒药，削弱了他们对自己奉命执行的策略的信心。第6集团军在斯大林格勒全军覆没，给德国陆军造成的影响，精神方面远大于物质方面，他们再也没能从这场灾难中恢复过来。

但希特勒为安抚民心而发表的声明也不无道理，他声称第6集团军在斯大林格勒的牺牲，为德国最高统帅部采取相应对策争取到时间，而整个东线的命运都依赖于这些应对措施。如果第6集团军在陷入包围的头七周就投降的话，那么，其他德军部队可能会遭遇更大的灾难。因为曼施泰因实力虚弱的集团军群，不可能抵御沿顿河涌向罗斯托夫的红军大潮，这样一来，高加索山区的德国军队就会被切断。如果第6集团军成功突出斯大林格勒包围圈并向西后撤的话，高加索山区A集团军群的命运可能就会断送。另外，虽说第6集团军一月份最后两周的抵抗，并不足以阻止红军抽调强大的力量攻往罗斯托夫，可他们还是牵制了大批敌军。高加索山区的德国军队之所以能及时撤往罗斯托夫，穿过这个瓶颈地顺利退却，第6集团军功不可没。

即便获得这种帮助，德军撤离高加索山区也是在千钧一发之际实现的。就时间、空间、实力、天气这些条件而言，这是个了不起的表现，为此，克莱斯特被擢升为陆军元帅。执行这场后撤的技术和顽强意志固然值得嘉许，但这场后撤的最大意义在于，它有力地证明，只要指挥官及其部队保持冷静的头脑和坚定的斗志，现代防御作战就具有非凡的抵抗力。

随后几周，更多证据接踵而来。这是因为后撤中的德国军队穿过罗斯托夫瓶颈地后，仍要应对退却路线深远后方出现的危险。一月中旬，瓦图京将军的左翼力量，恢复了从顿河中游向南攻往罗斯托夫后方顿涅茨河的行动。除了打垮米列罗沃的守军，他们还在绕过这个顽强的障碍后，于卡缅斯克及其东面渡过顿涅茨河。

红军同一周还发起另外两场新攻势。其中一场发生在遥远的列宁格勒地区，这场攻势打破了这座城市十七个月来遭受的包围，缓解了围困的压力。虽然红军远远没能消灭穿过城市后方、伸向拉多加湖的德军突出部，但他们沿湖岸打开一条通往施吕瑟尔堡的走廊，这场战略性"气管切开术"给列宁格勒城插上根通气管，守军和城内居民得以更自由地呼吸。

红军另一场攻势威胁到德国人在苏联南部的喘息空间。1月12日，戈利科夫将军麾下军队从沃罗涅日下方的顿河西段发起进攻，一举突破德国第2集团军和匈牙利第2集团军防线。一周内，这股红军取得100英里进展，也就是从顿河到哈尔科夫这段路程的一半。瓦图京将军的右翼力量沿顿河与顿涅茨河之间的走廊而下，向东实施一场向心突击。

一月份最后一周，红军再次扩大攻势。德国人的注意力集中于对方朝西南方攻往哈尔科夫之际，红军却从沃罗涅日沿一条宽大战线向西攻击前进，打乱了德军在那里实施的局部后撤，导致这番后撤沦为一场大规模退潮。短短三天，红军朝库尔斯克前进了近半数路程，而库尔斯克恰恰是德军当初发动夏季攻势的跳板。

二月份第一周，红军右肩向前推进，深深楔入库尔斯克与奥廖尔之间的铁路和公路。他们随后又在库尔斯克与奥廖尔之间插入另一根楔子。这样一来，他们就从两侧迂回了库尔斯克。2月7日，红军突然向前进击，一举攻克这座城市。两天后，他们以同样的方式插入第二根楔子，导致别尔哥罗德守军崩溃，这个战果反过来又对哈尔科夫北翼构成威胁。

与此同时，红军表面上直接攻往哈尔科夫的行动，发展成一场偏向西南方的进攻，也就是攻往亚速海和德军撤离罗斯托夫的退却路线。2月5日，瓦图京的部队解放伊久姆，德国人去年春季在这里建立起具有决定性的侧翼优势。而红军渡过顿涅茨河，形成了相反的优势。他们在顿涅茨河南面的铁路线上插入楔子，随后向西发展胜利，2月11日攻克洛佐瓦亚这个重要的铁路枢纽。

红军这些新战果危及哈尔科夫的态势，2月16日，这座城市落入戈利科夫手中。这确实是一场胜利，但就德军的整体情况而言，更直接的危险来自红军继续从顿涅茨河向南攻往亚速海。四天前，红军一股快速力量到达红军城，这座城市位于从罗斯托夫通往第聂伯彼得罗夫斯克的主干道上。这样一场发展，对刚刚逃离高加索陷阱的德国军队来说，构成了切断他们后撤路线的威胁。

红军进攻战役的交替模式和节奏，与早期相比，变得更加明显。考虑到德国人不得不以不断减少的预备力量掩护广阔的战线，不难看出红军这些攻势给德军抵抗力量施加了多么沉重的压力。针对德军的弱点，苏联人采用了渐进而又可变的进攻方式，深具启发性地证明了红军的技术获得了改善，以及他们学会了如何利用己方的新优势。仔细研究他们连续夺取一连串关键地域的过程就能看出，红军的每一次占领（即便是跟随邻近地区的一场进军实现的），都是间接行动的结果，这种间接行动导致相关城镇难以防守，或至少削弱了这些城镇的战略价值。通过红军的作战模式，可以清楚地看出一系列间接手段发挥的作用。红军统帅部就像一位钢琴家，手指在键盘上不停地上下移动。

红军进攻战役的交替节奏，与福煦元帅1918年采用的方式相类似，但红军对这种战略方法的应用更细致、更迅速。他们每次选择的打击点更具欺骗性，打断行动过程的间隔也更短暂。尽管红军的准备工作从来不直接针对他们想要威胁的地区，可完成行动往往是在地理意义上直接实现的，因而具有一种心理上的间接性，因为这些行动总是在对方最意想不到的方向展开。

但二月份最后两周，战场上发生了戏剧性变化。红军渡过顿涅茨河攻往亚速海和第聂伯河河曲部，意图切断南部的德国军队时，他们的优势开始消失。现在，苏联人在此处的目标非常明显，这个目标把他们带入德军即将采取行动的同一地区。下一阶段的战事因而成为一场赛跑，关键在于红军能否抢在德国人到达并集结力量阻挡他们这场南下进攻前，先行切断对方的逃生通道。

对苏联人来说不幸的是，一场提前到来的解冻妨碍了他们的行动，加剧了他们长时间进军面临的各种困难。红军规划冬季战役时，发现这份方案的后勤部分与战略部分不符，因为他们没有足够的运输工具，这样一场远距离进攻中油料、弹药、食物的最低需求量，他们连半数都满足不了。但苏联人没有修改方案，而是以他们特有的大胆做出决定：从敌人那里缴获大部分补给物资！这项政策取得成功，因为他们每次突破都能夺得大量物资仓库和堆栈。可随着敌人的抵抗不断加强，这种缴获越来越少，红军离开铁路终端向前推进得越远，运输方面的困难就越大。所以，过度拉伸定律再次生效，这次对苏联人不利。顿河与顿涅茨河走廊间只有寥寥几条铁路线，而且与红军的西南向进军路线呈直角。相比之下，顿涅茨河以南的东西向铁路线较多，这让德国人得以在危险地段迅速集结力量。收缩战线也开始让德军获益，与去年秋季相比，他们的战线目前缩短了600英里。

这些因素的结合导致红军陷入停顿，处于一种非常尴尬的境地。他们已渡过顿涅茨河，朝第聂伯河插入一根80英里长的楔子，但在距离第聂伯河30英里的巴甫洛格勒停下脚步。他们还在顿涅茨河前方，朝南面的红军城插入另外一根70英里长的窄楔子，穿过顿涅茨河与亚速海之间的走廊。德国人集结起所有可用力量，在曼施泰因指挥下发动一场三路齐下的反突击。这场反攻的目的是利用红军突出阵地的不规则性，特别是在这片阵地的两个突出部分。德军的左路突击从第聂伯河发起，打击红军西南角，右路突击针对红军东南角，中路突击朝洛佐瓦亚方向攻击两个尖角之间凹陷的战线。德军装甲楔子突破了两个尖角，深深楔入突出部内。由于从罗斯托夫向西退却的德军部队提供了更多援兵，二月份最后一周，这些反突击演变成一场全面反攻。到三月份第一周，德军沿伊久姆周围一道宽大的正面，再次到达顿涅茨河，红军突出部几乎被彻底切断，大部分红军部队被困在哈尔科夫南面。

倘若德军迅速渡过顿涅茨河，切断向西进击的红军部队后路，那么，他们很可能让对方遭受一场规模堪比斯大林格勒的灾难。但德国人这番尝试遭遇挫败，因为他们没有足够的力量冲击对方任何一处顽强据守的障碍。行动受阻后，德国人的重心转向西北方，3月15日以合围的压力再次把红军逐出哈尔科夫。

四天后，迅速攻往哈尔科夫以北地区的德军重新占领别尔哥罗德。但德军的胜利到此为止，接下来一周，这场反攻的势头逐渐消失在春季化冻的泥泞中。

德国人在苏联南方遂行反攻之际，在苏联北方实施了退却。这是一年多来他们在那里的首次重大后撤。1941 年至 1942 年冬季战局结束后，面朝莫斯科的德军战线，形状像个握紧的拳头，而红军围绕在手腕周围——斯摩棱斯克就在手腕部。去年八月，红军猛攻"左指节"，也就是勒热夫防御中心，力图粉碎德军中央防线，牵制对方兵力，从而为斯大林格勒提供帮助。尽管他们楔入勒热夫侧翼，还导致"左指节"暴露在外，可德军的顽强防御挫败了这场进攻。十一月，红军重新发起冲击，勒热夫更加暴露无遗，看上去就像一座只有一道狭窄地峡的半岛。年底时，红军从德军突出部北面一个庞大突出部的顶端发动进攻，一举夺得勒热夫正西面 150 英里的大卢基，这个交通枢纽位于莫斯科通往里加的铁路线上。结果，不仅仅是勒热夫，就连整个拳头显然也陷入危险境地。

一个月后，斯大林格勒地区的被围德军投降，间接加剧了这种危险，而德军随后在苏联南方蔓延开来的崩溃，表明了企图守住过度拉伸的防线需要付出的代价。现任德国陆军总参谋长蔡茨勒终于说服了希特勒，这是他与元首打交道期间取得的唯一一个重要成果。尽管希特勒对一切后撤深恶痛绝，特别不愿意从莫斯科方向后退哪怕是一步，可他最终听从了蔡茨勒的建议，同意拉直那片地区的防线，以免发生崩溃，同时还可以腾出预备力量。三月初，适逢红军重新发动进攻时，德军撤离勒热夫。到 3 月 12 日，他们放弃了整个拳头，包括维亚济马这个重要的交通中心。德国人撤到掩护斯摩棱斯克的一条更直的防线上。三月初，他们还放弃了大卢基与伊尔门湖之间，规模较小的杰米扬斯克筑垒突出部。（西方国家忽视了这场后撤的重要性，一年多来，英美报纸上的地图把这里的战线标为一道直线，认为杰米扬斯克在红军防线内。）

可是，德军在北方通过缩短防线获得的利益，被他们南方的反攻赢得胜利造成的新的拉伸和诱惑彻底抵消。德军将领原本希望希特勒批准他们实施一场大幅后撤，退到与红军脱离接触，重新加强、整顿己方军队的防线上，可这种希望破灭了。这场反攻赢得的胜利，提供了若干新旧不一的进攻跳板，在希特勒看来，前景大有可为，他具有一种偏爱进攻的本能，极不愿意放弃一场进攻豪赌仍有可能扭转整个态势的想法。

曼施泰因这场反攻大获成功，消除了德军撤离顿涅茨盆地的必要性和紧迫性。希特勒认为，他的军队在塔甘罗格附近据守着去年的顿涅茨河以南防线，既保存了该地区的工业资源，也保留了重新夺取高加索的希望。由于德军近期回到哈尔科夫与伊久姆之间，更西面的顿涅茨河河岸处，希特勒认为可以从那里发动一场新的侧翼攻势。德军重新夺回别尔哥罗德，牢牢控制着奥廖尔，这让他掌握了出色的侧翼阵地，完全可以对红军近期在库尔斯克及其周围夺取的阵地展开一场钳形攻势。夹断红军这个庞大的突出部，他就可以在对方防线上打开个缺口，一旦德军装甲部队涌入这个缺口，取得任何战果都不足为奇。红军的实力比他原先预想得强，可他们的损失非常严重。只有那些"思想陈腐的老派将领"才会认为对方的资源取之不尽用之不竭。遵循这种以他的偏见为出发点的思路，希特勒越来越觉得在库尔斯克达成突破，可能会再次扭转局势，解决他面临的所有问题。他很容易说服自己，目前遇到的麻烦都是俄罗斯的冬季造成的，完全可以指望在夏季重新获得优势。这种前景成了他的仲夏夜之梦。

虽说主要攻势会在库尔斯克地区发动，但希特勒的夏季方案还包括进攻列宁格勒，这场进攻已两次推延，奇怪的是，他的进攻方案几乎完全囊括了1942年模式中的那些路线和地点。德国人以两个师组建了一个伞兵军，打算以这个军突袭列宁格勒，为地面进攻开辟道路。随着一个个机会逐渐丧失，希特勒变得更具冒险精神，就在一年前，施图登特将军曾建议对斯大林格勒实施伞兵突击，而希特勒当时对此犹豫不决。突尼斯境内的德意联军崩溃后，这个伞兵军调往法国南部，准备对登陆撒丁岛的盟军实施一场伞降反击。库尔斯克的进攻行动失败后，德国人彻底放弃了进攻列宁格勒的想法。

对进攻库尔斯克的方案，德军将领的看法存在分歧。越来越多的人开始对德国能赢得东线战事的胜利表示怀疑，就连干劲十足的克莱斯特，今年也加入了怀疑者阵营。但此次进攻和他没有直接关系。冬季战局期间实施重组时，苏联南方战线的主要部分交给曼施泰因负责。当年年初，第1装甲集团军编入曼施泰因集团军群，而克莱斯特仅负责克里木和库班登陆场。针对库尔斯克突出部的这场攻势，由曼施泰因的左翼力量打击突出部南侧，克鲁格中央集团军群的右翼力量冲击突出部北侧。行动发起前，两位指挥官的商谈似乎对成功的前景满怀希望。但这种希望通常是职业上的机会培育的，敏锐的军人总是对他们负责的事业满怀信心，而且不愿流露出自己的疑虑之情，以免影响上级对自己能力的信任。

军事教育的整个趋势也有助于消除这种疑虑。虽然许多将领赞成大幅后撤，以此摆脱红军，就像伦德施泰特一年多以前主张的那样，但希特勒拒不采取这种措施。由于冬季结束时德国军队占据的防线并不适合防御，德军将领更加倾向于依靠他们学到的原则——"进攻是最好的防御"。通过进攻，他们也许能消除阵地的缺陷，打乱敌人为恢复进攻所做的部署。因此，他们专注于确保这场攻势取得成功，没有考虑失败的后果，也没有想过德国近期积攒的预备力量消耗殆尽，会给随后的防御造成怎样的破坏。

极度严格的内部保密政策，再加上各个部队和兵团不断稀释，掩盖了德军实力严重下降的真相。德国师的数量几乎保持着原有水平，因而不太容易看出兵力的虚实，而兵力是衡量实力的重要指标。1943年春季，德国师的平均兵力和武器数量，稍稍超过编制力量半数，可许多师远远达不到这个标准，尽管个别师几乎实现了满编。根据保密政策，德军指挥官相互隔绝，互不通气，清楚总体情况的人寥寥无几，他们还被告知，最好不要四处打听。之所以执行稀释部队和兵团的政策，除了出于伪装这个目的，其他因素也起了决定作用。

希特勒对数字着迷，甚至有点痴迷其中。以他的煽动性思想看来，数字代表力量。因为师是军事手段中的标准单位，所以他沉迷于拥有尽可能多的师，哪怕他1940年的胜利基本上是凭借德军机械化部队的质量优势赢得的。德国入侵苏联前，希特勒坚持稀释政策，目的是组建最多的师，他随后增加了稀释程度，以免这种虚假的总数下降。稀释政策的结果是，军事经济学领域的通货膨胀到达危险的程度。

1943年，这种通货膨胀的程度，远远抵消了技术装备的质量改进——特别是新型虎式和黑豹坦克的投产——带来的优势。一个师遭受严重损失后，战斗力量往往会大幅削弱，他们与非战斗力量的比例往往会达到失常的地步，因为损失主要由战斗部队承担。装甲师里，损失最高的通常是坦克和坦克组员，其次是步兵部队，损失最小的是行政后勤单位。因此，维持这些兵力低于规定编制的师，特别是装甲师，从战斗力角度来说很不经济。除非及时补充消耗，否则，考虑到他们能提供的打击力，这些师会处于大而无用的状态。

德国陆军中，这些困难显得尤为突出，这是因为红军的质量比 1942 年好得多，数量也更多。红军作战表现的提升，得益于乌拉尔地区新建和扩建的工厂，以及西方盟国源源不断运来的技术装备。红军的坦克至少和其他任何一支军队的坦克同样优秀，大多数德国军官甚至认为苏制坦克更好些。虽说红军缺乏诸如无线电设备之类的辅助器材，可他们在作战表现、耐力、武器装备方面都达到了很高的效率标准。红军的火炮质量优异，他们还大规模发展了效果显著的火箭炮。苏制步枪比德国人的步枪更现代化，具有较高的射速，他们的大多数步兵重武器同样优秀。

红军的主要不足出现在运输车辆方面，但大量美制卡车不断运来，满足了他们的迫切需求。对红军机动性同样重要的是大量运抵的美国罐头食品，这些食品有助于解决红军的补给问题。红军规模庞大，并且缺乏交通设施，因此补给问题成了他们发挥实力的最大障碍。要不是红军习惯以低于任何一支西方军队的供应标准生存和战斗，补给本来会成为更严重的问题。虽然红军从来没能达到和西方军队同等水平的机动性，但就其的技术手段而言，他们的机动性相当不错，因为他们能在需求低得多的情况下从事作战行动。红军的原始性有利有弊。其他国家的军人可能会被饿死的地方，红军官兵却能生存下去。因此，他们获得更充足的资源后，先遣力量具备更强的渗透能力，而他们的大股部队，只需要少量运输工具和食物就能尾随其后。

红军的战术能力也得到很大提高。由于 1941 年训练有素的作战部队损失惨重，1942 年的情况看似更趋恶化，而到 1943 年，红军不断增加的战斗经验很大程度上弥补了这种缺陷，为新组建的兵团提供了比战前接受过训练的旧兵团更好的基础。这种改善自上而下。原先那批军队领导人遭到激烈淘汰，这就为新一代充满活力的年轻将领的迅速崛起提供了空间，他们大多不到 40 岁。与前任相比，这些年轻将领更具职业性，政治色彩不浓。红军高级指挥员的平均年龄，现在比德军年轻近二十岁，年龄层的降低提高了效率和活力。新锐领导层和日趋成熟的战斗经验相结合，这种效果反映在参谋作业和部队战术技能方面。

要不是红军将领出于恐惧或为取悦上级，在遭遇抵抗后倾向于继续遂行徒劳无益的强攻，他们的改进本来会更有成效。红军不愿承认失败，经常一次次对坚不可摧的障碍发起冲击，付出的代价越来越高。由于等级制度和军纪的双重影响，这种毫无成效的突击在红军中是一种很普遍的趋势，但苏联的条件和资源，以及俄罗斯的传统，无疑加剧了这种趋势。这种体制下，只有那些地位最稳固的指挥员才敢因地制宜地采取行动，而充裕的人力鼓励红军指挥员肆意挥霍兵力。无情地牺牲部下的生命，毕竟比触怒上级更容易些。

总的说来，广阔的空间极大地抵消了这种蛮干的趋势。战场上通常存在机动空间，而在敌人过度拉伸的防线上选择防御薄弱的地段，苏联统帅部变得越来越熟练。由于红军目前在兵力方面占有全面优势，苏联最高统帅部在决定集中力量实施突击的任何地段，都有把握实现超过四比一的兵力优势。一旦取得突破，机动空间就会进一步扩大。徒劳的正面冲击，挥霍兵力的反复进攻，这些情况在苏联北方相当常见，德国人在那里的防御更紧密，工事构设得也更好。而在南方，苏联派出最优秀的指挥员和最精锐的部队，那里也有充分发挥他们技能的空间。

尽管如此，面对红军的巨大优势，德国人依然顽强坚守。对手的坚定程度表明，红军要想在技术上赶超德国军队，仍有很长一段路要走，战争还会持续两年的事实充分证明了这一点。1943年春季，交战双方对专业优势的看法影响到他们的前景。这种看法鼓舞了希特勒和他那些军事顾问，他们觉得要是能避免以往所犯的错误，战略天平仍有可能转向有利于德国一方。另一方面，这种看法让苏联领导人从赢得冬季战局中获得的信心发生了动摇，因为他们无法忘记，去年冬季赢得胜利后产生的信心，很快被随之而来的夏季战局打消。1943年夏季即将到来，他们无法确定自己能否赢得胜利。

夏季战局开始前，一个重要的外交插曲证实了这种潜在的不确定性。1943年6月，莫洛托夫在基洛沃格勒（这座城市当时在德军防线内）会晤里宾特洛甫，商讨结束战争的可能性。据那些作为技术顾问参加会晤的德国军官说，里宾特洛甫提出的一项和平条件是，苏联日后的边界沿第聂伯河延伸，而莫洛托夫坚持要求恢复原先的国界线，其他主张概不考虑。难以弥合的分歧导致谈判搁浅，而相关消息泄露给西方国家后，这场谈判随之破裂。双方只得在战场上重新一较高低。

1943 年夏季战局的开始时间晚于前两年。冬季战局结束后，战场上出现了三个多月的停顿期。之所以出现这么久的拖延，至少部分原因是德国人为另一场攻势整补部队并集结预备力量越来越困难。但另一个原因是，他们越来越希望红军率先发动进攻，以此引诱对方上钩，这样一来，德军的进攻也许能取得一场反攻的效果。可他们的希望落了空，与其说是希特勒对漫长的等待越来越不耐烦，倒不如说苏联人这次决定采用类似的钓鱼策略。

德军将领事后认为，倘若进攻力量及时做好准备，提前六周发起打击的话，他们这场攻势也许能取得更大战果。德军的钳形突击遭遇一连串深邃的雷区后陷入停顿，他们发现红军主力已撤到后方地域，这些德军将领把进攻受挫归咎于这样一个事实：夏季战局开始前那段间隔期，苏联人已获悉德军正加紧准备，因而做出了适当的部署。可这种观点忽视了另一个事实：库尔斯克突出部作为进攻目标过于明显。这个突出部显然诱使德军发动了一场钳形攻势，与此如出一辙的是，毗邻的德军奥廖尔突出部对红军的钳形攻势也深具吸引力。因此，双方对敌人实施打击的地点几乎没有任何疑问，主要问题是谁抢先动手。

苏联方面就这个问题一直存在争论。有人主张先发制人，理由是过去两个夏季，红军的防御都被德军的进攻打垮，而自斯大林格勒战役以来，红军多次赢得胜利，全体官兵信心大增，许多指挥员渴望今年夏季采取主动。另一方面，也有人指出，铁木辛哥 1942 年 5 月发起过哈尔科夫进攻战役，结果导致红军六月份在哈尔科夫与库尔斯克之间遭遇惨败。

五月底，英国军事代表团首次与苏联总参谋部举行会议，新任团长马特尔中将的印象是，苏方主张先发制人的意见略占上风。他坦率地指出，红军企图在重整旗鼓的德军装甲力量投入战斗前贸然发动进攻，此举纯属自找麻烦，"他们如果打算这样做，肯定会被彻底打败"。

几天后，苏联人就英军在北非采用的战术咨询马特尔，马特尔"对他们解释道，我们在阿莱曼赢得胜利，主要是因为我们让德军装甲部队在我方防御上耗尽实力，或者多多少少挫败了对方的锐气。待他们投入装甲力量并遭受严重消耗后，就轮到我们发动进攻了"。第二次会议上，马特尔觉得苏联总参谋部倾向于接受这个方案。他趁机给他们讲述了英军的另一个经验教训：在敌坦克突破口两侧守住"腰部"至关重要，使用一切可用的预备力量加强突破口两翼，以此作为间接遏制对方的手段，不要正面抗击敌军大潮。[1]

追溯任何一份方案的起源时，通常难以确定相关决心受到了那些因素的影响，即便所有文件都可供查阅也无济于事，因为这些文件很少记录下真正的起因。文件不会表明那些想法在实际规划者的脑海中是如何播种、如何生长的。那些播撒思想者倾向于高估他们特定种子的作用，但无论影响力如何，接受这种思想者往往会贬低种子的作用。这种情况在官方机构尤为明显，特别是涉及民族自豪感时更是如此。盟国中常见的情况是，每个国家都竭力把自己获得的有形或无形的援助贬到最低程度，同时把自己给予别国的援助夸大到最大程度。因此，历史不太可能更清晰地阐明红军是如何确定 1943 年夏季战局方案的，但显而易见的是，苏联战略规划者已经从他们经历过的各场战局获得了丰富的经验，完全能得出包含在他们即将采用的方案中的结论。

红军采用先防御后进攻这种策略，无疑具有更大的意义，他们取得了深具决定性的战果。

7 月 5 日拂晓，德军对库尔斯克突出部两翼发动进攻。这个突出部的正面宽度约为 100 英里，南翼深度大约是 50 英里，北翼超过 150 英里，因为这段北翼与伸往相反方向的德军奥廖尔突出部侧翼重叠。库尔斯克突出部的主要地区由罗科索夫斯基麾下军队据守，而瓦图京右翼力量部署在突出部南角。

曼施泰因的南钳与克鲁格北钳的实力大致相当，但曼施泰因掌握的装甲力量更多。总之，德军为这场攻势投入 18 个装甲和装甲掷弹兵师，约占参战部队半数，几乎是东线德军所有的可用装甲力量。希特勒这次下的赌注很大。

进攻头几日，德军南钳在几个地点渗透了大约 20 英里，这不是一场快速突破。德国人遭遇深深的雷区后放缓了速度，发现大批守军已撤到后方，所以他们抓获的俘虏少得令人失望。另外，红军在突出部腰部遂行顽强防御，致使德军插入楔子后无法扩大战果。克鲁格北钳的渗透更为有限，没能突破红军主防御阵地。经过一周激战，德军各装甲师的实力严重受损。克鲁格震惊地发现了自身侧翼遭受威胁的迹象，开始撤出他的几个装甲师。

7月12日，红军对奥廖尔突出部北翼和"鼻子"展开进攻。北路突击三天内朝奥廖尔后方渗透30英里，另一路推进虽说没有取得这么深的进展，可也到达距离奥廖尔15英里处。但克鲁格脱离战斗的4个装甲师及时赶到，横跨在奥廖尔通往布良斯克的铁路线上，阻挡住红军北翼力量。之后，红军的攻势沦为一场艰难的推进，完全凭借优势力量迫使德军退却。这是一场代价高昂的行动，但罗科索夫斯基麾下军队转入进攻，从库尔斯克突出部攻往奥廖尔突出部南翼，为北翼力量帮了大忙。8月5日，德国人终于被逐出奥廖尔。自1941年以来，奥廖尔不仅是德军战线上最主要、最强大的堡垒，而且具有更重要的意义：只要这座堡垒仍控制在德军手中，他们就有可能重新对莫斯科构成威胁。奥廖尔的战略重要性，再加上业已证明的作用，让它成为一个军事象征，因此，德军撤离这座城市，他们的信心自然受到沉重打击，而红军却为此士气大振。

与此同时，瓦图京的部队紧追后撤之敌，从库尔斯克突出部南翼的缺口一路前出到德军原先的防线。8月4日，瓦图京对这道已被削弱的德军防线发动进攻，次日攻克别尔哥罗德。利用敌人筋疲力尽的状况，他在接下来一周取得80英里进展，一路攻往哈尔科夫后方，以及这座城市与基辅之间的交通线。这场镰刀式的打击，创造出打乱德军整个南部防线的前景。十天后，位于瓦图京左侧的科涅夫军队，渡过哈尔科夫东南面的顿涅茨河，构成彻底包围这座城市的威胁。科涅夫大胆地选择柳博京沼泽地，以此作为渡过顿涅茨河的地点，从而获得了制造这种威胁的机会。

如果两路突击中的任何一路到达波尔塔瓦枢纽，红军就不仅能困住哈尔科夫守军，还会让沿顿涅茨河伸展的"右臂"上的所有德军部队陷入混乱。此时，德军重要的预备力量只剩第3装甲军，该军和3个党卫队装甲师刚刚派往塔甘罗格附近的米乌斯河，应对"手指"遭受的威胁。他们现在又匆匆调回"手臂"部，及时消除了波尔塔瓦周围的险情。这就让哈尔科夫的大部分守军，抢在这座城市 8 月 23 日陷落前顺利撤出。实力遭到削弱的德军装甲师在其他地方同样证明，虽然冲击力所剩无几，但他们仍能遏制前进中的大股红军部队。危机消退了，态势稳定下来，但并非彻底静止。红军继续取得进展，不过，前进速度相当缓慢。他们发动反攻后的六周内，共俘获 2.5万名德军官兵。对这样一场涵盖许多地段的庞大战役来说，这个数字实在不算多，这一点也表明，德军防御发生的崩溃，充其量是局部的和有限的。

八月份下半月，红军扩大了攻势。波波夫的部队从奥廖尔朝布良斯克逐步推进时，位于他们右翼的叶廖缅科军队攻往斯摩棱斯克。而在他们左翼，罗科索夫斯基朝基辅附近的第聂伯河发起一场深入突击，瓦图京麾下部队也朝那里汇聚。最南面，托尔布欣的军队渡过米乌斯河,迫使德军弃守塔甘罗格。九月初，马利诺夫斯基渡过顿涅茨河，向南攻往斯大林诺，这种侧翼威胁迫使德军匆匆撤离顿涅茨河南面伸出的那条"手臂"。但值得注意的是，德军一直坚守着掩护他们漫长后撤侧翼的要地和铁路线，直到已方大部分部队顺利逃出敌人的陷阱。他们到九月中旬才放弃位于"腋窝"的洛佐瓦亚。

红军进攻战役的模式和节奏，看上去越来越像福煦 1918 年的总攻，他当时对不同地点轮流发起一连串打击，每场进攻行动遭遇激烈抵抗后都可能会丧失突击势头，不得不暂停下来，但每次进攻都是为下一场进攻铺平道路，所有进攻行动都在时机方面相互配合。1918 年这种打法迫使德国人匆匆把预备队调往遭进攻地域，同时限制了他们把预备力量及时调往下一个即将受到打击的地点，就这样瘫痪了对方的行动自由，逐渐耗尽了德军预备力量。四分之一个世纪后，苏联人在更有利的条件下，以一种改进后的方式重复了这种做法。

对一支机动性有限但兵力方面占有全面优势的军队来说，采用这种打法合情合理。横向交通线寥寥无几，无法把预备力量从一个地区迅速调往另一个地区，从而为某个特定的成功提供帮助时，这种打法尤为合适。此举意味着每次都要突破一道新防线，因此,在"宽度"方面发展胜利付出的代价远远高于在"深度"方面发展胜利。这种打法也不太可能迅速取得决定性战果，但最终结局更有把握，前提是采用这种打法的军队具备足够的物质优势，能够维系这个过程。

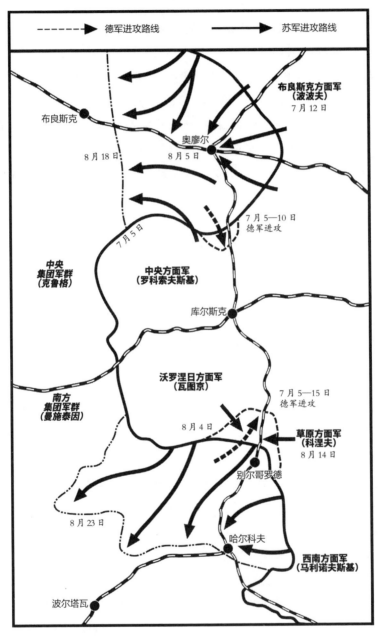

库尔斯克突出部（ZVEN 制）

这种进攻过程中，红军的损失自然高于德军，但德军在进攻惨败后根本承受不起这种损失。对他们来说，消耗意味着毁灭。希特勒不愿批准任何大幅度的后撤行动，此举的确阻止了德军的退却，但加速了他们的衰竭。

九月份，红军加快了前进速度，这表明德军防线日趋薄弱，预备力量不断减少。瓦图京、科涅夫、罗科索夫斯基这些技艺娴熟的红军指挥员，迅速利用宽大战线上的薄弱地段。运抵苏联的美制卡车越来越多，这也加强了红军的进攻势头。当月月底前，红军不仅到达第聂伯罗彼得罗夫斯克附近第聂伯河向东伸出的河曲部，还沿大部分河段一路前出到基辅另一侧的普里皮亚季河。红军在许多地段迅速渡过第聂伯河，建起若干登陆场。德国军事发言人曾漫不经心地把第聂伯河称作他们的"冬季防线"，但德军凭借这道宽阔的河流障碍实施休整、重组的机会已然不大。红军指挥员熟练而又大胆地利用了空间的潜力，因此，他们轻而易举地渡过第聂伯河。红军在波尔塔瓦西南面，克列缅丘格周围建立了重要登陆场，这主要归功于科涅夫的决定，他没有把兵力集中于一点，而是沿 60 英里长的战线，在 18 个地段同时渡河。大雾掩护了红军的渡河行动，也加强了这种精心策划的分散行动的突然性。瓦图京采用类似做法，在基辅北面夺得一连串立足地，这些立足地随后连成一片。

但造成这种情况的根本原因是，德军即便稀疏分布，还是没有足够的部队掩护他们的整条防线，不得不以反冲击阻止对方扩大立足地。他们的预备力量太少，而进攻方的预备队实力雄厚，因此，这种做法极其危险。

基辅以北 300 英里处，德国人 9 月 25 日弃守斯摩棱斯克。一周前，他们被赶出布良斯克。他们缓缓撤离一连串堡垒镇，这些城镇沿第聂伯河上游（日洛宾、罗加乔夫、莫吉廖夫、奥尔沙）延伸到德维纳河畔的维捷布斯克。

遥远的南方，德军撤离库班登陆场，渡过刻赤海峡退入克里木半岛，这座半岛目前处于被大陆上的红军大潮孤立的危险下。克莱斯特接到的命令是，率领他的部队撤离库班，接防亚速海与聂伯河河曲部（位于扎波罗热第）之间地区。但这个决定晚了两周。克莱斯特的军队十月中旬开始抵达新阵地时，红军已在梅利托波尔取得突破，整片地区处于动荡状态。

　　红军渡过第聂伯河后的十月份上半月，这片地区相对平静，苏联人忙着前调援兵，囤积物资，为继续前进构筑桥梁。他们在渡口附近砍伐树木，迅速建起一座座桩桥或栈桥。苏联人确实是架设临时性桥梁的高手，就像谢尔曼穿过佐治亚州和南北卡罗来纳州进军的部队那样。红军在这条宽阔的河流上搭设一座桥梁平均需要四天时间，这种桥梁完全能承载最重的运输车辆。

　　所有人都预料基辅地区的风暴即将爆发，因而把注意力集中于此地，红军下一阶段的攻势却在第聂伯河河曲部与基辅之间这片漫长地带的中途发起。科涅夫麾下部队突然冲出波尔塔瓦西南方的克列缅丘格登陆场，向南插入一根庞大的楔子，穿过庞大突出部的根部。科涅夫起初在这里没有遇到太多德军部队，但曼施泰因迅速调来预备队，拖缓了科涅夫的前进速度，从而为河曲部内陷入困境的德军部队及时撤离争取到时间。撤出的这些部队协助友军把红军阻挡在克里沃罗格城外，这座城市位于红军进攻出发线以南70英里的突出部中途。

　　但第聂伯河曲部以南的这场崩溃，仅仅是德国人付出的部分代价，因为没等克莱斯特的部队赶来接防，曼施泰因就被迫把他的部队撤离这片地区。红军迅速发展他们在梅利托波尔达成的突破，十一月第一周，他们横扫诺盖草原，前出到第聂伯河下游，一举切断克里木半岛的出口，孤立了半岛上的德军部队。

　　不过，苏联人最终还是没能实现他们的乐观设想：把100万敌军官兵困在第聂伯河以东地区。红军在追击行动最快的两天只俘获6000名敌人，而规模远远小于苏联人预想的德军主力已撤过第聂伯河。苏联方面声称，自夏季战局开始以来的整整四个月里，只俘获9.8万名敌军官兵，其中半数以上是伤员。虽然盟国评论员很少谈到这一点，但一个明显的矛盾是，苏联人还声称德军在这段时期阵亡90万人，另有170万人负伤。因为任何一场突破中，大部分伤员通常会落入进攻方手中，失败得越严重，逃离的人员就越少。更引人注目的是，斯大林11月6日发表声明称，德军过去一年损失400万人。如果这个数字真实无误，哪怕实际数字只有一半，那么这场战争早就结束了。实际上，战争还要持续很长一段时间，只不过德国人一直在走下坡路而已。

　　十月份下半月，基辅地区传来的消息很少，但红军一直忙着扩大城市北面的登陆场，直到这座登陆场变成一块宽大的跳板，宽度足以让他们发动一场强大的迂回突击。十一月第一周，瓦图京发起这场进攻。他们在德军目前过度拉伸的防御正面找到些薄弱地段，穿过这些地段向西突破，随后向内转动，切断从基辅伸出的各条道路，从后方攻克了这座城市。德军部队又一次逃离对方的陷阱，只有 6000 人被俘，可他们无力阻挡红军这场猛攻，因为科涅夫在第聂伯河河曲部的突击，已经把大部分德军装甲师吸引到那里。

收复基辅的次日，红军坦克部队前出到西南方 40 英里的法斯托夫。这是以迅速追击实施的一场进攻。红军克服了这一线的抵抗，接下来五天取得 60 英里进展，夺得普里皮亚季沼泽以东仅剩的一条横向铁路线上的日托米尔枢纽站。他们随后向北进击，11 月 16 日攻占科罗斯坚枢纽站。此时，由于曼施泰因手头没有任何预备力量，德军的抵抗处于崩溃边缘，斯大林 11 月 6 日发表声明时说的"胜利在望"，很有可能提早实现。

面对这种紧急情况，曼施泰因告诉第 7 装甲师干劲十足的师长曼陀菲尔，收集他能找到的一切部队加强第 7 装甲师残余力量，然后以这股拼凑起来的军力从别尔季切夫来一记上勾拳。曼陀菲尔英勇地率领他的部队，沿一条曲折的路线实施了一场相当成功的快速反击，突破红军侧翼，11 月 19 日以一场夜袭夺回日托米尔，尔后攻往科罗斯坚。他把麾下部队分成一个个小股装甲战斗群，这些战斗群散得很开，造成德军实力强大的假象。他们穿过红军纵队，切断敌人的后方，打击对方的指挥部和通信中心，前进途中一路制造瘫痪性混乱。

曼施泰因迅速利用曼陀菲尔创造的良机，对基辅以西依然诱人的红军大型突出部发起一场明确的反攻。为他提供协助的是从西线调来的几个新锐装甲师。曼施泰因打算实施一场钳形突击，装甲部队从西北面攻往法斯托夫，另一股力量从南面遂行向心突击。前一个行动由辖 3 个装甲师（包括曼陀菲尔师）的巴尔克装甲军实施。但红军越来越多的火炮、反坦克炮、预备队师涌过第聂伯河上的桥梁，加强了瓦图京的先遣部队，德军这场反攻没能取得初期反击那般惊人的战果。从地图上看，这场反攻相当危险，可实际情况并非如此，因为德军不再享有突然性优势，无法弥补他们兵力方面的不足，另外，恶劣的天气也给他们造成妨碍。十二月初，德军的突击势头渐渐消失在泥泞中。接下来的平静期，瓦图京集结麾下部队，为后续的大举进攻加以准备。

希特勒无意间对当前态势做出了最恰当的评论，为表达对曼陀菲尔挽救颓势的反击行动的赞赏之情，他邀请曼陀菲尔到安格堡和自己共度圣诞节。他告诉这位装甲师师长："作为圣诞礼物，我给您 50 辆坦克。"这是希特勒所能想到的最佳奖励，就他当时的资源来说，这也是很大一笔奖赏。因为德军当时最强大、最受青睐的装甲师也只有 180 辆坦克，坦克数量能达到这个数字一半的装甲师寥寥无几。

当年秋季，德军战线北部地段也遭受到沉重而又长期存在的压力。不过，红军一再发动进攻，还是没能突破第聂伯河上游这道防线，德军撤离斯摩棱斯克后就退守此处。红军之所以在这里遭遇挫败，一方面是因为现代防御固有的力量，另一方面是因为这里的机动空间不如南方，还有个原因是红军的目标过于明显。

这些交战中，由于冰雪造成妨碍，空中力量没能发挥太大作用。这种限制缓解了守军上空的压力，否则会让他们的地面作战更加困难。尽管冰雪也限制了防御方的空中侦察，可他们还是能推断出红军的主要突击方向，随后大力使用侦察巡逻队加以证实。

面对红军的进攻，海因里齐的第 4 集团军首当其冲，该集团军以 10 个实力受损的师守卫着奥尔沙与罗加乔夫之间 100 英里长的防线。当年十月到十二月，红军对这条防线发起五场攻势，每次持续五六天，每天遂行好几次冲击。他们的首次攻势投入大约 20 个师。德国人当时刚刚占据防线，这片仓促构筑的阵地只有一道堑壕线。红军第二场攻势投入 30 个师，但此时德军已强化了他们的防御阵地。随后几场攻势，红军每次投入大约 36 个师。

红军的主要突击针对奥尔沙，这座城市位于横跨莫斯科—明斯克公路的一条十几英里长的正面防线上。作为进攻目标，奥尔沙在补给和发展胜利方面显然具有优势。可这个目标过于明显，这让德国人得以集中力量应对红军冲击奥尔沙的行动。他们采取的防御措施值得研究。海因里齐在这片非常狭窄的地段使用了 3.5 个师，另外 6.5 个师用于掩护他那条宽阔防线的剩余部分。因此，他在关键地点投入的兵力密度相当大。他的炮兵力量几乎完好无损，因而集中了 380 门火炮掩护防线重要地段。这些火炮由第 4 集团军司令部一名军官指挥控制，能够把火力集中于这片地段任何一处受威胁地点。同时，集团军司令对防线平静地段的那些师采取一种"挤奶"措施，在交战期间，每天为从事激烈战斗的每个师提供一个新锐营。此举通常能弥补前一天的损失，同时让这个师留有一支完好的局部预备队用于反冲击。海因里齐在各师之间采取的轮换体制，消除了部队混编的弊端，此时的每个德国师编有三个团，每个团辖两个营。交战第二天，赶来增援的新锐营是昨日调来的那个营的姊妹营，而且团部也一同赶到；两天后，第二个新锐团出现在防线上；到第六天，原先据守防线的师获得彻底接替，撤出战斗去守卫平静地段，轮换的一个个营就是从那里调去的。

面对超过一比六的兵力劣势，守军一再赢得防御胜利，的确是个了不起的成就。这些胜利表明，如果防御策略与这种战术相配合，战争确实有可能拖延很长一段时间，从而耗尽苏联人的兵力。可希特勒破坏了这种前景，他下达了严格的命令，部队未经批准不得后撤，而他又根本不愿意批准后撤请求。自作主张的集团军司令会受到军法审判的威胁，哪怕是从一片危险的孤立阵地撤回一小股部队也不行。禁止后撤令极为严厉，导致下级军官更加缩手缩脚，据说营长甚至不敢"把哨兵从窗户旁移到门边"。德军最高统帅部鹦鹉学舌般地重复着这句话："所有人必须在原地从事战斗。"

这种僵化的原则帮助德国陆军度过苏联第一个冬季令人神经崩溃的危机，但从长远看，德军部队克服了对俄罗斯冬季的强烈恐惧，可他们的兵力越来越不足以填补苏联广阔的空间，于是，禁止后撤令变得极其致命。这种原则限制了战地指挥官所必需的灵活性，导致他们无法与敌人脱离接触，然后重组自己的部队，践行"以退为进"原则。

1943年，德军位于苏联南方的战线饱尝这种僵化原则带来的灾难性后果。1944年，这种情形会在苏联北部战线重演，而且就发生在以往德军防御难以克服的地段。

注释

1. Martel: *An Outspoken Soldier*, pp. 211–54.

第二十九章

日本人在太平洋退潮

　　太平洋战争第一阶段，日本征服了这片大洋整个西部和西南部地区，连同那里的岛屿，以及毗邻的东南亚国家。这场战争的第二阶段，日本企图把控制权扩大到夏威夷群岛和澳大利亚的英美基地。但在中途岛以及通往澳大利亚的航道上所罗门群岛的瓜达尔卡纳尔岛海空战中，日本却遭到决定性挫败。

　　第三阶段，日本处于防御状态，就像西南太平洋的日军司令长官接到的命令中强调的那样，他们必须"守住所罗门群岛和新几内亚所有阵地"。他们仅在缅甸对盟军发动进攻，但这些进攻行动的本质依然是防御——阻止并挫败英军从印度发起的反攻。日本人在中途岛损失了4艘舰队航母，在瓜达尔卡纳尔折损2艘战列舰和许多小型舰只。这两场至关重要的战役中，日军还损失数百架战机，这就让他们采取有效行动的可能性荡然无存。盟军重新获得了优势，现在的问题是，他们能否利用这种优势，如果答案是"能"，那么，他们又该如何利用这种优势呢？

　　日本人的进攻方案和作战行动，极大地得益于日本的地理位置带来的战略优势。无论进攻还是防御，他们的方案和行动都利用了这项基本优势。日军迅速征服的结果是，他们以几个同心防御圈掩护日本本土，这给盟军朝日本本土发动一切反攻的企图制造了巨大障碍。

从地图上看，似乎有许多进攻日本的不同路线，但仔细分析的话，就会发现可供使用的路线并不多。从地图顶端往下看，北太平洋路线缺乏足够的基地，频频受到风暴和大雾侵袭，所以必须排除在外。从苏联远东地区发动反攻也不可能，这是因为，只要苏联仍在承受西部地区德军的进攻带来的沉重压力，斯大林就不会愿意同盟国合作，参加对日作战。盟军从中国展开反攻也行不通，因为当前情况下，补给非常困难，另外，国民党军队也靠不住。而取道缅甸这条更加遥远的路线也不可行，因为英军已被迫撤入印度，他们显然缺乏资源，无法尽早卷土重来。

所以，情况很快就清楚了，任何一场有效的反攻必须依靠美国人，并采取适合他们的路线。目前有两个主要方案，一是沿西南太平洋路线从新几内亚攻往菲律宾，二是穿过中太平洋。西南太平洋战区总司令道格拉斯·麦克阿瑟将军当然力主采用前一条反攻路线。他认为这是夺回日本近期在南方攫夺的地盘的最快办法，日本从那里获得的原料对其战争努力至关重要。在他看来，日本人占领了一连串托管岛屿，还在这些岛上迅速建起海空基地，因此，中太平洋路线很容易遭受攻击。另外，这样一条遥远的反攻路线，显然无法缓解澳大利亚人的焦虑之情。

可是，美国海军首脑赞成中太平洋路线。他们认为，与新几内亚周围狭窄的水域相比，这条路线能让他们更有效地使用大批量且数量不断增加的快速航母，更好地实现他们以航母特遣舰队孤立并控制一群岛屿的新作战理念。这条路线也符合他们对海运补给体系的新设想，这样一来，就不必每隔一段时间把他们的航母调回港口基地。他们还争辩道，南面那条路线，很容易遭到盘踞在各座托管岛屿上的日军实施的侧翼攻击，而中太平洋路线避免了这种风险；如果沿南面那条路线进军，目标过于明显，敌人很容易预料到，可能会遭遇更顽强、持续更久的抵抗。一个更有力，但拿不上台面的理由是，这些海军将领不想让麦克阿瑟控制他们的新航母主力，希望海军力量摆脱他的垄断倾向。

1943 年 5 月，华盛顿召开的"三叉戟"会议最终解决了这场争执，决定沿两条路线挺进，发起一场两路突击，从而让日本人处于无所适从的境地，迫使他们分散兵力，同时阻止他们把预备力量从一条路线集中或转移到另一条路线。两条路线最终都朝菲律宾汇聚。这项决定实现了威胁不同目标的目的，这是间接路线这个战略概念的重要优势。但这个折中的妥协决定没有充分考虑现实和历史教训，两路进军给敌人造成的困境，单路进军同样能做到，而且更容易，也更经济。对不同目标构成威胁，每个目标都是敌人急于守住的，这本身就是一场单路行动。

就兵力、运输船只、登陆艇、海军基地、机场而言，两路进军无疑需要规模更大、耗时更长的准备。这种旷日持久的准备期，会让日本人获得更多时间从事他们的防御准备，并导致美军的任务更加艰巨，特别是在登陆和陆地作战方面。

这段漫长的间歇期，唯一重要的作战行动是美国远征军重新夺回了北太平洋的阿留申群岛。从战略上看，这场行动的发生地太过遥远，对战争进程发挥不了有利影响。这是一场次要作战行动，起不到辅助或牵制作用，唯一的价值体现在心理上。去年六月，日军小股登陆部队占领了基斯卡岛和阿图岛，对阿拉斯加的安全明显构成威胁，美国民众深感震惊，而收复阿留申群岛的消息让他们如释重负。但这副安慰剂成本过高，很不经济地大量使用了美国依然有限的资源。

日军占领那两座岛屿后，美国人迅速做出应对，八月初，海军炮击基斯卡岛，月底时，美军登陆基斯卡岛以东 200 英里左右的埃达克岛，在岛上建起一座机场，协助对被占领的岛屿发动进攻。1943 年 1 月，他们出于同样的目的，重新占领了基斯卡岛以东 90 英里的阿姆奇特卡岛。但当地美军指挥官随后决定收复阿留申岛链最西端的阿图岛，因为他们发现该岛的防御远较基斯卡岛虚弱。三月底，他们的行动受到干扰，美国海军封锁力量遭遇 3 艘运兵船护送的一支实力稍强些的日军部队。经过一场历时三小时的远距离交战，日军撤离。双方都没有损失舰船，但运送援兵的日本船只被迫折返。

5 月 11 日，美军以一个师的兵力登陆阿图岛，这场行动获得大雾掩护，三艘战列舰也以猛烈炮击提供支援。在一场历时两周的激战中，这个师以超过四比一的兵力优势，逐渐迫使岛上的日本守军（大约 2500 人）退入山区。日本人随后朝美军阵地发起一场自杀式冲击，结果被美军悉数歼灭，只有 26 人被俘。美军尔后全力进攻基斯卡岛。他们从海上和空中对这座孤岛持续施加压力，迫使日本人以频频出现的大雾为掩护，于 7 月 15 日夜间撤走了岛上的 5000 来名守军。接下来两个半星期，美军不断轰炸、炮击这座岛屿，随后以大约 3.4 万名士兵组成的大股军力实施登陆，他们用五天时间搜索全岛，最终确定岛上空无一人。

美国人就这样肃清了阿留申群岛，他们在庞大的海空力量支援下，共投入 10 万名官兵执行这项微不足道的任务，这是个肆意挥霍军力的坏例子，也是个仅以少量部队主动实施牵制行动就严重扰乱敌军的好例子。

西南太平洋明显的僵持局面一直持续到 1943 年夏季。

对美国及其盟友来说幸运的是，日本陆海军首脑间的尖锐分歧，严重妨碍了日军先发制人击败盟军的行动。虽说他们都企图维持日本实现的征服，可怎么做才是最佳方式，他们的看法大不相同。日本陆军首脑主张在新几内亚实施陆地行动，他们认为这处前进阵地，对他们在荷属东印度群岛和菲律宾既占领土的安全至关重要。日本海军首脑希望优先夺取所罗门群岛和俾斯麦群岛，以此作为特鲁克这座大型海军基地的战略掩护，特鲁克岛位于北面 1000 英里的加罗林群岛。战略决策方面，日本陆军一如既往地占了上风。

日本陆海军最终在防御线问题上达成一致——从瓜达尔卡纳尔岛以西，所罗门群岛的圣伊莎贝尔岛和新乔治亚群岛起，直到新几内亚的莱城，也就是巴布亚半岛以西地域。海军负责所罗门群岛水域，陆军负责新几内亚地区。

设在拉包尔的方面军司令部负责整个地区的防务，指挥所罗门群岛第 17 军和新几内亚第 18 军的作战行动，第 17 军辖第 7 飞行师团，第 18 军编有第 6 飞行师团。第 8 舰队和第 11 航空舰队组成的海军力量，都由设在拉包尔的海军司令部指挥。这股海军力量并不强大，主要由巡洋舰和驱逐舰构成，但驻扎在克鲁特岛的重型舰只会为他们提供加强。

这片战区，日本陆军投入的力量规模较大，第18军3个师团驻扎在新几内亚，共计5.5万名官兵，而第17军的2个师团、1个旅团和另一些部队驻守所罗门群岛及俾斯麦群岛。虽然日军航空兵力量在争夺瓜达尔卡纳尔岛的战斗中遭到严重消耗，但陆军航空兵仍有170架飞机，海军航空兵仍有240架飞机可用。据估计，这片地区可在六个月内获得10～15个师团和超过850架飞机增援。因此，日本人觉得坚守或"遏制"战略完全有可能实现。

美国人当初决定把这片战区划分为太平洋地区和西南太平洋地区，以所罗门群岛为分界线，这导致他们的作战方案趋于复杂。为了让这份方案更具可行性，参谋长联席会议下达命令，由麦克阿瑟负责战区内整个新几内亚—所罗门群岛这一部分的战略指挥，但南太平洋战区总司令哈尔西海军上将负责战术指挥。而从珍珠港出发开赴该地区参战的海军力量，仍由尼米兹海军上将领导的太平洋战区总司令部指挥。

美军的战略目标是打破俾斯麦群岛形成的障碍，占领日军设在拉包尔的主要基地。他们打算沿两条进击路线交替实施打击，从而让日本人"疲于奔命"，借此实现目标。第一阶段，哈尔西的军队首先负责占领瓜达尔卡纳尔岛西面的拉塞尔群岛，以此作为海空基地；然后再夺取新几内亚岛东面特罗布里恩群岛的两座岛屿，为进攻拉包尔提供几座空军基地——这些基地也是把航空兵力量从一条进击路线调整到另一条路线的中继站。第二阶段，哈尔西应当前出到瓜达尔卡纳尔岛以西所罗门群岛的新乔治亚群岛，夺取至关重要的蒙达机场，而麦克阿瑟负责占领新几内亚岛北海岸，莱城周围的一些日军据点。此时，希望哈尔西已经攻占所罗门群岛西端的布干维尔岛。第三阶段，麦克阿瑟的军队转身向北，渡过海峡前往俾斯麦群岛的新不列颠岛，拉包尔就在这座大岛北端。然后是第四阶段，盟军对拉包尔发动进攻。即便一切按计划顺利进行，这也是个非常缓慢的过程，作战方案估计进攻拉包尔的行动会在战役发起后八个月内付诸实施。

麦克阿瑟负责的西南太平洋战区有 7 个师（其中 3 个是澳大利亚师）和大约 1000 架飞机（其中四分之一是澳军飞机），另外 2 个美国师即将开抵，还有 8 个澳大利亚师正在接受训练。哈尔西手中也有 7 个师（包括 2 个海军陆战队师和 1 个新西兰师），外加 1800 架飞机（其中 700 架是美国陆军航空兵的飞机）。海军力量时有变化，因为每次进攻都要集结一股两栖力量，必须从尼米兹驻扎在珍珠港的庞大舰队借调大批舰只。哈尔西起初有 6 艘战列舰、2 艘航母和许多吨位较小的舰只。总之，麦克阿瑟曾要求提供大约 22 个师和 45 个航空兵大队，目前的兵力虽说没有他希望得那么多，但也足以赢得胜利。

这段准备或"僵持"期当中，哈尔西于 2 月 21 日以一股力量登陆拉塞尔群岛，但没有发现据信驻扎在那里的日本守军的踪影。另外，他的海军力量阻止了日本人溜过槽海的奔袭。在新几内亚，日军企图夺取休恩湾附近的瓦乌机场，但澳大利亚人往那里空运了一个旅，挫败了对方的意图。日本人派出一个师团的主力赶去增援，8 艘驱逐舰和 8 艘运兵船组成的护航船队，立即被驻扎在新几内亚的盟军航空兵力量发现。盟军旋即发起攻击，一举击沉所有运兵船和半数驱逐舰，日方还损失了 3600 多名士兵（约占援兵总数的一半）。在这场俾斯麦海海战中遭遇惨败后，日本人只能冒着风险，使用潜艇或驳船为新几内亚岛上的部队运送补给物资。

山本五十六海军大将随后力图扭转日军的空中劣势，把第 3 舰队的舰载机从特鲁克派往拉包尔，企图通过不断空袭盟军机场达到消耗盟军航空兵力量的目的。这场扰乱行动 4 月 1 日发起，这个日期很不吉祥，与遂行攻击的日军飞行员发回的乐观报告相反，历时两周的战斗中，日本人损失的飞机数几乎是防御方的两倍。山本大将随后乘飞机前往布干维尔视察，美国情报部门预先获知了这个消息，派出战机实施伏击，一举击落山本大将的座机。接替山本五十六出任联合舰队司令长官的是古贺峰一海军大将，可事实证明，他的能力比不上山本五十六。

美军策划已久的进攻行动定于 6 月 30 日发起，这是一场兵分三路的打击，克鲁格将军指挥的美国陆军部队，负责登陆特罗布里恩群岛的基里维纳岛和伍德拉克岛（或穆鲁亚岛），赫林将军指挥的新几内亚部队（主要是澳大利亚人），在休恩湾的萨拉马瓦附近登陆，哈尔西海军上将麾下部队登陆新乔治亚群岛。

由于没有遭遇任何抵抗，美军登陆特罗布里恩群岛的行动轻而易举，他们立即着手构筑机场。针对新几内亚岛的行动，开局也很顺利，美军支援澳大利亚军队的登陆行动没有遭遇激烈抵抗，但这片地区的日军（大约6000人）直到八月中旬才被迫退到萨拉马瓦郊外，美军先遣部队随后接到命令，进攻主要目标莱城前，等待计划中在休恩半岛实施的主要登陆。而哈尔西麾下部队针对新乔治亚群岛遂行的第三路打击，遭遇了更大的困难。

新乔治亚群岛的大岛上，驻有大约1万名日本守军，山地丛林和潮湿的气候加剧了攻克这座岛屿的艰巨性。帝国大本营下达命令，要求岛上守军尽可能长时间地坚守下去，这就导致美军面临更大的障碍。另外，东北海岸的礁石，南面和西面环绕的岛屿带，增加了入侵的难度。

美军的方案是在三处实施登陆。主要登陆行动投入师级兵力，在伦多瓦岛西海岸遂行，他们打算在那里渡过5英里宽的海峡，然后在蒙达角的重要机场附近登陆。实现这场跃进后，一股较小的力量会在距离蒙达角10英里的新乔治亚群岛北部海岸登陆，从而把岛上的日军与海运来的援兵隔开。美军还会在南面实施三场辅助登陆行动。海军掩护力量编有5艘航母、3艘战列舰、9艘巡洋舰、29艘驱逐舰，支援此次行动的航空兵力量约有530架飞机。

海岸观察哨发来的报告称，日军正开入新乔治亚群岛南部，这促使哈尔西6月21日在那里实施了初步登陆，没有等到6月30日。这场行动没有遭遇抵抗，6月30日他们在该地区遂行的另外几场辅助登陆也很顺利。

至于他们在伦多瓦岛的主要登陆行动，投入的6000名美军士兵很快打垮了岛上的200名日本守军。七月份第一周，他们又在蒙达角附近实施后续登陆。那一周和接下来一周，就和瓜达尔卡纳尔岛战役期间那样，小股日本海军力量发起几次反击，给几艘美国巡洋舰造成严重破坏，大约3000名日军官兵趁机溜上海岸。

尽管航空兵、炮兵、舰炮大力提供支援，可在岸上，缺乏经验的美国师从伦多瓦岛渡过海峡，在丛林中攻往蒙达的进展非常缓慢。相关报告称，美

军官兵士气低落，因此，另外一个半师的兵力奉命开赴新乔治亚群岛。到 8
月 5 日，美军终于占领了蒙达及其周边地区，大部分日军撤往北面毗邻的科
隆班加拉岛。另外，后续海上作战行动中，由于美军控制着天空，日本海军
遭受了严重损失。

　　到目前为止，美军在新乔治亚群岛进展缓慢产生的最重要影响是，哈尔
西和其他美军领导人认识到了逐步推进的弊端，他们觉得这种打法让日本人
获得了足够的时间加强他们的下一道防线，也导致己方巨大的海空优势无从
发挥。因此，他们决定封锁科隆班加拉岛，听凭岛上的 1 万多名日本守军自
生自灭，而美军开赴面积更大、防御较为薄弱的维拉拉维拉岛，岛上的日本
守军只有 250 来人。（这是预有计划的"跳岛"行动的一个例子，也是对收
复阿留申群岛时采用的方式所做的改进。）另外，美军在维拉拉维拉岛上构
筑一座机场，这样一来，他们与所罗门群岛最西面的布干维尔岛的距离就缩
短到 100 英里以内。

　　美军没等彻底占领新乔治亚群岛，就于 8 月 15 日登陆维拉拉维拉岛。
另外，当地日军指挥官佐佐木将军原本打算长时间坚守科隆班加拉岛，可上
级命令他弃守所罗门群岛中部，撤回布干维尔岛。九月底和十月初一连几个
夜晚，科隆班加拉岛上的大股守军和维拉拉维拉岛上的小股部队悉数撤离。

　　总之，新乔治亚群岛战役中，日军阵亡 2500 人，损失 17 艘军舰，而盟
军阵亡约 1000 人（但患病者更多），折损 6 艘军舰。另外，日军航空兵力量
的损失极为惨重。

　　盟军八月份继续对萨拉马瓦保持压力，主要是为了掩饰他们进攻莱城和
休恩半岛的准备工作，同时分散日本人的注意力。休恩半岛上的港口和机场，
对美军向北跃进新不列颠岛至关重要，还能在这场跃进期间掩护美军侧翼。

　　为夺取休恩半岛，麦克阿瑟提出了两栖登陆、空降、地面进攻相结合的
方案。这种三路出击使进攻行动趋于复杂，实际上，麦克阿瑟有足够的资源
实施他所希望的任何一种作战行动。9 月 5 日，他的两栖力量把澳大利亚第
9 师主力送上莱城东面的海滩。次日，美军第 503 伞兵团空投在莱城西北面

废弃的纳扎布机场，这是盟军在太平洋战区首次实施空降行动。这座机场投入使用，澳大利亚第 7 师立即搭乘运输机飞抵。与此同时，澳美联军恢复了陆地上朝萨拉马瓦的推进。

这些向心突击几乎没有遭遇抵抗，日本帝国大本营意识到，他们派驻该地区的一个师团很可能遭切断，因而批准这个师团穿越多山的半岛，撤往莱城后方 50 英里的基亚里。于是，日军 9 月 11 日撤离萨拉马瓦，9 月 15 日弃守莱城。不过，日本人希望守住半岛顶端的芬什港，但盟军两栖部队的一个澳大利亚旅 9 月 22 日在那里登陆，粉碎了对方的企图。虽然日军前调另一个师团提供增援，但面对盟军施加的压力，这个师团沿海岸逐步退却。在此期间，澳大利亚第 7 师的挺进速度更快，从莱城一路前出到马克姆河谷，十月初到达敦普，距离莱城西北方 160 英里的重要地点马当港仅剩 50 英里。到 1943 年年底，尽管盟军的进展落后于计划，可他们已准备就绪，随时可以沿海岸推进并穿过内陆对马当港发动一场两路突击。

到 1943 年 9 月，日本帝国大本营终于醒悟过来，必须改变他们先前对形势和前景的乐观估计。日本军队分散在一片过于庞大的地区，因而太过稀疏，而美国人从先前遭受的失败中恢复过来，时间之短出人意料，无论是空中还是海上，他们都占据了上风。日本人清楚地意识到，他们必须采取守势，缩短防御弧线，因为除了侧翼遭受的压力，中央位置还受到来自珍珠港的潜在威胁，尼米兹海军上将集结在那里的舰只，甚至比第一次世界大战中杰利科海军上将的大舰队还要多。

日本虚弱的经济基础使他们的军事态势更加岌岌可危。日本的飞机产量根本无法应对美国的挑战，实际上，日本根本无力掩护他们的商船队。

日本帝国大本营九月中旬制订的新作战方针，基于他们对实现战争目标必不可少的最小地区的估计。这个最低限度称为"绝对国防圈"，从缅甸沿马来半岛屏障延伸到新几内亚岛西部，再从那里递延到加罗林群岛和马里亚纳群岛，一直到千叶群岛。防御弧线的这种收缩意味着，新几内亚岛大部分地区、整个俾斯麦群岛（包括拉包尔）、所罗门群岛、吉尔伯特群岛、马绍尔群岛都被视为并列为非必要地区，尽管他们在这些地方还会继续坚守六个月。他们希望，届时这个最低限度或"绝对"地区发展成一道不可逾越的屏障，日本的飞机产量增加三倍，联合舰队集结起足够的力量，再次与美国太平洋舰队一决雌雄。

在此期间，西南太平洋地区的日本军队奉命遏制目前编有大约 20 个师、获得近 3000 架飞机支援的盟军。日本人在新几内亚岛东部驻有 3 个师团，在新不列颠岛部署了 1 个师团，在布干维尔岛也驻有 1 个师团，另有 6 个师团正在赶来的途中。在中国大陆，东北地区部署了 15 个师团以防苏联发动进攻，其他地区还驻有 26 个师团。所以，日军地面力量的弱点不是数量少，而是部署得过于分散。

盟军一方，缓慢的进展让麦克阿瑟更加渴望继续前进，特别是因为他知道，美国参谋长联席会议现在倾向于把优先权赋予中太平洋路线，原因在于这条进军路线较短，耗费的时间可能也较少。他们认为是否夺取拉包尔无关大局，完全可以绕过、孤立日军顽强防御的这个据点，这就加剧了麦克阿瑟的紧迫感。哈尔西海军上将也是个天性喜爱进攻的将领，他的许多舰只和海军陆战队第 2 师奉命调回，赶去协助中太平洋的进军，所以他也急于尽快穿过所罗门群岛。

布干维尔岛战役

布干维尔这座大岛位于所罗门群岛最西端，岛上驻有近 4 万名日本守军，外加 2 万名水兵，主力部署在岛屿南部。哈尔西目前掌握的舰只和登陆艇数量有所减少，行动开始时，他只能登陆一个加强师。他巧妙地选择了登陆地点，以布干维尔岛西海岸防御薄弱的奥古斯塔皇后湾为目标，那里的地形不错，很适合构筑机场。

美军先是猛烈空袭布干维尔岛上的日军航空兵基地，随后占领了布干维尔岛接近航线上的几座岛屿，11 月 1 日正式登陆布干维尔岛。这场突击出乎日军意料，他们以为美国人会从南面发动进攻，因为那里的海浪较小。日军的海空反击都被击退，给美国人造成的破坏远不及自身的损失。美国航母舰队和驻扎在新几内亚岛上的盟军航空兵力量都对拉包尔发动空袭，这些空袭导致拉包尔近期获得加强的日本航空兵力量无力干涉美军登陆布干维尔岛的行动。对日后的作战行动来说，美国人获得一个重要的经验：即便在那些看似获得日本岸基航空兵严密掩护的地区，快速航母部队依然能展开行动。

登上布干维尔岛的美军部队获得另一个师加强，逐渐把他们的滩头阵地扩大成宽度超过 10 英里的一座大型登陆场，到十二月中旬，据守登陆场的兵力已达到 4.4 万人。日本人对此反应缓慢，因为他们仍以为美军会在其他地方发动主要突击。即便他们意识到奥古斯塔皇后湾的登陆已构成主要威胁，对此展开的反攻还是姗姗来迟，因为他们不得不从南面的主阵地抽调部队，穿过 50 英里丛林赶来投入战斗。结果，二月底之前，他们几乎没采取任何行动，战场上出现了很长一段时间的僵持状态。

攻占俾斯麦群岛和阿德默勒尔蒂群岛

与此同时，盟军在新几内亚岛上继续前进。1944 年 1 月 2 日，麦克阿瑟以一支近 7000 人的美军部队登陆休恩半岛与马当中途的赛多尔，这支部队的兵力不久后增加了一倍。虚弱而又疲惫的日军残部，规模与美军大致相当，原本企图据守半岛西面的锡奥，却发现沿海岸延伸的后撤路线遭到封锁。他们不得不实施一场漫长而又曲折的行军，穿过山区丛林。这股日军最终逃离了陷阱，但在这场后撤中损失了数千人。与此同时，遂行向心突击的澳大利亚军队再次从马克姆河河谷的敦普攻往海边，4 月 13 日到达那里。4 月 24 日，麦克阿瑟的部队占领马当，没有遭遇激烈抵抗，这是因为日本帝国大本营被迫加速后撤，命令新几内亚岛上的日本军队退往西面近 200 英里的韦瓦克。

没等肃清休恩半岛，麦克阿瑟就发动了下一场打击。12 月 15 日，克鲁格将军的"阿拉莫"部队在阿拉韦附近的新不列颠岛西南海岸登陆，圣诞节过后，两个师组成的这股力量，又以主力登陆格洛斯特角附近的西端，意图夺取那里的机场。虽然麦克阿瑟放弃了进攻拉包尔的想法，但他还是希望获得海峡双向控制权，以此掩护他在新几内亚岛上继续向西进攻的侧翼。美军登陆的不列颠岛西端，驻有一支近期从中国调来的日军部队，兵力约 8000 人，但他们与拉包尔之间隔着一片广阔的荒原，拉包尔位于这座新月形大岛的另一端，与之相距300英里。第7飞行师团刚刚调往西面2000英里外的西里伯斯地区，所以，这股日军获得的空中支援寥寥无几。因此，格洛斯特角附近的日军没有实施激烈抵抗，很快就朝拉包尔开始了一场漫长的后撤。

二月底，不骑马的美国第1骑兵师，以一股侦察力量登陆格洛斯特角以北250英里的阿德默勒尔蒂群岛，那里有好几座机场，还有许多空间可供修建更多机场，此外还有一座预有掩护的庞大锚地。驻守在这里的日军官兵约有4000来人，他们的抵抗远较预期顽强，但美军主力3月9日登陆，从后方打垮了这股日军。到三月中旬，美国人已然实现他们的主要目标，并着手把阿德默勒尔蒂群岛打造成一座主要基地，但岛上的日军残部一直战斗到五月份才被彻底消灭。

就这样，驻有10万多日本守军的拉包尔现在遭到孤立，美国人任由他们自生自灭。美军有效突破了俾斯麦群岛构成的障碍，损失远比发起直接进攻小得多。

美军登陆布干维尔岛近四个月后，日军指挥官才后知后觉地意识到，美国人在西海岸实施的就是主要登陆。1944年3月，他调集一支1.5万人的军队，穿过丛林，对6万多名美军将士据守的滩头阵地发动进攻。他估计美军兵力约为2万人，外加1万名空军地勤人员，即便以他估计的这个数字看，这场迟来的反攻也没太大胜算。3月8日，这位日军指挥官以一比四的兵力劣势发起冲击，激战持续了两周，日军损失8000多人，几乎是进攻力量的一半，而美军损失不到300人。遭遇这场惨败，残余的日军陷入绝望的孤立境地，只能自生自灭了。

中太平洋的挺进

这场挺进，和穿过西南太平洋的进军行动一样，针对的都是菲律宾，目的是恢复美国在那里的地位，而没有直接攻往日本本土。战争这一阶段，华盛顿参谋长联席会议的基本构想是，收复菲律宾后，美军就开赴中国，在那里建立一些大型空军基地，美军航空兵利用这些基地控制日本上空，粉碎他们的抵抗力量，切断他们的补给线。

基于这份战略方案，美国竭力帮助中国国民政府，支持他们继续抗日。出于同样的原因，美国人迫切希望英军恢复反攻缅甸的行动，重新打通进入中国南方的滇缅公路，从而为中国运送战争物资，提供各种武器装备。

结果，中太平洋的挺进取得极快的进展，尼米兹海军上将的部队向北推移战线，占领了马里亚纳群岛，这让新型 B-29 超级堡垒轰炸机得以直接空袭日本本土，因为马里亚纳群岛距离日本本土不到 1400 英里。另外，美军 1944 年 10 月占领马里亚纳群岛时，美国陆海军参谋长已经清楚地知道，不久的将来，中国国民政府提供帮助或英军到达中国南方的希望实在很渺茫。

占领吉尔伯特群岛

制订中太平洋进军方案时，金海军上将曾想过以进攻马绍尔群岛为开始，可由于缺乏确保行动取得成功所需要的船只和训练有素的部队，他只好放弃这个构想。取而代之的是先进攻吉尔伯特群岛，虽然这片群岛离珍珠港的美国夏威夷基地有点远，但这项任务似乎不太艰巨，完全可以借此训练两栖作战，还能为日后进攻马绍尔群岛提供几座轰炸机基地。进攻吉尔伯特群岛的主要目标是占领最西端的马金岛和塔拉瓦岛。

尼米兹以统帅的身份委派雷蒙德·斯普鲁恩斯海军中将指挥进攻部队。地面部队称为第 5 两栖军，由海军陆战队少将霍兰德·史密斯指挥，理查德·特纳海军少将掌握运送地面部队的海军力量，他在所罗门群岛已积累了许多实施此类行动的经验。整个进攻力量分为两支突击部队：北路部队负责夺取马金岛，以 6 艘运输船运送第 27 师的 7000 来名官兵；南路部队负责攻占塔拉瓦岛，16 艘运输船搭载海军陆战队第 2 师的 1.8 万名官兵。除了和运输船只一同行动的护航航母，查尔斯·波纳尔海军少将指挥的快速航母编队也为这场入侵提供掩护，他这股力量编有 6 艘舰队航母、5 艘轻型航母、6 艘新战列舰和一些吨位较小的舰只。除了航母搭载的 850 架舰载机，还有 150 架岸基轰炸机参与此次行动。

这场兵力投入最重要的发展是使用了机动勤务部队，以此维持舰队的作战行动，不仅可以对大型舰只进行大修，还能满足舰队的一切需求。机动勤

务部队编有油轮、供应船、拖轮、扫雷舰、驳船、弹药船，后来又增加了医
务船、兵营船、浮船坞、起重船、水道测量船、浮桥组装船和另一些船只。
这种水上"火车"极大加强了海军在两栖作战行动中的航程和能力。

实施初步轰炸后，美军于 1943 年 11 月 20 日进攻吉尔伯特群岛，行
动代号为"电流"，适逢 1917 年英军在康布雷以大量坦克实施划时代进
攻的纪念日。吉尔伯特群岛的防御非常薄弱，因为日本帝国大本营九月
份"新作战方针"承诺的援兵还没有开抵。马金岛只有 800 名守军，阿贝
马马环礁这个次要目标的守军只有 25 人。但塔拉瓦岛守军超过 3000 人，
而且防御森严。

面对一个美国陆军师的进攻，马金岛上的小股守军坚守了四天，这个美
国师由于经验不足而受阻。几辆履带式登陆车的行动更加有效，这种两栖履
带式车辆能克服珊瑚礁，但登陆部队配备的数量很少。

塔拉瓦岛的工事和防御更加强大，当初在瓜达尔卡纳尔岛扬名立万的美
国海军陆战队第 2 师发动进攻前，海军舰艇实施了一场猛烈炮击（两个半小
时内射出 3000 吨炮弹），航空兵也展开大规模空袭。尽管如此，首日登陆的
5000 名士兵，三分之一牺牲在珊瑚礁与海滩之间 600 码宽的地带。但幸存者
战斗得非常顽强，迫使日军撤入岛内两个支撑点。这场退却让美国海军陆战
队员席卷全岛，他们包围了敌人据守的两个支撑点。11 月 22 日夜间，日军
一再发起反冲击，这让陆战队员省了事，彻底消灭反击之敌。之后，他们很
快肃清了全岛。

美国海军损失一艘护航航母，但总的说来，航母舰队证明他们无论
昼间还是夜间，都能击退日军的空袭，而日军水面舰只没敢挑战斯普鲁恩
斯的庞大舰队。

美国民众对这场战役的损失深感震惊，进攻吉尔伯特群岛的行动成为激
烈争论的话题。但从许多细节上看，美军通过这场战役获得的经验非常宝贵，
两栖作战的技术由此获得重大改进。美国官方海军历史学家 S. E. 莫里森海军
少将，称此次战役是"1945 年赢得胜利的温床"。

尼米兹和他的司令部一直忙着策划攻往马绍尔群岛的下一场跃进，但直到进攻吉尔伯特群岛的行动结束，由于尼米兹的坚持，这份方案才做出重大修改。美军不再直接进攻距离最近的、马绍尔群岛最东端的岛屿，而是绕过这些岛屿，下一场跃进直接攻往 400 英里外的夸贾林环礁。尔后，如果一切顺利的话，斯普鲁恩斯的预备力量就赶去夺取这条 700 英里长岛链尽头的埃尼威托克环礁。此次战役的指挥编组与进攻吉尔伯特群岛的行动类似，但投入两个新锐师遂行冲击，突击部队共计 5.4 万人，另外还有 3.1 万名守备力量，他们负责占领既占地区。海军投入 4 个航母战斗群，共计 12 艘航母和 8 艘战列舰。美军还使用了更多履带式登陆车，这款车辆配有武器，披挂着装甲，而战斗机和炮舰配备了火箭弹。炮火准备的猛烈度是进攻吉尔伯特群岛时的四倍。

这份方案取得成功，也得益于日本人把他们所能提供的援兵悉数派往马绍尔群岛最东端的岛屿，这样一来，他们就被更改策略（间接路线，跳岛行动）后的美军打得措手不及。

美军快速航母部队返回珍珠港短暂休整补充，1944 年 1 月底重返战场，进攻马绍尔群岛期间，他们以持续不断的进攻架次（共出动 6000 多个飞行架次）打垮了日本人的海空行动，击毁约 150 架日军飞机。

美军进攻行动的第一步是 1 月 31 日占领岛链东部无人据守的马朱罗环礁，这为美军支援勤务部队提供了一处良好的锚地。他们随后攻占夸贾林环礁侧翼几座小岛，2 月 1 日发动主要进攻。守军反复发起自杀式反冲击，以一种野蛮的、高呼"万岁"的牺牲精神遂行冲锋，这加快了美军占领全岛的速度。夸贾林环礁的日本守军总数超过 8000 人，战斗兵力约为 5000 人，但美军最终赢得胜利，仅阵亡 370 人。

大约 1 万人的军预备队没有派上用场，所以他们被派去占领埃尼威托克环礁。从那里算起，美军距离马里亚纳群岛仍有 1000 英里，离特鲁克不到 700 英里，特鲁克是日军设在加罗林群岛的主要基地。因此，作为进攻埃尼威托克环礁的侧翼掩护，美军登陆这座环礁的同一天，9 艘美国航母对特鲁克实施了猛烈打击。当晚，他们借助雷达确定目标，又发起第二波打击，次日晨实施了第三波攻击。虽然古贺海军大将谨慎地撤走了联合舰队主力，但还是有 2 艘巡洋舰、4 艘驱逐舰、26 艘油轮和货轮被美军炸沉。日本人在空战中的损失更加惨重，折损 250 多架飞机，美军只损失 25 架。此次行动取得的战略效果相当惊人，因为这三场空袭迫使日本人把所有飞机撤离俾斯麦群岛，再也顾不上陷入绝望境地的拉包尔，这就证明中太平洋的这场进军，推动而不是妨碍了麦克阿瑟在西南太平洋地区的进展。

最重要的是，此次行动表明，航母部队完全可以削弱敌人的主要基地，而不需要占领该基地，也不需要岸基飞机协助。

这种情况下，美军占领埃尼威托克环礁的行动轻而易举。他们迅速夺得周边岛屿，不到半个师的登陆部队三天内打垮了主岛上的日本守军。在马绍尔群岛上修建新机场的工作进展很快。美军仅用稍稍超过两个月的时间就夺得吉尔伯特群岛和马绍尔群岛，而日本人原本指望这片阻滞区能坚守六个月，特鲁克在他们"绝对"或必不可少的屏障地区占有重要地位，现在已遭到严重削弱。

缅甸，1943—1944 年

缅甸那场季节性战役，与预期的情况大相径庭，和盟军在太平洋，特别是中太平洋迅速取得的进展形成令人沮丧的对比。因为缅甸战事的主要特点是日军发动了另一场攻势，这也是战争期间日本人唯一一次越过印度边界进入阿萨姆邦南部，而英国人一直指望并策划发动一场进攻，肃清缅甸北部之敌，重新打通进入中国的道路。从印度而来的交通线已获得极大改善，英军的实力不断增长，前景似乎一片大好。

日军的进攻，旨在阻止并打乱英军的攻势。令人不快的是，虽说日军兵力处于劣势，可他们几乎已取得战术胜利。日军攻势虽然最后以失败告终，但还是实现了把英军的进攻拖延到 1945 年的战略效果。不过，1944 年春季，英军在阿萨姆邦境内 30 英里的因帕尔和科希马，以顽强的防御挫败了日军的进攻。情况很快表明，日本人在这场最后的攻势中，耗尽了原本就很虚弱的力量，再也无力坚决抗击英军立即发动的反攻，更无法应对英国人 1945 年展开的大规模攻势。

准备这场战役期间，各盟国已达成一致，认为主要目标是收复缅甸北部，因为这是重新与中国建立直接联系，经滇缅公路穿越山区障碍为中国供应战争物资的最短路线。长时间讨论后，他们搁置了另一些方案，例如对实兑、仰光或苏门答腊发起两栖行动。英军对缅甸北部发动进攻前，先行进攻若开，北面的"钦迪特"遂行牵制性进攻。

1943 年 8 月底，盟军新成立了统一的东南亚战区总司令部，由前任联合作战司令，海军上将路易斯·蒙巴顿勋爵领导。他手下各军种负责人是萨默维尔海军上将、吉法德将军、皮尔斯空军上将，而美国的史迪威将军担任蒙巴顿的副总司令。印度司令部与东南亚战区总司令部分开，只负责训练工作，不再参与作战事宜。韦维尔升任印度总督，奥金莱克接替他担任驻印度英军总司令。

吉法德将军统率的第 11 集团军群，主力是新近组建、由斯利姆将军指挥的第 14 集团军。集团军编有克里斯蒂森指挥的第 15 军，驻扎在若开；另编有斯库恩斯指挥的第 4 军，部署在缅甸北部的中央战线，还负责这片战区内几个中国师的作战控制。海军力量仍很弱小，但空军力量增加到大约 67 个中队，包括 19 个美国航空兵中队，可用飞机数量约为 850 架。

盟军实力大幅度增长，明显预示出他们很快会发动攻势，这促使日本人着手朝阿萨姆邦实施一场预防性进攻，本来他们会满足于采取守势，巩固 1942 年年初征服的缅甸领土。温盖特率领"钦迪特"从事首次突袭时，日本人就意识到，钦敦江不是一道可靠的防御屏障。日军的进攻目标是占领因帕尔平原，控制从阿萨姆邦进入缅甸的山口，从而遏制盟军意图在 1944 年旱季发动的攻势，而不是大举入侵印度或"进军德里"。

进攻准备期间，日军指挥体系也进行了重组。缅甸战区日军总指挥河边正三将军的缅甸方面军编有 3 个军：本多政材将军的第 33 军部署在东北部，辖 2 个师团；樱井省三将军的第 28 军位于若开防线，辖 3 个师团；牟田口廉也将军的第 15 军位于中央防线，辖 3 个师团和 1 个印度国民师，该师只有 9000 来人，比一个日本常规师团的半数兵力稍多些。

牟田口廉也率领第 15 军先行进攻若开和云南后，准备执行进攻因帕尔的行动。

交战双方都打算在若开发动一场有限进攻，然后在中央战线展开大规模攻势。英军一方，此次进攻为斯利姆将军提供了检验丛林战新战术的机会，这种战术依据的思想是：建立一些可供部队撤入的支撑点，通过空运补给加以维系，然后前调预备力量，粉碎他们与各支撑点之间的侵入之敌。这种战术与他们以往遭到迂回就后撤的做法或习惯截然不同。

1944 年年初，克里斯蒂森第 15 军分成三路纵队，逐渐向南攻往实兑。但二月初，日军发起计划中的进攻，尽管只投入部署在若开的三个师团中的一个，可还是打断了第 15 军的进展。借助英军的疏忽，日本人占领了东巴扎，随后转身向南，导致前进中的英军纵队陷入窘境，直到空运的援兵抵达，他们的危机才得以缓解。尽管局部受挫，可英军新战术的价值还是得到证实，而缺乏粮食和弹药的日军，没等六月份雨季到来就停止行动，被迫终止了他们的反攻。

自 1943 年 5 月"钦迪特"的首次作战行动以后撤告终以来，温盖特的部队一直没有参加战斗。但这段间隔期，"钦迪特"的实力从 2 个旅增加到 6 个旅，很大程度上是因为温盖特的想法和论点激发了丘吉尔的想象力。1943 年 8 月，温盖特应邀参加魁北克召开的"四分仪"会议，先前持怀疑态度的三军参谋长对他青睐有加。温盖特被擢升为少将，他的部队还获得一股航空兵力量支援，这就是第 1 空中突击队，这股航空兵的真正实力远远比番号所表明的实力强大，相当于 11 个中队。年轻的美军指挥官菲利普·科克伦掌管第 1 空中突击队后，这支部队通常被称为"科克伦马戏团"。

1943 年最后几个月和 1944 年年初几个月，"钦迪特"忙于训练新分配来的几个旅。虽然他们仍以印度第 3 师这个番号为伪装，但这支军队里根本没有印度士兵，目前的实力相当于两个师。加入"钦迪特"的新成员主要由英国第 70 师提供。

温盖特的想法也发生了变化，其战术从游击队那种"打了就跑"发展为更加具体、更为长久的远程渗透。他的远程渗透大队打算占领曼德勒以北 150 英里，伊洛瓦底江畔的因多及其周边地域——这片地区位于英国第 4 军与史迪威指挥的中国军队（2个师）之间，同时建立一连串支撑点，破坏日军交通线，各支撑点的补给则通过空投解决。他们要与敌军"一决高下"，而不仅仅是扰乱对方。从本质上说，"钦迪特"会成为先遣力量，而英国第4军则是支援、扫荡力量。温盖特设想的最终目标是建立几个远程渗透师，在主力前方展开行动。

"钦迪特"3月5日晚投入作战，开局很不顺利，62架滑翔机把第一批部队运往因多东北方50英里的"百老汇"，结果多架滑翔机没能着陆，或在着陆时坠毁。另一个选定的着陆地点被砍倒的树干堵住，第三个地点也因为种种原因而放弃。尽管如此，他们还是在"百老汇"修建了一座简易机场，接下来几个夜晚，迈克·卡尔弗特的第77远程渗透旅主力顺利着陆，随后赶到的是伦泰恩的第111远程渗透旅。到3月13日，已经有9000来名"钦迪特"深入敌军后方。另外，伦纳德·弗格森的第16远程渗透旅，二月初从阿萨姆邦展开一场陆地行军，虽然地形条件极为恶劣，但三月中旬后不久，他们还是到达了因多。

日本人的确对此猝不及防，可他们迅速拼凑起一股相当于一个师团的力量，交给林将军指挥，应对这场空降入侵。3月18日，这股日军的部分力量抵达因多，主力三月底前开抵。另外，日军航空兵3月17日也发动一场反击，击毁了目前以"百老汇"为基地展开行动的6架喷火式战机中的大部分。之后，这里的防空任务只能依靠从因帕尔周围遥远的机场起飞的战斗机巡逻力量。3月24日，温盖特乘坐的飞机坠毁在丛林中，这位"钦迪特"创始人丧生。但这起悲剧性事故发生前，他那份过于复杂、考虑不周的方案已经漏洞百出。3月26日，沿陆地行进的第16远程渗透旅遵照温盖特的命令，直接对因多发起冲击，但被占据既设阵地的日军击退，日本人还成功消除了其他远程渗透旅的威胁。温盖特把他的理念从游击行动发展成一种更加具体的远程渗透，但没能取得成功，尽管他确实没有获得预想中主力部队的支援。

温盖特罹难后，伦泰恩接替他出任特种部队指挥官，四月初，他与斯利姆和蒙巴顿商讨后，同意把"钦迪特"调往北面，协助史迪威指挥的中国军队向前推进，因为他们没能阻止日军攻往因帕尔。虽然史迪威并不欢迎"钦

迪特"的到来，觉得他们会把日军引到他这个方向，但"钦迪特"还是攻克
了孟拱，在一定程度上帮助了史迪威的进军。此时，史迪威麾下的中国军队
还是没能努力到达密支那的日军重要阵地。日军一个新锐师团开抵战场前，
"钦迪特"向北撤离。

三月中旬，日军三个师团朝阿萨姆邦发起"预防性"进攻，企图占领因
帕尔和科希马。出乎盟军意料的是，"钦迪特"进入伊洛瓦底江谷地，却没
能给日军进攻行动的发起和推进造成影响。这是因为虽然"钦迪特"位于日
军东翼和后方，但这种威胁过于遥远，无法危及日军的北进路线和交通线。

一月底，斯库恩斯率领第 4 军停止了从因帕尔逐渐向南的进军，他们收
到的报告和相关证据表明，日军正实施重组并集结在钦敦江上游，准备朝因
帕尔发动进攻，于是，第 4 军占据了防御阵地。尽管如此，斯库恩斯的三个
师仍很分散，位于最南端的第 17 师在第定附近被日军绕过，随后发现撤入
英帕尔的道路已被对方截断。情况看上去极为紧迫，刚刚从若开返回的第四
个英国师匆匆做好准备，以便和其他援兵一起紧急空运到因帕尔。日军从钦
敦江发起的侧翼进击也取得进展，迫使英国第 20 师迅速后撤。英军设在因
帕尔东北方 30 英里乌克鲁尔的阵地，3 月 19 日遭到攻击。令人不安的是，
日军这场纵深侧翼突击的目标是因帕尔以北 60 英里的科希马，位于穿过山
区进入印度的道路上。3 月 29 日，因帕尔—科希马公路实际上已被切断。英
军随后前调两个新锐师，用于确保安全和填补缺口。总之，日军的灵活性和
突击势头再次让占有兵力优势的对手在发生混乱后陷入一种棘手的困境。

虽然英军设法回到因帕尔平原，在那里投入超过 4 个师的兵力遂行防
御，但科希马的守卫力量仅仅是休·理查兹上校率领的 1500 名士兵。对英
国人来说幸运的是，缅甸方面军司令长官河边正三没有批准第 15 军司令官
牟田口廉也派遣一股力量夺取迪马普尔的方案，迪马普尔在科希马后方 30
英里，位于群山出口处。这样一场突袭本来会阻止、打乱英军解救因帕尔的
一切反攻行动。

利用这段喘息之机，蒙塔古·斯托普福德中将和第 33 军先遣部队从印度

前调，4月2日，等待军主力开抵期间，他出任迪马普尔—科希马地区总指挥。

4月4日夜间，日军第31师团进攻科希马，迅速占领制高点。这样一来，科希马的小股守军4月6日与赶来增援的一个旅断绝了联系，而这个旅又因为日军在祖布扎后方设立的一道路障与迪马普尔相隔断。

但斯利姆将军4月10日还是下达了发动一场全面反攻的命令。到4月14日，斯托普福德派往前方的一个新锐旅占领了祖布扎那道路障。4月18日，遂行救援行动的两个英军旅突破日军防御，到达实力虚弱、筋疲力尽的科希马守军身边，这股守军此时正在从事最后的抵抗。下一个阶段，英军驱散了周边高地上的日军。

因帕尔周围，两个英国师发动反攻时，战斗同样艰巨。这些英军向北攻击前进，意图肃清通往科希马的道路。他们还攻往东北方，以便夺回乌克鲁尔，并威胁进攻科希马的日军师团后方。部署在因帕尔的另外两个英国师向南攻击前进。

对英国人而言同样幸运的是，他们现在几乎彻底掌握了制空权（日军在整个缅甸境内只有不到200架飞机），因此，在这关键的几周，他们完全能通过空运为因帕尔的大股军队提供补给。（空运疏散了3.5万名伤病员和非战斗人员后，因帕尔仍有12万人左右。）

五月份，斯托普福德获得加强的部队，驱散盘踞在科希马周边阵地的日军，肃清了通往因帕尔的道路，斯库恩斯麾下部队几乎把因帕尔南面的日军逼入困境。要不是牟田口廉也面对毫无成功希望的前景，不顾手下指挥官的反对意见，继续坚持进攻的话，日军本来可以顺利撤出，不会遭受太大损失。牟田口廉也一意孤行，解除了三位师团长的职务，但他自己最后也被撤职。

七月份，斯利姆指挥的英国第14集团军继续反攻，最终前出到钦敦江。给英军进展造成延误的是雨季的到来，而不是敌人的抵抗，因为日军目前只剩一些疲惫不堪、饥肠辘辘的残部。

这场过度拉伸的攻势，日军共投入8.4万名官兵，损失超过5万人。英军的应对极为谨慎，损失不到1.7万人，一开始他们的兵力就比日本人多，战役结束时的兵力更多。英军共投入6个师和一些编制较小的兵团，掌握制空权让他们获益匪浅，而日军只投入 3 个师团，外加 1 个实力不足、素质低下的印度国民师。另一方面，日本人盲目遵守不现实的军事传统，丧失了他们技战术方面的优势。战争下一阶段，他们会为这种愚蠢的做法付出更高昂的代价。

World War II

第七部

低潮
1944 年

第三十章

攻克罗马和在意大利第二次受阻

与 1943 年 9 月盟军登陆意大利时的踌躇满志相比，他们 1944 年年初在这片战区的处境实在令人失望。美国第 5 集团军和英国第 8 集团军，分别沿意大利半岛胫骨（亚平宁山脉）左右两侧而上，持续不断的正面进攻让他们损失惨重、筋疲力尽。他们沿整个半岛向上的缓慢爬行，堪比第一次世界大战联军在西线"破城槌"式的进军。意大利军队投降后倒戈相向，英美军队在雷焦、塔兰托、萨莱诺三处登陆，致使德国人九月份的处境极为不利，可他们迅速做出应对，扭转了劣势。凯塞林麾下暂时陷入混乱的部队，出色地处理了多种紧急情况，因此，希特勒很快打消了最初的想法，不再要求凯塞林执行放弃意大利半岛、撤往意大利北部的方案，转而支持长期据守半岛。

从 1943 年秋季起，盟军希望实现的，充其量是个消极目标：把尽可能多的德国师牵制在意大利，这样一来，英美军队 1944 年仲夏经诺曼底入侵法国时，这股敌军就无法调去抗击盟军的登陆。

三大国 1943 年 11 月召开的德黑兰会议，以及英美两国之前在开罗举行的会晤，做出的决定是：发起"霸王"行动，也就是经诺曼底实施的跨海峡入侵，具有优先权；同时辅以"铁砧"行动，这是在法国南部实施的辅助登陆；而盟军在意大利的目标仅限于攻克罗马，尔后攻往半岛"腿部"的比萨—里米尼一线。朝东北方发展、进入巴尔干地区的行动不在考虑之列。的确，就目前看来，这似乎不是英国政策的重点或值得考虑的因素。

尽管英美领导人就"霸王"和"铁砧"行动的优先权达成基本协议，可他们在意大利战役的重要性方面仍存在许多根本性分歧。以丘吉尔先生和艾伦·布鲁克爵士为代表的英方观点是，盟军投入意大利战区的兵力越多，从诺曼底地区吸引过来的德军部队就越多，事实证明这种想法是错误的，但丘吉尔希望英军率先在这片战区赢得巨大的胜利，因而大肆鼓吹这个观点。美国人的看法不太一样，他们最关注的是，为意大利战区盟军部队提供的一切增援，绝不能以削减入侵法国的力量为代价，他们正确地指出，法国才是决定性战区。美国人比丘吉尔或英国军方首脑更现实地认识到，地形的复杂性很可能会妨碍盟军在意大利迅速赢得胜利，也不利于他们发展胜利。他们还深深地怀疑，英国人是不是打算集中兵力于意大利，借此逃避入侵法国的艰巨任务。

除了德国第 14 集团军的 8 个师驻扎在意大利北部，凯塞林目前以第 10 集团军的 15 个师据守己方防线，也就是所谓的古斯塔夫防线，抗击盟军的持续进攻。尽管大部分德国师实力虚弱[1]，还有些师严重减员，可他们看上去完全能抵御 1943 年年底登陆意大利的 18 个盟军师发动的一切正面攻击。

因此，盟军的解决办法当然是在古斯塔夫防线后方实施一场两栖登陆，这种行动很容易取得成功，因为盟军拥有海空力量优势。盟军倘若遂行这样一场登陆，再辅以对古斯塔夫防线重新发起的进攻，应该能把德军驱离这道防线，打破他们在罗马南面的防御。这项代号"鹅卵石"行动的方案已在准备中，丘吉尔对盟军在意大利的缓慢进展极不耐烦，故而全力推动这份新方案。他在开罗和德黑兰会议期间，同意了美国人渴望实施的"铁砧"行动，也就是计划于夏季登陆法国南部，以此换取必要的船只。他随后提出要求，"铁砧"行动发起前，突击登陆艇留在地中海战区，这样一来，就可以用这些船只在罗马南面的安齐奥实施一场两栖登陆，这场登陆计划于一月份发起。

亚历山大和他的幕僚出色地拟制了行动大纲。马克·克拉克的第 5 集团军会在 1 月 20 日前后，沿半岛目前的战线（也就是古斯塔夫防线）发动进攻。

待右侧的法国军和左侧的英国第10军以初步突击牵制住森格尔将军第14装甲军主力，美国第2军就渡过拉皮多河遂行攻击，前出到利里河谷。一旦这场主要突击取得进展，经海路运送的美国第6军就登陆安齐奥。盟军希望和预期的是，此时匆匆南调的几个德国预备队师，不得不转身迎战登陆安齐奥的美军部队，趁此混乱之际，第5集团军应该能突破古斯塔夫防线，与安齐奥的美国第6军会合。即便德国第10集团军没有被这两股力量粉碎，盟军统帅部也希望对方不得不撤到罗马地区重组。

可这份方案没能奏效。德国军队没有像盟军统帅部预期的那样陷入混乱或疲于奔命，而是一如既往地顽强战斗。另一方面，盟军的准备工作过于仓促，第5集团军的进攻行动实施得杂乱无章。

1月17日至18日夜间，麦克里里率领英国第10军在西部地区发动进攻，一开始进展顺利，该军成功强渡加里利亚诺河。此举迫使凯塞林把手中大部分预备力量（第29、第90装甲掷弹兵师和"赫尔曼·戈林"师部分部队）派往那段战线。但1月20日，美国第2军在左中部地段强渡拉皮多河的进攻行动失败了，他们还为此付出了高昂的代价，两个先遣团几乎损失殆尽。德军严密据守利里河谷，从卡西诺山上俯瞰着盟军朝这里发起的一切进攻，盟军却低估了攻下卡西诺山这处阵地的艰巨性。拉皮多河水流湍急，即便不遭遇抵抗，渡河行动也很困难，这种情况下，美国第36师夺取拉皮多河接近地的特罗基奥山后，只休整、准备了五天就投入行动。该师左侧，英国第46师的进攻也遭遇挫败。海运部队1月22日登陆安齐奥时，第5集团军的进攻仍在继续，可成功的希望相当渺茫。

盟军意图在德国人侧翼后方登陆，除非盟军规划者冒险选择罗马以北的登陆地点，否则安齐奥地区就是唯一适合的海滩，但前者离古斯塔夫防线上的主战线太远。尽管如此，凯塞林还是有些措手不及，因为他觉得盟军登陆罗马以北地区，在战略上给他造成的危险更大。盟军登陆时，德国人在安齐奥只驻有一小股部队，也就是第29装甲掷弹兵师在那里休整的一个营。对凯塞林来说幸运的是，指挥入侵部队的是约翰·P. 卢卡斯少将，萨莱诺战役最后阶段，卢卡斯接掌第6军指挥权，他是个极为谨慎而又极度悲观的指挥官。行动开始前，他不仅在日记里,还在下属和包括亚历山大在内的盟友面前发表他的悲观看法。

为遂行初期登陆,卢卡斯第 6 军编有 2 个师（英国第 1 师、美国第 3 师），英国突击队、美国游骑兵部队、1 个伞兵团、2 个坦克营为其提供支援,美国第 1 装甲师和第 45 步兵师尾随其后。这股力量不仅在登陆海滩具有压倒性优势,在随后的发展胜利阶段也大有可为。丘吉尔希望这股力量迅速到达罗马南面的阿尔班山区,切断具有战略重要性的 6 号、7 号公路,从而截断古斯塔夫防线上的德国第 10 集团军。

英国人在安齐奥北面,美国人在该镇南面,这场登陆行动轻而易举地取得成功,几乎没有遭遇抵抗。但德军的应对迅速而又果断。古斯塔夫防线上的部队奉命继续实施顽强防御,"赫尔曼·戈林"师调往北面,另一些可用部队从罗马向南开来。国防军最高统帅部通知凯塞林,他可以调用意大利北部任何一个师,另外还给他派来 2 个师、3 个独立团、2 个重装甲营。这是因为希特勒急于痛击盟军这场海路突击,想以此吓阻对方在意大利的后续登陆,以及预计中他们在法国海岸的登陆行动。

凯塞林对麾下部队的重新部署是个了不起的壮举。头八天,8 个德国师的辖内部队调到安齐奥地区,指挥机构也重新设立起来。马肯森第 14 集团军接防安齐奥地区,辖内第 1 伞兵军和第 76 装甲军分别据守盟军滩头阵地北面和南面地区。菲廷霍夫第 10 集团军以第 14 装甲军和第 51 山地军继续坚守古斯塔夫防线。总之,8 个德国师集结在安齐奥滩头周围,森格尔第 14 装甲军的 7 个师面对马克·克拉克第 5 集团军,第 51 山地军仅以 3 个师阻挡意大利亚得里亚海一侧的英国第 8 集团军,另外 6 个师留在意大利北部,统归冯·灿根将军指挥。（英国第 8 集团军目前由奥利弗·利斯爵士指挥,蒙哥马利被召回英国,负责入侵诺曼底的策划和准备工作。）

卢卡斯顽固地决定,先集中力量加强滩头阵地,然后再朝内陆开进,马克·克拉克支持这项决定,这导致丘吉尔从安齐奥迅速攻往阿尔班山区的希望落了空。可鉴于德军的迅速应对和他们的出色技能,以及大多数盟军指挥官和部队的笨拙,卢卡斯的超级谨慎很可能让盟军因祸得福。这种情况下贸然攻往内陆,很容易遭受德军的侧翼攻击,从而陷入一场灾难。

虽然盟军计划中的滩头登陆区次日获得确保，补给问题也因此而简化，但他们直到 1 月 30 日，也就是登陆后一个多星期，才首度尝试进军内陆。德军部队很快阻挡住他们的推进。另外，整个滩头阵地目前遭到德军炮火扰乱，而从那不勒斯地区起飞的盟军飞机，无法阻止德国空军攻击安齐奥周围拥挤的船只。因此，马克·克拉克位于古斯塔夫防线的部队，不仅没有得到安齐奥登陆行动的帮助，反而再次发动直接进攻，支援在安齐奥陷入困境的海运登陆部队。

美国第 2 军这次从北侧进攻卡西诺，力图突破古斯塔夫防线。1 月 24 日，美国第 34 师率先投入冲击，侧翼的法军部队提供支援。经过一周激战，他们总算夺得一座牢固的登陆场，但在此之前，森格尔已把更多预备队调入该地区，从而加强了这片原本就很强大的防御阵地。遭受严重消耗的美军筋疲力尽，2 月 11 日被迫退却。

行动失败后，盟军前调新组建的新西兰军，伯纳德·弗赖伯格中将指挥的这个军编有新西兰第 2 师和印度第 4 师，这两个师久经沙场，曾在北非立下汗马功劳，英国和印度部队混编的印度第 4 师，被德国人评为北非战场上最精锐的师。弗赖伯格打算对卡西诺实施一场向心突击，此举并没有真正改变以往的打法，也就是对精心构设、顽强防御的德军阵地实施代价高昂的正面冲击。印度第 4 师师长弗朗西斯·图克主张采用间接路线，以一场大范围迂回穿越山区，法国人也赞同这种做法，但图克病倒后，这份方案的影响力大幅度下降。印度第 4 师奉命攻占卡西诺山，图克实施一场大范围迂回的建议遭否决后，他请求航空兵全力轰炸山顶一座历史悠久的修道院。虽然没有证据表明德军依托这座修道院实施抵抗（后来有充分的证据表明他们避免进入修道院），可这座雄伟的建筑居高临下，从山下仰攻的部队不免望而生畏。弗赖伯格和亚历山大认可后，图克的请求获得批准。2 月 15 日，盟军发起一场规模庞大的空袭，把这座著名的修道院夷为平地。德国人随后认为有理由进入这片废墟瓦砾，那里能让他们建立更加牢固的防御。

当晚和次日夜间，印度第 4 师不断发起冲击，但没能取得重大进展。因此，2 月 17 日至 18 日夜间，新西兰军不得不恢复原先的方案。印度第 4 师成功夺得双方反复争夺的593高地,随后被德军伞兵部队的反冲击逼退。次日,德军坦克投入反冲击,迫使新西兰第2师撤离拉皮多河对岸的登陆场。

国防军最高统帅部曾承诺派遣大股援兵,协助肃清盟军登陆场,这股援兵到来时,马肯森发起了几场反突击,阻止盟军扩大登陆场。2月3日夜间的第一次反突击,针对英国第1师1月30日攻往坎波莱奥内的行动失败后形成的突出部。幸运的是,刚刚登陆的英国第56师先遣旅阻挡住德军这场进攻。2月7日,德军再次发起猛烈的反突击,英军虽然最终挡住对方,但自身损失相当惨重,刚刚开抵的美国第45师赶紧替换了英国第1师。

到二月中旬,马肯森已做好反攻准备,他现在以10个师包围着登陆场内的5个盟军师,实力获得加强的德国空军为他提供支援。他们还有一款新式武器,这就是塞满炸药的歌利亚微型遥控坦克,德国人打算以这种武器在守军中制造混乱。盟军进攻卡西诺没有影响这场集结,盟国空中力量也没有给德国人造成严重妨碍。

德军2月16日进攻安齐奥登陆场,沿整个防御周边展开试探,德国空军也频频发动空中突击。傍晚前,他们在美国第45师防区打开缺口,这是德国人一直等待的机会。2月17日,希特勒青睐的步兵教导团率领14个营,在坦克支援下向前冲去,企图扩大突破口,攻往阿尔巴诺—安齐奥公路,胜利就在眼前。

可是,大批德军部队混杂在一起,挤满这条道路,不仅给他们自己的推进造成妨碍,还为盟军炮兵、航空兵、舰炮提供了拥挤的目标。歌利亚微型坦克也没能奏效。尽管德军损失惨重,可庞大的突击力量还是迫使盟军不断退却。德国人2月18日重新发起突击,第26装甲师提供加强,继续朝海滩取得进展。但英国第56、第1师和美国第45师殊死奋战,成功守住登陆场最后一道防线。德军的突击在卡罗切托溪受阻,进攻部队的突击势头已呈强弩之末。几个装甲掷弹兵师2月20日展开最后的努力,但很快被盟军逼停。防御行动的实施和随后取得的成功,得益于卢西恩·K.特拉斯科特将军的到来,他原先是卢卡斯将军的副手,后来取而代之。英军防区,第1师师长 W.

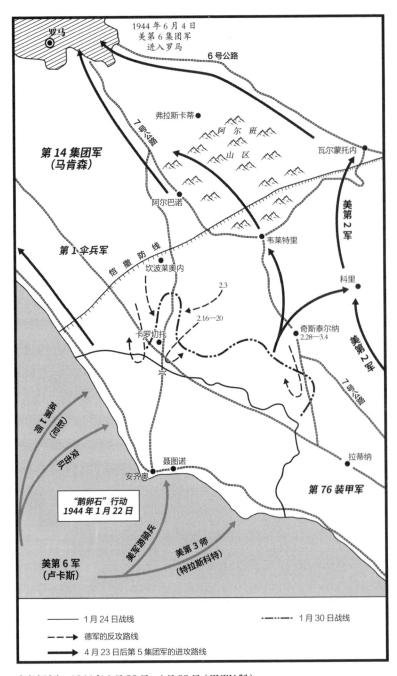

安齐奥滩头，1944 年 1 月 22 日—4 月 23 日（ZVEN 制）

R. C. 彭尼少将负伤后，杰拉尔德·坦普勒少将接替他指挥部队，精明能干的坦普勒出色地协调了第 1 师和第 56 师的防御。

希特勒对进攻受阻大为震怒，命令 2 月 28 日重新发动进攻，以 4 个师沿奇斯泰尔纳而下，遂行牵制进攻和主要突击。但美国第 3 师毫不费力地阻挡住这场冲击，头三天过后，低云消散，盟军空中力量粉碎了敌进攻部队。3 月 4 日，由于麾下部队损失惨重，马肯森被迫停止进攻。他留下 5 个德国师控制包围圈，把其他师撤回休整。

此时，盟军正着手再次进攻卡西诺，以便为春季攻势肃清道路。这场进攻甚至比先前更加直接。新西兰师负责穿过卡西诺镇，随后由印度第 4 师接管冲击修道院山的任务。为打垮镇内的德军部队，盟军以地面和空中力量发起一场猛烈的炮击和轰炸，发射 / 投掷了 19 万发炮弹和 1000 吨炸弹。

这场空地火力准备 3 月 15 日实施，当天天气很晴朗。但守卫该地区的是德军精锐第 1 伞兵师辖内一个团（辖 3 个营），面对这场狂轰滥炸，他们不仅没有退缩，还保存了有生力量，足以阻挡随后涌来的盟军突击步兵。轰炸和炮击造成的大量废墟瓦砾有利于德国人的防御，阻挡了盟军坦克的前进。虽说印度第 4 师攻占了城堡山，可他们继续朝高处进击时受到暴雨阻碍，奔涌而下的洪水为守军提供了帮助。一个廓尔喀连前出到修道院下方的刽子手山，在那里遭隔断。与此同时，卡西诺镇内的激战仍在持续。双方 3 月 19 日付出的新努力都没能取得成效。亚历山大次日做出决定，要是 36 小时内仍无法获得成功，就放弃进攻行动，因为损失越来越严重。3 月 23 日，弗赖伯格同意后，新西兰军结束了这场进攻。就这样，第三次卡西诺之战以盟军失望告终，新西兰军随后撤编，辖内部队休整后转隶其他军，英国第 78 师和第 6 装甲师第 1 禁卫旅接防卡西诺地区。

亚历山大 2 月 22 日曾建议执行攻往利里河谷的"王冠"行动，配合盟军从安齐奥登陆场实施的突围和向心突击。这场行动的样式与一月攻势大致相似，但策划和协调得更好，而且在盟军从英国跨越海峡入侵诺曼底的"霸王"行动发起前三周左右实施，因而有可能把一些德国师从法国吸引过来。

亚历山大的参谋长约翰·哈丁拟制的这份方案，要求集中力量发动打击，在意大利亚得里亚海一侧只留一个军，第8集团军余部向西调动，接防卡西诺—利里河谷地区。包括法军在内的第5集团军，不仅要负责左翼的加里利亚诺河地区，而且要控制安齐奥登陆场。随之而来的建议是，应当放弃登陆法国南部的"铁砧"行动。

英国三军参谋长自然是同意这份方案的，可美国陆海军参谋长反对，因为他们认为登陆法国南部能更好地分散敌军，从而为入侵诺曼底提供帮助。艾森豪威尔随后提出一份折中方案，根据这份方案，意大利战役获得优先权，但"铁砧"行动的策划工作继续进行。到3月20日，如果一场大规模两栖行动显然无法实施的话，就应当把意大利水域的大部分船只调去支援"霸王"行动。联合参谋长委员会2月25日同意了这份折中方案。

随着做出决定的日期日益临近，新任盟军地中海战区总司令梅特兰·威尔逊将军从亚历山大处获悉，五月份前无法在意大利发动春季攻势。亚历山大还强调指出，古斯塔夫防线对面的盟军主力突破这道防线与安齐奥登陆部队会合前，不能把部队调去执行"铁砧"行动。这就意味着，需要十周重组和准备时间的"铁砧"行动要到七月底才能实施，也就是诺曼底登陆近两个月后。这样一来，"铁砧"行动就起不到牵制敌军、帮助诺曼底登陆的作用了。因此，梅特兰·威尔逊和亚历山大认为，这种情况下应暂不理会"铁砧"行动，集中精力完成意大利战役。这个观点正中丘吉尔和英国三军参谋长下怀。艾森豪威尔倾向于接受他们的意见，不过，他的理由不太一样。艾森豪威尔认为地中海地区的大部分船只现在可以调去执行"霸王"行动了。美国陆海军参谋长勉强接受将"铁砧"行动推迟到七月份，但反对放弃这项行动，还对意大利战役的规模超出预定限度是否值得深表怀疑。他们还怀疑，这场战役无法实现把部分德国师调离诺曼底的目标，就这方面而言，事实很快证明他们的怀疑是对的。随后就是一场旷日持久的扯皮，丘吉尔首相和罗斯福总统在一份份冗长的往来电报中争论不休。

在此期间，盟军继续在意大利为春季攻势做准备，这些工作都在英国的指挥下进行。第 8 集团军的调动和再部署，以及包括船只短缺在内的另外一些因素，导致进攻行动推迟到 5 月 11 日。第 8 集团军的任务是在卡西诺地区达成突破，而第 5 集团军必须强渡加里利亚诺河，还要冲出安齐奥登陆场，攻往 6 号公路上的瓦尔蒙托内，从左翼协助第 8 集团军的作战行动。目前，安齐奥的 6 个盟军师面对着 5 个德国师，另外 4 个德国师在罗马周围担任预备队。古斯塔夫防线上集结了 16 个盟军师（其中 4 个师紧密排列，准备发展突破），他们面对的是 6 个德国师（其中 1 个师担任预备队）。这条战线上，盟军大部分力量集中在卡西诺到加里利亚诺河河口这一段，共计 12 个师（2 个美国师、4 个法国师、4 个英国师、2 个波兰师）准备达成突破，另外 4 个师紧紧跟随在他们身后，以便发展突破并攻入利里河谷，他们希望赶在德军集结兵力据守前，一举突破位于后方 6 英里的希特勒防线。

第 8 集团军的 9 个师获得 1000 多门火炮支援，还从干燥的天气中受益匪浅，他们的坦克和其他车辆能跟上前进中的部队，这与冬季攻势期间遍地泥泞的状况形成了鲜明对比。因此，3 个装甲师（英国第 6 装甲师、加拿大第 5 装甲师、南非第 6 装甲师）有望发挥比以往更大的效力。

进攻中，辖 2 个师的波兰军负责对付卡西诺，而编有 4 个师的英国第 13 军在波兰军左侧推进，攻往圣安杰洛。

盟军沿主要战线的整个进攻行动，获得 2000 多门火炮支援，战区内的盟军空中力量协同行动，先对敌人的铁路和公路交通网展开猛烈而又广泛的攻击，最后阶段转向战场上的目标。（但这场"绞杀"行动没能像预期的那样，严重影响德国人的交通和补给体系。）他们还实施了大规模破坏活动，可战果令人失望。作为一项欺骗措施，盟军公开演练两栖登陆，企图让凯塞林相信他们即将采取这种行动，特别是在罗马北面的奇维塔维基亚附近。但凯塞林早就坚信盟军会以这种方式发挥他们的海运优势，所以，这些欺骗手段似乎没取得显著效果。

这场进攻 5 月 11 日夜间 11 点发起，先是一场大规模炮火准备，步兵随后向前推进。但头三天，盟军的进攻在大部分地区遭遇激烈抵抗，进展甚微。

安德斯将军率领的波兰军，尽管决心很大，作战技能也不错，采用的进击路线也不太直接，可进攻卡西诺期间还是遭受严重损失。英国第13军同样进展缓慢，要不是波兰人吸引了敌军注意力的话，该军本来也会付出高昂的代价。位于沿海地区的美国第2军也没取得太大进展。但朱安将军率领的法国军部署在上述两个军之间，发现己方4个师对面只有1个德国师，因而以相对较快的进展穿过加里利亚诺河前方的山区，德国人没有料到盟军会在这片地区发起一场猛烈突击。5月14日，法军突入奥森泰河河谷，德国第71师迅速后撤。这就帮助了美国第2军沿滨海公路更快地前进，打击德国第94师。另外，这两个德国师的后撤路线，被几乎无路可走的奥伦奇山隔开。朱安利用这个机会，派出麾下惯于山地行动的摩洛哥部落士兵（这股军级力量由纪尧姆率领）进入这个缺口。翻越山区后，该部没等德军派部队据守，就突破了后方利里河谷内的希特勒防线。

德军右翼（西翼）正在崩溃，集结兵力的希望非常渺茫，这是因为盟军发动进攻时，能干的德军指挥官森格尔调往后方受训。另外，凯塞林这次南调预备队的速度很慢，他想看清楚北部的事态发展再做决定，直到5月13日，一个德国师才向南开赴利里河谷。虽然另外3个师很快也赶来了，可他们到得太晚，没来得及稳定防线就卷入一场混乱的交战。虽然加拿大军5月15日投入战斗，意图发展突破，但卡西诺地区的德军继续坚守了几天。直到5月17日夜间，这些顽强的德国伞兵才撤离，波兰人次日晨终于进入长期争夺的修道院废墟，他们在英勇的战斗中损失近4000人。

由于德军寥寥无几的预备力量大多已调往南面，盟军计划中突出安齐奥登陆场的行动，时机已然成熟，现在，这座登陆场又获得一个美国师（第36师）加强。亚历山大下令5月23日遂行这场突围进攻，他希望登陆场内部队能以一场强大而又迅速的突击攻往瓦尔蒙托内，切断6号公路这条主要的内陆道路，从而截断德国第10集团军坚守古斯塔夫防线的主力。如果实现这一点，罗马就会像个熟透的苹果那样落入盟军手中。但马克·克拉克的不同观点破坏了这种前景，他一心想让第5集团军辖内部队率先进入罗马。美国第1装甲师和第 3 步兵师向前推进 12 英里，5 月 25 日到达 7 号滨海公路前方的科里——离 6 号公路还有段距离——与沿 7 号公路向北进击的第 2 军会合。凯塞林剩下的一个快速师，"赫尔曼·戈林"师，匆匆赶去阻挡盟军这场推进，结果遭到盟军空中力量严重扰乱。战役这一阶段，马克·克拉克以麾下 4 个师直奔罗马，仅以 1 个师继续攻往瓦尔蒙托内，这个师在距离 6 号公路 3 英里处被 3 个德国师的主力部队挡住。

亚历山大向丘吉尔告状，但没能改变马克·克拉克的进军方向。不过，德军在罗马南面的恺撒防线实施抵抗，拖缓了克拉克的前进速度。另外，第 8 集团军辖内几个装甲师发现，他们朝利里河谷发展突破的行动，并不像预期得那么轻松，也没能把后撤中的德国第 10 集团军压制在亚平宁山脉的山脊部。相反，德国人利用穿过山区的各条道路逃到安全处，盟军登陆安齐奥的部队没能及时介入也为德军顺利逃脱助了一臂之力。

的确，一连几天，德国人似乎获得了站稳脚跟、沿恺撒防线稳定己方战线的机会，这是因为森格尔—切普拉诺地区沿 6 号公路实施了顽强抵抗，还因为盟军装甲师的运输"尾巴"规模庞大，行动迟缓，在拥堵不堪的道路上勉力前行。

不过，美国第 36 师 5 月 30 日在阿尔班山区成功占领 7 号公路上的韦莱特里，就此突破恺撒防线，从而消除了战事再次陷入僵局的黯淡前景。马克·克拉克利用这个机会，命令第 5 集团军发动总攻，行动中，他麾下的第 2 军攻占瓦尔蒙托内，沿 6 号公路奔向罗马，而第 6 军主力沿 7 号公路支援第 2 军的进击。面对盟军 11 个师施加的压力，据守罗马接近地、实力相对虚弱的德军部队被迫让出通道。美军 6 月 4 日进入罗马，他们发现各座桥梁完好无损，这是因为凯塞林不愿承担让这座圣城在旷日持久的战斗中遭毁灭的责任，因而宣布罗马为"不设防的城市"。

两天后的 6 月 6 日，盟军入侵诺曼底，意大利战役退居次要地位。盟军在意大利遂行的春季攻势，也就是"王冠"行动，以占领罗马而胜利告终。此间，美军伤亡 1.8 万人，英军伤亡 1.4 万人，法军伤亡 1 万人。德军的损失是伤亡 1 万人左右，但在持续的行动中，还有 2 万来人当了俘虏。

从兵力投入方面看，事实证明盟军在意大利持续不停的攻势并不是一项很好的战略投资，他们在这片战区以 30 个师对付 22 个德国师，实际兵力对比大约是二比一。他们没能把诺曼底地区的德军部队吸引到意大利。的确，这场攻势"没能成功阻止敌人增援西北欧"。[2] 德军派驻法国北部（卢瓦尔河以北）和低地国家的军力，1944 年年初为 35 个师，盟军六月份发动跨海峡入侵时增加到 41 个师。

关于盟军实施意大利战役取得的战略成果，更公道的说法是，这场战役为诺曼底登陆取得成功助了一臂之力，如果没有意大利战区的压力，据守海峡防线的德军兵力可能会进一步加强。盟军在诺曼底的突击规模，以及随后投入那里的军力，受到可用登陆艇数量的限制，因此，用于意大利的盟军部队，不可能在至关重要的开局阶段加强登陆诺曼底的力量。另一方面，如果德国人把留在意大利的部队用于诺曼底，可能会给登陆行动造成致命后果。奇怪的是，许多支持这种观点的英国人，试图把战果说得更大，因而没有坚持这个合理的说法。可就连这种说法也不无可疑之处，面对盟军对铁路线的封锁轰炸，德军是否有可能把大股部队调往诺曼底呢？

就政治领域而言，这段时期最值得注意的事件是意大利国王维托里奥·埃马努埃莱三世传位给王储，还让反法西斯的博诺米先生接替巴多格里奥元帅出任总理。

对意大利境内的盟国军队来说，占领罗马是他们长期寻求的目标，可结果令他们深感失望。这种失望之情部分源于上级部门的决定，另一部分原因是德军的恢复和反攻。

梅特兰·威尔逊接受了美方的观点：即便发生延误，"铁砧"行动仍是最有效的作战行动，地中海司令部可借此吸引法国北部的德国师，从而为诺曼底地区的进军提供帮助。但亚历山大的看法不同。6 月 6 日，也就是盟军进入罗马两天后，他提出发展"王冠"行动的方案。亚历山大指出，只要麾下军队完整无损，他们到 8 月 15 日（威尔逊把"铁砧"行动的发动日期定于同一天）就能进攻意大利半岛"腿部"、佛罗伦萨北面的德军哥特防线，除非希特勒抽调 8 个或更多师提供增援，否则他的部队肯定能突破这道屏障。亚历山大认为，尔后很快可以横扫意大利东北部，而且会出现穿过所谓的"卢布尔雅那缺口"进入奥地利的绝佳机会。意大利威尼西亚与维也纳之间存在一连串山脉障碍，构成许多潜在的阻滞阵地，亚历山大觉得他的部队能迅速克服这一切，这未免有些过于自信。第一次世界大战期间，意大利人也有过这种想法，可行动初期就一再遭遇挫败，从这个角度看，就会觉得亚历山大的想法太过乐观了。

但这个方案吸引了丘吉尔和英国三军参谋长，特别是艾伦·布鲁克，他们担心在诺曼底遭受重大伤亡，甚至陷入一场灾难，因而很欢迎这份替代方案。倡导这份方案时，亚历山大不无道理地强调了让部队认识到意大利战役的重要性的道德价值。

以马歇尔将军为首的美国陆海军参谋长，反对这份扩大意大利攻势的、殊为可疑的新方案，但亚历山大成功说服了梅特兰·威尔逊。艾森豪威尔随后介入，支持"铁砧"行动。丘吉尔和罗斯福又一次卷入纷争。到 7 月 2 日，英方不得不让步，威尔逊奉命于 8 月 15 日发动"铁砧"行动——现在更为谨慎地更名为"龙骑兵"行动。这个决定导致辖 3 个师的美国第 6 军调离，随后调离的是辖 4 个师的法国军，法军官兵当然乐于赶去解放自己的祖国。因此，第 5 集团军现在只剩 5 个师，而集团军群也失去了 70% 的空中支援力量。

在此期间，凯塞林和他的部下付出了卓有成效的努力，竭力阻止盟军发展他们赢得的部分胜利。德军在"王冠"行动中损失惨重，4 个步兵师不得不撤到后方整补，另外 7 个师严重减员。但 4 个新锐师和 1 个重装甲团正在赶来的途中。这些援兵中的大部分派往第 14 集团军，该集团军掩护着几条更容易的进军路线。凯塞林的方案是在整个夏季以一连串阻滞行动拖缓前进中的盟军，然后撤往强大的哥特防线过冬。罗马以北 80 英里左右，特拉西梅诺湖附近有一条天然防线，汉尼拔当年曾在那里设下最为巧妙的陷阱，这条防线为德军实施初期抵抗提供了合适的阵地。德国工兵娴熟的爆破工作有助于减缓盟军的前进速度。

6月5日，也就是美国人进入罗马的次日，盟军发起进军。但在这个本来会给德国人造成最危险状况的关键时刻，盟军没有全力推进。此刻，法国军队位于第5集团军作战地域最前方。与此同时，英国第13军攻往内陆的3号、4号公路，但遭遇的抵抗越来越激烈，最后在特拉西梅诺湖一线止步不前。其他地区的进军也陷入停滞。就这样，撤离罗马仅仅两周，凯塞林就稳定住了岌岌可危的态势。

凯塞林还获知，国防军最高统帅部把派往或指定用于苏联战线的4个师调拨给他，还派来新兵补充他麾下严重减员的各个师。而先前提到的4个新锐师和1个重装甲团已开抵。不无讽刺意味的是，凯塞林的实力获得极大加强时，亚历山大却面临令人沮丧的现实：他不得不交出7个师、大部分空中支援力量，以及盟军驻意大利集团军群的许多后勤部队。

凯塞林已证明自己是个才能卓著的指挥官，现在更是好运连连。他决定沿一条适当的天然防线实施抵抗，适逢盟军发展胜利的进军即将耗尽势头。

对亚历山大麾下两个集团军来说，6月20日后的夏季两个月，是一段令人失望而又沮丧的时期。他们的前进断断续续，看上去毫无决定性。个别盟国军与德国军之间的交战是一连串孤立的行动，德国人采用的策略是坚守阵地，发现对面的盟国军准备发动大规模进攻时，他们就迅速撤往下一道障碍线。

凯塞林迅速实施重组的结果意味着，位于西海岸的第14装甲军目前面对美国第2军，第1伞兵军与法国军（暂时还没有调去执行"铁砧"行动）对峙，第76装甲军面对英国第10和第13军，而第51山地军在亚得里亚海海岸与波兰第2军对峙。

到七月初，因恶劣天气受阻的盟军中路部队，终于突破了特拉西梅诺湖防线，几天后又被挡在阿雷佐防线前。德军直到7月15日才撤离这条防线，逐步退往阿尔诺河防线，这条防线从比萨起，穿过佛罗伦萨向东延伸。盟军在这里被迫陷入一场长时间的停顿，而他们的目标哥特防线，就在前方不远处。不过，他们的受挫感也获得些补偿，波兰人7月18日攻占安科纳，美军7月19日夺得里窝那，这就缩短了他们的补给线。

尽管辖内部队减少，战果一再令人失望，可鉴于英方（特别是亚历山大和丘吉尔）希望继续实施意大利战役，盟军还是打算对哥特防线发动一场规模庞大的秋季攻势。英国人期盼这场攻势能把德国军队从主要战区调离，反之，如果西线德军崩溃的话，情势会促使德国人撤离意大利，从而让亚历山大的军队向意大利北部发展突破，攻往的里雅斯特和维也纳。

亚历山大的参谋长哈丁和集团军群司令部先前制订的进攻哥特防线的方案，基于出敌不意地穿过亚平宁山脉德军防线中段这种构想。不过，8月4日，第8集团军司令奥利弗·利斯说服亚历山大采用了一份不同的方案。该方案的基本构想是把第8集团军悄然调回亚得里亚海一侧，从那里朝里米尼突破。这样一来就把凯塞林的注意力吸引到亚得里亚海沿岸，第5集团军趁机在左路中央发起打击，以博洛尼亚为目标。尔后，待凯塞林对这场新突击做出应对时，第8集团军再次向前进击，突入伦巴第平原，盟军装甲部队在那里会获得他们登陆意大利以来最大的机动空间。

尽管会引发行政后勤方面的问题，可这份新方案还是备受青睐，因为法军和他们精于山地作战的部队被调离，这影响了原定方案的前景。利斯还认为，第5和第8集团军选取不同的进攻目标，能更好地发挥效力。亚历山大很快同意了他的观点，采纳了代号"橄榄"行动的新方案。

但行动发起后，这份方案的缺陷清晰地暴露出来。尽管第8集团军不再面对一连串山脊，可他们现在不得不克服一系列河流障碍，这拖缓了进军速度。相比之下，得益于手中掌握一条路况良好的横向干道公路，凯塞林可以迅速调动麾下部队——这条9号公路从里米尼向西延伸，穿过佛罗伦萨。方案规划者似乎还对干燥天气的持续时间过于乐观。不管怎么说，里米尼以北地区虽然地形平坦，但布满沼泽，根本不适合装甲部队快速推进。

亚历山大这场攻势8月25日顺利发起，比原定日期晚了十天。德国人又一次措手不及，因为他们没有发现英国第5军（辖5个师）和加拿大第1军（辖2个师）开入波兰第2军身后的预备阵地。（英国第10军继续坚守中央战线附近的山区，第13军向西开拔，赶去支援第5集团军即将发动的进攻。）

虽然获得第 1 伞兵师加强，但据守亚得里亚海沿海地区的力量只有两个二流德国师，德军部队的调动此时主要由东向西进行。德国人没太注意波兰军沿亚得里亚海海岸向上的推进。8 月 29 日，也就是三个盟国军已沿一条宽大战线取得四天进展，从梅陶罗河向福利亚河前进了大约 10 英里后，德国人这才做出应对。次日，另外两个德国师的部分力量开抵战场，协助阻挡前进中的盟军，可他们到得太晚，已无法阻止盟军于 9 月 2 日推进到前方 7 英里左右的孔卡河一线。

但第 8 集团军的进军势头正在减弱。夺取奥萨河后方科里亚诺山脊（英军与奥萨河还隔着另外两条河流）的关键交战 9 月 4 日打响。英军的推进在那里陷入停顿，继而发生崩溃。此时，德国人已获得一些援兵，9 月 6 日的暴雨也为他们助了一臂之力。

凯塞林已命令麾下其他师全面撤入哥特防线的阵地，此举既能缩短防线，又可以腾出部分力量用于亚得里亚海一侧。这场部分后撤敞开了阿尔诺河的几处渡口，因此，第 5 集团军准备发动进攻。从 9 月 10 日起，美国第 2 军和英国第 13 军猛烈冲击实力虚弱的德军顽强据守的阵地，一周后终于突破了佛罗伦萨北面的伊尔焦加山口。凯塞林似乎又一次被打得猝不及防，直到 9 月 20 日，也就是盟军发动进攻十天后，他才意识到这是一场重大攻势，于是立即派 2 个师火速驰援该地区。此时，担任预备队的美国第 88 步兵师向前冲去，从东面冲击博洛尼亚。虽然德国人丢失了哥特防线和后方的重要的地理屏障巴塔利亚山，但他们还是有能力阻挡住盟军的进攻。九月下旬，马克·克拉克又捡起了对博洛尼亚发动更直接的进攻这个想法。

在此期间，亚得里亚海一侧的英国第 8 集团军仍面临重重困难。到 9 月 17 日，10 个德国师辖内部队出现在这片战场上，共同拖缓了英军的前进步伐。加拿大人 9 月 21 日成功到达里米尼，随后攻往波河流域三角洲，德国人迅速退往乌索河防线，也就是具有历史意义的卢比孔河。到达波河前，盟军还要在这片平坦但遭受水涝的地区渡过 13 条河流。行动期间，他们损失近 500 辆坦克，不是被击毁就是陷入泥沼，或是发生故障。许多步兵师严重减员，甚至只剩个空架子。因此，德国人得以调集大股兵力阻截第 5 集团军。

10月2日，马克·克拉克重新进攻博洛尼亚，这次沿 65 号公路实施。美国第 2 军辖内 4 个师悉数投入，但遂行防御的德军战斗得异常顽强。接下来三周，美军每日取得的进展平均不超过 1 英里。10 月 27 日，他们不得不停止进攻。到十月底，第 8 集团军的推进也逐渐停止，他们只渡过 5 了条河流，距离波河仍有 50 英里。

这段时期唯一值得注意的是指挥层的人员变更。凯塞林在一起车祸中受伤，菲廷霍夫接替了他的职务。利斯调往缅甸，麦克里里接替他指挥第 8 集团军。临近十一月底，梅特兰·威尔逊前往华盛顿，亚历山大接替了他的职务，而意大利的盟国集团军群由马克·克拉克指挥。

与当年春季和夏季充满希望的前景相比，盟军 1944 年年底的处境令人极度失望。虽然亚历山大仍对进军奥地利表示乐观，但盟军沿意大利半岛的缓慢爬行导致这种遥远的愿景变得越来越不现实。梅特兰·威尔逊 11 月 22 日呈交英国三军参谋长的报告承认了这一点。越来越多的逃兵表明盟军部队里正在滋生怀疑和不满之情。

盟军 1944 年的最后一场攻势，意图夺取博洛尼亚和拉韦纳，以此作为过冬基地。第 8 集团军辖内的加拿大部队 12 月 4 日成功夺得拉韦纳，此举导致德国人派 3 个师阻挡第 8 集团军进一步发展胜利。这似乎为第 5 集团军提供了更好的机会。但敌人 12 月 26 日在塞尼奥河谷率先发动反攻，这是墨索里尼力主的行动，旨在效仿希特勒的阿登反击战，这场反攻主要由仍效忠于他的意大利军队遂行。盟军很快就轻而易举地阻挡住对方的冲击，但第 8 集团军此时已筋疲力尽，严重缺乏弹药，而德国人在博洛尼亚附近驻有强大的预备力量。因此，亚历山大决定转入防御，为强大的春季攻势加以准备。

联合参谋长委员会的决定进一步削弱了意大利战役的前景：从意大利战区再抽调 5 个师派往西线，加强那里的盟军，以便他们以更强大的力量发动春季攻势，一举攻入德国。因此，辖 2 个师的加拿大军调往西线，不过，此后没有再抽调在意大利的盟军部队。

注释

1. 各个德国师的兵力差异较大，有些师经历过激战后严重减员，可即便达到满编，这些师的平均兵力也只有盟军师的三分之二。

2. Ehrman: *Grand Strategy*, Vol. V, p. 279.

第三十一章

法国的解放

盟军实施登陆前，入侵诺曼底似乎是一场最危险的冒险。盟军部队弃船登岸的那片海滩，敌人已占领了四年之久，有足够的时间强化滩头防御，布设各种障碍物和地雷。就防御而言，德国人在西线部署了58个师，包括10个装甲师，完全可以迅速发动一场装甲反突击。

盟国大股军力目前集结在英国，但把这些部队投入行动却受到以下因素的限制：他们必须跨越大海，可用的登陆艇数量有限。第一波海路运输，再加上三波空运，他们只能把6个师送上欧洲大陆，一周后才能把登陆师的数量增加一倍。

因此，冲击希特勒所说的"大西洋壁垒"（这个名称令人生畏）能否取得成功，登陆部队会不会被敌人赶下大海，盟军的确有理由担心这些问题。

可事实证明，盟军初步占领的立足地，很快就被拓展成一座80英里宽的大型登陆场。盟军突出这座登陆场之前，敌人始终没有发动任何造成危险的反攻。盟军突出登陆场的方式和地点，完全符合蒙哥马利元帅最初制定的方案。德国人在法国的整个防御随后迅速瓦解。

回顾起来，这场入侵似乎易如反掌，而且胜券在握，但表面现象具有欺骗性。

这场行动最终"按计划进行",但没有依照时间表实施。一开始,入侵的成败仅悬一线,最终的胜利掩盖了这样一个事实:盟军起初处于极大的危险之中,他们的经历堪称死里逃生。

普遍的看法是,这场入侵很有把握,进行得非常顺利,给这种观点推波助澜的是蒙哥马利后来强调"战役完全按照入侵前制定的方案进行",以及盟军在 90 天内到达塞纳河这个事实——当年四月绘制的战事预测图上,确实标明登陆后 90 天内到达那一线。

蒙蒂的讲话方式一贯如此,就好像他指挥的一切行动总是完全按照他的预期进行,具有机器般的准确性和精度,又或者有如天助。这种特点经常掩盖他对环境的适应能力,具有讽刺意味的是,这也削弱了他兼具灵活性和果断意志的为将之道为他赢得的声誉。

按照原先的方案,盟军应该在登陆首日,即 6 月 6 日攻占卡昂。这场入侵的开局很不错,盟军当日上午 9 点前就克服了敌人的海岸防御。但蒙哥马利的记述,掩盖了盟军直到下午才进军内陆、攻往卡昂的事实。发生延误的部分原因是各处海滩上的交通严重拥堵,但这也是战地指挥官过于谨慎所致——当时,几乎没有任何敌军阻挡他们。待他们终于赶往入侵地域至关重要的卡昂城时,一个德国装甲师,也是整个诺曼底入侵地域唯一的装甲师,开抵战场实施拦截。第二个德国装甲师次日赶到。经过一个多月异常激烈的交战,盟军才攻克、肃清了卡昂城。

蒙哥马利最初的意图还包括,以英军右翼的一股装甲力量立即深入内陆,攻往距离海岸 20 英里的维莱博卡日,切断从卡昂通往西面和西南面的道路。但他的回忆录中没有提到这一点。事实是,盟军突破海岸防御后,虽说敌人在卡昂西面的抵抗微不足道,可英军这场推进极为缓慢。据俘虏交代,直到第三天,掩护这条 10 英里长战线的仅仅是德军孤零零的一个侦察营。第三个德国装甲师随后开抵战场并部署在这里。英军虽然 6 月 13 日设法攻入维莱博卡日,但随后又被驱离。第四个德国装甲师赶来加强了封锁。直到两个月后,英军才最终攻占维莱博卡日。

盟军最初还打算在两周内占领整个科唐坦半岛和瑟堡港,登陆后 20 天在这片西翼地区突出登陆场。虽然该地的大部分德军部队以及后来开抵的援兵都用于拦截英军在东翼卡昂附近的推进——就像蒙哥马利预料的那样，但西翼美军从登陆地点朝内陆的推进，仍旧比预期慢得多。

最终突破还是在西翼达成，这一点也不出蒙哥马利所料。不过这场突破直到七月底，也就是登陆后第 56 天才实现。

有一点事先就已经很清楚了：如果盟军在海峡对岸占据一座足够宽、足够深的登陆场并在那里集结力量，那么他们的总资源会远远超过敌人，他们的胜算就会很大，迟早能取得突破。只要盟军获得足够的空间囤积他们的庞大力量，就没有哪道水坝能强大到足以永久阻挡这股入侵大潮。

事实证明，旷日持久的登陆场之战有利于盟军，就像俗话说的那样，"塞翁失马，焉知非福"。这是因为，由于德军高级指挥部门意见不统一，再加上盟军庞大的空中力量主导着天空，不断实施拦截，被吸引到这里的西线德军主力是零零碎碎地开抵的。先行到达的几个装甲师用于填补防线上的缺口，结果遭到严重消耗，导致德军后来在开阔地区从事交战时缺乏他们所需要的快速力量。德军异乎顽强的抵抗严重拖缓了盟军突出登陆场的行动，但也确保了盟军达成突破后，势如破竹地穿过法国。

要不是掌握了绝对空中优势，盟军根本没机会在滩头站稳脚跟。海军舰炮火力为登陆部队提供了很大帮助，但决定性因素是盟军航空兵力量发挥的瘫痪性效力，指挥盟军航空兵的是艾森豪威尔的最高副统帅特德空军上将。他们炸毁了东部塞纳河上、南部卢瓦尔河上的大部分桥梁，把诺曼底战区变为一片战略上的孤立区。德军预备队不得不绕道而行，行军途中不断遭到扰乱，因而受到严重耽搁，只能零零碎碎地开抵。

同样重要的因素是德国一方内部的意见冲突，希特勒和他的将领，以及那些将领之间，普遍存在分歧。

起初，德国人的主要障碍是他们必须掩护 3000 英里长的海岸线，从荷兰到法国，再到意大利山区边界线。他们的 58 个师，有一半是静态师，固守在这条漫长海岸线的若干地段。另一半则是野战师，其中 10 个装甲师的机动性很强，这让德国人完全可以在入侵者站稳脚跟、集结起难以驱离的强大力量前，集中具有压倒性优势的兵力，把对方赶下大海。

D 日当天，一个德国装甲师部署在诺曼底地区，就在盟军登陆地段附近，这个师成功挫败了蒙哥马利当日攻占卡昂这个要地的企图。该师部分力量实际上突破了英军防线，径直攻往海滩，可这股突击力量规模太小，无法造成广泛影响。

10 个德国装甲师中的 3 个，第四天才开抵战场，要是 D 日当天就介入的话，盟军那些立足地很可能没等得到合并加强就被打垮了。但德军指挥部门对盟军入侵地点和应对这场入侵的方式存有争议，所以德军装甲部队不可能发动这种迅速而又猛烈的反击。

就事前判断盟军登陆地点这个问题而言，事实证明希特勒的直觉比他那些将领的预计更胜一筹。但盟军登陆后，希特勒不断横加干涉，还实施严格控制，剥夺了这些将领挽回局面的机会，最终导致一场灾难。

西线总司令伦德施泰特元帅认为，盟军会入侵海峡较窄处，也就是加来与迪耶普之间。他的观点基于这样一种信念：盟军采用这条路线才是更正确的策略。这种误判是缺乏情报造成的，入侵大军集结在那座守口如瓶的岛屿上，没有泄露任何重要信息。

伦德施泰特的参谋长布卢门特里特将军，后来接受审讯时披露了德国情报部门对这个问题是多么困惑不解：

> 从英国传来的可靠消息少之又少。情报部门笼统地告诉我们，英美军队集结在英国南部，那里有少量德国间谍，他们用无线电台报告了观察到的情况。[1] 可他们发现的东西也就是这些……基于掌握的情报，我们无法判定对方确切的入侵地点。[2]

但希特勒对诺曼底有一种"预感"。从三月份起，他一再提醒那些将领注意敌人在卡昂与瑟堡之间登陆的可能性。事实证明这种判断准确无误，可他是怎么得出这个结论的呢？在德国最高统帅部任职的瓦利蒙特将军说，这种灵感源于盟军部队在英国的整体部署情况（美军驻扎在西南部），以及他相信盟军会尽快夺取一座大港口，瑟堡很可能就是他们意图控制的目标。一些观察员报告，盟军在德文郡从事了大规模入侵演习，部队在一片平坦而又开阔的海岸线弃船登陆，那里的地形与诺曼底地区相似，这就证实了希特勒的判断。

负责指挥海峡沿岸部队的隆美尔改变了看法，转而赞同希特勒的观点。最近几个月，他忙着加快构设水下障碍物、防弹掩体、雷区，到六月份，这些防御设施已经比当年春季密集了许多。但对盟军来说幸运的是，隆美尔既没有时间，也没有资源把诺曼底的防御发展到他所希望的程度，而塞纳河以东地区的防御状况就更逊一筹了。

隆美尔还发现自己与伦德施泰特在抗击盟军入侵的方式上存有分歧。伦德施泰特的方案是，待盟军登陆后，他就发动一场强大的反攻，一举粉碎入侵之敌。隆美尔认为，盟军享有空中优势，有能力阻滞德军预备队为这种反攻实施的集结，因此，等敌人登陆后再反攻就太晚了。

隆美尔认为最好的办法莫过于抢在入侵者登岸前在海滩上击败他们，他身边的幕僚说："当初的经历给他造成深深的影响，他始终记得在非洲一连数日遭到敌机压制的情形，而盟军当时的空中力量，远没有现在他不得不面对的那么强大。"

为兼顾这些不同观点，实际作战方案做了折中，结果两头落空。更糟糕的是，希特勒还要从遥远的贝希特斯加登遥控作战行动，还紧紧控制着预备队的使用权。

诺曼底地区只有一个装甲师掌握在隆美尔手中，他把这个师部署在卡昂后方。因此，该师 D 日当天在那里阻挡住英军。他还徒劳地请求把第二个装甲师部署到圣洛附近，要是如他所请，这个师本来会更靠近美军登陆的海滩。

D 日那天，德国人把宝贵的时间浪费在喋喋不休的争论上。德军总预备队中最靠近登陆发生地的力量是党卫队第 1 装甲军，当时驻扎在巴黎西北面，但不得到希特勒大本营批准，伦德施泰特无权调动该军。布卢门特里特指出：

清晨4点，我代表冯·伦德施泰特元帅打电话给他们，请求批准动用该军，加强隆美尔的冲击力。可代表希特勒的约德尔拒不批准。他怀疑诺曼底登陆也许只是一场佯攻，确信对方还会在塞纳河东面实施另一场登陆。这场争论一直持续到下午4点，这才批准我们使用这个军。[3]

盟军登陆当天还有另外两个惊人的事实：希特勒本人直到上午很晚的时候才获知这场入侵，而隆美尔不在前线。要不是这些因素，德军的行动可能会更迅速、更有力。

和丘吉尔一样，希特勒经常熬夜，到午夜过后很久才入睡，这个习惯把他那些幕僚折腾得疲惫不堪，他们也睡得很晚，可又不能太迟起床，所以早晨处理公务时经常处于睡眼惺忪的状态。约德尔不愿叫醒入睡没多久的希特勒，于是自作主张地否决了伦德施泰特投入预备队的请求。

要是隆美尔当时在诺曼底的话，德军预备力量也许能更早投入。这是因为，和伦德施泰特不同，隆美尔经常与希特勒直接通话，他对元首的影响力比其他将领更大。但隆美尔前一天离开司令部返回德国。由于英吉利海峡狂风大作，海浪汹涌，盟军似乎不太可能发动入侵，隆美尔因而决定趁这个机会返回乌尔姆附近的家中，给妻子过生日，顺便再去晋见元首，敦促他给诺曼底派遣更多装甲师。次日一大早，他准备驱车去见希特勒时，一个电话打来，告诉他盟军发动了入侵。隆美尔直到傍晚才回到司令部，此时，入侵者已在岸上站稳脚跟。

诺曼底地区的集团军司令也不在场，而是在布列塔尼指挥演习。担任预备队的党卫队装甲军军长去比利时视察了。另一位重要指挥官也不在，据说是和一个姑娘幽会去了。尽管波涛汹涌，可艾森豪威尔还是决定实施登陆，结果证明，这对盟军大为有利。

接下来几周出现了一个奇怪的现象，那就是虽然希特勒正确地猜到盟军的入侵地点，可入侵发生后他又痴迷于这样一种想法：这场登陆不过是个初步行动，对方会在塞纳河以东发动第二场规模更大的登陆。因此，他不愿把预备队从该地区调往诺曼底。希特勒之所以坚信盟军会发动第二场登陆，是因为德国情报部门高估了海峡对面盟军保留的兵力。他们得出这种结论，部分归因于英国的欺骗方案，但也是英国极为严密的反谍报工作导致的。

德军最初的反击遭遇挫败，显然没能阻止盟军继续在登陆场内集结力量，伦德施泰特和隆美尔很快意识到，在这么远的西面坚守任何一条防线的尝试都是毫无希望的。

关于后来发生的事情，布卢门特里特说道：

绝望之余，伦德施泰特元帅恳请希特勒来法国面晤。6月17日，他和隆美尔一同去苏瓦松晋见希特勒，想让他了解当前状况……可希特勒坚持己见，据不允许后撤："你们必须在原地坚守。"他甚至不同意给我们更大的自由度，按照我们认为的最佳方案调动部队……由于他拒不修改自己的命令，部队不得不继续坚守支离破碎的防线。此时已没有什么作战方案。我们只是毫无希望地遵照他的命令，不惜一切代价坚守卡昂—阿夫朗什一线而已。[4]

希特勒没有理会两位元帅的忠告，反而向他们保证，新式 V 型武器（也就是飞弹）很快会在这场战争中发挥决定性影响。两位元帅敦促道，要是这款武器这么有效，应该用于对付入侵海滩的敌人，倘若技术方面有困难的话，那就打击英国南部实施入侵的港口。但希特勒坚持认为，必须把这种轰炸集中于伦敦，"迫使英国人求和"。

飞弹没能发挥希特勒预期的效果，而盟军在诺曼底施加的压力与日俱增。希特勒大本营某日打电话请教伦德施泰特："我们该怎么做？"这位陆军元帅反驳道："结束战争！除此之外，你们还能做什么？"希特勒的解决办法是解除伦德施泰特的职务，派一直在东线服役的克鲁格取而代之。布卢门特里特评论道：

冯·克鲁格元帅是个身强体健、积极进取的军人。起初他表现得极为乐观和自信，就和所有新上任的指挥官一样……没过几天，他就清醒、冷静下来，改变了报告中的语气，这让希特勒很不高兴。[5]

7月17日，隆美尔乘坐的汽车遭到盟军飞机攻击，这位元帅身负重伤。三天后的7月20日，东普鲁士的元首大本营发生了暗杀希特勒的事件。密谋分子的炸弹没能干掉主要目标，但这颗炸弹的"冲击波"在关键时刻给西线战事造成巨大影响。布卢门特里特回忆道：

> 盖世太保调查这起阴谋时……发现了一些提到冯·克鲁格元帅名字的文件，所以对他产生了严重怀疑。随后发生的另一件事让情况变得更加糟糕。巴顿将军突出诺曼底不久后，阿夫朗什的决定性交战正在进行，冯·克鲁格元帅与他的指挥部失去联系超过12个小时之久。原因是他赶赴前线视察时，被一场猛烈的炮击困住……在此期间，我们遭到来自后方的"炮击"，由于冯·克鲁格元帅长时间"缺席"，鉴于先前发现的那些文件，希特勒立即产生了怀疑……他认为这位陆军元帅赶赴前线的目的是与盟军接触，商谈投降事宜。冯·克鲁格元帅最终返回指挥部，但没能让希特勒平静下来。从这天起，希特勒下达给他的命令，使用的措辞粗暴无礼，甚至带有侮辱性。冯·克鲁格元帅变得忧心忡忡。他担心自己随时会被捕，同时也越来越意识到，他无法通过战场上的任何胜利证明自己的忠诚。
>
> 这一切造成了极为恶劣的影响，对阻止盟军突出登陆场非常不利。这些危急的日子里，冯·克鲁格元帅只把部分注意力放在前线发生的事情上，他焦急地向后张望——望向希特勒大本营。
>
> 对刺杀希特勒的阴谋深感担忧的将领不止他一个。接下来几周和几个月，这种恐惧之情不断蔓延，瘫痪了高级指挥部门。[6]

7月25日，美国第1集团军发起代号"眼镜蛇"的新攻势，近期登陆的巴顿第3集团军准备跟进。德军最后的预备队已用于阻挡英军。7月31日，美军先遣部队在阿夫朗什突破德军防线。巴顿的坦克涌过缺口，迅速淹没了前方开阔地区。按照希特勒的命令，德国人拼凑起残余的装甲力量，绝望地试图切断阿夫朗什瓶颈。这种企图以失败告终，希特勒刻薄地说道："行动之所以失败，是因为克鲁格不希望取得成功。"德军残兵败将现在企图逃离陷阱，而他们陷入包围是希特勒禁止他们及时撤离造成的。很大一部分德军被困在"法莱斯口袋"里，幸存者不得不丢弃重武器和装备，渡过塞纳河逃往后方。

克鲁格随后被解除职务。回国途中，他吞下一颗毒药胶囊，死在车上。他的参谋长解释说："他相信自己一回到国内就会被盖世太保逮捕。"

最高统帅部发生激烈争执，将领们互相埋怨，这种情况不仅仅发生在德国一方。但对盟军来说幸运的是，各种分歧对相关问题的解决和牵涉其中的个人都没有造成如此严重的影响。不过，相应的痛感日后还是产生了不良影响。

盟军统帅部发生的最大一场冲突，源于美军在阿夫朗什真正达成突破两周前，英军差一点实现突破的进攻行动。这场打击由登普西率领的第2集团军遂行，进攻卡昂东面的敌军侧翼顶端。

这是整个战役期间规模最大的一场坦克突击，英国人为此紧密集结了三个装甲师。这些坦克悄然集结在奥恩河对岸一座小型登陆场内，7月18日晨，2000架重型和中型轰炸机实施了2小时地毯式轰炸，随后这些坦克冲出登陆场。驻守这片地区的德国人吓坏了，大多数俘虏都被剧烈的爆炸震聋双耳，至少要到24小时后才能接受讯问。

但德军的防御纵深远比英军情报部门预想得更大。

隆美尔早已料到对方会发动这种进攻，所以忙于深化防御、增派援兵，直到英军进攻前夕遭遇对方飞机袭击，身负重伤。巧的是，事发地点的名称是圣富瓦蒙哥马利村。另外，英军装甲部队为遂行突击，夜间向东开拔，此时德国人已听见隆隆的坦克轰鸣。德国军长迪特里希说，尽管掺杂着其他噪音，可只要把耳朵贴近地面，就能听到4英里外的坦克轰鸣，这个技巧是他从东线学来的。

英军穿过几条前沿防线后，这场进攻开始时的灿烂前景消失了。英军先遣装甲师在后方一个个村庄支撑点陷入混战，而不是绕过这些据点。由于交通拥堵，其他装甲师一时间无法冲出狭窄的登陆场，没等他们抵达战场，先遣部队已陷入停顿。当日下午，英军已然错失眼前的良机。

这场失利长期以来一直笼罩着神秘的面纱。艾森豪威尔在报告中称，这是一场预有计划的"突破"，还说"这场突击……是朝塞纳河流域和巴黎发展胜利"。可战后撰写的所有英国历史，都宣称这场进攻没有如此深远的目标，英军甚至没有考虑过在这一侧达成突破。

他们采用了蒙哥马利本人的说辞，而蒙哥马利坚称此次行动不过是"一场阵地战"，旨在制造"威胁"，协助美军即将突出登陆场的打击，"其次是为夺取地盘，以便部署大股部队，准备向南面和东南面出击，这样一来，美军突出登陆场的部队向东攻击前进时，就可以同他们会合了"。

艾森豪威尔战后撰写的回忆录，巧妙地规避了这个问题，完全没有提及此次交战，而丘吉尔的回忆录也只用寥寥几笔谈到此事。

可当时置身幕后的人都敏锐地意识到了这件事引发的轩然大波。一众空军将领出离愤怒，特别是特德将军。艾森豪威尔的海军副官布彻上校，在日记中披露了这种恼怒的程度："傍晚前后，特德打电话给艾克，说蒙蒂实际上已命令他的装甲部队停止前进。艾克气疯了。"据布彻说，特德次日从伦敦打电话给艾森豪威尔，说只要他（艾森豪威尔）提出要求，英国三军参谋长就准备罢免蒙哥马利。不过，特德本人叙述此事时矢口否认这一点。[7]

面对群情激奋、责难四起，蒙哥马利一方立即做出应对，断然宣称他们从来没想过在这一侧达成突破，这是很自然的做法。他的说辞很快成为一种信条，自那之后就被军事编年史作者不加质疑地接受了。可这种说法既不符合这场进攻的代号所蕴含的比赛含义——"古德伍德"是一座英国赛马场，也与他7月18日首次宣布进攻时使用的"突破"一词背道而驰。另外，他说他对进攻首日"取得的进展深感满意"，而英军次日却没有重新发起类似规模的进攻，这似乎难以自圆其说。这就激怒了那些空军将领，要是不相信"古德伍德"行动的目标是实现一场大规模突破，他们根本不会同意派重型轰炸机全力协助地面行动。

蒙哥马利事后的说辞半真半假，对他自己也不太公平。他确实不打算在这一侧达成突破，也没指望实现这一点。不过，要是他从来没有考虑过德军在这场猛烈打击下崩溃、自己趁机发展突破的可能性，那就未免太蠢了。

指挥第 2 集团军的登普西，认为敌人迅速崩溃是有可能的，因而亲自赶到装甲军军部，准备发展突破："我当时想的是，夺取从卡昂到阿让唐这一奥恩河河段上的所有渡口"，这样就能在德国人后方建立一道路障，比美军在西翼突出登陆场更有效地困住敌军。7 月 18 日中午，登普西彻底取得突破的希望差一点实现。他发表的许多观点，从来没有提及前出到法莱斯的企图，他的预定目标是几乎两倍距离外的阿让唐——鉴于他透露的内心想法，这一点很有趣。

登普西也是个绝顶精明的指挥官，他意识到，即便自己的企图无法实现，也完全有可能获得补偿性优势。一名参谋催促他抗议新闻界对"古德伍德"行动失败的批评时，他回答道："不用担心，这有助于我们达成目标，这些批评是最好的掩蔽方案。"美军在另一侧取得突破，无疑归功于敌人的注意力集中于英军在卡昂附近达成突破的威胁。

但在遥远西翼的阿夫朗什取得突破，并不构成立即切断德军的机会。实现这一点必须依靠盟军迅速向东卷击，或指望德军一直坚守阵地，直到他们陷入重围。

结果，美军 7 月 31 日在阿夫朗什达成突破时，此处与卢瓦尔河之间 90 英里宽的走廊中，只稀稀落落地驻有几个德国营。因此，美军先遣部队本来可以不受任何阻碍地向东疾进。可盟军统帅部没有利用这个绝佳机会，而是拘泥于发动入侵前制定的业已过时的方案，按照这份方案，美军下一步应当向西攻击前进，夺取布列塔尼半岛上的几座港口。[8]

分兵夺取布列塔尼几座港口的决定没带来任何好处。因为布雷斯特的德国驻军一直坚守到 9 月 19 日，也就是巴顿过早宣布攻克这座城市 44 天后，而洛里昂和圣纳泽尔直到战争结束时仍控制在德国人手中。

两周后，美军才向东前出到阿让唐，与英军左翼齐平，在此期间，英军一直被阻挡在卡昂前方。这又引发了新的互责。上级告诉巴顿，他的部队不能向北开进以封闭缺口并切断德军逃生路线，因为这有可能与英军发生冲突。巴顿在电话中吼道："让我继续攻往法莱斯吧，我们会把英国人赶下大海，再来一次敦刻尔克。"

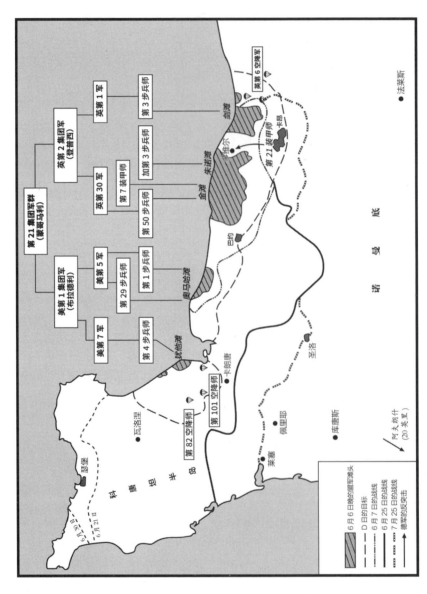

诺曼底登陆，1944 年 6 月 6 日—7 月 25 日（ZVEN 制）

很明显，德军本来有足够的时间撤回到塞纳河，在那里构设一道强大的防御屏障，但希特勒固执而又愚蠢地命令各部队"不得后撤"。正是他的愚蠢让盟军重新获得了失去的机会，从而在当年秋季解放了法国。

这场战争本来可以在1944年9月轻松结束。西线德军主力已卷入诺曼底战役，因为希特勒的"不得后撤令"滞留在那里，直到最终崩溃，其中很大一部分陷入包围。那些残兵败将目前已无力从事后续抵抗，他们的后撤主要依靠步行，很快就被英美机械化纵队追上。盟军从诺曼底蜂拥而出，九月初逼近德国边界，那里已没有任何有组织的抵抗，没人能阻止他们一路攻往德国心脏地区了。[9]

9月3日晨，担任英国第2集团军先遣力量的禁卫装甲师从法国北部出发，行进75英里，穿过比利时攻入布鲁塞尔。次日，与禁卫装甲师齐头并进的第11装甲师攻往安特卫普，没等猝不及防的德国守军实施任何爆破，就完好无损地夺得了几座庞大的码头。

同一天，美国第1集团军先遣部队攻占了默兹河畔的那慕尔。

四天前的8月31日，巴顿第3集团军先遣部队已在南面100英里处的凡尔登渡过默兹河。次日，美军巡逻队赶往东面35英里处，梅斯附近的摩泽尔河，没有遭遇抵抗。他们距离德国边境的萨尔大工业区只有30英里，离莱茵河不到100英里。但美军主力无法立即跟随巡逻队开抵摩泽尔河，他们耗尽了汽油，直到9月5日才前出到该河。

此时，敌人已拼凑起5个实力虚弱的师。这些师奉命坚守摩泽尔河，抗击担任巴顿先遣突击力量的6个实力强大的美国师，他们配备的反坦克炮寥寥无几。

在此期间，英军已到达安特卫普，距离莱茵河流入鲁尔区的入口部也不到100英里。倘若鲁尔区失陷，希特勒就无法维持这场战争，那是德国最大的工业区。

战线这一侧有个100英里宽的巨大缺口，德国人目前没有兵力填补这个缺口。任何一场战争中都很少出现这种机会。

　　身处遥远东线大本营的希特勒获知这个紧急情况，9月4日下午打电话给施图登特将军，这位伞兵部队司令此时在柏林。施图登特奉命接管从安特卫普到马斯特里赫特这段敞开的侧翼，以他从荷兰拼凑的部队沿阿尔贝特运河构设一道防线，再把目前分散在德国各地接受训练的伞兵部队派往那里。这些部队必须进入戒备状态，在接受动员后尽快登上火车。新组建的各部队到达下车地点才能获得武器装备，随后立即开赴前线。可这些伞兵只有1.8万人左右，还抵不上盟军一个师。

　　这群七拼八凑的乌合之众获得了"第1伞兵集团军"的番号，这个夸张的番号掩盖了诸多缺陷。警察、水手、康复中的伤病员和许多16岁的男孩都被拉来填补这支虚弱的军队。他们的武器严重不足。另外，阿尔贝特运河北岸没有预设防御，那里没有野战工事，没有支撑点，甚至没有战壕。

　　施图登特将军战后说道：

　　英军坦克部队突然攻入安特卫普，完全出乎元首大本营意料。此时，无论西线还是德国国内，我们都没有值得一提的预备力量可用。9月4日，我接掌了西线右翼阿尔贝特运河的指挥权。此时，我只有新兵和康复的伤病员组建的一些新部队，外加调自荷兰的一个海岸防卫师。这股力量获得一个装甲支队加强，可这个支队只有25辆坦克和自行火炮。[10]

　　正如战后缴获的档案文件披露的那样，此时，德国人在整个西线只有100辆坦克可用于作战，他们面对的是盟军先遣力量的2000多辆坦克。德军只有570架飞机支援地面部队，而当时投入西线战事的英美飞机超过1.4万架。因此，盟军在坦克方面的优势高达二十比一，飞机方面更是达到二十五比一。

　　可就在全面胜利似乎唾手可得之际，盟军丧失了突击势头。接下来两周他们取得的后续进展微乎其微，直到9月17日。

　　英军先遣部队停下来"补充、加油、休整"，9月7日恢复进军，很快就在安特卫普东面夺得阿尔贝特运河畔的一处渡场。可接下来几天，他们只取得18英里进展，到达默兹—埃斯考运河。这一小片沼泽荒野中间穿插着一些小溪流，德国伞兵以源自绝望的勇气从事战斗，实施的顽强抵抗与他们微弱的兵力形成鲜明对比。

美国第 1 集团军与英军齐头并进，但没能更进一步。集团军主力攻入亚琛市周围的筑垒地带和煤矿开采区，这些工事和矿区构成障碍，堵住这扇历史悠久的进入德国的著名门户。美军陷入其中后止步不前，更广阔的前景就此消失。他们到达德国边境时，亚琛与梅斯地区之间 80 英里长的地段，敌人只有 8 个营的掩护力量，散布在丘陵起伏、林木茂密的阿登山区。1940 年，德国人最有效地利用了这种崎岖的地形，以他们的装甲部队突袭法国。盟军采用了这条看似更加容易的路线进入德国，结果却遇到更大的困难。

南面的情况和北面如出一辙。巴顿第 3 集团军早在 9 月 5 日就着手渡过摩泽尔河，可两周后，确切地说是两个月后，他们的进展微乎其微。巴顿的军队陷入对梅斯这座筑垒城市和临近据点的进攻行动中，这里的德军从一开始就比其他地区更加集中。

到九月中旬，德国人已经沿整条战线加强了他们的防御，特别是通往鲁尔区的最北部地段，那里的缺口最大。尤为不幸的是，蒙哥马利 9 月 17 日在那里又发起一场大规模突击，攻往阿纳姆的莱茵河河段。这次他打算投入盟军新组建的第 1 伞兵集团军，为英国第 2 集团军肃清前进道路。

这场突击没达成目标就遭到敌军阻截，降落在阿纳姆的英国第 1 空降师，很大一部分力量被敌人切断，他们在那里固守待援的英勇抵抗已成为传奇，但最终被迫投降。接下来一个月，美国第 1 集团军消耗着亚琛的防御，而蒙哥马利前调加拿大第 1 集团军，肃清布鲁日海岸和瓦尔赫伦岛困住敌军的两个口袋。这两处控制着斯海尔德河河口到安特卫普的通道，导致盟军遂行阿纳姆战役期间无法使用港口。事实证明，肃清这两个口袋是个痛苦而又缓慢的过程，直到十一月初才完成。

与此同时，虽说德国在物质资源方面处于劣势，可他们沿战线集结力量掩护莱茵河的进展却比盟军更快。十一月中旬，西线六个盟国集团军发动总攻，付出了高昂的代价，只取得令人失望的些许战果。盟军确实在最南端的阿尔萨斯到达莱茵河，可那片地段并不重要。他们在北面离掩护鲁尔重要地区的河段仍有近 30 英里，直到 1945 年春季才到达那里。

盟军九月初错失良机，为此付出的代价很大。他们为解放西欧伤亡 75 万将士，其中 50 万人的伤亡发生在九月份受阻后。整个世界为此付出的代价更高，随着战争的持续，数百万男女死于战火和德国人的集中营。另外，从长远看，苏军大潮九月份还没有涌入中欧。

盟军错失良机，造成这种灾难性后果的原因何在？英国人怪罪美国人，美国人指责英国人。八月中旬，他们曾就渡过塞纳河后应当采取哪条进军路线发生过争执。

由于不断开抵的援兵激增，诺曼底地区的盟国军队 8 月 1 日分成两个集团军群，每个集团军群辖两个集团军。英军和加拿大军队统归蒙哥马利第 21 集团军群指挥，而美军编入奥马尔·布拉德利率领的第 12 集团军群。但最高统帅艾森豪威尔安排蒙哥马利继续负责两个集团军群的作战控制和"战术协同"，前者 9 月 1 日把司令部迁到欧洲大陆，这才接过直接指挥权。艾森豪威尔心胸宽广，事事考虑蒙哥马利的感受，对蒙哥马利丰富的作战经验欣赏有加，因而做出这种定义含糊的微妙过渡安排。可善意的妥协却导致了摩擦，这不过是"好心没好报"的另一个例子而已。

蒙哥马利 8 月 17 日建议布拉德利："渡过塞纳河后，第 12 和第 21 集团军群应该合兵一处，以 40 个师构成一个坚实的整体，这股军力如此强大，所以不用担心任何情况。这支大军应当向北攻往安特卫普和亚琛，**右翼留在阿登山区**。"（利德尔·哈特注：着重体是我加的。）

这项建议的措辞表明，蒙哥马利还没有意识到敌军崩溃的程度，或是不太清楚为这样一个"坚实的整体"提供补给有多么困难，除非这支大军以缓慢的步伐前进。

在此期间，布拉德利一直与巴顿商讨向东突击，穿过萨尔区，前出到法兰克福南面的莱茵河河段这种构想。布拉德利希望这是一场主要突击，沿这条进军路线投入两个美国集团军。这就意味着北路突击沦为次要行动，自然不符合蒙哥马利的胃口。另外，布拉德利构想的这场进攻，也没有直接指向鲁尔区。

两位主要下属争执不下，都希望获得最高统帅支持，艾森豪威尔陷入左右为难的境地。8 月 22 日，他仔细斟酌了两份不同方案，次日与蒙哥马利协商，蒙哥马利敦促他把重点集中于"一路突击"，并把大量补给物资用于这场行动。这就意味着巴顿在即将全速向东进击时不得不停止前进。艾森豪威尔指出了政治方面的难题："美国公众绝不会支持这么做。"英军此时还没有到达塞纳河下游，而巴顿向东的突击已位于他们前方 100 多英里，离莱茵河不到 200 英里。

面对这些相互矛盾的观点，艾森豪威尔采用了一个适当的折中方案。目前优先考虑蒙哥马利向北攻入比利时的行动，美国第 1 集团军跟随英军向北推进，按照蒙哥马利的要求，为英军右翼提供掩护和支援，确保英军的行动取得成功。同时，以牺牲巴顿集团军的补给和运输力量为代价，把大部分可用补给物资和运输力量用于这场北路突击。但攻占安特卫普后，盟军就回到入侵前制定的方案上，"沿阿登山区南北两面的一条宽大战线"攻往莱茵河。

艾森豪威尔手下的高级将领都对这份折中方案感到不满，但他们当时的怨气远没有几个月乃至几年后那么大，到那时，每个人都觉得艾森豪威尔的决定剥夺了自己本该赢得的胜利，巴顿更是将之称为"这场战争中最大的错误"。

根据艾森豪威尔的命令，巴顿第 3 集团军每天只能得到 2000 吨物资，而霍奇斯第 1 集团军却获得 5000 吨补给。布拉德利说，巴顿跑到他的司令部"像公牛那样吼叫着"，大骂"让霍奇斯和蒙蒂见鬼去吧，要是你能让第 3 集团军继续前进，我们就能替你打赢这场该死的战争"。

巴顿不愿屈从于补给物资的限制，他告诉麾下的先遣军，只要还有一滴汽油就向前挺进，"然后下车步行前进"。8 月 31 日，坦克耗尽油料前，这场推进到达默兹河。前一天，巴顿集团军只收到 3.2 万加仑汽油，而不是他们目前每日需要的 40 万加仑，他们还获知，补给量要到 9 月 3 日才会增加。巴顿 9 月 2 日在沙特尔同艾森豪威尔会面时吼道："我的部下可以吃他们的皮带，可我的坦克不能没有汽油。"

　　盟军9月4日占领安特卫普，巴顿再次获得与第1集团军同等份额的物资，因而得以继续向东攻往莱茵河。可他现在遭遇敌军更加顽强的抵抗，很快被阻挡在摩泽尔河。这不免让他大加抱怨，声称八月份至关紧要的最后一周，上级为照顾蒙哥马利的进军，削减了分配给他的汽油。他认为艾克更看重英美盟国间的和谐关系，而不是战略问题，为满足"蒙蒂贪得无厌的胃口"，牺牲了早日赢得胜利的绝佳机会。

　　另一方面，蒙哥马利认为艾森豪威尔沿一条"宽大战线"攻往莱茵河的构想大错特错，而且反对在他自己向北突击的行动悬而未决时，就分散补给物资支持巴顿向东发起的进军。蒙哥马利进攻阿纳姆的行动遭遇挫败，没能达成预期目标，他的怨气自然愈发深重。他觉得巴顿在布拉德利面前巧言令色，布拉德利又到艾森豪威尔那里搬弄是非，在这场拉锯争论中起到决定性作用，破坏他这份行动方案赢得胜利的前景。

　　不难理解，蒙哥马利不会赞同对他的行动没有直接帮助的任何一项作战方案。从表面上看，他对艾森豪威尔恢复两路突击的决定大加抱怨似乎不无道理，大多数英国战争评论员也认为艾森豪威尔这个决定是导致与胜利失之交臂的主要原因。可仔细研究一番就能清楚地看出，艾森豪威尔这个决定造成的影响并不大。

　　实际上，九月份上半月，巴顿平均每天只得到2500吨物资，仅比他这个集团军停止前进期间多500吨。与那段关键时期向北突击的几个集团军每日获得的总配给量相比，这笔超出的物资实在微不足道，甚至不够多维持一个师。所以，我们必须更深入地探寻失败的真正原因。

　　一个重大障碍是由盟军的一份作战方案造成的：他们打算把一支大股空降部队投放到布鲁塞尔南面、比利时边界的图尔奈附近，协助北路突击。这场空降即将于9月3日实施时，地面部队已到达那里，空降行动就此取消。但为准备这场行动调集了许多运输机，致使为前进中的各集团军提供空运补给的工作暂停六天，这样一来，地面部队就缺少了5000吨物资。如果以油料计算的话，相当于150万加仑，足以在敌人仍处于混乱状态时确保两个集团军毫不停顿地奔向莱茵河。

这份纯属多余的空降方案造成这么严重的后果，究竟是谁的责任难以确定。奇怪的是，艾森豪威尔和蒙哥马利的战后回忆录都宣称这份方案是自己的手笔。艾森豪威尔说道："依我看，实施一场有利可图的空降，这个大好机会出现在布鲁塞尔地区，不过，抽调用于补给任务的飞机从事这场行动是否明智，关于这个问题存在不同意见……我决定抓住机会。"可蒙哥马利说："我已制定了方案，准备在图尔奈地区实施一场空降。"他还声称这份方案"出自我的构想"。相反，布拉德利却写道："我恳请艾克放弃这份方案，把飞机留给我们用于运送补给……我还提醒他，'我们会在你实施空降前到达那里'。"事实果然如此。

另一个因素是，为北路突击部队提供的补给物资，很大一部分是他们并不需要的弹药。实际上，只要敌人处于崩溃状态，盟军就应该集中力量维持地面部队需要的油料补给，确保他们继续追击，不让敌人获得重整旗鼓的机会。

第三个发现是，1400辆英制3吨卡车和这一车型的所有备用引擎，活塞都出了问题，导致为蒙哥马利这场推进提供的补给物资，在关键时刻急剧减少。如果这些卡车正常运转的话，第2集团军每日获得的物资还能增加800吨，足以维持两个师的进攻行动。

第四点的意义更加深远，这就是英美军队补给量需求过大造成的巨大障碍。盟军的补给方案基于这样一种计算：每个师每天消耗700吨物资，其中520吨左右消耗在前线地区。德国人在这方面节约得多，他们的补给规模是，每个师每天只有200吨左右。而且他们还必须克服空中力量和游击队持续不断的扰乱，盟军却无须考虑这两个严重的麻烦。

盟军的补给规模过大，这种自找的麻烦又因为部队的浪费而加剧。一个明显的例子是5升装油罐，补充燃料时这种油罐非常重要。盟军六月份登陆诺曼底时，有1750万个油罐运抵法国，而到当年秋季只剩250万个！

蒙哥马利这场北路突击遭遇挫败，另一个重要因素是美国第1集团军陷入亚琛周围筑垒地域和煤矿开采区——那是一道几乎构成庞大"战俘收容所"的战略"铁丝网"，就像第一次世界大战期间，协约国军队在萨洛尼卡遭遇的情况一样。尽管以牺牲巴顿集团军为代价，获得了美军补给总吨数的四分之三，可是美国第 1 集团军的突击行动仍旧以失败告终。稍事分析就会发现，这场挫败是蒙哥马利造成的。他要求该集团军把主力用于阿登山区北部以掩护他的右翼，而他自己的进军路线与阿登山区之间的空间极为狭窄，这导致美国第 1 集团军几乎没有机动空间，根本无法绕开亚琛。

蒙哥马利九月中旬攻往阿纳姆，陷入激战后无法抽身的美国第 1 集团军无法为他提供帮助。但英国人在那里也为一场异乎寻常的疏忽付出了代价。英国第 11 装甲师 9 月 4 日冲入安特卫普，完好无损地夺得几座码头，但没有设法夺取城郊阿尔贝特运河上的几座桥梁。两天后，第 11 装甲师打算渡河，这些桥梁已被炸毁，该师只好向东绕行。第 11 装甲师师长占领城区后没有想到立即夺取桥梁，上级部门也没人想起给他下达这种命令。这是个多重失误，蒙哥马利麾下四位指挥官应对此负责，这些干劲十足的将领通常都会认真处理这种重要的细节问题。

另外，安特卫普以北 20 英里就是贝弗兰半岛的出口，这道瓶颈的宽度只有几百码。九月份第二周和第三周，一直被切断在海峡沿岸的德国第 15 集团军残部向北逃窜。他们随后渡过斯海尔德河河口，穿过贝弗兰半岛瓶颈地逃脱。没等蒙哥马利朝阿纳姆的莱茵河河段发起进攻，德国第 15 集团军的 3 个师就及时开抵，加强了他们在荷兰的薄弱防御，协助当地守军阻挡住蒙哥马利的进攻。

从德方角度看，盟军的最佳进军路线是什么？接受讯问时，布卢门特里特赞同蒙哥马利集中力量在北面发起突击，突破到鲁尔区，然后转向柏林的观点，他说道：

> 谁控制德国北部，谁就能掌握整个德国。这样一场突破，再加上制空权，本来可以撕碎德军脆弱的防线，一举结束战争。盟军可以抢在俄国人之前占领柏林和布拉格。

布卢门特里特认为盟军部队过于分散，兵力分配也太过平均。他还特别批评了盟军进攻梅斯的行动：

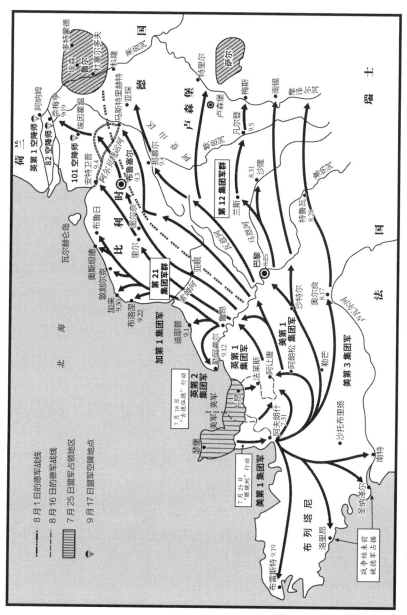

盟军从卡昂到莱茵河的推进（ZVEN 制）

没有必要直接进攻梅斯。对梅斯要塞区完全可以围而不攻。相反，如果转身向北攻往卢森堡和比特堡方向，本来可以取得更大的胜利，导致我方第1集团军右翼崩溃，我们的第7集团军随后也会瓦解。朝北面实施这样一场侧翼机动，会切断整个第7集团军，该集团军根本无法撤到莱茵河后方。[11]

9月5日接替布卢门特里特出任西线总司令部参谋长的韦斯特法尔将军认为，当时的情况下，应当集中力量把任何一路突击进行到底，这比选择突击点更重要：

西线的总体态势极为严峻。整条战线到处是缺口，根本无法称之为一道防线，要是敌人善于利用他们的机会，无论我方防线在任何地方遭遇重大失败，都有可能引发一场灾难。特别危险的是，莱茵河上的桥梁，没有一座做好了爆破准备，需要几周时间才能弥补这种疏漏……十月中旬前，敌人本来可以随心所欲地在任何地段轻松取得突破，然后就能渡过莱茵河，几乎不受任何阻碍地深入德国境内。[12]

韦斯特法尔指出，当年九月，整个西线最脆弱的部分是卢森堡地区通往科布伦茨的莱茵河河段。就盟军在何处发动进攻最为有效这个问题，他的说法证实了布卢门特里特的观点：梅斯与亚琛之间的阿登山区，这段漫长的防线极为薄弱。

基于这段关键时期发生的种种事情，我们能得出哪些主要结论呢？

艾森豪威尔沿"宽大正面"前出到莱茵河的方案，是入侵诺曼底前制定的，本来是个好办法，可以重创并粉碎一支实力强大，而且没有被击败的敌军实施的抵抗。但这份方案完全不适合敌人已然崩溃的实际情况，当务之急是迅速而又深入地利用对方的崩溃，绝不让敌人获得重整旗鼓的机会，这就要求盟军展开一场毫不停顿的追击。

这种情况下，蒙哥马利集中力量发起单路突击的主张，从原则上说更好些。但阐明实情后不难发现，他的北路突击遭遇挫败，并不像普遍认为的那样，是补给物资分配给巴顿集团军造成的。他的职权范围内发生了一连串问题：安特卫普港迟迟没能投入使用；为实施一场纯属多余的行动，空运补给停顿了六天；弹药和其他物资运送得太多，减少了油料供应量；1400 辆英制卡车发生故障；位于他侧翼的美国第 1 集团军投入一条"死胡同"；由于疏忽，英军没有在德国人炸毁阿尔贝特运河上的桥梁、派部队据守河畔渡场前占领那些桥梁。这些问题，制造了一个更大、更复杂的障碍。

对盟军前出到莱茵河的前景造成最致命影响的是，英军到达布鲁塞尔和安特卫普后，从 9 月 4 日一直停顿到 9 月 7 日。此举完全背离蒙哥马利宣称的目标，从塞纳河发起进军时，他曾说过："我们要迫使敌人一路逃往莱茵河，还要抢在敌人重建防线阻挡我们前'跃过'那条河流。"任何一场纵深突破或追击行动的关键都在于马不停蹄地前进和保持压力，哪怕停顿一天也会导致整个行动功亏一篑。

但盟军进入比利时后，普遍存在一种放松的倾向。这股风气是自上而下形成的。盟军情报部门告诉艾森豪威尔，德国人可能无法调集足够的力量守卫他们的边界防线，还向新闻界保证："我们会长驱直入。"艾森豪威尔把这些保证传达给他的下属指挥官，直到 9 月 15 日，他还写信给蒙哥马利："我们很快就会占领鲁尔区、萨尔区、法兰克福地区，我想请你就下一步行动提出看法。"类似的乐观情绪遍布盟军各级指挥部。先遣军军长霍罗克斯将军解释麾下部队没能夺取阿尔贝特运河上的桥梁时，坦率地说道："我当时没有料到会在阿尔贝特运河遭遇顽强抵抗，我们都认为德国人已彻底陷入了混乱。"

约翰·诺斯在他那部基于官方资源撰写的第 21 集团军群战史中，恰如其分地总结了当时的情况："各级官兵……普遍存在一种'已赢得这场战争'的心态。"[13] 因此，九月份至关重要的这两周，各级指挥官几乎没什么紧迫感，士兵自然也不愿意艰苦追击，更不想在战斗中丧生，所有人都认为"战争结束了"。

八月份最后一周，巴顿的坦克耗尽了汽油，也许能迅速结束这场战争的良机就此丧失，此时，和英国人相比，他的部队离莱茵河和河上的桥梁更近，近了 100 英里。

　　盟军一方，巴顿比其他人都清楚持续追击的重要性。他已做好朝任何方向发展胜利的准备，实际上，他8月23日曾建议以他这个集团军向北，而不是向东攻击前进。他后来发表的评论很有道理："一个人不能先制订方案，然后让实际情况符合这些方案，应该让制订的方案符合实际情况。我认为高级指挥部门是成是败，关键就在于他们是否具备这样做的能力。"

　　绝佳的计划出现时，盟军却遭遇种种麻烦，根源在于他们的高级规划人员中，没有一个料到敌人会在八月份彻底崩溃。他们在心理或物质方面对此毫无准备，无法通过一场快速的远程突击利用这个机会。

注释

1. 没什么证据支持这种说法。

2. Liddell Hart: *The Other Side of the Hill*, pp. 391–2.

3. Liddell Hart: *The Other Side of the Hill*, p. 405.

4. Liddell Hart: *The Other Side of the Hill*, p. 409.

5. Ibid., p. 413.

6. Liddell Hart: *The Other Side of the Hill*, pp. 414–15.

7. Lord Tedder: *With Prejudice*, p. 563.

8. 阿夫朗什的突破是约翰·S. 伍德指挥的美国第4装甲师实现的。发动入侵前，我曾和他待过两天，伍德给我留下的印象是，他比其他人更深刻地认识到深入发展胜利的可能性和速度的重要性。就连当时与我交谈过的巴顿，也赞同盟军高层的普遍观点，认为盟军必须"回归1918年的打法"，不能重复德国人，特别是古德里安和隆美尔，1940年实施的那种快速而又深远的装甲突击。

伍德后来对我讲述了达成突破后发生的事情："我们那些高层人士的脑中，从来就没有装甲部队深入挺进的概念，也不支持这种挺进。我仍在第1集团军辖内，该集团军的反应不够快。待集团军做出应对时，下达的命令却把两翼的装甲师调回，要他们来个180度大转身，离开敌军主力，赶去参加针对洛里昂和布雷斯特的攻城行动。8月4日是个倒霉的日子。我大吵大闹了好长时间，没有接到命令就把我的坦克纵队派往沙托布里扬，还把我的装甲骑兵派往昂热郊区和卢瓦尔河沿岸，准备向东攻往沙特尔。我本来可以在两天内到达对敌人至关重要的那片地区。可我没有！我们被迫执行原定方案，准备以当时唯一可用的装甲部队，分割敌军。这是战争中最愚蠢的决定之一。"

9. 战争刚一结束，我就研究了这个问题，讯问了与此有关的一些德军将领。曾担任西线总司令部参谋长的布卢门特里特将军，用一句话概括了当时的情况："莱茵河后方没有德国军队，八月底，我们的防线敞开了。"*The Other Side of the Hill*, p. 428.

10. Liddell Hart: *The Other Side of the Hill*, p. 429.

11. Liddell Hart: *The Other Side of the Hill*, p. 428.

12. Westphal: *The German Army in the West*, pp. 172 and 174.

13. North: *The Achievements of 21st Army Group*, p. 115.

第三十二章

苏联的解放

这样一个事实支配着 1944 年的东线战局：红军推进时，战线的宽度一如既往，而德军的兵力却在不断萎缩，这自然导致红军的进攻势如破竹，除了自身的补给问题，没什么能阻止他们。事态的发展清晰无比地表明了空间与力量比的至关重要性。另外，进军中的停顿是红军补给线不得不向前拉伸的距离的空间尺度。

红军的主要战局由两场大规模攻势构成，在两翼交替进行，每场攻势结束后都停顿很长一段时间。第一场攻势发生在隆冬，第二场则在仲夏时节。红军南翼拓展到中欧的次要进攻战役，每次停顿的时间较短，这种差异很大程度上可以通过这样一个事实加以解释：这些地区空间与德军兵力的比值，远比主要战区更大，因此，红军进攻每道德军防线前，不太需要实施大规模集结。

红军冬季攻势的开局与秋季攻势相似，取得的效果也大致相当，这表明德国人遭遇挫败并不是失算所致，而是因为他们"维持生计"的能力在下降。早在 1943 年 12 月，科涅夫就发起一场新的迂回机动，力图克服他首次尝试夹断第聂伯河曲部期间，在克里沃罗格遭受的阻挡。这一次，他从克列缅丘格登陆场向西，而不是向南攻击前进，几乎突破到基洛沃格勒，可随后再次遭到阻截。不过，这场突击和从切尔卡瑟登陆场而来的另一场向心突击，吸引了德军薄弱的预备力量中的很大一部分。曼施泰因陷入两难境地。即便存在战略需要，希特勒也禁止部队大步后撤，因此，曼施泰因不得不在第聂伯河河曲部与基辅之间这片地域填补防线上的缺口，哪怕这减少了把瓦图京限制在基辅突出部的机会。那个突出部里，红军部队的兵力犹如被堵住的洪水那样急剧上升。

圣诞节前夕，瓦图京借助晨雾掩护发起新的攻势，就像第一次世界大战后期阶段，几乎每一场成功的进攻行动那样。凭借这种掩护，红军大潮首日就淹没了德军阵地，庞大的红军部队冲出登陆场后急速蔓延，致使德国人的一切反击措施全然无效。一周内，红军收复了日托米尔和科罗斯坚，同时向南发展，包围了先前没有触及的别尔季切夫和白采尔科维支撑点。

1944年1月3日，向西攻击前进的红军快速部队，收复科罗斯坚前方50英里的交通枢纽沃伦斯基新城。次日，他们跨过战前的波兰边界。南翼，德国人放弃了白采尔科维和别尔季切夫，退往文尼察和布格河，以掩护从敖德萨通往华沙的横向主铁路线。曼施泰因在这里拼凑了一些预备队，又一次发动反攻，但这场反攻的后续兵力不足，而且瓦图京也已做好应对准备。曼施泰因这场反攻暂时阻止了红军奔向布格河，但为此付出的代价是，红军的侧翼进攻势如破竹。红军从别尔季切夫和日托米尔向西攻击前进，绕过舍佩托夫卡这个德军支撑点，2月5日夺得波兰重要的交通中心罗夫诺。同一天，他们以一场侧翼推进攻占了罗夫诺西北面50英里左右、苏联国界线前方100英里的卢茨克。

红军大潮向南奔涌，造成更直接的破坏性效果。这是因为瓦图京左翼力量与科涅夫右翼力量朝这里汇聚，一举切断盘踞在此处的德军部队。遵照希特勒"不得后撤"的指令，这股德军位于红军基辅登陆场与切尔卡瑟登陆场之间，坚守着第聂伯河附近的前进阵地，招致不可避免的合围。红军两支铁钳1月28日在他们身后合拢，6个德国师陷入重围。由于德国第3和第47装甲军展开救援，这股德军的突围行动最终取得成功。科尔孙包围圈里的6万名德军官兵，3万人丢弃武器装备后逃脱，1.8万人不是被俘就是作为伤病员留在包围圈内。第11军军长施特默尔曼将军阵亡。

为救援陷入包围的部队，德国人付出的代价是丢掉了南面第聂伯河河曲部的阵地。那里的德军无法阻挡马利诺夫斯基对尼科波尔突出部根部发起的打击，2月8日不得不放弃尼科波尔，虽说大部分守军设法逃脱，可德国人就此丧失了他们长期寻求的锰矿石重要来源。他们在克里沃罗格坚守了两周，随后在红军更大的合围威胁下撤离这座城市。

普里皮亚季沼泽与黑海之间，红军在这条南方战线上形成若干个深邃的突出部，扩大了德军不得不加以掩护的正面，而希特勒僵化的"不得后撤令"导致德军无法及时退却，通过拉直防线缩短他们的正面。德军的损失不断加剧，特别是科尔孙战役，因而没有兵力填补防线上的一个个缺口。希特勒死板的原则造成的后果是，德军现在的后撤规模，远比两个月前大得多。

虚弱的兵力和广阔的空间让德军官兵产生一种无助感，加深这种感觉的不仅仅是前进中的敌军的规模，还有对方似乎不受补给问题影响。红军犹如洪水或游牧部落那样奔涌而来，他们能在任何一支西方军队会被饿死的地方生存，也能在其他军队不得不等待遭破坏的交通线获得重建时继续前进。德军快速部队袭击红军交通线，意图阻止对方推进，却很少能找到可供打击的补给纵队。德军突击部队最英勇的指挥官曼陀菲尔概括了他们的感受：

> 红军向前推进的方式是西方人难以想象的。跟随在坦克身后的先遣部队，像一个庞大的游牧部落那样向前涌动，大多骑在马上。这些士兵背着干粮袋，里面装着行军途中从田野和乡村弄到的干面包皮和生蔬菜。马匹吃的是他们从屋顶扯下的稻草，很少有别的东西。前进期间，俄国人习惯于以这种原始的方式行进三周之久。[1]

曼施泰因由于眼疾被解除职务，阻挡红军大潮的机会更加渺茫。他的去职，虽说眼疾是直接原因，但也是与希特勒的冲突促成的，他把希特勒的战略措施说得一无是处，争论时的措辞也让希特勒无法忍受。之后，这位德军将士心目中最优秀的战略家就被打入冷宫。虽然曼施泰因接受手术后恢复了视力，但他只能待在退休地策勒研究地图，眼睁睁看着德国军队被盲目地领入深渊。

1944 年 3 月初，红军发起一场规模更大的分进合击。他们的第一个重点是布格河上游附近、针对加利西亚东南角的进攻行动。指挥这场进攻的是朱可夫元帅，瓦图京遭遇反苏游击队袭击后伤重不治，朱可夫接替他指挥基辅以西的红军部队。他的军队从舍佩托夫卡出击，一天内取得 30 英里进展，3 月 7 日在捷尔诺波尔附近切断了从敖德萨通往华沙的横向铁路线。没等德军退却后占据布格河防线，红军这场突击就迂回了这道防线。

南方战线另一侧，德国人在第聂伯河河曲部下方占据的阵地难以防御，马利诺夫斯基利用这种情况，从近期在尼科波尔和克里沃罗格夺得的阵地展开一场交叉运动。3 月 13 日，他在第聂伯河河口部攻占赫尔松港，包围了这片地区的部分德军部队。与此同时，马利诺夫斯基从北面汇聚而来的力量，逼近了布格河河口的尼古拉耶夫，德军在此处的抵抗异常顽强，红军直到 3 月 28 日才攻克这座城市。但在这之前很久，朱可夫和马利诺夫斯基作战地区之间的中部战线，出现了更富戏剧性的发展，导致这两个方面军的战果相形见绌。

科涅夫以两侧的进攻行动为掩护，从乌曼方向发起突击，3 月 12 日前出到布格河。这股红军迅速夺得河畔的渡场。科涅夫的坦克部队毫不浪费时间，迅速攻往布格河前方 70 英里的德涅斯特河地区。德涅斯特河上的冰层融化了，湍急的水流和陡峭的河岸看似构成一道强大的防线，但德国人在这里没有可用于防御的兵力。红军坦克部队 3 月 18 日到达河边，利用扬波尔和邻近地区搭设的浮桥，紧跟后撤之敌渡过河去。这场轻而易举的渡河行动，是他们利用敌军的混乱状况迅速前进的结果，很大程度上归功于罗特米斯特罗夫将军指挥的红军坦克部队。他们用广泛疏开的新战术迷惑对手，导致对方以坚守接近地主防线支撑点来阻挡红军的企图全然无效。

这种深深插入敌军防御的楔子所面临的风险，因朱可夫左翼力量从捷尔诺波尔向南发起的新突击而减弱。这场进攻的时机恰到好处，适逢德军在捷尔诺波尔附近的反突击被红军迅速构设的防御挫败，红军就势追击退却之敌之际。发动这场进攻也是为了与科涅夫的突击会合。朱可夫的左翼力量迅速到达德涅斯特河一线，随即转向东岸，卷击敌军侧翼，把他们逼往科涅夫右翼力量前来的方向。这样一场分进合击式的联合行动，既确保了防御的安全性，又为进攻战役开辟了前景。

在这些侧翼进攻行动扩大突破，切断敌军后撤得太晚的部分部队时，红军继续向西攻击前进。三月底前，科涅夫的先遣部队已突破到雅西附近的普鲁特河一线，而朱可夫的先遣力量攻占了科洛梅亚和切尔诺维策这些重要的中心城市，他们在这里强渡普鲁特河上游。通过这场推进，红军逼近喀尔巴阡山山麓，那是匈牙利的天然屏障。

面对这种威胁，德国人立即做出的应对，占领匈牙利。他们采取这种措施的目的，显然是确保喀尔巴阡山的山区防线。他们必须守住这道屏障，不仅为阻挡红军进入中欧平原，也是为了把此处作为在巴尔干地区继续实施防御的枢纽。特兰西瓦尼亚阿尔卑斯山向南延伸形成的喀尔巴阡山，构成一道强大的天然防线。穿过这条山脉的山口并不多，这就节约了防御兵力，所以从战略角度看，这道防线的长度缩短了。黑海与福克沙尼附近的山角之间，有一片120英里的平坦地区，但这片地区的东半部是多瑙河三角洲和一连串湖泊，所以"危险地区"仅限于60英里的加拉茨缺口。

四月初，德国人似乎很快就不得不退往这道后方防线，这条防线的东北角已受到朱可夫威胁，他的军队楔入捷尔诺波尔与切尔诺维策之间，攻往亚布洛尼茨基山口（更著名的称谓是鞑靼山口）。朱可夫似乎即将重演速不台当年猛攻布达佩斯的往事，1241年3月，速不台率领成吉思汗的蒙古大军（堪称现代装甲部队的先驱），从喀尔巴阡山攻往多瑙河，席卷匈牙利平原，三天内前进了180英里。

4月1日，朱可夫的先遣力量到达鞑靼山口入口部。这里的山脉障碍比南面矮得多，也比较浅，山口高度只有2000英尺。如果在这里实施顽强防御，就连这么容易攀爬的山口也会成为一条难以克服的隘路，因为进攻方很难在这片逼仄的地带展开兵力。事实证明，此处的情况就是这样。红军先遣部队没能取得突破，身后也没有足够的力量恢复突击势头，因为他们的补给无法跟上这样一场漫长的进军。

相比之下，德国人现在得益于撤入以利沃夫为中心的交通网内，退到加利西亚后，他们的部队更加集中。接下来一个星期，也就是复活节前一周，德军发起这段时间以来规模最大的一场反攻。这场进攻有两个目的：遏止红军推进；救出被朱可夫和科涅夫的进攻行动困在德涅斯特河以东，德国第1装甲集团军的18个实力不足的师。这个庞大的被围集团，随后试图向西杀开血路，取道斯卡拉和布恰奇退往利沃夫。

德军沿德涅斯特河两岸遂行反攻。他们在右侧深深切入"鞑靼"楔子，重新夺回杰拉滕，这座枢纽站位于从科洛梅亚通往山口的铁路线上。左侧的德军夺回布恰奇，这就打开一条通道，被困在斯卡拉附近的德军得以穿过这条通道西撤。这股德军脱困后，普里皮亚季沼泽与喀尔巴阡山之间的波兰南部战线稳定在利沃夫以东一线，从四月一直持续到七月。

科涅夫的进攻行动，渡过形成罗马尼亚国界线的普鲁特河后，也被德军挡住。他的军队没能到达普鲁特河以西10英里的雅西，但稍北面，他们前出到锡雷特河。不过，科涅夫目前有个更重要的目标。他的左翼力量现在向南转进，沿德涅斯特河而下，攻往盘踞在黑海附近的敌军后方，这股敌军主要由罗马尼亚师组成。科涅夫这场侧翼机动，与马利诺夫斯基从尼古拉耶夫向西直接攻往敖德萨的行动紧密配合。

两股红军共同构成的威胁，给接替克莱斯特出任A集团军群（现在改称南乌克兰集团军群）司令的舍尔纳，以及接替曼施泰因出任北乌克兰集团军群（原先的顿河集团军群，后来又改称南方集团军群）司令的莫德尔制造了极为棘手的问题。舍尔纳的后方交通线，不仅寥寥无几，路况还很恶劣，这加剧了他面临的困境，因为红军攻入喀尔巴阡山后，他就与波兰境内的德国军队相隔绝，不得不依靠穿过巴尔干地区和匈牙利的迂回路线。

与此同时，从意大利起飞的盟军重型轰炸机，对主要的铁路瓶颈地发起一连串打击，四月份第一周首先轰炸了布达佩斯、布加勒斯特、普洛耶什蒂。盟军在德国人身后制造的这种威胁，很迟才发挥效力，可还是给敌人造成阻滞影响。

4月5日，马利诺夫斯基的军队到达拉兹杰利纳亚枢纽站，切断了从敖德萨而来，唯一一条没有中断的铁路线。4月10日，他们攻占敖德萨这座大港，但大部分敌军已溜走。对方只后撤了一段不太远的距离，退守德涅斯特河下游防线，这条防线从那里弯弯曲曲地延伸到雅西。这是因为科涅夫向南发起的突击被德军阻挡在基什尼奥夫地区。

五月份第一周，科涅夫在雅西西面展开一场猛烈进攻，沿锡雷特河两岸而下，还为此次进攻投入了新型约瑟夫·斯大林式坦克。凭借这款坦克的支援，红军取得突破，但舍尔纳手中掌握着一股相当强大的装甲预备力量，由曼陀菲尔指挥。他们凭借判断准确的防御战术，成功挫败了红军发展突破的企图，这种战术建立在反击的天然优势，以及娴熟地利用机动性抵消对方坦克和其他技术装备优势的基础上。这场大规模坦克战，双方共投入 500 辆战车，最后以红军败退、战线重新稳定下来而告终。

这场胜利成为德军三个月后惨败的原因，因为深受鼓舞的希特勒严令部队就地据守，不仅在雅西附近，就连普鲁特河与德涅斯特河之间的比萨拉比亚南部地区也是如此。这意味着德军部队不得不待在喀尔巴阡山屏障和加拉茨缺口以东很远处暴露在外的阵地上。这段间隔期，由于罗马尼亚人民渴望和平，德军后方地区处于崩溃状态。

四月份发生的另一起重要事件是红军解放了克里木。盘踞在这座半岛上的敌军，德国人和罗马尼亚人各占一半，经海路疏散后，守军实力锐减，但进攻方面临的问题仍很棘手，因为防御方不需要太多兵力就能守住两处接近地的一道强大屏障。要想解放克里木，红军就要实施一场精心策划的猛烈进攻。席卷大陆的红军大潮早已越过克里木，而希特勒仍坚持要求守住克里木的原因就在于此，他认为目前这种情况下，在克里木牺牲一支军队比在其他任何地方更合理，因为此举能在关键时期严重消耗红军的兵力。

托尔布欣首先发起一场初步进攻，诱使德军暴露他们的炮兵连阵地，随后在 4 月 8 日对克里木展开主要突击。红军对德国人设在彼列科普地峡的防御实施的正面突击，得到他们渡过侧面的锡瓦什泻湖、楔入德军后方这一行动的协助。这场机动刚一打开克里木的北部门户，叶廖缅科的军队就从半岛东端的刻赤立足地发动进攻。到 4 月 17 日，这些向心突击的红军部队已到达塞瓦斯托波尔郊外，捕获 3.7 万名俘虏。这么多官兵被俘，很大程度上是德国人自己犯下的错误所致，他们遵照希特勒僵化的"不得后撤令"，企图在彼列科普地峡南面坚守一道防线，而不是立即退守塞瓦斯托波尔要塞。这促使托尔布欣前调坦克力量，一举突破这条对德国人的可用兵力来说实在太宽的临时防线，守军没来得及逃往塞瓦斯托波尔就被红军打垮。

对付塞瓦斯托波尔要塞前，红军暂停进攻，忙着前调重型火炮，但要塞守卫力量并不足以把防御加强到合理的密度，而希特勒仍严令部队不惜一切代价坚守塞瓦斯托波尔。红军5月6日夜间发起突击，在因克尔曼与巴拉克拉瓦之间的东南接近地迅速取得决定性突破。5月9日，希特勒姗姗来迟地更改了自己的命令，答应派船只疏散半岛上守军。5月10日，守军弃守塞瓦斯托波尔，退往赫尔松涅斯角。5月13日，近3万名德军官兵在那里投降，经海路逃生者只有几百人。这些俘虏大多是德国人。红军发起进攻前，德军指挥部就从海路撤走罗马尼亚人，仅凭本国军队实施防御。要不是防御方案严重僵化，他们这项策略也许能延长抵抗时间。

1944年头几个月，红军在东线另一侧同样取得进展，但程度不及南方。年初时，德国人仍紧紧包围着列宁格勒。他们的战线从这座城市延伸到东面约60英里处，然后沿沃尔霍夫河向南转，伸向伊尔门湖。他们在这座大型湖泊两侧控制着要塞镇诺夫哥罗德和旧鲁萨。一月中旬，红军发起他们期盼已久的进攻，力图打破敌人对列宁格勒的封锁。戈沃罗夫的军队从城市西面的海岸遂行突击，楔入德军突出部左翼，而梅列茨科夫的军队在诺夫哥罗德附近更深地楔入德军突出部右翼。初期突破让红军产生了一种熟悉的幻觉，认为德国人已"陷入重围"，可对方有序后撤，分阶段退往突出部根部。这种过度预期不可避免地淡化了红军已然取得的战果，例如打破列宁格勒遭受的围困、重新打通列宁格勒通往莫斯科的铁路线、孤立芬兰，等等。

结束后撤的德军，坚守着从纳尔瓦附近的芬兰湾伸向普斯科夫的防线。这条拉直后缩短的防线极大改善了德国人目前的处境，而防线实际缩短的程度远比地图上的丈量大得多，改善效果也就更加显著。这是因为海岸与新要塞镇普斯科夫之间这段120英里长的防线，四分之三长度被佩普西湖和普斯科夫湖这两个大型湖泊占据。二月底，戈沃罗夫突然发动进攻，在大海与佩普西湖之间的纳尔瓦河对岸夺得一座登陆场，但德军随后阻挡住他的冲击。几个湖泊南面，红军推进到旧鲁萨后方 120 英里的普斯科夫，同样遭到德军拦截。红军对此深感失望，1918 年 2 月 23 日，他们在普斯科夫击退德国侵略者，这一天成为红军诞生日，因此，他们本来希望解放这座城市，以此纪念建军 26 周年。

苏联北方这场冬季攻势，政治影响远比军事成果更重要。芬兰人陷入孤立境地后惊恐不安，该国政府二月中旬与苏联展开停战谈判。考虑到目前的情况，苏方提出的条件相当温和，主要以恢复 1940 年的原则和国界线为基础，但芬兰人担心苏方会在具体执行时提高要价，因而要求苏联人做出比他们愿意做出的更为明确的保证。芬兰人还声称，他们无法满足由自己出面解除芬兰北部德国军队的武装这一条件，同时也担心允许红军这样做的话，对方会趁机入侵芬兰。不过，虽然双方的停战谈判三月份破裂，但很显然，最终达成协议不过是时间问题而已。另外，芬兰率先与苏联公开进行和平谈判，鼓励了德国的其他仆从国以更隐秘的方式与苏联展开类似接触。斯大林发表声明，说他赞成把特兰西瓦尼亚交还罗马尼亚，这番讲话促使罗马尼亚人也进行了此类活动。

因此，德国人当年五月暂时稳定住东线，只不过给他们的处境带来一种表面上的改善而已。德军兵力消耗得太多，即便争取到时间对他们也没什么用处，而苏联人需要时间组织他们的下一场大规模攻势，谈判人员也需要时间来完成他们的和平努力。只有独裁者能在一夜之间改换门庭。在此期间，盟军对巴尔干地区实施的轰炸行动不断增强，这加剧了敌军交通线的压力，也促使相关国家更急于谈判求和。6 月 2 日，美军轰炸机降落在苏联境内新建的机场，补充油料和弹药后飞返他们位于地中海的基地，途中再次打击敌军目标，"穿梭轰炸"就此拉开序幕。6 月 21 日，英国与苏联空军基地之间也开始了这种穿梭轰炸，美国轰炸机的整个航程都获得远程战斗机护航。

6 月 10 日，红军穿过拉多加湖与芬兰湾之间的卡累利阿地峡发起一场陆地推进,此举加强了苏联航空兵先前给犹豫不决的芬兰人施加的压力。戈沃罗夫元帅的军队连续突破芬兰人的阵地,6月20日攻克维普利,就此在地峡上夺得一个出口。于是芬兰人提出,他们愿意接受先前拒绝的苏方停战条件。但斯大林现在要求举行一场象征性的投降仪式,芬兰人又犹豫起来。与此同时,里宾特洛甫匆匆赶往赫尔辛基,利用芬兰人的畏惧心理,承诺派遣更多德国军队增援他们。他这番使命得益于这样一个事实:红军推进到1940年边界线后方的湖区,由于过度拉伸丧失了进军势头。因此,苏芬战争虽然处于静止状态,但得以继续进行下去。随之而来的结果是,美国政府断绝了与芬兰政府长期保持的外交关系,而德国人在他们自己的战线急需预备力量之际,不得不继续增加支援芬兰的兵力。

苏联人有理由对这份微薄收益感到满意。他们6月23日对德军发动了夏季攻势,而入侵诺曼底的英美军队此时已站稳脚跟。这个情况,再加上盟军在意大利的进军已越过罗马,确保了红军发动进攻前,德国人在各处都备受重压。不过,最让苏联人获益的是希特勒继续严令部队"不得后撤",而不是实施弹性防御。

虽然红军沿喀尔巴阡山与波罗的海之间的整条战线从事准备工作,但他们的重点实际上放在普里皮亚季沼泽以南地段。因为红军在此处已深入波兰境内,春季进攻行动让他们逼近了利沃夫,甚至一度攻入科韦利,他们现在当然期盼恢复这场攻势。利用这三个月的停顿期,朱可夫修理了他这个庞大突出部后方的铁路交通线。

但苏联人最终选择从他们战线上最靠后的梯次发动夏季攻势,就像德军指挥部1942年做的那样。他们对普里皮亚季沼泽北面的白俄罗斯发起打击,那里的敌人仍在苏联领土上占据着一片相当大的立足地。

他们的选择是精心计算的结果。由于红军在北部地区的进展最小,而那里的苏联交通线最为发达,这就为进攻行动提供了初期势头。1943年的战事证明这片地区的防御极为顽强,因此,德军指挥部不太可能牺牲科韦利与喀尔巴阡山之间更重要、也更危险的阵地,抽调兵力增援北部地区。虽然去年秋季和冬季,红军所有进攻都在北部地区主要地段受阻,可他们还是在

两翼的维捷布斯克和日洛宾附近成功插入两根楔子。这就确保他们有足够的
手段重新发起进攻。另外，一旦他们击退敌军，科韦利附近靠南的红军突出
部里的部队就能在敌人后方发挥更大作用，因为他们位于把德国军队隔开的
沼泽地带西端。

红军发动攻势前，重组、加强了波罗的海与普里皮亚季沼泽之间这片地
区的军力。目前据守在这里的是 7 个小型集团军群，或称为"方面军"。戈
沃罗夫的列宁格勒方面军位于右侧，然后是马斯连尼科夫的波罗的海沿岸第
3 方面军和叶廖缅科的波罗的海沿岸第 2 方面军。这些军队暂时按兵不动。
遂行进攻的 4 个方面军，从北到南分别是：巴格拉米扬的波罗的海沿岸第 1
方面军，该方面军早已楔入维捷布斯克北面；切尔尼亚霍夫斯基的白俄罗斯
第 3 方面军，这位 36 岁的方面军司令员是红军最年轻的高级指挥员；扎哈
罗夫的白俄罗斯第 2 方面军；罗科索夫斯基的白俄罗斯第 1 方面军，这股力
量已楔入日洛宾附近。4 个方面军共编有大约 166 个师。

红军这场攻势的打击目标是德国中央集团军群，目前指挥该集团军群的
是布施，克鲁格在一起车祸中身受重伤，布施接替了他的职务。虽然红军的
冬季攻势没能突破这片地区的防御，但布施和他的主要将领都知道当时的情
况是多么危险。夏季到来后，各种条件更有利于进攻方，己方军队未必能抵
挡住红军重新发起的进攻，他们对此惴惴不安。布施等人预料到红军很快会
发动新攻势，因而希望从目前的防线后撤 90 英里，退到具有历史意义的别
列津纳河防线。这样一场及时退却本来会彻底打乱红军这场攻势，但与希特
勒秉持的原则背道而驰，他根本不会接受这种建议。

接替海因里齐出任德国第 4 集团军司令的蒂佩尔斯基希，实施了一场短
距离隐蔽退却，把他的前沿阵地撤往第聂伯河上游一线，以此缓解红军的冲
击力。但红军进攻方案的重点是大力发展两翼的楔子，因此，蒂佩尔斯基希
此举没有产生太大效果。

北翼，巴格拉米扬方面军在波洛茨克与维捷布斯克之间遂行冲击，切尔
尼亚霍夫斯基方面军在维捷布斯克与奥尔沙之间实施进攻，这样一场夹击切
断了维捷布斯克。红军发起攻势第四天，维捷布斯克光复，德国第 3 装甲集

团军的防线上出现了一个很大的缺口。这就为红军向南突击敞开了道路，他们一举切断莫斯科—明斯克公路，威胁到抗击扎哈罗夫正面压力的德国第 4 集团军后方。罗科索夫斯基方面军在普里皮亚季沼泽北面的另一侧发动进攻，打击德国第 9 集团军，这加剧了德国第 4 集团军面临的危险。罗科索夫斯基在日洛宾附近达成突破，这座城市也在红军进攻第四天被攻克，他随后渡过别列津纳河，绕开博布鲁伊斯克这片潜在的拦截阵地。7 月 2 日，他的快速部队前出到明斯克这个更大的交通中心以西 40 英里的斯托尔布齐，就此切断通往华沙的公路和铁路线。

苏联红军的机动性日趋加强，他们充分利用空间，挫败了德军阻挡红军大潮的一切企图，达成突破后一周内，他们取得 150 英里进展。美国支援苏联的物资充分发挥了作用，大批搭乘美制卡车的红军摩托化步兵紧跟在坦克身后，为他们提供紧密支援。与此同时，切尔尼亚霍夫斯基的军队从东北面朝明斯克汇聚，还对通往维尔纽斯的路线构成威胁。两股进击力量之间，罗特米斯特罗夫率领一股坦克预备队，沿莫斯科—明斯克公路席卷而下，两天内前进约 80 英里，7 月 3 日攻入明斯克。

红军这场庞大的钳形机动，与三年前德国人遂行的攻势惊人地相似，只不过方向相反而已。这种情况下，只有少数被围部队逃出陷阱。第一周，红军的北路突破捕获近 3 万名俘虏，南路突破俘获 2.4 万人。大约 10 万名德军官兵被困在明斯克，虽然红军切断了穿过明斯克的主要后撤路线，但蒂佩尔斯基希第 4 集团军部分力量还是利用几条次要路线向南逃脱，这些次要路线过去用于运送补给，由于苏联游击队的滋扰，已弃用了一段时间。德国中央集团军群几乎全军覆没，总损失超过 20 万人。

明斯克西面，后撤中的德军实施了短暂抵抗，可这里没有强大的天然屏障可资利用，他们的部队严重减员，根本不足以掩护这片地区，随着红军形成的突出部越来越深，德军不得不防御的地区变得越来越宽。红军总是能在德国人据守的各座城镇间找到突破空间，或干脆绕开这些支撑点。他们这场推进看上去就像若干辐射点形成的一个半圆，分别指向德文斯克（陶格夫匹尔斯）、维尔纳（维尔纽斯）、格罗德诺、比亚韦斯托克、布列斯特－立托夫斯克。红军快速部队从两侧穿过维尔纽斯，7月9日攻入城内，7月13日彻底解放这座城市。同一天，另一股红军到达格罗德诺。

到七月中旬，红军不仅把德国人赶出白俄罗斯，还占领了波兰东北部半幅地区。最西面的红军部队深深楔入立陶宛，离东普鲁士边界不太远。这股红军距离德国北方集团军群的侧翼大约200英里，弗里斯纳指挥的这个集团军群仍掩护着进入波罗的海诸国的前门。巴格拉米扬的矛头直指陶格夫匹尔斯，更靠近德军里加基地，而不是弗里斯纳的防线。切尔尼亚霍夫斯基到达维尔纽斯前方的涅曼河，虽说他的战线位于更西面，但他同样逼近了波罗的海。这样一来，红军似乎能在弗里斯纳及时后撤前，在他的后方构设两道拦截屏障。马斯连尼科夫的波罗的海沿岸第3方面军会同叶廖缅科的波罗的海沿岸第2方面军发动进攻，红军的攻势向北扩大到普斯科夫地区，进一步加剧了弗里斯纳面临的困难局面。

与此同时，一个更大的战局发展导致德国军队遭受的压力倍增。7月14日，红军在普里皮亚季沼泽南面，捷尔诺波尔与科韦利之间发动他们期待已久的攻势。这是一场两路突击，右路部队渡过布格河攻往卢布林和维斯瓦河，与罗科索夫斯基方面军在沼泽地北面的突击会合，该方面军目前绕过了布列斯特-立托夫斯克南侧。左路部队穿过卢茨克附近的敌军防线，从北面迂回利沃夫。

这座著名的城市7月27日落入科涅夫军队手中，而他的先遣力量此时已渡过利沃夫以西70英里的桑河。同一天，红军还攻克了喀尔巴阡山麓的斯坦尼斯拉夫、波兰北部的比亚韦斯托克、拉脱维亚的陶格夫匹尔斯、里加通往东普鲁士铁路线上的希奥利艾枢纽站，这充分表明红军这场攻势是多么庞大。最后一个战果是罗特米斯特罗夫麾下一支猛冲猛打的坦克纵队实现的，威胁到德国北方集团军群的生存。

但这场突袭的战果与红军中路突击给德国人造成的危险相比，不免相形见绌。这是因为三天前的7月24日，罗科索夫斯基左翼力量攻入卢布林，距离维斯瓦河只有30英里，位于华沙东南方100英里处。这场突击中，他充分利用了普里皮亚季沼泽把德国军队一分为二的状况，以及红军在沼泽地南面发起攻势给对方造成的混乱。7 月 26 日，罗科索夫斯基麾下几支快速纵队前出到维斯瓦河，其他部队转身向北攻往华沙。次日，德军弃守布列斯特 – 立托夫斯克，同一天，已绕开这座要塞的一支红军纵队到达西面 50 英里的谢德尔采，离华沙仅 40 英里。

德国人在谢德尔采暂时阻挡住红军的推进。他们沿维斯瓦河实施的抵抗也有所加强，罗科索夫斯基麾下部队 7 月 29 日夜间夺得的 5 座渡场，次日晨被德军摧毁了 4 座。

但 7 月 31 日，由于面临着被红军迂回的压力，德国人被迫撤离谢德尔采，而罗科索夫斯基的一支纵队前出到华沙郊区的普拉加外围，此处位于维斯瓦河东岸。次日晨，德军部队跨过河上桥梁退入华沙城内，深受鼓舞的华沙地下组织领导人发出了起义的信号。

波罗的海附近当日也出现了惊人的事态发展。巴格拉米扬方面军辖内，奥布霍夫将军率领的一支坦克纵队，夜间疾进 50 英里，一举夺得里加湾的图库姆斯枢纽站，从而切断了德国北方集团军群的逃生通道。切尔尼亚霍夫斯基占领立陶宛首都考纳斯，而他的先遣部队在因斯特堡缺口接近地逼近了东普鲁士边界。8 月 2 日，科涅夫的军队在华沙以南 130 英里的维斯瓦河对岸建起一座新的大型登陆场，这座登陆场位于巴拉努夫附近，也就是桑河与维斯瓦河交汇点上方。

对德国人来说，此时可谓四面楚歌。西面，他们的诺曼底防线土崩瓦解，巴顿的坦克正涌过阿夫朗什的突破口。战线后方爆发一场政治地震，冲击波四散蔓延。7 月 20 日发生了试图暗杀希特勒、推翻纳粹政权的事件，一些将领卷入这场未遂政变。他们起初不确定行动成功与否，随后又担心自己遭受惩处，这导致许多军事指挥部门一时间陷入瘫痪。

定时炸弹在东普鲁士拉斯滕堡的元首大本营爆炸后，一份份电报从那里发给各集团军群司令部的密谋分子，告诉他们希特勒身亡。而德国广播电台随后播报了截然相反的消息，这不免让行动参与者对前一个消息产生怀疑，真相不明，他们觉得无所适从。另外，密谋分子发给弗里斯纳北方集团军群司令部的电报，附有明确指示，要求北方地区的德国军队毫不拖延地后撤，避免再次发生"斯大林格勒"的一切风险。这里和西线一样，7·20 事件产生了重要影响。

德国中央集团军群受到的影响最小，这很大程度上归功于集团军群新任司令莫德尔。红军达成的突破在前方、希特勒在后方共同施加的压力让布施身心俱疲，因此，莫德尔奉命接替了他的职务。德国 1941 年入侵苏联时，莫德尔仅仅是个师长，他现在也不过 54 岁，比大多数德军高级指挥官年轻近十岁。这场火箭般的擢升期间，莫德尔始终保持着自己指挥装甲师时展现出的那种干劲和无情。他也是敢于同希特勒争辩的少数将领之一，希特勒更青睐莫德尔的粗鲁作风，而不喜欢曼施泰因的刻薄态度，因而赋予莫德尔更大的行动自由。得益于希特勒异乎寻常的宽容，莫德尔凭借自己的判断行事，撤离不利于己方的阵地，经常无视他收到的相关指令。莫德尔得以顺利救出陷入困境的军队，与其说是因为他在指挥后撤期间展现出的技能，倒不如说归功于他敢于违抗上级指令自行其是的勇气。同时，他的地位和希特勒的宠信，自然让他更忠于效忠希特勒的誓言。7·20 事件发生后，莫德尔是第一个谴责这场阴谋、宣布陆军继续效忠元首的军事领导人。随后发生的军事事件充分证明了希特勒对他的信赖之情。

由于德军八月初重整旗鼓，红军解放华沙的行动推迟到次年。8 月 1 日黄昏前，华沙城内大部分地区落入起义者手中。可他们期盼红军渡过维斯瓦河赶来提供增援时，却听到枪炮声逐渐消退，面对这种不祥的沉寂，这些起义者困惑不解。8 月 10 日，来自空中和地面的猛烈轰炸和炮击打破了沉寂，德国人开始夺回城市控制权。城内，博尔将军指挥的波兰地下军顽强奋战，但很快被德军隔绝在三片狭小区域，维斯瓦河对岸的红军没有为他们提供援助。

当然，他们无疑认为红军故意袖手旁观。同样可以理解的是，苏联政府不愿见到波兰人自行解放他们的首都，这会鼓舞他们采取一种更加独立自主的态度。虽然这起事件的真相究竟如何难有定论，但红军此时在许多地方遭到拦截，这表明军事因素很可能比政治方面的考虑更具决定性。[2]

华沙战线上，最令人不安的情况是，三个相当强大的党卫队装甲师投入战场，这些装甲师 7 月 29 日刚刚开抵，两个调自南线，另一个调自意大利。他们从北翼发起反攻，一举楔入红军突出的阵地，迫使对方后撤。与此同时，获得德国国内调来的援兵加强后，德国人阻止了红军从维斯瓦河对岸登陆场向前推进的企图。八月份第一周结束时，红军在各处都遭到阻截，仅在喀尔巴阡山麓和立陶宛取得些许进展。红军大潮早在停止前很久就已耗尽势头。他们这场疾进的后期阶段，由小股快速部队遂行，莫德尔的预备队寥寥无几，但到达适合防御的阵地后，足以挡住对方的冲击。红军五周内挺进 450 英里，这是迄今为止他们最长、最快的一场进军，但他们现在承受着交通线过度拉伸的后果，不得不屈从于这种战略原则。红军在维斯瓦河畔滞留了近六个月，这才准备发动下一场大规模攻势。

八月份第二周的特点是，许多地段的战斗相当激烈，德军大力发起反突击，红军寻求新的发展，但双方都没能取得显著战果。维斯瓦河战线稳定下来。东普鲁士边界，红军攻往因斯特堡缺口的行动遭到曼陀菲尔装甲师阻截，该师刚刚从罗马尼亚前线调回，及时投入战斗，把红军驱离维尔卡维什基斯这个道路中心。双方沿遍布湖泊和沼泽的边界线陷入僵持状态。曼陀菲尔随后奉命开赴北面，八月下旬从陶拉格攻往里加湾的图库姆斯，重新打通了德国北方集团军群的后撤路线。

这样一股小规模装甲力量就能取得如此辉煌的战果，充分说明了战事的不稳定性，以及补给方面的困难在多大程度上限制了红军巩固既得战果的能力。这种情况下，小股装甲部队发挥的效力远远大于大群步兵，战役进程取决于交战双方在关键时刻投入这种小股装甲力量的能力。大卫和巨人的故事以这种现代形式一再重演。

德国人设法稳定住喀尔巴阡山与波罗的海之间这条主防线上的态势，但由此获得的喘息之机，却被一条更加间接的接近路线上发展起来的更大威胁抵消。这种威胁始于红军在罗马尼亚战线发动的攻势，而先前的政治举措为他们这场进军肃清了道路。

8 月 20 日，马利诺夫斯基指挥的乌克兰第 2 方面军，辖内部队沿锡雷特河两岸而下，从雅西向南攻击前进，直奔加拉茨方向。这对德军仍伸入比萨拉比亚南部的大型突出部的侧翼和后方并构成威胁。托尔布欣指挥的乌克兰第 3 方面军发起的进攻更加直接，从德涅斯特河下游向西突击。这场攻势开始时，他们遭到对方顽强抗击，德军最初缓慢退却，但后撤步伐很快就加快了。

罗马尼亚广播电台 8 月 23 日宣布，罗马尼亚已经同盟国媾和，现在与德国处于战争状态。安东内斯库元帅被逮捕，他的继任者接受了苏联方面的议和条款，其中包括罗马尼亚立即参加对德国的作战行动。

利用随之而来的混乱状况，红军 8 月 27 日攻入加拉茨，8 月 30 日占领普洛耶什蒂油田，次日进入布加勒斯特。十二天内，红军坦克挺进了 250 英里。接下来六天，他们又取得近 200 英里进展，在多瑙河畔的图尔努 - 赛维林到达南斯拉夫边界线。很大一部分德军部队不是困在比萨拉比亚突出部内，就是在后撤途中被红军追上。编有 20 个师的德国第 6 集团军全军覆没。这场惨败的灾难性堪比斯大林格勒战役。

罗马尼亚的投降促使保加利亚政府向英国和美国求和。这是因为，虽然保加利亚当年没有参与入侵苏联的行动，但他们还是担心苏联对他们保持中立感到不悦。他们这种担心不无道理。苏联政府对保加利亚更愿意向西方盟国投降的态度大为不满，立即对该国宣战，随后从东面和北面入侵保加利亚。但这轮入侵不过是一场胜利行军，因为保加利亚政府命令本国军队不得抵抗，还加快了对德国宣战的步伐。

红军的前进道路畅通无阻，他们可以充分利用敞开的侧翼，其宽度是现代战争中前所未见的。这种迂回机动涉及的主要是后勤问题，其进展取决于运动和补给因素，而不是敌人的抵抗。罗马尼亚包围圈内，被俘德军官兵超过 10 万，而西线的危急态势导致他们补充兵员的可能性荡然无存，截至九月底，他们在西线各段战线被俘的官兵已超过 50 万。

当年秋季，红军左翼军队穿过东南欧和中欧的广阔空间，逐渐发展成一个巨大的"车轮"。德国人所能做的仅仅是给这个轮子加上个刹车，他们尽可能长久地坚守一个个交通中心，被迫撤离时就破坏各条交通路线。与需要掩护的空间相比，他们的兵力少得可怜，但对德国人来说幸运的是，这片地区的交通线寥寥无几，天然障碍却很多。因此，红军迎面而来的威胁沦为一场行速缓慢的运动，而德国人趁机腾出部署在希腊和南斯拉夫的部队。

要不是红军趁罗马尼亚改换门庭造成混乱的最初几周，一举冲入该国西北角，德国人给他们造成的延误可能会更加严重。红军一股机械化力量绕过山区南侧，进入罗马尼亚领土这片延伸地，9月19日占领蒂米什瓦拉，9月22日又占领阿拉德。这样一来，红军就跨过从贝尔格莱德通往北面的几条路线，逼近匈牙利南部边界线，离布达佩斯仅100英里。这样一场大胆进击，只能用于对付没有足够的力量发动反攻以切断己方楔子的对手。即便情况的确如此，也必须等到插入的楔子集结起大股力量，然后才能发展胜利。这是个缓慢的过程，可事实证明，此举还是比直接穿过山区攻入特兰西瓦尼亚进展更快。

直到10月11日，红军才把敌人逐出特兰西瓦尼亚首府克卢日，与阿拉德相比，克卢日位于更东面130英里处。但马利诺夫斯基此时已为他的突击楔子集结了力量，这股兵力渡过穆列什河进入匈牙利平原，随后分散开来，切断了从特兰西瓦尼亚而来的几条路线。他的右翼力量占领克卢日时，左翼力量的先遣纵队位于克卢日以西170英里，离布达佩斯不到60英里。间接路线让他们获得了可观的收益。

接下来一周，红军又取得新的发展，彼得罗夫率领新组建的乌克兰第4方面军，从北面穿过喀尔巴阡山几个山口（鞑靼山口到武普克夫山口这一段，由匈牙利第1集团军据守），进入鲁塞尼亚地区。彼得罗夫随后转身向西攻入斯洛伐克。同样在这一周，南斯拉夫首都获得解放，这是托尔布欣从楔子南侧渡过多瑙河，与铁托元帅的游击队协同行动的结果。德国守军从事了顽强战斗，但10月20日还是被逐出贝尔格莱德。他们坚守了这么长时间，这一点令人惊讶，但更奇怪的是，此时仍有大批德国军队遵照希特勒不得后撤的命令滞留在希腊。直到十一月第一周，他们才离开希腊，企图以一场色诺芬式的后撤，穿越600英里的荒芜敌对地区。

贝尔格莱德的解放和红军到达匈牙利平原，标志着这个巨大车轮的第一段行程已告完成。

从索尔诺克北面到塞格德，马利诺夫斯基沿一条80英里长的战线逼近

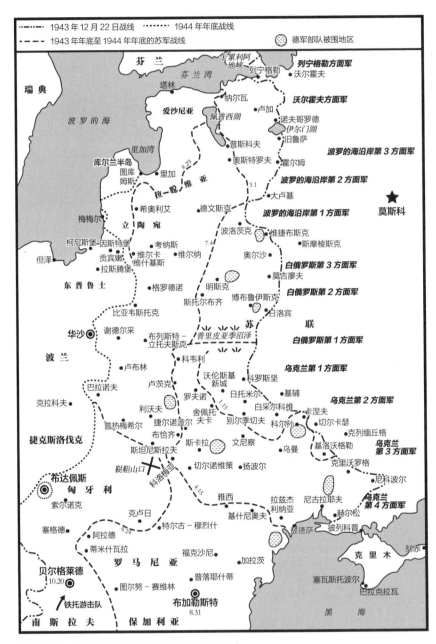

苏联的解放，1943 年年底至 1944 年年底（ZVEN 制）

蒂萨河一线，10 月 30 日直接朝布达佩斯发起一场强大的进攻。他现在集结了包括罗马尼亚军队在内的 64 个师，距离布达佩斯这个目标仅隔 50 英里。德国和匈牙利军队逐步后撤，11 月 4 日，一些红军纵队已到达布达佩斯郊外，但恶劣的天气导致他们没能趁匈牙利首都的防御获得加强前攻入城内。和其他顽强防御的城市一样，布达佩斯是个难以砸碎的硬核桃。月底时，红军仍在原地止步不前，迂回该城侧翼的行动进展甚微。

彼得罗夫企图从鲁塞尼亚向西攻入斯洛伐克，赶去支援斯洛伐克游击队，可这场行动也被阻止。斯洛伐克的崎岖地形和走廊形状限制了红军的机动。

红军在布达佩斯受阻，于是又汇聚起另一个"车轮"。托尔布欣共计 35 个师的军队从南斯拉夫调来，十一月最后一周，从布达佩斯以南约 130 英里，多瑙河与德拉瓦河交汇处附近一座登陆场发起大范围迂回机动。12 月 4 日，他们已到达匈牙利首都后侧的巴拉顿湖。与此同时，马利诺夫斯基对这座城市及其北部重新发起冲击。可这场联合进攻再次受阻，年底时，红军仍没有攻克布达佩斯。圣诞节期间，红军以一场新的包围进攻孤立了这座城市，但守军一直坚守到二月中旬。

东线另一端的波罗的海侧翼，红军秋季攻势的进程与之类似，以德军崩溃开始，以红军受阻结束。德军夏季遭受的惨败迫使芬兰人求和，几乎与罗马尼亚和保加利亚同时进行，九月初，他们接受了苏联的停战条款。其中一条规定，他们必须在 9 月 15 日前对没有离开芬兰的所有德国军队采取行动。德军企图登陆芬兰湾的霍格兰岛，芬兰人随后宣布他们现在与德国进入战争状态。

芬兰的投降，为红军集中力量打击德国北方集团军群肃清了道路，目前指挥该集团军群的是接替了弗里斯纳的舍尔纳将军。戈沃罗夫和马斯连尼科夫两个方面军进攻舍尔纳的防线，叶廖缅科方面军包围敌军侧翼，而巴格拉米扬方面军对敌人的后方构成威胁。这么深的一个瓶子，德国人似乎很难从瓶颈部逃离，特别是因为这个瓶颈极为狭窄。但德军一周内后撤近 200 英里，到达里加防御地区，红军没能切断对方任何一支大股力量，巴格拉米扬方面军截断瓶颈地的行动未获成功。这种情况再次表明，进攻狭窄战线非常困难，因为这种防御具有足够的密度。

为挽回机会，红军统帅部大力加强巴格拉米扬方面军，目的是以该方面军从立陶宛中部的希奥利艾方向攻往里加南面的波罗的海沿岸。这场新攻势10月5日发起。得益于宽大的战线，以及敌军集结在里加附近，红军10月11日前出到梅梅尔南北两面的海岸。两天后，舍尔纳弃守里加，率领军队撤入库尔兰，这是拉脱维亚西北方的"半岛"省。舍尔纳遭孤立的军队在这里成功实施了旷日持久的抵抗，陷入重围的梅梅尔守军同样如此。不过，红军有足够的兵力围困这些敌军阵地，事实证明，他们的问题在补给能力和机动空间上。

红军肃清波罗的海侧翼后，集中力量对付东普鲁士。十月中旬在那里发起一场强大的攻势。但这条狭窄的战线上，防御再次战胜了直接进攻，此处的接近路线布满湖泊和沼泽。红军的主要突击指向因斯特堡缺口，但在贡宾嫩附近的一场大规模坦克战中遭遇挫败，1914年，俄国军队首次赢得虚幻的胜利就发生在此处。红军在邻近地区的其他进攻，也没能达成足以破坏对方防线的突破。到十月底，这场攻势逐渐消退，战场上再次出现僵持局面。

德国军队在东线、西线、中欧地区重整旗鼓的惊人之举，是多种因素综合作用的结果：他们缩短了战线，进攻方的交通线拉长，盟国的"无条件投降"政策帮助希特勒加强了德国人的抵抗意志。另外，秋季战局的过程表明，德国人如果适当采用弹性防御，就有可能为新式武器投入使用争取到时间。可希特勒一意孤行，继续坚持他原地防御的政策。

凭借这种信念，希特勒不仅拒不批准西线德军指挥官及时撤离阿登突出部的建议，还采取措施加强布达佩斯的防御，最终致命地削弱了他的东线。

注释

1. Liddell Hart: *The Other Side of the Hill*, p. 339.

2. 尽管如此，苏联方面拒不允许从西欧起飞的美国轰炸机为华沙的波兰起义者空投完补给物资后降落在苏联机场，这一点始终没有得到令人满意的解释。英国和波兰飞行员从意大利起飞，执行完空投任务后折返，虽然他们付出了英勇的努力，但这种极限航程的空投行动很难影响华沙城内的事态进程。

第三十三章

轰炸逐步加强——对德国的战略空中攻势

第一次世界大战结束时和接下来几年，战略空中进攻的理论和学说在英国发展起来。其中一部分，甚至是主要部分，实际上是1918年4月1日，也就是战争最后一年，英国陆海军航空兵力量共同组成皇家空军，成为一个独立军种的产物。新成立的第三军种不遗余力地支持这种理论，因为它构成了皇家空军存在和独立的理由。

不无讽刺的是，这个理论很快获得休·特伦查德少将的大力支持，他曾在法国指挥英国陆军航空兵，也就是皇家飞行队，任职期间反对成立第三个独立军种。1918年1月，他从法国调回，出任这个新军种的军事首脑，也就是空军参谋长。几乎是同时，特伦查德与新上任的空军大臣罗瑟米尔勋爵发生冲突，另一位航空先驱弗雷德里克·赛克斯爵士少将接替了他的空军参谋长职务。特伦查德随后获得任命，负责指挥当年秋季成立的独立轰炸部队，任务是轰炸柏林和德国境内其他目标，这是因为德国戈塔式轰炸机1917—1918年空袭伦敦，给英国军事首脑的士气和想法造成的影响远远超过轰炸的实际破坏。可即便到1918年11月停战时，皇家空军的轰炸机力量也只有9个中队，而且刚刚投入作战行动，实际上，为空袭德国专门设计的汉德利－佩奇重型轰炸机，此时只交付了3架。但特伦查德已成为独立战略轰炸的热心拥护者。明确表明这一点的是，战争结束后的 1919 年，特伦查德回到伦敦，再次出任空军参谋长，接下来十年一直担任这个职务，直到 1929 年。这段时期，P. R. C. 格罗夫斯准将大力发展了空中战略理论，他是赛克斯的得力助手，时任空军参谋部飞行作战处处长。

而在美国，威廉·米切尔准将 20 年代热切地接受了这种思想，他的积极进取精神不免受到陆海军这些传统军种的打压，最终被排挤出军队。许多年后，新一代军人掌握了权力，美国才成为首屈一指的空中力量强国和战略空中进攻的倡导者。

后一代历史学家把这个理论归功于意大利的朱里奥·杜黑将军，他 1921 年撰写过一部关于未来空战的书籍。他这部著作虽说值得回顾研究，但在战略空中进攻理论的形成期没产生任何影响，至少在欧洲是这样。[1]

查尔斯·韦伯斯特爵士和诺布尔·弗兰克兰博士合著的《对德国的战略空中攻势》这部官方史，总结了英国空军参谋部的理论和学说：

> 战略空中攻势是直接攻击敌国的一种手段，目的是消除对方继续从事战争的手段或意志。它本身就是赢得胜利的工具，也可能成为其他军种赢取胜利的手段。与以往所有类型的武装进攻相比，它的不同之处在于，可以只凭借空中力量立即对敌人的心脏地区实施深具破坏性的直接打击。因此，这种攻势的活动范围不仅在陆海军上方，甚至超出了他们的作战范围。[2]

第一次世界大战结束时，皇家空军在战略轰炸方面获得的实际经验很少，可这种概念让皇家空军首脑得以捍卫自己的独立性，抵抗两次世界大战之间陆海军的侵蚀，特别是第一次世界大战结束后头十年，陆海军首脑一再试图废除空军作为独立军种的地位，使之像过去那样重新成为他们的附属力量。

另外，这个概念作为一种自然的反应，是特伦查德和他那些忠实助手以"亲轰炸机"这个极端术语发展起来的。他们认为空军及其活动，性质和范围与陆海军完全不同。虽然这有助于加强皇家空军摇摇欲坠的独立性，但事实证明，这种对空中行动战术方面的诋毁是错误的。从第一个观点衍生出了第二个观点：最佳防空手段当属对敌人的心脏地区发起一场轰炸战役。即便从理论上说，这个观点也很可疑，由于德国 30 年代后期获得空中力量优势，这种观点变得更加荒诞不经。奉行这种观点时，强烈的教条化最终得出个一言以蔽之的结论："轰炸机无往而不胜"。就连时任英国首相斯坦利·鲍德温也对此欣然接受。这是个错误的结论，皇家空军和美国陆军航空兵却一直予以秉承，直到 1943—1944 年遭受了严重损失，他们才被迫承认，一场卓有成效的战略轰炸攻势，首要前提是掌握制空权。

战前的另一个设想是，空袭应在昼间实施，针对特定军事和经济目标，因为其他轰炸形式纯属"徒劳"。特伦查德的确强调了轰炸对平民百姓的士气影响，还在某种程度上演练了夜间飞行，可总的说来，空军参谋部和皇家空军大多数人员都低估了行动的难度。

鉴于两次世界大战之间，倡导战略轰炸概念的持续性和一致性，后来的历史学家会困惑地发现，1939 年战争爆发时，皇家空军却没有适当的力量从事战略轰炸。这种情况不能完全归咎于 20 年代和 30 年代初英国的财政紧缩，以及政府采取的节约政策，皇家空军对实施战略轰炸需要何种力量和机型的误解也难辞其咎。虽说皇家空军 1933 年后着手更换过时的双翼飞机，可仍有大批对战略轰炸毫无用处的轻型轰炸机，而大多数新式轰炸机，例如惠特利、汉普登和惠灵顿，即便以那个时代的标准看也不够好。皇家空军 1939 年可用的 17 个重型轰炸机中队中，只有配备惠灵顿轰炸机的 6 个中队能够发挥效力。另外，缺乏训练有素的机组人员（主要是长期使用轻型双座机从事训练造成的），以及缺乏导航和轰炸辅助设施，也给皇家空军的轰炸机力量制造了许多困难。

特伦查德 1929 年年底从空军参谋长这个职位退役，随后进入上议院，接下来十年，通过他那些门徒，特伦查德继续在皇家空军中发挥巨大的影响力。他们早就知道德国空军已取得很大优势，可还是把轰炸机放在空军发展的首位。空军参谋部 1938 年年初制定的 L 方案，意图到 1940 年春季组建 73 个轰炸机中队和 38 个战斗机中队，力量对比几乎达到二比一，要是以飞机的实际数量计算，这个比值还要更大。1938 年 9 月慕尼黑危机后，空军参谋部修订的 M 方案，把轰炸机中队增加到 85 个，战斗机中队增加到 50 个，这就把战斗机与轰炸机的力量比从原先的一比二提升到将近三比五。

尽管变化并不大，可特伦查德还是对此感到不满，直到次年春季，他仍在上议院辩称，应该保持轰炸机与战斗机二比一的力量比，这是对德国空军最有效的威慑。可这个结论显然是荒唐的，因为德国的轰炸机力量几乎已达到英国的两倍，而扩充轰炸机力量需要的时间远比增强战斗机力量多得多。

幸运的是，空军参谋部现在已开始形成一种更加务实的态度。早在 1937 年，时任国防协调大臣托马斯·英斯基普爵士就提出自己的疑问，他认为在英国上空消灭一支德国轰炸机力量，比轰炸对方的机场或制造厂更好。理查德·派克 20 年代曾是规划部门的年轻负责人，向内阁阐述了许多特伦查德关于轰炸机的观点，后来在印度干了三年空军高级参谋，1939 年年初，这位空军少将从那里调回英国担任作战处处长。和许多年轻人一样，派克根据实际情况修正了自己的观点，战争爆发后不久，他说服了空军参谋长西里尔·纽沃尔爵士，使之认识到扩大战斗机的规模至关重要。他的观点因为这样一个事实而得到加强：用于预警的雷达获得发展，再加上飓风式、喷火式这些速度更快的新型战斗机出现，实施有效防空的前景已获得改善。因此，上级部门当年十月下达命令，再组建 18 个战斗机中队，以此保卫英国领空。这项决定迅速得到执行，对一年后的 1940 年 7—9 月扭转不列颠战役的局面至关重要。要不是这项决定，英国的防空力量很难抵御德国空军旷日持久的猛烈轰炸。

这种更现实的观点的复苏，还促使英国内阁做出决定：1939 年这种情况下，如果德国人不轻举妄动，英国最好也不要主动发起战略轰炸。空军参谋部很勉强地同意了，不管怎样，一切等到轰炸机力量建设得更强大、战斗机力量获得更大的扩充后再说。

官方史的评价，概括了当前形势和空军参谋部方案的讽刺意味：

自 1918 年以来，他们的战略一直基于以下理念：不实施战略轰炸，就无法赢得下一场战争。可战争爆发后，轰炸机司令部所能做的仅仅是给敌人造成微不足道的伤害。[3]

出于上述原因，皇家空军在波兰战局和随后的"虚假战争"期间，只实施了受到严格限制的行动，例如朝德国抛撒传单、偶尔攻击海上目标，等等。另外，法国人更担心遭到德国的轰炸报复，因而反对英国轰炸机司令部从法国基地展开行动，另外他们和德国人一样，认为轰炸机只具备配合陆军行动的战术价值。与英国人不同，德国人坚信第一次世界大战期间戈塔轰炸机的空袭是一场彻头彻尾的失败，他们的作战方案实际上已放弃战略轰炸概念。

虽然英国空军参谋部计划空袭德国鲁尔区工业中心，但相关行动没有获准付诸实施。不过，这可能是件好事，因为空袭行动本来要以速度缓慢、防御薄弱的轰炸机在昼间执行。1937 年到 1940 年间担任皇家空军轰炸机司令部司令的空军上将埃德加·拉德洛－休伊特爵士认为，这样一场行动只会以巨大的损失换来价值可疑的战果。1939 年 12 月，皇家空军轰炸机司令部的惠灵顿轰炸机昼间攻击海上目标，德国战斗机在较为原始的雷达引导下迎战，让英国轰炸机蒙受了严重损失。而效率低下的惠特利轰炸机执行夜间抛撒传单的任务，从十一月中旬到三月中旬，他们在所有行动中都没有遭受任何损失。这种截然不同的经历，促使轰炸机司令部 1940 年 4 月后把所有空袭限定在夜间。这说明空军参谋部战前认为可以在昼间实施轰炸而不会蒙受严重损失的观点是错误的。

战前的另一个观点是，很容易找到并打击某个特定目标，过了很长时间才发现这也是个谬论，主要因为 1941 年前对轰炸成果的航拍侦察技术没有普及开来，评估战果时过度依赖机组人员的报告。正如后来广为人知的那样，这些报告往往错得离谱。

与 1939 年 9 月入侵波兰时一样，1940 年 4 月入侵挪威期间，德国空军的轰炸机和俯冲轰炸机发挥了重要作用。当年五月德国入侵西欧，这些轰炸机与装甲部队协同行动，发挥了更加重要的作用。但皇家空军仍不愿配合陆军，依然坚持他们专用于战略轰炸的教条。因此，轰炸机司令部在这些极为重要的战役中几乎没做出任何贡献。英国远征军配属的空军力量，对前进中的德国陆军发起一些断断续续的攻击，特别是针对默兹河上的桥梁，但这些空中攻击没产生效果，还付出了高昂的代价。直到 5 月 15 日，温斯顿·丘吉尔领导的战时内阁才授权轰炸机司令部攻击莱茵河以东地区。他们当晚派出 99 架轰炸机空袭鲁尔区的炼油和铁路目标，这场行动通常被视为对德国战略空中攻势的开始。但轰炸机司令部高估了这场和随后若干场战略轰炸行动的战果和影响，高估战果的情况持续了很久。

空军参谋部的方案是发展对德国炼油目标的空袭，但从七月份起，面对德国空军空袭英国本土的紧迫威胁，这份方案不得不推迟执行。不列颠战役期间，轰炸机司令部奉命打击敌人的港口、航运、驳船集结地、飞机机身和航空发动机制造厂，以此阻止、削弱德国人的入侵。

在此期间，德国人 5 月 14 日轰炸鹿特丹，随后又空袭其他城市，英国的舆论为之发生转变，对无差别轰炸的观点不再那么反感。8 月 24 日，德国空军误炸了伦敦，英国民众的观点更是急剧变化。实际上，这场误炸纯属技术失误，因为德国空军仍奉命遵守长期秉承的旧有轰炸规则，这起意外事件完全是导航错误造成的。但英国人不分青红皂白地报复德国城市的欲望越来越强烈。民众意识到轰炸机司令部是英国近期唯一的进攻性武器，这就加深了他们以空袭还以颜色的本能和欲望。丘吉尔先生的态度在这两方面尤为明显。

不过，空军参谋部观点和态度的变化，主要源于作战因素。1940 年 10 月 30 日下达的指令，表明他们屈从于作战现实和丘吉尔的压力，命令中要求在晴朗的夜间攻击炼油目标，其他夜晚空袭德国的城市。这明确说明他们接受了无差别轰炸或"区域轰炸"的理念。

这些目标和看法都有点过于乐观。认为轰炸机司令部能以 1940 年那些粗劣的轰炸工具命中德境内的小型炼油厂，就和相信轰炸德国城市能粉碎德国民众的士气、动摇纳粹政权一样荒诞不经。

事实证据逐渐累积，迫使空军参谋部承认对特定目标的空袭没什么效果。甚至到 1941 年 4 月，理论上的投弹平均误差仍估计为 1000 码，这说明通常不会命中那些小型炼油厂。但争议的焦点发生转移，因为 1941 年大西洋战役的危急时刻，需要以轰炸机司令部的资源打击德国海军基地和潜艇基地，而面对这场海上危机，轰炸机司令部不愿提供帮助——这充分表明了他们目光短浅、教条僵化。

轰炸机司令部慢慢修改、逐步摆脱了他们的原有立场，1941 年 7 月后试图打击德国铁路系统等"半精确"目标，天气不好的情况下改为轰炸大型工业区。可他们在实践中发现，就连这种修改后的理念也毫无指导效果。经过仔细调查，布特 1941 年 8 月呈交报告，指出对鲁尔区的空袭中只有十分之一的轰炸机飞抵指定目标 5 英里范围内[4]，更别说理论上的 1000 码误差了。导航不熟练显然是轰炸机司令部的主要问题。行动方面的困难，再加上外界压力，最终使空军参谋部认识到："夜航部队能有效破坏的唯一目标是德国的整个城镇。"[5]

随着英国轰炸行动的不准确性变得越来越明显，空军参谋部日益强调对敌国民众士气的影响，换句话说，就是实施恐怖轰炸。粉碎敌国民众的战斗意志，正变得与消灭敌军部队的作战手段同样重要。

丘吉尔对空军参谋部不断表现出的乐观态度越来越不满，特别是对他们9 月 2 日提出的方案。空军参谋部认为以一支扩大到 4000 架轰炸机的力量就能重创德国，而且有信心在六个月内实现这项目标。布特和其他人的报告给丘吉尔留下深刻印象，他指出，提高精度能让轰炸效果翻两番，而且更加经济。空军参谋部对粉碎德国的士气和防御持乐观态度，丘吉尔深表怀疑，他告诉时任空军参谋长查尔斯·波特尔爵士：

> 轰炸能否成为当前这场战争的决定性因素，这是个很有争议的问题。相反，自战争开始以来，我们知道的一切都表明，轰炸在物质和精神方面造成的影响被严重夸大了。[6]

丘吉尔还正确地强调，德国的防御"很可能"获得改善。

他在发给波特尔的一份备忘录中颇具预见性地写道："要是把敌人的空军力量削弱到能让我们对他们的工厂实施猛烈而又准确的轰炸的程度，就会出现截然不同的局面。"可这项政策直到 1944 年才付诸实施，美国人随后也如法炮制。

德国的防空会获得加强和改善，丘吉尔对此的担心和提醒很快得到证实。轰炸机司令部十一月蒙受了严重损失，特别是 11 月 7 日以 400 架轰炸机实施的一场多目标空袭——派去轰炸柏林的 169 架轰炸机，12.5% 没能返回。不过，他们对较近目标实施的空袭遭受的损失稍小些。

自战争爆发以来累积的经验表明，空军参谋部和轰炸机司令部长期秉承的学说存在严重错误。他们头两年实施的轰炸，取得的战果令人非常失望。

轰炸机司令部的低潮期一直持续到 1942 年 3 月。他们的冬季行动主要集中于布雷斯特港的德国战列巡洋舰"沙恩霍斯特"号和"格奈泽瑙"号身上，一些炸弹确实命中了目标。美国 1941 年 12 月参战造成的初期影响是，英国从美国工厂获得更多轰炸机的可能性降低了。另外，发动"巴巴罗萨"入侵后不到六个月，也就是当年冬季，德国就在苏联遭遇逆转，由此产生的问题是：通过轰炸赢得战争是否值得、是否必要？

二月中旬，德国几艘战列巡洋舰以"海峡冲刺"行动返回本国港口，布雷斯特港的问题得到解决，英国随即恢复了对德国的轰炸战役。此时，许多英国轰炸机配备了一款用于导航和目标识别的无线电辅助设备。空军参谋部 1942 年 2 月 14 日下达给轰炸机司令部的新指令强调，轰炸战役现在的"重点是打击敌国民众的士气，特别是针对产业工人"，这是"主要目标"。[7] 就这样，恐怖轰炸毫无保留地成为英国政府的既定政策，尽管他们回答议会质询时仍遮遮掩掩。

这道新指令是对轰炸行动可行性的认可。早在 1941 年 7 月 4 日，波特尔就阐述了当时盛行的观点："从经济角度看，如果不具备战术可行性，即便最适合的目标也不值得加以追寻。"[8]

这道指令下达给 A. T. 哈里斯空军中将，1942 年 2 月 22 日，他出任轰炸机司令部司令，而他的前任理查德·皮尔斯爵士，在日本参战后不久前往远东担任盟国空军司令。由个性坚强的哈里斯担任司令，对机组人员和轰炸机司令部各机构的领导来说可谓振奋人心，但事后看来，他的许多观点和决定并不正确。

三月底，轰炸机司令部面对压力深感沮丧的时刻，丘吉尔在科学事务方面的私人顾问彻韦尔勋爵（F. A. 林德曼博士）撰写的一份备忘录，为他们提供了支持和鼓励。彻韦尔勋爵指出，皇家空军三月初对巴黎附近比扬古的雷诺工厂实施了一场破坏性空袭，出动的 235 架轰炸机只损失 1 架——这是首次用照明弹引导轰炸的大规模实验。彻韦尔的保证让丘吉尔放下心来。

当月晚些时候，英国轰炸机"成功"空袭了波罗的海的吕贝克镇，以燃烧弹摧毁了人烟稠密的镇中心。四月份，他们又四次以这种空袭方式打击罗斯托克。（这些历史悠久的汉莎同盟城镇，受损最严重的是镇中心美丽的老宅，而不是附近的工厂。）实际上，这些城镇虽不在导航范围内，但很容易找到，因而遭到轰炸。仅有 40% 配备无线电导航设施的轰炸机找到了他们的目标，这加剧了他们对计划外目标的狂轰滥炸。尽管如此，轰炸机司令部在吕贝克上空的损失还是很严重。另外，这两个月他们对埃森发起八次空袭，其间遭遇德国人更强大的防御，天气条件也不太好，轰炸效力大为下降。

德国一方迅速建立防御，他们以雷达系统指挥高射炮火和探照灯，夜间战斗机的数量也越来越多。1942 年年初，德国人的夜间战斗机只击落了 1% 的来袭盟军轰炸机。而到夏季，尽管盟军越来越多地采用各种办法分散敌人的注意力，可被对方夜间战斗机击落的轰炸机数量还是攀升到 3.5%。

"所有方案都基于这样一种假设，我们在夜间能成功避开对方的空中力量。"[9] 轰炸机司令部和空军参谋部仍抱有这种根本性的错误看法。他们忽略了相关经历的基本教训：一架轰炸机，即便防护性非常好（皇家空军的轰炸机没能做到这一点），面对专门为击落它而设计、制造的战斗机时，总归是脆弱的。规避战术和提供帮助的技术设备，不可能让轰炸机长期躲过德国日益发展的防空体系并幸免于难，除非皇家空军掌握制空权。

皇家空军 1941 年年初发起一连串"马戏团"行动，预示着他们打算实现这个目标。这些行动一直持续到 1942 年，他们以轰炸机和战斗机展开联合作战，昼间渗透到欧洲大陆沿海地区，目的是把德国空军诱入战斗机司令部喷火式战斗机的攻击空域。这些"马戏团"行动取得些战果,但受到英国战斗机航程较短这个因素限制,昼间行动进一步扩大时,只要遭遇对方激烈抵抗,皇家空军就会蒙受严重损失,兰开斯特重型轰炸机的列装也没能改变这种情况。虽然遭遇挫败,但"马戏团"行动沿法国北部海岸开启了为盟军夺取空中优势的斗争,这一主要成果对日后的跨海峡入侵至关重要。

备受称赞的千机大轰炸是 1942 年出现的主要新发展。哈里斯希望通过这种集中行动减小损失,同时取得更大的轰炸成果。虽然轰炸机司令部 1942 年 5 月的一线力量只有 416 架轰炸机,但调集二线和训练中队后,他设法派出 1046 架轰炸机,于 5 月 30 日夜间空袭科隆。这场轰炸摧毁了科隆面积 600 英亩的地区,比前九个月 1346 个轰炸机架次空袭科隆造成的破坏还要大。他们为此付出的代价是折损 40 架轰炸机(3.8%)。6 月 1 日,轰炸机司令部把可用的 956 架轰炸机悉数投入,打击埃森这个更难得手的目标。由于烟云笼罩,埃森遭受的破坏并不严重,英方则损失 31 架轰炸机(3.2%)。"千机"部队随后解散,但哈里斯继续策划类似的空袭行动,6 月 26 日,包括海岸司令部 102 架飞机在内的 904 架轰炸机,攻击了不来梅这座大型港口和福克 – 沃尔夫飞机厂。这场空袭是在阴云密布的情况下实施的,给德国造成的破坏相对较小,而英方的损失上升到近 5%,主要发生在各训练中队。1944 年前,他们再也没有发动千机大轰炸。

这些刻意扩大的空袭,给公众留下深刻印象,无疑有助于哈里斯为轰炸机司令部争取优先权,他还获准增加 50 个作战中队。1942 年 8 月,"探路者"部队组建,另外两款新式导航设备分别在当年十二月和次年一月列装,为哈里斯助了一臂之力,不无讽刺意味的是,他过去曾反对组建这种负责领航的"探路者"部队。

但事后看来,英国的轰炸成果显然还是被夸大了,德国 1942 年的军备生产增加了 50% 左右,由此可见德国工业的损失微不足道。炼油是德国工业最薄弱的环节,几乎没遭受破坏,而他们的飞机产量甚至大幅度增加。更为不幸的是,当年德国空军部署在西线的昼间战斗机从 292 架增加到 453 架,夜间战斗机从 162 架增加到 349 架。与之相应,英国 1942 年损失的轰炸机增加到 1404 架。

1943 年 1 月的卡萨布兰卡会议，确定了战略轰炸作为一场地面入侵的先行者的辅助性质。随后发给盟国空中力量的指令规定："逐步破坏并打乱德国军事、工业、经济体系，粉碎德国民众的士气，直到严重削弱他们实施武装抵抗的能力。"哈里斯和美国陆军航空兵第八航空队司令埃克中将都对这道指令感到满意，但哈里斯强调的是指令后半部分，而埃克更看重前半部分。这道指令是关于优先目标的总体命令，战术选择权留给航空兵指挥官。因此，虽然英国人实施夜间轰炸，美国人从事昼间空袭，但总的说来，这些行动没有互补之处。

尽管如此，1943 年 5 月的华盛顿会议还是强调，希望这两股轰炸机力量协同行动（实际上他们经常展开联合行动），会议还强调了德国战斗机给两股轰炸机力量带来的危险，这种危险此时已非常明显。因此，代号"直瞄射击"的联合轰炸攻势，首要目标是消灭德国空军，摧毁德国的飞机工业，"这对我们进一步打击敌人战争潜力的其他来源至关重要"。从长远看，这一点对轰炸机司令部和美国人都很重要。不过，这份文件的措辞很宽泛，这让哈里斯得以继续对德国城镇实施区域轰炸并逃避现实，这个现实指的是轰炸行动和"霸王"行动的前景都取决于消灭德国空军，对方的实力 1943 年 1 月到 8 月间增加了一倍。不过，轰炸机司令部对鲁尔区和汉堡的空袭取得很大成功，掩盖了这种危险。

尽管"探路者"部队逐渐组建起来，两款新式导航设备也投入使用，可与 1942 年相比，1943 年头几个月对轰炸机司令部来说是一段平静期。这让轰炸机机组人员有时间修正新设备的某些缺陷，并适应用于替换旧机型，且数量不断增多的兰开斯特和蚊式轰炸机。（可用轰炸机总数从 1943 年 1 月的 515 架增加到 1944 年 3 月的 947 架。）英联邦国家庞大的训练方案（特别是在加拿大），以及 1942 年取消副驾驶这个岗位，解决了机组人员不够的问题。

这些因素都有助于鲁尔战役的开展，这场战役发生在 1943 年 3 月到 7 月，盟军实施了 43 场大规模空袭，打击范围从斯图加特到亚琛，但主要集中于鲁尔区。战役 3 月 5 日拉开序幕，442 架轰炸机空袭埃森，这片地区的防御极为严密，因为克虏伯的工厂就设在这里。新型导航设备引导的"探路者"标出目标，埃森遭受的打击比过去猛烈得多，而盟军只损失 14 架轰炸机。接下来几个月，埃森又遭到四次猛烈空袭，鲁尔区大多数重要中心也难逃厄运。破坏主要是燃烧弹造成的，但盟军也使用了重达 8000 磅的高爆弹。新型导航设备卓有成效，杜伊斯堡、多特蒙德、杜塞尔多夫、波鸿、亚琛损失惨重，而 5 月 29 日的一场夜间空袭，摧毁了巴门—乌珀塔尔 90% 的地区。虽说天气经常造成干扰，但轰炸的准确性已得到显著改善，这就加强了哈里斯在如何使用他这股力量方面的话语权。

即便如此，轰炸机司令部还是很难在夜间实施精确轰炸。但一个例外是，他们 5 月 16 日夜间炸毁了鲁尔区的默内和埃德尔水坝，执行这场行动的是盖伊·吉布森空军中校率领的第 617 中队，这个中队受过专门训练，绰号"水坝克星"。虽然轰炸水坝的这场行动取得辉煌战果，但投入的 19 架兰开斯特轰炸机损失了 8 架。

总之，就像官方史指出的那样，鲁尔战役期间展现出"轰炸技术的革命性进步"，这让轰炸机司令部成为"一根卓有成效的大棒……但还没有发挥出一柄利剑的潜力"。[10] 另外，新式导航设备是保证行动成功的重要因素，因而超出其范围的一切行动，前景都不乐观。

对埃森实施首次空袭后，盟军的损失急剧攀升，整场战役的平均损失率达 4.7%（共损失 872 架轰炸机）。轰炸机司令部全凭机组人员高昂的士气，以及持续不断的补充增援，才承受住了这种程度接近危险的损失。

值得一提的是，蚊式轰炸机的飞行速度和高度使其几乎不受德国战斗机和高射炮的攻击，因而遭受的损失很小。如果没有这样一款高空飞行的战机，新式无线电导航设备就无法奏效（电波在传输时会沿一条切线离开地表弧线），这会让主力部队的兰开斯特轰炸机找不到准确的标识。

皇家空军以英俊战士战斗机执行夜间护航任务，这种做法没能解决问题，因为这款战机的航速太慢。另外，正如英国的技术进步让轰炸机司令部把夜晚变成白昼那样，德国的技术进步也改善了德国空军的反制措施，轰炸机在夜间和白天一样易受攻击的时刻看上去很快就会到来。

鲁尔战役结束后，汉堡战役随之而来。1943年7月到11月，盟军对汉堡和其他城镇发动33场大规模空袭，共投入1.7万个轰炸机架次。这场战役以7月24日的一场大举空袭为开始，皇家空军投入791架轰炸机，其中包括374架兰开斯特。得益于新式导航设备、晴朗的天气，以及出色的标识，大批燃烧弹和高爆弹命中汉堡市中心，还多亏一款名叫"窗户"的新式雷达干扰装置，英军只损失12架轰炸机。另外，美国第八航空队参加了7月24日和26日的空袭，而蚊式轰炸机（可携带4000磅炸弹）让汉堡的防空力量在这两晚忙得不可开交。7月27日夜间，787架英国轰炸机再次发起破坏性空袭，只损失17架。7月29日，777架轰炸机又一次打击这座城市，但准确度不高，而英国的损失增加到33架轰炸机，这是因为德国人开始适应"窗户"的干扰。恶劣的天气导致盟军8月2日的第四次空袭没能成功。总之，汉堡这座城市遭到严重破坏，虽说英国轰炸机司令部的损失每次都有所增加，可平均损失率只有2.8%。另外，7月25日和30日，汉堡战役期间，轰炸机司令部猛烈打击了雷姆沙伊德，以及埃森的克虏伯工厂。接下来几个月，他们的空袭范围扩大到曼海姆、法兰克福、汉诺威、卡塞尔，给这些城市造成严重破坏。8月17日夜间，他们还对波罗的海沿岸佩讷明德的飞弹研究实验站发起一场著名的空袭。这场攻击投入597架四引擎轰炸机，损失40架，另外32架受损，但给对方造成的破坏没有伦敦想象得那么严重。

盟军这段时期对柏林的空袭也没取得太大战果，这是天气恶劣、航程太远、柏林城太大导致无线电导航设备难以奏效造成的。另外，这样一场漫长的奔袭期间（往返航程达到1150英里），德国夜间战斗机有很多机会实施攻击。他们还获得雷达站指引，这些雷达站现在熟悉了"窗户"的干扰，虽然还不能辨识个别轰炸机，但完全能识别空中攻击的主要来源。盟军三次空袭柏林损失的123架轰炸机，大约80架是德国夜间战斗机击落的。这是即将到来的"柏林之战"的预兆。

这场空中战役从1943年11月持续到1944年3月，丘吉尔对此大加鼓励，因为空袭柏林能取悦斯大林。此次战役对德国首都实施了16场大规模空袭，另外12场空袭的主要目标包括斯图加特、法兰克福、莱比锡。盟军共出动2

万多个轰炸机架次。

事实证明，这场大规模空中攻势的战果与"轰炸机"哈里斯的预想不太一样。德国没有屈服，柏林也没有认输，而英国的损失极为严重，不得不放弃这场战役。损失率上升到 5.2%，而轰炸成果无法与他们给汉堡或埃森造成的破坏相提并论。轰炸机司令部的士气发生动摇[11]，这一点不足为奇，因为他们损失了 1047 架轰炸机，另有 1682 架受损。德国夜间战斗机是否在场，对英军轰炸行动的结果至关重要。例如，德国夜间战斗机抗击慕尼黑 10 月 7 日遭受的空袭时受到错误引导，结果轰炸机司令部投入的轰炸力量仅损失 1.2%。但通常情况下，德国夜间战斗机会迅速出现在战场，而且非常活跃，逐渐迫使轰炸机司令部把打击目标调整到更南面，并以很大一部分力量实施分散对方注意力的空袭行动。1944 年 3 月 30 日，轰炸机司令部投入 795 架轰炸机空袭纽伦堡，遭受的损失堪称一场灾难：94 架轰炸机被毁，另外 71 架受损。

哈里斯秉承的战略遭到了越来越强烈的反对，空军参谋部开始意识到，选择性轰炸（也就是选择诸如炼油厂、飞机制造厂这些工业目标）更符合卡萨布兰卡会议的理念：必须对欧洲北部实施一场陆地入侵，除非明确掌握制空权，否则无法发动这种入侵。

随着德国防空力量不断加强、工业产能获得增长，哈里斯的观点受到了更多质疑。他最关心的是让美国人加入他空袭柏林的行动。美国陆军航空兵无法夜间空袭柏林，因为他们没受过这方面的训练，而到 1943 年年底，昼间轰炸柏林无异于自杀。1944 年年初，空军参谋部否定了哈里斯仅以兰开斯特轰炸机就能在四月份前迫使德国屈服的看法，坚持要求对德国工业发动选择性轰炸，例如轰炸施韦因富特滚珠轴承厂。

哈里斯勉强同意了，对这些工厂的攻击于 2 月 25 日展开，这可能是联合轰炸攻势的第一个实例。实力不断增长的德国空军，对轰炸攻势和"霸王"行动的前景构成威胁，导致哈里斯的观点丧失了市场，而柏林之战的失败强化了这种趋势。哈里斯对这场失败心知肚明，四月份呼吁提供夜间战斗机支援他的轰炸机，就像美国人做的那样——他们早已寻求远程战斗机掩护他们的昼间行动。

轰炸机司令部大规模轰炸德国城镇的整个前景殊为暗淡，对这股空中力量来说幸运的是，按照预定方案，当年四月他们被调去打击法国铁路网，以此协助即将发动的跨海峡入侵。此举减轻了他们的任务负担，也有助于掩饰他们直接攻击德国遭受的惨败。更幸运的是，"霸王"行动开始后，他们发现局势已发生决定性转变，对盟军一方颇为有利。

1942 年后，英国的战略空中攻势成为联合行动的组成部分，不再像以前那样自行其是。华盛顿会议上，美国陆军航空兵司令 H. H. 阿诺德将军提出一份方案，建议在英国组建一股大型轰炸力量，这当然让丘吉尔和英国三军参谋长感到高兴，因此，他们不再批评美国的昼间轰炸政策。美国人确信，如果给轰炸机配备更好的防御武器和装甲，再让他们飞得更高些，在编队时排得更紧密些，完全可以实施昼间突袭而不会遭受严重损失。事实证明这种观点大错特错，就像皇家空军认为夜间空袭能避开敌人的干扰那样。

美国陆航队 1942 年实施的初期空袭规模太小，无法提供任何明确的证据，但他们 1943 年发动规模更大的远程奔袭后损失迅速上升。他们 4 月 17 日轰炸不来梅，共投入 115 架轰炸机，损失 16 架，另有 44 架受损。6 月 13 日，66 架 B-17 飞行堡垒空袭基尔，损失 22 架；七月份，92 架轰炸机攻击汉诺威，折损 24 架；7 月 28 日，120 架轰炸机打击柏林，损失 22 架。美国人试图以携带副油箱的雷电战斗机提供护航，可这款战机的航程不太理想。当年秋季，他们对法兰克福东面施韦因富特的滚珠轴承厂实施一连串轰炸，对充足护航力量的需求更加明显了。

10 月 14 日的灾难性突袭中，雷电战斗机提供了强大掩护，291 架飞行堡垒动身出发。可护航战斗机的航程只能到达亚琛地区，他们返航后，B-17继续飞往目标，完成任务后返回海峡沿岸，沿途遭到德国战斗机一波波攻击。回到基地时，已有 60 架美国轰炸机被击落，另外 138 架受损。这可怕的一周，美国第八航空队四次试图超出战斗机护航的最大航程，突破德国人的防御，结果损失了 148 架轰炸机及其机组人员，情况最严重的当数 10 月 14 日那场行动。谁也无法承受这么高昂的损失，美国空军首脑意识到，他们需要真正的远程战斗机提供护航。迄今为止人们一直在忽视这种需求，或是认为在技术上难以实现。

幸运的是，北美公司手中就有一款现成的适用飞机，这就是P–51野马战斗机。英国人1940年就订购了这款飞机，但美国军方没有采购，这款战斗机安装英国罗尔斯 – 罗伊斯的梅林引擎后，性能获得极大改善。1942年秋季，安装帕卡德 – 梅林引擎的P–51B战斗机在任何飞行高度都比当时任何一款德国战斗机飞得更快，机动性方面也占有优势。安装远程油箱后，这款战斗机的航程接近1500英里，因而从基地起飞的野马能为轰炸机提供600多英里的护航，这个距离实际上已到达德国东部边界。施韦因富特那场灾难发生后，生产野马战斗机的应急计划付诸实施。1943年12月，第一批野马交付美国第八航空队并投入战斗。到1945年5月战争结束时，野马战斗机总共生产了1.4万架。

1943年到1944年冬季，对美国第八航空队来说是一段相对平静的时期，因为轰炸机的行动暂时限制在短距离目标上。与十月份高达9.1%的损失率相比，十二月的损失率只有3.4%。美军还组建了第十五航空队，以便从意大利展开行动，这是美国人削弱德国战争经济的另一个举措。两支航空队都由卡尔·斯帕茨将军指挥。

1944年头几个月，野马战斗机的数量不断增加，航程也变得更长。另外，他们在各处攻击德国空军，而不是待在轰炸机身旁。他们的目标是彻底夺取制空权，而不是把制空权限制在轰炸机附近空域。他们以这种方式迫使德国战斗机应战，从而给对方造成越来越大的损失。到三月份，德国战斗机越来越不愿意升空迎战野马。这种积极的行动，不仅让美军轰炸机在干扰和损失减少的情况下，放心大胆地执行昼间攻击任务，还为"霸王"行动铺平了道路。

具有讽刺意味的是，这也有助于轰炸机司令部对德国实施夜间轰炸攻势。德国空军成为夜间的空中主宰，却把昼间的制空权拱手让给美国人。英国轰炸机力量调去支援诺曼底入侵后，重新发起对德国的战略空中攻势，此时，德国夜间战斗机部队严重缺乏油料。损失了设在法国的预警雷达后他们又陷入了很大的麻烦，而英国轰炸机司令部却能从设在欧洲大陆的信号中继站获益。

损失的减少反映了这种变化，轰炸机司令部1944年5月空袭德国的几次行动，蒙受的损失相当高昂，六月份打击炼油厂目标时甚至高达11%。但到了八月和九月，对德国的昼间空袭和夜间轰炸——大约各占全部行动的半数——蒙受的损失大幅下降，损失率分别是3.7%和2.2%。九月份，实施夜间轰炸的飞机是六月份的三倍，但损失只有六月份的三分之二。

轰炸机司令部引入远程夜间战斗机也有助于减少损失，但这绝不是主要因素，因为他们使用的这些战斗机航速太慢，护航任务对他们来说过于困难。1943年12月到1944年4月，他们只击落31架德国夜间战斗机。1943年12月到1945年4月，也就是战争最后17个月，即便投入更多配备更佳机型的战斗机中队，他们也只击落了257架敌机，每个月的平均战果仅为15架。所以，远程夜间战斗机、新式雷达和无线电干扰技术给德国空军造成的破坏，远比不上缺乏油料、丧失领土、丢掉昼间制空权给对方造成的影响。

1943年，盟军朝德国境内倾泻了20万吨炸弹，几乎是1942年的五倍，但德国的生产力攀升到新高度。这主要归功于德国军备部长阿尔贝特·施佩尔实施的重组，而防空措施的改善和生产的快速恢复，避免了士气和生产方面的一切危机。飞机、火炮、坦克、潜艇产量增加，让德国1943年的军备生产总量增加了50%。

英国轰炸机司令部的大规模攻击无疑让德国人心惊胆寒，自战争爆发以来这还是头一次。据称，1943年7月，汉堡遭到猛烈轰炸之后，施佩尔悲观地指出，再来六场这种规模的城市空袭，德国就不得不屈膝投降。但下半年的区域轰炸没有造成这么严重的破坏和这么强烈的精神影响，而施佩尔为工业疏散付出的出色努力也消除了他先前的焦虑。

美国人实施的选择性精确轰炸一度取得了更好的战果，到八月份，德国的战斗机产量减少了大约25%。但美国第八航空队十月份遭遇惨败，德国的战斗机产量再次上升。1944年年初，产量甚至创下新高。虽说对轰炸成果的评估已相当准确，可盟军还是低估了德国的生产力，还错误地认为德国空军实力显著上升是从东线抽调飞机的结果。

对轰炸机司令部来说，这段时期最值得一提的就是夜间精确轰炸技术得到发展，第 617 中队轰炸水坝大获成功。轰炸机司令部最初仅让该中队担任特种"标记部队"，可随着"探路者"标记系统获得改善，新式投弹瞄准器、1.2 万磅的高脚柜和 2.2 万磅的大满贯地震炸弹出现，第 617 中队越来越多地投入到常规任务当中。

英美轰炸战役最重要的成果是：最终迫使德国人把大批战斗机和高射炮部队从东线调回西线，这为红军的挺进助了一臂之力；同时也夺得了昼间制空权，以此确保"霸王"行动在不受德国空军干扰的情况下顺利展开。

战争最后一年，也就是 1944 年 4 月到 1945 年 5 月，盟军确实夺取了制空权，这主要归功于美国人 1944 年 2 月到 4 月的猛烈攻击。但"霸王"行动要求联合轰炸攻势在诺曼底登陆前后几个月，把作战重点从轰炸德国境内目标转变为给盟军地面部队提供直接帮助。

亚瑟·哈里斯爵士和另一些醉心于轰炸的狂热之徒，当然对这种转变很不满意，但查尔斯·波特尔爵士和空军参谋部展现出一种更全面的眼界，他们认识到，轰炸机只能在盟国的战略中发挥辅助作用。因为战略轰炸力量必须协助战术部队，所以这些轰炸机四月中旬悉数交给时任艾森豪威尔将军最高副统帅的亚瑟·特德爵士指挥。特德先前在中东地区指挥空中力量，在那里表现非常出色。他认为轰炸机部队能为"霸王"行动做的直接贡献是瘫痪德国人的运输网。尽管丘吉尔担心误伤法国民众，而斯帕茨倾向于打击德国的炼油目标，波特尔也赞同他的观点，可特德的方案还是在 1944 年 3 月 25 日获得批准。

斯帕茨决心集中力量打击德国的炼油设施，这促使美国第八航空队 1944 年春季继续攻击德国境内目标，而四月到六月，英国轰炸机司令部主要轰炸法国境内的铁路目标。（英国轰炸机六月份投掷的炸弹，只有 8% 丢入德国境内。）到六月份，他们朝敌人的运输系统投下的炸弹超过 6.5 万吨，同时还打击了海岸炮台、火箭发射点和类似目标。回顾历史可以看出，特德一举打垮敌人的运输或交通系统，在为诺曼底登陆铺平道路的各种努力中，这是贡献最大的一个。哈里斯认为轰炸机司令部无法实现所需要的轰炸精度，但英军轰炸机当年三月对法国铁路编组站卓有成效的攻击驳斥了他的观点。

这场备受批评的"转向"实际上对轰炸机司令部不无裨益，不仅缓解了他们的压力，还激励他们改进轰炸技术。另外，法国上空的德国战斗机，远比柏林和德国境内其他目标上空要少。

伦纳德·切希尔空军中校以蚊式战机在低空标记目标，这种技术创新提高了轰炸精度。他们四月份在法国首次使用这种技术，摧毁了一个个目标，没有太多炸弹像丘吉尔担心的那样在错过目标后炸死炸伤法国百姓。平均投弹误差从三月份的 680 码下降到五月份的 285 码。

D 日前对敌人交通线的成功打击，加强了特德的信心，他认为目前最重要的是把这样一场空中战役扩大到德国境内。特德觉得，瘫痪德国铁路系统，不仅能破坏德国军队的调动（苏联人肯定会对此深感欢迎），还会导致德国经济崩溃。因此，这样一场攻势能替代哈里斯的全面区域轰炸和斯帕茨打击炼油厂的空中战役，肯定会比全面区域轰炸更快地给德国陆军和空军造成影响。

盟军实施跨海峡入侵后那段时期，轰炸机打击了各种目标。美国人这几个月把攻击重点转向德国炼油厂和飞机制造厂，而英国轰炸机司令部这段时期投下的 18.1 万吨炸弹，只有 3.2 万吨针对德国境内目标。

英国人放弃区域轰炸的趋势越来越明显。空军参谋部接受了美国人的观点，也把德国炼油厂列为优先打击目标。美国第十五航空队四月份就从意大利出击，轰炸了罗马尼亚的普洛耶什蒂油田。5 月 12 日，美国第八航空队从英国发起攻击，轰炸德国的炼油厂目标。400 架德国战斗机升空迎战 935 架美国轰炸机，却被 1000 架美国战斗机击败。德方损失 65 架战斗机，而美方损失了 46 架轰炸机。

D 日后，这场空中战役的规模越来越大，英国空军参谋部六月份意识到，轰炸机司令部的夜间轰炸精度有所提高，于是命令他们打击炼油厂目标。英国轰炸机 7 月 9 日夜间对盖尔森基兴的空袭相当成功，但也付出高昂代价。不过，另外几场空袭由于天气关系没取得太大战果，反而遭受了严重损失：三个夜晚派出的 832 架轰炸机折损 93 架，大多是被德国人的夜间战斗机击落的。

美国人继续全力实施空中打击。6 月 16 日，他们投入超过 1000 架轰炸机，还派出近 800 架战斗机护航。6 月 20 日出动的轰炸机多达 1361 架。次日，柏林遭到轰炸，而美军另一股力量轰炸德国炼油厂后，飞往苏联境内的基地着陆。他们在那里备受冷遇，此后不再进行这种穿梭轰炸实验。美国人的损失很严重，可他们炸毁的炼油厂越来越多，给德国空军的油料供应造成破坏性影响。到九月份，德国高辛烷值汽油的产量下降到 1 万吨，而他们每个月最少需要 16 万吨。到七月份，德国境内的主要炼油厂都遭到打击，由于缺乏油料，施佩尔付出努力生产的大批新飞机和坦克几乎派不上用场。

德国空军的可用飞机数量不断下降，盟军空中力量却日益壮大。轰炸机司令部的一线轰炸机数量从 1944 年 4 月的 1023 架增加到 12 月的 1513 架，到 1945 年 4 月又增加到 1609 架。美国第八航空队的轰炸机力量从 1944 年 4 月的 1049 架增加到 12 月的 1826 架，到 1945 年 4 月攀升到 2085 架。

在此期间，轰炸机司令部首次实施了大规模昼间轰炸。与夜间行动相比，德国空军的抵抗不那么猛烈，这缓解了哈里斯对昼间行动的顾虑。六月中旬，英国轰炸机首次对勒阿弗尔发动大规模昼间打击，和之后的行动一样，他们投入喷火式战斗机护航。八月底，轰炸机司令部在昼间轰炸鲁尔区，再次发现那里的防御微不足道。

这些新情况促使轰炸机司令部恢复了对德国炼油厂的夜间空袭。事实证明，与以往的行动相比，新发起的这些攻击更具成效，损失也较小。8 月 29 日，他们对柯尼斯堡这个遥远的目标实施了一场非常成功的突袭，虽然那不是炼油厂目标，但这场行动还是表明皇家空军的轰炸技术已获得全面改善。

因此，1944 年 10 月到 1945 年 5 月堪称轰炸机主导一切的时期。1944 年最后三个月，轰炸机司令部投下的炸弹吨数超过 1943 年全年。仅鲁尔区，这几个月就遭到 6 万多吨高爆弹重创。另外，正如官方史指出的那样，轰炸机在这段时期"几乎无所不能"。[12] 面对盟军空中力量的猛烈打击，德国的抵抗力逐渐瓦解，战时经济遭到扼杀。

轰炸机司令部具备了实施精确轰炸的新能力，敌人的抵抗也相当微弱，但这段时期他们却把 53% 的炸弹投向城市地区，打击炼油厂的炸弹仅为 14%，打击运输目标的炸弹也只有 15%。无论从作战还是道义方面看，这种做法是否明智都很值得商榷。1945 年 1 月到 5 月，这几个数字分别是 36.6%、26.2%、15.4%，这种比例依然很成问题。美国人的各种打击目标所占的比例则完全不同，他们的做法是打击德国已知的弱点，这比试图确保每颗炸弹都命中从而削弱德国更合理。他们的轰炸方式也避免了哈里斯那种政策招来的越来越激烈的道义谴责。

盟军最后阶段蒙受的损失，主要是他们没能保持最紧要任务的最高优先级造成的。1944 年 9 月 25 日的指令把轰炸炼油厂列为第一要务，与打击敌人的交通线一同排列在其他目标之前。这是个缩短战争的好机会，因为轰炸机司令部当年十月也把重点集中于打击德国境内目标，投下了 5.1 万吨炸弹，自身的损失不到 1%。但十月份实施的空袭，三分之二是区域轰炸，对炼油厂和交通线的打击非常微弱。因此，1944 年 11 月 1 日，各级指挥官接到一份新指令，把炼油厂列为第一优先目标，交通线排在第二位，之后就没有其他目标了，以免他们选择困难。这两个目标现在比较容易实现，肯定会比区域轰炸更快地加速德国崩溃。

可哈里斯的牛脾气让这份方案无法顺利执行，为抵制这道指令，他甚至以辞职相威胁。

1945 年年初，德国人在阿登山区的反攻，以及喷气式战斗机和配备排气管的潜艇的出现，导致这场战争的前景趋于复杂。这引发了关于轰炸优先等级的新讨论，各部门提出了不同方案，这个问题又以折中之道解决。与大多数折中方案一样，此次的新方案含糊其词，无法让人满意。

最具争议的是他们考虑恢复"恐怖轰炸"，以此作为首要目标，这很大程度上是为取悦苏联人。1945 年 1 月 27 日，哈里斯接到实施这种轰炸的指令。就这样，恐怖轰炸一跃成为第二优先等级的任务，排在打击炼油厂后面，但在轰炸交通线和其他目标之前。结果，遥远的德累斯顿市二月中旬遭到毁灭性轰炸，这场空袭蓄意给市民和难民制造恐怖浩劫，所以攻击的是市中心，而不是工厂或铁路。

到四月份，值得轰炸的目标已寥寥无几，盟军放弃了区域轰炸和精确战略轰炸，转而直接支援地面部队。

战略轰炸攻势各目标的战果比较

1944 年夏季后，盟军猛烈的轰炸攻势削弱了德国的生产，但施佩尔在疏散工厂和即兴发挥方面付出的巨大努力，极大地抵消了盟军轰炸的实质影响。德国民众以一种非凡的方式保持着士气，直到 1945 年 2 月德累斯顿遭到毁灭性轰炸。

攻击炼油厂目标

由于遥远的罗马尼亚油田长期没有遭到打击，再加上德国境内的合成炼油厂不断发展，德国的石油储量 1944 年 5 月达到顶峰，后来几个月才出现下降。

七座工厂生产了超过三分之二的氢化油，这些精炼厂的脆弱性显而易见，很容易遭受攻击，盟军轰炸机 1944 年夏季集中力量打击这些设施的后果迅速显现出来。和四月份相比，六月份车用油料的产量减少了一半，到九月份只剩四分之一。航空油料的产量九月份下降到 1 万吨，他们的目标产量也仅仅是 3 万吨，而德国空军每个月最少需要 16 万吨。需求最迫切的航空油料，90% 以上出自贝吉乌斯的氢化工厂。

为抵御"霸王"行动和从东面而来的苏军，德国军队的油料消耗不断增加。因此，情况变得极为严重，从五月份起，油料消耗量超过了产量。施佩尔疯狂的应对措施成功地部分改善了这种情况，德军十二月中旬发动阿登反攻前，油料库存有所增加，可他们无法有效维持这种局面。这场旷日持久的战役，再加上盟军十二月和次年一月对炼油厂的轰炸，最终耗尽了德国人贮存的油料。轰炸机司令部的夜间空袭特别有效，这归功于兰开斯特轰炸机现在可以搭载更大的炸弹，以及他们实施夜间轰炸时遵循新的精度标准。

　　盟军打击炼油厂目标，还极大降低了德国的炸药和合成橡胶产量，而航空油料的短缺几乎导致德国空军的训练工作彻底停顿，同时大幅度减少了他们的作战飞行任务。例如，1944 年年底，德国人每次只能投入 50 架夜间战斗机。这些问题极大地抵消了德国空军新列装的喷气式战斗机的潜在价值和对盟军的威胁。

打击交通线目标

　　这是战术目标和战略目标的结合，显然对诺曼底登陆和那里的战斗的成败至关重要，可随着盟国军队逼近莱茵河，轰炸交通线目标的影响就很难评估了。十一月作战方案的重点是打击德国西部的铁路和运河，特别是在鲁尔周围，因为切断煤炭供应会让德国工业的主要部分陷入停滞。这种影响极具破坏性，施佩尔 1944 年秋季对此忧心忡忡，但盟军首脑的评估往往忽视这个问题。意见分歧延误了这种行动，削弱了它的影响。但 1945 年 2 月，盟军已然出动 8000～9000 个轰炸架次打击德国的运输系统。到三月份，德国交通线已沦为废墟，他们的工业严重缺乏燃料。当年二月，前进中的苏军占领上西里西亚，丢失这片地区后，德国已没有其他煤炭来源。虽说德国仍有足够的铁矿石，可钢铁产量已无法满足最低的弹药生产需求。施佩尔此时意识到德国的处境已然无望，开始对战后重建加以考虑。

直接攻击

　　这种攻击的结果，现在变得越来越明显。一座座城市被摧毁。德国工业生产 1944 年 7 月到达顶峰，此后开始稳步下降。十月份过后，埃森的克虏伯工厂停产。电力、天然气、供水系统遭破坏通常是造成生产损失的主要原因。但在鲁尔区以外，运输系统遭破坏带来的原材料短缺，才是导致德国工业 1945 年最终崩溃的主要因素。

总结

发动对德国的战略轰炸攻势时，盟国对此寄予厚望，可这场攻势起初收效甚微，这表明他们的自信远远超出了常识。随着盟军逐渐认清现实，昼间轰炸改为夜间轰炸，区域轰炸政策也应运而生，尽管从许多方面看这种政策很成问题。

1942 年前，盟军的轰炸对德国而言不过是个麻烦，谈不上危险。轰炸德国也许能激励英国民众的士气，不过这一点也很值得怀疑。

1943 年，由于美国不断加大援助英国的力度，两个盟国的轰炸机力量给德国造成的破坏越来越严重，但对德国的生产或德国民众的士气没有太大影响。

情况直到 1944 年春季才发生真正具有决定性的变化，主要是因为美国人大量引入远程战斗机，为轰炸机提供护航。

盟军轰炸机全力协助"霸王"行动后，重新对德国工业发起打击，获得了更大的战果。战争最后九个月，盟军的轰炸取得辉煌成就，主要归功于他们在导航设备和轰炸技术方面的新发展，以及德国空中防御力量的减弱。

由于犹豫不决和意见分歧，盟军在空中的进展，和他们的地面行动一样，备受力量分散之苦。盟军空中力量的潜力远远大于他们取得的成就。特别是英国人热衷于区域轰炸，尽管早已没有任何理由或借口实施这种不分青红皂白的行动，可他们还是乐此不疲。

有充分的证据表明，如果盟军集中力量轰炸德国的炼油厂和交通线目标，这场战争本来可以提早几个月结束。不过，尽管战略上存在失误之处，尽管有违基本道德，可这场轰炸战役无疑为击败希特勒德国发挥了至关重要的作用。

注释

　　1. 我1935年游览巴黎时，见到杜黑《制空权》这部著作的法文译本，回到英国后和空军参谋部的几位朋友提到这本书，却发现他们从来没有听说过。的确，在这之前很久，空军参谋部的学说就已得到极为充分的发展。杜黑这部著作的英译版直到1942年才在美国面世，1943年才出现在英国。另外，这本书在意大利也没产生太大影响。1927年，我应邀访问意大利军队，意大利航空部长巴尔博元帅和他手下的空军将领同我交谈时非常坦率，还对英国发展起来的空中战略新理念表现出浓厚的兴趣，可他们在交谈中从来没有提到过杜黑的著作。

　　2. Vol. I, p. 6.

　　3. Vol. I, p. 125.

　　4. *Official History*, vol I, p. 178.

　　5. Ibid., p. 233.

　　6. *Official History*, vol I, p. 182.

　　7. Ibid., p. 233.

　　8. *Official History*, vol I, p. 189.

　　9. Ibid., p. 350.

　　10. Vol. II, p. 136.

　　11. *Official History*, vol. II, pp. 195–6.

　　12. Vol. III, p. 183.

第三十四章

西南太平洋和缅甸的解放

1944 年春季临近时，太平洋战区的情况如下：斯普鲁恩斯海军上将指挥的中太平洋部队，在尼米兹海军上将领导下，先后攻占吉尔伯特群岛和马绍尔群岛，同时以空袭摧毁日本人设在加罗林群岛特鲁克的基地，从而严重削弱了日本人认为绝对必要的后方防御地区。在此期间，麦克阿瑟将军部署在西南太平洋地区的部队，先后占领俾斯麦群岛和阿德默勒尔蒂群岛大部分岛屿，突破这道壁垒区有效瓦解了拉包尔这座日军前进基地。同时，麦克阿瑟的部队在新几内亚岛上的西进也取得很大进展，他正准备跃进菲律宾。

收复新几内亚

持续进行的新几内亚战役是盟军先前在所罗门群岛尝试过的跳岛作战的发展。四个月内，麦克阿瑟麾下军队以一连串这样的跳跃前进了 1000 英里，从马当地区前出到新几内亚岛西端的鸟头半岛。日本人企图守住几个适当的沿海地点，在那里构建机场，虽然盟军无法从陆地迂回这些据点，可他们利用海空力量优势，沿海岸实施了绕行。

日本的战略态势不太妙，因为他们不得不留下主要海空力量，应对斯普鲁恩斯海军上将在中太平洋的下一轮进击。陆地上的情况也一样，他们的兵力相当分散，而且缺乏支援。所谓的第八方面军在拉包尔孤军驻守，而新几内亚岛北部海岸，安达二十三率领的第18军残部据守韦瓦克，隶属阿南惟几大将的第二方面军，这样一来，他们就以6个实力虚弱的师团面对15个盟军师（8个美国师，7个澳大利亚师），而这些盟军师还获得占有巨大优势的海空力量的支援。

四月份，先是澳大利亚第7师，随后是第11师，从马当沿海岸向西攻击前进。而麦克阿瑟发起一场新的，也是迄今为止由他组织的规模最大的跃进，意图夺取韦瓦克以西200多英里、亨博尔特湾的重要基地霍兰迪亚。

美军登陆前实施了一连串猛烈轰炸，日本人拼凑起来保卫该地区的350架飞机，在地面上被炸毁大半。4月22日，美军两个两栖战斗群登陆霍兰迪亚两侧，为进一步采取防范措施，另一个战斗群登陆艾塔佩（位于韦瓦克到霍兰迪亚这段路程的三分之一处），准备夺取那里的机场。盟军情报部门估计，霍兰迪亚的守军兵力约为1.4万人，艾塔佩大概有3500名守军，为确保行动取得成功，麦克阿瑟投入近5万名官兵，主要是从艾克尔伯格指挥的美国第1军调集的。实际上，这些地点的守军远比盟军预计得为少，而且主要是行政后勤人员，他们没有实施激烈抵抗，遭遇盟军轰炸就逃往内陆。

这样一来，安达二十三部署在韦瓦克的3个实力虚弱的师团就被盟军切断。他没有取道内陆实施一场曲折而又费力的后撤，而是企图沿海岸直接突围，但日军七月份发动突围时，麦克阿瑟已经派3个加强师增援艾塔佩的美军据点，不仅粉碎了日军的突围企图，还使对方损失惨重。

早在日本人发动这场失败的反攻前，美军已向西挺进120英里，直奔他们的下一个目标——近海的韦克德岛，日本人在岛上建有一座机场。五月中旬，一支美军部队登陆新几内亚海岸的图姆，随后渡过狭窄的海峡前往韦克德岛，岛上的小股日军从事了顽强但很短暂的抵抗，而美军沿海岸攻往萨米的行动却遭到日军更长久的抗击。但总的说来，日军在新几内亚岛上的防御已变得零星而又混乱。美军潜艇让从中国驶来的日本运兵船队蒙受了严重损失，而中太平洋对马里亚纳群岛构成的威胁，粉碎了日本人继续向新几内亚派遣援兵的企图。

美军占领霍兰迪亚仅仅一个月后，登陆图姆和韦克德岛仅仅 10 天后，麦克阿瑟就发起下一场跃进。这次的目标是夺取霍兰迪亚以西 350 英里，韦克德岛前方 220 英里的比亚克岛和岛上几座机场。这场行动进行得并不顺利。与霍兰迪亚的情况相反，美国人严重低估了驻岛守备力量，那里的守军实际上超过 1.1 万人。美军 5 月 27 日登陆时没有遭遇太多抵抗，可他们朝岛内推进、准备占领机场时，情况发生了变化。日本人没打算守卫海滩，因为在那里会被盟军舰只和飞机的狂轰滥炸粉碎，所以把大部分守备力量部署在俯瞰机场的高地上，一个个洞穴和堑壕阵地内，而他们以坦克发起的反冲击，甚至一度切断了美军步兵。虽然麦克阿瑟投入援兵，但肃清全岛是个缓慢而又艰巨的过程，直到八月份才结束。美军地面部队为此付出的代价是伤亡近 1 万人，但其中很大一部分是疾病所致，战斗中的阵亡者只有 400 来人。这也预示了九个月后的 1945 年 2 月，他们登陆硫磺岛时会遇到何种问题和麻烦。

如果日本帝国大本营坚持增援比亚克岛这个迟来的决定，那么，日军在岛上极为顽强的抵抗可能会发挥更大作用。与先前集中力量守卫马里亚纳群岛的决定相反，帝国大本营六月初派遣一支运兵船队前往比亚克岛，还从马里亚纳群岛抽调大批军舰和飞机提供护航。但他们收到错误的报告，认为美军航母部队位于比亚克岛，所以这个行动推延了五天。日本人第二次尝试增援比亚克岛时，遭遇美军巡洋舰和驱逐舰组成的一支舰队，于是迅速撤离。帝国大本营随后派出一股更强大的护航力量，包括"大和"号和"武藏"号这两艘巨型战列舰，可他们到达新几内亚附近水域的次日，中太平洋部队的美军航母战斗群开始进攻马里亚纳群岛，日本海军力量匆匆向北调动，赶去应对这个更大的威胁。美军跨越太平洋的两路进击，再次证明了交替打乱日军部署的价值。

相比之下，麦克阿瑟一点也没有浪费时间，进攻比亚克岛上机场的行动刚刚放缓，他就对附近的诺埃姆富岛发动攻击。7 月 2 日，海空力量实施猛烈炮击和轰炸后，美军登陆该岛。到 7 月 6 日，岛上三座机场已悉数落入美国人手中。

由于航空兵力量荡然无存，新几内亚主岛上的日军开始撤往鸟头半岛最西端。7月30日，麦克阿瑟没有实施炮火准备或空中突击，就以一个师的兵力在桑萨波角附近登陆，因为美军获悉半岛这一遥远地带没有日军据守。他们迅速建起一片防御地区，随后开始构筑更多机场。

美国人获得新几内亚岛西端三组机场的支援，肃清了跃进菲律宾的道路。他们没有理会仍盘踞在新几内亚岛上的5个日军师团残部，扫荡工作交给澳大利亚军队完成。

夺取马里亚纳群岛和菲律宾海海战

斯普鲁恩斯海军上将指挥的中太平洋部队进攻马里亚纳群岛，标志着美军突破了日本人的内环防卫圈。美军轰炸力量从那里可以打击日本本土、菲律宾、中国台湾、中国大陆。同时，他们占领马里亚纳群岛，对日本近期征服的南方帝国的交通线构成严重威胁。

和其他群岛一样，马里亚纳群岛最重要的岛屿是建有机场的塞班岛、提尼安岛、关岛。这些岛屿的守备力量，兵力分别是3.2万人、9000人、1.8万人。从理论上说，日本的航空兵力量仍有1400架飞机，可实际数量少得多，因为许多飞机已派往新几内亚，还有许多被米切尔海军中将快速航母力量的几个航母战斗群炸毁，自二月份以来，这股快速航母力量一直在打击日军基地。尽管如此，日本人如果能从其他地区获得些增援，仍有望掌握500架可用飞机。这片地区的日本海军力量由小泽治三郎海军中将指挥，编为三股：栗田健男海军中将率领的主力作战舰队辖4艘战列舰、3艘轻型航母和一些巡洋舰及驱逐舰；小泽海军中将率领的主力航母舰队辖3艘舰队航母和一些巡洋舰及驱逐舰；城岛高次海军少将率领的一股预备航母力量，辖2艘舰队航母、1艘轻型航母、1艘战列舰和一些巡洋舰及驱逐舰。

日本人已做好抗击美军越过太平洋实施海上进攻的准备，企图把斯普鲁恩斯的舰队诱入陷阱，从而消灭他的航母力量。联合舰队司令长官古贺峰一海军大将1943年8月制订了这份方案，但1944年3月底，他的司令部从特鲁克撤往菲律宾达沃，他和他乘坐的水上飞机一同失踪，接替他出任联合舰队司令长官的丰田副武海军大将对这份反攻方案做了些修改。他的希望和目标是把美军航母力量诱入菲律宾水域，然后以小泽强大的航母力量和从各座托管岛屿上的基地起飞的战机夹击敌军。

入侵马里亚纳群岛的美军舰队，6 月 9 日从马绍尔群岛起航，计划 6 月 15 日登陆塞班岛。两天后，米切尔的几艘航母猛烈轰炸几座目标岛屿，6 月 13 日，美军战列舰也对塞班岛和提尼安岛展开猛烈炮击。与此同时，丰田副武海军大将下令发动计划已久的反击行动，也就是"阿号作战"，如前所述，这个决定促使他们放弃了增援比亚克岛、坚守新几内亚的企图。

美军进攻力量编有 3 个海军陆战队师，1 个陆军师担任预备队，12 艘护航航母、5 艘战列舰、7 艘巡洋舰组成的海军力量为他们提供紧密支援，斯普鲁恩斯海军上将率领的第五舰队位于他们身后，这是世界上最强大的舰队，辖 7 艘战列舰、21 艘巡洋舰、69 艘驱逐舰，另外还有米切尔海军中将的四个航母战斗群，共计 15 艘航母和 956 架飞机。他们把将近 13 万名官兵从夏威夷和瓜达尔卡纳尔岛运往马里亚纳群岛的这项任务，组织、执行得都很好。

6 月 15 日晨，第一拨海军陆战队员在海军舰炮、近海炮舰、发射火箭弹的战机的猛烈火力掩护下登上塞班岛。20 分钟内，8000 名陆战队员冲上滩头，此举证明他们训练有素。黄昏到来前，岸上的美军士兵增加到 2 万人，但从滩头朝岛内的推进进展甚微，这是因为日军控制着高地，还发起猛烈反冲击。

对这场入侵来说，一个虽然遥远但更加严重的威胁来自编有战列舰和航母的日本舰队，美军潜艇当日上午已发现对方驶入菲律宾海。因此，斯普鲁恩斯取消了登陆关岛的预定计划，派担任预备队的陆军第 27 师登陆塞班岛，加快占领这座至关重要的岛屿，同时把运输船只疏散到安全水域。第五舰队集结在提尼安岛以西约 180 英里处，但没有继续向西移动，以免错过日本舰队。

事实证明，这种防御部署是明智的。到目前为止，丰田副武的计划似乎进展顺利，但与原定方案的一个重大差别是，构成他那支铁钳的第二根钳臂无法投入行动，因为米切尔的舰载机已经把马里亚纳群岛的日本航空兵力量消灭殆尽。从 6 月 19 日上午 8 点 30 分起，小泽的航母部队一连发动四波攻击，可美军雷达提前发现了这些进攻，数百架美军战斗机赶去迎战敌机，而米切尔航母战斗群出动的轰炸机再次攻击了岛上的日本空军基地。这场大规模空战的结果是一场屠杀，美国人称之为"马里亚纳猎火鸡"。面对缺乏经验的日军飞行员，美军战斗机飞行员赢得压倒性胜利，击落218架日军飞机，自身只损失29架飞机。对日本人来说更糟糕的是，载有许多飞机的"翔鹤"号和"大凤"号舰队航母都被美军潜艇发射的鱼雷击沉。

小泽认为他的飞机已降落在关岛，所以仍徘徊在战场周围，结果，次日下午被美军侦察机发现。米切尔海军中将果断命令216架舰载机发动攻击，尽管他知道这些飞机返航时不得不在黑夜中降落在航母上。发现敌舰队三小时后，米切尔的舰载机展开攻击，这场行动相当成功，一举击沉对方1艘舰队航母，重创另外2艘舰队航母、2艘轻型航母、1艘战列舰、1艘重巡洋舰，还击落65架敌机。战斗中，美军只损失20架飞机，但夜间漫长的返航途中，又有80架飞机失踪或坠毁。不过，大多数飞行员获救，因为小泽舰队已逃离战场，退往日本南面琉球群岛的冲绳。

到此时，日本人在这场战役中损失的飞机数高达480架左右，超过他们飞机总数的四分之三，大多数飞行员丧生。日本飞机和航母损毁的比例如此之大，这是个极其严重的损失。到当年秋季，这些损失的飞机和航母基本上获得补充，然而更严重的损失发生在飞行员方面，这是无法获得弥补的。这意味着日后的交战中，日本舰队必然处于严重不利的劣势之下，不得不依靠更加传统的兵器。

菲律宾海海战就这样以日军惨败而告终，美国海军历史学家 S. E. 莫里森海军少将认为，这场交战比十月份的莱特湾战役更重要。通往菲律宾的道路就此敞开，马里亚纳群岛上地面战斗的胜利也得到了保障。

这场海空战役结束后，虽说日军在岛上的抵抗依然顽强，但征服马里亚纳群岛已不存在任何疑问。登陆塞班岛南部的三个美国师，在海空力量强有力的支援下，稳步向北推进，6月25日攻占了塔波加峰这个制高点。7月6日，塞班岛上的两位日军最高指挥官，南云忠一海军中将（原联合舰队机动部队指挥官）和第43师团师团长斋藤义次中将自杀身亡，目的是"鼓励部下发起最后的攻击"。次日，幸存的3000名日军官兵确实对美军战线展开徒劳的自杀式冲锋。这场战役中，日军的损失超过 2.6 万人，而美军阵亡 3500 人，另有 1.3 万人负伤或患病。

7 月 23 日，塞班岛上的两个海军陆战队师乘船开赴提尼安岛，一周内占领这座岛屿，但肃清全岛的任务耗费了更多时间。用于入侵关岛的部队，先前因为小泽舰队构成干预的威胁而调离，登陆提尼安岛三天前又返回来执行这项任务，他们还获得一个陆军师加强。关岛的日军守备力量，借助错综复杂的洞穴防御网顽强抵抗，但美军还是在 8 月 12 日前肃清了整座岛屿。

马里亚纳群岛陷落，以及日本海军在此之前遭遇的惨败，导致日本的处境岌岌可危，但狂妄自大的日本人仍不肯面对现实。值得注意的是，发生这些戏剧性事件后，东条英机内阁于 7 月 18 日总辞职。

四天后，小矶国昭将军出面组阁，致力于建立一道更好的防御，抗击步步进逼的美军。虽然中国大陆的战局仍要继续进行，但更重要的是保卫菲律宾，日本人认为，如果丢失这座庞大的岛群，日本军队就会因为缺乏来自东印度群岛的石油补给而受到致命影响。

事实上，日本的局势早就因为缺乏油料供应而举步维艰。之所以出现这样的局面，美军潜艇击沉日本油轮是最重要的战略因素。运抵日本的石油供应大幅度减少，严重限制了飞行员的训练，也导致日本舰队滞留在新加坡，以便靠近油料补给来源。舰队奉命出动时，根本没有足够的油料供他们返航。

战争这一阶段，美军完全可以绕过菲律宾，直接跃进台湾岛、硫磺岛或冲绳，就像金海军上将和另一些海军将领主张的那样。但出于政治方面的考虑，再加上麦克阿瑟渴望以凯旋姿态重返菲律宾，绕过菲律宾这座大岛的主张最终被推翻了。

盟军认为，入侵菲律宾前有必要夺取几个小目标。他们最初的方案是占领新几内亚以西哈马黑拉岛附近的莫罗泰岛、帕劳群岛、雅浦岛、塔劳群岛，然后夺取菲律宾南面的棉兰老岛，在这座大岛上建立海空力量前进基地，为进攻菲律宾的主要突击提供援助。但九月初，哈尔西海军上将的第三舰队（斯普鲁恩斯率领该舰队时番号是第五舰队）发现菲律宾海岸的防御极为虚弱，因此，他建议去除进攻方案的中间阶段，直接发动入侵。但作战方案的前一部分还是保留了下来，因为此时已箭在弦上，而且也可以将其作为一项额外的保险措施。

9月15日，麦克阿瑟麾下一个支队登陆莫罗泰岛，几乎没有遭遇抵抗。到10月4日，美军飞机已经从岛上新建的空军基地起飞展开行动。同样在9月15日，哈尔西指挥的中太平洋部队入侵帕劳群岛，几天内就占领了大部分岛屿，这为他们提供了几座前进机场，距离棉兰老岛只有500英里，比从关岛飞赴棉兰老岛的航程近了一半多。

麦克阿瑟和尼米兹穿越太平洋的两条进军路线现在已汇合，而且处于彼此可以直接提供支援的距离内，他们已做好准备，完全有能力收复菲律宾。

日军防御菲律宾的计划称为"捷一号作战方案"，分为两个部分。陆地上的防卫任务交给1941—1942年间征服马来亚的山下奉文大将指挥的第十四方面军，为此他获得了9个步兵师团、1个坦克师团、3个独立混成旅团，外加第4航空军。驻扎在马尼拉周围的海军部队也归他指挥，这股海军力量约有2.5万人可用于地面作战。但捷一号作战方案的关键部分是在海上采取行动，日本帝国大本营为此孤注一掷。一旦确定美军登陆地点，日本航母部队就设法引诱美国舰队北上，山下奉文的军队负责牵制美军登陆部队，日本海军两支战列舰编队夹击这股美军。丰田副武认为，美国人把航母的价值看得高于一切，一旦发现日军航母，很可能会紧追不舍，因为他们自己经常以战列舰为诱饵，而以航母作为打击力量。

捷一号作战方案由于日本空中力量日趋虚弱而受到影响，但他们对战列舰始终抱有信心，所以从这个方面说作战方案又得到了加强。"大和"号、"武藏"号这两艘庞然大物是世界上最大的战列舰，过度加剧了日本海军将领的自负和信心。两艘战列舰的排水量都超过7万吨，配备9门18英寸口径巨炮，是世界上唯一配备这么多这种大口径舰炮的战列舰。相比之下，日本人在发展他们的航母力量和所需要的飞机方面做得很少。正如历史上经常发生的那样，战争爆发后他们赢得了巨大的胜利，但在汲取经验教训方面比他们的对手迟缓得多。

美国人比原计划提前了两个月，十月份发动下一场大规模跃进，直扑菲律宾群岛。这些岛屿绵延上千英里，从南面的棉兰老岛（大小如同爱尔兰）延伸到北面的吕宋岛（大小如同英格兰）。美军第一场突击针对的是莱特岛，以此突破敌人的防御，莱特岛是菲律宾中部一系列较小岛屿中的一座。10 月 20 日晨，第七舰队运送麦克阿瑟的部队（沃尔特·克鲁格中将第 6 集团军辖内 4 个师）登陆莱特岛，金凯德海军中将指挥的这个护航、支援舰队由旧型战列舰和小型护航航母组成。哈尔西海军上将的第三舰队为登陆行动提供支援和掩护，他们分成三股，部署在菲律宾稍东面。这是一支主力战斗舰队，编有较新式的战列舰和大型航母，航速都很快。

美军发动入侵前，米切尔率领哈尔西第三舰队的航母打击力量，从 10 月 10 日起对台湾岛实施了历时一周的猛烈轰炸，较小程度上也打击了吕宋岛和冲绳，这些空袭造成破坏性效果，对后续战事产生了重要影响。另一方面，日军飞行员呈交了夸大其词的报告，致使日本政府的公报和广播声称击沉美军 11 艘航母、2 艘战列舰、3 艘巡洋舰。实际上，这些美国航母炸毁 500 多架日本飞机，自身只损失 79 架飞机，而且没有任何舰只像日本人宣称的那样被击沉。帝国大本营一时间对相关报告信以为真，迅速为捷一号作战前调剩余力量。海军部队很快发现所谓的辉煌战果荒诞不经，于是立即撤回，但陆军的作战方案因此而发生了永久性改变：铃木宗作中将的 4 个师团部署在菲律宾南部，其中 3 个师团奉命原地据守，没有遵照山下奉文的意图开赴北部的吕宋岛。

如前所述，帝国大本营的计划是确定美军登陆地点，随后以所有可用的海军力量对登陆之敌实施一场粉碎性反攻。美军登陆莱特岛两天前，一名美军将领发出明码电报，这就为日本人提供了他们需要的重要信息，以此作为实施反攻的指导。

丰田副武意识到这是一场赌博，但日本海军的油料补给，依赖于他们占领的东印度群岛供应的石油，美国人如果在东印度群岛站稳脚跟，就会切断这条石油供应线。战后被问及这个问题时，丰田副武解释了他的想法：

倘若发生最坏的情况，我们可能会丧失整个舰队，可我觉得必须抓住这个机会……如果我们输掉菲律宾作战，即便保全舰队，通往南方的运输航线也会被彻底切断。那么，舰队就算平安返回日本水域，还是无法获得油料补给。如果舰队留在南方水域，就无法获得武器弹药补给。以丢失菲律宾群岛为代价保全舰队可以说毫无意义。

小泽治三郎海军中将的舰队充当诱饵，从日本向南而去。这支舰队编有4艘仍能服役的航母和2艘战列舰改装的航母，但舰载机总数减少到100架，大多数飞行员缺乏经验，所以除了充当诱饵，发挥不了太大作用。

因此，为赢得胜利进行的这场豪赌，日本人依赖的是调自新加坡水域的一支旧式舰队，编有7艘战列舰、13艘重巡洋舰、3艘轻巡洋舰。指挥官栗田健男海军中将派出一个支队，取道苏里高海峡，从西南面进入莱特湾，而他率领舰队主力穿过圣博纳迪诺海峡，从西北面而来。他希望以自己的两支铁钳粉碎麦克阿瑟的运输船只和护航军舰。

栗田健男认为"大和"号和"武藏"号配备18英寸口径巨炮，能轻而易举地击败美军陈旧的战列舰，他还觉得自己这两艘战列舰覆有装甲甲板，还有许多水密隔舱，几乎不可能被击沉。另外，如果哈尔西的航母部队不在场的话，空中攻击就不会太猛烈。日本人希望栗田舰队进入莱特湾时，美军航母已被诱离，这场进攻定于10月25日发起。

但日本人抛出的诱饵没能奏效。10月23日夜间，栗田舰队遭遇美国潜艇"镖鲈"号和"鲦鱼"号，这两艘潜艇一直在婆罗洲沿海巡弋。两艘潜艇立即向北疾行，借助夜色掩护，在水面上全速行进，始终位于日本舰队前方。拂晓到来后，美国潜艇下潜到潜望镜深度，等待日本舰队到来，随后在近距离内发射鱼雷，击沉两艘日本巡洋舰，重创另一艘巡洋舰。栗田本人就在那艘领航的巡洋舰上，虽然军舰沉没前获救，后来转移到"大和"号战列舰上，但这场经历惊心动魄。另外，美国海军将领肯定已经发现逼近中的日本舰队并了解其实力了。

小泽获悉栗田舰队遭遇美军潜艇，匆匆表明自己正从北面而来，他一再发出明码电报，意图引起哈尔西注意。可美国人没有截获他的电报，美军侦察机也没有发现他的动向，因为所有侦察机都派往西面，监视逼近中的栗田舰队！

很快，哈尔西的航母就投入一拨拨轰炸机和鱼雷攻击机，全力打击栗田舰队。从各座岛屿飞来的日本岸基飞机，以及小泽航母上起飞的舰载机展开救援进攻，这才打断了美军战机的猛烈攻击。美国人击退这些日本飞机，击落半数以上敌机，但他们也损失了"普林斯顿"号航母，这艘航母遭重创，舰员们不得不弃舰。

攻击栗田舰队的美国海军飞机取得一项更大的战果。当日下午，遭到第五波攻击后，总共被鱼雷击中 19 次、被炸弹命中 17 次的庞然大物"武藏"号战列舰倾覆沉没。美国飞行员报告，他们还重创另外 3 艘战列舰和 3 艘重巡洋舰。实际上，只有 1 艘重巡洋舰遭重创后无法继续行驶。不过，美军实施第五波攻击击沉了"武藏"号，而日本舰队转身向西驶离战场。

哈尔西海军上将收到空中观察员发回的这些报告，认为栗田舰队已撤离。但栗田舰队的两股力量中都没有发现航母，于是，狐疑的哈尔西派出侦察机，全力搜寻日本人的航母。下午 5 点左右，他们发现了向南行驶的小泽舰队。于是，哈尔西遵循自己"说干就干"的座右铭行事，决定向北疾进，拂晓前粉碎小泽舰队。为确保歼灭小泽舰队，他带走了整个舰队，甚至没有留下舰只掩护圣博纳迪诺海峡。

哈尔西发出电报，把自己的决定告知金凯德，15 分钟后，美军一架夜间侦察机发回报告，称栗田舰队再次折返，正朝海峡高速驶来。哈尔西没有理会这份报告，他一向喜欢大胆而又冒险的行动，面对消灭日军航母的良机，根本不考虑其他可能性。早在战争初期，他就获得了"蛮牛"这个恰如其分的绰号。

栗田舰队当时撤出战场，仅仅是在昼间摆脱敌军空袭的权宜之策，目的是借助夜色掩护重返战场。除"武藏"号沉没外，他的大型舰只没有严重受损，与美军飞行员乐观的报告完全相反。

当晚 11 点，哈尔西已向西行驶 160 英里，美军侦察机又一次发现了栗田舰队，对方仍朝圣博纳迪诺海峡行进，目前离海峡仅40英里。哈尔西不能再无视这支敌舰队的进击，但他轻视了这种威胁的严重性，认为栗田舰队重新驶往圣博纳迪诺海峡，不过是敌舰队遭到重创后，按照日本的传统发起自杀式进攻而已。哈尔西继续向北，自信地认为金凯德的舰队能够轻松击败他觉得实力虚弱的来袭之敌。

就这样，日本人抛出的诱饵，虽然没有在预期时间奏效，但最终还是被美国人吞下。

金凯德舰队的处境极其危险，因为他在两个方面受到误导。栗田的南路支队出现后朝苏里高海峡而来，把金凯德的注意力吸引到那个方向，他把手中大部分力量集中到那里，应对敌人的威胁。他认为哈尔西的部分战列舰仍掩护着更北面穿过圣博纳迪诺海峡的航线，根本不知道哈尔西已率领整个舰队北上。更糟糕的是，金凯德没有采取预防措施，他应该派侦察机去看看敌人是否从那个方向而来。

经过一场紧张的夜战，美国人击败了日军南路支队的进攻，这很大程度上归功于美军雷达提供的"夜视"能力，他们的雷达远比日本海军的雷达更加优越。日本人的另一个劣势是，他们的舰只排成一路纵队穿过狭窄的苏里高海峡，暴露在奥尔登多夫海军少将以T字横头排列开的战列舰队的集中火力打击下。日军支队的2艘战列舰葬身大海，整个进攻力量几乎被消灭殆尽。拂晓到来后，苏里高海峡除了一些漂浮的残骸和油迹，已见不到敌人的踪影。

但发出祝贺胜利的电报后没过几分钟，金凯德就收到了另一封电报，说一股更加庞大的日军（栗田的主力舰队）从西北面而来，穿过圣博纳迪诺海峡，在萨马岛东部海岸攻击他的舰队的小股力量，金凯德的这股力量留在莱特岛沿岸掩护麦克阿瑟将军的各个登陆点。

支援陆军入侵莱特岛的这一小股海军力量，编有6艘货船改造的护航航母和少量驱逐舰，他们遭到庞大的"大和"号和另外3艘战列舰大口径火炮的猛烈轰击，不得不向南逃离。

收到这个惊人的消息，金凯德于上午8点30分致电哈尔西："莱特湾急需快速战列舰。"上午9点，金凯德又发出紧急呼吁，这次用的是明码而不是密码。但哈尔西继续向北行进，决心实现歼灭小泽航母力量的目标。尽管金凯德一再请求提供支援，可哈尔西不为所动，继续沿原定航向行进，他觉得护航航母的舰载机应该能拖延栗田的攻击，直到金凯德编有6艘战列舰的舰队赶去提供支援。不过，他确实命令约翰·麦凯恩海军中将率领航母和巡洋舰组成的战斗群驰援金凯德，但麦凯恩战斗群目前位于加罗林群岛，也就是说在400英里外，比哈尔西所处的位置还远50英里。

在此期间，掩护6艘护航航母撤离的少量美国驱逐舰，以及这些航母上仍可使用的舰载机，英勇地阻挡住向南攻来的栗田主力舰队。1艘护航航母和3艘驱逐舰被击沉，其他战舰虽然遭到重创，但都得以逃脱。

上午9点过后，栗田舰队停止追击，转身朝莱特湾而来，那里的大批运输船只和登陆艇暴露在他这支舰队的打击下。此时，栗田舰队离莱特湾入口已不到30英里。

实施攻击前，栗田暂停前进，以便把在先前战斗中分散的舰只集中起来。这番转向和停顿又让美国人产生了误解，认为日本舰队正在己方战机和驱逐舰施加的压力下后撤。他们的幻想很快破灭了，金凯德又一次紧急呼吁哈尔西提供救援："情况再次变得极为紧迫。护航航母又遭到敌水面舰只威胁。急需你部提供援助。护航航母撤往莱特湾。"

哈尔西这次终于对金凯德的求救做出回应。此时是上午11点15分，他的舰载机已重创小泽舰队，他虽然很想以己方战列舰的巨炮歼灭敌舰队，但还是竭力控制住自己的欲望，率领6艘快速战列舰和3个航母战斗群中的1个火速折返。但哈尔西追击小泽舰队向北行进得太远，要到次日晨才能回到莱特湾。就连麦凯恩的航母力量，也无法在几小时内到达可以出动舰载机提供支援的位置。因此，栗田舰队当日中午逼近莱特湾时，那片海湾的形势看上去确实极为严峻。

但栗田舰队突然转身向北而去，而且一去不复返。这是怎么回事呢？这要归功于日本人截获的美军通信，以及这些通信给栗田健男造成的心理影响。他们先是监听到美国人的无线电通话，获知美军护航航母的舰载机降落在莱特岛上。栗田健男认为对方准备利用陆上基地，对他的舰只发动一场更加集中的攻击。实际上，此举不过是为避免舰载机与护航航母一同沉没而采取的紧急措施。几分钟后，栗田健男又收到一份截获的报告，是金凯德上午9点发给哈尔西的明码电报。看罢这份电报，栗田健男得出一个错误的结论，认为哈尔西已经向南疾进了三个多小时，因为他与小泽失去联系，根本不知道哈尔西向北行进了多远。另外，栗田也对自己的舰队缺乏空中掩护担心不已。

这种混乱的无线电拦截造成的最大影响是，栗田健男误以为部分美军救援力量就在他这支舰队北面70英里处，已逼近他穿过圣博纳迪诺海峡的后撤路线。于是他决定放弃攻击莱特湾的行动，赶紧向北转进，抢在美军获得加强、封锁他的后撤路线前消除这种威胁。

历史上有诸多案例表明会战结果更容易被幻想而不是事实决定，这便是其中之一。指挥官心中的印象，往往比一切实际打击及其物理效应更加重要。

栗田舰队不得不规避美军飞机一再发动的空袭，行动受到延误，快到当晚10点才到达圣博纳迪诺海峡这一瓶颈地，但还是比哈尔西火速向南赶来的先遣舰只早到3个小时。日本人在海峡入口部没有发现敌舰队，于是穿过海峡向西溜走了。

这些日本战列舰取得的战果寥寥无几，尽管全身而退，可还是无法弥补4艘航母被美军悉数击沉的损失："千岁"号航母上午9点30分左右被米切尔的第一波攻击击沉，"千代田"号、"瑞鹤"号、"瑞凤"号航母当日下午被击沉，是哈尔西率领舰队主力匆匆向南返航后发生的。

这四场独立而又不同的交战统称莱特湾海战，堪称有史以来规模最大的一场海战。交战双方共投入282艘舰只和数百架飞机，相比之下，1916年的日德兰海战只有250艘战舰和5架水上飞机。如果说六月份的菲律宾海海战给日本海空力量造成毁灭性影响，因而在某种程度上更具决定性的话，那么，可以说战这场四合一的莱特湾海战战果辉煌，而且彻底解决了问题。日本人损失4艘航母、3艘战列舰、6艘重巡洋舰、3艘轻巡洋舰、8艘驱逐舰，而美军只损失1艘轻型航母、2艘护航航母、3艘驱逐舰。

值得一提的是，此次战役还首度出现了一种难以应对的新战术。金凯德第七舰队的护航航母，遭到栗田中路部队突如其来的猛烈打击，直到栗田舰队调转航向，穿过圣博纳迪诺海峡撤离，这些护航航母才死里逃生。可她们随后又遭到"神风"特攻队首次有组织的攻击，实施攻击的是那些自愿加入特攻队的飞行员，他们抱着必死的决心执行这种自我牺牲的自杀式任务，驾驶飞机朝敌舰俯冲，通过飞机油箱和机载炸弹的爆炸引燃敌舰。"神风"特攻队的首次出击重创了几艘美舰，但只击沉一艘护航航母。

美军这场战役的主要收获是击沉小泽舰队4艘航母。没有了航空母舰，剩下的6艘日本战列舰就陷入孤立无援的境地，在这场战争中再也没能做出积极贡献。日本海军就此变得毫无用处。因此，哈尔西向北追击敌舰队，虽说导致其他美军部队暴露在严重的危险下，但结果证明他的做法不无道理。另外，此次战役表明战列舰这种怪物没什么用处，还证明寄希望于这种过时的庞然大物是多么愚蠢。这些战列舰在二战中唯一的重要价值是对海岸实施炮击，可具有讽刺意味的是，前几代人认为这种任务并不适合战列舰，因为战列舰很容易遭到岸防火力打击。

日本人决定为争夺莱特岛而战，以此作为保卫菲律宾的核心，可这个决心下得太晚，导致从吕宋岛调来的近3个师团的援兵，没能赶在美军部队扩大立足地之前到达该岛。美军先是从他们的登陆地向外攻击前进，占领了附近西海岸的杜拉格和塔克洛班机场，随后在两翼扩展，11月2日到达北部海岸的加里嘎拉湾，以及通往东海岸中途的阿布约。美军的这些持续推进，不仅夺得岛上五座日军机场，导致已开抵莱特岛的一个日军师团陷入混乱，还阻止了第35军司令长官铃木宗作把几个增援师团集结在加里嘎拉平原的企图。

克鲁格将军的下一步意图是以一场两路迂回绕过岛上山脊的两端，攻占日军设在西海岸的主要基地奥尔莫克。但倾盆大雨妨碍了他们修复既占机场、支援这场向心突击的工作，利用这段间隔期，提供增援的两个日军师团于11月9日登陆奥尔莫克。尽管运输和护航力量损失惨重，可更多援兵正在赶来，十二月初，莱特岛上的日军兵力从1.5万人增加到6万人。不过，克鲁格此时的兵力已超过18万。为加快进展，他以一个新锐师登陆奥尔莫克南面的西海岸，以此分散敌军守备力量，三天后的 12 月 10 日，该师占领奥尔莫克这个基地港口，几乎没有遭遇抵抗。之后，饥肠辘辘的日军迅速瓦解，到圣诞节时，岛上有组织的抵抗已告终结。因此，面对更趋恶化的局势，以及己方实力严重受损的情况，山下奉文恢复了自己原先的意图，把防御努力集中于吕宋岛。

这关键的几周，尽管遭到"神风"特攻队持续不断的攻击，哈尔西第三舰队的三个快速航母战斗群还是一直停泊在菲律宾群岛近海处，为麦克阿瑟的部队提供不间断支援。"神风"特攻队给许多舰只造成破坏，两艘航母不得不撤离战场进行大修。不过，这两艘航母直到十一月最后一周才离开。

麦克阿瑟的主要目标是吕宋岛，作为入侵该岛的初步行动，他决定攻占民都洛这座中间岛屿，在岛上修建几座机场，这样一来，他的航空兵力量（第五航空队）就可以掩护前往吕宋岛的海运路线。这是个冒险的举动，因为民都洛岛距离莱特湾近 300 英里，离吕宋岛上的日军机场却近得多，特别是马尼拉周围那些机场。但民都洛岛守备力量只有 100 来人，美军 12 月 15 日登陆，没用几个小时就占领了日本人遗弃的四座简易机场。美国人修复机场的速度很快，月底前美军战机就从这些机场起飞了。哈尔西的快速航母战斗群猛烈打击吕宋岛上的日军机场，还以战斗机在这些机场上方设立了一道拦截网，以防日军轰炸机攻击民都洛岛及其海上接近地，这就大大简化了美军的地面行动。

1 月 3 日，从多地集结起来的美国舰队，在金凯德海军中将和奥尔登多夫海军少将指挥下驶离莱特湾，这支舰队共计 164 艘舰船，包括 6 艘战列舰和 17 艘护航航母。1 月 9 日，舰队到达马尼拉以北 110 英里的林加延湾，大约四年前，日本人就是从这里入侵菲律宾的。1 月 10 日清晨，克鲁格第 6 集团军的 4 个师弃船登岸，另外 2 个师紧随其后。

哈尔西舰队的快速航母战斗群提供了很大帮助，特别是在抗击"神风"特攻队的攻击方面，这些自杀式飞机给美军舰只造成的破坏与日俱增。掩护林加延湾的登陆行动后，哈尔西的航母力量深入中国海域，打击中南半岛、中国华南、香港、台湾，以及冲绳的日军基地和船只。此举也证明了日本南方帝国的脆弱性。

　　与此同时，面对日军的激烈抵抗，克鲁格麾下部队从林加延湾向南攻往马尼拉。为协助克鲁格加快进展，也为防范日军退入巴坦半岛，麦克阿瑟1月29日以另一个军在巴坦半岛附近登陆。两天后，一个空降师在马尼拉以南大约40英里的纳苏格布降落，没有遭遇抵抗。该师朝马尼拉进发时，克鲁格的部队已到达马尼拉郊外，山下奉文的军队退入山区。

　　指挥海军基地的岩渊三次海军少将仍在马尼拉负隅顽抗。他拒不服从山下奉文把马尼拉变为一座不设防城市的命令，反而在城内疯狂地展开逐屋逐房的激战，导致战斗又持续了一个月，整座城市遭到严重破坏。美军直到3月4日才彻底肃清马尼拉。在此期间，美军已占领巴坦半岛，还收复了科雷希多岛，尽管日军在这座要塞岛屿上坚守了十天。到三月中旬，美国船只得以使用马尼拉港，但吕宋岛山区、棉兰老岛，以及南部一些较小的岛屿上，美军的扫荡行动仍在继续。

进攻硫磺岛

　　占领菲律宾若干关键地区后，美国人急于继续前进并打击日本本土，因而放弃了麦克阿瑟先前的构想：占领中国台湾或中国大陆沿海部分地区，以此作为攻击日本的空军基地。但参谋长联席会议一致同意，占领塞班岛与东京中途，小笠原群岛中的硫磺岛，以及日本西南端与中国台湾中途，琉球群岛中的冲绳岛。以此充当战略踏脚石很有必要，占领这两座靠近日本的岛屿基地，有助于美军对日本本土发动空袭。

　　美国人认为硫磺岛比较容易对付，所以打算先占领该岛。另外，他们还想把硫磺岛作为B-29超级堡垒轰炸机的紧急着陆地。自去年十一月底以来，这款轰炸机一直从马里亚纳群岛起飞轰炸日本本土。硫磺岛还可以作为战斗机基地，为B-29轰炸机提供护航，如果从马里亚纳群岛起飞的话，没有哪款战斗机能飞完全程。

　　硫磺岛是个只有4英里长的火山岛，除了守军，岛上无人居住。九月份前，驻岛守备力量一直不太多，无法实施强有力的抵抗，但自那之后，岛上的守军逐渐增加到2.5万人左右，栗林忠道将军已经把岛上的防御工事挖掘成一片洞穴网，不仅隐蔽得很好，各洞穴之间还以深邃的隧道相连接。他的目的仅仅是尽可能长久地坚守下去。由于美军拥有巨大的海空优势，硫磺岛日后不太可能获得援兵，他只能依靠己方阵地纯粹的防御力量，因而要避免那种代价高昂的、日本人特有的自杀式反击。

尼米兹把进攻硫磺岛的任务交给雷蒙德·斯普鲁恩斯海军上将，1945年1月份最后一周，斯普鲁恩斯从哈尔西手中接过第三舰队指挥权，番号随即改为第五舰队。为实施陆地行动，他还获得3个海军陆战队师。海空力量对硫磺岛实施的炮火准备，是太平洋战争中迄今为止历时最长的一次。从12月8日起，美军航空兵每天空袭该岛，从1月3日起又展开昼夜不停的轰炸，最后三天是海军的猛烈炮击。可令人失望的是，这些轰炸和炮击对深入地下的日军防御影响甚微。海军陆战队2月19日晨登陆时，遭遇火炮和迫击炮的猛烈打击，被长时间压制在海滩上，首日登陆的3万名官兵伤亡2500人。

接下来的日子里，海军陆战队员凭借充裕的海空力量、持续不断的火力支援缓慢向前，几乎是一码接一码地取得进展。米切尔的快速航母力量对东京实施大规模空袭后调回硫磺岛，这就加强了支援火力。经过五个多星期苦战，美军3月26日占领全岛。此时海军陆战队的战斗伤亡已攀升到2.6万人左右，约占整个登陆兵力总数的30%。驻岛日军战斗得非常顽强，阵亡2.1万人，只有200人被俘。肃清硫磺岛的行动持续了两个多月，日军最终的阵亡人数超过2.5万，但俘虏总数只有1000人。三月底前，硫磺岛上为美军飞机的起降建起三座机场。战争结束前，大约2400个架次的B-29轰炸机降落在这里。

缅甸战役：从因帕尔到1945年5月收复仰光

对日军来说，1944年春季攻势在因帕尔受阻虽然是个严重挫败，但并不足以动摇他们对缅甸的控制。能否光复缅甸取决于英军是否展开有效追击，为此，英军必须大力加强补给体系。

联合参谋长委员会6月3日下达指令，分配给蒙巴顿的任务是，以他手中的力量扩大与中国的空中联系，充分利用已开辟的陆地交通线。虽然指令中没有专门提及，但光复缅甸是意料中的事。目前考虑的两份主要方案是：发起陆地进攻、夺回缅甸中北部的"首都"行动；以一场两栖进攻收复缅甸南部的"吸血鬼"行动。后一份方案的成功前景更大，但取决于外来补给。面对这种情况，斯利姆将军和美国人宁愿采用陆地进攻方案。因此，虽然他们同时为两份方案加以准备，但重点放在"首都"行动上。

尽管从印度而来的交通线获得极大改善，印度也已发展成一座主要基地，但英军要想迅速而又有效地反攻缅甸，显然还有许多工作要完成。从根本上说，主要问题在后勤，而不是战术方面。虽说陆地交通和内陆水运获得改善，可斯利姆第14集团军的补给还是依靠空运，而空运又依赖美国运输机的大力支援。

因此，盟军1944年下半年主要致力于这种发展，并重组各指挥部门。他们做出的重要改进包括：把空运补给体系置于一个名为"战斗货运特遣队"的统一司令部之下，各情报机构协同行事，特种部队撤编。由于史迪威与蒋介石的关系越来越差，再加上蒋介石一再坚持，华盛顿十月份从中国召回史迪威，此举促进了重组工作。A.C.魏德迈将军接替史迪威出任蒋介石和国民党军队的参谋长。当年十一月，一直在意大利指挥第8集团军的奥利弗·利斯将军，赶来担任东南亚盟军地面部队总司令，接受蒙巴顿领导。

十月中旬，雨季结束，地面干燥后斯利姆发起从中路进军的"首都"行动，集中斯托普福德的第33军从卡包河谷南端向前推进。他的意图是攻占因帕尔以南130英里的吉灵庙和葛礼瓦，于十二月中旬前在葛礼瓦附近的钦敦江对岸建立一座登陆场。获得目前由梅瑟维将军指挥的第4军加强后，他就朝东南方发展胜利，攻往葛礼瓦前方160英里的蒙育瓦和曼德勒。

另一方面，日本帝国大本营面对美军从海路攻往菲律宾这个更大、更紧迫的威胁，根本无法为木村兵太郎的缅甸方面军派遣援兵，但大本营告诉木村将军，必须守住缅甸，以防盟军打通滇缅公路或攻往马来亚。日军完成这些防御任务的前景堪忧，旷日持久的因帕尔战役导致他们的实力严重受损。中央战线上，日本第15军4个实力不足的师团，总共只有2.1万人，而他们面对的可能是8～9个强大的盟军师，唯一的援兵只有驻防缅甸南部的1个师团,可调用这个师团就意味着仰光失去了掩护。虽然斯利姆为计划中的"吸血鬼"行动留下部分兵力,但他手中的可用兵力和师的数量都占有优势,更何况他还获得了强大的坦克力量和绝对制空权的支援。鉴于这些无情的事实,日本人觉得他们可能不得不撤离缅甸北部,但还是企图在南面140英里的伊洛瓦底江下游,守住一条掩护曼德勒和仁安羌油田的防线。

英军的攻势在中央战线不断发展之际,若开和缅甸北部这两个次要地区的作战行动也取得圆满成功。

雨季结束后,克里斯蒂森第15军的目标是肃清若开,攻占实兑岛,将其作为空军基地,然后参加主要战役。为完成自己的任务,克里斯蒂森以3个实力强大的师对付樱井省三第28军2个虚弱的师团。英军12月11日投入进攻,12月23日迅速攻占半岛顶端的东拜,一周后占领梅宇河东岸的拉代当,而克里斯蒂森麾下第三个师则忙着肃清更靠近内陆的加叻丹河河谷。由于日军正撤离若开,英军的推进没有遭遇太多抵抗。这促使英国人加快了夺取实兑的行动,他们1月4日占领该岛,发现日本人已弃岛撤离。

由于英军需要更多空军基地,克里斯蒂森打算夺取南面70英里的兰里岛。1月21日,英军轻而易举地占领该岛,这是因为日本人目前最关心的是守住穿过山区、通往伊洛瓦底江下游的那些山口,并阻止英军攻入缅甸中部。的确,樱井省三实力虚弱的第28军之所以能逃离若开地区,很大程度上归功于小股日军后卫部队坚守各条通道和山口到四月底。但他们的顽强防御也得益于这样一个事实:克里斯蒂森第15军目前更关注"吸血鬼"行动,为此,该军已调离很大一部分兵力。

1944年间,中国大陆的战局对国民党军队严重不利,因此,"三叉戟"会议就飞越"驼峰"空运补给物资的优先事宜所做的决定必须修改,目前的重点是加强中国军队,而不是驻华美军战略航空兵力量。在中国西南部的云南省,12个师的国民党军队发动的进攻居然被1个日军师团阻挡住了,尽管兵力对比达到七比一。

缅甸北部战线，史迪威的部队（主要由国民党军队组成）当年春季对本多政材第33军3个实力虚弱的师团发动进攻，力图穿过密支那，前出到滇缅公路北翼，但没取得太大进展。秋季时，印度/英国混编的第36师接替了筋疲力尽的"钦迪特"，形势这才有所好转，不无讽刺的是，这种情况发生在大多数国民党军队撤回国内抗击日军攻势后。魏德迈接替史迪威，另一位美军指挥官苏尔坦将军接掌了北部战区司令部，情况进一步好转。

当年十二月，苏尔坦麾下部队和剩下的两个中国师取得更快的进展，本多政材麾下几个虚弱的师团被迫朝西南方撤往曼德勒。到一月中旬，盟军已肃清滇缅公路中西段的日军，当年四月，从曼德勒到中国的整条滇缅公路再次打通。

1944年11月中旬，斯托普福德的第33军已经在钦敦江对岸建起一座登陆场，梅瑟维第4军随后向东攻入瑞保—曼德勒平原，在因多西北面的班茂与费斯廷第36师取得联系，第36师此时已向南前出到因多和伊洛瓦底江畔的杰沙。沿途没有遭遇抵抗，这表明日军正撤出瑞保平原，退往曼德勒附近的伊洛瓦底江阵地。斯利姆大失所望，他原本指望在这片相对开阔的地区，以自己占据优势的装甲部队、炮兵、空中力量围歼这股日军。于是，他修改了作战方案：斯托普福德辖4个师的第33军从北面攻往曼德勒，设法夺取几座渡过伊洛瓦底江的渡场；辖3个师的第4军应当尽可能隐蔽地从吉灵庙向南前出到密达河河谷，尔后从甘高开赴东南方，设法在木各具附近夺取一座渡过伊洛瓦底江下游的渡场——目的是插入据守曼德勒的日本军队身后，在密铁拉附近建立一道战略屏障，从而封锁日军向南撤往仰光的退路以及从仰光而来的补给线。中路战线的整个包围计划，成败取决于英军能否解决补给问题，特别是看他们是否能获得足够的空运补给。

1945年年初，第4军为纵深迂回行动加以准备。斯托普福德第33军继续向南攻往曼德勒，他们1月10日到达并占领了瑞保，1月22日又攻占钦敦江畔的蒙育瓦。斯托普福德麾下另一个师，已在曼德勒以北50~70英里处获得渡过伊洛瓦底江的几座渡口，构成三路进军的威胁。日军除了在曼德勒对面驻有一个支队，主力目前仍集结在伊洛瓦底江东岸。

斯利姆的新方案执行得非常完美。梅瑟维的部队 2 月 10 日占领木各具附近的甘拉，这是发起行动的信号。2 月 14 日，他的先遣师在木各具南面的良加附近夺得一座登陆场，轻而易举地打垮了据守这片地区的印度国民军。梅瑟维的突击力量由考恩将军指挥，编有实现了摩托化的第 17 师和一个坦克旅。这股突击力量 2 月 24 日穿过登陆场后夺得东沙，2 月 28 日前出到密铁拉郊外。日军一个支队重新夺回东沙，暂时切断了这股英军，但英方通过空运确保他们获得补给。经过两天激战，这股英军于 3 月 3 日攻克密铁拉。考恩竭力确保手中的主动权，以获得坦克支援的小股步兵纵队朝各个方向发起积极主动的侵袭，导致日军不知所措。

日本人的处境岌岌可危，他们在曼德勒周围备受重压，后方交通线遭切断，地面力量寡不敌众，基本没有空中掩护。尽管如此，他们还是发起猛烈的反击。英军一再冲击达弗林要塞，这是对方设在曼德勒的支撑点，可每次都被击退。日军随后在密铁拉地区展开一场殊死反攻，企图打通己方交通线，两个师团从南面而来，另一个师团从曼德勒向南攻击前进，这些师团目前统归本多政材第 33 军指挥，该军已撤离北部战线和滇缅公路。三月中旬，这场交战处于关键阶段，但月底前日军的反攻被击败，他们不得不放弃作战行动。在此期间，斯托普福德 3 月 20 日终于攻克了达弗林要塞和曼德勒。日本第 15 军意识到态势已趋无望，放弃了坚守曼德勒的企图并向南退却。缅甸中部落入英军手中，通往仰光的道路就此敞开。这几周的战斗，两个英国军共伤亡 1 万人左右，但日军的损失更大，很可能达到他们已然受损的兵力总数的三分之一。更要命的是，日军沿一条漫长而又曲折的路线向东撤入掸邦山区，其间损失了技术装备，这让他们丧失了继续实施抵抗的能力。

仰光的大门已对英军敞开，但他们必须迅速赶往这座城市，因为雨季即将到来，另外，美军运输机六月份就要调离缅甸，赶去支援中国。仰光距离密铁拉 300 多英里，如果不尽快夺取缅甸南方的一座港口，为斯利姆第 14 集团军提供一条海上补给线，以此消除美军运输机调离造成的影响，那么，斯利姆集团军已然拉伸的补给体系就会断裂。因此，蒙巴顿 4 月 3 日下定决心，命令五月初实施"吸血鬼"行动，以防斯利姆集团军无法及时赶到仰光。"吸血鬼"行动由克里斯蒂森第 15 军 1 个师、1 个中型坦克团和 1 个廓尔喀伞兵营遂行。

斯利姆从曼德勒和密铁拉向南发展胜利的方案如下：梅瑟维第 4 军沿主要公路和铁路线而下，斯托普福德第 33 军沿伊洛瓦底江两岸而下，第 33 军的补给依靠内陆水运，而第 4 军继续靠空运获得补给。

日本人企图以他们从若开地区开抵的第 28 军辖内部队守卫伊洛瓦底江，以另外两个军的残部阻挡梅瑟维。可这种企图纯属徒劳，因为这些日军残部根本不在战斗状态。与此同时，原本担任斯利姆预备队的第 5 师调往前方，4 月 14 日攻占密铁拉以南约 40 英里的央米丁。斯托普福德第 33 军也沿伊洛瓦底江而下，先遣师 5 月 3 日到达通往仰光中途的卑谬，而日本第 28 军被困在伊洛瓦底江西岸。梅瑟维的先遣部队，起初进展较慢，随后就以更快的速度沿主公路推进，4 月 22 日到达与卑谬平行的东吁，在那里阻挡住日本第 15 军残部的先遣部队——该军正撤往掸邦山区。此时，其余日军残部还在后方 100 英里处。一周后，梅瑟维的先遣部队到达距离东吁 90 英里的加多格，离仰光只剩 70 英里。他们在这里遭遇激烈抵抗，因为日本人企图确保一条向东通往泰国的交通线。英军没用几天就粉碎了对方的抵抗，但这场短暂的停顿导致梅瑟维的部下失去了率先解放仰光的荣誉。

"吸血鬼"行动 5 月 1 日发起，廓尔喀伞兵营降落在仰光河河口，英军在河两岸实施登陆。听闻日军撤离仰光的消息，这些部队重新登船沿河而上，次日开入仰光。5 月 6 日晨，他们与梅瑟维从加多格和勃固而来的先遣部队会合。至此，缅甸基本获得解放。

缅甸战役后期阶段，英军遭遇的抵抗并不激烈，主要是因为日本人调离了大部分海空力量，以应对美军在太平洋进军带来的更大威胁。面对盟军的 800 多架飞机（650 架轰炸机，177 架战斗机），他们只能拼凑出 50 架陈旧过时的飞机。另外，总的说来，英军这场积极进取的进军之所以取得成功，得益于美军运输机全力确保他们的补给。

第三十五章

希特勒的阿登反攻

1944 年 12 月 15 日，蒙哥马利致信艾森豪威尔，说盟军对莱茵河发动下一场大规模攻势前，他想回家过圣诞。他随信附上一份 5 英镑的账单，要求艾森豪威尔兑现，因为一年前他们打赌时，艾森豪威尔认为战争会在 1944 年圣诞节前结束。[1] 这份玩笑似的催账单有点不合时宜，因为就在两周前，蒙哥马利写了封"让艾克暴跳如雷"的信件，尖锐地批评艾森豪威尔秉承的战略，指责这种战略没能消灭德国人，还暗示艾森豪威尔应当交出指挥权。

艾森豪威尔表现出堪称典范的容人之量，他把蒙哥马利的第二封信看作玩笑，而不是冷嘲热讽。于是，他在 12 月 16 日的回信中写道："我还有九天呢，虽说看上去你肯定能赚得 5 英镑的意外之财过圣诞，可没到那天我是不会支付的。"

艾森豪威尔和蒙哥马利，以及他们的下属指挥官，谁都没想到敌人居然会阻挠他们执行自己的进攻方案。蒙哥马利当天对第 21 集团军群官兵发表他对战事的最新评估，自信地说道："敌人目前在各条战线从事防御作战，他们的处境导致他们无法发动大规模进攻战役。"第 12 集团军群司令布拉德利也持相同的看法。

但 12 月 16 日清晨,敌人发起一场大规模攻势,打乱了盟军指挥官的方案。这场打击针对美国第 1 集团军位于阿登山区的战线,这片地区遍布丘陵和密林,美军部署在这里的部队较为稀疏,以便沿进入德国的各条平坦道路集结最大兵力。由于阿登山区不适合己方进攻,盟军也就认为敌人同样不会从这里发动攻击。可德国人四年前就是在这里上演了一场闪电战,一举粉碎联军防线,导致西方国家逐一崩溃。奇怪的是,1944 年的盟军指挥官竟然对希特勒在同一地区故技重施的可能性置若罔闻。

德军进攻的消息,迟迟才传到后方的盟军高级指挥部门,而他们意识到这场进攻的威胁则更加迟缓。当日下午,这个消息上报到设在凡尔赛的盟国远征军最高统帅部,艾森豪威尔正与布拉德利商讨美军攻势的下一步举措。布拉德利在回忆录中坦率地承认,他认为德军这场突袭不过是"破坏性进攻"而已 [2],企图阻挠他的进攻行动。艾森豪威尔回忆录中写道:"我立即确信这不是一场局部性进攻。"[3] 可值得注意的是,他留作最高统帅部预备队的两个师,直到次日(12 月 17 日)傍晚才奉命开赴事发地区。

此时,米德尔顿第 8 军辖内 4 个师据守的 8 英里长的阿登防线,已被 12 个德国师的猛烈突击撕碎,这股德军编有 7 个装甲师,拼凑起 1000 辆坦克和突击炮。布拉德利回到卢森堡的战术指挥部,发现他那位困惑不安的参谋长正在作战室里研究地图,不由得吼道:"那个狗娘养的从什么鬼地方搞到这些部队的?"[4] 情况比他在盟军最高统帅部获知的更加严重。德军装甲先遣力量取得 20 英里突破,其中一股甚至已到达斯塔沃洛。直到此时,美国第 1 集团军司令霍奇斯仍不太重视德军这场突击,起初一心想对北面的罗尔河水坝发动进攻。直到 12 月 18 日上午,他发现德国人已穿过斯塔沃洛,正逼近他设在斯帕的集团军司令部,这才意识到敌军构成了严重威胁,匆忙把司令部迁到安全地区。

盟军最高统帅部没能及时掌握情况,部分原因是前线发给他们的消息姗姗来迟。而这种情况又是德军突击队乔装改扮后溜过破裂的美军防线,切断从前线通往后方的许多电话线并四处散播混乱造成的。

但这一点无法解释盟军最高统帅部为何对德军在阿登山区发动反攻的可

能性视而不见。自十月份起，盟军情报部门就发现德军装甲师撤出战线，为新的行动接受整补，这股力量已编入新组建的党卫队第6装甲集团军 ①。十二月初，相关报告称德国第5装甲集团军司令部，在科隆以西的罗尔河地区获得接替，已调到科布伦茨南面。另外，他们还发现德军装甲兵团朝阿登山区开进，那里的战线上出现了一些新组建的步兵师。12月12日和13日，有报告称两个特别著名的"闪电"师，也就是"大德意志"师和第116装甲师开抵这片"平静的"地区。12月14日，德国人把架桥设备运到奥尔河畔，这条河流掩护着阿登山区美军防线南半部。早在12月4日，据一名在这片地区被俘的德国兵交代，德国军队正在这里为一场大规模进攻做准备，接下来几天许多被俘的德国士兵证实了他的说法。他们还说，这场进攻定于圣诞节前一周发动。

这些越来越明显的迹象为什么没有引起盟军相关部门重视呢？这是因为第1集团军的情报处长与作训处长相处得不太愉快，同集团军群情报部长的关系也不太好，被他们看作动辄喊叫"狼来了"的危言耸听者。[5] 另外，就连这位情报处长也没能从他收集的情报中得出明确推论，而直接遭受威胁的第8军却得出个危险的错误结论，认为前线地段敌军各个师的换防，不过是让新组建的师获得些前线作战经验，然后把他们用于其他战线，这表明敌人"希望前线这片地段保持平静和不活跃状态"。

除了情报部门对敌人的进攻力量缺乏清晰的了解，盟军高级将领的误判似乎还归咎于四个因素。这么长时间以来，他们一直在进攻，所以很难想象敌人居然会主动发起攻击。他们的脑中充满了"进攻是最好的防御"这种军事理念，因而危险地确信，只要己方继续进攻，敌人就无法有效发动反攻。他们认为，对方即便企图实施反攻，也只能直接应对盟军攻往科隆和鲁尔区工业中心的行动。自从希特勒重新任命70岁高龄的老兵伦德施泰特元帅出任西线总司令以来，他们就更加确信德方会采用这种正统而又谨慎的做法。

---

① 译注：德国第6装甲集团军经常被称为"党卫队第6装甲集团军"，但德国国防军的文件中从来没使用过这个称谓/番号，总是称之为第6装甲集团军或将其简称为Pz. AOK. 6。

事实证明，他们在这几个方面的判断都错了，最后一个错误猜测加剧了前三个错判的误导作用。这是因为，虽然盟军把对方这场反攻称为"伦德施泰特攻势"，但除了担任名义上的总司令，伦德施泰特与这场行动毫无关系，无论当时还是事后，盟军这种说法都让他深感不快，因为他不仅不赞成发动这场攻势，还袖手旁观，听任他那些下属肆意妄为，他的司令部仅仅充当了传达希特勒一连串指令的邮局。

阿登反攻的构想、决定、作战方案完全是希特勒一手操办的。这是个绝妙的构想，要是他仍有足够的资源和兵力确保实现这个宏大的目标，这场反攻很可能赢得辉煌的胜利。战役开始阶段，德军取得惊人的成功，部分归功于年轻将领哈索·冯·曼陀菲尔发展的新战术，希特勒近期把这位47岁的将领从师长擢升为集团军司令。但另一半功劳归于希特勒的奇思妙想造成的广泛瘫痪效应，他大胆使用几百名敢死队员，企图为这场击败上百万盟军的行动开辟道路。为执行这项行动，希特勒起用了他发现的另一个天才，36岁的奥托·斯科尔策尼，斯科尔策尼去年奉命实施了一场滑翔机突袭，从一座山顶监狱解救了墨索里尼。

希特勒这个最新的奇思妙想，代号"狮鹫"行动，这是神话传说中的一种动物。这个代号非常贴切，因为此次行动的最大目的，就是在盟军战线后方制造巨大而又惊人的混乱。

作战方案规定这场行动分两波执行，构成荷马史诗中特洛伊木马策略的现代版本。第一波行动是投入会说英语的一个突击连，他们在德国军装外套上美军野战夹克，驾驶美制吉普，趁德国军队突破美军防线之机分成小股向前疾进，任务是切断电话线，调转路标误导守军预备队，悬挂红色布条示意道路上布设了地雷，并以一切可能的方式制造混乱。第二波行动是投入一整个装甲旅，装扮成美军穿越敌军防线，夺取默兹河上的桥梁。

第二波行动没能实现，因为集团军群司令部只能为这个旅提供一小部分美制坦克和卡车，剩下的就得使用伪装的德国车辆，使用这种很容易被识破的伪装时需要特别谨慎。这个旅在北部地区待命，可这里没有被明确突破美军防线，因此，该旅先是推迟行动，最后不得不放弃既定计划。

但德国突击队的第一波行动取得惊人的成功，甚至超出他们的预期。大约 40 辆吉普车穿过美军防线，随后执行散布混乱的任务，除了 8 个车组，其他人安然返回。而落入美国人手中的俘虏造成了最大的麻烦，他们交代的情况立即让美国人产生这样一种印象：大批此类破坏小组正在美军防线后方游荡。他们搜捕这些破坏小组时引发了一场巨大的交通拥堵，没能让提问者满意的数百名美国士兵遭逮捕。布拉德利回忆道：

……美军士兵在路上相遇时玩起猫捉老鼠的游戏，近 50 万人涉入其中。军衔、证件、抗议都无法让通行者在他经过的每个交叉路口免遭盘问。我三次被谨慎的美国兵拦下，要求我证明自己的身份。第一次我回答问题时说伊利诺伊州的首府是斯普林菲尔德，可提问者坚称正确答案是芝加哥；第二次问的是关于橄榄球的问题；第三次要我回答贝蒂·格拉布尔这个金发女明星现任丈夫的名字。格拉布尔难住了我，哨兵倒没有。我的为难之情让他大为高兴，于是他让我通过了。[6]

对英国联络官和到访的参谋人员来说，这种情况实在麻烦，因为他们根本不知道这类"考题"的正确答案。

12 月 19 日，一名被俘的德国敢死队员接受审问时交代，一些搭乘吉普车的小组，受领的任务是刺杀艾森豪威尔和盟军其他高级指挥官。当初他们还不知道实际任务时，这个毫无根据的传言就在训练营地传播开来。现在，盟军各级指挥部获知了这个消息，保卫部门惊慌不已，给其他工作造成瘫痪性妨碍的防范措施一路部署到巴黎，这种情况持续了十天。

艾森豪威尔的海军助手布彻海军上校，在 12 月 23 日的日记中写道：

我今天去凡尔赛看望艾克。他成了我方安保人员的"囚犯"，行动受到限制，他对此感到恼火，可又无可奈何。屋子周围布满各种警卫人员，有些卫兵端着机枪，他往来于办公室期间，总是有一辆坐着武装警卫的吉普车开道，有时候后面跟着一辆警卫车。[7]

幸运的是，德国人自身的麻烦也很严重，为实现希特勒过于雄心勃勃的目标，他们过度拉伸，兵力已捉襟见肘。策划这场大规模行动期间，希特勒又开始胡思乱想了。

曼陀菲尔出色地总结了这份方案[8]：

阿登攻势的作战方案完全是OKW（德军最高统帅部)制订的，然后作为一份既定"元首令"下达给我们。预定目标是投入两个装甲集团军（迪特里希指挥的第6装甲集团军和我指挥的第5装甲集团军），在西线赢得决定性胜利。第6装甲集团军攻往西北方，在列日与于伊之间渡过默兹河，直奔安特卫普。这股主力受领的是主要任务。我的集团军负责沿一条更曲折的路线前进，在那慕尔与迪南之间渡过默兹河，攻往布鲁塞尔，担任侧翼掩护……整场攻势的目标是切断英国军队与他们补给基地之间的联系，迫使他们撤离欧洲大陆。[9]

希特勒设想的是，要是他实现第二次"敦刻尔克"，英国实际上就会退出战争，他就能获得喘息之机，从而阻挡住苏军，在东线制造一场僵局。

这份方案十月底呈送伦德施泰特和负责执行的集团军群司令莫德尔元帅。伦德施泰特描述了自己当时的反应：

我深感震惊。希特勒事先没有跟我商讨过这场攻势的可行性。在我看来，可用兵力实在太少，很明显不足以执行这样一份过于雄心勃勃的方案。莫德尔和我的看法相同。实际上，没有哪个军人认为前出到安特卫普的目标是切实可行的。但我知道，现在就一切可行性问题向希特勒提出异议无济于事。我同莫德尔和曼陀菲尔商讨后，觉得唯一的希望是提出一份可能会吸引希特勒，同时更具可行性的替代方案，让他放弃目前这个异想天开的目标。替代方案会是一场有限攻势，目标是切断亚琛周围的盟军突出部。[10]

可希特勒拒不采纳这份更加适度的方案，坚持实施他的原定计划。准备工作尽可能隐蔽地执行。曼陀菲尔指出：

> 我指挥的第5装甲集团军，辖内所有师集结在特里尔与克雷费尔德之间，但保持很宽的间隔，这样一来，间谍和民众就弄不清这些部队的意图是什么。士兵只知道他们准备抗击盟军即将对科隆发动的进攻，只有极少数参谋人员了解实际方案。[11]

第6装甲集团军集结在更后方，位于汉诺威与威悉河之间地区。集团军辖内各师已调离前线休整并接受再装备。奇怪的是，泽普·迪特里希直到临战前不久才获知自己的任务，上级部门事先没有就需要第6装甲集团军执行的计划咨询他的意见。行动发起前几天，大多数师长才接到通知。曼陀菲尔的第5装甲集团军利用三个夜晚进入出发线。

这种战略伪装有助于达成突然性，但过度的内部保密付出了沉重代价，第6装甲集团军的情况尤是如此。各级指挥官过晚地获悉这场行动，没时间研究自己的问题，也来不及侦察地形并做好准备工作。结果，他们忽略了许多东西，进攻开始后遇到很多麻烦。希特勒在他的大本营和约德尔一同制订了详细的作战方案，他们似乎认为这样就能确保行动顺利执行。他忽视了各种局部情况，以及行动执行者的个人问题。对参战部队的需求，他也抱以乐观态度。

伦德施泰特指出："没有充足的援兵，没有弹药补给，虽然装甲师的数量不少，但各个师的坦克数量并不多，实力基本只存在于理论上。"[12] 车用油料短缺的情况最为严重。曼陀菲尔说道：

> 约德尔向我们保证，会提供足够的油料让我们发挥全部力量，顺利完成这场进军。可这番保证彻底落空。部分问题出自OKW，他们以一种精确而又刻板的方式，计算每个师前进100公里需要消耗的油料。以我在俄国的经历看，实战情况下的油料消耗量是这个定额的两倍。约德尔对此全无了解。

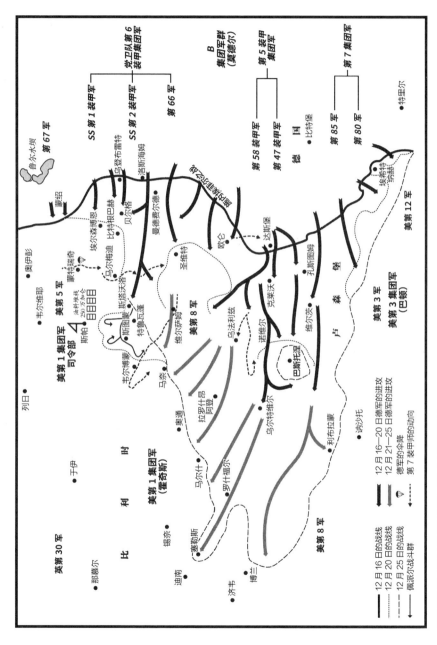

突出部之战，1944 年 12 月 16—25 日（ZVEN 制）

　　在阿登山区这种地形复杂的地区从事一场冬季交战，可能会遇到许多意想不到的困难，所以我当面告诉希特勒，必须提供五倍于标准配额的油料供应。进攻发起时，我们实际只得到相当于标准配额1.5倍的油料。更糟糕的是，许多油料存在后方很远处，大多由莱茵河东岸的大型卡车队运载。一旦浓雾消散，盟国空中力量投入战斗，车队的前进必然受到严重干扰。

　　德军官兵对这些潜在的弱点一无所知，仍对希特勒和他保证的胜利满怀信心。伦德施泰特说道："进攻开始时，参战官兵的士气高得惊人。他们确实相信胜利在望，心态与了解实情的高级指挥官完全不同。"

　　希特勒拒不接受规模较小的作战方案，伦德施泰特就退居幕后，让莫德尔和曼陀菲尔这两位更有机会影响希特勒的将领出面，为元首一门心思考虑的作战方案争取些技术方面的变更。12月12日，巴特瑙海姆附近齐根贝格的西线总司令部召开战役前最后一次会议，伦德施泰特例行公事地参加了会议。希特勒出席并主导了会议进程。

　　曼陀菲尔生动地描述了技术方面的变更，以及战术上的改动，后来掌握的文件档案和其他资料证实了他的说法：

　　我看到希特勒的进攻令时，惊讶地发现这些命令甚至规定了进攻方式和时间。炮兵早晨7点30分开火，步兵上午11点发动突击。中间这几个小时，德国空军轰炸敌人的指挥部和交通线。待步兵力量取得突破，各装甲师才能投入进攻。炮兵力量散布在整条战线上。

　　我觉得这道命令从几个方面看都是很蠢的，于是立即制定了一套不同的方案，还解释给莫德尔听。莫德尔赞同我的方案，但语带讥讽地说道："您最好能说服元首。"我回答道："好吧，要是您陪我去的话，我就照办。"于是，我们俩12月2日前往柏林谒见希特勒。

　　我一开始就说道："我们都不知道进攻当日的天气情况如何，面对盟军的空中优势，您能确保德国空军完成他们的任务吗？"我提醒希特勒先前在孚日山脉两次发生过的情况，证明装甲师昼间根本没办法移动。然后我继续说道："我方炮兵7点30分实施炮火准备只会惊醒美国人，我们发动突击前，他们有三个半小时时间组织反制措施。"我还指出，大多数德国步兵的素质大不如前，很难实现作战方案要求的纵深突破，特别是在地形这么复杂的地区。而美军的防御以一连串前沿哨所构成，主防线位于后方，所以很难突破。

我建议希特勒对进攻方案做出些变更。首先把突击行动提早到5点30分，这样就可以利用夜色的掩护。当然，这会给炮兵射击造成限制，但可以让他们集中火力轰击预先确定的关键目标，例如敌炮兵连、弹药堆栈、指挥部等等。

其次，我建议每个步兵师组建一个突击营，以最具经验的官兵组成（我亲自挑选军官）。清晨5点30分，这些突击营在黑暗中前进，不提供炮火掩护，他们在美军各前沿防御哨所间渗透。达成纵深渗透前，这些突击营应尽可能避免与敌人交战。

高射炮部队的探照灯射向云层，向下反射的光线为突击部队照亮前进道路。不久前我亲眼见识过这种演示，对此印象深刻，我认为这是突击部队拂晓前迅速达成渗透的关键。

我向希特勒提出这些替代方案后争辩道，真想赢得胜利就必须采用这种进攻方式，除此之外别无他途。我强调指出："下午4点天就黑了，所以，上午11点发起突击后，您只有5个小时时间达成突破。您能否及时做到这一点很值得怀疑。要是采纳我的建议，您会多得到5个半小时用于突破敌人的防御。待夜幕降临，我就以坦克发起攻击。他们在夜间前进，穿过我方步兵，次日拂晓沿一条肃清的路线，对敌人的主要防御阵地展开突击。"[13]

据曼陀菲尔说，希特勒没有提出任何异议就接受了这些建议。这很有意思，看来希特勒愿意听取他信赖的将领提出的建议。这样的人为数不多，曼陀菲尔是一个，莫德尔是另一个。希特勒对大多数高级将领有一种本能的不信任感，虽说他信赖身边的参谋人员，不过他也知道这些人缺乏实战经验。

可是，用于此次战役的兵力减少，抵消了这些战术变更对胜利前景的改善。执行此次进攻的各级指挥官很快收到惊人的消息，先前答应提供给他们的部分部队无法调拨，原因是苏军在东线的进攻造成深具威胁的压力。

结果，计划中以布卢门特里特指挥的第15集团军[①]，朝马斯特里赫特发起的向心突击不得不取消，这就让盟军得以从北面调来预备力量。另外，为这场攻势的南翼提供侧翼掩护的第7集团军只剩几个师，其中没有一个是装甲师。

关于德军的作战方案，有几个要点值得强调，叙述这场阿登攻势的作战行动时应当牢记。首先是多云天气对德军作战方案的重要性。德军领导人非常清楚，必要情况下，盟军可以投入5000多架轰炸机。戈林承诺，他只能以1000架各种型号的飞机提供支援，而希特勒现在对德国空军的保证持谨慎态度，向伦德施泰特介绍自己的方案时，把这个数字减少到800～900架。到头来，德国空军只有一天兑现了希特勒这个估计，而那时，地面上的战斗已成定局。

第二个因素是，刺杀希特勒的7·20事件发生后，没有哪个德国将领敢明确反对希特勒的作战方案，无论这种方案是多么鲁莽。他们能做的，充其量是劝说希特勒接受技术和战术方面的修改，而在这方面，他只接受他特别信任的那些将领提出的建议。

其他重要因素包括：原先许诺的兵力遭到削弱，侧翼集团军的掩护任务被取消；美军十一月在亚琛周围的进攻行动，牵制了几个原本打算用于阿登反攻的德国师；由于各种条件都不太合适，德军这场反攻从十一月推迟到十二月；1940年与1944年这两场闪电战，在不利性方面存在许多差异。

这场攻势很大程度上取决于迪特里希第6装甲集团军的快速推进，该集团军最靠近默兹河的关键河段。这里本来可以使用空降部队，他们对开辟道路深具价值，但在地面防御作战中，这股力量已遭到严重消耗。进攻开始前一周，德国人只拼凑了1000名伞兵，组成一个伞兵营，交给冯·德尔·海特上校指挥。海特联系德国空军司令部后发现，分配给他们的飞机，半数以

---

① 译注：布卢门特里特指挥的是第25集团军。

上的机组人员在空降行动方面毫无经验，而且缺乏必要的装备。

最终分配给伞兵部队的任务，不是在前进中的装甲部队前方夺取易守难攻的隘路，而是在马尔梅迪—奥伊彭—韦尔维耶附近的里基山降落，建立一道侧翼拦截阵地，阻滞盟军援兵从北面开抵。可进攻前夜，上级答应调拨的运输车辆没有到来——这些车辆负责把几个伞兵连送往机场，空降行动只好推迟到次日夜间，那时候，地面进攻已经发起。随后实施的空投，准确飞抵空投区的飞机只有三分之一，海德上校只能集结几百名部下，他无法夺取十字路口并建立拦截阵地。接下来几天，他以一个个小股突击组滋扰各条道路。由于一直看不到迪特里希的部队赶来救援的迹象，他决定向东突击，赶去与迪特里希会合，结果在途中被俘。

迪特里希的右路突击，早已被美军在蒙绍的顽强防御挡住。他的左路突击达成突破，绕过马尔梅迪，12月18日在斯塔沃洛前方的昂布莱沃河夺得一处渡场，从进攻出发线算起，他们已取得30英里进展。但德军在这条狭窄的隘路受阻，随后被美军的反击逼得走投无路。美军预备队匆匆开抵战场，实力不断加强，德国人重新发起的冲击以失败告终，第6装甲集团军的进攻行动就这样草草收场了。

曼陀菲尔战线上的开局不错。据他说：

> 我那些突击营像雨水般迅速渗入美军防线。下午4点，坦克向前推进，黑暗中，他们借助"人造月光"攻击前进。[14]

但渡过奥尔河后，他们不得不在克勒夫河畔的克莱沃穿过另一条棘手的隘路。这些障碍，再加上冬季条件，给他们造成延误。

> 只要我方坦克大举到达，敌人的抵抗就会土崩瓦解，可装甲部队运动困难，抵消了初期阶段敌军虚弱抵抗的有利条件。[15]

12月18日，德军前进30英里后逼近巴斯托涅，但他们12月19日冲过这个重要道路中心的企图受阻。[16]

艾森豪威尔终于派出他的两个预备队师，12 月 18 日赶赴前线，可他们此时在 100 英里外的兰斯。更糟糕的是，由于参谋人员的失误，原本打算调往巴斯托涅的第 101 空降师错误地派往北面。多亏发生交通堵塞后一名宪兵中士无意间问起，该师才调转方向向南行进，于 12 月 19 日晨的关键时刻开入巴斯托涅。这个师的侥幸到达加强了镇子的防御。

接下来两天，守军挫败了德国人连续发起的冲击。因此，曼陀菲尔决定绕过巴斯托涅，继续攻往默兹河。但盟军预备力量此时已集结在四面八方，实力远远超过德军投入进攻的兵力。巴顿两个军转身向北，赶去救援巴斯托涅，沿通往该镇的各条道路展开攻击。虽然德军暂时阻挡住对方的反攻，但不断抽调部队导致曼陀菲尔已无法继续前进。

机会已然错过。曼陀菲尔迂回攻往默兹河的行动，惊动了盟军统帅部，但德军这场进攻为时已晚，无法造成真正的威胁。按照他们的原定方案，进攻第二天就应该夺取巴斯托涅，可曼陀菲尔的部队第三天才到达该镇，第六天才绕过这里。12 月 24 日，德军一根"小手指"伸到迪南附近，距离默兹河不到 4 英里，可他们已呈强弩之末，这根"小手指"很快就被切断了。

泥泞和油料短缺一直是妨碍德军前进的重要因素，由于缺乏油料，只有半数炮兵力量可投入战斗。虽然战役头几日的大雾天气导致盟军战机无法升空，有利于德国人渗透，可这袭掩蔽"斗篷"12 月 23 日消失了。德国空军实力虚弱，根本无法掩护他们的地面部队免遭猛烈的空中打击，这加剧了贻误战机带来的损失。希特勒把主要突击任务交给北翼的第 6 装甲集团军也是个错误（该集团军主要以他青睐的武装党卫队师组建），此举无视那里的实际情况：地面更拥堵，盟军部署得更密集，预备队也靠得更近。

第一周，德军的进攻远远没有实现预期目标。第二周开始时，进展加快纯属假象，因为他们只是深深楔入各个重要的道路中心之间，而美国人此时牢牢守卫着这些据点。

概述这场战役后，有必要更详细地阐述战役关键阶段不同地段的作战行动。

迪特里希第6装甲集团军受领主要任务,可他们的战线相对较窄,作战计划如下:以3个步兵师在乌登布雷特两侧打开个缺口,然后转向西北方,在另外2个步兵师加强下,形成正面朝北的坚实肩膀;尔后,集团军辖内4个装甲师,两个两个地穿过缺口,迅速攻往列日这座大城市和交通中心。这股装甲力量完全由武装党卫队组成,也就是党卫队第1、第2、第9、第12装甲师,这些师编为党卫队第1、第2装甲军。他们约有500辆坦克,包括50辆六号虎式坦克。值得一提的是,迪特里希希望以他的2个装甲师达成突破,但莫德尔没有同意,他认为这项任务的作战地形对坦克来说太过恶劣了。

据守这片地段的是美国第99步兵师,部署在杰罗第5军最南端,这段防线的宽度大约20英里。南面,米德尔顿第8军辖内各师的防御宽度也差不多。对任何一个师来说,这个防御宽度都太大了,这说明美国人完全没有料到德军会发动进攻。

12月16日清晨5点30分,德军炮兵实施炮击,但这片地区的德军步兵直到7点左右才向前推进。独立的前沿哨所被逐一打垮,可许多美军哨所不顾实力悬殊实施了激烈抵抗,给德国人造成严重损失,还延误了德军装甲师的出击。虽说德国人接下来两天得以向西进击,但美军在至关重要的贝尔格—比特根巴赫—埃尔森博恩地区展开顽强抵抗,导致德军没能按计划夺取北肩,此处仍控制在美国人手中,日后发挥了重要作用。守军日复一日地抗击德军的猛烈冲击。伦纳德·杰罗指挥的美国第5军表现出色,该军此前一直在亚琛地区参加美军的进攻行动,紧急情况下转身调往南面。美军的顽强阻截损害了武装党卫队的声誉,促使希特勒12月20日做出决定,把主攻任务转交给曼陀菲尔第5装甲集团军。

曼陀菲尔集团军战线上,右翼力量(靠近迪特里希的战线)迅速达成突破。位于施内埃菲尔地区的这片地段,宽度刚好超过20英里,由新开抵的美国第106步兵师和第14骑兵大队据守。这道防线掩护着通往圣维特这个重要道路中心的接近地。此处的显著特点是,进攻方和北面的德军不同,无法投入压倒性力量,他们的进攻力量主要由卢赫特第66军辖内2个步兵师

构成，另外还有 1 个装甲旅。但这股德军 12 月 17 日取得成功，以一场钳形
机动包围了美国第 106 师 2 个团，迫使至少 7000 名美军官兵投降，也可能
多达 8000 ~ 9000 人。曼陀菲尔采用的新战术大获成功。他这段战线上，炮
火准备还没有开始，各突击支队已进入美军阵地。美国官方史得出的结论是，
施内埃菲尔之战堪称"美国军队 1944—1945 年在欧洲战区的作战行动中遭
受的最严重的逆转"。

曼陀菲尔战线南端，主要突击在右侧由克鲁格第 58 装甲军遂行，左侧
则以吕特维茨第 47 装甲军实施。第 58 装甲军渡过奥尔河攻往乌法利兹，后
续目标是在阿登与那慕尔之间的默兹河对岸夺取一座登陆场。渡过奥尔河后，
第 47 装甲军的任务是攻占重要的道路中心巴斯托涅，尔后继续前进，在那
慕尔南面夺取默兹河对岸登陆场。

美国第 28 步兵师的各个前哨，给德军渡过奥尔河的行动造成些延误，
但没能阻止对方。次日（12 月 17 日）夜间，德军逼近乌法利兹和巴斯托涅，
以及这两个道路中心之间的横向公路，他们需要这条公路，以便充分展开部
队并向西发展攻势。

最南端，布兰登贝格尔指挥的德国第 7 集团军辖内 4 个师（3 个步兵师
和 1 个伞兵师），受领的进攻任务是穿过讷沙托攻往梅济耶尔，以此掩护曼
陀菲尔的推进。这些师设法渡过奥尔河，位于内翼的第 5 伞兵师三天内向西
推进 12 英里，前出到维尔茨。但美军第 28 师右翼力量只是缓缓退却，而米
德尔顿第 8 军辖内另外 2 个师（第 9 装甲师和第 4 步兵师）阻挡住取得 3 ~ 4
英里进展的德军。到 12 月 19 日，情况已经很清楚，美军牢牢守住了德军进
攻正面的南肩。同样清楚的是，巴顿第 3 集团军正从萨尔区向北疾进，很快
就会赶来支援。当天，德国第 80 军转入防御。

曼陀菲尔吁请上级部门把一个机械化师调拨给友邻第 7 集团军，确保
他们与自己的左翼齐头并进，可希特勒亲自拒绝了这个要求。这种拒绝很可
能具有决定性。

迪特里希的北部战线上，德军装甲力量 12 月 17 日才投入进攻，精锐的

党卫队第 1 装甲师向前疾驰,企图从南面迂回列日,该师的前进路线已被肃清。担任先遣力量的是派佩尔战斗群,党卫队第 1 装甲师的 100 辆坦克大部分交给这个战斗群,他们在前进途中几乎没有遭受干扰,在于伊顺利夺得默兹河畔的渡场。行进途中,他们以机枪火力射杀了几批手无寸铁的美军战俘和比利时平民,这种屠杀行径导致该战斗群臭名昭著。(派佩尔战后接受审判时声称,这种做法是执行希特勒的命令,希特勒要求他在进攻前"掀起一波恐怖浪潮"。但德军整个进攻行动期间,实施这种残酷行径的只有派佩尔战斗群。)派佩尔战斗群在斯塔沃洛郊外停下来过夜时,离默兹河仍有 42 英里,他们没有攻占那里至关重要的桥梁,也没有夺取北面一座庞大的油料堆栈(存有超过 250 万加仑的油料),原因何在实在说不清。此时,这两处的防御力量都很薄弱。美国第 1 集团军设在斯帕的司令部也在附近。彻夜行进的美军援兵开抵这片地区,次日,燃烧的油料构成一道障碍,阻挡住派佩尔。他随后又在 3 英里外的特鲁瓦蓬受阻,那里的几座桥梁在他面前被炸毁[①]。派佩尔企图绕道侧面的河谷,又遭到美军阻截,随后在前方 6 英里的斯图蒙受阻。此时,他获悉自己这场推进远远领先于第 6 装甲集团军辖内其他部队,目前已遭到孤立。

南面,曼陀菲尔的战线上,德军对圣维特和巴斯托涅施加的压力越来越大,控制这两个重要的道路中心可能对进攻前景产生决定性影响。圣维特位于美军防线后方 12 英里处,德国人 12 月 17 日对该镇发起首次冲击,但只投入小股兵力。次日,提供增援的美国第 7 装甲师主力开抵战场。12 月 18 日,德军不断加强突击,周边村庄逐一陷落,这种压力导致美军没能救援第 106 步兵师陷入包围的两个团。另外,德军几个装甲纵队从南北两面迂回圣维特,美军不得不击退他们,而德军一个装甲旅正赶来加强进攻。

12 月 18 日,吕特维茨第 47 装甲军以 2 个装甲师(第 2 装甲师、装甲教导师)和第 26 人民掷弹兵师封闭了巴斯托涅包围圈。但美军援兵(美军第 9

---

① 译注:特鲁瓦蓬这个法语地名的意思是"三座桥梁"。

装甲师一个战斗指挥部和几个工兵营）已开抵该镇，加强了防御。双方激烈争夺各个村庄，德军一方的交通相当混乱，导致他们的进攻减缓，这让艾森豪威尔从战略预备队抽调的第 101 空降师，在 12 月 19 日上午这个关键时刻到达巴斯托涅。目前暂时指挥该师的是安东尼·C.麦考利夫准将，该师师长麦克斯韦·D.泰勒少将此时在美国休假。巴斯托涅的激烈防御中，美军工兵大显身手，德国人一时间无法攻入镇内。德军几个装甲纵队从两侧绕过，他们已在北面打开个缺口，而巴斯托涅这个交通中心留给第 26 人民掷弹兵师和一个装甲战斗群消灭。就这样，巴斯托涅 12 月 20 日遭切断。

　　12 月 17 日上午，艾森豪威尔和他手下的主要指挥官才接受德国人正发动全面攻势的事实，直到 12 月 19 日，他们才对此确信不疑。布拉德利命令第 10 装甲师北上，还批准了第 9 集团军司令威廉·辛普森中将派第 7 装甲师跟随第 30 步兵师南下的建议。因此，6 万多名官兵组成的新锐部队开赴受威胁地区，接下来八天，还有 18 万人朝那里赶去。

　　原本在亚琛附近休整的利兰·S.霍布斯少将第 30 步兵师，先是奉命开赴奥伊彭，接着赶往马尔梅迪，尔后向西进军，赶去阻挡派佩尔装甲战斗群。在战斗轰炸机支援下，美军夺回斯塔沃洛部分地区，切断了派佩尔战斗群与德国第 6 装甲集团军的联系，派佩尔此时在斯图蒙遭到越来越强大的抵抗。到 12 月 19 日，他的油料极度短缺，而美国第 82 空降师和装甲援兵的开抵，造成对他不利的局面。此时，两个党卫队装甲军的主力仍被美军阻挡在后方很远处，那里没有足够的道路供他们前进，大批坦克和运输车辆根本无法展开。派佩尔战斗群耗尽了油料，12 月 24 日不得不丢弃他们的坦克和其他车辆，步行向后逃窜。

　　南面，曼陀菲尔的战线上，美国第 3、第 7 装甲师已赶去阻挡德军从圣维特地区发起的西进。曼陀菲尔指挥部队猛攻圣维特镇，备受压力的守军伤亡惨重，被迫撤离该镇。对他们来说幸运的是，一场庞大的交通堵塞导致德国第 66 军无法迅速发展胜利。美国第 106 步兵师和第 7 装甲师残部趁机逃到更安全的阵地上。这就阻止了德军迅速前出到该地区的默兹河河段，继而进一步扩大缺口。

美军防线被撕开，促使艾森豪威尔 12 月 20 日授权蒙哥马利指挥缺口北面的所有盟军部队，包括美国第 1、第 9 集团军，而蒙哥马利已前调他的预备队军，也就是辖 4 个师的第 30 军，赶去守卫默兹河上的各座桥梁。

蒙哥马利举止自信当然是件好事，可如果他不摆出这种姿态，效果本来会更好，就像他手下一名军官说的那样："他大步走入霍奇斯的司令部，活像基督来清扫圣殿。"随后召开的新闻发布会上，蒙哥马利更是引起广泛的反感，因为他的讲话给众人留下这样一种印象，全凭他"亲自指挥"战斗，美军才免遭崩溃。他还大谈"动用了英国集团军群一切可用力量，最终成功地把他们投入战斗"。这种说法激起更大的不满，因为巴顿自 12 月 22 日起一直在南翼实施反攻，12 月 26 日解救了巴斯托涅，而蒙哥马利却要求先稳住自己的阵地，直到 1 月 3 日才从北面发起反击。在此之前，他的英军预备队一直没有投入战斗。

盟军防线 12 月 20 日重组那天，缺口北侧交给 J. 劳顿·柯林斯少将负责，他指挥的美国第 7 军，先前一直在参与美军攻往罗尔河和莱茵河的攻势。蒙哥马利明确表示，他希望由绰号"闪电乔"的柯林斯，而不是其他人，来执行这项重要任务。为执行这个新任务，蒙哥马利把精锐的第 2、第 3 装甲师和第 75、第 84 步兵师调拨给柯林斯，让他向南发动一场反突击，打击曼陀菲尔前进中的先遣力量。

巴斯托涅一直处于岌岌可危的境地。面对德国人的反复冲击，守军不断退却，可他们没被打垮。12 月 22 日，吕特维茨派出"打着白旗"的军使，呼吁陷入困境的守军接受不失体面的投降条款，只得到麦考利夫含义模糊的回复："Nuts！"这句话日后成了传奇。这段防区的美军指挥官设法向德国人解释这个词的意思，想来想去也只能表述为"见鬼去吧！"①

次日，深受欢迎的好天气到来了，盟军首次为陷入困境的守军提供了空

---

① 译注：就连利德尔·哈特也觉得这个"含义模糊"的词可能是麦考利夫家乡的上话。几乎成为第101空降师坚守巴斯托涅代名词的Nuts，长期以来一直翻译成"胡说""屁话""呸""发疯"等等。实际上，联系当时的情况和麦考利夫的心境，解释成一些更粗俗的词似乎更合适些。

投补给，还多次对德军阵地发起空中打击。与此同时，巴顿的部队正从南面赶来。尽管如此，情况还是极度危急，因为圣诞节前夕的 12 月 24 日，美军防御圈缩小到 16 英里。但吕特维茨的部队几乎没有得到援兵或补给，还遭到盟军空中力量不断加剧的猛烈打击。圣诞节当天，德国人倾尽全力发起冲击，他们新开抵的坦克部队损失惨重，还是没能突破美军防御。巴顿第 3 集团军辖内第 4 装甲师（现在由休·J. 加菲少将指挥）从南面杀开一条血路，下午 4 点 45 分与守军会合，就此解除了巴斯托涅遭受的围困。

德国第 7 集团军负责掩护曼陀菲尔前进中的左翼，起初取得些进展，但自身的弱点暴露在美军从南面发起的反击下。到 12 月 19 日，巴顿已奉命放弃穿过萨尔区的进攻行动，集中麾下两个军的力量消灭曼陀菲尔所部形成的突出部。12 月 24 日，他的第 12 军已逼退德国第 7 集团军辖内各师，消灭了对方企图构建的南肩。

西面，辖第 4 装甲师和第 26、第 80 步兵师的美国第 3 军集中力量解救巴斯托涅。著名的第 4 装甲师全力执行巴顿 12 月 22 日下达的命令——"全速前进！"但地形有利于防御，德国第 5 伞兵师徒步战斗的伞兵实施了顽强抵抗。美军不得不把他们逐出每一个村庄和树林。但他们通过侦察发现，讷沙托—巴斯托涅公路上的抵抗较弱。于是，美军 12 月 25 日转向东北方，不再直接攻往巴斯托涅。次日，第 4 装甲师剩余的少量谢尔曼坦克到达巴斯托涅南部防线。

在此期间，曼陀菲尔麾下几个装甲师，绕过巴斯托涅，沿那慕尔以南地带一路攻往默兹河。美军新锐部队前调期间，为掩护河畔几座渡场，霍罗克斯指挥的英国第 30 军已开赴济韦和迪南周围的默兹河东西两岸，而美军工兵正准备炸毁河上的桥梁。

希特勒此时缩窄了视野，目光集中于默兹河。他从最高统帅部预备队抽调第 9 装甲师和第 15 装甲掷弹兵师，协助曼陀菲尔肃清迪南接近地的马尔什—塞勒斯地区。因此，双方都打算在圣诞节发动一场攻势，不过，由于彼此间的交战过于激烈，谁都无法脱身并发动进攻。但柯林斯的部队逐渐占据上风，圣诞节那天早上，他的部队在英国第 29 装甲旅支援下，一举夺回距离默兹河和迪南仅 5 英里的塞勒斯村，这里是德军进攻行动到达的顶点。美军步兵随后肃清了许多陷入孤立境地的口袋，或是将它们交给空中力量加以彻底消灭。从 12 月 23 日起，德军装甲部队就遭到盟军空中力量的严重扰乱，到 12 月 26 日，他们已无法在昼间采取行动。希特勒迟迟不肯派出的德国第 9 装甲师，圣诞节夜间才开抵战场，没能克服美国第 2 装甲师的强大防御。12 月 26 日，意识到根本无法到达默兹河的德军开始退却。

迪特里希第 6 装甲集团军接到命令，要求他们展开新的努力，朝西南方汇聚，支援曼陀菲尔的进攻。迪特里希麾下几个装甲师投入战斗，但进展甚微，这是因为美军的防御此时已得到大力加强，而且随时可以获得战斗轰炸机支援。党卫队第 2 装甲师起初达成渗透，给美国人造成些惊慌和混乱，可随后就在争夺马奈村（特鲁瓦蓬西南方 12 英里）的旷日持久的战斗中遭受严重损失。总之，德国第 6 装甲集团军这场进攻除了消耗兵力，几乎一无所获。

美军发动主要反攻前，德国人早已放弃北路突击，在南翼付出的最终努力也以失败告终。这场最后一搏遵照的是希特勒的命令：把突击重点调整到南翼，支援第 5 装甲集团军的进攻。可这个决心下得太迟，已然错失良机。曼陀菲尔苦涩地说道：“直到 12 月 26 日，剩下的预备力量才调拨给我，可他们此时已无法开动。前线急需这股力量时，他们因为缺乏油料止步不前，停滞的队列长达上百英里。”[17] 这种情况颇具讽刺意味，因为 12 月 19 日，德国人距离斯塔沃洛附近一座庞大的油料堆栈不到四分之一英里，那里堆积的油料多达 250 万加仑，比他们先前缴获的最大堆栈大上一百倍。

> 我们还没来得及发起新的进攻，盟军就展开反攻。我致电约德尔，请他转告元首，我打算把靠前的己方部队撤离我们形成的这个突出部的鼻端……可希特勒禁止后撤。所以，我们没能及时撤离，而是在盟军进攻的压力下逐步退却，毫无必要地承受了损失……我们在后期阶段蒙受的损失远远大于初期，完全是希特勒“不许后撤”的政策造成的。这种政策意味着破产，因为我们承受不起这么大的损失。[18]

　　伦德施泰特赞同这个结论："战役初期阶段，我就提出停止进攻，因为这场攻势显然无法实现既定目标，可怒气冲冲的希特勒坚决要求继续进攻。这简直是第二次斯大林格勒。"[19]

　　阿登战役开始时，盟军忽略了侧翼防御，几乎酿成一场灾难。但最终，希特勒把"进攻是最好的防御"这个军事理念引向极端。事实证明，这是"最糟糕的防御"，彻底毁掉了德国继续实施顽强抵抗的机会。

注释

1. Butcher: *My Three Years with Eisenhower*, p. 722.

2. Bradley: *A Soldier' s Story*, p. 455.

3. Eisenhower: *Crusade in Europe*, p. 342.

4. Bradley: *A Soldier' s Story*, p. 466.

5. Bradley: *A Soldier' s Story*, p. 464.

6. Bradley: *A Soldier' s Story*, pp. 467-9.

7. Butcher: *My Three Years with Eisenhower*, pp. 727-9.

8. 战争结束后不久，我讯问了一些德军高级指挥官，与他们在地图上详细商讨作战行动。需要时，我就从他们的陈述中引用一些引人注目的段落。当然，我用后来发现的其他证据核对过这些说法。

9. Liddell Hart: *The Other Side of the Hill*, p. 446-7.

10. Ibid., p. 447.

11. Ibid., p. 449.

12. 休·科尔博士编撰的美国官方史证实了这一点，书中称德国各装甲师的坦克数量平均为90～100辆，仅仅是美国装甲师的一半。盟军当时发表的声明声称这场战役是对方在战争期间最强大的坦克集结——这一结论基于德国人投入的师级部队数量，科尔博士的著作对此提出了不同看法。

13. Liddell Hart: *The Other Side of the Hill*, pp. 451-3.

14. Liddell Hart: *The Other Side of the Hill*, p. 459.

15. Liddell Hart: *The Other Side of the Hill*, p. 460.

16. 德军受阻不完全是守军的顽强防御造成的，因为德军先遣部队的一名指挥官后来与我商讨这个问题时坦率地承认，值此关键时刻，他忙着跟一名"金发碧眼、年轻漂亮的"美国女护士调情，在自己的部队占领的一座村子里被这个女护士迷得晕头转向。看来，战斗并不总是由军事教材传授的方式来决定。

17. Liddell Hart: *The Other Side of The Hill*, p. 463.

18. Ibid., p. 464.

19. Liddell Hart: *The Other Side of the Hill*, p. 464.

World War II

第八部

终局
1945 年

第三十六章

从维斯瓦河攻往奥得河

　　斯大林曾通知西方盟国，他会在一月中旬前后，从维斯瓦河一线发动新攻势，以此配合盟军计划中对莱茵河一线的进攻行动——由于德军阿登反攻造成的混乱，盟军不得不推迟这场进攻。西方盟国高层人士没有对红军这场新攻势寄予厚望。苏联人有时候以天气条件为借口推三阻四，一直不愿透露红军实力的准确情况。红军 1944 年 7 月底到达维斯瓦河后长期停滞不前，这一切不免使低估苏联红军的倾向重新抬头。西方盟国有不少人认为，苏联人未必能有太大作为。

　　十二月月底前，古德里安收到些不祥的报告，这场战争令人绝望的后期阶段，这位装甲兵将领出任德国陆军总参谋长。陆军情报部东线外军处负责人盖伦报告，波罗的海到喀尔巴阡山这条战线，他们已识别出红军集结起来准备进攻的 225 个步兵师和 22 个坦克军。

　　可古德里安呈交这份关于红军从事大规模进攻准备的不祥报告时，希特勒全然不信，还大吼道："这是自成吉思汗时代以来最大的骗局！是谁弄出这份垃圾的？"希特勒更青睐希姆莱和党卫队情报机构的报告。

　　希特利拒不接受停止阿登攻势、把部队调往东线的建议，理由是在西线保持"他现在重新获得的"主动权至关重要。他还拒绝了古德里安再次提出的要求：经海路疏散目前孤立在波罗的海的集团军群（辖26个师），调回这股力量以加强进入德国的各个门户。

古德里安回到总参谋部后发现，希特勒趁他外出之际，命令两个装甲师从波兰向南开入匈牙利，力图救援布达佩斯。此举不啻当头一棒，因为这导致古德里安的机动预备力量只剩12个师，他们要为50个实力不济的步兵师提供支援，而这50个师散布在一条700英里长的主防线上。

西方人士对苏联人能力的怀疑，又因为德军朝布达佩斯发动反攻的消息而加深。盟军近期在德国人发动的阿登反攻中大吃苦头，自然不敢小觑对方布达佩斯反攻的潜力。一连数日，德军朝陷入重围的布达佩斯发起的攻击取得不祥的进展。他们从匈牙利首都以西40英里的科马尔诺附近展开进攻，一路突破到与陷入重围的守军不到半数路程处。可面对红军不断加强的抵抗，德国人的持续冲击招致一场代价高昂的失败。

他们付出的间接代价更高。布达佩斯这个新"刺猬阵地"表现出的抵抗力，激发起希特勒要求部队长时间坚守的个性倾向。部队陷入重围，他又急于避免第二场斯大林格勒，这促使他采取了让自己陷入更大麻烦的举措。两个宝贵的装甲师本来留作抗击预计中红军在波兰发动的冬季攻势，新年前夕却被调离，为救援布达佩斯的行动担任先锋，而希特勒又不允许部队抢在红军发起打击前，从维斯瓦河防线做任何预防性后撤。这条遭到削弱的防线不得不承受红军的全力冲击，而不是通过及时后撤缓解这种冲击。不惜一切代价坚守，这种政策的心理资产，再次因为战略借记而入不敷出，最终导致破产。

苏联最高统帅部现在做好了充分准备，打算利用德国人处境的根本性弱点。他们意识到保持进攻势头深具重要性，也深知过度拉伸的交通线制造了障碍，所以一直没有采取行动，而是等待新战线后方的铁路获得修复，并把欧洲标准轨距改为符合苏联标准的宽轨距。大批补给物资堆积在铁路终端。他们的主要目标是夺取上西里西亚，那是德国一个重要的工业区，迄今为止还没有遭到盟军轰炸，依然完好无损。这个目标要求红军从波兰南部，维斯瓦河畔的巴拉诺夫登陆场向前推进100多英里。但斯大林和他的总参谋长华西列夫斯基，在他们制定的宏大方案中融入了更广泛、更深远的目标。他们的目光投向奥得河，甚至越过奥得河投向柏林，距离他们位于华沙附近的阵地近 300 英里。扩大进攻范围，他们就能通过广阔的机动空间获益。他们的兵力优势接近五比一，但更重要的是他们的机动能力已获得加强。美制卡车大量运抵，这让实现摩托化的红军步兵旅所占比例更高，而苏联的坦克产量也不断增加。因此，可执行突破任务的坦克和机械化军数量激增。同时，斯大林重型坦克的数量也增加了，这加强了红军的冲击力。德国虎式坦克配备 88 毫米主炮，而这些钢铁巨兽装有一门 122 毫米口径主炮，装甲厚度也超过虎式坦克，但不及虎王坦克。

新战役开始前，红军着手重组各方面军，三位杰出的进攻型将领负责指挥主要突击。科涅夫继续担任乌克兰第 1 方面军司令员，这个方面军驻扎在波兰南部。中央地段，朱可夫从罗科索夫斯基手中接过白俄罗斯第 1 方面军指挥权，罗科索夫斯基改任白俄罗斯第 2 方面军司令员，该方面军驻扎在华沙北面的纳雷夫河一线。

1945 年 1 月 12 日上午 10 点，科涅夫的部队冲出宽度和深度约为 30 英里的巴拉诺夫登陆场，就此发起这场攻势。科涅夫为此投入包括 2 个坦克集团军在内的 10 个集团军，这股力量编有 70 个师，还获得 2 个空军集团军支援。

由于浓雾笼罩战场，战机无法升空，红军的突破速度起初受到限制。但雾色也有助于遮蔽突击部队，红军精心部署的大批炮兵力量有条不紊地粉碎了敌人的防御，因此，进攻第三天他们就突破到距离出发线 20 英里的平丘夫，沿一条宽大战线渡过尼达河。随后，发展突破阶段开始了。红军一个个坦克军犹如一股不断扩大的洪流，涌过缺口后在波兰平原上奔涌。目前更重要的是扩大突破口，而不是达成纵深突破。红军一支坦克纵队绕过维萨山朝西北方疾进，1 月 15 日攻克凯尔采，这就对朱可夫方面军当面之敌的身后构成威胁。

1 月 14 日，朱可夫从马格努谢夫和普瓦维周边登陆场发动进攻。他的右翼力量向北攻往华沙后方，而他的左翼力量 1 月 16 日攻占拉多姆。当天，科涅夫的先遣力量渡过皮利察河，离西里西亚边界线仅 30 英里。罗科索夫斯基麾下部队也于 1 月 14 日从纳雷夫河对岸两座登陆场投入进攻，一举突破德军掩护东普鲁士南部接近地的防御。红军打开的突破口宽达 200 英里，包括预备队在内的近200个红军师，犹如洪潮般向西奔涌。

1月17日，朱可夫的部队迂回华沙两侧，解放了这座城市，而他的坦克先遣力量此时已向西突破到罗兹。科涅夫的先遣部队夺得西里西亚边界附近的琴斯托霍瓦，更南面，他的部队从克拉科夫侧面穿过。

1月19日，科涅夫右翼力量前出到西里西亚边界线，而他的左翼力量以一场包围进攻夺得克拉科夫。朱可夫的部队攻占罗兹，罗科索夫斯基麾下部队在姆瓦瓦附近到达进入东普鲁士的南部门户。切尔尼亚霍夫斯基和彼得罗夫的部队则在两翼向前推进。因此，第一周结束时，红军这场攻势已取得纵深100英里的突破，突击正面拓宽到400英里左右。

为掩护西里西亚接近地，7个姗姗来迟的德国师从斯洛伐克战线向北冲去。这场风暴爆发前，在那里负责防务的海因里齐将军曾提议，他可以腾出部分兵力，担任维斯瓦河防线的预备队，但这种重新分配兵力的做法与希特勒"每个人必须原地坚守"的原则背道而驰，也不符合他分区指导战事的习惯。斯洛伐克前线的兵力几乎被抽调一空后，那段防线继续维持了数周之久，这表明原先部署在那里的兵力确实超过了需求。但此时开抵喀尔巴阡山北侧的7个德国师，作用还不及红军发起进攻前的2个师，因为突破口此时已宽得无法封闭。

波兰西部大部分地区都很开阔，这让进攻方处于有利地位，如果具有兵力或机动性优势，他们就能充分利用这种广阔空间。这片地区1939年让德国人获益匪浅。现在，他们转为防御，既缺乏兵力又不具备机动性。古德里安作为机械化战争的代表人物，非常清楚僵化的防御纯属徒劳，阻止敌人达成突破的唯一机会是以装甲预备队实施反机动。可他现在被迫坚守维斯瓦河，眼睁睁地看着自己稀缺的装甲力量在红军发动进攻前调往布达佩斯。他把剩余的装甲预备队投入凯尔采附近，这才为解救被困于维斯瓦河河曲部的部队争取到时间。由于古德里安采取的措施，红军在这场进攻行动的第一周只俘获2.5万名俘虏，对如此庞大的一场突破来说，这个俘敌数可以说少得可怜。但德国军队越来越缺乏用于快速后撤的机动工具，以下事实反映出这种情况：红军第二周的俘敌人数增加了两倍多，达到8.6万人。红军的机动性不断加强，他们持续不停的大步前进充分反映了这一点。

德国境内，边境城镇的居民仓促疏散，这说明红军的前进速度打乱了对方一切方案，还把德军部队逐出他们企图扼守的中间阵地。

1月20日，科涅夫的部队渗透西里西亚边界线，在德国领土上站稳脚跟。更为不幸的是，罗科索夫斯基的军队跨过东普鲁士南部边界线，到达坦能堡这片具有历史意义的战场。这一次，这里不会重演俄国军队1914年遭遇的逆转。次日，他的先遣力量到达阿伦施泰因枢纽站，一举切断东普鲁士的主要铁路干线，而从东面进击的切尔尼亚霍夫斯基攻克了因斯特堡。罗科索夫斯基继续挥出这记上勾拳，1月26日前出到埃尔宾附近的但泽湾，孤立了东普鲁士境内所有德国军队。这些德军部队退守柯尼斯堡，在那里陷入重围。

四天前，科涅夫麾下军队沿一条40英里宽的战线，前出到上西里西亚工业区北面的奥得河。这场进攻战役的第二周结束时，他的右翼力量在距离出发线180英里的布雷斯劳以南，沿一条60英里长的战线，利用数个渡场渡过奥得河上游。另一些红军纵队从北面包围了西里西亚首府。先遣部队排成的这条战线后方，其他红军部队转身向南，赶去夺取格莱维茨枢纽站，孤立上西里西亚工业区。整片地区纵横交错地布满战壕、铁丝网、防坦克壕，暗堡星罗棋布，但德国人缺乏守卫这片潜在筑垒地域的兵力。可用力量或正赶来支援的部队，受到难民大潮阻碍。各条道路塞满了损毁的车辆和遗弃的财物。前门关闭时，一支支红军纵队利用这种混乱状况从后门闯入。德国人的空中侦察报告生动地描述了红军这场推进：看上去犹如一只巨大的章鱼，一条条触须在西里西亚各城镇间迂回穿行。报告中提到，看似无穷无尽的卡车队列，载满补给物资和援兵，一路向东延伸到很远处。

规模更惊人、前景更致命的是朱可夫在中部地区的迅猛推进。他实施了一场斜向机动，把大批坦克力量调往右翼。他们沿维斯瓦河与瓦尔塔河之间的走廊行进，利用这场出敌不意的转向，趁敌人还没有派兵据守通道之机，就在这条走廊最窄处突破了格涅兹诺东面的一连串湖泊。通过这场进军，他们穿过维斯瓦河畔著名的托伦要塞，1月23日攻入比得哥什。其他坦克纵队正逼近更大的交通中心波兹南，在那里遭遇激烈抵抗。红军绕过这座堡垒赶往西面和西北面，这一周结束时，他们已到达勃兰登堡和波美拉尼亚边界，此处离华沙 220 英里,离柏林只有 100 英里。在此期间,朱可夫左翼力量渡过瓦尔塔河,攻占了卡利什,已经与科涅夫的右翼力量齐平。

战役第三周开始后,科涅夫左翼力量占领了卡托维采和上西里西亚另一些大型工业城镇,而他的右翼力量在布雷斯劳西北面 40 英里的施泰瑙,夺得奥得河对岸一座登陆场。1 月 30 日,朱可夫的先遣力量穿过勃兰登堡,跨过波美拉尼亚边界线,尔后克服了德国人沿冰冻的奥得河实施的抵抗。1 月 31 日,红军攻克兰茨贝格,朱可夫的坦克先遣部队穿过这座城市,前出到屈斯特林附近的奥得河下游,离柏林市郊只有 40 英里。苏联红军与西线盟军的前沿阵地目前仅隔 380 英里。

但过度拉伸的定律终于向德国人伸出援手,减弱了红军朝奥得河施加的压力,加强了德军正规部队和人民冲锋队的抵抗力,德军指挥部拼凑起这些乱七八糟的部队守卫奥得河防线。波兹南的顽强防御,堵住了红军为先遣部队运送补给和援兵的路线。二月份第一周的化冻把各条道路变成一片泥沼,给红军的前进造成严重妨碍,解冻的奥得河也发挥出天然障碍的效力。虽说二月份第一周结束时,朱可夫的部队已沿一条宽大战线逼近奥得河,还在屈斯特林和奥得河畔的法兰克福附近获得几座渡场,可他们没有足够的力量将其扩大,随后被德国人包围在几座浅近登陆场内。

科涅夫现在希望发展出一根侧翼杠杆,沿斜向路线攻往柏林。他的部队扩大了布雷斯劳北面几座登陆场,2 月 9 日冲出登陆场向西攻击前进,尔后转向西北方,沿一条宽大战线卷击奥得河左岸。2 月 13 日,他们前出到距离柏林 80 英里的索梅费尔德(同一天,布达佩斯解放,红军俘获 11 万名俘虏)。两天后,这股红军又取得 20 英里进展,到达尼斯河与奥得河交汇部附近的尼斯河河段,与朱可夫的先遣部队保持齐平。

但德军在退却后拉直、缩短了奥得河下游和尼斯河构成的防线,再次强化了他们的防御。这道战线上,他们的正面仅仅是原先宽度的一小部分,从波罗的海到波西米亚山区边界,总长度不到 200 英里。需要掩护的空间大幅度减少,弥补了德国人的兵力损失,这让他们恢复了更加合理的兵力 / 空间比,自战事急转直下以来,这是他们首次获得这种合理的比率。红军战线后方,

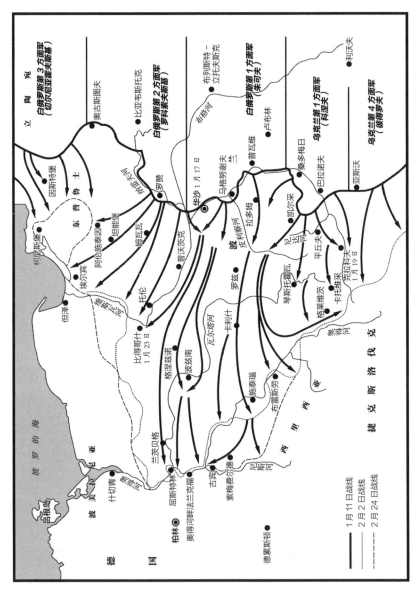

苏军从维斯瓦河到奥得河的推进，1945年1月12日－2月24日（ZVEN 制）

布雷斯劳仍在坚守，牵制了科涅夫的进军，一如 2 月 23 日获得解放的波兹南先前给朱可夫造成的妨碍。

科涅夫在尼斯河受阻，而朱可夫更加直接的进军仍被阻挡在奥得河下游。二月份第三周，德军从西线和国内调拨的援兵协助稳定了东部战线。红军一直被阻挡在这一线，直到莱茵河防线崩溃才最终解决这个问题。

但正是红军的威胁造成的危机，导致德国人做出致命决定：为阻挡红军，必须牺牲莱茵河的防御，以满足守卫奥得河的需要。许多德国师从西线调往东线，但比这更重要的是，大批拼凑起来、本来可以补充西线各个师缺员的新兵开赴东线，这让英美军队的进攻行动轻而易举地到达并渡过莱茵河。

第三十七章

德军在意大利的崩溃

从地图上看，德国人的冬季阵地与去年相似，这一点令人不快。这道防线虽然向北退却了200英里，但依然强大无比。不过，还是有许多对盟军有利的因素。1944年年底，盟军已穿过哥特防线，还获得一处更好的出发阵地，可用于实施1945年的春季攻势。此外，另一些重要因素也让盟军比以往更加强大。

三月份，也就是春季攻势发起前夕，盟军编有17个师，现在还获得6个意大利战斗群加强。德国人有23个师，以及4个所谓的意大利师，墨索里尼获救后在意大利北部组建起这些师，可它们的规模只比战斗群稍大些，统计师的数量只会得出关于双方实力对比的错误结论。盟军作战力量还包括6个独立装甲旅和4个独立步兵旅，相当于3～4个师。

计算兵力数更加靠谱。盟军第5、第8集团军共计53.6万人，外加7万名意大利官兵。德军兵力共计49.1万人，外加10.8万名意大利人，但德军兵力中4.5万人是警察或防空人员。统计作战士兵人数和技术装备数量，是对比双方实力的更好办法。例如，英国第8集团军四月份发动进攻时，作战兵力方面的优势约为二比一（5.7万人对2.9万人），火炮方面的优势是二比一（1220门对665门），装甲战车方面的优势是三比一（1320辆对400辆）。

另外，盟军还得益于大约 6 万名意大利游击队员提供的帮助，他们在德军战线后方大肆制造混乱，德国人不得不从前线抽调部队遏止这些游击队的活动。

更重要的是，盟军现在掌握了绝对制空权。他们实施的战略轰炸战役产生了严重的瘫痪效应，即便希特勒已下达命令，意大利前线的德国师要想开赴其他战区也异常困难。除此之外，德军机械化和摩托化兵团油料短缺的情况越来越严重，这导致他们既无法像以往那样迅速封闭缺口，也无法在后撤期间实施阻滞机动。但希特勒不愿批准任何战略后撤，哪怕现在仍有可能做到这一点。

盟军秋季攻势结束后，出现了一连三个月的停顿期，在此期间部队的精神面貌发生了巨大的变化。他们见到大批新式武器运抵，例如两栖坦克、袋鼠装甲运兵车、履带式登陆车、配备更大口径主炮的谢尔曼和丘吉尔式坦克、喷火坦克、"坦克推土机"，等等。另外还有许多新式架桥设备，以及大量弹药储备。

德军一方，凯塞林元帅一月份伤愈归来，但三月份又被召至西线，接替冯·伦德施泰特元帅出任西线总司令。于是，菲廷霍夫接替凯塞林担任驻意大利的 C 集团军群司令。赫尔接掌第 10 集团军，以第 1 伞兵军（辖 5 个师）和第 76 装甲军（辖 4 个师）据守防线东半部。森格尔率领第 14 集团军守卫防线西半部，这段防线更宽，因为包括博洛尼亚地区，其辖内第 51 山地军（辖 4 个师）据守伸向热那亚和地中海的防线，而第 14 装甲军（辖 3 个师）掩护博洛尼亚。集团军群预备队只有 3 个师，这是因为德国人把 2 个师部署在亚得里亚海侧翼后方，另外 2 个师部署在热那亚附近，防备敌人在德军防线后方实施两栖登陆。另外，集团军群预备队这 3 个师暂时也用于防范此类突发事件。

盟军一方，马克·克拉克的第 15 集团军群，以麦克里里指挥的英国第 8 集团军构成右翼力量，编有英国第 5 军（辖 4 个师）、波兰军（辖 2 个师）、英国第 10 军（现在几乎只剩一具空壳，辖 2 个意大利战斗群、犹太旅、洛瓦特侦察兵）、英国第 13 军（实际上就是印度第 10 师）、担任集团军预备队的第 6 装甲师，他们面对的是德国第 10 集团军。部署在西面的是特拉斯科特指挥的美国第 5 集团军，编有美国第 2 军（辖 4 个师）和第 4 军（辖 3 个师），另外 2 个师担任集团军预备队。这股力量配有 2 个装甲师，也就是美国第 1 装甲师和南非第 6 装甲师。

盟军规划人员的目标和主要问题是，赶在德军部队逃过波河前打垮、消灭他们。最好的办法是在雷诺河下游与波河之间大约 30 英里的平坦地区，以装甲力量实现这一目标。（一月初，干燥的天气持续了一段时间，英国第 8 集团军逼近塞尼奥河，这条河流在亚得里亚海附近汇入雷诺河下游。）他们希望英国第 8 集团军夺取科马基奥潟湖西面的巴斯蒂亚—阿尔真塔地区，为进入平原开辟道路。美国第 5 集团军几天后发动进攻，向北突往博洛尼亚附近。这场联合突击应该能切断德军退路并把他们困住。盟军的进攻定于 4 月 9 日发起。

英国第 8 集团军的作战方案比较复杂，但构思和设计很巧妙。他们假装准备登陆波河北面，以此把菲廷霍夫的注意力和大部分预备队吸引到那个方向。为强化对方的这种印象，英军突击队和第 24 禁卫旅四月初夺得科马基奥潟湖与亚得里亚海之间的沙嘴。几天后，特种舟艇部队占领了那片广阔内陆水域中的几座小岛。

主要突击由英国第 5 军和波兰军渡过塞尼奥河实施。英国第 5 军负责突破塞尼奥河防线，希望借此让德国人陷入混乱，尔后以部分力量转身向右，打击科马基奥潟湖西面的巴斯蒂亚—阿尔真塔走廊（后来称为阿尔真塔缺口）侧翼，另一部分力量朝西北方攻往博洛尼亚后方，从北面切断这座城市。波兰军沿 9 号公路（也就是艾米利亚公路）挺进，以一种更直接的方式攻往博洛尼亚。第 5 军右翼的第 56 师，受领的任务是冲击阿尔真塔缺口，采取的方式是直接发起进攻的同时以履带式登陆车渡过科马基奥潟湖，实施一场侧翼迂回。

第 8 集团军左翼由只剩空壳的第 10 军和第 13 军构成，他们奉命向北推进，越过巴塔利亚山，直到波兰人和美国人的向心突击把他们"挤出"战线。第 13 军随后与第 6 装甲师会合，共同发展胜利。

英军在沙嘴和科马基奥潟湖的初期行动把菲廷霍夫的注意力吸引到沿海地区。4 月 9 日下午，大约 800 架重型轰炸机和 1000 架中型或战斗轰炸机展开一场大规模轰炸。1500 门火炮实施了五次炮火准备，每次持续 42 分钟，各次炮火准备间隔10分钟，因此，这场炮火准备也被称为"假警报"炮击。黄昏时，步兵向前推进，而战术空中力量负责压制德军。雨点般落下的炸弹和炮弹把守军打得晕头转向，跟随步兵一同前进的喷火坦克更是让德国人惊慌失措。4月12日，凯特利将军的第5军已渡过桑泰尔诺河并继续向前。虽然德国人从最初的震惊中恢复过来后实施了更加顽强的抵抗，但英军4月14日还是在对方实施爆破前夺得巴斯蒂亚桥。（履带式登陆车在科马基奥潟湖的使用情况令人失望，那里的湖水较浅，但湖底柔软，不过，这款车辆在阿尔真塔缺口周围的水淹地区更加有效。）尽管如此，英军直到4月18日才穿过阿尔真塔缺口。波兰人遭遇德国第1伞兵师更加顽强的抵抗，但最终打垮了这支骁勇善战的部队。

美国第5集团军的进攻推迟到4月14日，原因是天气恶劣，特别是对提供支援的战机来说这种天气根本无法出动，因为他们必须飞越几道山脊才能到达平原和博洛尼亚。4月15日，空中力量投下2300吨炸弹支援第5集团军推进，这个投弹数创造了此次战役中的新纪录。但德国第14集团军一连两天实施顽强抵抗，直到4月17日美国第4军辖内第10山地师才达成突破，朝至关重要的9号横向公路疾进。两天内，德军整个防线土崩瓦解，美军前出到博洛尼亚郊外，而他们发展胜利的部队正朝波河席卷。

菲廷霍夫的大部分部队已投入前线，用于阻挡盟军突破的预备队和油料寥寥无几。稳定防线或让辖内部队脱离战斗已不复可能，他们获救的唯一希望是后撤，而且是一场长距离后撤。可希特勒先前拒不接受赫尔将军提出的建议：实施弹性防御，从一条河流朝下一条河流做战术后撤。此举本来有可能导致英国第8集团军丧失进攻势头。4月14日，就在美军发起进攻前，菲廷霍夫请求希特勒趁为时未晚之机批准部队撤往波河。希特勒没有批准后撤，4月20日菲廷霍夫自行命令部队撤离，责任由他本人承担。

这个决心下得太晚。盟军两路出击的3个装甲师已切断并包围了大部分当面之敌。虽说许多德军官兵游过宽阔的河流后逃脱，可他们已无法构设一道新防线。4月27日，英军渡过阿迪杰河，突破了掩护威尼斯和帕多瓦的威尼斯防线。

美国人动作更快，前一天占领了维罗纳。再前一天的 4 月 25 日，意大利游击队发动一场全面起义，在各个地方袭击德国人。到 4 月 28 日，游击队已封锁阿尔卑斯山上的所有山口。当天，一群游击队员在科莫湖附近抓获墨索里尼和他的情妇克拉雷塔·佩塔奇，随后枪毙了他们。德军部队在各处投降，4 月 25 日后，盟军的追击在任何一处都没有遭遇抵抗。新西兰人 4 月 29 日到达威尼斯，5 月 2 日开抵的里雅斯特，他们在那里提防的不是德国人，而是南斯拉夫人。

实际上，幕后的投降谈判早在二月份就开始了，这场谈判是德国驻意大利党卫队首脑卡尔·沃尔夫将军发起的，另一方是美国战略情报局派驻瑞士的负责人艾伦·W. 杜勒斯，他们起初通过意大利和瑞士的中间人进行接触，后来就展开面对面的谈判。沃尔夫的动机似乎是希望德国军队不要在意大利付出无谓的牺牲，同时也想与西方国家结盟，共同抵制共产主义，许多德国人当时都抱有这种动机。沃尔夫这个人非常重要，他不仅掌握着党卫队的政策，实际上还负责前线后方的地区，因而有可能导致希特勒建立阿尔卑斯山堡垒、实施最后抵抗的想法彻底泡汤。

德国一方，菲廷霍夫接替了凯塞林的职务，盟国一方，苏联要求参加谈判，再加上双方在这种幕后谈判中必然会相互猜忌、谨慎小心，这一切导致谈判变得更加复杂，而且受到延误。虽然双方三月份的会谈很有成效，但希姆莱四月初禁止沃尔夫继续从事此类活动。因此，菲廷霍夫虽然在 4 月 8 日前一直在考虑投降的方式，但无法及时实现这个目标以避免盟军的春季攻势。

不过，菲廷霍夫和沃尔夫 4 月 23 日举行会议后达成一致，决定无视柏林要求他们继续抵抗的命令，与盟军商谈投降事宜。4 月 25 日，沃尔夫命令党卫队不得抗拒游击队的接管，格拉齐亚尼元帅也表示愿意代表意大利法西斯军队投降。4 月 29 日下午 2 点，德国特使签署了一份文件，同意 5 月 2 日中午 12 点（意大利时间下午 2 点）无条件投降。尽管凯塞林直到最后一刻仍在干预，可这份协议还是在规定时间生效了，比西线德军的投降早了六天。虽说军事上的成功确保了盟军的胜利，但投降谈判这一渠道还是为更快结束战争铺平了道路，从而减少了生命损失和破坏。

第三十八章

德国败亡

  希特勒削弱西线兵力，抽调大部分可用部队和资源坚守奥得河防线，抗击红军的进攻，他认为阿登反击战重创了对手，再加上他以飞弹轰炸安特卫普基地，西线盟军已无力恢复进攻行动。因此，从德国工厂或维修车间出来的大部分可用装备运往东线。但此时，西线盟军正为进攻莱茵河防线集结压倒性力量。这场庞大的攻势，主要突击任务交给蒙哥马利，除了他原先掌握的加拿大第1集团军和英国第2集团军，盟军统帅部还把美国第9集团军调拨给他。大多数美军将领强烈反对这项决定，他们觉得艾森豪威尔屈从于蒙哥马利和英国人的要求，牺牲了美国军队赢得战争的前景。

  这种愤慨之情促使他们在各自的作战地区展开更加积极的行动，以此证明自己能做到些什么，这些行动取得惊人的战果。他们投入的力量虽然比不上蒙哥马利集结的大军，但远远超过德军留下来抗击他们的力量。

  3月7日，巴顿第3集团军的坦克突破德军设在艾费尔高原（也就是阿登山区位于德国境内的另一端）的薄弱防御，三天内挺进60英里，在科布伦茨附近到达莱茵河。他们赶到河岸前，莱茵河上的几座桥梁已被炸毁，因而暂时受阻。但稍北面，友邻的美国第1集团军一小股装甲先遣部队，找到缺口后迅速穿过，随后到达波恩附近的雷马根大桥，没等德国人实施爆破，他们就夺得这座桥梁。美军预备队迅速赶来，在对岸占据了一座至关重要的登陆场。

集团军群司令布拉德利获知这个消息，迅速意识到这是打破敌人莱茵河防线的天赐良机，他欢欣鼓舞地在电话中喊道："太棒了！这下能把他们打得屁滚尿流。"但艾森豪威尔手下一名作战参谋此时正好在布拉德利的司令部，他大泼冷水地反对道："你们要是从雷马根出发的话，哪儿都去不了，再说这也不符合整个作战方案。"次日，布拉德利接到明确的命令，不得把大股军力投入这座登陆场。

这道限制令之所以更加令人愤慨，是因为美国第9集团军四天前到达杜塞尔多夫附近的莱茵河，集团军司令辛普森希望立即渡河，却被蒙哥马利阻止了。可蒙哥马利对莱茵河的庞大进攻要到三周后的3月24日才能实施，这就让美国人对"符合作战方案"带来的种种限制越来越不满。

因此，得到布拉德利大力支持的巴顿挥师向南，席卷莱茵河以西的德国军队，同时为早日渡过这条河流寻找渡河地点。到3月21日，巴顿已经沿科布伦茨与曼海姆之间70英里长的战线，把西岸之敌扫荡一空，切断了这片地区没能及时撤到莱茵河对岸的德国军队。次日夜间，巴顿的部队在美因茨与曼海姆之间的奥本海姆渡过莱茵河，几乎没有遭遇抵抗。

这是个出人意料的打击，希特勒获知情况后要求立即采取应对措施，手下人告诉他根本没有可用力量，最多只能派出5辆刚刚修复的坦克填补缺口，而这些坦克还在100英里外的维修车间。"橱柜里空空如也"，美军渡过莱茵河后的进军成了一场阅兵行进。

此时，蒙哥马利已完成了他的精心准备，打算在下游150英里的韦塞尔附近，对莱茵河发动一场声势浩大的进攻。他在西岸一座座堆栈囤积起25万吨弹药和其他物资，在这里集结了25个师。他准备发动进攻的这片河段长约30英里，只有5个实力虚弱、疲惫不堪的德国师据守。

3月23日夜间，3000多门火炮和持续不停的轰炸机波次实施猛烈炮击和轰炸后，蒙哥马利发动进攻。获得两栖坦克支援的先遣步兵渡过莱茵河，在东岸建起一座座登陆场，没有遭遇激烈抵抗。拂晓后，2个空降师在他们前方空投，协助肃清前进道路，而这些步兵身后，一座座桥梁迅速搭建起来，以便提供增援的各个师和坦克、运输车辆过河。美国第9集团军提供了半数突击步兵，只阵亡40人，这表明德国人的抵抗是多么轻微。英军的伤亡也很小，他们只在河畔的雷斯村遭遇顽强抵抗，一个德国伞兵营在此处坚守了三天。

到3月28日，盟军登陆场已扩大到20多英里深，正面宽度30英里。但蒙哥马利仍对德国军队的抵抗力持谨慎态度，直到登陆场集结起20个师和1500辆坦克，他才批准大举向东进击。

这场进军向东发展时，最严重的障碍来自盟军空中力量过于猛烈的轰炸制造的废墟瓦砾，它们比敌人的抵抗更有效地堵塞了盟军的前进道路。德国军民现在最希望见到英美军队向东席卷，尽快到达柏林，赶在红军克服奥得河防线前占领尽可能多的德国领土，很少有人愿意执行焦土政策，帮助希特勒实现阻挡盟军的目的。

盟军渡过莱茵河前夕，希特勒下达了一道命令，宣称"目前从事的战争不能再考虑本国人民的福祉"。他指示那些大区专员，摧毁"所有工业工厂，所有主要电厂、水厂、煤气厂"，以及"所有食物和衣物贮存"，从而在盟军前进道路上制造"一片荒漠"。

但他的战时生产部长阿尔贝特·施佩尔立即反对这道严酷的命令，希特勒反驳道："如果战争输掉了，德意志民族也会灭亡，所以没必要操心德国人民继续生存的需要了。"

施佩尔对这种麻木不仁的态度深感震惊，对希特勒的忠诚发生了动摇。他背着希特勒找到军方和工业界首脑，没费太大力气就说服他们不要执行希特勒的命令。

可随着末日临近，希特勒的幻想有增无减，直到最后一刻仍指望出现扭转败局的某种奇迹。他喜欢阅读或请人给他阅读卡莱尔《腓特烈大帝史》的章节，里面谈到腓特烈是如何绝处逢生的：他的军队处于崩溃边缘时，俄国女皇驾崩，致使敌对联盟土崩瓦解。希特勒还研究占星术，借此得出预言：四月份的灾难会因为运势突然发生变化而化解，到八月份就会获得令人满意的和平。

4月12日午夜，希特勒收到罗斯福总统突然去世的消息。戈培尔给他打电话说："我向您表示祝贺，我的元首。命运已经把您最大的敌人置于死地，上帝没有抛弃我们。"这似乎是希特勒一直等待的"奇迹"，简直就是十八世纪的七年战争关键时刻，俄国女皇去世的重演。因此，希特勒现在坚信，丘吉尔所说的东西方国家结成的"伟大联盟"，现在会因为他们的利益冲突而破裂。

可这种希望没能实现，两周后，希特勒被迫自杀，就像腓特烈大帝在他的"奇迹"即将挽救他的命运和生命时打算做的那样。

三月初，朱可夫扩大了奥得河对岸的登陆场，但没能成功突出这座登陆场。苏联红军继续在遥远的侧翼取得进展，四月中旬开入维也纳。在此期间，德军的西部防线土崩瓦解，盟军从莱茵河势如破竹地向东挺进。4月11日，他们到达距离柏林60英里的易北河，在那里停下脚步。4月16日，朱可夫恢复进攻，这是一场与强渡尼斯河的科涅夫军队相协同的攻势。

红军这次突出了他们的登陆场，没过一周就攻入柏林郊区，希特勒决定留在柏林指挥最后的战斗。到4月25日，朱可夫和科涅夫的军队已将柏林城团团包围。4月27日，科涅夫麾下部队在易北河与美军会师。但在柏林城内，德国人展开殊死巷战，直到希特勒自杀身亡、德国的无条件投降结束了这场战争，城内的抵抗才告结束。

1945年5月8日午夜，欧洲战争正式结束，但这只是对德国人上一周在各处零零碎碎的投降最终做出的正式承认。5月2日，意大利南部战线上的所有战斗已告停止，实际上，那里三天前就签署了降书。5月4日，西北欧德国军队的代表也在吕讷堡荒原的蒙哥马利司令部签署了类似降书。5月7日，德国人在兰斯的艾森豪威尔总部签署另一份降书，涵盖所有德国武装部队，美国、英国、苏联、法国代表出席了这场规模更大的仪式。

这些投降仪式可以说是希特勒自杀身亡带来的结果。4月30日，也就是希特勒迎娶忠心不二的爱娃·布劳恩的第二天，两人在柏林总理府的废墟中自杀。红军此时已近在咫尺，按照希特勒的指示，两人的遗体在总理府花园内被匆匆火化。

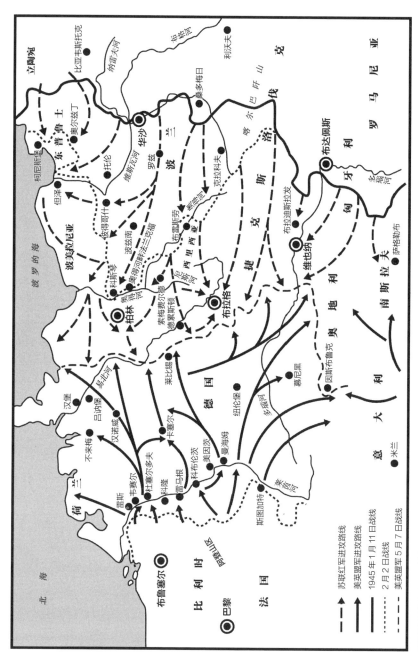

易北河会师（ZVEN 制）

德国军队的三场投降，第一场最重要，因为希特勒还活着，意大利战线就签署了停战协定，根本没有得到他批准。另外，意大利战线的投降事宜，在两个月前的三月初就已秘密进行。而德国境内的敌方领导人，与操控一切的希特勒离得太近，不敢冒险采取这种举措，虽然他们早就在私下里讨论投降的紧迫性和必要性。

西线盟军去年夏季登陆诺曼底后，许多德国领导人就失去了信心。德军在阿登山区的大举反攻被击退，苏联红军潮水般涌入德国东部，这些人几乎都丧失了希望和斗志。他们之所以继续抵抗，主要是出于恐惧：害怕打破他们的部下效忠希特勒的誓言，害怕元首的愤怒，害怕不服从命令会被他绞死，更害怕盟军不祥的威胁——按"无条件投降"原则赢得胜利后，会对他们施以惩处。

接下来几个月，几乎完全因为希特勒无情的决心，这场战争才拖延下去。要是西方盟国不那么坚定地主张"无条件投降"，充分意识到这种政策对德国军民造成的影响，这场战争可能会更早结束。如果放松这种严厉的态度，就日后对待德国人的问题做出合理的保证，很可能引发德国高级军事领导人率领大批部下投降的浪潮，德军防线会迅速崩溃，纳粹政权也会随之垮台。这样一来，希特勒就失去了要求军队继续抵抗的一切权力。

第三十九章

日本败亡

导致日本战败的两个累积因素，从本质和效果上说都属于消耗式，是一种扼杀压力。第一个因素来自海上，更确切地说，来自海下；第二个因素来自空中。前一个因素率先起到决定性作用。

日本帝国基本是个海上帝国，比大英帝国更依赖于海外供应。日本从事战争的能力取决于通过海路大量进口石油、铁矿石、铝土矿、焦煤、镍、锰、铝、锡、钴、铅、磷酸盐、石墨、碳酸钾、棉花、盐、橡胶。另外，为解决粮食问题，日本不得不进口大部分糖和大豆，以及 20% 的小麦和 17% 的大米。

但日本参战时，商船只有 600 万总吨位，还不到英国 1939 年年初总吨位的三分之一（大约 9500 艘商船，共计 2100 万吨）。另外，尽管日本从两年的欧洲战事中学到些经验教训，也制订了自己的扩张方案，但在组织航运保护方面做得很少，没有护航体系，也没有护航航母。直到船舶吨位数严重下降，他们才想方设法来弥补这些缺点。

结果，日本的货运船只沦为美军潜艇唾手可得的猎物。太平洋战争初期，美国鱼雷的缺陷减弱了潜艇的威胁，但这些问题获得纠正后，美军潜艇的攻击就成为一场杀戮。日本潜艇的攻击目标主要是盟军军舰，后来不得不用于为困守孤岛的守军运送补给，而美军潜艇主要打击日本商船。1943年，美军潜艇击沉296艘日本商船，共计133.5万吨。1944年，美军潜艇战更具破坏性，仅十月份就击沉32.1万吨商船。另外，美军潜艇集中力量攻击日本油轮，造成更大的破坏效果。结果，日本的主力舰队滞留在新加坡，以便靠近产油区，而日本国内，由于缺乏飞行训练需要的油料，飞行员的培训工作受到限制。

美军潜艇也给日本战舰带来严重损失，取得的战果约占日本军舰被击沉总数的三分之一。菲律宾海海战期间，美军潜艇击沉"大凤"号和"翔鹤"号两艘舰队航母，而1944年下半年，他们又击沉或重创了另外3艘航母和近40艘驱逐舰。

美军潜艇从吕宋岛的苏比克湾展开行动时，日本大部分商船已葬身大海，易于得手的目标少得可怜，于是，部分潜艇用于搭救空袭日本后在海上迫降的轰炸机机组人员。

总之，美国潜艇部队为战争做出的贡献很大，特别是在阻止日本人向孤立在海外的守备力量运送援兵和补给方面。但他们发挥的最大作用是击沉了日本在战争期间损失的800万吨船只中的60%。这是导致日本最终败亡的最重要因素，这个因素之所以具有决定性，是因为它利用了日本的经济弱点以及对海外供应的依赖。

冲绳——通往日本的内门户

美军对冲绳的两栖进攻，代号"冰山"行动，没等彻底占领硫磺岛就紧锣密鼓地展开最后的准备工作，登陆日期定于4月1日，也就是登陆硫磺岛六周后。冲绳是琉球群岛最大的一座岛屿，长60英里，平均宽度8英里，面积足以为美军入侵日本本土提供一座陆海军基地。冲绳恰好位于台湾岛与日本的中途，离这两处都是340英里，距离中国大陆海岸360英里，因此，冲绳驻军对这三个目标构成威胁，而岛上的飞机也可以控制这三地的接近航线。

冲绳岛崎岖不平，遍布森林，唯一的例外是设有几座机场的岛屿南部，可即便那里也有易于挖掘的石灰石山脊。所以，冲绳岛具有一种天然防御力量。加强这种防御的是驻岛守军，牛岛满中将的第32军约有7.7万名战斗兵，外加

2 万名勤务人员，大量轻重型火炮妥善部署在强化洞穴内。日本帝国大本营决心以手中可用的一切力量守卫冲绳，采用的战术是在岛内实施纵深防御，就像他们在硫磺岛做的那样，不把兵力浪费在争夺滩头的战斗中，因为美国军舰的猛烈炮击会彻底粉碎滩头的日军部队。但为实施反攻，帝国大本营在日本和台湾岛各座机场保留、集结了 2000 多架飞机，打算实施更大规模的"神风"特攻。

美军统帅部意识到冲绳是块难啃的硬骨头，需要投入具有强大优势的力量，这就涉及巨大的后勤问题。他们打算以近期组建的第 10 集团军（西蒙·B. 巴克纳中将指挥）登陆冲绳，初期登陆投入 5 个师，共计 11.6 万人，另外 2 个师在他们身后登陆，第 8 师担任预备队。3 个海军陆战队师和 4 个陆军师组成的这股突击力量，共计 17 万战斗兵和 11.5 万勤务人员。除打垮强大的日本守军外，他们还要控制岛上近 50 万居民。

为削弱对方的空中威胁，登陆行动一周前，米切尔海军中将的快速航母战斗群，于 3 月 18 日到 21 日对日本本土发动一连串空袭，击落约 160 架敌机，还炸毁许多停在地面上的飞机，但美国人也为此付出高昂的代价——"神风"特攻队重创了"大黄蜂"号、"约克城"号、"富兰克林"号航母[1]。接下来一周，从关岛起飞的 B-29 超级堡垒不再轰炸日本各座城市，而是集中力量打击日本南部主岛九州的各座机场。另一个重要的初步行动是占领冲绳岛以西 15 英里的庆良间列岛，以此作为前进舰队基地和锚地，这是凯利·特纳海军中将力主的构想。3 月 27 日，一个美国师占领庆良间列岛，几乎没有遭遇抵抗，次日，几艘油轮开抵，那里的锚地投入使用。海军上将布鲁斯·弗雷泽爵士率领 2 艘战列舰、4 艘航母、6 艘巡洋舰、15 艘驱逐舰组成的英国太平洋舰队，三月中旬抵达战场，掩护冲绳岛西南水域。

4 月 1 日，也就是复活节那天，盟军海空力量实施三小时猛烈炮火准备和空中突击后，美军当日上午 8 点 30 分实施主要登陆。同一天，特纳海军中将接掌冲绳水域所有部队。登陆行动在冲绳岛南部的西海岸遂行，从那里

---

[1] 译注：这艘"大黄蜂"号航母是埃塞克斯级，舷号 CV-18，与瓜岛海战中被日本潜艇击沉、舷号 CV-7 的"大黄蜂"号航母不是同一艘。

稍事前进就能切断岛屿南端。登陆部队根本没有遭遇抵抗，到上午11点，他们已占领这段5英里长登陆地带内的两座机场，没有发现敌人的踪影，这让登陆部队感到惊异。傍晚前，美军滩头阵地的宽度已扩展到9英里，6万多名官兵顺利踏上海滩。4月3日，他们穿过岛屿，次日，滩头阵地拓宽到15英里。直到4月4日过后，美军向南推进，这才遭遇岛屿南部日军两个半师团越来越激烈的抵抗。

但日军的空中活动一开始就很活跃，自4月6日起，"神风"特攻队的自杀式攻击有所加剧，6日和7日，近700架飞机（半数是"神风"特攻机）派往冲绳岛。大多数日本飞机被击落，但13艘美国驱逐舰被击沉或受损。

4月6日以日本海军最引人瞩目的自杀式行动为标志，庞大的"大和"号战列舰开赴冲绳战场，护航力量寥寥无几，也没有空中掩护，而且只携带了单程油料。美国人很快发现了这艘驶来的巨舰，不断监视她的动向，米切尔的航母准备以280架舰载机发动攻击。4月7日中午12点30分，"大和"号遭到鱼雷和炸弹猛烈攻击，坚持了两个小时，终于沉入海中，无数人丧生。和"蒂尔皮茨"号战列舰一样，"大和"号一直没有得到以大口径舰炮轰击敌战列舰的机会，她的命运进一步证明战列舰的时代已然过去。

地面战役持续的时间更长。4月13日，冲绳岛南部的日军发动一场小规模反攻，但美军轻而易举地击退了这场冲击。与此同时，一路向北轻松推进的海军陆战队第6师，到达岩石遍地、林木茂密的北部半岛后被日军挡住。这里的日军只有两个大队，4月17日，美军以巧妙制定的计划攻克了对方强大的防御阵地。虽然零零碎碎的日军小股群体继续抵抗到5月6日，但美军已占据绝对优势，清点战场后发现约2500名日军官兵毙命，而海军陆战队员的损失不到这个数字的十分之一。另外，美国海军陆战队一个支队到达冲绳岛北端，没有遭遇抵抗。这段时期，他们还夺取了附近一些小岛，除在伊江岛外，几乎没遇到麻烦。

4月19日，霍奇斯将军指挥第24军，以3个陆军师冲击冲绳岛南部的日军阵地。但陆、海、空力量猛烈的炮火准备几乎没给日本人的洞穴防御造成影响。美军进展甚微，伤亡惨重，海军陆战队第1、第6师投入战斗也没能扭转态势。防御显然对日本人有利，可岛上的日军指挥官不喜欢这种消极作战方式，五月初决定发动反攻，配合"神风"特攻队的新一轮自杀式攻击。尽管他们在某处达成突破，可还是被美军击退，遂行冲击的日军伤亡惨重，阵亡5000人左右。从某种程度上说，这为美军5月10日恢复进攻铺平了道路。但接下来一周，持续的大雨给美国人的推进造成阻碍。

利用这段间隔期，日本人从掩护首府那霸的首里地区撤往更南面的阵地。六月初，尽管遍地泥泞，但美国人继续前进，当月中旬前把日军逼迫到冲绳岛最南端，6月17日突破对方沿八重濑悬崖顽强坚守的阵地，这主要因为美军使用了火焰喷射器。牛岛满和他的幕僚自杀身亡，许多日本人也一同赴死，接下来的扫荡阶段，投降者不下7400人，这是个重要的变化。

冲绳战役中，日军的总损失估计高达11万人，其中包括征入日本陆军的冲绳居民，美军伤亡4.9万人，包括1.25万名阵亡者，是他们在太平洋战争期间最大的作战损失。

历时三个月的冲绳战役期间，日本飞机实施了十次大规模"神风"特攻，他们称之为"菊水特攻"。"神风"特攻机出动的总架次超过1500架，其他飞机实施的类似自杀式攻击架次大致相当。盟军舰艇被击沉34艘，368艘受损，大部分是"神风"特攻队造成的。这番痛苦的经历，预示着美军入侵日本本土会遭遇些什么，这促使美国人七月份做出投掷原子弹的决定。

扫荡太平洋和缅甸地区

美军采用跃岛策略，极大地加快了两路进攻的速度，这种战术只进攻并占领两条进军路线上必要的岛屿，以此作为攻往日本本土的战略踏脚石，以及对太平洋实施战略控制的手段。但美军逼近日本本土，为最后的跳跃加以准备时，美国陆海军参谋长却认为，最好先肃清后方，也就是扫荡跃岛进攻期间留在后方主要岛屿上陷入孤立境地的日本守军。因此，这场战争的倒数第二个阶段，他们在不同地区展开大规模扫荡行动。毫无疑问，斯利姆迅速攻往仰光，东南亚盟军总司令部实施两栖作战收复新加坡和荷属东印度群岛前，必须肃清缅甸中南部。

缅甸

斯利姆 1945 年 5 月初到达仰光时，仍有 6 万余名日军官兵盘踞在他身后的萨尔温江以西地区，所以，阻止这股敌军向东逃入泰国，防范他们在斯利姆攻往仰光期间经过的地区制造新的麻烦，这一点殊为重要。因此，梅瑟维第 4 军部分部队奉命返回，守卫锡当河上的几处渡口，该军另一部与斯托普福德沿伊洛瓦底江而下的第 33 军会合。当年五月，斯托普福德军成功粉碎了樱井省三第 28 军从若开地区渡过伊洛瓦底江向东逃窜的两次企图，但仍有许多日军残兵败将设法渡过伊洛瓦底江，约 1.7 万人逃到伊洛瓦底江与锡当河之间的勃固山区。本多政材第 33 军为救援他们而发起的牵制性进攻被英军击败，因此，七月中旬后，樱井省三的部队分散成每股数百人的诸多小股群体，企图溜过梅瑟维构设的封锁线。但这些小股群体中的大多数，与英军遭遇后被打垮，逃到锡当河东岸的日军官兵不到 6000 人，锡当河随后泛滥，无法从事后续作战。

新几内亚岛—新不列颠岛—布干维尔岛

1944 年上半年，麦克阿瑟沿新几内亚岛北部海岸跃进时，绕过了几股日本守军。美军攻往菲律宾期间，身后留下敌人 5 个师团的残部。新不列颠岛和布干维尔岛上也困有大批日军官兵。麦克阿瑟 7 月 12 日给澳军总司令托马斯·布莱梅将军下达指令，委派他从秋季起，继续让这些地区的残敌丧失作用。布莱梅却以一种更具进攻性的思维方式理解这道指令，尽管 2 个澳大利亚师指定用于菲律宾战役后，他手头只剩 4 个师，其中 3 个还是民兵师。

澳大利亚第 6 师奉命开赴艾塔佩，打算当年十二月向东进击，歼灭安达二十三盘踞在韦瓦克周围实力虚弱的 3 个师团，陷入孤立境地的这些日军师团装备不足、营养不良、疾病丛生。这场 100 英里的进军穿越极其复杂的地形，严重加剧了澳军运输体系的压力，澳大利亚官兵患病的人数较多，再加上他们认识到这场行动没什么战略必要性，因而士气低落。此次行动进展缓慢，澳军直到六个月后的 1945 年 5 月才攻克韦瓦克，而这场战争 1945 年 8 月结束时，残存的日军仍盘踞在内陆地区。此时，日军兵力减少了五分之一，澳大利亚军队在战斗中只损失 1500 人，但病患减员超过 1.6 万。

澳大利亚第 5 师开赴俾斯麦群岛的新不列颠岛，但该师师长 A.N. 拉姆齐少将更加理智。他们十一月到达新不列颠岛时，美国人已控制了这座大岛六分之五的地区。不过，近 7 万名日军官兵仍坚守着剩下的六分之一岛屿，主要集中在他们设立了很久的拉包尔基地。澳大利亚第 5 师朝岛屿颈部短暂推进后，就满足于沿这条不长的战线巡逻，任由岛上大股日本守军自生自灭，就这样以最小的代价致使对方丧失作用，战争结束后，这股日军放下了武器。

布干维尔岛位于所罗门群岛西端，是这片群岛最大的一座岛屿。奉命开赴该岛的是萨维奇将军的第 2 军，编有澳大利亚第 3 师和另外 2 个旅。这里也没有发动进攻的必要性，因为日军大多集中在岛屿南部的布因周围，忙于种菜捕鱼，以此弥补食物的不足。可萨维奇 1945 年年初发动进攻。这场行动进展缓慢，因为它激起日本人奋起保卫己方产粮地的斗志，六个月后，泛滥的洪水中断了这场进攻。和新几内亚岛上的情况一样，澳军官兵觉得这种交战毫无必要，因而对此缺乏热情。

婆罗洲

收复婆罗洲的行动主要出自美国人的倡议，他们希望切断日本的石油和橡胶供应，并在文莱湾为英军提供一座前进舰队基地。英国三军参谋长并不赞同这种构想，因为他们希望在菲律宾设立基地，英国太平洋舰队已投入冲绳水域的作战行动，他们不想把这支舰队调回南方。所以，这场行动由莱斯利·莫斯黑德中将编有 2 个师的澳大利亚第 1 军执行，美国第七舰队提供掩护性支援。澳军 1945 年 5 月 1 日占领东北海岸外的打拉根岛，6 月 10 日又占领西海岸的文莱湾，没有遭遇激烈抵抗，澳大利亚部队从那里沿海岸前出到沙捞越。七月初，他们实施长时间炮击后，冲击东南海岸的石油中心巴厘巴板，尽管守军顽强抵抗，可澳军还是攻克了这座城市，这也是此次战争中最后一场大规模两栖作战行动。

此时，英军为收复新加坡所做的准备工作已取得很大进展，但日本八月份投降，这场行动已没有必要。因此，蒙巴顿 9 月 12 日赶到新加坡，仅仅是接受东南亚地区日本武装部队总投降，初步投降协议 8 月 27 日已在仰光签署。这场总投降让 75 万名日军官兵放下了武器。

菲律宾

　　虽说美军 1944 年 10 月登陆莱特岛后，在五个月内就实现了对菲律宾的战略控制，可到 1945 年 3 月，大批日军仍盘踞在菲律宾境内。后来的证据表明，仅吕宋岛一地的日本守军就多达 17 万，这个数字远远超出美国人当时的估计。日军最大的集团位于吕宋岛北部，由山下奉文将军亲自率领，但横山静雄中将指挥的 5 万名官兵部署在首都马尼拉附近的山区，控制着这座城市的供水。美国人清剿这股日军的行动受阻，日军甚至对格里斯沃尔德指挥的第 14 军发动进攻，而第 14 军的任务恰恰是歼灭这股敌人。三月中旬，霍尔将军的第 11 军调来参战，月底夺取了阿瓦和伊波这两座主要水坝。此时，横山静雄的兵力已减半，主要是饥饿和疾病所致，不久后，这股日军分散成一个个混乱无序的群体，遭到菲律宾游击队和美军追剿。他们在战斗中每阵亡一人，就有十人死于饥饿和疾病。战争结束时，活着投降的日军只剩 7000 人。

　　在此期间，克鲁格将军的部队肃清了穿过米沙鄢海的航道，缩短了从莱特岛到吕宋岛的运输航线，随后着手清剿吕宋岛南部。其他部队肃清莱特岛南面的一些岛屿，还在棉兰老岛建立驻地，棉兰老岛驻有 4 万多名日军，因为帝国大本营认为这里是美军入侵的主要目标。到当年夏季，盘踞在这些地区的日军都已撤入山区，饥饿和疾病很快让他们严重减员。

　　美军清剿行动的最后阶段，是对付山下奉文盘踞在吕宋岛北部的残部。3 个美国师 4 月 27 日展开行动，不久后获得第四个师增援，但进入山区后遇到越来越多的困难，山下奉文集中在那里的兵力超过 5 万人，比美国人预计的多一倍。山下奉文负隅顽抗到八月中旬，战争结束后，他才率领 4 万名残兵败将投降，一同放下武器的还有吕宋岛北部其他地区的 1 万来人。这场代价高昂的清剿行动，战略必要性实在值得怀疑。

美国的战略空中攻势

美军从马里亚纳群岛对日本展开空袭,这场空中攻势才算真正奏效,他们1944年夏季攻占马里亚纳群岛,主要就是这个目的。

美国人使用的主要武器是波音公司生产的B-29超级堡垒,这是二战中最大的轰炸机,可携带1.7万磅(7.3吨)炸弹,航速接近每小时350英里,飞行高度可达3.5万英尺。这款轰炸机的航程超过4000英里,装甲板和配备的13挺机枪提供了妥善保护。

1944年6月中旬,从中国和印度基地起飞的50架B-29轰炸了九州的钢铁镇八幡,但此次和随后的空袭没能造成太大破坏。1944年下半年,从这个方向对日本实施的空袭,投下的炸弹只有800吨。第20轰炸机司令部需要通过"驼峰"航线获得大量补给物资,这样才能维系他们派驻中国的B-29。由于战果欠佳,这批轰炸机1945年年初撤离中国。

1944年10月底,马里亚纳群岛塞班岛上的第一座简易机场投入使用,第21轰炸机司令部随即派112架轰炸机组成的一个联队进驻。一个月后的11月24日,从这里起飞的111架B-29轰炸了东京一座飞机制造厂,这是自杜立特上校1942年4月空袭东京以来,美军首次轰炸日本首都。这场空袭拉开了一场新攻势的序幕,虽然找到目标的轰炸机不到四分之一,日本人还出动125架战斗机拦截,但美军只损失2架B-29。

接下来三个月,美国人依据他们在欧洲战场获得的经验,继续以B-29实施昼间精确轰炸,尽管这些空袭迫使日本人着手疏散他们的飞机制造厂和其他工厂,可战果还是令人失望。不过,到1945年3月,派驻马里亚纳群岛的B-29轰炸机数量增加了两倍,负责指挥的柯蒂斯·李梅将军,决定把行动模式改为夜间低空区域轰炸,以此利用日本人夜间防空的弱点,B-29也可以携带更多炸弹,缓解引擎负荷,更有效地打击诸多小型工业目标。

更重要的是,李梅决定以B-29搭载燃烧弹,而不是高爆弹,每架B-29可携带40组燃烧弹,每组含38颗燃烧弹,可以焚烧一片面积大约16英亩的地区。轰炸模式改变后,取得了可怕的效果。3月9日,美军出动279架B-29,每架携带6-8吨燃烧弹,几乎把东京夷为平地。近16平方英里面积的地区遭焚毁，约占东京总面积的四分之一，超过 26.7 万座建筑化为乌有。平民的伤亡约为 18.5 万人，而美军只损失 14 架飞机。接下来九天，大阪、神户、名古屋这些城市也遭到类似破坏。3 月 19 日，美军停止空袭，因为他们耗尽了燃烧弹，这十天的空袭，他们投下近 1 万吨燃烧弹。

但这种破坏很快就恢复了，甚至大幅度加强，美军七月份投下的燃烧弹总吨数是三月份的三倍。另外，他们还投掷了数千枚水雷，封锁日本的沿海运输，击沉的日本船只超过 125 万吨，沿海运输几乎彻底陷入停顿。而日本人对这场空中攻势的抵抗几乎可以忽略不计。

空袭取得的效果相当惊人。东京遭受火焚，日本民众的士气严重下降，李梅撒下传单，就自己的下一批打击目标对他们发出警告，日本人的干劲更加一落千丈。超过 850 万日本人逃往农村，导致日本的战时生产急剧萎缩，此时，日本的战时经济几乎已到达山穷水尽的地步。炼油业产量下降了 83%，飞机引擎产量下降了 75%，机身产量下降了 60%，电子设备产量下降了 70%。美军的狂轰滥炸摧毁或严重破坏了 600 多家主要的战争工厂。

除此之外，美军这场空中攻势还让日本民众认识到，他们的军队再也无力保护他们了，投降，甚至无条件投降，已成定局。八月份投下的原子弹，只不过证实了大多数日本民众（军国主义狂热分子除外）早已认清的事实而已。

原子弹与日本投降

温斯顿·丘吉尔在他的战争回忆录最后一卷提到，1945 年 7 月 14 日，他与杜鲁门总统和斯大林在波茨坦会晤时，收到一张纸条，上面用密语写道："婴儿顺利出生。"美国陆军部长史汀生先生解释了这句话的意思：昨天的原子弹试验取得成功。"总统邀请我立即去同他商谈情况，在场的还有马歇尔将军和莱希海军上将。"

丘吉尔对随后发生的事情所做的记述，具有极为深远的意义，所以我们在此详细引用几个主要段落：

我们似乎突然得到了上帝恩赐的良机，可以减轻东方的屠戮，在欧洲获得更加幸福的前景。我毫不怀疑我这些美国朋友的心中也有同样的想法。不管怎么说，我们从来没有耗费时间讨论是否该使用原子弹的问题。为避免无止境的大规模屠杀，为结束这场战争，为了给世界带来和平，为安抚饱受苦难的人类，以几次爆炸的代价展示一种压倒一切的力量，在我们经历了一切艰难险阻后，不失为一种拯救生灵的奇迹。

原子弹试验前，英国已于7月4日原则上同意使用这种武器。最终决定权目前掌握在拥有这种武器的杜鲁门总统手中，但我从来没有怀疑过他会做出其他决定，事后也没有质疑过他所做决定的正确性。对于是否使用原子弹来迫使日本投降这个问题，从来就没有出现过争论，这个历史事实不会改变，后人自然会对此做出判断。我们在会议桌旁一致、自动、毫无异议地同意使用原子弹，我也从来没有听到有谁做出丝毫暗示说我们不该这么做。[1]

但丘吉尔后来也对使用原子弹这件事提出了不同看法，他说道：

认为日本的命运是由原子弹决定的，这种看法并不正确。日本的败亡在第一颗原子弹投下前已成定局，是盟军压倒性的海上力量造成的。仅凭这股力量就能夺取各座海上基地，从而发起最终攻击，迫使日本的京畿陆军不战而降。日本的船只已被摧毁。[2]

丘吉尔还提到，投掷原子弹三周前，斯大林在波茨坦私下里告诉他，日本驻莫斯科大使透露了日本求和的意愿，丘吉尔补充道，他把这个消息告知杜鲁门总统，建议适当修改盟国"无条件投降"的要求，从而为日本投降创造条件。

但日本人早已展开和平试探，美国政府对此非常清楚，掌握的情况甚至比丘吉尔转述或可能知道的更多。1944年圣诞节前夕，华盛顿的美国情报部门收到驻日本一名消息灵通的外交人员发回的报告，称日本出现了主和派，影响力不断扩大。这名外交人员预测，虽然小矶内阁七月份取代了把日本带入战争的东条内阁，但小矶内阁很快会下台，取而代之的是铃木贯太郎海军大将寻求和平的内阁，他们会在天皇支持下进行和谈。这个预测次年四月应验了。

4月1日，美军登陆琉球群岛的冲绳岛，冲绳位于台湾岛与日本本土的中途。这个惊人的消息，再加上苏联不祥地废除了《苏日中立条约》，导致小矶内阁4月5日垮台，铃木贯太郎随后出任日本首相。

虽然主和派一众首脑已在内阁占据主导地位，可他们也不知道接下来该怎么办。当年二月，日本政府秉承裕仁天皇的谕旨采取了一些措施，请求苏联作为"中立国"居间调停，安排日本与西方盟国议和。这些接触先是通过苏联驻东京大使，随后又由日本驻莫斯科大使做出，可毫无进展。苏联人没有就这些接触向西方盟国转达过只言片语。

三个月后才出现了一些暗示。1945年5月底，哈里·霍普金斯先生作为杜鲁门总统的私人代表飞赴莫斯科，与斯大林商讨战后问题。第三次会晤时，斯大林提到日本问题。当年二月的雅尔塔会议期间，斯大林曾承诺参加对日战争，条件是获得千岛群岛、整个萨哈林岛、中国东北的支配地位。斯大林现在通知霍普金斯，他部署在远东获得加强的军队，会在8月8日进攻盘踞在中国东北的日本军队。他继续说道，要是盟国坚持"无条件投降"的要求，日本人会奋战到底，稍事修改这种要求，就会促使对方屈服，盟国随后还是可以贯彻自己的意志，实质性地获得同样的结果。他还强调，苏联希望和盟国一同占领日本。会晤过程中，斯大林透露"某些日本人发出了和谈试探"，但他没有明确说明这些试探是通过两国大使这种正式渠道做出的。

争夺冲绳岛的激战结束前，胜负早已成为定局。同样明确的是，美军一旦占领冲绳岛，很快就会加强他们对日本本土的轰炸，因为冲绳岛上的机场距离日本本土不到400英里，仅仅是从马里亚纳群岛到日本这段航程的四分之一。

任何一个具备战略思维的人都能清楚地看出，日本的局势已趋绝望，特别是铃木贯太郎这位海军首脑，早在1936年，他的反战观点就让自己的生命受到军方极端分子威胁。但他和他寻求和平的内阁遇到个棘手的问题。虽然他们急于达成和平，可如果接受盟国的"无条件投降"要求，不啻背叛了战场上的军队。这些军人非常愿意血战到底，而且他们手中还控制着几千名饿得半死的盟国平民和战俘作为人质，要是投降条款过于屈辱的话，他们可能会拒不服从停火令。最重要的是，他们绝对不会接受盟国废除天皇的要求，因为在他们眼中，天皇不仅是他们的君主，还是神的化身。

天皇亲自解决了这个棘手的问题。6 月 20 日，他召集六名内阁成员召开御前会议，也就是最高战争指导会议，天皇告诉他们："你们应该考虑尽快结束战争的问题。"六名会议成员一致同意这项决定，但首相、外务大臣、海军大臣准备接受无条件投降，另外三人（陆军大臣、陆军参谋总长、海军军令部总长）主张继续抵抗，直到获得较为缓和的条件。会议最终决定派近卫文麿公爵率领一个代表团前往莫斯科进行和平谈判，天皇私下里指示他不惜一切代价达成和议。作为初步措施，日本外务省 7 月 13 日正式通知莫斯科："天皇渴望达成和平。"

这个信息送抵时，斯大林即将动身去参加波茨坦会议。他冷漠地回复说，在他看来这份提议不够明确，无法据此采取行动或接见日本代表团。但他这次把日本人与苏联的接触告知了丘吉尔，丘吉尔又把这个情况转告杜鲁门，还提出试探性建议，认为修改"无条件投降"这种强硬要求可能是明智的。

两周后，日本政府又给斯大林发去一封电报，试图进一步阐明代表团的目的，可收到的回复依然很冷淡。由于丘吉尔内阁在英国举行的大选中落败，斯大林 7 月 28 日在波茨坦会议上把日本政府的进一步试探告知盟友时，艾德礼和贝文已接替丘吉尔和艾登。

美国人已经知道日本人急于结束战争，因为他们的情报部门截获了日本外务大臣发给日本驻莫斯科大使的加密电报。

但杜鲁门总统和他主要顾问中的大多数，特别是史汀生先生和陆军总参谋长马歇尔将军，现在都打算使用原子弹加速日本的崩溃，因为斯大林即将在日本败亡前参加对日作战，以期在远东获得一种有利地位。

与丘吉尔的说法相反，还是有人对使用原子弹心存疑虑。其中之一是先后担任过罗斯福总统和杜鲁门总统参谋长的五星上将莱希，对平民百姓使用这种武器的想法令他深感厌恶和不安："我个人的感觉是，由于首先使用原子弹，我们采用的道德标准与黑暗时代的野蛮人并无二致。没人教过我以这种方式从事战争，我们不能以消灭妇女和儿童的手段来赢得战争。"一年前，他曾在罗斯福总统面前抗议过使用细菌武器的建议。

原子科学家的意见也不一致。万尼瓦尔·布什博士曾在争取罗斯福和史汀生支持原子武器方面发挥过主导作用，而丘吉尔的科学事务私人顾问彻韦尔勋爵（原先的林德曼教授）也大力倡导原子武器。这就难怪史汀生1945年春季委派布什领导的一个委员会，审议对日本使用原子武器的问题时，该委员会强烈建议尽快使用原子弹，同时对这种炸弹的性质不做预先警告。史汀生后来解释说，事先不做警告是因为他们担心这种炸弹"没什么作用"。

相反，以詹姆斯·弗兰克教授为首的另一批原子科学家，不久后的六月下旬给史汀生呈送一份报告，阐述了不同的结论："骤然对日本使用原子弹，虽然能赢得军事优势，节省美国人的生命，但与世界各地激起的恐怖和厌恶浪潮相比，很可能得不偿失……如果率先使用这种不分青红皂白滥杀人类的新手段，美国会丧失全世界公众的支持，引发军备竞赛，给日后就控制这种武器达成国际协议的可能性造成破坏……基于这些考虑，我们认为不宜使用核武器打击日本。"

但政治家总是更看重身边科学家的意见，这些科学家的激烈争辩对最终决定起到重要作用，因为他们激发起政治家对原子弹的热情，认为这是结束战争快速而又简单的办法。军事顾问为目前制造的两颗原子弹提出五个可能的目标，杜鲁门总统和史汀生先生研究这份名单后，选中广岛和长崎这两座城市，因为那里既有军事设施，又有"最容易遭受破坏的房屋和其他建筑"。

就这样，第一颗原子弹8月6日投向广岛，摧毁了这座城市的大部分地区，导致8万余人丧生，约占居民总数的四分之一。三天后，第二颗原子弹投向长崎。杜鲁门总统获知广岛吃了颗原子弹的消息时，正结束波茨坦会议经海路归国。据那些在场的人士说，杜鲁门的兴奋之情溢于言表："这是历史上最伟大的事情。"

但原子弹给日本政府造成的影响，远没有西方国家当时认为的那么大。最高战争指导会议中反对无条件投降的三名成员没有动摇，他们仍主张必须先争取到盟国对未来的某些保证，特别是在维持"天皇至高无上的地位"方面。至于日本民众，他们直到战争结束后才获悉广岛和长崎发生的事情。

苏联8月8日对日本宣战，次日攻入中国东北，为加速日本投降发挥的作用似乎并不亚于原子弹，而日本天皇的影响力更大。8月9日，他出席内阁会议，明确指出局势已然无望，赞成立即求和的态度非常坚定，于是，三名反对者改变了立场，同意召开御前会议——政界元老举行的这种会议上，天皇可以做出最终圣断。同时，日本政府通过广播电台宣布愿意投降，条件是盟国尊重天皇的最高统治权——盟国7月26日的《波茨坦公告》对这个问题不祥地保持沉默。经过一番商讨，杜鲁门总统同意了这个条件，这是对"无条件投降"做出的显著修改。

甚至在8月14日召开的御前会议上，仍有许多意见分歧，但天皇解决了这个问题，他果断地说道："要是没人再发表意见，朕就说说朕的观点。朕要求诸位对此表示同意。朕认为日本只有这条路可以自救。这就是朕决心忍所不能忍者，耐所不能耐者的原因。"电台广播随后宣布了日本投降的消息。

促使日本投降实在不需要使用原子弹。就像丘吉尔说的那样，日本十分之九的船只被击沉或无法使用，空中和海上力量已陷入瘫痪，工业遭到严重破坏，民众的粮食供应迅速减少，这个国家的败亡已成定局。

美国战略轰炸调查提交的报告强调了这一点，还补充道："如果日本的政治结构能更快、更果断地确定国家政策，那么，从军事上无能为力到政治上接受不可避免的条件需要的时间可能会更短些。显而易见的是，即便没有原子弹袭击，盟军的空中优势也能施加足够的压力，促使日本无条件投降，排除入侵日本本土的必要性。"美国舰队总司令，五星上将金指出，"只要我们愿意等待"，仅凭海上封锁就能"迫使日本人因为饥饿而屈服"，因为他们缺乏石油、大米和其他必要物资。

五星上将莱希的意见更加强调了毫无使用原子弹的必要："在广岛和长

崎使用这种野蛮的武器，对我们从事的对日战争没有实质性帮助。由于卓有成效的海上封锁和常规武器的成功轰炸，日本人已被击败并准备投降。"

那么，为何要使用原子弹呢？除了尽早减少英美军队人员伤亡这种本能的愿望，是否还有其他强烈动机呢？这方面有两个原因。第一个原因是丘吉尔透露的，他阐述了 7 月 18 日获知原子弹试验取得成功的消息后，与杜鲁门总统会晤的情况，以及两人立即想到的一些问题：

> ……我们不需要俄国人了。对日战争的结束不再仰仗于他们的军队源源投入……我们不再需要乞求他们的恩惠。几天后，我写信给艾登先生："事情很清楚，美国现在不希望俄国人参加对日作战了。"[3]

斯大林在波茨坦会议上提出苏联与盟国共同占领日本的要求，美国人对此深感为难，美国政府急于避免发生这种情况。原子弹也许有助于解决这个问题。苏联打算 8 月 8 日投入对日作战，于是，两天前的 8 月 6 日，美国人投掷了原子弹。

五星上将莱希透露了美国急于对广岛和长崎使用原子弹的第二个原因："科学家和另一些人希望进行这项试验，因为这个项目耗费了巨额资金"——20 亿美元。制造原子弹的这个项目代号"曼哈顿计划"，参与其中的一名高级官员更明确地指出：

> 这颗炸弹必须取得成功，因为在它身上花的钱太多了。倘若失败，我们如何解释这笔巨额支出呢？很可能会激起公愤……剩下的时间越来越少，华盛顿某些人劝说"曼哈顿计划"负责人格罗夫斯将军，趁事情搞砸前赶紧脱身，因为他知道，要是我们失败了，他就会被打入冷宫。这颗炸弹完成并投下后，参与其中的所有人都如释重负。

但一代人之后，现在可以清楚地看出，仓促投掷原子弹无法让其他人如释重负。

　　1945 年 9 月 2 日，日本代表在东京湾的美国战列舰"密苏里"号的甲板上签署了降书。从希特勒入侵波兰算起，历时六年零一天的第二次世界大战就此结束，此时离德国投降仅仅过去四个月。这是个正式结局，也是个让胜利方深感满意的仪式。而战争真正结束是在 8 月 14 日，天皇宣布日本遵照盟国规定的条款投降，立即停止敌对行动，也就是原子弹投下一周后。虽说这场可怕的打击彻底摧毁了广岛，展示出新式武器的压倒性威力，可归根结底，只是加速了敌人的投降。日本投降已成定局，实际上没有必要使用这种武器，自那之后，整个世界就活在原子弹的阴影下。

注释

1. Churchill: *The Second World War*, vol. VI , p. 553.

2. Ibid., p. 559.

3. Churchill: *The Second World War*, vol. VI, p. 553.

World War II

第九部

尾声

第四十章

后记

关键因素和转折点

这场灾难性战争，最终结果是为苏联进入欧洲心脏地区开辟了道路，因此，丘吉尔先生恰如其分地称之为"毫无必要的战争"。英法两国努力避免战争并遏制希特勒时采取的政策有一个基本性缺点：他们对战略性因素缺乏了解。正因为如此，他们才在最不利于他们的时刻卷入战争，随后引发了一场本来可以避免、后果影响深远的灾难。英国幸免于难似乎是个奇迹，但实际上是因为希特勒犯下了历史上那些咄咄逼人的独裁者屡屡犯下的错误。

重要的战前阶段

回顾往事，对双方而言，致命的第一步显然是德国 1936 年重新占领莱茵兰地区。对希特勒来说，此举带来双重战略优势：莱茵兰能掩护德国至关重要的鲁尔工业区，还为他提供了进军法国的一块潜在跳板。

英国和法国为什么不制止这个举动呢？主要是因为英法两国急于避免有可能演变成战争的一切武装冲突。另外，德国重新占领莱茵兰地区，做法虽然不妥，但看上去仅仅是为了纠正一项不公正的决议，这让英法两国更加不愿采取行动。特别是具有政治头脑的英国人，倾向于把此举视为一种政治，而不是军事举措，没认清其中蕴含的战略意义。

希特勒 1938 年的措施，再次通过政治因素获得了战略优势，这些政治因素指的是德国和奥地利人民渴望统一，以及德国国内对捷克人不公正地对待苏台德区德裔感到强烈愤慨。西方国家又一次普遍认为，德国在这两个问题上的做法不无合理之处。

但希特勒三月份进军奥地利，导致捷克斯洛伐克的南翼危险地暴露在外，他把这个国家视为自己向东扩张的障碍。九月份他以战争威胁达成《慕尼黑协定》，不仅收回了苏台德区，还使捷克斯洛伐克在战略上处于孤立无援的境地。

1939 年 3 月，希特勒占领捷克斯洛伐克剩余地区，从而包围了波兰侧翼，这是一连串"不流血"行动的最后一个步骤。希特勒迈出这一步后，英国政府做出一个致命的轻率之举，突然为波兰和罗马尼亚提供保证——这两个国家都在战略上陷入孤立境地，没有首先从苏联得到任何保证，而苏联是唯一能为他们提供有效支援的大国。

从时机上看，英国做出这些保证注定是一种挑衅行径，而且正如我们现在知道的那样，希特勒遇到这种挑衅姿态前，没有立即入侵波兰的企图。英国为英法军队无法进入的欧洲地区提供保证，造成一种难以抗拒的诱惑。因此，西方国家破坏了自身战略的根本性基础，而就他们当时的劣势处境来说，这是唯一切实可行的战略。由于英法两国没有在西面建立一条足以应对一切进攻的强大战线以遏制德国的侵略，希特勒获得了轻易粉碎一条虚弱战线从而赢得一场初期胜利的良机。

现在，避免战争的唯一机会在于获得苏联支持，只有这个国家能直接支援波兰并震慑希特勒。可是，尽管情况紧急，英国政府的行动依然拖拖拉拉、漫不经心。不光他们犹豫不决，波兰政府和其他东欧小国还持反对意见，这些国家不愿接受苏联的军事支援，因为他们担心苏联军队的支援会演变成一场入侵。

面对英国为波兰提供保证造成的新局面，希特勒做出了与以往截然不同的应对。英国的激烈反应和大力加强军备的措施令他震惊，可效果却与英国人的预期相反。希特勒研究历史后对英国人产生的印象，无疑影响了他的解决方案。他认为英国人头脑冷静而又理性，情绪受大脑控制，除非获得苏联支持，否则绝不会为了波兰的利益参战。因此，他强忍着对布尔什维主义的仇恨和恐惧，竭力怀柔苏联，争取让对方保持中立。这种一百八十度大转变甚至比张伯伦改变立场更加惊人，其后果同样具有致命性。

8月23日，里宾特洛甫飞赴莫斯科，双方缔结了条约。这份互不侵犯条约附有一份秘密协议，规定德国与苏联共同瓜分波兰。

在希特勒一连串快速侵略制造的紧张气氛下，这份条约导致战争成为必然。英国人已保证支持波兰，他们觉得此时不能袖手旁观，否则就会名誉扫地，还会为希特勒扩大侵略大开方便之门。希特勒也不会放弃他染指波兰的企图，哪怕他意识到这有可能引发一场全面战争。

就这样，欧洲文明的列车冲入一条漫长、黑暗的隧道，经历了六个艰苦卓绝的年头才重见天日。可事实证明，即便到此时，胜利的灿烂艳阳仍是一种错觉。

战争第一阶段

1939年9月1日，星期五，德军入侵波兰。9月3日星期天，英国政府对德国宣战，以履行先前给予波兰的保证。六小时后，法国政府勉强跟随英国采取行动，也对德国宣战。

波兰不到一个月就告沦亡。不到九个月，肆意蔓延的战争大潮就淹没了西欧大部分地区。

波兰能坚持得更久吗？在缓解德国对波兰施加的压力方面，法国和英国能否做得更好些？我们现在知道，从军力方面来说，这两个问题的答案乍看上去似乎都是"能"。

德国陆军1939年根本没有为战争做好准备。波兰和法国的总兵力相当于150个师，其中包括35个预备队师，但法国的部分兵力必须用于海外殖民地防务，而德国的总兵力是98个师，其中36个师训练不足。德国人用于守卫西部边界的40个师，只有4个训练有素、装备精良。但希特勒的策略让法国处于这样一种境地：他们只有发动一场快速进攻才能缓解波兰遭受的压力。但法国陆军完全不适合这种行动方式，法国陈旧的动员方案只能缓慢地召集所需要的兵力，而他们的进攻方案依赖于大批重型火炮，可这些火炮要到第16天才能准备就绪。到那时，波兰陆军的抵抗已告崩溃。

波兰的战略处境极为不利，这个国家所处的位置犹如夹在德国上下颚之间的"舌头"，而波兰人采取的策略导致情况更加恶化，他们把主力放在"舌尖"附近。另外，波兰军队的装备和军事思想已然过时，他们仍对大股骑兵部队充满信心，可事实证明，骑兵根本对付不了德国人的坦克。

德国人此时只组建了6个装甲师和4个机械化师，但由于古德里安将军的积极倡导和希特勒的大力支持，他们在践行快速机械化作战这种新理念方面，远远走在其他国家军队的前方——20年前的英国先驱者构想了这种高速推进的新型作战样式。德国人还发展起一支空军，远比其他任何国家的空中力量更加强大，别说波兰，就连法国都严重缺乏空中力量，甚至无法支援、掩护他们的地面部队。

因此，波兰目睹了德国人新式闪电战技术的首次胜利展示，而波兰的西方盟国仍按照惯例从事战争准备。9月17日，苏联红军越过波兰东部边界，这场背后一击决定了波兰的命运，因为他们几乎不剩任何部队可用于抵抗第二场入侵。

德国迅速打垮波兰，随之而来的是六个月的平静期，旁观者称之为"虚假战争"，可他们被表面上的平静蒙蔽了。这段时期更准确的名称应该是"幻想的冬季"，因为西方国家领导人和公众耗费许多时间构想了一个个进攻德国侧翼的神奇计划，还公开讨论这些方案。

实际上，法国和英国根本没有能力独自发展起击败德国所需的军力。既然德国与苏联现在沿同一条边界线对峙，英法两国最大的希望就是这两个互不信任的国家发生摩擦，把希特勒爆炸般的力量祸水东引。一年后果然发生了这种情况，要是西方盟国不那么急躁的话（民主国家经常这样），苏德战争可能早就爆发了。

他们大声疾呼，威胁要进攻德国的侧翼，这促使希特勒先下手为强。

他采取的第一个行动是占领挪威。战后缴获的会议记录表明，直到1940年年初，希特勒仍认为"德国的最佳方针是保持挪威的中立"，但当年二月他得出结论，"英国人打算登陆挪威，我得抢在他们前面到达那里"。一小股德军入侵力量4月9日开抵挪威，打乱了英国人控制这片中立地区的计划，德军占领各座主要港口时，挪威人的注意力完全放在开入挪威水域的英国海军身上。

希特勒的下一个举措是5月10日进攻法国和低地国家。去年秋季，英法两国拒绝了希特勒击败波兰后发出的和平呼吁，于是他加紧战争准备，认为打败法国是迫使英国接受和平的最佳途径。可恶劣的天气和德国将领的顾虑，导致进攻法国的行动自十一月起一再推延。1月10日，一名德军参谋人员携带全套作战方案飞赴波恩，飞机在暴风雪中迷失方向，结果降落在比利时境内。这起事件迫使德国人把进攻行动推迟到五月，同时彻底修改作战方案。事实证明，这番修改让盟国倒了大霉，暂时有利于希特勒，同时改变了整个战争前景。

这是因为原先的作战方案，企图以主要突击穿过比利时中部的运河线地区，实际上会导致德国军队迎头撞上英法联军精锐力量。这样一场进攻很可能以失败告终，继而动摇希特勒的威望。而曼施泰因提出的新方案完全出乎对方意料，给陷入混乱的联军带来灾难性后果——他们进军比利时、准备抗击德军从那里和荷兰发动的进攻时，德军7个装甲师的大批坦克翻越了遍布丘陵、林木茂密的阿登山区，而联军统帅部一直认为那片山区不适合坦克展开行动。德军装甲部队没有遭遇太大抵抗就渡过默兹河，突破了联军防线的脆弱枢纽，尔后向西疾进，攻往比利时境内联军部队身后的英吉利海峡沿岸，切断了他们的交通线。没等德军步兵主力投入战斗，这场战局就大势已定。英国远征军撤到敦刻尔克，经海路死里逃生。比利时军队和大部分法国军队被迫投降。这场惨败的后果无可弥补，敦刻尔克行动结束一周后，德军大举南下，残余的法国军队根本无力实施抵抗。

但这场震惊世界的灾难本来是很容易阻止的。法国人完全可以投入自己的装甲部队，集中力量发动一场反突击，阻挡住攻往海峡沿岸的德军装甲部队。可惜，虽然法国军队的坦克又多又好，但他们却以 1918 年的方式把这些坦克分成零零碎碎的小股力量来使用。

如果法国军队不是匆匆开入比利时境内，以至于他们的防线枢纽极为脆弱，又或者更快地把预备队调到枢纽部的话，他们可能早就把德军的突击阻挡在默兹河畔了。可法军统帅部不仅认为坦克无法穿越阿登山区，还觉得敌人对默兹河的一切进攻，肯定会沿袭 1918 年那种固定的突击模式——对方到达默兹河需要一周左右的准备时间，这就让法国军队有足够的时间前调预备队。可德军装甲部队 5 月 13 日晨到达默兹河，当日下午就强渡这条河流。这种"坦克速度"的行动步伐打败了过时的"慢动作"。

但这种迅速进攻的闪电战之所以取得成功，完全是因为联军领导人既不了解新技术，也不知道应当如何应对。如果布设雷区掩护默兹河接近地的话，法国军队本来是可以阻止对方这场突击的。即便缺乏地雷，他们也可以采取简单的权宜之策，沿通往默兹河的各条林间道路砍倒树木，此举同样能阻挡敌军。清理树木耗费的时间会给德国人造成致命影响。[1]

法国沦亡后，普遍的观点是把这场失败归咎于法国人士气低落，还认为法军的失败不可避免。这纯属因果倒置的谬论。法国人士气崩溃，完全因为他们的军队遭到敌军突破，而这种突破本来是很容易阻止的。到 1942 年，各国军队都学会了如何阻挡一场闪电战的进攻，可如果战前学会这一招的话，他们就能避免许多情况的发生。

战争第二阶段

大英帝国现在成了纳粹德国仅剩的劲敌。英国处于最危险的境地，军事力量薄弱，还受到敌人 2000 英里海岸线的险恶包围。

英国军队撤到敦刻尔克，尔后经海路退回英国，逃过全军覆没的厄运完全是因为希特勒莫名其妙的举动。德军装甲部队当时离英军这座最后的、几乎毫无防御的逃生港口仅 10 英里，希特勒却命令他们停止前进达两天之久。当然，他下达这道停止进军令的动机很复杂，其中包括戈林出于虚荣心而要求让他的空军力量完成最后一击。

虽说英国远征军主力平安逃脱，可他们的大部分武器损失殆尽。逃回英国的 16 个师残余人员接受整编时，国内只有 1 个武器装备齐全的师保卫本土，英国舰队躲在德国空军无法到达的最北端。德国人要是在法国沦陷后一个月内登陆英国，可能不会遭遇太大抵抗。

但希特勒和德国三军首脑没有为入侵英国从事任何准备工作，甚至没有为这样一场显在击败法国后仍很有必要的后续行动拟制计划。他无所事事地浪费了至关重要的这个月，寄希望于英国乞和。可这种幻想破灭后，德国人的入侵准备还是漫不经心。不列颠战役随之而来，德国空军没能把皇家空军逐出天空，德国陆海军首脑实际上对自己终于有借口中止入侵行动深感高兴。更值得注意的是，希特勒本人也愿意接受暂停入侵英国的借口。

希特勒的私人谈话记录表明，之所以持这种奇怪的态度，部分原因是他不愿消灭英国和不列颠帝国，他认为英国是世界的一个稳定因素，仍希望这个国家存在下去，并与德国结盟。但除此之外，他还有另一个动机。希特勒的心思再次转向东面，事实证明，这是对英国幸免于难起到决定性作用的关键因素。

倘若希特勒集中力量打击英国，几乎可以肯定，英国在劫难逃。这是因为，虽然希特勒错失了通过入侵征服英国的良机，但他完全可以采用空中力量和潜艇的联合绞杀，让英国陷入逐渐挨饿的境地，最终彻底崩溃。

但希特勒觉得自己不能冒险把军力悉数集中于这种海空联合行动，听凭苏联红军虎视眈眈地伫立在他的东部边境，这是从陆地上对德国构成的威胁。因此，他认为确保德国后方安全的唯一办法是进攻并击败苏联。苏联人究竟有什么意图，他对此猜忌重重，因为他对苏联式的共产主义一向怀有刻骨仇恨。

希特勒还确信，一旦英国人期盼苏联介入战争的希望破灭，他们自然会向德国求和。的确，他觉得要不是苏联怂恿英国继续抵抗的话，英国早就与德国媾和了。为商讨仓促拟制的侵英方案，希特勒 7 月 21 日召开首次会议透露自己转变的思想时说道："斯大林同英国人勾勾搭搭，唆使他们继续进行战争，以此牵制我们，目的是争取时间，攫夺他想要的东西，他知道一旦达成和平，就再也得不到什么了。"希特勒由此得出的进一步结论是："我们的注意力必须转向解决俄国问题。"

策划工作立即启动，不过，希特勒直到 1941 年年初才做出明确决定。侵苏行动 6 月 22 日发起，比拿破仑当年入侵俄国的日期早一天。德军装甲部队迅速打垮了部署在当面的苏联军队，没用一个月就深入苏联境内 450 英里，完成了攻往莫斯科这段路程的四分之三。可他们一直没能到达那里。

导致德国人失败的主要因素是什么？秋季的泥泞和冬季的大雪是很明显的原因，但更重要的是，德国人错误地估计了斯大林能够从苏联腹地前调的预备力量。他们起初认为会遭遇 200 个红军师，到八月中旬，德军击败了这些师，但此时又有 160 个红军师出现在战场上。待德军打垮这些红军师，秋季已然到来，他们穿过泥泞攻往莫斯科，再次发现新锐红军部队挡住去路。另一个基本因素是，苏联虽说在苏维埃革命后取得许多技术进步，但此时依然保持着原始状态。这指的不仅仅是苏联军民的超凡耐力，还包括苏联各条道路的原始性。要是交通系统像西方国家那般发达，苏联可能早就和法国一样迅速沦亡了。但即便如此，倘若德军装甲力量不等待步兵主力赶上，在当年夏季直接攻往莫斯科的话，这场入侵还是有可能取得成功的。这是古德里安力主的做法，但这次遭到希特勒和军方资深将领否决。

俄罗斯的冬季给德国军队造成了巨大的压力和消耗，他们再也没能从这场惨重的损失中恢复过来。但 1942 年，希特勒显然还是有可能赢得胜利的，因为红军严重缺乏武器装备，而斯大林对红军的掌控因为战争初期的惨败而发生动摇。希特勒发起新攻势，势如破竹地攻往苏联军事机器赖以生存的高加索油田边缘。可他把自己的力量分散在高加索和斯大林格勒这两个目标上。德国人在斯大林格勒遭遇激烈抵抗，希特勒把这座"斯大林的城市"视为苏联顽强抵抗的象征，他的军队一再发起猛烈冲击，结果遭到严重消耗。冬季到来后，他又禁止部队后撤，当年晚些时候，苏联新组建的各集团军开抵战场，遂行进攻的德国第 6 集团军已难逃陷入重围后全军覆没的厄运。

斯大林格勒这场灾难造成的影响是，德国人捉襟见肘的兵力已不足以据守漫长的战线。许多德军将领要求后撤，因为这是唯一的解决办法，可希特勒固执己见，拒不批准这些建议。他对所有理由充耳不闻，反复强调"不得后撤"。这种鹦鹉学舌般的口号无法扭转颓势，仅仅导致德军在一次次惨败后被迫后撤，而且因为后撤决定下得太迟而付出更高的代价。

战略上的过度拉伸曾让拿破仑大败亏输，希特勒的军队现在日益受到类似的影响。1940 年，墨索里尼企图趁法国沦亡、英国实力衰竭之机捞上一把。意大利参战后战火蔓延到地中海，这给德国人造成更大的压力，也为英国人提供了机会，他们可以在己方海上力量能发挥作用的地区展开反攻。丘吉尔迅速抓住这个机会，从某些方面说，他的反应未免太快了些。英国派驻埃及的机械化部队，虽说规模很小，但很快就在北非粉碎了意大利陈旧过时的军队，还征服了意属东非。英军本来可以攻往的黎波里，但这个行动被叫停，因为他们需要集结一股力量登陆希腊。结果证明，英军登陆希腊是个不成熟而且缺乏准备的举动，很容易被德国人击退。意大利军队在北非的惨败，促使希特勒派隆美尔率领援兵驰援。不过，希特勒此时的注意力完全放在苏联前线，派出的兵力只够加强意大利人，却没有付出强大的努力夺取地中海东部、中部、西部门户，也就是苏伊士、马耳他、直布罗陀。

所以，希特勒实际上只是给消耗德军实力开了个新缺口，最终抵消了隆美尔取得的战果：他的一连串反攻导致盟军肃清北非的行动推迟了两年多。严重拉伸的德国军队散布在地中海两侧和西欧整条海岸线上，同时，他们还企图在苏联腹地守住一条宽得危险的正面防线。

1941 年 12 月，日本参战，推迟了这种过度拉伸的自然后果，战争旷日持久地进行下去。但从长远看，日本参战对希特勒的前景更具致命性，因为他们把美国的庞大力量引入这场大战。日本人偷袭珍珠港，一举打垮美国太平洋舰队，这场暂时性胜利让他们得以在西南太平洋的马来亚、缅甸、菲律宾、荷属东印度群岛颠覆盟国的地位。但这场快速扩张期间，日本军队严重拉伸，守住既得利益需要付出的努力已远远超出他们的基本能力。因为日本是个小小的岛国，工业力量很有限。

战争第三阶段

一旦美国的实力发展开来，苏联站稳脚跟后全力扩充自身力量，德国、意大利、日本这几个轴心国的失败就成为定局，因为他们的军事潜力加在一起，还是比盟国弱小得多。唯一不确定的是，他们还能支撑多久，最终的失败程度有多大。这些沦为防御者的侵略者，现在最大的希望仅仅是拖延时间，等待"三大国"感到疲倦或发生争执后获得更好的媾和条件。但实施这种长期抵抗取决于缩短战线，而轴心国领导人都不愿主动后撤，因为这会"大丢颜面"，因此，他们的军队坚守各处阵地，直到最终崩溃。

战争第三阶段没有真正的转折点，只有一股即将到来的洪潮。

这股洪潮在苏联和太平洋更容易奔涌，这是因为在这些地区，不断增长的军力优势与足够的机动空间结合在一起。而南欧和西欧，由于空间狭窄，这股洪潮受到更多阻碍。

希特勒和墨索里尼派他们的军队渡过地中海进入突尼斯，企图守住那里的登陆场，阻止盟军从埃及和阿尔及利亚发起的向心推进，这反而降低了英美军队 1943 年 7 月重返欧洲大陆的第一场行动的难度。突尼斯成为陷阱，德意联军在那里全军覆没，西西里岛几乎彻底丧失了防御。但盟军 1943 年 9 月从西西里攻入意大利时，他们沿狭窄多山的半岛向上的推进变得艰难而又缓慢。

1944 年 6 月 6 日，为实施跨海峡入侵而集结在英国本土的盟军主力登陆诺曼底。只要他们在岸上牢牢站稳脚跟，建立一座足够大的登陆场集结大股力量并打垮德国人的封锁线，这场入侵肯定就能取得成功。因为一旦突出登陆场，开阔的法国平原会为他们的机动大开方便之门，盟军完全实现了机械化，而大部分德国军队却没有。

德军的防御注定会最终崩溃，除非他们能在入侵头几日把登陆的盟国军队赶下大海。但盟军空中力量的瘫痪性干扰，给德军前调装甲预备力量造成致命延误。在这片战区，他们对德国空军的优势高达三十比一。

就算入侵诺曼底的行动在海滩上被击退，盟军目前用于直接打击德国的庞大空中优势，也足以让对方崩溃。1944 年前，盟军实施的战略空中攻势，远远没有实现替代地面入侵的目的，而且他们严重高估了轰炸的效力。他们对德国各座城镇不分青红皂白的轰炸，没能严重减少对方的弹药产量，也没能像预期的那样打破德国民众的抵抗意志。这是因为就集体而言，他们受到独裁领导者的严密控制，而就个体来说，他们又无法向空中的轰炸机投降。但1944—1945年，盟军空中力量获得更好的指挥，通过不断提高的精确度和破坏效应，打击对敌人的抵抗至关重要的关键军工生产中心。远东地区的情况同样如此，至关重要的空中力量足以确保日本最终崩溃，根本不需要使用原子弹。

一旦潮流发生扭转，盟国自己设立的障碍成为他们前进道路上的主要妨碍。盟国领导人提出"无条件投降"这种既短视又不明智的要求，这个要求给希特勒帮了大忙，让他得以继续控制德国人民，日本的主战派也从这个要求中获益。要是盟国领导人够聪明的话，就应该为他们的媾和条款做出若干保证，那么，希特勒对德国人民的控制可能早在1945年之前就会发生动摇。三年前，德国国内的反纳粹运动就派出代表，向盟国领导人阐述了他们推翻希特勒的计划，还列举了准备参与这场政变的许多高级将领的名字，希望就盟国提出的媾和条款得到些保证。可盟国当时和后来都没有对他们做出任何指示，更没有提供什么保证，这样一来，密谋集团的"冒险行动"要想在德国国内获得广泛支持自然是千难万难。

这场"毫无必要的战争"就这样毫无必要地拖延下去，又有数百万人毫无必要地付出了生命，而最终到来的和平仅仅催生了新的威胁和对另一场世界大战迫在眉睫的恐惧。因为盟国坚持要求敌人"无条件投降"，毫无必要地延长了第二次世界大战，结果证明，此举为苏联控制中欧开辟了道路，唯一的受益者是斯大林。

注释

1. 我的一位法国朋友，当时负责默兹河地段的防务，他曾请求上级批准他这般行事，却被告知必须保持道路畅通，以便法国骑兵部队实施进攻。这些骑兵部队确实冲入阿登山区，随后又以更快的速度逃了出来，德国人的坦克在后面穷追不舍。

书中引用的参考书目

　　以下列出的同一部著作的英美两国出版社，首先提到的是我在书中引用过的版本，注释列举的页数可能只适用于这个版本。我在此感谢作者、出版社、另一些版权持有者允许我在书中引用这些著作的部分内容。

　　Bradley, Omar N.: *A Soldier's Story of the Allied Campaigns from Tunis to the Elbe*. London, Eyre & Spottiswoode, 1951; New York, H. Holt & Co., 1951.

　　Butcher, Captain Harry C.: *My Three Years with Eisenhower*. New York, Simon & Schuster, 1946; London, Heinemann, 1946.

　　Churchill, Winston S.: *The War Speeches of Winston S. Churchill* (compiled by Charles Eade, 3 vols). London, Cassell, 1952; Boston, Houghton Mifflin, 1953.

　　Churchill, Winston S.: *The Second World War* (6 vols). London, Cassell, 1948–54; Boston, Houghton, Mifflin, 1948–54.

　　Vol. I: *The Gathering Storm* (9th edition, 1967).

　　Vol. II: *Their Finest Hour* (9th edition, 1967).

　　Vol. III: *The Grand Alliance* (5th edition, 1968).

　　Vol. IV: *The Hinge of Fate* (4th edition, 2nd impression, 1968).

　　Vol. V: *Closing the Ring* (4th edition, 2nd impression, 1968).

　　Vol. VI: *Triumph and Tragedy* (2nd edition, 1954).

　　Clark, General Mark: *Calculated Risk*. London, Harrap, 1951; New York, Harper, 1950.

Cunningham, Admiral Lord: *A Sailor's Odyssey*. London, Hutchinson, 1951.

Douhet, Giulio: *The Command of the Air*. London, Faber, 1943; New York, Coward—McCann, 1942.

Eisenhower, Dwight D.: *Crusade in Europe*. New York, Doubleday, 1948; London, Heinemann, 1949.

Feiling, Keith: *The Life of Neville Chamberlain*. London, Macmillan, 1946.

Halder, General Franz: *Diaries. Privately printed*. Copyright © Infantry Journal Inc. (U.S.A.), 1950.

Kippenberger, Major—General Sir Howard: *Infantry Brigadier*. London (and New York), Oxford University Press, 1949.

Liddell Hart, Captain B. H.: *The Defence of Britain*. London, Faber, 1939.

The Other Side of the Hill. London, Cassell, 1951.（1951 年版的《山的那一边》没有在美国出版。莫罗出版社 1948 年在纽约推出的是 1948 年的精简版，书名也改为《德国将领谈话录》。）

The Tanks: The History of the Royal Tank Regiment and its Predecessors etc. (2 vols). London, Cassell, 1959; New York, Praeger, 1959.

Linklater, Eric: *The Campaign in Italy*. London, H.M.S.O., 1951.

Martel, Lieut.—General Sir Gifford: *An Outspoken Soldier*. London, Sifton Praed, 1949.

North, John: *North—West Europe 1944—5. The Achievements of 21st Army Group*. London, H.M.S.O., 1953.

Rommel, Field—Marshal Erwin: *The Rommel Papers* (ed. B. H. Liddell Hart). London, Collins, 1953; New York, Harcourt, Brace, 1953.

Schmidt, H. W.: *With Rommel in the Desert*. London, Harrap, 1951.

Seaton, Lieut.—Colonel Albert: *The Russo—German War, 1941—1945*. London, Arthur Barker, 1970; New York, Praeger, 1970.

Tedder, Marshal of the Royal Air Force Lord: *With Prejudice*. London, Cassell, 1966; Boston, Little, Brown, 1967.

Westphal, General Siegfried: *The German Army in the West*. London, Cassell, 1951.

官方史

英国

Roskill, Captain S. W.: *The War at Sea*. Vol. I, London, H.M.S.O., 1954.

Ehrman, John: *Grand Strategy*. Vol. V. London, H.M.S.O., 1956.

Woodburn Kirby, Major–General S.: *The War Against Japan*. Vol. I. London. H.M.S.O., 1957.

Playfair, Major–General I.S.O., and others: *The Mediterranean and the Middle East*. Vol. III. London, H.M.S.O., 1960.

Webster, Sir Charles, and Frankland, Noble: *The Strategic Air Offensive Against Germany, 1939–1945*.

Vol. I: *Preparation*. London, H.M.S.O., 1961.

Vol. II: *Endeavour*. London, H.M.S.O., 1961.

Vol. III: *Victory*. London, H.M.S.O., 1961.

美国

United States Army in World War II

Cole, H. M.: *The European Theater of Operations: The Lorraine Campaign*. Washington D.C., Historical Division, Department of the Army, 1950.

Matloff, Maurice, and Snell, Edwin M.: *The War Department: Strategic Planning for Coalition Warfare, 1941–1942*. Washington, D.C., Office of the Chief of Military History, Department of the Army, 1953.

Howe, George F.: *The Mediterranean Theater of Operations: Northwest Africa: Seizing the Initiative in the West*. Washington, D.C., Office of the Chief of Military History, Department of the Army, 1957.

Morison, S. E.: *History of United States Naval Operations in World War II*. Vol. IX: *Sicily–Salerno–Anzio, January 1943–June 1944*. Boston. Little, Brown, 1954.

电报

Supplement to The London Gazette, 3 February 1948.

Despatch submitted ···by ··· Field–Marshal the Viscount Alexander of Tunis, K.G., G.C.B., G.C.M.G., C.S.I., D.S.O., M.C.

Supplement to The London Gazette, 25 April 1950.

Despatch submitted···by Admiral of the Fleet Sir Andrew B. Cunningham, G.C.B., D.S.O.

陆军上尉巴兹尔·利德尔·哈特爵士的其他著作

回忆录

The Liddell Hart Memoirs, 2 vols. (London, Cassell, 1965; New York, Putnam, 1965)

战争指导和战争通史

Strategy–The Indirect Approach (London, Faber, latest edition 1954–enlarged from *The Decisive Wars of History*, 1929)

Thoughts on War. 1919–39 (London, Faber, 1944–contains the collected essence of the author's military thought)

The Revolution in Warfare (London, Faber, 1946; Yale University Press, 1947)

The Ghost of Napoleon (London, Faber, 1933; Yale University Press, 1933)

机械化战争理论（特别重要）

Paris, or The Future of War (London, Kegan, Paul, 1925–in the 'Today and To-morrow' series; New York, E. P. Dutton & Co., 1925)

The Re-making of Modern Armies (London, John Murray, 1927)

When Britain Goes to War (London, Faber, 1935–enlarged from *The British Way in Warfare*, 1932; also Penguin, 1942, with additional chapters, and under the original title. In America *The British Way in Warfare*, New York, Macmillan, 1933)

The Future of Infantry (London, Faber, 1933; Harrisburg, Military Service Publishing Co., 1936)

Dynamic Defence (London, Faber, 1940)

The Current of War (London, Hutchinson, 1941—in particular Chapters I–VI. The rest of the book is a commentary on the 1939–40 campaign)

The Tanks—The History of The Royal Tank Regiment and Its Predecessors (etc.) 1914–45, 2 vols. (London, Cassell, 1959; New York, Praeger, 1959)

关于战争理论和未来战争的其他书籍

Europe in Arms (London, Faber, 1937)

The Defence of Britain (London, Faber, 1939)

This Expanding War (London, Faber, 1942—partly a commentary on the 1941–42 campaigns)

Defence of The West (London, Cassell, 1950)

Deterrent or Defence (London, Stevens, 1960)

步兵战术

New Methods of Infantry Training (Cambridge, 1918)

Science of Infantry Tactics (Beccles, Clowes, 1921, 1923, 1926)

历史传记，与未来的战争有关

T. E. Lawrence—In Arabia and After (London, Cape, 1934. In America Colonel Lawrence: The Man Behind the Legend, New York, Dodd, Mead, 1934)

Foch (London, Eyre & Spottiswoode, 1931; also Penguin)

Sherman (London, Eyre & Spottiswoode, 1929. In America Sherman: Soldier, Realist, American, New York, Dodd, Mead, 1929)

Great Captains Unveiled (London, Blackwood, 1927; Boston, Little, Brown, 1928)

A Greater than Napoleon—Scipio Africanus (London, Blackwood, 1926; Boston, Little, Brown, 1927)

第一次世界大战（1914—1918 年）

A History of the First World War (London, Cassell, 1970. Originally published as A History of the World War, 1914–1918, London, Faber, 1934. Enlarged from The

Real War 1914–1918, London, Faber, 1930; Boston, Little, Brown)

The War in Outline, 1914–1918 (London, Faber, 1936)

Reputations: Ten Years After (London, John Murray, 1928; Boston, Little, Brown, 1928)

Through the Fog of War (London, Faber, 1938; New York, Random House, 1938)

第二次世界大战（1939—1945 年）

The Other Side of The Hill (London, Cassell, 1951–enlarged by some 60 percent from the original edition of 1948 which alone was published in America, New York, Morrow, as *The German Generals Talk*, 1948)

A History of the Second World War (London, Cassell, 1970; New York, Putnam's, 1970)

综述

Why Don't We Learn from History? (London, Allen & Unwin, 1944)

合作撰写

The Strategy of Civilian Defence (ed. Adam Roberts. London, Faber, 1967. In America *Civilian Resistance as a National Defense*, Harrisburg, Stackpole, 1967)

Churchill–Four Faces and the Man (London, Allen Lane The Penguin Press, 1969. In America, *Churchill Revised: A Critical Assessment*, New York, Dial, 1969)

编纂的作品

The Rommel Papers (London, Collins, 1953; New York, Harcourt, Brace, 1953)

The Letters of Private Wheeler (Napoleonic Wars) (London, Michael Joseph, 1951)

The Soviet Army (London, Weidenfeld & Nicolson, 1956. In America *The Red Army*, Harcourt, Brace, 1956)